BIBLIOTHÈQUE
LATINE-FRANÇAISE

PUBLIÉE

PAR

C. L. F. PANCKOUCKE.

Exegi monumentum ære perennius.
(Hor., *Od.* lib. III, ode 30.)

PARIS. — IMPRIMERIE DE C. L. F. PANCKOUCKE,
Rue des Poitevins, n. 14.

OEUVRES

DE

C. C. TACITE

TRADUITES

PAR C. L. F. PANCKOUCKE.

NOUVEL INDEX.
MANUSCRITS DE TACITE. — ÉDITIONS PRINCEPS.
BIBLIOGRAPHIE.

TOME SEPTIÈME.

PARIS
C. L. F. PANCKOUCKE
OFFICIER DE L'ORDRE ROYAL DE LA LÉGION D'HONNEUR
ÉDITEUR, RUE DES POITEVINS, N° 14.

M DCCC XXXVIII.

NOUVEL INDEX

DE

C. C. TACITE.

J'ai cru devoir désigner cette table générale des noms cités par Tacite sous le titre de *Nouvel Index*, parce que le plan que j'ai suivi diffère entièrement de celui adopté par les commentateurs ou traducteurs qui m'ont précédé.

Les index latins sur Tacite ne rappellent en aucune manière ni le style ni la pensée de l'historien ; ils ont été faits, il faut en convenir, avec une basse latinité bien indigne du grand écrivain. J'en cite à regret quelques fragmens extraits de l'un des plus illustres des commentateurs, Oberlin, qui aurait dû être un peu inspiré par la latinité de Tacite. Je ne porterai mes observations que sur un seul nom compris dans cet index, celui de Tibère, qui occupe une si grande place dans les *Annales*, et sur lequel Tacite a le plus exercé ses pinceaux : n'est-il pas pénible de voir des commentateurs qui ont eu sous les yeux les tableaux de Tacite, en donner l'extrait dans un idiome barbare que je ne puis plus appeler ici langue latine ? Il est d'autant plus inexcusable de n'avoir pas suivi la latinité de Tacite, qu'elle était toute faite, et qu'il ne fallait plus que l'abréger.

Je cite à regret les phrases suivantes empruntées à l'index d'Oberlin, à l'article TIBERIUS : *Imperator appellatur ab Augusto; — Germanicum timet; — Obscurus in dicendo; — Simulat iter ad exercitus; — Uxorem necat; — Agrippinam odit; — Continuat imperia.* Je n'abuserai pas de la patience du lecteur par d'autres citations, mais j'ajoute que je crois un tel répertoire indigne de Tacite, et qu'il serait tout au plus pardonnable à un écolier des dernières classes de nos collèges.

La table générale alphabétique jointe à la dernière édition de la traduction de M. De Lamalle, n'est pas, je crois, de cet écrivain distingué, et l'on s'aperçoit aussitôt qu'elle n'a pas été faite ni sur le texte, ni sur la traduction de Tacite, mais qu'elle est en partie une traduction de la table d'Oberlin; on y surprend ces phrases qui peuvent faire apprécier le travail en son entier. Exemples : TIBÈRE, — *tient bon contre les rumeurs; — avoue les tourmens de son âme; — vieillard défiant*, — etc., etc.

L'index du dernier traducteur a été fait avec plus de soin, mais souvent il n'est qu'une répétition textuelle de celui de De Lamalle; j'ai dû suivre une autre marche.

Je suis étonné de ce que dans les tables latines on n'ait pas inséré simplement les propres mots de Tacite; sa pensée est si serrée, qu'il me semble qu'on la défigure en lui donnant d'autres expressions. Il faut le répéter, ce que ce grand historien a dit ne doit plus être formulé en d'autres mots, parce qu'il élaborait tous ses écrits, n'en conservait que la partie la plus forte, la plus essentielle, et qu'on ne peut que les défigurer en y ajoutant. Le meilleur index de Tacite en latin reste donc à faire, et il doit être fait avec ses propres expressions.

Poursuivant cette pensée, j'ai cru devoir former pour ma traduction un index fait avec les propres phrases de ma traduction, à laquelle j'ai apporté tous mes soins, tout mon courage et une longue persévérance, afin de rendre, autant que possible, l'original mot pour mot, sans jamais consentir, ni à rien y ajouter, ni à en rien retrancher.

On ne verra peut-être pas sans intérêt réuni et posé en un seul point tout ce que Tacite a dit sur le même personnage, sur le même lieu, sur les mêmes choses. Je ne puis être juge de cet essai, et je renvoie le lecteur aux articles de mon index, et particulièrement à l'article *Tibère;* en n'appelant son attention que sur ce mot, je prouve toute la bonne foi de l'examen que je sollicite.

J'ai aussi nommé ce travail *Nouvel Index*, parce qu'aucune investigation n'y a manqué, et que je ne me suis servi d'aucun des index précédens. Après l'impression, j'ai fait un relevé exact du nombre des mots des index des traductions précédentes, et j'ai trouvé que celui de M. De Lamalle, qui porte aussi sur les Supplémens de Brotier, donne seulement deux mille neuf cent quatre-vingt-un mots; celui de mon devancier, deux mille huit cent quatre-vingt cinq; celui que je publie est formé de trois mille vingt-six articles. Je n'ai pour but ici que de démontrer une plus grande exactitude, qui est le premier mérite de ces sortes de travaux, et je termine cette notice en indiquant les articles omis par le dernier traducteur.

Abeilles, Adversité, Aigles (enseignes des légions romaines), Albanie, Alliance, Alphabet, Ambassadeur, Ambition, Ameublement, Amis, Anciens, Ame, Antium, Antius, Antoine (Marc), père du triumvir; Apamée, Aquilifère, Aquinum, Arbalétriers, Archers, Arène, Argenterie, Argos, Armée, Armes, Arrius, orateur médiocre; Arvernes, Assyrie, Astrologie, Ateius Capiton, centurion de Sylla; Ateius Capiton, préteur; Athènes, Autorité, Autrui, Auxiliaires, Avenir, Aveugle. — Barbe, Bienfaits, Biens, Braves, *Brutus*, titre d'un ouvrage de Cicéron; Byzantins. — Calpurnius (les), Camares, Camille, libérateur de Rome; Caninius Rebilus, Canopus, Cappadociens, Caractères, Cassius (les), Cécina (Aulus), Célibat, Centenier, Céphée, Cerius Severus, Chlamyde, Christ (le), Ciel, Ciliciens, Cincius, Circoncision, Collier, Concussion, Courtisane, Crédit, Crétois. — Dandarie, Divinités, Domestique, Domitia (famille). — Élégie, Empire romain, Empires, Enchantemens, Enseignes (porte-drapeaux), Enseignes, Éphèse, Épigramme, Escadron, Espagnols, Espérance, son temple consacré par Germanicus; Espérance, doit être opposée aux coups de la fortune; Esprit humain, Europe. — Fantassins, Fécondité, Finnois, Fisc, Forêt, Forfaits, Fortune d'autrui considérée d'un œil envieux; Foudre, Frayeur, Funérailles. — Gardien, Gascons, Gémissemens, Génie, Génitrix, Gloire, Gottberg. — Hasard, Hécate, Héroïque, Hiérocésariens, Hiéroglyphes, Historien, Hiver, Homicide, Hospitalité, Hyrcaniens. — Impôts, Inceste, Infanterie, Inimitiés, Innocence, Intentions, Interamnates, Interprètes. — Jason, Javelots, Jeunesse, Journaux, Juba, Junius (les). — Lâches, Lamentations, Légionnaires, Lieutenant, prétorien; Livius (les), Lucérie, Lucullus (les), Lupanars, Lyciens, Lyre, Lyrique. — Maître, Majoriales, Malheur, Méchants, Médecin, Méditerranée, Milésiens, Minoriales, Monnaie, Monstres, Mort, Mortels. — Occident, Olivier, Oreille, Ornemens, Ovation. — Paix, Palmier, Pannoniens, Paralytique, Parricides, Patrie, Péculat, Père des légions, Père du sénat, Pères conscrits, Perles, Peuple, Peur, Philosophes, Pilate, Plaines, Planètes, Plébéiens, Plébiscites, Pleurs, Pluton, Poltrons, Populace, Porc, Porte-Aigle, Postérité, Pouille, Pouvoir, Précipitation, Préfectures, Présent (le), Prétoriens, Préture, Princes, Priscus (Cornelius), Probité, Procès, Procès-Verbaux, Proconsulaire (pouvoir), Proconsulaire (province), Prostitués, Pyrrhus. — Quartiers, Question, Questure. — Réatins, Reconnaissance, Religion, Remèdes, Repos, République, Robe, Rochers-Rouges, Roi. — Sagittaires, Saie, Sarment, Satire, Saturninus (Apuleius), Sauterelles, Sauveur, Ségestains, Serpent, Smyrniens, Soldats, ce qu'ils doivent savoir, ce qu'il est plus utile qu'ils ignorent; Soldat (*miles gregarius*), Soldats romains, Sorrente, Sort, Souvenir, Souverains. — Talens, Tamiras, Taureau, Temples, Tente, Thraces, Traîtres, Triomphale (porte), Troyens, Truie. — Valeur, Vassaux, Vertu, Vices, Vieillards, Vinicius (Titus), Visurgis, Vulgaire. — Yeux. — Zéphyrs.

NOUVEL INDEX
DE C. C. TACITE

TABLE GÉNÉRALE ALPHABÉTIQUE,

EXTRAITE TEXTUELLEMENT DE LA TRADUCTION,

DES NOMS DES PERSONNES, DES LIEUX ET DES FAITS,

AVEC LES INDICATIONS CHRONOLOGIQUES ET LA CONCORDANCE GÉOGRAPHIQUE.

A

ABDAGÈSE, sur les conseils que lui en donne son fils Sinnacès, se révolte contre Artaban, *Ann.*, VI, 36. — Il remet à Tiridate les trésors et les ornemens royaux, 37. — Jalousie qu'éprouvent les grands du royaume de l'autorité d'Abdagèse, 43. — Son crédit auprès de Tiridate, 44.

ABDUS, eunuque et un des principaux des Parthes, engage ses compatriotes à envoyer une ambassade secrète à Rome, *Ann.*, VI, 31. — Artaban l'invite à un festin et le fait périr par un poison lent, 32.

ABEILLES (Essaim d') se pose sur le faîte du Capitole, *Ann.*, XII, 64.

ABNOBA (*Montagne Noire*), montagne de Germanie, où le Danube prend sa source, *Germ.*, 1.

A

ABORIGÈNES, premiers habitans de l'Italie, reçoivent les lettres de l'alphabet, d'Évandre d'Arcadie, *Ann.*, XI, 14.

ABUDIUS RUSO, ancien édile, cherchant à tramer la ruine de Lentulus Gétulicus, est lui-même condamné et chassé de Rome, *Ann.*, VI, 30.

ACADÉMICIENS, excellens dans la polémique, *Orat.*, 31.

ACADÉMIE, école de philosophie à la fréquentation de laquelle Cicéron dit devoir ses succès dans l'éloquence, *Orat.*, 32.

ACBARE OU ABGARE, roi des Arabes, *Ann.*, XII, 12. — Abandonne Méherdate, 14.

ACCIUS, poète tragique, *Orat.*, 20. — Dur et sec, 21.

ACERRONIA, placée avec Agrippine sur le vaisseau préparé pour la perte de cette dernière, y est tuée à coups de crocs et de rames, *Ann.*, XIV, 5.—Agrippine ordonne de rechercher le testament d'Acerronia, 6.

ACERRONIUS PROCULUS (Cnéius), consul en 790 avec C. Pontius, *Ann.*, VI, 45.

ACHAÏE, partie septentrionale du Péloponnèse, *Ann.*, II, 53; IV, 43; VI, 18; *Hist.*, I, 23; II, 1.—Délices de cette contrée, *Ann.*, III, 7.— Cicéron s'y rend dans le but d'y puiser des connaissances nouvelles, *Orat.*, 30.— Sur ses réclamations, l'Achaïe est mise au nombre des provinces impériales, *Ann.*, I, 76. — Elle est jointe à la Mésie, 80.—Un tremblement de terre y renverse Égium, IV, 13.— L'apparition d'un faux Drusus y jette l'alarme, V, 10.—Titus la côtoie, *Hist.*, II, 2. — Fausse alarme en Achaïe, à la nouvelle de l'arrivée d'un aventurier qui veut se faire passer pour Néron, 8.—*Voyez* GRÈCE.

ACHÉMÉNÈS, ancêtre de Mithridate II, roi du Bosphore, *Ann.*, XII, 18.

ACILIUS AVIOLA, lieutenant, contient les Andécaves révoltés, *Ann.*, III, 41. — Défait les Turoniens, *ibid.*

ACILIUS AVIOLA (Manius), consul en 807 avec M. Asinius Marcellus, *Ann.*, XII, 64.

ACILIUS STRABON, préteur, est accusé par les Cyrénéens, *Ann.*, XIV, 18. — Néron approuve sa conduite, *ibid.*

ACRATUS, affranchi de Néron, enlève, par ordre de ce dernier, de l'Asie et de la Grèce, non-seulement les offrandes, mais les statues des divinités, *Ann.*, XV, 45. — Les habitans de Pergame s'opposent par la force à ce qu'il enlève leurs statues et leurs tableaux, XVI, 23.

ACTÉ, affranchie, inspire de l'amour à Néron, *Ann.*, XIII, 12. —Poppée Sabina reproche au prince ses liens avec cette affranchie, 46. — Sénèque l'oppose aux séductions d'Agrippine, qui se présente devant Néron prête à l'inceste, XIV, 3.

ACTES. Tibère ne veut pas qu'on jure sur ses actes, quoique le sénat l'ait proposé, *Ann.*, I, 72. — Tibère raye du tableau des sénateurs, Apidius Mérula, parce qu'il n'a pas juré sur les actes d'Auguste, IV, 42. — Néron refuse pour lui le serment sur les actes des Césars que doit prêter Q. Antistius Vetus, son collègue au consulat, XIII, 11. — Capiton Cossutianus reproche à Thrasea de ne point jurer sur les actes du divin Auguste, XVI, 22. — Actes du sénat, *voyez* PROCÈS - VERBAUX. — Actes journaliers de la ville, *voyez* JOURNAUX.

ACTIANUS. *Voyez* NONIUS ACTIANUS.

ACTIUM, ville et promontoire d'Acarnanie. Bataille d'Actium, *Ann.*, III, 55; *Hist.*, I, 1. — Victoire d'Actium, *Ann.*, I, 3, 42; II, 53; IV, 5. — Légions d'Actium, I, 42. —Jeux sacrés d'Actium, xv, 23.

ACTIUS, centurion, maltraite Drusus, *Ann.*, VI, 24.

ACUTIA, femme de P. Vitellius, est accusée de lèse-majesté par Lélius Balbus, et condamnée, *Ann.*, VI, 47.

ADDA, rivière de la Gaule Cisalpine, se jette dans le Pô, *Hist.*, II, 40.

ADGANDESTRIUS, chef des Cattes, propose d'empoisonner Arminius, *Ann.*, II, 88.

ADIABÈNES, peuple de la partie septentrionale de l'Assyrie, *Ann.*, XII, 13.— Abandonnent Méherdate, 14. — Tigrane porte chez eux la dévastation, XV, 1, 2. — Sont battus à Tigranocerte, 4. — Gouvernés par Monobaze, 1, 14.

ADJUTRIX. *Voyez* LÉGIONS.

ADOPTION. Autel de l'adoption, *Ann.*, I, 14.

ADRANA, rivière de Germanie dans le pays des Cattes, *Ann.*, I, 56.

ADRIATIQUE (Mer). Germanicus navigue sur cette mer, *Ann.*, II, 53. — Néron est résolu à la traverser, XV, 34. — Baigne une partie du Picenum, *Hist.* III, 42.

ADRUMÈTE, ville d'Afrique dans la Byzacène, au S. de Carthage, *Hist.*, IV, 50. — Aventure singulière de Curtius Rufus dans cette ville, *Ann.*, XI, 21.

ADULTÈRE réprimé par la loi Julia, *Ann.*, II, 50; IV, 42. — Comment puni chez les Germains, *Germ.*, 19. — D. Silanus en est convaincu avec Julie, petite-fille d'Auguste, *Ann.*, III, 24. — J. Antoine est puni de mort pour le même crime avec Julie, I, 10; IV, 44. — Aquilia en est accusée avec Varius Ligur, et exilée par Tibère, quoique Lentulus Gétulicus, consul désigné, ne l'eût d'abord condamnée que suivant la loi Julia, 42. — Claudia Pulchra est mise en accusation, ainsi que son complice Furnius, et condamnée avec lui, 52. — Tibère en accuse Agrippine avec Gallus, VI, 25. — Servilius et Cornelius, chargés de poursuivre Scaurus, l'accusent d'adultère avec Livie, 29. — Émilia Lepida, qui avait épousé le jeune Drusus, accusée d'adultère avec un esclave, se donne la mort, 40. — On reproche à Valerius Asiaticus l'adultère de Poppée, x, 2. — Adultère de C. Silius et de Messaline, 12, 26, 30. — P. Suilius reproche à Sénèque d'avoir porté l'adultère dans la maison du prince,

XIII, 42. — Octavius Sagitta détermine Pontia, femme mariée, à l'adultère, puis la poignarde dans un accès de jalousie, 44. — Adultères de Poppéa Sabina, 45, 46. — Néron, par la promesse de grandes récompenses, force Anicetus à s'accuser d'adultère avec Octavie, XIV, 62.

ADVERSITÉ, presque toujours, place mal sa confiance, *Ann.*, XII, 36. — Il est d'une grande âme de supporter l'adversité, et non de s'y soustraire, *Hist.*, II, 46.

AERIAS dédie à Paphos un temple à Vénus, *Ann.*, III, 62; *Hist.*, II, 3.

ESTIENS, peuple de la grande Germanie, sur la côte orientale de la mer Suévique, *Germ.*, 45. — Leurs usages, leurs habillemens, leur langage et leur culte, *ibid.*

AFER. *Voyez* DOMITIUS AFER.

AFFRANCHIS. Quatre mille, en âge de porter les armes et infectés de superstition, sont transportés en Sardaigne pour la défendre contre les brigandages, *Ann.*, II, 85. — Tibère accuse Titius Sabinus d'avoir corrompu des affranchis, IV, 70. — Magistratures obtenues par leurs fils, XI, 24. — Claude leur confie la Judée, *Hist.*, V, 9. — Il s'élève entre eux un débat pour savoir qui choisira l'épouse de ce prince, XII, 1. — On se plaint dans le sénat de leur insolence, XIII, 26. — Sénatus-consulte rendant les affranchis par testament solidaires de l'assassinat de leurs maîtres par ses esclaves, 32. — Trait de générosité d'un affranchi d'Octavius Sagitta, 44. — Les plus intimes affranchis de Torquatus Silanus sont enchaînés et enlevés, XV, 35. — Néron charge Cleonicus, affranchi de Sénèque, de donner du poison à son maître, 45. — Acratus, affranchi de Néron, enlève à l'Asie et à la Grèce les offrandes des temples et les statues des dieux, *ibid.*; XVI, 23. — Milichus, affranchi de Scevinus, dénonce son maître comme faisant partie d'une conjuration contre Néron; Épaphrodite, affranchi du prince, l'introduit près de l'empereur, XV, 54, 55. — Conduite courageuse de l'affranchie Épicharis, 57. — Les affranchis de Pompeia Paullina bandent les plaies de cette dernière qui s'était fait ouvrir les veines en même temps que son mari, 64. — Phébus, affranchi de Néron, reprend vivement Vespasien de s'être laissé aller au sommeil pendant que le prince jouait de la lyre, XV, 5. — Fortunatus, affranchi de Vetus, après avoir malversé la fortune de son patron, en devient l'accusateur, 10. — Un affranchi de Thermus ayant intenté une action criminelle à Tigellinus sur quelques faits, l'expie par les tortures de la question, 20. — Patrobius, affranchi de Néron, est puni de mort par Galba, *Hist.*, I, 49. — Icelus, affranchi de Galba, décoré de l'anneau des chevaliers, est exécuté publiquement par l'ordre d'Othon, 13, 46. — Crescens, affranchi de Néron, offre un banquet à la multitude, en réjouissance de l'avènement de ce dernier, 76. — Vitellius dispose en faveur de chevaliers romains des charges du palais jusque là livrées à des affranchis, 58. — Othon confie à l'affranchi Oscus l'inspection des navires, 87. — Un affranchi d'Italie veut se faire passer pour Néron, II, 8. — Les affranchis d'Othon se précipitent vers ce prince au gémissement qu'il pousse en se donnant la mort, 49. — Vitellius élève Asiaticus, son affranchi, à la dignité de chevalier; ce qu'il expie sous Vespasien par le supplice des esclaves, 57, 95; IV, 11. — Hilarius, affranchi du même prince, accuse Cluvius Rufus de se créer une puissance particulière, et de prendre possession de l'Espagne, 65. — Vitellius soumet les affranchis du palais à une sorte de contributions d'après le nombre de leurs esclaves, 94. — Anicetus, affranchi du roi Polémon, excite une révolte dans le Pont, III, 47. — Vitellius, sur les exhortations de ses affranchis, ordonne aux tribus de s'assembler, 58. — Domitien, assiégé dans le Capitole, s'échappe, par l'adresse d'un affranchi, au milieu d'une troupe de sacrificateurs, 64. — Un affranchi de ce prince est envoyé par lui vers Agricola, pour lui remettre les titres de gouverneur de Syrie, s'il était encore en Bretagne, *Agr.*, 40. — Deux formes d'affranchissement, *Ann.*, XIII, 27. — Condition des affranchis chez les Germains, *Germ.*, 25.

AFRANIUS, souvent appelé homme illustre par Tite-Live, *Ann.*, IV, 34.

AFRANIUS QUINCTIANUS, de l'ordre sénatorial, se jette dans la conjuration contre Néron, *Ann.*, XV, 49. — Dénoncé par Flavius Scevinus, nomme bientôt lui-même Glitius Gallus au nombre des conspirateurs, 56, 57. — Meurt avec plus de courage que ne le promettait la mollesse de sa vie, 70.

AFRICANUS, orateur, *Orat.*, 15.

AFRICANUS. *Voyez* PACTIUS AFRICANUS.

AFRICANUS (Julius), de Saintonge, dans les Gaules, est accusé et condamné, *Ann.*, VI, 7.

AFRICANUS (Sextius), jeune noble, est détourné par Agrippine d'épouser Junia Silana, *Ann.*, xiii, 19. — Fait le recensement des Gaules avec Q. Volusius et Trebellius Maximus, xiv, 46.

AFRIQUE, une des trois parties du monde qui formaient l'ancien continent, *Ann.*, i, 53; ii, 43, 50; iii, 9; iv, 13; xi, 21; xii, 59; *Hist.*, i, 49, 70, 73; ii, 58; iv, 49, 50; *Germ.*, 2; *Agr.*, 42. — La guerre y éclate, *Ann.*, ii, 52. — Troublée par les incursions de Tacfarinas, iii, 20, 32, 74; iv, 23, 24, 25. — Le sénat décrète que Tibère en choisira le gouverneur, iii, 32. — Sur la présentation du prince, on y envoie Junius Blésus, 35. — Le gouvernement en est prorogé à ce dernier, 58, 72. — Occupée par deux légions, iv, 5. — Est un instant jetée dans les alarmes par l'apparition d'un jeune homme qui se dit être Drusus, fils de Germanicus, v, 10. — On y recherche les vers de la Sibylle, vi, 12. — M. Silanus, son gouverneur, est pour C. Caligula un objet de craintes, *Hist.*, iv, 48. — Approvisionne Rome, *Ann.*, xii, 43. — Sulpicius Camerinus et Pomponius qui y avaient exercé le pouvoir proconsulaire, sont mis en accusation, et absous par l'influence de Néron, xiii, 52. — On y fait des levées pour compléter les légions de l'Illyrie, 13. — Clodius Macer s'y révolte et y périt, *Hist.*, i, 7, 37. — Depuis la mort de ce dernier, et depuis l'expérience qu'elle a faite d'un maître subalterne, ne veut plus obéir qu'à Rome quel qu'en soit le souverain, 11. — Est soumise à Othon, 76. — Ce prince lui accorde de nouveaux privilèges, 78. — Se prononce pour Vitellius, 97. — Vespasien se prépare à envahir, par terre et par mer, la côte d'Afrique, pour en fermer tous les greniers, iii, 48. — Le bruit se répand à Rome qu'elle se sépare de l'empire, et qu'une révolution y est soulevée par L. Pison, son gouverneur, iv, 38. — Vent d'Afrique, xv, 46.

AGAMEMNON, personnage de tragédie, *Orat.*, 9.

AGERINUS, affranchi d'Agrippine, est envoyé par elle à Néron, pour lui annoncer qu'elle a échappé à un grand péril, *Ann.*, xiv, 6. — Il est chargé de fers, comme envoyé par Agrippine pour assassiner son fils, 7. — Stratagème employé pour accréditer cette prétendue tentative, *ibid.* — Néron dénonce son crime au sénat, 11.

AGRAIRES (Lois), *Ann.*, iv, 32.

AGRESTIS (Julius), centurion, confirme à Vitellius un récit auquel ce prince se refusait à croire, en se donnant volontairement la mort, *Hist.*, III, 54.

AGRICOLA. *Voyez* JULIUS AGRICOLA.

AGRIPPA (M. Asinius), consul en 778 avec Cornelius Cossus, *Ann.*, IV, 34. — Sa mort, 61.

AGRIPPA (Fonteius), accusateur de Drusus Libon, *Ann.*, II, 30. — Offre sa fille pour succéder à la vestale Occia, 86. — Elle est refusée et dotée par Tibère, *ibid.*

AGRIPPA (Fonteius), proconsul d'Asie, obtient le gouvernement de la Mésie, *Hist.*, III, 46.

AGRIPPA (Haterius), tribun du peuple, s'oppose à ce que les histrions soient battus de verges, *Ann.*, I, 77. — Germanicus et Drusus favorisent sa nomination à la préture, à la place de Vipsanius Gallus, mort, II, 51. — Consul en 775 avec C. Sulpicius Galba, III, 49, 52. — Opine au procès de Lutorius Priscus, pour qu'il soit puni du dernier supplice, 49, 51. — Attaque les consuls de l'année précédente, VI, 4.

AGRIPPA (Hérode), roi de Judée, meurt, et son royaume est réuni au gouvernement de Syrie, *Ann.*, XII, 23.

AGRIPPA (Hérode), fils du précédent, est envoyé par Néron contre les Parthes, *Ann.*, XIII, 7. — Prévenu par des courriers secrets, quitte Rome, arrive en Syrie et se déclare pour Vespasien, *Hist.*, II, 81.

— Accompagne Titus dans la guerre de Judée, V, 1.

AGRIPPA (Julius) est relégué par Néron aux îles de la mer Égée, *Ann.*, XV, 71.

AGRIPPA (Vibulenus), chevalier romain, que ses accusateurs chargeaient, au milieu même du sénat, prend un poison caché sous sa robe, et tombe presque mort, *Ann.*, VI, 40. — Les licteurs l'entraînent en hâte dans la prison, et leurs mains barbares fatiguent du lacet la gorge de leur victime expirée, *ibid.*

AGRIPPA (Marcus Vipsanius), gendre d'Auguste, *Ann.*, I, 3; IV, 40; *Hist.*, I, 15. — Père d'Agrippine, femme de Germanicus, *Ann.*, I, 41, et de Vipsania, III, 19. — Aïeul d'Asinius Saloninus, 75, et d'Agrippine, mère de Néron, XII, 27. — Est élevé par Auguste à deux consulats successifs, I, 3. — Est associé par lui à la puissance tribunitienne, III, 56; IV, 40. — Rival de Tibère, VI, 51. — Reçoit les Ubiens dans l'alliance des Romains, XII, 27. — Se retire à Mitylène, XIV, 53, 55. — Sa mort, I, 3; III, 56. — Son étang, XV, 37. — Ses monumens, 39. — Son portique, *Hist.*, I, 31. — Comment moururent ses enfans, III, 19.

AGRIPPA POSTUMUS, fils du précédent et de Julie, est relégué par Auguste dans l'île Planasia, *Ann.*, I, 3. — Il était d'une ignorance grossière et stupidement enorgueilli de sa force athlétique, *ibid.* — Était d'un caractère violent, 4. — Visité par Auguste, 5. — Assassiné par un centurion, sur l'ordre de Tibère, 6, 53. — Un des esclaves d'Agrippa, nommé Clemens, se faisant passer pour lui, est sur le point de jeter la république dans les discordes et les guerres intestines, II, 39, 40.

AGRIPPA MENENIUS. *Voyez* MENENIUS AGRIPPA.

AGRIPPINE, fille d'Agrippa, *Ann.*, I, 41. — Petite-fille d'Auguste, 40, 41; II, 71. — Épouse de Germanicus, I, 33; IV, 1. — Belle-fille de Drusus, 41. — Tante des enfans d'Asinius Gallus, IV, 71. — Donne à Germanicus plusieurs enfans, I, 33. — Met au jour Caligula dans un camp, 41. — Sa vertu, et son amour pour son mari, 33. — Son admirable chasteté, 41. — Étrangère à toute dissimulation, IV, 54. — Sur les prières de son époux, se retire avec son fils à l'Autel des Ubiens (*Gottberg*) où les soldats s'étaient révoltés, I, 40. — Se rend sans cortège chez les Trévires, 41. — Les soldats conjurent Germanicus de la faire revenir, *ibid.* — Elle empêche de rompre un pont jeté sur le Rhin, 69. — Tibère conçoit contre elle de la jalousie et de la haine, *ibid.* — L'impératrice prescrit à Plancine de l'humilier par toutes sortes de rivalités de femme, II, 43. — Agrippine accouche à Lesbos de Julie, son dernier enfant, 54. — Elle essuie les invectives de Plancine, 55. — Assiste avec son époux à un festin donné par les Nabatéens, 57. — Reçoit les exhortations de Germanicus mourant, 72. — Accablée de douleur, et même malade, monte, accompagnée de ses enfans, sur un vaisseau, emportant avec elle les cendres de Germanicus, 75. — Est rencontrée en mer par Pison avec lequel on est sur le point d'en venir aux mains, 79. — Aborde à Corcyre où elle reste quelques jours, III, 1. — Arrive à Brindes où elle débarque avec ses deux enfans, portant l'urne funéraire de son époux, *ibid.* — Zèle dont les Romains s'enflamment pour elle, 4. — Actions de grâces à elle rendues, pour avoir vengé Germanicus, 18. — Elle dissimule mal ses espérances, IV, 12. — Des conseillers perfides, poussés par Séjan, aigrissent son âme altière, *ibid.* — Séjan pousse l'impératrice et Livie à accuser Agrippine auprès de Tibère, *ibid.* — Il anime contre elle la colère de Tibère, 17, 39, 40. — L'affection d'Agrippine pour Sosia Galla rend celle-ci odieuse à Tibère, 19. — Rivalité de Livie et d'Agrippine, 40. — Cousine d'Agrippine, Claudia Pulchra est mise en accusation, 52. — Plaintes d'Agrippine à Tibère, et réponse que lui fait le prince, *ibid.* — Est saisie d'une maladie, 53. — Elle conjure Tibère de lui donner un époux; mais le prince la laisse sans réponse, *ibid.* — Séjan l'entoure de personnes qui, sous le voile de l'amitié, la préviennent qu'on veut l'empoisonner, 54. — Frappée de ces prétendues révélations, Agrippine n'ose manger des fruits que lui offre Tibère, *ibid.* — Drusus est enflammé de jalousie à cause de la préférence qu'elle accorde sur lui à son frère Néron, 60. — Déjà Séjan ne cache plus les pièges qu'il lui tend, 67. — Tibère semble la désigner aux sénateurs comme une cause d'alarmes, 70. — Une lettre du prince l'accuse devant le sénat, v, 3. — Manifestations du peuple en sa faveur, 4. — Le sénat n'ayant pris aucune délibération, Tibère ordonne que rien ne soit décidé sans lui, 5. — Exilée par Tibère, xiv, 63. — Meurt deux années après le supplice de Séjan et à pareil jour, vi, 25. — Accusée par Tibère d'adultère avec Gallus, *ibid.*

AGRIPPINE (Julie), fille de Germanicus, *Ann.*, iv, 75; xii, 1; xiii, 14; xiv, 7; et d'Agrippine, iv, 53. — Petite-fille d'Agrippa, xii, 27. — Nièce de Claude, 3. — Petite-nièce de Tibère, iv, 75. — Se prostitue à Lépide, dès ses tendres années, dans l'espoir de dominer, xiv, 2. — Épouse Cn. Domitius, iv, 75. — Mère de Néron, 53; xi, 12; xiii, 3, 64. — Haine que lui porte Messaline, xi, 12. — Celle-ci morte, Agrippine dispute à Lollia Paullina le titre d'épouse de l'empereur Claude, xii, 1, 2. — Obtient la préférence sur sa rivale, 3. — Ses machinations contre L. Silanus, fiancé d'Octavie, pour rompre cette union au profit de son fils Domitius, 4; xiii, 1. — Le sénat, sur le rapport de Vitellius, ordonne le mariage d'Agrippine avec son oncle Claude, xii, 5, 6, 7. — Tout lui obéit, *ibid.* — Obtient pour Sénèque son rappel de l'exil, et en même temps la préture, 8. — Veut qu'il serve de guide à la jeunesse de Domitius, et que ses conseils aident et la mère et le fils à s'assurer l'empire, *ibid.* — Manœuvres qu'elle emploie pour arriver aux fiançailles de son fils avec Octavie, 9. — Suscite un crime et un accusateur à Lollia qui est envoyée en exil, et la force à se donner la mort, 22. — Ses liaisons adultères avec Pallas, 25, 65; xiv, 2. — Honorée du titre d'Augusta, xii, 26. — Fonde dans la cité des Ubiens une colonie qui prend son nom, 27; *Germ.*, 28.— Reçoit de Caractacus les mêmes actions de grâces, les mêmes éloges qu'il avait offerts à Claude, *Ann.*, xii, 37. — Adresse à Claude des plaintes amères de ce que Britannicus avait salué Néron du nom de Domitius, 41. — Monte au Capitole sur le char réservé de toute antiquité aux pontifes et aux cérémonies des dieux, 42. — Fait condamner à l'exil Junius Lupus, l'accusateur de Vitellius, *ibid.* — Préside avec Claude à un combat naval donné sur le lac Fucin, 56. — Accuse Narcisse de cupidité et de déprédations, 57. — Avide d'envahir les jardins de Statilius Taurus, le perd en le faisant accuser par Tarquitius Priscus, 59. — Son effroi en entendant des paroles que Claude laisse échapper dans l'ivresse, 64. — Résout la perte de Domitia Lepida, *ibid.*— Narcisse cherche un appui contre elle dans la personne de Britannicus, 65. — Elle fait empoisonner Claude, 66, 67. — Feint d'être accablée de douleur, 68. — Aux funérailles de Claude, elle rivalise de magnificence avec Livie, sa bisaïeule, 69. — Trame la perte de M. Junius Silanus, xiii, 1. — Afranius Burrus et Annéus Sénèque combattent de concert sa violence, 2. — Se fait un appui de Pallas auprès de Néron, *ibid.* — Les honneurs s'accumulent en public sur elle, *ibid.* — Le sénat lui décerne deux licteurs et le titre de prêtresse de Claude, *ibid.* — Assiste aux délibérations du sénat, séparée par le rideau d'une porte secrète, 5. — Se prépare à monter sur le tribunal de l'empereur; mais Néron, sur l'avis de Sénèque, va au devant d'elle, *ibid.* — Son pouvoir s'ébranle peu à peu, 12. — Se plaint à Néron d'avoir une affranchie (Acté) pour rivale, une esclave pour belle-fille, et a recours aux caresses pour le séduire, 43. — Se répand en menaces contre Néron, et lui déclare qu'à Britannicus seul appartient le trône qu'il occupe, et hâte ainsi les effets de la haine de Néron, 14, 15. — Sa terreur et sa consternation lors de l'empoisonnement de Britannicus, 16. — Est reléguée par son fils dans un palais qu'Antonia avait habité, 18. — Junia Silana se venge du dégoût qu'Afranius Sextius lui avait témoigné, à l'incitation d'Agrippine, en accusant celle-ci de méditer une révolution en faveur de Rubellius Plautus, 19. — Néron veut la faire mourir, 20. — Sa réponse à Burrus qui lui donne connaissance de l'accusation, 21. — Obtient la punition de ses délateurs, *ibid.* — Regardée par Poppéa Sabina comme un obstacle à son mariage avec Néron, xiv,

1. — Dans son ardeur de retenir le pouvoir, se présente à Néron, prête à l'inceste, 2. — Sa mort est résolue, 3. — Moyen offert par Anicetus pour la faire périr, *ibid.* — Néron l'attire à Baïes, 4. — Quoique blessée à l'épaule, elle échappe, en nageant, aux flots qui devaient l'engloutir, 5. — Feignant de ne point comprendre le complot, elle envoie Agerinus à Néron pour lui annoncer qu'elle a échappé à un grand péril, 6, 7. — Tombe sous les coups des assassins envoyés par ce dernier, 8. — Ses obsèques et son tombeau, 9. — Des astrologues, qu'elle consulta sur Néron, lui avaient répondu qu'il règnerait et qu'il tuerait sa mère, *ibid.* — A laissé des écrits sur sa vie et sur les malheurs de sa famille, IV, 53. — Des lamentations sortent de sa tombe, XIV, 10. — Néron s'efforce de rendre sa mémoire odieuse au sénat et au peuple, 11 et *suiv.* — Le sénat propose que le jour de sa naissance soit mis au nombre des jours néfastes, 12. — Pétus Thrasea sort du sénat pendant qu'on délibère sur elle, XVI, 21. — On fait un crime à Fenius Rufus de l'affection d'Agrippine pour lui, XIV, 57; XV, 50. — Octavie, dans son exil, invoque son nom, 64.

AGRIPPINE (Colonie d') fondée dans la cité des Ubiens par la mère de Néron, *Ann.*, XII, 27; *Hist.*, IV, 28, 65, 79; *Germ.*, 28. — *Voyez* COLOGNE et UBIENS.

AGRIPPINIENS. *Voyez* AGRIPPINE (Colonie d').

AGRIPPINUS PACONIUS est accusé par Eprius Marcellus d'être l'héritier de la haine de son père contre les Césars, *Ann.*, XVI, 28. — Cependant son père innocent avait été victime de la barbarie de Tibère, 29. — Est chassé de l'Italie, 33.

AIGLES, oiseaux de Rome, *Ann.*, II, 17. — Divinités tutélaires des légions romaines, *ibid.* — Le plus favorable augure, huit aigles, fixent l'attention de Germanicus, *ibid.* — Un aigle, planant doucement à la tête des troupes commandées par Fabius Valens, vole au devant, comme pour montrer le chemin, *Hist.*, I, 62.

AIGLES, *Ann.*, I, 65; XV, 17. — Sont honorées par les soldats romains d'un respect religieux, I, 39. — Les trois légions de Pannonie placent ensemble les trois aigles et les enseignes des cohortes, 18. — Les soldats, dans une marche honteuse, portent au milieu des aigles la caisse enlevée à leur général, 37. — L. Stertinius retrouve celle de la dix-neuvième légion, perdue à la défaite de Varus, 60. — Germanicus en retrouve une autre provenant de la même défaite, II, 25. — La femme de Calvisius Sabinus se prostitue dans le camp, dans l'enceinte même des aigles, *Hist.*, I, 48. — Corbulon mêle à la sixième légion trois mille hommes de la troisième, et les range sous une seule aigle, *Ann.*, XIII, 38. — Pétus presse ce dernier de venir en hâte protéger les aigles de son armée, XV, 11. — Les têtes de Galba, de Pison et de Vinius, fixées sur des piques, sont portées au milieu des enseignes des cohortes auprès de l'aigle de la légion, *Hist.*, I, 44. — Valens commande l'élite de l'armée de la Germanie Inférieure avec l'aigle de la cinquième légion, 51. — Les soldats entourent ce chef de leurs aigles et de leurs drapeaux, II, 29. — La vingt-unième légion perd son aigle, 43. — Vitellius, à son entrée dans Rome, se fait précéder des aigles de quatre légions, 89. — Ordre des aigles de l'armée flavienne dans le combat près de Crémone, III, 21. — La septième légion ne doit la conservation de son aigle qu'aux dépens de la vie d'Atilius Verus, centurion primipilaire, 22. — Les aigles des légions vitelliennes vaincues dans Crémone, sortent de cette ville, 31. — Les légions flaviennes victorieuses laissent leurs aigles à Vérone, 50, 52. — Les chefs du parti flavien parvenus à Carsules, y attendent l'arrivée des aigles et des enseignes des légions, 60.

ALBANAIS ou ALBANIENS, peuple d'Asie, *Ann.*, IV, 5. — Se disent issus des Thessaliens, VI, 34. — Vonones relégué en Cilicie veut se réfugier chez les Albanais, II, 68. — Pharasmane se ligue avec eux, VI, 33. — Combattent avec les Ibériens contre les Parthes, qu'ils défont, 35. — Néron envoie contre eux des troupes vers les portes Caspiennes, *Hist.*, I, 6.

ALBANIE (*Chirvan* et *Daghistan*), grande contrée de l'Asie, *Ann.*, VI, 33; XIII, 41. — Boisée et montueuse, VI, 34. — Fait la guerre à Pharasmane, XII, 45.

ALBE (Château d'), maison de plaisance de Domitien, retentit des vociférations sanguinaires de Messalinus, *Agr.*, 45.

ALBE, berceau des Jules, *Ann.*, XI, 24. — Les images de tous ses rois sont portées aux funérailles de Drusus, fils de Tibère, IV, 9. — Néron, après l'incendie de Rome, ordonne que les édifices soient reconstruits avec de la pierre d'Albe, parce que cette pierre est à l'épreuve du feu, XV, 43.

ALBINGAUNUM (*Albinge*), municipe de la Ligurie, *Hist.*, II, 15.

ALBINUS (Luccius), procurateur des deux Mauritanies, après le meurtre de Galba, incline pour Othon et médite d'envahir l'Espagne, *Hist.*, II, 58. — Est assassiné dans la Mauritanie Césarienne, en abordant au rivage, *ibid.*, 59. — Son épouse est égorgée avec lui, *ibid.*

ALBIS. *Voyez* ELBE.

ALBIUM INTEMELIUM (*Vintimille*), municipe d'Italie, est saccagé par les soldats de la flotte d'Othon, *Hist.*, II, 13; *Agr.*, 7.

ALBUCILLA, qui avait été mariée à Satrius Secundus, le dénonciateur de la conspiration de Séjan, femme décriée pour ses galanteries, est accusée d'impiété envers Tibère, *Ann.*, VI, 47. — Se frappe d'un coup mal assuré, et est portée en prison par ordre du sénat, 48.

ALCIS, nom sous lequel les Naharvales adorent Castor et Pollux, *Germ.*, 43.

ALETUS (Marcus), ex-préteur, est choisi pour aller en Asie reconnaître l'état présent des villes maltraitées par un tremblement de terre, et y remédier, *Ann.*, II, 47.

ALEXANDRE. *Voyez* TIBERIUS ALEXANDRE.

ALEXANDRE LE GRAND, *Ann.*, VI, 31. — Contemporain de Démosthène et d'Hypéride, *Orat.*, 16. — Vainqueur de Darius à Arbelle, *Ann.*, XII, 13. — Don qu'il fit aux Sardes après une victoire, III, 63. — Germanicus mis en parallèle avec lui, II, 73.

ALEXANDRIE (*Iskandrih*), grande ville de l'Égypte, *Ann.*, XIV, 60; *Hist.*, IV, 82; V, 1. — Auguste avait défendu aux sénateurs et aux premiers des chevaliers romains d'y entrer sans permission expresse, *Ann.*, II, 59. — Rhescuporis y est transporté et égorgé, 67. — Néron y envoie les corps germaniques, *Hist.*, I, 31. — Elle défère, la première, l'empire à Vespasien, II, 79. — Ce prince se hâte de gagner cette ville pour pouvoir menacer Rome de la famine, III, 48. — Il y opère des guérisons miraculeuses, IV, 81. — Ptolémée y fait apporter la statue de Sérapis, 83, 84.

ALIENUS CÉCINA. *Voyez* CÉCINA ALIENUS.

ALISE (*Alisse* ou *Sainte-Reine*), ville de la Gaule dans la 1re Lyonnaise, où César fut assiégé par les Gaulois, *Ann.*, XI, 23.

ALISO, fort élevé par Drusus, sur la rivière du même nom (*Yssel*), *Ann.*, II, 7.

ALLEDIUS SEVERUS (Titus), chevalier romain, épouse sa nièce pour complaire à Agrippine, *Ann.*, XII, 7.

ALLIA, petite rivière du Latium, sur les bords de laquelle les Romains furent défaits par les Gaulois, *Hist.*, II, 91.

ALLIANCE. Coutume singulière des rois de l'Orient quand

ils contractent une alliance, *Ann.*, XII, 47.

ALLIARIA, épouse de Sempronius Gracchus, *Ann.*, I, 53. — Son mari, relégué à Cercina, lui écrit ses dernières volontés, *ibid.*

ALLIENUS (Forum d'). *Voyez* FORUM D'ALLIENUS.

ALLOBROGES, peuple des Gaules, *Hist.*, I, 66.

ALPES, montagnes qui séparent l'Italie de la Gaule, de la Rhétie et de la Germanie, *Hist.*, I, 23, 66, 70; II, 11, 17, 20, 32; III, 1, 34, 35; IV, 54, 55, 70, 85; V, 26. — Limites de l'Italie reculées jusqu'aux Alpes, *Ann.*, XI, 24. — Franchies par les troupes flaviennes, *Hist.*, III, 53. || Alpes Cottiennes, I, 61, 87; IV, 68. || Alpes Grecques, II, 66; IV, 68. || Alpes Juliennes, III, 8. || Alpes Panonciennes, II, 98; III, 1. || Alpes Pennines, I, 61, 70, 87; IV, 68. || Alpes Rhétiques, I, 70; *Germ.*, 1. || Les Alpes maritimes reçoivent de Néron les droits du Latium, *Ann.*, XV, 32. — Othon, au début de ses opérations contre Vitellius, se rend maître de la majeure partie de l'Italie jusqu'aux Alpes maritimes, *Hist.*, II, 12. — Conduite de Marius Maturus, procurateur des Alpes maritimes, III, 42.

ALPHABET. Claude y ajoute de nouvelles lettres, *Ann.*, XI, 13.

ALPHENUS VARUS, préfet de camp, pour apaiser la sédition contre Valens, ouvre l'avis de défendre aux centurions de relever les sentinelles, et aux trompettes de sonner pour appeler aux exercices militaires, *Hist.*, II, 29. — Amène ses troupes pour appuyer Cécina et Valens qui combattent près de Bédriac, 43. — Vitellius le nomme préfet du prétoire à la place de P. Sabinus, III, 36. — Occupe avec Julius Priscus les passages de l'Apennin, 55. — Abandonnant le camp pour retourner vers Vitellius, il épargne à tous la honte de la trahison, 61. — Survit à sa lâcheté et à son infamie, IV, 11.

ALPINI. *Voyez* LIGURIE.

ALPINUS (Decimus), frère d'Alpinus Montanus, passe avec son frère sous les drapeaux de Civilis, *Hist.*, V, 19.

ALPINUS (Julius), un des principaux chefs des Helvétiens, est puni par Cécina, comme instigateur de la guerre, *Hist.*, I, 68.

ALPINUS MONTANUS, de Trèves, préfet de cohorte, porte en Germanie la nouvelle de la victoire remportée par les Flaviens à Bédriac et à Crémone, *Hist.*, III, 35; IV, 31. — Se laisse séduire par les discours de Civilis, 32. — Passe le Rhin avec ce chef, V, 19.

Altinum (*Altino*), ville d'Italie dans la Vénétie, ouvre ses portes aux Flaviens, *Hist.*, III, 6.

Altinus (Julius), est relégué par Néron aux îles de la mer Égée, *Ann.*, XV, 71.

Amanus, montagne de Syrie, sur laquelle le sénat décrète l'érection d'un arc de triomphe en mémoire des hauts faits de Germanicus, *Ann.*, II, 83.

Amasis, roi d'Égypte, *Ann.*, VI, 28. — Sous son règne parut le second phénix, *ibid.*

Amathonte (Vénus d'). Son temple bâti par Amathus, fils d'Aerias, *Ann.*, III, 62.

Amathus, fils d'Aerias, fonde un temple en l'honneur de Vénus, *Ann.*, III, 62.

Amazones. Le dieu Bacchus les ayant vaincues, épargne celles qui se réfugient suppliantes à l'autel de Diane, *Ann.*, III, 61. — Quelques-uns pensent que Smyrne doit sa fondation à l'une d'elles, IV, 56.

Ambassadeur, caractère sacré même chez les peuples ennemis, *Hist.*, III, 80.

Ambition. Ses premières espérances sont d'un abord difficile; dès qu'il est franchi, appuis et partisans se présentent, *Ann.*, IV, 7.

Ambivius Turpion, comédien, *Orat.*, 20.

Ame, dans le malheur, s'attendrit facilement, *Ann.*, IV, 68. — L'imprévu terrifie même les âmes les plus fortes, XV, 59. — Les âmes de ceux qui ont péri dans les combats ou les supplices, sont réputées immortelles par les Juifs, *Hist.*, V, 5. — Il est d'une grande âme de supporter l'adversité et non de s'y soustraire, II, 46. — Demetrius s'entretient avec Thrasea sur la nature de l'âme et sa séparation du corps, *Ann.*, XVI, 34. — L'âme ne s'éteint pas avec le corps, *Agr.*, 46.

Ameublement. Fronto demande au sénat un règlement à ce sujet, *Ann.*, II, 33.

Amis. Leur principal devoir n'est point d'accorder aux morts de lâches gémissemens, mais de se souvenir de ce qu'ils ont voulu, d'exécuter ce qu'ils ont prescrit, *Ann.*, II, 71. — Il n'est aucun appui plus sûr pour un souverain vertueux, que des amis vertueux, *Hist.*, IV, 7. — Germanicus mourant reçoit de ses amis le serment qu'ils perdront la vie plutôt que de ne pas le venger, *Ann.*, II, 71.

Amisia, fleuve. *Voyez* **Ems**.

Amisia, ville de Germanie, à l'embouchure du fleuve de ce nom, *Ann.*, II, 8. — Germanicus y laisse la flotte sur la rive gauche du fleuve, et fait passer l'armée sur la rive droite, *ibid.*

AMORGOS (*Amorgo*), île où fut déporté Vibius Serenus, *Ann.*, IV, 13, 30.

AMPHITHÉATRE. Celui de Fidènes, en s'écroulant, fait plus de cinquante mille victimes, *Ann.*, IV, 62, 63. — Néron en fait élever un au Champ-de-Mars, XIII, 31. — Celui de Placentia est brûlé pendant le siège de cette ville par les Vitelliens, *Hist.*, II, 21. — Vitellius en fait élever plusieurs par les soldats de la treizième légion, 67; III, 32.

AMPHICTYONS, tribunal suprême chez les Grecs, *Ann.*, IV, 14.

AMPIUS FLAVIANUS (Titus), gouverneur de Pannonie, *Hist.*, II, 86. — Temporiseur par caractère et par vieillesse, indispose les Flaviens qui le soupçonnent de se souvenir de sa parenté avec Vitellius, III, 4. — Sur un soupçon de trahison, un groupe de soldats l'enveloppe et demande sa mort, 10. — Son exemple allégué par Civilis, V, 26.

AMULIUS SERENUS, primipilaire, reçoit l'ordre de Galba, d'amener du temple de la Liberté les soldats de Germanie présens à Rome, *Hist.*, I, 31.

AMYCLÉE (Mer), *Ann.*, IV, 59.

ANAGNIA, ville du Latium, patrie de Fabius, *Hist.*, III, 62.

ANCHARIUS PRISCUS, déclare Césius Cordus, proconsul de Crète, coupable de péculat et du crime de lèse-majesté, *Ann.*, III, 33, 70.

ANCIENS. Leur renommée suffit à leur éloge, *Orat.*, 24.

ANCILES, ou Boucliers sacrés, *Hist.*, I, 89.

ANCÔNE, ville d'Italie. Pison, arrivant d'Illyrie et se rendant à Rome, y laisse ses vaisseaux, *Ann.*, III, 9.

ANCUS MARCIUS, quatrième roi de Rome, donne quelques lois au peuple romain, *Ann.*, III, 26.

ANDÉCAVES, peuple de la Gaule, dans la 3ᵉ Lyonnaise, se révoltent et sont contenus par le lieutenant Acilius Aviola, *Ann.*, III, 41.

ANÉMUR, ville de Cilicie, est assiégée par les Clites, *Ann.*, XII, 55.

ANGLES, peuple de la Germanie, *Germ.*, 40.

ANGRIVARIENS, peuple de la Germanie, voisins des Chérusques, *Ann.*, II, 19, 41. — Autres peuples qui les avoisinent, *Germ.*, 33, 34. — Germanicus apprend leur défection, *Ann.*, II, 8. — Se battent contre les Romains, 19. — Leur soumission, 8, 22. — Rendent un grand nombre de vaisseaux de la flotte de Germanicus, qu'ils avaient rachetés, 24.

ANICETUS, affranchi, préfet de la flotte de Misène et gouverneur de l'enfance de Néron, propose la construction d'un navire, au moyen duquel Agrippine doit périr, *Ann.*, xiv, 3. — Jette entre les pieds d'Agerinus, envoyé par Agrippine, un poignard pour faire croire que celle-ci a machiné l'assassinat de Néron, 7. — Il investit de gardes la maison d'Agrippine, et lui fait donner la mort, 8. — Sur les prières de Néron, qui lui promet de grandes récompenses, s'accuse faussement d'adultère avec Octavie, 62. — Est exilé en Sardaigne, où il meurt après y avoir vécu sans indigence, *ibid.*

ANICETUS, affranchi du roi Polémon, jadis préfet de la flotte royale, suscite une révolte dans le Pont, *Hist.*, iii, 47. — Virdius Geminus l'atteint à l'embouchure du fleuve Cohibus, 48.

ANICIUS CERIALIS, consul désigné, opine pour qu'il soit élevé, aux frais publics, un temple au dieu Néron, *Ann.*, xv, 74. — Met fin à ses jours, sans exciter beaucoup la commisération, parce qu'on se souvenait qu'il avait révélé la conjuration de Caligula, xvi, 17.

ANNALES ne doivent point être comparées avec les écrits des historiens qui ont fait connaître les premiers temps de la république romaine, *Ann.*, iv, 32.

ANNEAU de fer porté par les Cattes jusqu'à ce qu'ils se soient délivrés de cette sorte de chaîne par la mort d'un ennemi, *Germ.*, 31. — C'était une des prérogatives des chevaliers de porter un anneau, *Hist.*, i, 13. — Vitellius en décore Asiaticus son affranchi, ii, 57. — Les anciens Romains en scellaient les provisions les plus communes, *Ann.*, ii, 2.

ANNÉE n'est divisée qu'en trois saisons par les Germains, *Germ.*, 26. — Les Juifs consacrent la septième année à l'oisiveté, *Hist.*, v, 4. — D'après Cicéron, il n'y a de véritable et entière année que celle où la position du ciel et des astres, dans toute leur étendue, se reproduit en entier, ce qui n'arrive qu'après 12,954 années communes, *Orat.*, 16.

ANNÉUS MELLA. *Voyez* MELLA.

ANNÉUS (Statius), médecin et ami de Sénèque, donne du poison à ce dernier, sur ses instances, pour accélérer sa mort que l'ouverture des veines ne lui apportait pas assez promptement, *Ann.*, xv, 64.

ANNIA RUFILLA. *Voyez* RUFILLA.

ANNIBAL, perd un œil en combattant, *Hist.*, iv, 13. — Son irruption en Italie, iii, 34.

ANNIUS FAUSTUS, de l'ordre des

chevaliers, est cité devant le sénat et condamné comme l'auteur d'une foule de délations, au temps de Néron, *Hist.*, II, 10.

ANNIUS GALLUS reçoit d'Othon un commandement dans l'armée de terre, *Hist.*, I, 87. — Occupe les rives du Pô, II, 11. — Est informé par Spurinna de la résistance de Placentia et des projets de Cécina, 23. — Assit son camp à Bédriac, *ibid.* — Est blessé par une chute de cheval, 33. — Approuve l'avis de Suetonius Paullinus, qui conseille à Othon de temporiser, *ibid.* — Par ses prières, ses raisonnemens, son influence, persuade aux Othoniens vaincus à Bédriac de ne pas ajouter au désastre d'une bataille perdue, leurs fureurs et leurs propres massacres, 44. — Est choisi par Mucien pour faire la guerre à Civilis, IV, 68. — On lui envoie la quatorzième légion, V, 19.

ANNIUS POLLION est accusé du crime de lèse-majesté, *Ann.*, VI, 9. — Est dénoncé par Sénécion, son ami, comme faisant partie de la conjuration contre Néron, 56. — Suspect plutôt que convaincu, est condamné à l'exil, 71. — Servilie, son épouse, accusée par Ostorius Sabinus, a le choix de sa mort, 30, 33.

ANSIBARIENS, peuple de la Germanie, envahissent les champs riverains du Rhin, qu'ils sont bientôt forcés d'abandonner, *Ann.*, XIII, 55, 56. — Leur fin malheureuse après leur défaite, *ibid.*

ANTEIUS est chargé avec Silius et Cécina, par Germanicus, de la construction d'une flotte, *Ann.*, II, 6.

ANTEIUS (Publius) reçoit la promesse d'être nommé gouverneur de Syrie; abusé sous divers prétextes, est enfin retenu à Rome, *Ann.*, XIII, 22. — Odieux à Néron à cause de l'affection que lui portait Agrippine, XVI, 14. — Accusé par Antistius Sosianus comme ennemi de l'état et du prince, prend du poison et hâte sa mort en se coupant les veines, *ibid.*

ANTÉNOR, prince troyen, institue les jeux du Ceste, *Ann.*, XVI, 21.

ANTHEMUSIAS, ville d'origine macédonienne, vient se ranger sous les lois de Tiridate, *Ann.*, VI, 41.

ANTIBES, municipe de la Gaule Narbonnaise, *Hist.*, II, 15.

ANTIGONE, roi de Macédoine, décide en faveur des prétentions des Messéniens sur le temple de Diane Limnatide, *Ann.*, IV, 43.

ANTIOCHE (*Antakia*), capitale de la Syrie, *Ann.*, II, 69. — Le corps de Germanicus est exposé nu dans son forum, lieu destiné à sa sépulture.

73. — Le sénat lui décrète l'érection d'un mausolée dans cette ville, 83. — Mucien s'y retire, *Hist.*, II, 79. — Les soldats y prêtent serment à Vespasien, 80. — Des monnaies d'or et d'argent y sont frappées par ordre de ce prince, 82.

ANTIOCHUS, roi de Commagène, *Ann.*, II, 42. — Sa mort, *ibid.*

ANTIOCHUS, roi de Cilicie, apaise la révolte des Clites, et fait égorger Trosoboris leur chef, *Ann.*, XII, 55. — Est envoyé par Néron contre les Parthes, XIII, 7. — Reçoit de Corbulon l'ordre de s'avancer sur les provinces qui l'avoisinent, 37. — Une partie de l'Arménie reçoit des Romains l'ordre de lui obéir, XIV, 26. — Se déclare pour Vespasien, *Hist.*, II, 81. — Envoie à Titus des troupes pour la guerre de Judée, V, 1.

ANTIOCHUS ÉPIPHANE fait des efforts pour arracher les Juifs à leurs superstitions, et leur donner les mœurs des Grecs, *Hist.*, V, 8.

ANTIOCHUS LE GRAND. Redoutable au peuple romain, *Ann.*, II, 63. — Les Byzantins envoient des troupes contre lui, XII, 62. — Après l'avoir vaincu, L. Scipion, pour récompenser les Magnésiens de leur fidélité et de leur courage, déclare inviolable leur temple de Diane Leucophryne, III, 62.

ANTIPOLIS. *Voyez* ANTIBES.

ANTISTIA POLLUTIA, fille de L. Antistius Vetus, *Ann.*, XVI, 10. — Femme de Rubellius Plautus, se retire en Asie avec ce dernier et quelques intimes, XIV, 22. — Son chagrin après la mort de son époux, XVI, 10. — Ses démarches en faveur de son père, *ibid.* — Se coupe les veines avec ce dernier et Sextia son aïeule, 11.

ANTISTIUS LABÉON, rival d'Ateius Capiton dans la science des lois, ne s'élève pas au dessus de la préture, *Ann.*, III, 75.

ANTISTIUS SOSIANUS, tribun du peuple, a un débat avec le préteur Vibullius, parce qu'il avait fait relâcher quelques violens fauteurs d'histrions que ce dernier faisait conduire en prison, *Ann.*, XIII, 28. — Compose contre Néron des vers injurieux dont il donne lecture dans un souper chez Ostorius Scapula, XIV, 48. — Accusé de lèse-majesté par Cossutianus Capiton, il est envoyé en exil, *ibid.* et 49; XVI, 14, 21. — Il intercepte des lettres de P. Anteius, lui dérobe d'autres papiers, et dénonce ce dernier et Ostorius Scapula à Néron, comme menaçant l'état et scrutant leurs destinées et celle du prince, 14. — Est rappelé de l'exil, *ibid.* — Mucien lui ordonne d'y retourner, *Hist.*, iv, 44.

Antistius Vetus, un des principaux de la Macédoine, est relégué dans une île éloignée de ce pays et de la Thrace, *Ann.*, iii, 38.

Antistius Vetus (Caïus), consul en 776 avec C. Asinius Pollion, *Ann.*, iv, 1.

Antistius Vetus (Caïus), consul en 803 avec M. Suilius, *Ann.*, xii, 25.

Antistius Vetus (Lucius), consul en 808 avec Claude Néron, *Ann.*, xiii, 11. — Commandant en Germanie, et sur le point de s'occuper de joindre la Moselle à l'Araris, est détourné de ce projet par Élius Gracilis, lieutenant de Belgique, jaloux de l'entreprise, 53. — Fait prévenir son gendre, Rubellius Plautus, que Néron envoie des soldats pour l'assassiner, et il l'engage à susciter une révolte, xiv, 58. — Est accusé par un de ses affranchis, xvi, 10. — Se donne la mort en s'ouvrant les veines, 1. — P. Gallus est exilé pour n'avoir pas été étranger à Vetus, 12.

Antium (*Nettuno*), ville du Latium, *Ann.*, xiv, 3, 4. — Avait un temple dédié à la Fortune Équestre, iii, 71. — Des vétérans envoyés pour s'y établir, ne suppléent pas à sa solitude, xiv, 27. — Poppée accouche dans cette ville, où Néron lui-même était né, d'une fille qui reçoit du prince le nom d'Augusta, xv, 23. — Néron y séjourne, 39.

Antius (Caïus) est envoyé avec Vitellius pour régler le tribut des Gaules, *Ann.*, ii, 6.

Antoine (Marc), père du triumvir, est secouru par les Byzantins dans la guerre des pirates, *Ann.*, xii, 62.

Antoine (Marc), triumvir. Ses armes ne servent qu'à Auguste, *Ann.*, i, 1. — Celui-ci lui fait beaucoup de concessions, et l'abuse ensuite à Tarente et à Brindes, 9, 10. — Il fait la guerre à sa patrie, iii, 18. — Est accusé par Cicéron, *Orat.*, 37. — L. Domitius se joint à son parti, puis à celui de César, *Ann.*, iv, 44. — Il fait la guerre aux Parthes, *Hist.*, iii, 24. — Est chassé par eux, *Ann.*, ii, 2. — Attire Artavasde, sous l'apparence de l'amitié, le charge de chaînes, et ensuite l'égorge, 3. — Ennemi d'Auguste, 55 ; xi, 7. — N'est point laissé sain et sauf par lui, *Hist.*, iii, 66. — Il rend, par un décret, le temple de Diane Limnatide aux Lacédémoniens, *Ann.*, iv, 43. — Épouse Cléopâtre, *Hist.*, v, 9. — Les provinces d'Orient se livrent à lui, *ibid.* — Il donne à Hérode le royaume de Judée, *ibid.* — Drusilla, sa petite-fille, épouse Antonius Félix, *ibid.* — Il trouve une fin funeste hors de sa patrie, II, 6; *Ann.*, I, 2. — Aïeul de Germanicus, II, 43. — De Claude, *Hist.*, V, 9. — De Junius Blésus, III, 38. — Ses lettres contiennent contre Auguste des diatribes sans fondement, il est vrai, mais des plus sanglantes, *Ann.*, IV, 34. — Germanicus visite son camp, II, 53. — Tour appelée Antonia, à Jérusalem, en son honneur, *Hist.*, V, 9.

ANTOINE (Jules), fils du triumvir, déshonore la maison d'Auguste, *Ann.*, III, 18. — Est puni de mort pour avoir été l'amant de Julie, I, 10; IV, 44.

ANTONE. *Voyez* AUVONE.

ANTONIA, mère de Germanicus, ne remplit aucun devoir aux funérailles de son fils, *Ann.*, III, 3. — Actions de grâces à elle rendues pour avoir vengé Germanicus, 18. — Mère de l'empereur Claude, XI, 3. — Néron relègue Agrippine dans un palais qu'Antonia avait habité, XIII, 18.

ANTONIA, fille d'Octavie, sœur de la précédente, épouse Lucius Domitius, *Ann.*, IV, 44. — Mère de Domitia Lepida, XII, 64.

ANTONIA, fille de Claude et d'Élia Petina, *Ann.*, XII, 2; XV, 53. — Sœur de Britannicus, XII, 68. — Est retenue dans le palais, après la mort de Claude, par les ordres d'Agrippine, *ibid.* — Épouse Cornelius Sylla, XIII, 23.

ANTONIA, tour de Jérusalem, ainsi appelée par Hérode, en l'honneur de Marc Antoine, *Hist.*, V, 11.

ANTONIA FLACCILLA, épouse de Novius Priscus, suit ce dernier dans son exil, *Ann.*, XV, 71.

ANTONINUS. *Voyez* ARRIUS.

ANTONIUS (Lucius), fils de Jules Antoine, très-jeune encore, est confiné dans la ville de Marseille par Auguste, son grand-oncle, qui couvre cet exil du prétexte de son instruction, *Ann.*, IV, 44. — Sa mort, *ibid.* — Ses cendres sont portées au tombeau des Octaves par décret du sénat, *ibid.*

ANTONIUS FÉLIX, frère de Pallas, procurateur de Judée, *Ann.*, XII, 54. — Mari de Drusilla, petite-fille de Cléopâtre et d'Antoine, *Hist.*, V, 9. — Ses barbaries et ses débauches, *ibid.*

ANTONIUS FLAMMA est condamné à restitution sur la requête des Cyrénéens, et de plus exilé pour ses cruautés, *Hist.*, IV, 45.

ANTONIUS NASON, tribun des cohortes prétoriennes, est cassé de son emploi, *Hist.*, I, 20.

ANTONIUS NATALIS, chevalier romain, s'engage dans la conspiration contre Néron, *Ann.*, xv, 50. — A un long entretien avec Scevinus, 54. — Est dénoncé pour ce dernier fait, 55. — Avoue la conjuration, et nomme Pison et Sénèque comme en faisant partie, 56, 60, 61. — Néron récompense par l'impunité ses promptes révélations, 71.

Antonius Novellus, primipilaire, reçoit d'Othon la direction de l'expédition contre Vitellius, *Hist.*, i, 87. — Son autorité est nulle auprès des soldats, ii, 12.

Antonius Primus, impliqué dans la fabrication d'un testament supposé, est condamné aux peines de la loi Cornelia, *Ann.*, xiv, 40. — A son impulsion, la treizième légion et la septième *Galbienne* se déclarent pour Vespasien, *Hist.*, ii, 86. — Se montre le plus ardent instigateur de la guerre, et conseille la célérité, iii, 2, 3. — Entraîne avec lui, pour envahir l'Italie, les vexillaires des cohortes et une partie de la cavalerie, 6. — Ordonne dans tous les municipes le rétablissement des images de Galba, renversées par les désordres des temps, 7. — Se précipite sur les premiers postes des ennemis, 9. — Sauve Ampius Flavianus de la fureur des soldats, et les fait rentrer dans le devoir, 10. — Réunit ses efforts à ceux d'Aponianus et de Messala, pour calmer les légions qui demandent la mort d'Aponius Saturninus, 11. — Cécina lui expédie des courriers, 13. — Antonius prend la résolution d'attaquer l'armée ennemie tandis que les esprits sont livrés aux discordes et ses forces désunies, 15. — Suivi de toute son armée, il vient en deux marches de Vérone à Bédriac, *ibid.* — Son impatience de se signaler, à la nouvelle de l'approche de l'ennemi, 16. — Déploie le plus grand courage, 17. — Veut donner à ses troupes le temps de se remettre des fatigues du combat, 19, 20. — Fait venir les prétoriens pour soutenir ses lignes chancelantes, 23. — Exhorte ses soldats, 24. — Écrase les lignes ébranlées des Vitelliens sous d'épais bataillons, 25. — Ordonne d'investir le retranchement de Crémone, et bientôt assigne à chaque légion l'attaque de différens points, 27, 29. — Ordonne d'incendier les plus délicieuses habitations situées hors de la ville, 30. — Envoie Cécina à Vespasien, après la soumission de Crémone, 31. — L'odieux de l'incendie de cette ville retombe sur lui, 32. — Il défend à tous ses soldats de retenir des habitans de Crémone captifs, 34. — Ne prend plus le soin de cacher ses vices, 49. — Autorise l'indiscipline parmi ses troupes, *ibid.* — Objet d'envie pour les autres chefs du parti, 52. — Il écrit à Vespasien une lettre remplie d'une jactance inconvenante pour le prince, 53. — Fait montrer au centurion Julius Agrestis, le lieu du combat, les ruines de Crémone et les légions prisonnières, 54. — Envoie des émissaires auprès de Flavius Sabinus et de Domitien, pour favoriser leur fuite vers Vespasien, 59. — Harangue ses soldats qui préfèrent une victoire à la paix, 60.—Accueille les Vitelliens avec clémence, 63. — Envoie de nombreux messages à Vitellius pour l'engager à déposer les armes, *ibid.* et 64. — Sa conduite est soupçonnée, 78; iv, 32.— Son autorité sur les soldats, iii. 80. — Vitellius lui demande de différer d'un jour la bataille décisive, 81.—Antonius veut persuader à ses légions de camper au pont Milvius et de n'entrer dans Rome que le lendemain, 82. — A dans Rome une autorité sans bornes, iv, 2. — On lui défère les ornemens consulaires, 4. — Haine que lui porte Mucien, iii, 52, 53; iv, 11, 68. — Toute sa puissance lui est ravie par ce dernier, 11, 39, 80. — Il se rend auprès de Vespasien, qui ne le reçoit pas suivant ses espérances, *ibid.*—Civilis allègue qu'il lui a conseillé de prendre les armes contre les Romains, v, 26. — Sa réputation équivoque, iii, 28; iv, 80.—*Voyez* encore, *Hist.*, iii, 66; iv, 13, 24, 31; v, 19.

Antonius Taurus, tribun des cohortes prétoriennes, est cassé, *Hist.*, i, 20.

Aorses, peuple d'Asie, voisin des Palus-Méotides, commandés par Eunone, *Ann.*, xii, 15, 16, 9.

Apamée (*Dinglar*), ville de Phrygie, renversée par un tremblement de terre, est exemptée du tribut pour cinq années, *Ann.*, xii, 58.

Apennins, chaîne de montagnes, partagent l'Italie entre Vitellius et Vespasien, *Hist.*, iii, 42, 50. — Antonius Primus et les autres chefs du parti flavien conviennent d'envoyer en avant la cavalerie pour s'assurer s'il n'y a pas quelques collines que l'on puisse aborder facilement, 52.—Vitellius ordonne à Julius Priscus et à Alphenus Varus de les occuper avec quatorze cohortes prétoriennes et tous les corps de cavalerie, 55. — Une tourmente horrible assaillit l'armée flavienne au passage de l'Apennin, et, dans cette marche que n'inquiétait aucun ennemi, à peine peut-elle sortir des neiges, 59. — *Voyez* encore, *Hist.*, iii, 56.

Aper (Marcus), orateur célèbre, un des interlocuteurs

du Dialogue des Orateurs, *Orat.*, 2, 3, 12, 14, 15, 16, 24, 25, 26, 27, 28, 33, 42. — Prend contre Maternus le parti de l'éloquence, 5, 11.

APHRODISIAS (*Geyra*), ville de Carie, rend des services à la cause de César, *Ann.*, III, 62. — Est louée par le divin Auguste de ce qu'elle a supporté une irruption des Parthes sans que sa fidélité pour le peuple romain en ait été ébranlée, *ibid.* — Défend les privilèges du culte de Vénus, *ibid.*

APICATA, épouse de Séjan, dont elle eut trois enfans, est chassée par lui de la maison, pour ne pas être suspect à Livie sa concubine, *Ann.*, IV, 3. — Dévoile la trame du complot, 11.

APICIUS, homme riche et prodigue, est soupçonné d'avoir des liaisons immorales, avec Élius Séjan, *Ann.*, IV, 1.

APIDIUS MERULA est rayé par Tibère du tableau des sénateurs, parce qu'il n'a pas juré sur les actes du divin Auguste, *Ann.*, IV, 42.

APINIUS TIRON, sorti de la préture et se trouvant à Minturnes, s'offre pour chef aux révoltés de la flotte de Misène, *Hist.*, III, 57. — Résultats de sa conduite, 76.

APION (Ptolémée), roi de Cyrène, laisse en mourant au peuple romain les terrains qu'il avait jadis possédés et son royaume, *Ann.*, XIV, 18.

APIS, divinité adorée en Égypte sous la forme d'un bœuf, *Hist.*, V, 4.

APOLLINARIS. *Voyez* CLAUDIUS APOLLINARIS.

APOLLODORE, rhéteur; ses écrits sont arides, *Orat.*, 19.

APOLLON est adoré par les Sardes et les Milésiens, *Ann.*, III, 63. — Est l'objet d'un culte particulier pour les Éphésiens, IV, 55. — Ces derniers réclament pour leur pays l'honneur de l'avoir vu naître, III, 61. — Est révéré dans les villes de la Grèce et dans les temples romains, à cause de sa grande puissance et de sa prescience, XIV, 14. — Son oracle de Claros est consulté par Germanicus, II, 54. — Lollia Paullina, faussement accusée d'avoir consulté cet oracle sur le mariage de l'empereur Claude, est envoyée en exil, XII, 22. — Réponse de l'oracle d'Apollon Pythien aux Grecs qui demandaient où ils devaient bâtir une ville (Byzance), 63. — Ptolémée consulte cet oracle, *Hist.*, IV, 83. — Son temple sur le mont Palatin, I, 27. — Vitellius et Flavius Sabinus y concluent un traité de paix, III, 65. — Dieu des poètes, *Orat.*, 12. — Ses chants sont sacrés, *Ann.*, XIV, 14.

APOLLONIDE, ville d'Asie, maltraitée par un tremblement de terre, *Ann.*, II, 47. —

Exemptée par Tibère de tout tribut pendant cinq années, *ibid.*

APONIANUS (Dillius), commande la huitième légion, *Hist.*, III, 10. — Réunit ses efforts à ceux d'Antonius et de Messala, pour calmer les soldats qui demandent la mort d'Aponius Saturninus, 11.

APONIUS SATURNINUS (Marcus), gouverneur de Mésie, reçoit les honneurs d'une statue triomphale, *Hist.*, I, 79. — Envoie un centurion pour assassiner Tertius Julianus, lieutenant de la septième légion, II, 85. — Instruit Vitellius de la défection de la troisième légion, avant de passer lui-même dans le parti de Vespasien, 96. — On lui écrit de hâter la marche de l'armée de Mésie, III, 5. — Arrive avec la septième légion *Claudienne,* 9. — Veut prendre la défense de T. Ampius Flavianus légèrement accusé de trahison, 10. — Les légions se révoltent et demandent son supplice, 11. — Il s'enfuit sans licteurs à Padoue, *ibid.* — Civilis allègue son exemple, V, 26.

APPIANUS (Appius), est chassé du sénat par Tibère, *Ann.*, II, 48.

APPIENNE (Voie), *Ann.*, II, 30. —Calpurnius Galerianus y est tué par les ordres de Mucien, *Hist.*, IV, 11.

APPIUS, assassiné par Narcisse, *Ann.*, XI, 29.

APPIUS CÉCUS, orateur, *Orat.*, 18, 21.

APRONIA est précipitée du haut d'une maison par Plautius Silvanus, sans motif connu, *Ann.*, IV, 22.

APRONIANUS (C. Vipstanus), consul en 812 avec C. Fonteius Capiton, *Ann.*, XIV, 1.— Proconsul d'Afrique, *Hist.*, I, 76.

APRONIUS (Lucius), chevalier romain de l'escorte de Drusus, est envoyé par lui à Tibère, sur les instances des légions de Pannonie, *Ann.*, I, 29. — Est chargé par Germanicus, dans son expédition contre les Cattes, de réparer les chemins et les digues, 56. — On lui décerne les ornemens triomphaux, 72. —Son vote dans le procès de Drusus Libon, II, 32. — Successeur de Camille dans le proconsulat d'Afrique, il fait périr sous les verges le dixième d'une légion déshonorée, III, 21. — Fait don d'un collier et d'une lance au soldat Rufus Helvius pour avoir sauvé un citoyen, *ibid.*—Demande que les jeux publics soient présidés par les féciaux, 64.—Protège l'innocence de C. Gracchus, IV, 13.—Traîne devant Tibère Plautius Silvanus, son gendre, qui avait précipité Apronia du haut de sa mai-

4

son, 22. — Beau-père de Lentulus Gétulicus, VI, 30.

APRONIUS CÉSIANUS (Lucius), fils du précédent, remporte une victoire complète sur les Numides, et les repousse dans leurs déserts, *Ann.*, III, 21. — Propréteur de la Germanie Inférieure, il combat contre les Frisons et éprouve un échec, IV, 73; XI, 19.

APULEIA VARILIA, petite-fille de la sœur d'Auguste, est accusée d'avoir, en des propos outrageans, insulté à Auguste, à Tibère et à sa mère, et d'avoir souillé d'adultère le sang de César, *Ann.*, II, 50. — Tibère la fait absoudre du crime de lèse-majesté, mais demande que, pour celui d'adultère, elle soit reléguée par ses parens à deux cents milles de Rome, *ibid.*

APULEIUS (Sextus) consul et Sex. Pompeius, son collègue, prêtent, les premiers, serment à Tibère, *Ann.*, I, 7.

APULIE (*la Pouille*), contrée d'Italie, *Ann.*, III, 2; IV, 71; XVI, 9.

AQUILA. *Voyez* VEDIUS AQUILA.

AQUILA (Julius), chevalier romain, resté dans le royaume de Cotys avec quelques cohortes sous son commandement, envoie des députés à Eunone, *Ann.*, XII, 15. — On lui décerne les ornemens de la préture, 21.

AQUILÉE, ville d'Italie dans la Vénétie, *Hist.*, II, 46, 85. — Les Flaviens en occupent les alentours, III, 6. — Vespasien prescrit de ne pas porter la guerre au-delà, et d'y attendre Mucien, 8.

AQUILIA, accusée d'adultère avec Varius Ligur, est exilée par Tibère, quoique Lentulus Gétulicus, consul désigné, ne l'eût d'abord condamnée que suivant la loi Julia, *Ann.*, IV, 42.

AQUILIFÈRE (l') Calpurnius protège Munatius Plancus sur le point d'être massacré par les soldats des légions révoltées en quartier d'hiver à l'autel des Ubiens (*Gottberg*), *Ann.*, I, 39. — Cécina lit aux aquilifères de ces mêmes légions une lettre de Germanicus qui mande qu'il arrive lui-même avec de grandes forces pour punir l'armée rebelle, 48. — Celui de la quatrième légion annonce à Vitellius que la quatrième et la dix-huitième légion ont abattu les images de Galba, et prêté serment au sénat et au peuple romain, *Hist.*, I, 56. — Hordeonius Flaccus permet le premier (condescendance des plus coupables) que les lettres soient remises aux aquilifères des légions, qui les lisent aux soldats avant les chefs, IV, 25.

AQUILIUS, primipilaire, commande en Germanie, *Hist.*, IV, 15.

AQUILIUS REGULUS, cause de la ruine des maisons des Crassus et d'Orphitus, accusé, est défendu par Vipstanus Messala, son frère, *Hist.*, IV, 42.

AQUINUM (*Aquino*), ville du Latium, sur les confins du pays des Samnites, où Cornelius Dolabella est confiné par Othon, *Hist.*, I, 88; II, 63.

AQUINUS (Cornelius), lieutenant de légion, sans qu'il lui en soit rien ordonné, tue Fonteius Capiton, qui était prêt à se révolter en Germanie, *Hist.*, I, 7.

AQUITAINE, l'une des quatre grandes parties de la Gaule, quoique Julius Cordus eût fait prêter serment à Othon, ne reste pas long-temps fidèle, *Hist.*, I, 76. — Vespasien en confie le gouvernement à J. Agricola, *Agr.*, 9.

ARABIE, *Hist.*, V, 6. — Patrie du Phénix, *Ann.*, VI, 28. — Ses habitans, ennemis des Juifs, fournissent à Titus des soldats pour les combattre, *Hist.*, V, 1.

ARARICUS. *Voyez* VULCATIUS ARARICUS.

ARARIS (*la Saône*), rivière des Gaules. L. Antistius Vetus est détourné du projet de la joindre à la Moselle, par Élius Gracilis, lieutenant de la Belgique, jaloux de cette entreprise, *Ann.*, XIII, 53. — Vitellius s'embarque sur cette rivière pour se rendre à Lyon, *Hist.*, II, 59.

ARAVISCES, nation germaine dont l'origine est douteuse, *Germ.*, 28.

ARAXE (*Aras*), rivière d'Arménie, *Ann.*, XII, 51. — Baigne les murailles d'Artaxate, XIII, 39.

ARBALÉTRIERS, *Ann.*, XIII, 39.

ARBELLE, château fameux par la bataille livrée entre Darius et Alexandre, dans laquelle succomba toute la puissance des Perses, *Ann.*, XII, 13.

ARC DE TRIOMPHE, élevé près du temple de Saturne, en mémoire de ce que les enseignes perdues avec Varus avaient été recouvrées par Germanicus, sous les auspices de Tibère, *Ann.*, II, 41. — On élève sur chaque côté du temple de Mars Vengeur des arcs de triomphe ornés des statues de Germanicus et de Drusus, 64. — Le sénat en décrète l'érection à Rome, sur la rive du Rhin, et au mont Amanus en Syrie, avec une inscription portant le récit des exploits de Germanicus, 73. — Décrétés par le sénat à l'occasion de la demande que lui fait Tibère de la puissance tribunitienne pour Drusus, III, 57. — Décrétés à Néron pour les succès de Corbulon en Orient, XIII, 41. — Érigés à Rome sur le mont Capitolin, pour une prétendue victoire sur les Parthes, XV, 18.

ARCADIE, contrée de la Grèce, *Ann.*, XI, 14. — Cornelius Scipion prétend que Pallas est issu de ses rois, XII, 53.

ARCHELAÜS, roi de Cappadoce, *Ann.*, II, 42. — Tibère l'attire dans un piège, *ibid.* — Archelaüs, meurt de chagrin et de vieillesse, *ibid.* — Son royaume est divisé en provinces, *ibid.* — Aïeul de Tigrane, XIV, 26.

ARCHELAÜS de Cappadoce, voulant soumettre les Clites au cens et les forcer à payer des tributs, ceux-ci se retirent sur les hauteurs du mont Taurus, *Ann.*, VI, 41.

ARCHERS, *Ann.*, II, 16, 17.

ARCHIAS (Licinius), défendu par Cicéron, *Orat.*, 37.

ARDENNES (Forêt des), *Ann.*, III, 42.

ARENACUM (*Aerth*), ville forte des Bataves construite sur le Rhin, *Hist.*, V, 20.

ARÈNE est interdite par Vitellius aux chevaliers romains, *Hist.*, II, 62.

ARÉOPAGE, tribunal d'Athènes, *Ann.*, II, 55.

ARGENT, refusé par les dieux aux Germains, *Germ.*, 5. — La Bretagne en renferme, *Agr.*, 12. — Curtius Rufus ouvre, dans le pays des Mattiaques, un souterrain pour y suivre les veines d'une mine de ce métal, *Ann.*, XI, 20. — Vespasien fait frapper des monnaies d'argent à Antioche, *Hist.*, II, 82.

ARGENTERIE. Fronto demande au sénat un règlement pour l'argenterie, *Ann.*, II, 33.

ARGIENS, premiers habitans de l'île de Cos, *Ann.*, XII, 61.

ARGIUS, intendant de Galba, et plus anciennement son esclave, donne secrètement la sépulture au corps de ce prince, *Hist.*, I, 49.

ARGOLICUS, premier mari de Pompeia Macrina, périt victime de Tibère, *Ann.*, VI, 18.

ARGOS (*Argo*), ville du Péloponnèse, *Ann.*, XI, 14.

ARICIE (*Riccia*), ancienne ville du Latium, voisine de Rome, *Hist.*, IV, 2. — Bosquets d'Aricie, III, 36.

ARIES ou ARIENS, peuple méridional de la Scythie, *Ann.*, XI, 10.

ARIES, peuplade de la Germanie, qui faisait partie des Lygiens, *Germ.*, 43. — Moyens qu'ils emploient pour ajouter à leur aspect farouche, *ibid.*

ARIMINUM (*Rimini*), ville d'Italie, *Hist.*, III, 41. — Cornelius Fuscus en fait le siège, 42.

ARIOBARZANE, Mède d'origine, est agréé pour roi par les Arméniens, à cause de sa bonne mine et de son courage distingué, *Ann.*, II, 4. — Meurt par accident, *ibid.*

ARIOVISTE, roi des Suèves en

Germanie, combat pour la possession des Gaules, *Hist.*, IV, 73.

ARISTOBULE reçoit de Néron le trône de l'Arménie Mineure, *Ann.*, XIII, 7. — Une partie de l'Arménie reçoit des Romains l'ordre de lui obéir, XIV, 26.

ARISTONICUS fait la guerre aux Romains, *Ann.*, IV, 55. — Les Byzantins envoient des troupes contre lui, XII, 62.

ARMÉE la plus redoutable dans l'action, est celle qui, avant l'action, est la plus calme, *Hist.*, I, 84.

ARMÉNIE (*Turcomanie*), grande contrée d'Asie, *Ann.*, I, 3; II, 56; VI, 40; XI, 8, 10; XII, 44, 45, 49; XIV, 31; XV, 5, 14, 16, 25; *Hist.*, II, 6, 81. — Impraticable pendant l'hiver, XII, 12. — Sans maître et indécise entre les Parthes et les Romains, II, 3; XIII, 34. — Rois qui lui sont successivement donnés par les Romains, II, 3. — Caïus César est choisi pour la pacifier, 4, 42; III, 48. — Les sénateurs rendent un décret par lequel son gouvernement est déféré à Germanicus, II, 43. — A la mort du roi Artaxias, Artaban envoie Arsace, l'aîné de ses fils, s'emparer de ce trône, VI, 31. — Tibère réconcilie Mithridate l'Ibérien avec son frère Pharasmane, dans le but de reprendre l'Arménie, 32. — Les Ibériens l'envahissent, 33. — Artaban l'abandonne, 36. — Mithridate s'en empare avec l'aide des Romains et des Ibériens, XI, 9. — Après le meurtre de ce dernier, T. Ummidius Quadratus envoie à Pharasmane des députés avec sommation de s'éloigner des frontières de l'Arménie, et de rappeler son fils, XII, 48. — Vologèse se prépare à rétablir son frère Tiridate sur son trône, 50. — Les ambassadeurs d'Arménie plaident pour leur nation devant Néron, XIII, 5. — Les Parthes l'envahissent et chassent Rhadamiste, 6. — S'en retirent comme pour différer la guerre avec les Romains, 7. — Corbulon est choisi par Néron pour la conserver aux Romains, 8. — Les hostilités commencent avec les Parthes pour la possession de l'Arménie, 34. — Vologèse l'insulte à force ouverte, et pille tous ceux qu'il croit fidèles aux Romains, 37. — Corbulon s'en assure la possession, et Tigrane est choisi par Néron pour la gouverner, XIV, 26; XV, 1. — Vologèse y envoie Monèse pour en chasser Tigrane, 2. — Corbulon, de son côté, envoie Verulanus Severus et Vettius Bolanus pour l'y soutenir, 3. — Pétus est envoyé particulièrement pour la défendre, 6. — Ce général y entre sous de tristes présages, 7. — Les Parthes tournent vers elle toutes leurs espérances, 9. — Corbulon s'y rend pour protéger l'armée de Pétus, 12, 13. — Vologèse la fait évacuer à ses troupes, 17. — Néron reçoit de ce dernier des ambassadeurs chargés de lui faire connaître son intention de transmettre l'Arménie à son frère Tiridate, 24. — Celui-ci vient à Rome recevoir la couronne, XVI, 23.

ARMÉNIE MINEURE (*Aladulic*), *Hist.*, II, 6. — Cotys en est roi, *Ann.*, XI, 9. — Néron la confie à Aristobule, avec le titre de roi, XIII, 7.

ARMÉNIENS, *Ann.*, VI, 44; XV, 27; *Hist.*, III, 24. — Situation de leurs états, *Ann.*, II, 56. — Leur caractère, *ibid.*; XII, 50. — Leur perfidie, 46. — Rhamsès soumet à son empire toutes les contrées habitées par eux, II, 60. — Sont toujours en discorde, et par haine contre les Romains, et par jalousie contre les Parthes, 56. — Sans roi, Vonones leur étant enlevé, les vœux de la nation demandent Zénon, fils de Polémon, roi de Pont, *ibid.* — Germanicus accède à leurs vœux en plaçant le diadème sur la tête de ce même Zénon, *ibid.* et 64. — Vonones, relégué en Cilicie, veut fuir chez eux. 68. — Une guerre élevée entre eux et les Ibères devient la cause, pour les Parthes et les Romains, des plus graves mouvemens, XII, 44. — Pharasmane satisfait avec ardeur son ancienne animosité contre les Arméniens, XIII, 37. — Corbulon, pour les forcer à se défendre, prend la résolution de raser tous leurs forts, 39. — Prend deux châteaux où ils s'étaient réfugiés, XIV, 25. — Vespasien leur envoie des députés, *Hist.*, II, 82.

ARMES, seul parti honorable pour les braves, *Agr.*, 30.

ARMINIUS, chef des Chérusques, *Ann.*, XI, 16; XIII, 55. — Son caractère violent, *Ann.*, I, 59. — Instigateur des troubles de la Germanie, 55. — Vainqueur de Varus, *ibid.*, 61; II, 15. — Ravisseur de la fille de Ségeste, *Ann.*, I, 55, 58. — Son épouse, au pouvoir de Germanicus, met au jour un fils, *ibid.* — Court çà et là chez les Chérusques demander des armes contre Ségeste et contre César, 59. — Ses invectives contre Ségeste, *ibid.* — Inguiomer se jette dans son parti, 60. — Arminius combat contre Germanicus sans résultat, 63. — Se jette sur les légions commandées par Cécina, qui est lui-même près de tomber entre ses mains, 65. — Ses soldats sont massacrés par ce même Cécina, 68. — Il se retire du combat, *ibid.* — Demande et obtient de s'entretenir avec Flavius son frère, II, 9. —

Est sur le point d'en venir à un combat avec ce dernier, 10. — Un de ses soldats pousse son cheval jusqu'au retranchement romain, et promet, au nom d'Arminius, des épouses, des champs et cent sesterces de solde par jour, tant que durerait la guerre, aux soldats qui déserteraient, 13. — Harangue ses soldats, qui vont combattre contre les Romains, 15. — Blessé, parvient à peine à s'échapper, 17. — Combat de nouveau, mais, en butte à des dangers continuels, se ralentit de sa valeur, 21. — En faveur auprès des Germains, dont il défend la liberté, 44. — Les Semnones et les Lombards abandonnent Maraboduus pour Arminius, 45. — Celui-ci harangue les soldats sous ses ordres, *ibid.* — Agandestrius offre de l'empoisonner, 88. — Arminius aspire au pouvoir, *ibid.* — Combat et succombe victime de la trahison de ses proches, *ibid.* — Sa vie dura trente-sept années; son pouvoir, douze, *ibid.* — Son éloge, 88.

ARNO, fleuve d'Étrurie, *Ann.*, I, 79.

ARPUS, chef des Cattes, *Ann.*, II, 7. — Son épouse et sa fille lui sont enlevées par Silius, *ibid.*

ARRETINUS CLEMENS, sénateur, allié à la famille de Vespasien et très-aimé de Domitien, est nommé préfet du prétoire par Mucien, *Hist.*, IV, 68.

ARRIA, femme de Pétus Cécina, se donne la mort, *Ann.*, XVI, 34.

ARRIA, fille de la précédente et femme de Thrasea, voulant, à l'exemple de sa mère, périr avec son époux, en est détournée par lui, *Ann.*, XVI, 34.

ARRIA GALLA, femme de Domitius Silius, est enlevée à la couche de ce dernier par C. Pison son ami, *Ann.*, XV, 59.

ARRIUS, orateur médiocre, *Orat.*, 21.

ARRIUS ANTONINUS conserve le consulat sous Vitellius, quoiqu'il le doive à Galba, *Hist.*, I, 77.

ARRIUS VARUS, préfet de cohorte, reçoit de Corbulon l'ordre d'aller reprendre les ôtages donnés par Vologèse au centurion Histeius, qu'Ummidius Quadratus avait envoyé près du roi des Parthes, *Ann.*, XIII, 9. — Doit sa gloire à ses succès en Arménie, *Hist.*, III, 6. — Obtient le grade de primipilaire en faisant, dans des entretiens secrets avec Néron, un crime à Corbulon de ses vertus, *ibid.* — D'abord vainqueur des Vitelliens, est bientôt renversé par eux, 16. — Mucien essaie de ralentir sa marche sur Rome, 52. — Est envoyé à Intéramne avec une troupe légère, et y égorge le peu de soldats qui lui résistent, 61.—Envoie de nombreux messages à Vitellius pour l'engager à déposer les armes, 63, 64.—On lui donne le commandement des gardes prétoriennes, IV, 2. — Est décoré des insignes de la préture, 4.—Haine que lui porte Mucien, 11, 68. — Toute sa puissance lui est ravie par ce dernier, *ibid.* et 39.—Mucien lui ôte le commandement des prétoriens, et, pour le dédommager, lui confie l'intendance des vivres, 68.

ARRUNTIUS (Lucius), sénateur, jugé digne de l'empire par Auguste, *Ann.*, I, 13. — Sa proposition sur les honneurs funèbres à rendre aux restes d'Auguste, 8. — Offense Tibère, 13. — Était suspect à ce prince, *ibid.* — Est chargé par Tibère de chercher un remède contre les inondations du Tibre, 76. — Propose au sénat de détourner les rivières et les lacs qui grossissent ce fleuve, 79. — S'élève contre Corbulon en faveur du jeune L. Sylla, III, 31. — Cotta Messalinus se plaint de son crédit, VI, 5.— Tibère, pendant dix années, l'empêche d'aller gouverner l'Espagne, 27; *Hist.*, II, 65. — Est impliqué dans l'accusation d'Albucilla, comme son complice et son amant, 47.—S'ouvre les veines après avoir prononcé des paroles prophétiques, 48. — Ses accusateurs sont punis, 7. — Parvint aux plus hauts honneurs par une vie aussi pure que son éloquence, XI, 6. — Son désintéressement, 7.

ARRUNTIUS (Lucius) refuse à Pison de prendre sa défense, *Ann.*, III, 11.

ARRUNTIUS STELLA est préposé à la direction des jeux préparés par Néron, *Ann.*, XIII, 22.

ARSACE, l'aîné des fils d'Artaban, est envoyé par son père, à la mort du roi Artaxias, pour s'emparer du trône d'Arménie, *Ann.*, VI, 31. — Mithridate et Pharasmane parviennent à corrompre les serviteurs d'Arsace, et l'appât de beaucoup d'or les détermine au crime, 33.

ARSACE, Parthe, se révolte, *Hist.*, V, 8.

ARSACIDES, nom des rois parthes, *Ann.*, II, 1, 2, 3; VI, 31, 34, 42, 43; XI, 10; XII, 10, 14; XIII, 9, 37; XIV, 26; XV, 1, 14, 29; *Hist.*, I, 40; *Germ.*, 37.

ARSAMOSATA (*Simsat*), ville d'Arménie, sert de refuge à l'épouse et au fils de Césennius Petus, *Ann.*, XV, 10.

ARSANIAS (*Arsa*), rivière d'Arménie, sur laquelle les Parthes exigent de Pétus la construction d'un pont, *Ann.*, XV, 15.

ARTABAN, du sang des Arsacides, élevé chez les Dahes, est appelé par les Parthes pour prendre possession du trône, *Ann.*, II, 3. — Combat et est défait au premier choc, *ibid.* Répare ses forces et s'empare du trône, *ibid.* — Envoie des députés à Germanicus, et demande que Vonones soit éloigné de la Syrie, 58. — Devient orgueilleux envers les Romains et cruel envers ses peuples, VI, 31. — A la mort du roi Artaxias, il envoie Arsace, l'aîné de ses fils, s'emparer du trône d'Arménie, *ibid.* — Joignant l'insulte à l'usurpation, il députe des ambassadeurs pour réclamer les trésors que Vonones avait laissés en Syrie et en Cilicie, parle des anciennes limites des Perses et des Macédoniens, et annonce avec jactance et avec menace qu'il va envahir tous les pays jadis conquis par Cyrus et par Alexandre, *ibid.* — Invite Abdus à un festin, et s'assure de lui par un poison lent, 32. — Entrave Sinnacès, par diverses missions, par des présens et par sa dissimulation, *ibid.* — Phraate mort, Tibère lui choisit Tiridate pour rival, 32. — Dès qu'il apprend la prise d'Artaxata par les Ibériens, il charge son fils Orode de sa vengeance, 33. — Paraît bientôt lui-même avec toutes les forces de son empire, 36. — Craignant une guerre avec les Romains, abandonne l'Arménie et est bientôt forcé de s'enfuir de ses états, 36, 37. — Joie que témoignent les peuples sous sa domination à sa chute et à l'avènement de Tiridate, 41. — Invectives contre Artaban, 42. — On le retrouve dans l'Hyrcanie, couvert de sales lambeaux et n'ayant que son arc pour subsister : les Parthes l'en rappellent, 43. — La présence d'Artaban aux portes de Séleucie et le grand nombre des principaux des Parthes qui se tournent de son côté, déterminent Tiridate à fuir vers la Syrie, 44. — Artaban est massacré avec sa femme et son fils, par son frère Gotarzès, XI, 8.

ARTAVASDE, roi d'Arménie, est attiré par Antoine, sous apparence d'amitié, chargé de chaînes et ensuite égorgé, *Ann.*, II, 3.

ARTAXATA, capitale de l'Arménie, *Ann.*, II, 56; XII, 51. — Baignée par l'Araxe, XIII, 39. — Des troupes nombreuses d'Ibériens s'en emparent, VI, 33. — Se soumet aux Parthes, XII, 50. — Ouvre ses portes à Corbulon, qui, dans l'impossibilité d'y laisser assez de troupes pour la contenir, l'incendie, la démolit et la rase au niveau du sol, XIII, 41; XIV, 23.

ARTAXIAS, fils d'Artavasde, soutenu par les Arsacides, défend long-temps sa couronne et son royaume, et est enfin victime de la perfidie de ses proches, *Ann.*, II, 3.

ARTAXIAS. Zénon, fils de Polémon, après avoir reçu la couronne d'Arménie des mains de Germanicus, est salué de ce nom, *Ann.*, II, 56, 64. A sa mort, Artaban envoie Arsace, l'aîné de ses fils, s'emparer de son trône, VI, 31.

ARTÉMITE, ville parthique, *Ann.*, VI, 41.

ARULENUS (Rusticus), tribun du peuple, veut prendre la défense de Pétus Thrasea, ce à quoi ce dernier s'oppose, *Ann.*, XVI, 26. — Est blessé par les soldats de Petilius Cerialis, 80. — Est mis à mort pour avoir fait l'éloge de Pétus Thrasea, et ses écrits sont brûlés par les triumvirs dans les comices, *Agr.*, 2, 45.

ARUSEIUS est puni pour avoir accusé L. Arruntius, *Ann.*, VI, 7.

ARUSEIUS (Lucius) périt, et son supplice est à peine remarqué, tant on a pris l'habitude de ces malheurs, *Ann.*, VI, 40.

ARUSPICES. La science et l'art des aruspices sont introduits par Tamiras dans le temple de Vénus de Paphos, *Hist.*, II, 3. — Claude consulte le sénat au sujet du collège des aruspices, *Ann.*, XI, 15. — Néron, sur l'avis des aruspices, purifie la ville, XIII, 24. — Ils interprètent la naissance d'un veau qui avait la tête à la cuisse, XV, 47. — L'aruspice Umbricius annonce à Galba de funestes présages, des embûches menaçantes, et un ennemi domestique, *Hist.*, I, 27. De l'aveu unanime des aruspices, un heureux présage promet à Vespasien la plus grande illustration, II, 78. Avis des aruspices sur la reconstruction du Capitole, IV, 53.

ARVERNES (*Auvergne*), peuple de la Gaule celtique, *Hist.*, IV, 17.

ASCIBURGIUM (*Doesbourg*), ville située sur la rive du Rhin, *Germ.*, 3; *Hist.*, IV, 33. — Fondée par Ulysse, *Germ.*, 3.

ASCLEPIODOTUS (Cassius), l'un des principaux de Bithynie par l'immensité de ses richesses, et l'un des amis de Soranus, conserve à ce dernier, dans son malheur, l'attachement qu'il lui avait témoigné dans sa fortune, *Ann.*, XVI, 33. — Est dépouillé de tous ses biens et relégué en exil, *ibid.*

ASCONIUS LABÉON obtient, à la demande de Néron, les ornemens consulaires, *Ann.*, XIII, 10.

ASIATICUS, affranchi de Vitellius, est élevé par lui à la dignité de chevalier, *Hist.*, II, 57. — S'attire une haine égale à celle que l'on portait aux Polyclète et aux Patrobius, 95. — Il expie par le supplice des esclaves sa funeste puissance, IV, 11.

ASIATICUS, chef gaulois qui avait combattu pour Vindex, est abandonné par Vitellius aux soldats qui lui demandent son supplice, *Hist.*, II, 94.

ASIATICUS (Julius). Sa vie écrite par Julius Secundus, *Orat.*, 14.

ASIATICUS (Valerius), qui fut deux fois consul, victime des artifices de Messaline, se donne la mort en s'ouvrant les veines, *Ann.*, XI, 1, 2, 3, 4. — P. Suilius accusé d'être l'auteur de sa condamnation, XIII, 43.

ASIATICUS (Valerius), lieutenant de la province de Belgique, est pris pour gendre par Vitellius, *Hist.*, I, 59. — Consul désigné, il opine pour qu'on décerne à Mucien des décorations triomphales, à Antonius Primus les ornemens consulaires, à Cornelius Fuscus et à Arrius Varus les insignes de la préture, VI, 4.

ASIE, une des trois parties du monde qui formaient l'ancien continent, *Ann.*, II, 54; III, 7, 32; IV, 14, 36, 55; XII, 63; XIII, 43; XIV, 21, 57; XVI, 10, 23, 30; *Hist.*, I, 10; II, 6, 81, 83; III, 46, 53; *Germ.*, 2; *Orat.*, 10. — Cicéron la visite dans le but d'y puiser des connaissances, 30. — Les provinces romaines de l'Asie se soulèvent, *Ann.*, II, 1. — Gouvernée par Volesus Messala, III, 68. — Servius Maluginensis, flamine de Jupiter, en demande le gouvernement, 58. — Gouvernée par C. Silanus, 66. — Tous les orateurs les plus éloquens de ce pays sont choisis pour accuser ce dernier, 67. — Son gouvernement est confié au consulaire le plus ancien après Maluginensis, 71. — Des villes y sont renversées par un tremblement de terre, II, 47; IV, 13; XIV, 27. — Les villes d'Asie décernent un temple à Tibère, à sa mère et au sénat, IV, 15, 37. — Le proconsul Civica Cérialis y est égorgé, *Agr.*, 42. — Accoutumée à des rois, *Hist.*, IV, 17.

ASILE (Bois de l'), *Hist.*, III, 71. Asiles de la Grèce et de l'Asie, *Ann.*, III, 60 et *suiv.*; IV, 14.

ASINIUS AGRIPPA. *Voyez* AGRIPPA (M. Asinius).

ASINIUS GALLUS (Caïus), sénateur, fils du premier Asinius Pollion (Caïus), est jugé sans capacité par Auguste, *Ann.*, I, 13. — Propose que la pompe funèbre d'Auguste passe par la porte Triomphale, 8. — Demande à Tibère, qui se déclare incapable de tout le gouvernement, quelle partie il veut qu'on lui assigne, 12. — Il s'aperçoit combien, par cette question, il a offensé

Tibère, et essaie en vain d'effacer l'impression fâcheuse qu'il a jetée dans l'esprit du prince, *ibid.* — Depuis longtemps il était détesté, parce que, ayant épousé Vipsania, fille de M. Agrippa, que Tibère avait répudiée, il avait ainsi paru vouloir s'immiscer aux affaires d'état, *ibid.* — Est enveloppé dans une accusation machinée par Tibère, 13. — Propose de consulter les livres des Sibylles, 76. — Combat avec chaleur l'opinion d'Haterius Agrippa, 77. — Son vote dans le procès de Drusus Libon, II, 32. — S'élève contre Fronto qui, dans un discours, avait tonné contre le luxe de la ville, 33. — Émet l'opinion qu'il est de la dignité du peuple romain, que toutes les affaires remarquables ne soient traitées que devant le prince et sous ses yeux, 35. — Demande que les magistrats soient désignés pour cinq ans, 36. — Refuse de prendre la défense de Pison, III, 11. — Sosia Galla, sur sa proposition, est envoyée en exil, IV, 20. — Opine pour que Vibius Serenus soit enfermé à Gyare ou à Donuse, 30. — Est d'avis qu'on aille supplier le prince de découvrir ses craintes au sénat, 71. — Séjan prépare sa perte en ayant l'air de le défendre auprès de Tibère indigné de ce qu'on veut pénétrer ses secrets, *ibid.* — Meurt de faim, I, 23. — Ti-

bère l'accuse d'adultère avec Agrippine, 25.

Asinius Gallus (Lucius), consul en 815 avec P. Marius Celsus, *Ann.*, XIV, 48.

Asinius Marcellus (Marius), consul en 807 avec Manius Acilius Aviola, *Ann.*, XII, 64.

Asinius Marcellus (Quintus), arrière-petit-fils d'Asinius Pollion, est impliqué dans la fabrication d'un testament supposé, *Ann.*, XIV, 40. — Le souvenir de ses aïeux et les prières du prince l'arrachent au châtiment plutôt qu'à l'infamie, *ibid.*

Asinius Pollion, préfet de cavalerie, dévoué au procurateur Albinus, est massacré en Afrique, *Hist.*, II, 59.

Asinius Pollion (Caïus), *Ann.*, I, 12. — Aïeul d'Asinius Saloninus, III, 75. — Bisaïeul d'Asinius Marcellus, XIV, 40. — Orateur, *Orat.*, 12, 15, 26. — Rappelle dans ses écrits Pacuvius et Accius, 21. — Placé à bon droit au dessus de ses devanciers et de ses successeurs, 25. — Agé de vingt-deux ans, accuse C. Caton, 34. — Ses plaidoyers pour les héritiers d'Urbinia, 38. — Loue la mémoire de Cassius et de Brutus de la manière la plus honorable, *Ann.*, IV, 34. — Parvient aux plus hauts honneurs par une vie aussi pure que son éloquence, XI, 6. — Son désintéressement, 7. — Prolongea son existence jusqu'à la fin du règne d'Auguste, *Orat.*, 17.

Asinius Pollion (Caïus) est nommé consul en 776 avec C. Antistius Vetus, *Ann.*, IV, 1.

Asinius Saloninus, petit-fils de M. Agrippa et d'Asinius Pollion, et frère de Drusus, destiné à devenir le gendre de César, meurt en 775, *Ann.*, III, 75.

Asitius. Discours de Calvus contre lui, *Orat.*, 21.

Asper (Sulpicius), centurion, un des plus déterminés dans la conjuration contre Néron, *Ann.*, XV, 49, 50. — Sa réponse courageuse à Néron, qui lui demandait pourquoi il avait conspiré pour l'assassiner, 68. — Subit la mort, *ibid.*

Asphaltite (*mer Morte*), grand lac de Judée, *Hist.*, V, 6. — Effet de ses exhalaisons, 7.

Asprenas (Calpurnius) est envoyé par Galba pour gouverner les provinces de Galatie et de Pamphylie, *Hist.*, II, 9. — Fait saisir à Cythnos un faux Néron et le fait mettre à mort, *ibid.*

Asprenas (Lucius), proconsul d'Afrique, envoie, sur l'ordre de Tibère, des soldats pour tuer Sempronius Gracchus, *Ann.*, I, 53. — Interpelle Messalinus en raison de sa proposition dans le procès de Cn. Pison, III, 18.

Assyrie (*Kurdistan*), province d'Asie, *Ann.*, XII, 13.

Assyriens, *Hist.*, V, 2. — Maîtres de l'Orient, 8.

Astrologie touche de près à l'erreur, *Ann.*, IV, 58. — Comment l'on a perdu peu à peu la confiance dans cet art, VI, 22.

Astrologues prédisent que Tibère sort de Rome pour n'y plus rentrer, *Ann.*, IV, 58. — Accusés d'ignorance, VI, 22. — Poppée en entretient plusieurs près d'elle, *Hist.*, I, 22. — Des astrologues affirment à Othon que l'observation de nouvelles révolutions dans les astres lui annonce une année glorieuse, *ibid.* — L'astrologue Seleucus dirige Vespasien par ses prédictions, II, 78. — Leur expulsion de l'Italie, *Ann.*, II, 32; XII, 52; *Hist.*, II, 62. — *Voyez* Chaldéens, Magiciens.

Ateius Capiton, père du préteur, aïeul du jurisconsulte, centurion de Sylla, *Ann.*, III, 75.

Ateius Capiton, père du jurisconsulte, préteur, *Ann.*, III, 75.

Ateius Capiton fut à Rome le premier dans la science des lois, *Ann.*, III, 75. — Auguste hâte l'époque de son consulat, afin que, par l'éclat de cette magistrature, il éclipsât Labéon Antistius, qui rivalisait avec lui par ses connaissances, *ibid.* — Est chargé par Tibère de chercher un remède contre les débordemens du Tibre, 1, 76. — Propose au sénat de détourner les fleuves et les lacs qui le grossissent, 79. — Se récrie contre l'intention de Tibère, qui ne veut pas que L. Ennius, chevalier romain, soit mis en jugement pour avoir converti en argenterie une statue de l'empereur, III, 70. — Meurt l'année 775 de Rome, 75.

ATELILUS HISTER (Publius), gouverneur de Pannonie, *Ann.*, XII, 29.

ATESTE (*Este*), ville de Vénétie, passe dans le parti de Vespasien, *Hist.*, III, 6.

ATHÈNES (*Atina*), capitale de l'Attique, *Ann.*, XI, 14. — Visitée par Germanicus, II, 53. — Cn. Pison l'épouvante par sa marche tumultueuse et la réprimande par une déclamation virulente, 55. — On y fait périr les condamnés en leur donnant du poison (la ciguë), XV, 64. — La cause de sa ruine est d'avoir repoussé de son sein, comme étrangers, les peuples vaincus, XI, 24. — Athènes a eu un grand nombre d'orateurs, *Orat.*, 40.

ATHÉNIENS, *Hist.*, IV, 83. — Solon leur donne des lois, *Ann.*, III, 26. — Philippe leur fut redoutable, II, 63.

ATIA, mère d'Auguste, préside à l'éducation de son fils, *Orat.*, 28.

ATIDIUS GEMINUS, préteur d'Achaïe, se prononce en faveur des Messéniens dans leur dispute avec les Lacédémoniens au sujet de la possession du temple de Diane Limnatide, *Ann.*, IV, 43.

ATILIUS voue un temple à l'Espérance, *Ann.*, II, 49.

ATILIUS, fils d'affranchi, poussé par un intérêt sordide, fait construire à Fidènes un amphithéâtre pour donner des spectacles de gladiateurs, et est cause, par l'écroulement de l'édifice, de la mort de la plus grande partie des spectateurs, *Ann.*, IV, 62. — Est exilé, 63.

ATILIUS RUFUS, consulaire, laisse vacant, par sa mort, le gouvernement de Syrie, *Agr.*, 40.

ATILIUS VERGILION, vexillaire, arrache de son enseigne l'image de Galba, et la jette contre terre, *Hist.*, I, 41.

ATILIUS VERUS, centurion primipilaire, sauve l'aigle de sa légion aux dépens de sa vie, *Hist.*, III, 22.

ATILLA, mère de Ann. Lucain, est dénoncée par son propre fils, comme étant initiée à la conjuration contre Néron, *Ann.*, XV, 56. — N'est pas inquiétée, 71.

ATIMETUS, affranchi de Domitia, détermine l'histrion Pâris à aller en hâte dénoncer le crime imputé à Agrippine, de méditer une révolution, *Ann.*, XIII, 19. — Agrippine accuse Domitia d'avoir des relations amoureuses avec Atimetus, 21. — Est livré au supplice, 22.

ATTICUS (Aulus), préfet de cohorte, emporté par sa jeune ardeur et par la fougue de son cheval, succombe en combattant contre les Bretons, *Agr.*, 37.

ATTICUS (Curtius), chevalier romain des plus distingués, accompagne Tibère dans sa retraite, *Ann.*, IV, 57. — Victime d'un complot de Séjan, VI, 10.

ATTICUS (Flaccus Vescularius), chevalier romain qui approchait le plus de Tibère, prête son entremise pour la dénonciation du complot de Libon, *Ann.*, II, 28; VI, 10. — Périt par ordre de Tibère, *ibid.*

ATTICUS (Julius), spéculateur, se vante faussement à Galba d'avoir donné la mort à Othon, *Hist.*, I, 35.

ATTICUS (Pomponius), chevalier romain, bisaïeul de Drusus, *Ann.*, II, 43.

ATTICUS (Quinctius), consul, est entouré par les Vitelliens, à la prise du Capitole, *Hist.*, III, 73. — Prend sur lui seul tout l'odieux de l'incendie de ce monument, 75.

ATTICUS (Vestinus), consul en 818 avec Silius Nerva, *Ann.*, XV, 48. — Époux de Statilia Messalina, maîtresse de Néron, 68. — C. Pison redoute son génie actif, 52. — Néron, quoiqu'il n'eût aucune preuve de sa complicité dans la conjuration, lui fait ouvrir les veines, 68, 69. — Il meurt sans proférer une parole pour se plaindre de sa destinée, *ibid.*

ATTIQUE, contrée de la Grèce, *Ann.*, V, 10.

ATTUS CLAUSUS, d'origine sabine, souche de la maison des Claudes, *Ann.*, XI, 24; XII, 25. — Son image brille aux funérailles de Brutus, fils de Tibère, IV, 9.

ATYS, roi, fils d'Hercule et d'Omphale, père des Tyrrhéniens et des Lydiens, *Ann.*, IV, 55.

AUFIDIENUS RUFUS, préfet de camp, est maltraité par les soldats, I, 20.

AUFIDIUS BASSUS, historien, jugé inférieur à Sisenna et à Varron, *Orat.*, 23.

AUGURAL, partie du camp où l'on prenait les auspices, *Ann.*, II, 13; XV, 30.

AUGURE (Dignité d'), *Ann.*, III, 64; XIV, 20. — Le sénat décide qu'aucun augure ne sera élu pour succéder à Germanicus, s'il n'est de la famille des Jules, II, 83.

AUGURE le plus favorable, huit

aigles, fixe l'attention de Germanicus, *Ann.*, II, 17. — Augure du passage heureux de l'Euphrate, VI, 37. — Augure de Salut, XII, 23. — Néron ayant consacré à Jupiter Vindex le poignard avec lequel Scevinus devait l'assassiner, cette dédicace est, lors du soulèvement de J. Vindex, interpretée comme augure, XV, 74. — Othon interprète comme favorables à sa cause les augures contraires à Galba, *Hist.*, I, 27. — On regarde comme d'un augure funeste que Vitellius, devenu souverain pontife, ait donné un édit sur le culte public le 15 des calendes d'Auguste, II, 91.

AUGUSTA, surnom que prit Livie lors de son admission dans la famille des Jules, *Ann.*, I, 8; IV, 12. — Agrippine est honorée de ce titre, XII, 26. — Néron donne ce surnom à Poppée et à la fille qu'elle lui donne, XV, 23. — Vitellius décore sa mère de ce nom, *Hist.*, II, 89.

AUGUSTA JULIA, AUGUSTA LIVIA. *Voyez* LIVIE.

AUGUSTA TAURINORUM. *Voyez* TURIN.

AUGUSTANS, compagnie de chevaliers romains formée pour applaudir Néron en cadence, quand le prince chantait, *Ann.*, XIV, 15.

AUGUSTAUX (Jeux). Les tribuns du peuple demandent à instituer à leurs propres frais ces jeux ainsi appelés du nom d'Auguste, *Ann.*, I, 15. — La célébration annuelle en est, peu après, attribuée au préteur qui avait la juridiction entre les citoyens et les étrangers, *ibid.* — Sont troublés par des factions en faveur des histrions, 54.

AUGUSTAUX (Prêtres). *Voyez* l'article AUGUSTE, à la fin.

AUGUSTE (Caïus Octavius César), deuxième empereur romain, est élevé par Atia, sa mère, qui préside elle-même à son éducation, *Orat.*, 28. — Eut pour épouse Scribonia (avant cette union, il avait contracté des liens avec Servilia, ensuite avec Claudia), *Ann.*, II, 27; puis Livie, femme de Tibère Néron, qu'il reçut enceinte dans son lit, I, 10; V, 1; VI, 51. — Son génie actif, *Hist.*, II, 76. — Il soutient la guerre civile âgé seulement de dix-neuf ans, *Ann.*, XIII, 6. — Passe sa jeunesse au milieu des périls de la guerre, XIV, 55. — Se nomme consul avec Q. Pedius à la place de Pansa et d'Hirtius, *Orat.*, 17. — Ennemi d'Antoine, *Ann.*, II, 55; XI, 7; *Hist.*, III, 66. — Fait beaucoup de concessions à ce dernier, I, 9. — L'abuse à Tarente et à Brindes, 10. — A Marcus Messala Corvinus pour collègue de son troisième consulat, XIII, 34. —

De son regard, intimide les vainqueurs d'Actium, I, 42. — Durant les guerres civiles, donne le gouvernement général de Rome et celui même de l'Italie à Cilnius Mécène, simple chevalier romain, VI, 11. — Permet à ce dernier de vivre dans Rome même, comme dans une retraite éloignée, XIV, 53, 5. — Trouvant l'état fatigué de discordes civiles, accepte le pouvoir sous le nom de prince, I, 1, 9. — Devenu maître de l'empire, vu l'accroissement de la population et la lenteur de l'effet des lois, il charge un consulaire de contenir les esclaves et ces esprits audacieux et turbulens que la force seule peut réprimer, VI, 11. — A son sixième consulat, il abolit ce qu'il avait ordonné dans son triumvirat, III, 28. — Agrandit le Pomerium, XII, 23. — Donne le spectacle d'un combat naval dans un bassin qu'il avait fait creuser en deçà du Tibre, 56. — Confie le gouvernement de l'Égypte à des chevaliers, *Hist.*, I, 11. — Donne à ces derniers l'autorité de la loi, et leurs décrets sont considérés comme si les magistrats de Rome les avaient rendus, *Ann.*, XII, 60. — Permet au sénat de choisir les préfets du trésor, XIII, 29. — A la mort de Rhémétalcès, partage les états de Thrace entre Rhescuporis, frère de Rhémétalcès, et son fils Cotys, II, 64. — Élève en dignités Claudius Marcellus, I. 3; *Hist.*, I, 15. — Phraate, qui lui porte tous les sentimens du respect, lui envoie une partie de ses enfans en ôtage, II, 1. — Il regarde comme très-glorieuse la demande que lui font les Parthes, de leur donner Vonones pour roi, et le comble de présens, 2. — Il est revêtu de la puissance tribunitienne, *Ann.*, I, 2. — Dans quel but il inventa cette dénomination du pouvoir souverain, III, 56. — Permet à M. Agrippa de se retirer à Mitylène, XIV, 53, 55. — Il l'associe au souverain pouvoir, I, 3; III, 56; IV, 40; *Hist.*, I, 15. — Il le prend pour gendre, *Ann.*, I, 3. — Donne Tigrane pour roi à l'Arménie, et Tibère Néron vient le mettre en possession de son trône, II, 3. — Crée des patriciens par la loi Senia, XI, 25. — Célèbre les jeux Séculaires, l'an 737 de la fondation de Rome, 11. — Honneurs et magnificences accordés par lui à la mort de Drusus, père de Germanicus, III, 5. — Confine Julie, sa fille, à cause de ses désordres, dans l'île Pandateria, I, 53; III, 24. — Relègue L. Antonius dans la ville de Marseille, et couvre cet exil du prétexte de son instruction, IV, 44. — Demande au sénat que Tibère et Drusus son frère soient dispensés du vigintivirat, et puissent aspirer à la questure cinq ans plus tôt que ne l'accordent les lois, III, 29. — Il les décore du titre d'*imperator*, I, 3. — S'associe Tibère, *ibid.*; III, 56; IV, 40. — Il l'adopte, 57; XII, 24; *Hist.*, I, 15. — Il relègue dans l'île Planasia son unique petit-fils Agrippa Postumus, *Ann.*, I, 3. — Le visite dans sa retraite, 5. — Il donne à Germanicus, fils de Drusus, le commandement des huit légions sur le Rhin, 3. — Exile la jeune Julie dans l'île de Trimère à cause de ses déportemens, III, 24; IV, 71. — Dans sa vieillesse, il ajoute la loi Papia Poppéa aux lois Juliennes, III, 25. — Maladie d'Auguste, attribuée au crime de son épouse Livie, I, 5. — Ses derniers entretiens sur les personnes dignes d'être appelées au pouvoir, 13. — Sa mort, 5. — Son âme admise dans les cieux, 43. — Placé au rang des divinités, 59, 73; XII, 69. — Testament d'Auguste, I, 8. — Il institue pour héritiers Tibère et Livie, *ibid.* — Sommes qu'il lègue à l'état, au peuple et aux soldats, *ibid.* — Junius Blésus, commandant trois légions en Pannonie, apprenant la fin d'Auguste, interrompt les exercices accoutumés à cause du deuil, 16. — On délibère sur les honneurs funéraires à lui accorder, 8. — Mesures prises le jour des funérailles, *ibid.* — Les obsèques terminées, un temple et les honneurs divins sont décernés à Auguste, 11. — Mille discours futiles sur ce prince, 9. — Le jour où il obtint l'empire avait été le même que le dernier de sa vie, *ibid.* — Il était mort à Nole dans la même maison et dans la même chambre qu'Octavius son père, *ibid.* — Il fut treize fois consul, *ibid.* — La puissance tribunitienne lui fut prorogée pendant trente-sept années, *ibid.* — Il obtint vingt-une fois le titre d'*imperator*, *ibid.* — Il gouverna pendant cinquante-six ans la république, *Orat.*, 17. — Sa vie fut diversement louée ou blâmée, *Ann.*, I, 9. — Éloge de sa conduite, *ibid.* — Ce qu'on lui reproche, 10. — Peu d'années avant sa mort, demandant aux sénateurs, pour Tibère, la puissance tribunitienne, il avait jeté quelques traits contre son extérieur, ses mœurs, ses principes qu'il lui reprochait, tout en feignant de les excuser, *ibid.* — Tibère donne lecture aux sénateurs, de l'état des richesses publiques, du nombre des citoyens et des alliés sous les armes, de celui des flottes, des royaumes, des provinces, des tributs, des impôts, des dépenses et des gratifications : le tout écrit de la main d'Auguste, 11. — Il avait donné le conseil de contenir l'empire en ses limites, *ibid.* — Avait fixé à douze le nombre des candidats pour la préture, 14. — Le premier étendit la loi de lèse-majesté aux libelles injurieux, 72. — A quelle occasion, *ibid.* — Brilla aux spectacles de gladiateurs par son affabilité, 76. — Avait jadis déclaré les histrions à l'abri de la peine des verges, 77. — Envoya neuf fois Tibère en Germanie, II, 26. — Parmi tous les autres mystères de sa politique, avait défendu aux sénateurs et aux premiers des chevaliers romains d'entrer à Alexandrie sans permission expresse, 59. — Ses voyages en Orient et en Occident, accompagné de Livie, III, 34. — Accablé par l'âge, se transporta maintes fois en Germanie, I, 46. — A la mort de ses petits-fils, mit un frein à sa tristesse, III, 6. — Mémoire qu'il fit sur Volesus Messala, proconsul d'Asie, 68. — Accommoda quelquefois aux usages présens les usages d'une rigide antiquité, IV, 16. — Trophée d'armes à lui consacré par Germanicus, II, 22. — Germanicus visite les trophées consacrés par Auguste à Actium, 53. — Livie lui en dédie un autre près du théâtre de Marcellus, III, 64. — C. Silanus est accusé d'avoir outragé sa divinité, 66. — Son amitié pour Tite-Live, IV, 34. — Les lettres d'Antoine, les harangues de Brutus, contiennent, contre Auguste, des diatribes sans fondement, il est vrai, mais des plus sanglantes, *ibid.* — Il avait pensé à donner sa fille à un simple chevalier romain, 39, 40. — Tibère ne se permettait pas d'enfreindre ses volontés, I, 77 ; *Agr.*, 13. — Il regardait comme loi chaque parole et action d'Auguste, *Ann.*, IV, 37. — Tibère raye du tableau des sénateurs Apidius Merula, parce qu'il n'a pas juré sur les actes du divin Auguste, 42. — Il ne dédaigna pas l'espoir d'être placé au nombre des dieux, 38. — Son ordonnance sur les livres présumés de la Sibylle, VI, 12. — Possédait cette élocution facile et abondante qui convient à un prince, XIII, 3. — Ses lettres, *Orat.*, 13. — Temple en son honneur dans la colonie de Terragone, *Ann.*, I, 78. — Autre à Pergame, IV, 37, 55. — Autre à Nole, 57. — Autre élevé par Tibère, VI, 45. — Son culte est négligé par les habitans de Cyzique, IV, 36. — Ses prêtres, I, 54 ; II, 83 ; III, 64 ; *Hist.*, II, 95. — Ses flamines, *Ann.*, I, 10. — Son image placée dans le sénat, 11 ; II, 37. — Sa statue à Bovilles, 41. — Autre en Crète, III, 63. — Forum d'Auguste, IV, 15. — Les cendres de Germanicus sont déposées dans son tombeau, III, 4. — Séjan, s'appuyant de la bienveillance qu'avait eue d'Auguste pour lui, demande à Tibère Livie en mariage, IV, 39. — Pour faire connaître le siècle d'Auguste, des génies distingués ne manquèrent pas, jusqu'à ce que, l'adulation s'étant introduite, ils se turent, I, 1. — *Voyez* encore, *Ann.*, II, 43; III, 48, 54, 71, 72, 74; IV, 5, 39, 52, 75; VI, 3, 13, 46, 51; XII, 11, 64; XIII, 1, 19; XIV, 15; XV, 35; XVI, 23; *Hist.*, I, 18, 50, 89, 90; IV, 7, 23, 48, 57; *Germ.*, 37; *Orat.*, 38.

AUGUSTE, surnom décerné à Othon, *Hist.*, I, 47. — Vitellius se fait précéder à Rome d'un édit par lequel il diffère de prendre le titre d'Auguste, II, 62. — Les soldats le défèrent à Vespasien, dans Césarée, 80. — La populace force Vitellius d'accepter ce titre, 90.

AUGUSTE, nom donné au mont Célius, *Ann.*, IV, 64.

AUGUSTODUNUM. *Voyez* AUTUN.

AURELIA, mère de César, préside elle-même à son éducation, *Orat.*, 28.

AURELIUS (Fulvius), commandant d'une légion en Mésie, reçoit les ornemens consulaires, *Hist.*, I, 79.

AURELIUS (Pius), sénateur, demande au sénat des indemnités à cause de l'exhaussement d'une voie publique et d'un conduit d'eau qui mettent sa maison en péril, *Ann.*, I, 75. — Les préteurs de l'épargne s'y opposent, mais Tibère intervient et lui paie le prix de sa propriété, *ibid.*

AURELIUS COTTA (Caïus), consul en 773 avec Valerius, *Ann.*, III, 2. — Sa proposition au procès de Cn. Pison, 17.

AURELIUS COTTA reçoit une pension de Néron, *Ann.*, XIII, 34.

AURELIUS SCAURUS, consul en 646, est fait prisonnier par les Germains (les Cimbres), *Germ.*, 37.

AURIANA, aile de cavalerie, va, sous les ordres de Sextilius Félix, occuper la rive de l'Énus, *Hist.*, III, 5.

AURINIA, prophétesse jadis en grande vénération chez les Germains, *Germ.*, 8.

AUROCHS. *Voyez* BOEUF.

AUSPEX (Julius), l'un des principaux Rémois, empêche ses compatriotes de se révolter contre les Romains, *Hist.*, IV, 69.

AUSPICES sont en grand crédit chez les Germains, *Germ.*, 10. — Ils les tirent du hennissement et du frémissement des chevaux, *ibid.* — Autre manière, chez les Germains, de prendre les auspices, lorsqu'ils cherchent à connaître le résultat de guerres importantes, *ibid.* — Les auspices se montrent favorables à Germanicus, *Ann.*, II, 14. — Sont consultés aux noces infâmes de Néron et de Pythagoras, XV, 37.

AUTEL d'Adoption, *Ann.*, I, 14. — De l'Amitié, IV, 74. — De Carmel, *Hist.*, II, 78. — De la Clémence, *Ann.*, IV, 74. — De Consus, XII, 24. — De Diane, refuge des Amazones, III, 61. — De Drusus, II, 7. — D'Hercule, XII, 24; XV, 41. — De Jupiter Conservateur, *Hist.*, III, 74. — Du Soleil, *Ann.*, VI, 28. — Des Ubiens (*Gottberg*), I, 39, 57. — D'Ulysse à Asciburgium, *Germ.*, 3. — De la Vengeance, en mémoire de Germanicus, *Ann.*, III, 18.—Autels des Barbares, I, 61.—Décrétés aux dieux par le sénat, III, 57.—Élevés aux dieux Mânes, 2. — Consacrés aux fleuves, I, 79. — Vitellius élève dans le Champ-de-Mars des autels pour sacrifier aux mânes de Néron, *Hist.*, II, 95.

AUTOMNE, saison ignorée des Germains, *Germ.*, 26.

AUTORITÉ. Dès que l'égalité fut bannie, et qu'à la modération et à l'honneur succédèrent l'ambition et la violence, l'autorité absolue s'établit, *Ann.*, III, 26. — Le droit diminue dès que l'autorité intervient, 69.

AUTRUI. Ce qui arrive à autrui est la grande école, *Ann.*, IV, 33.

AUTUN, ville capitale des Éduens, *Ann.*, III, 43. — Sacrovir s'en empare, *ibid.* — Les enfans des plus nobles habitans de la Gaule venaient y étudier les arts libéraux, *ibid.* — Silius se dirige sur cette ville, 45. — Sacrovir s'y enfuit, 46.

AUVONE, rivière de la Grande-Bretagne, *Ann.*, XII, 31.

AUXILIAIRES, *Hist.*, I, 38; II, 22, 27, 100; III, 1, 47; IV, 19. — Composent avec les Bataves l'arrière-garde de l'armée sous les ordres de Germanicus, *Ann.*, II, 8.—Quelques-uns sont noyés à Amisia par la marée montante, *ibid.* — Marchent en tête contre les Chérusques, 16. — L. Apronius fait venir de la Haute-Germanie les auxiliaires des légions pour aller combattre les Frisons, IV, 73. — Une légion et des auxiliaires sont chargés de protéger en Afrique les frontières de l'empire, *Hist.*, IV, 48. — L. Vitellius conduit l'élite de ses légions et de ses auxiliaires sur la rive de l'Euphrate, *Ann.*, VI, 37.—Claude transporte des légions et des auxiliaires en Bretagne, *Agr.*, 13. — Ce même prince écrit à P. Atellius Hister, qui commande la Pannonie, de tenir sur les bords du Danube une légion et des auxiliaires tirés de cette province, XII, 29. — Auxiliaires alliés combattent contre les Bretons, 35. — Julius Pelignus, procurateur de Cappadoce, rassemble les auxiliaires comme pour recouvrer l'Arménie, et pille les alliés plus que les ennemis, 49. — Quadratus Ummidius, lieutenant de Syrie, a sous son commandement une partie des auxiliaires et deux légions, XIII, 8. — Corbulon envoie contre Tiridate, alors chez les Mèdes, Verulanus, son lieutenant, avec des auxiliaires, XIV, 26. — Suetonius Paullinus se dispose à combattre les Bretons avec la quatorzième légion unie aux vexillaires de la vingtième et aux auxiliaires voisins, 34.— Les auxiliaires de Pont, de Galatie et de Cappadoce passent sous les ordres de Césennius Pétus, XV, 6. — Le complot ourdi par Othon pour s'emparer de l'empire, trouve un appui dans les auxiliaires, *Hist.*, I, 26.—Les auxiliaires de la Germanie sont prêts à agir en faveur de Vitellius, 52, 54. — Trebellius Maximus, assailli d'injures par les soldats auxiliaires de la Bretagne, se réfugie auprès de Vitellius, 60. — Des auxiliaires de Germanie sont joints aux forces commandées par Fabius Valens et Cécina pour se rendre en Italie, et Vitellius en complète ses propres troupes, 61. — Cécina envoie des courriers aux auxiliaires de Rhétie pour qu'ils viennent surprendre par derrière les Helvétiens que sa légion attaque de face, 67. — Cécina envoie les auxiliaires germains pour défendre une partie de l'Italie, 70. — La troisième légion, soutenue par les auxiliaires, taille en pièces les Rhoxolans, 79. — Vespasien et Mucien ont dans leurs troupes des auxiliaires en infanterie et en cavalerie, II, 4. — Les gladiateurs, commandés par Martius Macer, jettent le trouble parmi les auxiliaires vitelliens, 23, 24. — Deux cohortes d'auxiliaires gaulois en viennent aux mains avec les soldats de la cinquième légion, par lesquels elles sont massacrées, 68, 88. — Rage des auxiliaires en voyant Vitellius accorder à ses légions tant d'impunité, et leur permettre tant d'arrogance, 69. — Valens et Cécina montrent à Vitellius en quel endroit, à la bataille de Bédriac, les auxiliaires enveloppèrent l'ennemi, 70. — Les Flaviens placent sur les flancs, des auxiliaires pour observer la Rhétie, III, 5, 53. — Le tribun Vipstanus Messala arrive sous Crémone avec les auxiliaires de Mésie, 18, 29. — Les auxiliaires du parti de Vitellius choisissent leur place dans son armée,

22. — Les auxiliaires gaulois se détachent de ce prince, IV, 31. — Les auxiliaires du roi Antiochus combattent en Judée sous les ordres de Titus, V, 1. — Civilis cherche à gagner les auxiliaires de Bretagne, IV, 15. — Les auxiliaires ubiens et trévires fuient et se dispersent honteusement devant les forces de Civilis, 18. — Les auxiliaires de l'armée commandée par Dillius Vocula, attaqués à l'improviste, se répandent confusément sur les côtés, 33. — Des auxiliaires maures et carthaginois sont envoyés par Festus pour égorger L. Pison, 50. — Les auxiliaires de la seizième légion font avec celle-ci leur soumission à Civilis, 62. — Ce chef attaque les auxiliaires sous les ordres de Cerialis, dans leurs cantonnemens, V, 19. — Agricola rassemble des détachemens des légions et une petite troupe d'auxiliaires pour marcher contre les Ordoviques, *Agr.*, 18. — Ce même chef les dispose pour combattre contre les Calédoniens, 35.

AUZEA, château de Numidie, *Ann.*, IV, 25.

AVENCHE, ville capitale des Helvétiens, se rend à discrétion à Cécina Alienus, *Hist.*, I, 68.

AVENIR est incertain, *Ann.*, III, 69.

AVENTIN (Mont), une des sept collines de Rome, *Hist.*, III, 70, 85. — La partie du Cirque qui y est contiguë est consumée ainsi que tout le quartier voisin, *Ann.*, VI, 45.

AVERNE, lac de la Campanie, au nord de Baïes, *Ann.*, XV, 42.

AVEUGLE guéri par Vespasien, *Hist.*, IV, 81.

AVIONES, peuple de la Germanie, *Germ.*, 40.

AVITUS. *Voyez* VIBIUS AVITUS.

AVOCATS. Leur perfidie, *Ann.*, XI, 5. — Leur cupidité; — exemples du désintéressement des anciens orateurs, 6. — Leurs honoraires sont fixés à la somme de dix mille sesterces (1,948 fr.); recevant au-delà, ils seront coupables de concussion, 7. — Plus tard, pour plaider une cause, ils ne peuvent recevoir ni argent ni présens, XIII, 5. — On renouvelle le sénatus-consulte et la peine de la loi Cincia, contre ceux qui mettraient à prix leur éloquence, 42. — Nom donné aux orateurs, *Orat.*, 1, 34, 39.

AVON. *Voyez* AUVONE.

AVRIL (Mois d') reçoit le surnom de Néron *Ann.*, XV, 74; XVI, 12.

B

Bacchus. Tibère fait la dédicace de son temple, *Ann.*, II, 49. — Vainqueur des Amazones, il épargne celles qui se réfugient suppliantes à l'autel de Diane, III, 61. — Est placé au nombre des dieux, IV, 38. — Sur quoi est fondée la croyance que les Juifs l'adoraient, *Hist.*, V, 5.

Bactriane (*le Khorasan*), conquise par Rhamsès, *Ann.*, II, 60. — Bardane transporte son camp dans ses plaines, XI, 8.

Baden (en Suisse). Son territoire est ravagé par Cécina, *Hist.*, I, 67.

Baduhenne (*Sevenwolden*), forêt de la Germanie dans le pays des Frisons, *Ann.*, IV, 73.

Baïes. Valerius Asiaticus y est trouvé et reconduit à Rome chargé de chaînes, *Ann.*, XI, 1. — Domitia y construit des piscines, XIII, 21. — Les conspirateurs contre la vie de Néron, choisissent la maison de campagne de Pison, à Baïes, pour l'exécution du meurtre, XV, 52. — Lac de Baïes, XIV, 4.

Balbillus (Caïus) est nommé gouverneur de l'Égypte, *Ann.*, XIII, 22.

Balbus (Cornelius), d'origine espagnole, *Ann.*, XI, 24. — Chevalier romain, emploie le superflu de ses richesses à l'ornement de Rome, III, 72. — Dut à la puissance de J. César la faculté de traiter des conditions de la paix et d'être l'arbitre de la guerre, XII, 60.

Balbus (Domitius), ancien préteur, parvient à un grand âge, *Ann.*, XIV, 40. — Valerius Fabianus, un de ses parens, suppose un testament, *ibid.*

Balbus (Lélius), orateur d'une éloquence féroce, et toujours armée contre l'innocence, *Ann.*, VI, 48. — Accuse de lèse-majesté Acutia, qui avait été l'épouse de P. Vitellius, 47. — Junius Othon, tribun du peuple, s'oppose à ce qu'on décerne la récompense au délateur, *ibid.* — Complice des dérèglemens d'Albucilla, est condamné à perdre le rang de sénateur, 48.

Baléares (*Majorque* et *Minorque*, *Formentera* et *Iviça*), îles de la Méditerranée où P. Suilius fut exilé, *Ann.*, XIII, 43.

Baliste, machine de guerre, *Ann.*, II, 20; XII, 56; XV, 9; *Hist.*, II, 34; III, 23, 29; IV, 23.

Balle pour lancer sur l'ennemi, *Hist.*, V, 17.

Barbares préfèrent demander

des rois à Rome que d'en choisir eux-mêmes, *Ann.*, XII, 14. — Les machines de guerre ne leur sont point connues, 45. — Alliés peu sûrs, *Hist.*, III, 48. — Leur esprit peu ouvert, IV, 13. — Reçoivent les harangues de leurs chefs avec des chants, des frémissemens et des clameurs discordantes, *Agr.*, 33.

BARBE. Les Cattes la laissent croître, ainsi que leur chevelure, jusqu'à ce qu'ils aient immolé un ennemi, *Germ.*, 31.

BARBIUS PROCULUS, tesséraire des gardes, est amené par Onomastus à Othon, qui le charge de détacher les soldats de la cause de Galba, et lui donne de l'argent pour acheter des complices, *Hist.*, I, 25.

BARDANE est appelé par les Parthes à prendre possession du royaume, *Ann.*, XI, 8. — Assiège Séleucie, qu'il est forcé d'abandonner, et transporte son camp dans les plaines de la Bactriane, *ibid.* — Séleucie se rend à lui, sept années après sa révolte, 9. — Vainqueur de Gotarzès qui se repent de lui avoir cédé l'empire, par une suite de victoires, soumet les nations jusqu'au Sinde, 10. — Il est surpris au milieu d'une chasse, et meurt assassiné à la fleur de l'âge, *ibid.*

BARDIT, chant guerrier que les Germains répètent ensemble, quand ils vont au combat, pour enflammer leur courage, *Germ.*, 3.

BAREA SORANUS, consul désigné, propose de décerner à Pallas les ornemens de la préture et quinze millions de sesterces, *Ann.*, XII, 53. — Néron médite sa perte, XVI, 21. — Est mis en accusation par Ostorius Sabinus, 23. — Sa fille, associée à ses dangers, essaie de détourner sur elle la peine dont son père est menacé, 30, 31. — Il assume sur lui toute la culpabilité prétendue, 32. — Odieuse conduite de P. Egnatius Celer envers lui, *ibid.* — Cassius Asclepiodotus ne l'abandonne point dans son malheur, 33. — On lui laisse le choix de sa mort, *ibid.* — Son amitié pour Rubellius Plautus lui fut funeste, 23, 30. — Victime d'un faux témoignage, *Hist.*, IV, 10. — Ses mânes sont vengés, 40. — Les liens de l'amitié l'unirent à Vespasien, 7.

BARGIORAS, surnom de Jean, chef des Juifs, *Hist.*, V, 12.

BARIUM (*Bari*), ville d'Italie, dans l'Apulie Peucétienne, *Ann.*, XVI, 9.

BASILIDÈS, pontife de Carmel, prédit à Vespasien une réussite complète dans ses projets, *Hist.*, II, 78.

BASILIDÈS, l'un des premiers

personnages de l'Égypte, apparaît à Vespasien dans le temple de Serapis, *Hist.*, IV, 82.

BASILIQUE d'Hercule, *Ann.*, XV, 41. — De Paullus, III, 72.

BASILIQUES, salles où s'assemblaient les cours de justice, et où se traitaient les affaires publiques, *Hist.*, I, 40.

BASSUS. *Voyez* AUFIDIUS BASSUS.

BASSUS (Annius), lieutenant de légion, *Hist.*, III, 50.

BASSUS (Cesellius), d'origine carthaginoise, d'un esprit dérangé, déclare à Néron qu'il a trouvé une grande masse d'or enfouie dans son champ, en Numidie, *Ann.*, XVI, 1. — Renonce à sa folie et se donne la mort, 3.

BASSUS (Lucilius), d'abord préfet de cavalerie, reçoit de Vitellius le commandement des flottes de Ravenne et de Misène, *Hist.*, II, 100. — Complote avec Cécina de trahir ce prince, *ibid.* — Essaie d'ébranler la fidélité des soldats dévoués à Vitellius, 101. — Livre la flotte de Ravenne à Vespasien, III, 12, 36, 39. — Est transporté à Hadria, 12. — Plainte des soldats sur sa trahison, 13. — Est envoyé avec de la cavalerie légère pour pacifier la Campanie, dont les municipes étaient animés d'un esprit de discorde, IV, 3.

BASSUS (Saleius), homme aussi excellent que poète accompli, *Orat.*, 5. — Le plus illustre amant des Muses, 9. — Vespasien lui fait don de cinq cent mille sesterces, *ibid.*

BASTARNES, nom donné par quelques auteurs aux Peucins, *Germ.*, 46. — Rhescuporis prétexte contre eux une guerre, *Ann.*, II, 65.

BATAVES, peuple de la Gaule Germanique, *Ann.*, II, 6; *Hist.*, II, 17, 22, 97; IV, 58, 61, 66, 73, 85; V, 19. — S'étendent peu sur la rive du Rhin, mais en occupent une île, *Germ.*, 29; *Hist.*, IV, 12, 18. — Sont baignés d'un côté par l'Océan, 12, 79. — Leur caractère, I, 59. — Excellent dans l'art de la natation, IV, 12. — Alliés des Romains quoique ne leur payant pas de tributs, *ibid.*, 17; V, 25; *Germ.*, 29. — Composent avec les auxiliaires l'arrière-garde de l'armée sous les ordres de Germanicus, *Ann.*, II, 8. — Quelques-uns sont noyés à Amisia par la marée montante, *ibid.* — Passent le Visurgis sous les ordres de Cariovalde, 11. — Sont entraînés par les Chérusques dans une plaine entourée de bois, *ibid.* — Stertinius et Émilius les dégagent du péril, *ibid.* — Des cohortes de Bataves servent en Bretagne, *Hist.*, IV, 12; *Agr.*, 36. — Auxiliaires de la quatorzième légion, se séparent de celle-ci, *Hist.*, I, 59, 64; II, 27. — Valens les rappelle à la subordination, I, 64. — Il leur est enjoint de marcher au secours de la Gaule Narbonaise, II, 28. — Alphenus Varus les conduit près de Bédriac pour appuyer Cécina et Valens qui y combattent, 43. — Vitellius les joint à son armée, 66; IV, 14. — Les cohortes de Bataves sont renvoyées en Germanie, III, 69. — Leur défection, IV, 19, 20. — La nation est soulevée par Civilis, IV, 14 et *suiv.* — Ce chef exalte leur valeur, 32. — Ils sont battus par les troupes commandées par Dillius Vocula, 33. — Claudius Labéon promet, si on lui donne main-forte, d'aller chez les Bataves, et de ramener la majeure partie de ce peuple aux Romains, 56. — Ils éprouvent un nouvel échec à Trèves, 77, 78. — Ils harcèlent les soldats de Cerialis, V, 14. — Place qu'ils occupent dans l'armée de Civilis, 15. — Ce chef les harangue, 17. — Un transfuge de cette nation s'approche de Cerialis et lui donne les moyens de battre Civilis, 18. — Cerialis ravage sans pitié l'île des Bataves, 23. — Il leur offre la paix, 24. — Les Bataves se rendent à ses propositions, 25.

BATAVODURUM (*Durstedt*), ville forte de l'île des Bataves, sur le Rhin, *Hist.*, V, 19.

BATHYLLE, pantomime dont Mécène faisait ses délices, *Ann.*, I, 54.

BAULES, maison de campagne située entre le promontoire de Misène et le lac de Baïes, *Ann.*, XIV, 4.

BAUMIER, arbrisseau de Judée, *Hist.*, V, 6. — Sa description, *ibid.*

BEBIUS MASSA, procurateur d'Afrique, fameux par ses délations sous Domitien, *Hist.*, IV, 50. — Est lui-même accusé, *Agr.*, 45.

BÉDRIAC, village entre Vérone et Crémone, lieu illustré par deux défaites des Romains, *Hist.*, II, 23, 49, 50, 66; III, 26, 27, 31. — Annius Gallus y assit son camp, II, 23. — Titianus et Proculus portent le camp à quatre milles en avant de ce bourg, 39. — Les Othoniens s'y enfuient en désordre, 44. — L'armée vitellienne ne s'en approche qu'à la distance de cinq milles, 45. — Vitellius en apprend les heureux succès, 57. — Antonius, suivi de toute son armée, vient en deux marches de Vérone à Bédriac, III, 15. — Ce chef envoie y chercher des vivres, 21.

BELGES, nation gauloise, *Ann.*, III, 40; *Hist.*, IV, 76. — Prêtent serment à Tibère entre les mains de Germanicus, *Ann.*,

I, 34, 43. —Auxiliaires de Virginius, *Hist.*, IV, 17. — Combattent contre les Bataves, 20. — Leurs cités replacent les images de Vitellius, lorsque déjà il n'était plus, 37. —Petilius Cerialis fait prisonniers les principaux Belges sous les ordres de Tullius Valentinus, IV, 71.

BELGIQUE, gouvernée par Élius Gracilis, *Ann.*, XIII, 53. — Pompeius Propinquus y réside en qualité de procurateur, *Hist.*, I, 12, 58. — Valerius Asiaticus, lieutenant de cette province, est pris pour gendre par Vitellius, 59.—Civilis la parcourt pour parvenir à saisir ou à chasser Claudius Labéon, 70.

BÉLIER. Jamais les Albanicus et les Ibériens ne consentirent à sacrifier cet animal, parce qu'il transporta, disent-ils, Phrixus à travers les flots, *Ann.*, VI, 34.— Les Juifs égorgent le bélier comme pour insulter à Hammon, *Hist.*, V, 4.

BELUS (*Nakir Halou*), fleuve de Phénicie, se jette dans la mer de Judée, *Hist.*, V, 7.

BÉNÉVENT, capitale du Samnium; Vatinius y donne un grand spectacle de gladiateurs, *Ann.*, XV, 34.

BENIGNUS. *Voyez* ORPHIDIUS BENIGNUS.

BÉRÉNICE, reine des Juifs, est passionnément aimée de Titus, *Hist.*, II, 2. — Elle seconde le parti de Vespasien avec ardeur, 81.

BÉRYTE (*Béroot*), ville maritime de Phénicie, *Hist.*, II, 81.

BESTIA (Lucius) défendu par Cicéron, *Orat.*, 39.

BÉTASIENS, peuple de la Gaule, dans la deuxième Germanique, *Hist.*, IV, 56. — Combattent contre Civilis sous les ordres de Claudius Labéon, 66. — Ils engagent leur foi à Civilis, qui les réunit à ses troupes, *ibid*.

BÊTES féroces, fournissent leurs peaux aux Germains pour s'en vêtir, *Germ.*, 17. — Ces peuples marchent au combat avec les images de bêtes féroces pour enseignes, *Hist.*, IV, 22. — Néron défend aux gouverneurs de donner des combats de ces animaux dans leurs provinces, *Ann.*, XIII, 31. — Les chrétiens sont couverts, par ordre de ce prince, de peaux de bêtes féroces, et déchirés par des chiens, XV, 44. — Mariccus est livré aux bêtes pour avoir essayé de soulever les Gaules, *Hist.*, I, 61. — Des soldats de Vitellius entrent dans Rome, vêtus de peaux de bêtes, II, 88. — Vitellius multiplie les spectacles de bêtes féroces dans le cirque, 94.

BÉTIQUE (*Andalousie et royaume de Grenade*), *Hist.*, I, 53. — Othon adjoint le pays des Maures à cette province, 78.

Betuus Chilon est tué dans la Gaule par ordre de Galba, *Hist.*, I, 37.

Bibaculus a composé des vers remplis d'invectives contre les Césars, *Ann.*, IV, 34.

Bibliothèques, *Orat.*, 21, 37.

Bibulus (Caïus), édile, représente qu'on méprise la loi somptuaire, *Ann.*, III, 52.

Bienfaits ne plaisent qu'autant qu'ils peuvent être acquittés; dès qu'ils vont au-delà, au lieu de gratitude, la haine, *Ann.*, IV, 18. — On a plus de pente à punir l'injure qu'à récompenser le bienfait, *Hist.*, IV, 3.

Biens. Que chacun use de ceux que lui offre son siècle, *Orat.*, 41.

Bingium (*Bingen*), ville de la Gaule dans la 1re Germanique, *Hist.*, IV, 70.

Bithynie (partie de la *Natolie*), plus anciennement Bébrycie, contrée de l'Asie Mineure, *Ann.*, I, 74; II, 60; XVI, 18.

Bithyniens accusent Cadius Rufus du crime de concussion, *Ann.*, XII, 22. — Accusent Tarquitius Priscus du même crime, XIV, 46.

Bitume. Comment on le recueille, *Hist.*, V, 6.

Blésus (Junius), oncle de Séjan, *Ann.*, III, 35, 72; IV, 26. — Commande trois légions en Pannonie, I, 16. — Apprenant la fin d'Auguste et l'avènement de Tibère, à cause du deuil et des réjouissances, interrompt les exercices accoutumés, *ibid.* — Réprimande qu'il adresse aux légions soulevées par Percennius, 18, 19. — Punitions exemplaires qu'il inflige à des soldats, 21. — Sa vie est mise en péril par les imputations mensongères d'un simple soldat nommé Vibulenus, 23. — Est proposé par Tibère à l'élection des sénateurs pour le proconsulat d'Afrique, III, 35. — Est maintenu dans ce gouvernement, 58. — Les ornemens du triomphe lui sont accordés par Tibère en considération de Séjan, 72. — Jugé digne de cet honneur, 73. — Ses succès contre Tacfarinas, IV, 23. — Poursuit Tacfarinas de retraite en retraite, et prend le frère de ce Barbare, III, 74. — Tibère regardant la guerre comme terminée, accorde à Blésus l'honneur d'être salué *imperator* par ses légions, *ibid.* — Par déférence pour Séjan, ne voulant pas laisser effacer la gloire de Blésus, l'oncle de son favori, Tibère refuse les ornemens du triomphe à P. Dolabella vainqueur de Tacfarinas, 26.

Blésus (Junius), fils du précédent, *Ann.*, III, 74. — Les

soldats des légions révoltées de Pannonie demandent que le tribun Blésus soit chargé de réclamer pour eux le congé après seize années, I, 19. — Est envoyé vers Tibère, 29. — Combat, sous les ordres de son père, Tacfarinas en Afrique, III, 74. — Gouverneur de la Gaule Lyonnaise, *Hist.*, I, 59; II, 59. — L. Vitellius l'accuse de se réjouir de la maladie de Vitellius son frère, III, 38. — Ce prince le fait périr en recourant au poison, 39.

BLÉSUS (les deux) se donnent la mort, *Ann.*, VI, 40.

BLÉSUS. *Voyez* PEDIUS BLÉSUS

BLITIUS CATULLINUS est relégué par Néron aux îles de la mer Égée, *Ann.*, XV, 71.

BOADICÉE, épouse de Prasutagus, roi des Icéniens, est frappée de verges par les soldats romains, et ses filles sont indignement violées, *Ann.*, XIV, 31. — Est prise pour chef par les Bretons, *Agr.*, 16. — Harangue ceux-ci avant de combattre, 35. — Les Bretons défaits, elle termine sa vie par le poison, *Ann.*, XIV, 37.

BOARIUM FORUM, *Ann.*, XII, 24.

BOCCHORIS, roi d'Égypte, visite l'oracle d'Hammon, pour demander les moyens de guérir la lèpre qui exerce ses ravages dans son royaume, *Hist.*, V, 3.

BODOTRIA (*Forth*), rivière et golfe de Bretagne, *Agr.*, 23. — Agricola fait cerner les cités placées de l'autre côté de cette rivière, 25.

BŒUF est adoré par les Égyptiens sous le nom d'Apis, *Hist.*, V, 4. — Immolé par les Juifs, *ibid.* — Un bœuf parle, en Étrurie, I, 86. — Bœufs sauvages (*aurochs*), *Ann.*, IV, 72.

BOHÈME, grande contrée à l'E. de la Germanie, anciennement habitée par les Boïens, *Germ.*, 28.

BOÏENS, nation gauloise, *Hist.*, II, 61. — Donnent leur nom à la Bohême, *Germ.*, 28. — Sont chassés par les Marcomans qui s'emparent de leur territoire, 42.

BOÏOCALUS, chef des Ausibariens, autrefois fidèle aux Romains, demande à ces derniers la cession d'un petit territoire sur les bords du Rhin, *Ann.*, XIII, 55. — Promesses qui lui sont faites en particulier par Avitus, et qu'il refuse, 56.

BOIS sacré de l'Asile, *Hist.*, III, 71. — Bois planté par Auguste autour de l'étang qui sert aux combats navals, *Ann.*, XIV, 15. — Bois de Bahudenne, IV, 73. — Bois sacré de Diane, XII, 8. — Bois consacrés aux fleuves, I, 79. — Bois d'Ortygie, III, 61. — Bois consacré par le culte des Naharvales, *Germ.*, 43.

Bolanus (Vettius), lieutenant de Corbulon, est envoyé par lui, avec une légion pour soutenir Tigrane dans la possession de l'Arménie, *Ann.*, XV, 3. — Est envoyé par Vitellius pour gouverner la Bretagne, d'où Trebellius Maximus s'était enfui pour se soustraire à la colère de ses soldats, *Hist.*, II, 65; *Agr.*, 16. — Il commande la Bretagne avec plus de douceur que n'en mérite cette province intraitable, 8. — S'y concilie l'affection à défaut de respect, 16. — Sa fidélité chancelante pour Vitellius, *Hist.*, II, 97.

Bologne, ville d'Italie, dans la Gaule Cisalpine, *Hist.*, II, 53. — Dévorée par les flammes, obtient à la demande de Néron un secours de dix millions de sesterces, *Ann.*, XII, 58. — Fabius Valens y donne un spectacle de gladiateurs, *Hist.*, II, 67, 71.

Bonn, ville de la Gaule, dans la Germanique 2e, *Hist.*, IV, 19. — Herennius Gallus y est battu par les Bataves, 20. — Quartier d'hiver de la première légion, 25, 62, 70, 77; V, 22.

Bosphore, royaume occupé par Mithridate, *Ann.*, XII, 15, 16, 18. — Guerre du Bosphore, 63.

Bouclier, n'est point en usage chez les Sarmates, *Hist.*, I, 79. — Aucun Germain ne le porte avant d'en avoir été reconnu digne, *Germ.*, 13. — Est chez eux offert en présent de noces à l'épouse, 18. — Ils regardent comme la plus grande des ignominies, de l'abandonner, 6. — Les Canninéfates, quand ils choisissent un chef, l'élèvent sur un bouclier, *Hist.*, IV, 15. — On propose au sénat, à l'occasion de la mort de Germanicus, de le représenter sur un vaste bouclier d'or, *Ann.*, II, 83. — Boucliers sacrés. *Voyez* ANCILES.

Bovilles (*Bratocchi*), ville d'Italie, dans le Latium, sur la voie Appienne, *Hist.*, IV, 2. — On y dédie une chapelle à la famille des Jules et une statue au divin Auguste, *Ann.*, II, 41. — Des jeux du cirque y sont célébrés, XV, 23. — Les Vitelliens s'y rendent à discrétion, *Hist.*, IV, 46.

Braies gauloises, sorte de vêtement, *Hist.*, II, 20.

Braves. Ainsi que la lumière et le jour appartiennent à tous les hommes, de même la nature laisse toutes les contrées ouvertes aux braves, *Hist.*, IV, 64.

Bretagne, la plus grande des îles connues des Romains, *Agr.*, 10. — Sa situation et sa figure, *ibid.*; *Hist.*, I, 9. — Ses premiers habitans, *Agr.*, 11. — Son climat et ses productions, 12. — Pays toujours prêt à la révolte, *Hist.*, II, 97. — Expéditions diverses des Césars contre ce pays, *Agr.*, 13. — Jules César est le premier des Romains qui y entre avec une armée, *ibid.*; *Orat.*, 17. — Exploits de Valerius Asiaticus dans ce pays, *Ann.*, XI, 3. — Ce qu'y firent les divers consulaires qui y furent successivement envoyés, *Agr.*, 14. — Livrée aux troubles sous le règne de Claude, *Ann.*, XII, 31-36.— Se révolte sous Boadicée, *Agr.*, 15, 16; *Ann.*, XIV, 29-37; *Hist.*, II, 11. — Agricola y reçoit sa première éducation militaire, *Agr.*, 5. — Les Romains y éprouvent d'abord un grave échec, *Ann.*, XIV, 29-32. — Y remportent ensuite une victoire des plus brillantes, 33-37; *Hist.*, II, 37.— Est aussitôt délaissée que conquise, I, 2.— Désolée par la famine, II, 38. — Polycletus y est envoyé pour en reconnaître l'état, *Ann.*, XIV, 39. —Néron y lève des soldats qu'il envoie vers les portes Caspiennes, contre les Albaniens, puis qu'il rappelle pour étouffer les entreprises de Vindex, *Hist.*, I, 6. — Disposition de son armée sous Galba, 9, 52.—Se déclare pour Vitellius, 59, 60. —Cécina en tire des cohortes pour agir en faveur de ce dernier, 70. — Vitellius ajoute à son armée huit mille hommes d'une levée faite dans ce pays, II, 57. — Envoie Vettius Bolanus, comme gouverneur, en la place de Trebellius Maximus qui s'était enfui pour se soustraire à la colère des soldats, 65. — La quatorzième légion, que Néron en avait tirée, y retourne, 66. —Vitellius, à la nouvelle de défections, en tire des renforts, 97; III, 15. — La nouvelle de la victoire des Flaviens à Bédriac et à Crémone y parvient bientôt, 35. — Elle se déclare pour Vespasien, 44, 70; *Agr.*, 17. — Sa flotte est en grande partie détruite par les Canninéfates, *Hist.*, IV, 79. — Agricola lui fait la guerre et la soumet enfin, *Agr.*, 18, 38. — Effet de cette victoire sur l'esprit de Domitien, 39. — Agricola livre la Bretagne tranquille et assurée à son successeur, 40. — Gouvernée successivement par A. Plautius, *Ann.*, XIII, 33; *Agr.*, 14; Ostorius Scapula, *ibid*; Aulus Didius Gallus, Q. Veranius, Suetonius Paullinus, *Ann.*, XIV, 29; *Agr.*, 14; Petronius Turpilianus, Trebellius Maximus. 16; Vettius Bolanus, 8, 16; Petilius Cerialis, Julius Frontinus, 17; Agricola, 9, 18.

BRETONS, *Hist.*, IV, 74. — Origine, conformation, culte et mœurs de ces peuples, *Agr.*, 11. — Leur langage, *ibid.*; *Germ.*, 45. — Leur génie naturel, *Agr.*, 21. — Leurs forces militaires, 12. — Comment armés, *Ann.*, XII, 35; *Agr.*, 36. — Leur gouvernement, 12. — Pour les commander, ne connaissent point de sexe, *Ann.*, XII, 40; XIV, 35; *Agr.*, 16, 31. — Se font accompagner de leurs épouses et de leurs pères quand ils vont au combat, 32. — Soumis aux tributs, aux levées et aux autres charges qu'impose l'empire, 13. — Se croient permis d'arroser les autels du sang des captifs, et de consulter les dieux dans les entrailles des mortels, *Ann.*, XIV, 30. — Agricola les accoutume à la tranquillité et au repos par les plaisirs, *Agr.*, 21.

BRIGANTES (portion du *Northumberland*), peuple de la grande Césarienne, dans la Bretagne, *Ann.*, XII, 32, 40. — Cartismandua, leur reine, livre aux Romains Caractacus, qui s'était abandonné à sa foi, 36; *Hist.*, III, 45. — Ils sont soumis par Petilius Cerialis, *Agr.*, 17.

BRIGANTICUS (Julius), neveu de Civilis, *Hist.*, IV, 70. — Ennemi déclaré de son oncle, V, 21. — Préfet de cavalerie, se livre à Cécina avec quelques soldats, II, 22. — Meurt en combattant, V, 21.

BRINDES, capitale des Calabres, où aboutissait la voie Appienne, *Ann.*, II, 30; *Hist.*, II, 83. — Auguste y abuse Antoine par un traité, *Ann.*, I, 10. — Les amis de Germanicus s'y précipitent pour aller au devant de sa veuve qui rapporte ses cendres, III, 1. — T. Curtisius y rassemble clandestinement les esclaves, et les pousse à un soulèvement, IV, 27.

BRINNON, guerrier d'une audace brutale, est choisi pour chef par les Canninéfates, *Hist.*, IV, 15, 16.

BRITANNICUS, fils de Claude et de Messaline, *Ann.*, XI, 11, 32, 34; XII, 2, 9, 65. — Exécute à cheval les courses troyennes, XI, 11. — A Sosibius pour précepteur, 1, 4. — C. Silius, en pressant Messaline de s'unir à lui, lui offre d'adopter Britannicus, 26. — Messaline, après sa coupable union, ordonne à Britannicus d'aller se jeter dans les bras de son père, 32. — Pallas s'efforce de lui arracher le trône en faisant adopter Domitius à Claude, XII, 25. — Sa position après cette adoption, 26. — Paraît dans les jeux du Cirque donnés au nom de Néron, avec la robe prétexte, tandis que ce dernier porte la robe triomphale, 41. — Salue Néron du nom de Domitius; plaintes amères qu'en fait Agrippine à son époux, *ibid.* — Narcisse cherche dans la personne de Britannicus un appui contre Agrippine, 65. — Celle-ci, après la mort de Claude, le retient par divers artifices dans le palais, 68. — On se demande le motif de son absence, 69. — On fait un crime à Julius Drusus de son attachement pour lui, XIII, 10. — Agrippine, irritée de voir son pouvoir de plus en plus chancelant, rappelle à son fils que Britannicus est le véritable et digne héritier de l'empire, 14. — Néron trame la perte de Britannicus, lui fait donner du poison, et rejette sur une attaque d'épilepsie l'effet du breuvage qui vient de lui être donné par son ordre, 15, 16. — Ses funérailles ont lieu la nuit même de son empoisonnement, et il est enseveli dans le Champ-de-Mars au moment d'un orage affreux, 17. — *Voyez* encore, *Ann.*, XIII, 19, 21.

BRIXELLUM (*Bresello*), ville de la Gaule Cispadane, *Hist.*, II, 54. — Othon s'y retire sur les funestes conseils de Titianus, son frère, et de Licinius Proculus, préfet du prétoire, 33, 39. — Rubrius Gallus, après la mort d'Othon, porte les supplications des cohortes qui y sont campées, 51.

BRIXIANA (Porte), à Crémone, point de départ de la route qui conduisait à Brixia (*Brescia*), *Hist.*, III, 17.

BRUCTÈRES, peuple de la Germanie, *Ann.*, I, 51; *Hist.*, IV, 61. — Brûlent leur propre pays, *Ann.*, I, 60. — Sont dispersés par Stertinius, *ibid.* — Viennent au secours des Ansibariens, que bientôt, frappés d'épouvante, ils abandonnent, XIII, 56. — Se joignent à Civilis, *Hist.*, IV, 21. — Combattent pour ce dernier contre les Romains, 77. — Passent le Rhin à la nage, V, 18. — Leur territoire est envahi par les Chamaves et les Angrivariens, *Germ.*, 33.

BRUTIDIUS NIGER, édile, accuse C. Silanus d'avoir outragé la divinité d'Auguste et méprisé la majesté de Tibère, *Ann.*, III, 66. — Plein de connaissances libérales, en suivant le chemin de l'honneur, serait parvenu à la plus haute distinction; mais il fut emporté et perdu par l'ambition, *ibid.*

BRUTUS, titre d'un ouvrage de Cicéron, *Orat.*, 30.

BRUTUS (Lucius Junius), donne la liberté et les consuls à Rome, *Ann.*, I, 1. — Rappelle la loi Curiata, XI, 22. — Institue les patriciens de deuxième création (*minorum gentium*), 25.

BRUTUS (Marcus Junius), meurtrier de César. Après la défaite de Brutus et de Cassius, la république n'eut plus d'armée, *Ann.*, I, 2. — Porte la guerre civile au-delà des mers, *Hist.*, II, 6. — Sa mort, *Ann.*, IV, 35.

— Elle est offerte aux mânes irrités d'un père, 1, 10. — Loué par Cremutius Cordus, et par Tite-Live qui l'appelle souvent homme illustre, IV, 34. — Asinius Pollion loue sa mémoire de la manière la plus honorable, *ibid.*—Orateur fameux, *Orat.*, 17, 25, 38.—Ses lettres à Cicéron, 18. — Ses oraisons le mettent au dessous de sa réputation, 21. — Ses harangues contiennent contre Auguste des diatribes sans fondement, il est vrai, mais des plus sanglantes, *Ann.*, IV, 34. — Jugement sur son éloquence, *Orat.*, 21. — Sous lui la république eût pu se maintenir, *Hist.*, I, 50. — Son image ne paraît pas aux funérailles de sa sœur Junie, *Ann.*, III, 76. — Cité comme un modèle de courage et de fermeté, *Hist.*, IV, 8. — *Voyez* encore, *Ann.*, II, 43; XVI, 22.

BURDO (Julius), préfet de la flotte de Germanie, est sauvé par l'adresse de Vitellius de la fureur des soldats qui le soupçonnaient d'avoir faussement accusé Fonteius Capiton, *Hist.*, I, 58.

BURIENS, peuple de la Germanie, près de la source de la Vistule, *Germ.*, 43. — Rappellent les Suèves par leur langage et leur coiffure, *ibid.*

BURRUS (Afranius) obtient le commandement des cohortes prétoriennes, *Ann.*, XII, 42.
— Après la mort de Claude, présente Néron pour le faire proclamer empereur, 69. — Gouverneur de Néron, il combat la violence d'Agrippine, XIII, 2. — Ses mœurs sévères et ses talens militaires, *ibid.* — Son expérience, 6. — Agrippine le tourne en ridicule auprès de son fils, à cause de sa main mutilée, 14. — Néron veut le dépouiller du commandement du prétoire, mais le crédit de Sénèque lui conserve sa dignité, 20. — Est chargé de faire connaître à Agrippine l'accusation dirigée contre elle, 21. — Est accusé à faux d'avoir formé le complot d'appeler Cornelius Sylla à l'empire, 23. — Sénèque lui demande si l'on peut commander à un soldat de tuer Agrippine, XIV, 7. — Les centurions et les tribuns envoyés par lui à Néron après l'assassinat de sa mère, rappellent le prince à l'espérance, 10 — Essaie en vain de détourner le prince de ses goûts d'histrion, 14. —L'accompagne sur la scène et mêle ses applaudissemens à son affliction, 15. — Diverses opinions sur sa mort, 51. — Rome en conserve un immense regret, dû au souvenir de sa vertu, *ibid.* — Sa mort détruit la puissance de Sénèque, 52. — Tigellinus se met en parallèle avec lui, 57. — Octavie, répudiée par Néron,

reçoit la maison de Burrus pour lui servir de retraite, 60.

BYZANCE (*Constantinople*), capitale de la Thrace, *Ann.*, II, 54. — Sa situation, XII, 63. Mucien ordonne à la flotte de passer du Pont dans cette ville pour y agir en faveur de Vespasien, *Hist.*, II, 83; III, 47.

BYZANTINS réclament auprès du sénat contre des impôts onéreux, *Ann.*, XII, 62. — Sont exemptés de tributs pour cinq années, 63.

C

CADICIA, femme de Flavius Scevinus, apprend son accusation par la sentence qui l'expulse d'Italie, *Ann.*, XV, 71.

CADIUS RUFUS, proconsul, accusé par les Bithyniens, est condamné pour crime de concussion, *Ann.*, XII, 22. — Othon lui rend le rang de sénateur, *Hist.*, I, 77.

CADMUS, enseigne le premier aux Grecs l'usage des lettres de l'alphabet, *Ann.*, XIV, 14.

CADRA, colline faisant partie du mont Taurus, *Ann.*, VI, 41.

CAÏA. Cotta Messalinus appelle ainsi Caïus César, surnommé Caligula, *Ann.*, VI, 5.

CAÏUS CÉSAR. *Voyez* CÉSAR.

CALABRE (*Terre d'Otrante*), partie de l'Iapygie, *Ann.*, III, 1, 2; *Hist.*, II, 83. — Domitia est accusée, en ne réprimant pas ses nombreux esclaves répandus dans la Calabre, d'avoir troublé la tranquillité de l'Italie, *Ann.*, XII, 65.

CALAVIUS SABINUS, commandant la douzième légion sous les ordres de Césennius Pétus, entre en Arménie, *Ann.*, XV, 7.

CALÉDONIE (*Écosse*), partie Nord de la Bretagne, *Agr.*, 10. — Les chevelures rousses de ses habitans, leur grande stature, attestent l'origine germanique, 11. — Agricola passe en Calédonie sur le premier des vaisseaux qui vit ces bords, 24. — Elle se soulève, 25. — L'armée romaine demande à y pénétrer, 26. — Les Calédoniens combattent sous les ordres de Galgacus, 20-38.

CALENUS (Julius), Éduen, tribun des soldats, va annoncer à la Gaule la victoire remportée par les Flaviens à Bédriac et à Crémone, *Hist.*, III, 35.

CALIGULA. *Voyez* CÉSAR (Caïus), surnommé CALIGULA.

CALLISTE, affranchi, dans la plus brillante faveur auprès de Claude, *Ann.*, XI, 29, 38. — Se retire par prudence après le mariage de Messaline avec C. Silius, 29. — Emploie son crédit auprès de Claude pour lui faire épouser Lollia Paullina, XII, 1.

CALPURNIANUS. *Voyez* DECIUS CALPURNIANUS.

CALPURNIA, femme illustre, victime de la jalousie d'Agrippine, est envoyée en exil parce que le prince avait loué par hasard sa beauté, *Ann.*, XII, 22. — Est rappelée par Néron, XIV, 12.

CALPURNIE, concubine de Claude, de concert avec Cléopâtre sa compagne, découvre au prince le mariage de Messaline avec C. Silius, *Ann.*, XI, 30.

CALPURNIENS (Plébiscites) contre la rapacité des magistrats, *Ann.*, XV, 20.

CALPURNIUS, aquilifère, protège Munatius Plancus sur le point d'être massacré par les soldats des légions révoltées en quartier d'hiver à l'Autel des Ubiens (*Cottberg*), *Ann.*, I, 39.

CALPURNIUS (les), *Ann.*, III, 24; XV, 48.

CALPURNIUS (Lucius), consul en 780 avec M. Licinius, *Ann.*, IV, 62.

CALPURNIUS ASPRENAS. *Voyez* ASPRENAS.

CALPURNIUS FABATUS, chevalier romain, enveloppé dans l'accusation dirigée contre Lepida et Junius Silanus, détourne sa condamnation par un appel au prince, *Ann.*, XVI, 8.

CALPURNIUS GALERIANUS, fils de C. Pison, est tué par ordre de Mucien, *Hist.*, IV, 11. — Il était cousin et gendre de L. Pison, alors proconsul d'Afrique, 49.

CALPURNIUS PISON (Lucius et Cneius. *Voyez* PISON.

CALPURNIUS REPENTINUS, centurion de la dix-huitième légion, voulant protéger les images de Galba, est écarté avec violence et chargé de fers, *Hist.*, I, 56. — Est mis à mort par ordre de Vitellius, 59.

CALPURNIUS SALVIANUS, au moment où Drusus, préfet de la ville, monte sur son tribunal pour prendre possession de sa charge, vient le saisir d'une dénonciation contre Sext. Marius, *Ann.*, IV, 36.— — Est exilé à cause du mécontentement qu'en témoigne Tibère, *ibid.*

CALUSIDIUS, soldat des légions révoltées de Germanie, tire son épée et l'offre à Germanicus pour s'en frapper, *Ann.*, I, 38. — A quelle occasion, *ibid.* — Comment fut jugée cette action, *ibid.* — Germanicus rappelle aux soldats cette même action, 43.

CALVINA. *Voyez* JUNIA CALVINA.

CALVISIUS, client de Junia Silana, accuse Agrippine, *Ann.*, XIII, 19. — Invectives de cette dernière contre lui, 21. — Est relégué, 22. — Néron lui donne sa grâce, XIV, 12.

CALVISIUS (Caïus), consul en 779 avec Lentulus Gétulicus, *Ann.*, IV, 46.

CALVISIUS SABINUS, lieutenant, accusé de lèse-majesté, est sauvé par Celsus, tribun d'une cohorte de la ville et l'un des dénonciateurs, *Ann.*, VI, 9. — Conduite déshonorante de son épouse, *Hist.*, I, 48.

CALVUS, orateur romain, *Orat.*, 17, 23, 26, 38. — Agé d'un peu plus de vingt-deux ans, il attaque Vatinius, 34. — Jugement porté par Aper sur ses écrits, 21. — Jugement de Messala, 25. — Quelquefois imitateur des anciens, 18.

CAMARES, esquifs des pirates du Pont, *Hist.*, III, 47.

CAMERINUS (Sulpicius), qui avait exercé le pouvoir proconsulaire en Afrique, est mis en accusation, et absous par l'influence de Néron, *Ann.*, XIII, 52.

CAMERINUS SCRIBONIANUS. Un esclave fugitif, nommé *Géta*, essaie de se faire passer pour ce personnage, *Hist.*, II, 72.

CAMERIUM, ville du Latium, chez les Sabins, berceau des Coruncanius, *Ann.*, XI, 24.

CAMILLE, libérateur de Rome, *Ann.*, II, 52.

CAMILLE (Furius), proconsul d'Afrique, s'avance contre Tacfarinas et le bat, *Ann.*, II, 52; III, 20. — Tibère célèbre devant le sénat ses succès, et les sénateurs lui décernent les ornemens triomphaux, *ibid.* — L. Apronius lui succède, 21.

CAMILLUS SCRIBONIANUS. *Voyez* FURIUS.

CAMPANIE (*Terre de Labour*), contrée d'Italie, *Ann.*, III, 2, 47; IV, 67; XIII, 26; XIV, 10; XV, 22, 60. — Ses rivages féconds, *Hist.*, I, 2. — Ses lacs, 23; *Ann.*, III, 59. — Tibère s'y retire sous prétexte de raffermir sa santé, 31. — Y retourne sous le prétexte de dédier un temple de Jupiter à Capoue et un d'Auguste à Nole, mais bien résolu d'aller vivre loin de Rome, IV, 57. — La côtoie, feignant de vouloir rentrer à Rome, VI, 1. — Néron la parcourt, XIV, 13. — Octavie y est reléguée et entourée d'une garde militaire, 60, 61. — Néron ordonne à la flotte d'y retourner, XV, 46. — Epicharis s'y rend pour ébranler les chefs de la flotte de Misène et les lier à la conjuration contre Néron par la complicité, 51. — Est dévastée par des tourbillons de vents, XVI, 13. — Plusieurs de ses cités sont englouties ou renversées, *Hist.*, I, 2. — Vitellius envoie Lucius, son frère, pour contenir les Flaviens qui sont sur le point de l'envahir, III, 58. — Elle embrasse le parti de Vespasien, 59, 60. — Antonius Primus et Arrius Varus offrent à Vitellius une retraite en Campanie, si, déposant les armes, il se livre lui et ses enfans à Vespasien, 63, 66. — L. Vitellius, après avoir pris et saccagé Terracine, demande à son frère s'il doit revenir aussitôt ou poursuivre la soumission de la Campanie, 77. —Lucilius Bassus est envoyé pour la pacifier, IV, 3.

CAMPANUS, un des premiers de la cité des Tongres, livre à Civilis toute la nation, *Hist.*, IV, 66.

CAMULODUNUM (*Col-Chester*), ville orientale de la Grande-Bretagne, *Ann.*, XII, 32. — Conduite des vétérans dans cette ville, XIV, 31. — Divers prodiges y deviennent des sujets d'espoir pour les Bretons, de terreur pour les vétérans, 32.

CAMURIUS, soldat de la quinzième légion, plonge son épée dans la gorge de Galba, *Hist.*, I, 41.

CANAL Drusien ou de Drusus, *Ann.*, II, 8. — Canal séparant l'île de Caprée du cap de Sorrente, IV, 67. — Canal entre la Meuse et le Rhin, creusé par Corbulon, XI, 20. — Canal entre la Saône et la Moselle, projeté par L. Vetus, XIII, 53. — Canal entre le lac Averne et l'embouchure du Tibre, projeté par Severus et Celer, architectes du palais de Néron, XV, 42.

CANDIDATS. Leurs intrigues sont réprimées par les lois Juliennes, *Ann.*, XV, 20. — Candidat au consulat, I, 81. — Tibère nomme pour la préture douze candidats, nombre fixé par Auguste, 14. — Le nombre des enfans influe sur le choix des candidats, II, 51.

CANGES, peuple de la Grande-Bretagne, *Ann.*, XII, 32.

CANINIUS GALLUS, quindécemvir, veut faire admettre un livre sibyllin parmi ceux de la prophétesse, *Ann.*, VI, 12.

CANINIUS REBILUS est nommé consul pour un seul jour par le dictateur César, *Hist.*, III, 37.

CANINIUS REBILUS, un des premiers de Rome par ses connaissances des lois et l'immensité de sa fortune, se dérobe au martyre d'une vieillesse maladive, en se faisant ouvrir les veines, *Ann.*, XIII, 30.

CANNINÉFATES, nation batave de la Germanique 2e, dans la partie occidentale de l'île des Bataves, *Hist.*, IV, 15. — Auxiliaires des Romains, *Ann.*, IV, 73; XI, 18; *Hist.*, IV, 19. — Choisissent Brinnon pour chef, 15. — Alliés de Civilis, 16, 19, 85. — Ce chef fait ressortir leur valeur, 32.

— Claudius Labéon fait chez eux des incursions furtives, 56. — Ils attaquent et détruisent en partie la flotte de Bretagne, 79.

CANOPE (*Aboukir*), ville de l'Égypte inférieure, où Germanicus s'embarque sur le Nil pour remonter ce fleuve, *Ann.*, II, 60. — Sa situation et d'où son nom, *ibid.*

CANOPUS, pilote de la flotte de Ménélas, a donné son nom à l'endroit où il fut enseveli, *Ann.*, II, 60.

CANUTIUS, orateur médiocre, *Orat.*, 21.

CAPITOLE, *Ann.*, III, 36; XII, 24, 42, 43; XV, 44; *Hist.*, I, 33, 40. — Voué par Tarquin l'Ancien, est élevé par Servius Tullius, continué par Tarquin le Superbe et consacré par le consul Horatius Pulvillus, III, 72. — Incendié pendant la guerre Sociale, *Ann.*, VI, 12; *Hist.*, III, 72. — Renversé par les Gaulois, *Ann.*, XI, 23. — Un essaim d'abeilles se pose sur le faîte de cet édifice, XII, 64. — Néron monte au Capitole, XIV, 13, 36. — Y fait sacrifier de nombreuses victimes, XV, 71. — Néron y consacre le poignard avec lequel Scevinus devait le frapper, 74. — Othon y est porté, *Hist.*, I, 47. — Dans son vestibule, une Victoire abandonne les rênes du char où elle est posée debout, 86. — Vitellius y monte à son entrée dans Rome, II, 89. — Les Vitelliens y assiègent Flavius Sabinus, III, 69, 70, 78. — Est incendié pour la seconde fois, I, 2, 71, 72; III, 71, 75, 79, 81; IV, 54. — Helvidius Priscus propose qu'il soit rétabli aux frais publics, 9. — Vespasien en confie la reconstruction à L. Vestinus, 53.

CAPITOLIN (Jupiter), *Ann.*, XV, 17.

CAPITOLIN (Mont). On y érige des arcs de triomphe pour une prétendue victoire sur les Parthes, *Ann.*, XV, 18.

CAPITON. *Voyez* ATEIUS, COSSUTIANUS, FONTEIUS.

CAPITON (Lucilius), procurateur d'Asie, accusé par la province, vient lui-même plaider sa cause, *Ann.*, IV, 15. — Est condamné, *ibid.*

CAPITON (Valerius), ancien préfet, chassé jadis par Agrippine, est rappelé par Néron, *Ann.*, XIV, 12.

CAPITON (Virginius). Un de ses esclaves s'enfuit auprès de L. Vitellius, et promet, s'il lui donne main-forte, de lui livrer la citadelle de Terracine, *Hist.*, III, 77. — Supplice de cet esclave, IV, 3.

CAPOUE. Tibère y fait la dédicace d'un temple de Jupiter, *Ann.*, IV, 57. — Reçoit des renforts de vétérans, XIII, 31. — Reste fidèle au parti de Vitellius, *Hist.*, III, 57. —

Vespasien y envoie la troisième légion en quartiers d'hiver, IV, 3. — Patrie d'Eprius Marcellus, *Orat.*, 8.

CAPPADOCE, contrée de l'Asie Mineure, *Ann.*, VI, 41; XIV, 26. — A Archelaüs pour roi, II, 42. — Réduite en province romaine, reçoit Q. Veranius pour gouverneur, 56. — Des troupes romaines y ont leurs quartiers d'hiver, XIII, 8; XV, 6, 17. — Corbulon y fait des levées de soldats, XIII, 35. — La traverse pour se rendre en Arménie, XV, 12. — Othon accorde de nouveaux privilèges à la Cappadoce, *Hist.*, I, 78. — Sa contenance pendant les démêlés de Vitellius et d'Othon, II, 6. — Se déclare pour Vespasien, 81.

CAPPADOCIENS. Rhamsès soumet à son empire toutes les contrées qu'ils habitent. *Ann.*, II, 60.

CAPRÉE (Ile de), *Ann.*, VI, 10, 19. — Séparée de la pointe du cap de Sorrente par un canal large de trois milles, occupée jadis par les Grecs et habitée autrefois par les Téléboens, *Ann.*, IV, 67. — Tibère va s'y renfermer, *ibid.* — Il feint de la quitter pour se rendre à Rome, puis y retourne, VI, 1, 2.

CARACATES, peuple de la Germanique 1re, au N. des Vangions, *Hist.*, IV, 70.

CARACTACUS, chef des Bretons, *Ann.*, XII, 40. — Combat contre P. Ostorius, 33. — Exhorte les siens, 34. — Son épouse et sa fille sont prises, et ses frères se rendent à discrétion, 35. — S'abandonne à la foi de Cartismandua, qui le charge de fers et le livre aux vainqueurs, 36; *Hist.*, III, 45. — Est conduit à Rome, *Ann.*, XII, 36. — Claude lui accorde sa grâce, à lui, à son épouse et à ses frères, 37. — Les sénateurs s'étendent en termes magnifiques sur la prise du chef des Bretons, 38.

CARACTÈRES alphabétiques, par qui inventés, *Ann.*, XI, 14. — Des caractères égyptiens sur les monumens en ruine de Thèbes, attestent la splendeur primitive de cette ville, II, 60. — *Voyez* LETTRES.

CARBON. *Voyez* PAPIRIUS CARBON.

CARINAS (Secundus) enlève par ordre de Néron, en Asie et en Grèce, non-seulement les offrandes, mais les statues des divinités, *Ann.*, XV, 45.

CARINAS CELER, sénateur, dénoncé par un esclave, n'est pas mis en accusation, sur la demande qu'en fait Néron, *Ann.*, XIII, 10.

CARIOVALDE, chef des Bataves auxiliaires, traverse le Visurgis dans l'endroit le plus rapide du fleuve, *Ann.*, II, 11. — Les Chérusques l'attirent dans une plaine enfermée de bois, *ibid.* — Tombe accablé de traits, son cheval tué sous lui, *ibid.*

CARMANIENS, peuples de la Carmanie (*Kerman*), en Asie, alliés du roi Artaban, *Ann.*, VI, 36.

CARMEL, montagne située entre la Judée et la Syrie, *Hist.*, II, 78. — Divinité des habitans du mont Carmel, *ibid.*

CARPENTE, char réservé aux pontifes et aux cérémonies des dieux, *Ann.*, XII, 42.

CARRHÈNE, chef des Parthes, *Ann.*, XII, 12, 13. — Est défait en combattant pour Méherdate, 14.

CARSIDIUS SACERDOS, accusé d'avoir fourni des blés à Tacfarinas, est absous, *Ann.*, IV, 13. — Ancien préteur, complice des dérèglemens d'Albucilla, est condamné à être déporté dans une île, VI, 48.

CARSULES, ville d'Ombrie, *Hist.*, III, 60.

CARTHAGE, célèbre ville d'Afrique, *Ann.*, IV, 56. — Fondée par Didon, XVI, 1. — Adhère au gouvernement d'Othon, *Hist.*, I, 76. — Son port, IV, 49.

CARTHAGINOIS, en guerre avec Rome, *Ann.*, II, 59. — Leur défaite sur mer par C. Duillius, 49. — L. Pison les réprimande par un édit, *Hist.*, IV, 49. — Festus charge des Carthaginois de l'assassinat de ce dernier, 50. — Forces des Carthaginois mises en parallèle avec celles des Parthes, *Ann.*, XV, 13. — Jugés moins redoutables pour Rome que les Germains, *Germ.*, 37.

CARTISMANDUA, reine des Brigantes, charge de fers Caractacus qui s'était livré à sa foi, et le remet aux Romains ses vainqueurs, *Ann.*, XII, 36. — Épouse de Venusius, se sépare d'avec lui, et par artifice s'empare de son frère et de ses parens, 40. — Donne sa main et son royaume à son écuyer Vellocatus, *Hist.*, III, 45. — Elle implore l'appui des Romains contre Venusius, *ibid.*

CARUS (Julius), soldat légionnaire, perce de part en part T. Vinius déjà frappé d'un coup au jarret, *Hist.*, I, 42.

CARUS METIUS, un des plus odieux délateurs du temps de Vespasien et de Domitien, *Agr.*, 45.

CASPERIUS, centurion, proteste contre les offres que fait Rhadamiste à Célius Pollion pour lui livrer Mithridate, *Ann.*, XII, 45. — Parvient auprès de Pharasmane, et lui demande que les Ibériens abandonnent le siège de la citadelle de Gornéas, 46. — Est envoyé à Vologèse par Corbulon à cause de ses hostilités contre les Romains, XV, 5.

CASPERIUS NIGER est massacré par les Vitelliens, à la prise du Capitole, *Hist.*, III, 73.

CASPIENNES (Portes), autrement Portes du Caucase ou de l'Ibérie, *Ann.*, VI, 33. — Néron y envoie des troupes contre les Albaniens, puis les rappelle pour étouffer les entreprises de Vindex, *Hist.*, I, 6.

CASSIA (Famille), *Ann.*, XII, 12.

CASSIA (Loi). J. César crée par elle des sénateurs, *Ann.*, XI, 25.

CASSIUS, pantomime de mœurs infâmes, admis dans une des confréries établies en l'honneur d'Auguste, *Ann.*, I, 73.

CASSIUS, soldat, sur l'ordre de Néron, saisit Fenius Rufus et l'enchaîne, *Ann.*, XV, 66.

CASSIUS (Caïus), l'un des meurtriers de César, *Ann.*, II, 43. — Mari de Junie, III, 76. — Porte la guerre civile au-delà des mers, *Hist.*, II, 6. — Après la défaite de Brutus et de Cassius, la république n'eut plus d'armée, *Ann.*, I, 2. — Sa mort, IV, 35. — Elle fut offerte aux mânes irrités d'un père, 10. — Est appelé par Cremutius Cordus le dernier des Romains, IV, 34. — Tite-Live l'appelle souvent homme illustre, *ibid.* — Asinius Pollion loue sa mémoire de la manière la plus honorable, *ibid.* — Messala Corvinus se vante de l'avoir eu pour général, *ibid.* — Son image n'est pas portée aux funérailles de Junie, III, 76. — Néron reproche à Cassius Longinus d'honorer parmi les images de ses ancêtres, même celle de C. Cassius, XVI, 37.

CASSIUS (Lucius), consul en 647, est vaincu par les Germains, *Germ.*, 37.

CASSIUS (les) se déshonorent par les flatteries qu'ils prodiguent à Tibère, *Ann.*, VI, 2.

CASSIUS ASCLEPIODOTUS. *Voyez* ASCLEPIODOTUS.

CASSIUS CHÉREA, tribun prétorien, s'ouvre un passage au milieu des soldats révoltés des légions de Germanie, *Ann.*, I, 22.

CASSIUS LONGINUS (Caïus), gouverneur de Syrie, *Ann.*, XII, 11. — Très-distingué dans la science des lois, 12. — Est chargé par Claude de conduire Méherdate aux rives de l'Euphrate, 11. — Fait remarquer à l'occasion du vote des sénateurs pour la célébration des succès de Corbulon en Orient, que si, pour toutes les faveurs de la fortune, on rend ainsi grâces aux dieux, l'année entière n'y suffira pas, XIII, 41. — Sa sévérité paraît intolérable aux habitans de Pouzzoles, chez lesquels il avait été envoyé pour porter remède à des griefs dont ils s'étaient plaints, 48. — Soutient, dans un discours au sénat, qu'il ne faut rien innover en faveur des esclaves, en matière d'assassinat, xiv, 42 et *suiv*. — Néron lui défend d'assister aux funérailles de Poppée, et s'efforce de prouver au sénat qu'il doit être éloigné des affaires publiques, xvi, 7. — Son épouse est accusée par de faux témoins d'inceste avec son neveu Silanus, 8. — Est exilé en Sardaigne, 9, 22. — L. Silanus lui doit son éducation, xv, 52.

Cassius Longinus (Lucius) est donné pour époux à Drusille, fille de Germanicus, *Ann.*, vi, 15. — Choisi pour évaluer les pertes de chaque particulier dans l'incendie qui consuma la partie du Cirque contiguë au mont Aventin, ainsi que tout le quartier voisin, 45.

Cassius Longus, préfet de camp, *Hist.*, iii, 14.

Cassius Severus, orateur énergique, *Ann.*, iv, 21; *Orat.*, 19, 26. — Auteur d'écrits outrageans dans lesquels il avait diffamé les hommes et les femmes illustres, *Ann.*, i, 72. — Auguste, dans son indignation contre lui, étend la loi de lèse-majesté aux libelles injurieux, *ibid*. — Exilé, on le dépouille de ses biens, et, privé du feu et de l'eau, il vieillit sur le rocher de Sériphe, iv, 21.

Castor et Pollux adorés par les Naharvales sous le nom d'Alcis, *Germ.*, 43.

Castors (les), lieu distant de douze milles de Crémone, célèbre par la bataille des Vitelliens contre les Othoniens, *Hist.*, ii, 24.

Catapulte, machine de guerre, *Ann.*, xii, 56; xv, 9.

Catilina, accusé par Cicéron, *Orat.*, 37.

Caton, tragédie de Curiatius Maternus, *Orat.*, 2, 3.

Caton (Caïus) est accusé de concussion par Asinius Pollion, qui n'avait alors que vingt-deux ans, *Orat.*, 34.

Caton (M. Porcius), oncle de M. Brutus et de Junie, *Ann.*, iii, 76. — Cicéron, dans un ouvrage, l'élève jusqu'aux cieux; le dictateur César le réfute par un discours écrit, iv, 34. — Caton opposé à César, xvi, 22. — Cité comme un modèle de fermeté et de courage, *Hist.*, iv, 8.

Caton (Porcius), ancien préteur, trame, avec trois autres complices du même rang que lui, la perte de Titius Sabinus, *Ann.*, iv, 68.

Caton l'Ancien ou le Censeur, consul en 559, *Ann.*, iv, 56. — Accuse Servius Galba,

III, 66. — Orateur, *Orat.*, 10, 18.

CATONIUS (Justus), centurion du premier rang, est envoyé par Drusus à Tibère, sur les instances des légions de Pannonie, *Ann.*, I, 29.

CATTES, peuple de la grande Germanie, *Ann.*, I, 55; II, 88; XI, 16; *Germ.*, 35, 36. — Frères des Bataves, *Hist.*, IV, 11, *Germ.*, 29. — Leur territoire commence avec les hauteurs de la forêt d'Hercynie, 30. — Leur conformation, leurs mœurs, leurs forces militaires, leurs usages, *ibid.* et *suiv.* — Sont défaits par Germanicus, *Ann.*, I, 56. — Ce dernier ordonne à Silius de fondre chez eux avec une troupe légère, II, 7. — Germanicus triomphe des Cattes, 41. — Sont battus par les Vangions et les Némètes sous les ordres de L. Pomponius, XII, 27. — Craignant d'être enveloppés d'un côté par les Romains, de l'autre par les Chérusques, envoient à Rome des députés et des ôtages, 28. — Les Ansibariens se réfugient chez eux, XIII, 56. — Les Cattes sont battus par les Hermondures, et sacrifiés à Mars et à Mercure, 57. — Assiègent Mayence, *Hist.*, IV, 37. — Chefs des Cattes : Adgandestrius, Arpus, Cattumère. *Voyez* ces noms.

CATTUMÈRE, prince des Cattes, *Ann.*, XI, 16, 17.

CATUALDA, jeune noble gothon, jadis chassé par Maroboduus, se venge de ce dernier, *Ann.*, II, 62. — Chassé par les Hermondures, est accueilli par Tibère et envoyé à Fréjus, 63.

CATULLE. Ses vers sont remplis d'injures contre les Césars, *Ann.*, IV, 34.

CATULLINUS. *Voyez* BLITIUS CATULLINUS.

CATULUS. *Voyez* LUTATIUS CATULUS.

CATUS DECIANUS, procurateur de Bretagne, tremblant au désastre arrivé à la neuvième légion, commandé par Petilius Cerialis, passe dans la Gaule, *Ann.*, XIV, 32. — Est remplacé par Julius Classicianus, 38.

CATUS FIRMIUS. *Voyez* FIRMIUS CATUS.

CAUDINES (Fourches), passage étroit et dangereux auprès de Caudium, célèbre par l'affront qu'y reçurent les Romains, *Ann.*, XV, 13.

CAVALERIE, *Ann.*, I, 60; III, 21, 42, 46; IV, 73; XIII, 8, 35, 37, 40; XIV, 26, 29, 32, 34, 38; XV, 5, 10, 11, 14, 26, 58; *Hist.*, I, 57, 60, 87; II, 11, 16, 22, 56, 58, 75, 76, 81, 83, 94, 100; III, 45, 46; IV, 33, 36, 50, 56, 61, 71, 77, 79; V, 1, 11, 14, 15, 18, 20, 21; *Germ.*, 30; *Agr.*, 18, 26, 35, 36, 37, 38. — Alliée, *Ann.*, III, 39; XII, 31; *Hist.*, III, 10. — Auriana, 5. — Auxiliaire, *Ann.*, I, 39; IV, 5, 73; XIII, 54; *Hist.*, I, 54, 57; II, 4; IV, 50. — Des Bataves, 12, 14, 17, 18, 19, 33. — Des Bretons, III, 41; *Agr.*, 35, 36. — Des Canninéfates, *Hist.*, IV, 19. — Flavienne, III, 2, 6, 8, 15, 16, 18, 21, 50, 53, 78, 82; IV, 2. — Des Germains, 22. — Légère, 3. — De Mésie, III, 2. — Des Othoniens, II, 15, 18, 24, 25. — De Pannonie, III, 2. — Des Parthes, *Ann.*, XV, 2, 17. — Petrina, *Hist.*, I, 70; IV, 49. — Picentine, 62. — Prétorienne, *Ann.*, I, 24; *Hist.*, II, 24, 25. — De Rhétie, I, 68. — Des Sarmates, 79. — Des Sarmates Iazyges, *Ann.*, XII, 29, 30; *Hist.*, III, 5. — Scriboniana, 6. — Syllana, I, 70; II, 17. — Des Tenctères, *Germ.*, 32. — Des Trévires, *Hist.*, II, 14, 28; IV, 18, 55. — De Turin, I, 59, 64. — Des Vitelliens, II, 14, 15, 24, 25, 41, 44, 70, 89, 100; III, 18, 22, 41, 55, 58, 61, 79.

Cécilianus est puni pour avoir accusé Cotta Messalinus, *Ann.*, VI, 7.

Cécilianus (Domitius), un des intimes amis de Thrasea, lui apporte le décret du sénat qui le condamne à la mort, *Ann.*, XVI, 34.

Cécilianus (Magius), préteur, est faussement accusé de lèse-majesté par Considius Æquus et Célius Cursor, chevaliers romains, *Ann.*, III, 37.

Cécilius Cornutus, ancien préteur, impliqué dans l'accusation de Vibius Serenus, sachant qu'alors le péril seul était un arrêt de mort, se la donne aussitôt, *Ann.*, IV, 28.

Cécilius Metellus. Sous son consulat (en 640), les Cimbres font retentir leurs armes jusqu'à Rome, *Germ.*, 37.

Cécilius Rufus (Caïus) est consul en 770, avec L. Pomponius, *Ann.*, II, 41.

Cécilius Simplex (Cneius), consul en 822, *Hist.*, II, 60. — Vitellius, en abdiquant, lui remet son épée, III, 68.

Cécina (Aulus). Ouvrages écrits en sa faveur, *Orat.*, 20.

Cécina (Licinius) attaque Marcellus Eprius sur l'ambiguité de ses opinions, *Hist.*, II, 53

Cécina (P. Largus), ami de Claude, *Ann.*, XI, 33, 34.

Cécina (A. Severus), éprouvé par les succès et les revers, rien ne l'intimidait, *Ann.*, I, 64. — Commande une armée (l'inférieure) sur les bords du Rhin, 31. — Septimius, poursuivi par les soldats révoltés des légions de Germanie, se réfugie vers le tribunal, et s'y roule à ses pieds, 32. — Ramène la première et la vingtième légion dans la cité des Ubiens (*Gottberg*), 37. — Exhorte la cinquième et la vingt-unième à rentrer dans le devoir et à punir les coupables, si elles ne veulent être exterminées par Germanicus qui arrive avec des forces considérables, 48.—Reçoit l'ordre de marcher en avant, contre les Marses, avec les cohortes légères, et d'éclaircir les bois, 50. — Marche contre les Cattes et frappe les Chérusques de terreur, 56.—Sur l'ordre de Germanicus, se rend, par le pays des Bructères, jusqu'à l'Ems, 60. — Est envoyé pour fouiller les parties ténébreuses de la forêt de Teutberg, 61. — Est averti de passer au plus tôt par les Longs-Ponts, 63. — Y pose son camp, ibid. — Combat contre Arminius, 64 et suiv. — Est épouvanté d'un rêve affreux, 65. — Tombe de cheval et est sur le point d'être enveloppé, ibid. — Arrête la fuite de ses soldats qui, effrayés par un cheval échappé, se précipitent vers les portes du camp, 66. — Harangue ses soldats sur la place d'armes, 67. — Massacre les troupes d'Arminius et d'Inguiomer, 68. — On lui décerne les ornemens du triomphe, 72. — Est chargé avec Anteius et Silius par Germanicus, de la construction d'une flotte, II, 6. — Propose d'ériger un autel à la Vengeance, en mémoire de Germanicus, III, 18. — Propose de défendre à tout magistrat, qui obtiendrait un gouvernement, de se faire accompagner de son épouse, 33. — Fut père de six enfans, ibid. — Fit quarante campagnes en différentes provinces, ibid.

Cécina Alienus, né à Vérone, Hist., III, 8. — Lieutenant d'une des légions de Germanie, I, 52, 61; II, 17, 18, 19, 55, 77; III, 15, 39; IV, 31. — Son portrait et sa conduite, I, 53. — Son génie fougueux s'irrite contre les Helvétiens, 67. — Il porte chez eux le ravage et le massacre, 68. — Il reçoit l'heureuse nouvelle que la cavalerie Syllana, campée aux environs du Pô, vient de prêter serment à Vitellius, 70. — Il franchit les Alpes Pennines, ibid. — Sa marche est pour Othon un motif puissant de partir de Rome sans retard, 89. — Sa présence dans les Gaules ôte à Othon tout espoir de pouvoir les contenir, II, 11. — Il poursuit sa marche avec une sévère discipline à travers l'Italie, 20. — Il songe aux moyens d'assiéger Placentia d'une manière formidable, ibid. — Il est repoussé après un grand carnage des siens, 21, 22. — Il repasse le Pô et gagne Crémone, ibid. — Spurinna informe par une lettre Annius Gallus de la résistance de Placentia et des projets de

Cécina, 23. — Celui-ci voulant recouvrer sa gloire, se dispose à combattre aux Castors, 24. — Il y est battu, 25, 26. — Cet échec ramène ses troupes à plus de discipline, 27. — La nouvelle du combat malheureux de Cécina parvient à la connaissance des troupes de Valens alors à Ticinum, 30. — Rivalité entre ces deux chefs, *ibid.*, 93. — Leurs troupes se réunissent, 31. — Il feint de vouloir commencer un pont sur le Pô, et attend sur sa rive le moment où l'ennemi pourrait se perdre par son imprudence, 34. — Deux tribuns des cohortes prétoriennes sollicitent de lui un entretien, 41. — Il trouve en rentrant au camp le signal du combat déjà donné par Valens, *ibid.* — Il combat de concert avec ce dernier, *ibid.* et *suiv.*—Les soldats d'Othon, après la mort de ce prince, conjurent avec menaces Virginius d'être leur député auprès de Cécina et de Valens, 51.—Cécina se montre jaloux d'obtenir de la popularité, 56. — Il reçoit en pleine assemblée les louanges de Vitellius qui le place près de sa chaise curule, 59. — Il donne à Crémone un spectacle de gladiateurs, auquel assiste Vitellius, 67, 70; III, 32. — Il montre à ce dernier les positions du combat de Bédriac, II, 70.—Vitellius, pour lui donner une place parmi les consuls, abrège la durée du consulat des autres, *ibid.* —Fabius Valens partage avec lui le pouvoir impérial, 92. — Ils célèbrent le jour de la naissance de Vitellius par des spectacles de gladiateurs dans tous les quartiers de Rome, 95. —Ce prince les charge de la direction de son armée contre Vespasien, 99. — Cécina se retire secrètement à Padoue, afin de tout disposer pour sa trahison avec Lucilius Bassus, 100; III, 40. — Travaille par divers artifices à ébranler la fidélité des centurions et des soldats dévoués à Vitellius, II, 101. — Laisse, par divers délais, les ennemis profiter de ces premiers momens si précieux à la guerre, III, 9. — Indignation que cause aux soldats sa conduite, 13. — Il est chargé de chaînes, 14, 36. — Ses fers sont détachés et il est envoyé vers Vespasien, 31. — L. Vitellius ouvre contre lui un avis rigoureux, 37. — Rosius Regulus est nommé consul pour un seul jour d'exercice que Cécina avait encore à remplir, *ibid.* — Jugement d'Antonius Primus sur Cécina, IV, 80.

CÉCINA TUSCUS reçoit un brevet pour prendre le commandement des cohortes prétoriennes, mais le crédit de Sénèque conserve à Burrus sa dignité, *Ann.*, XIII, 20.—

Est accusé auprès de Vitellius, *Hist.*, III, 38.

CÉCROPS, d'Athènes, invente seize caractères de l'alphabet, *Ann.*, XI, 14.

CELENDERIS (*Kelnar*), château de Cilicie, très-fortifié, dont s'empare Pison, dans ses tentatives pour rentrer en Syrie, *Ann.*, II, 80.

CELER, architecte, bâtit le palais de Néron après l'incendie de Rome, *Ann.*, XV, 42.

CELER (Domitius), l'un des intimes de Pison, lui conseille de se diriger vers la Syrie, *Ann.*, II, 77. — Pison le fait partir sur une trirème, et lui prescrit de gagner la Syrie par la pleine mer, 78. — Débarque à Laodicée et gagne les quartiers de la sixième légion qu'il espère trouver disposée à seconder Pison, 79. — Est prévenu par Pacuvius, lieutenant de cette légion, *ibid.*

CELER (Propertius) demande à se retirer du sénat à cause de sa pauvreté : Tibère, le sachant né sans fortune, le gratifie d'un million de sesterces, *Ann.*, I, 75.

CELER (Publius), chevalier romain, l'un des assassins de M. Junius Silanus, *Ann.*, XIII, 1, 33 — Accusé dans son gouvernement d'Asie, Néron ne peut le faire absoudre, et fait traîner l'affaire jusqu'à ce que Celer meure de vieillesse, *ibid.*

CELER (Publius Egnatius). *V.* EGNATIUS.

CÉLÈS VIBENNA donne son nom au mont Célius, appelé auparavant Quercetulanus, *Ann.*, IV, 65.

CÉLÈTES, peuple de Thrace, prennent les armes, *Ann.*, III, 38.

CÉLIBAT, puni par la loi Papia Poppéa, *Ann.*, III, 25.

CÉLIUS (Mont), une des sept collines sur lesquelles Rome était bâtie, *Ann.*, XV, 38. — Devient la proie des flammes, IV, 64. — On fait la proposition de l'appeler désormais du nom d'Auguste, *ibid.* — Fut anciennement nommé Quercetulanus, parce qu'il produisait une grande abondance de chênes, 65. — Désigné plus tard sous le nom de Célius que lui donna Célès Vibenna, *ibid.*

CÉLIUS CURSOR, chevalier romain, pour avoir faussement accusé de lèse-majesté le préteur Magius Cécilianus, est puni à la réquisition de Drusus et par décret du sénat, *Ann.*, III, 37.

CÉLIUS POLLION, séduit par l'or de Rhadamiste, force Mithridate à abandonner la citadelle de Gornéas, *Ann.*, XII, 45, 46.

CÉLIUS ROSCIUS, lieutenant de la vingtième légion, accusé par Trebellius Maximus de sédition et de corrompre la sévérité de la discipline, l'accuse de son côté d'avoir dépouillé et appauvri les légions, *Hist.*, I, 60.

CÉLIUS RUFUS (Marcus), orateur romain, *Orat.*, 17, 26, 38. — Imitateur des anciens, 18. — Ses oraisons, 21. — Placé à bon droit au dessus de ses devanciers et de ses successeurs, 25.

CÉLIUS SABINUS, consul du 1er mai au 1er juillet 822, *Hist.*, I, 77.

CELSUS. *Voyez* MARIUS CELSUS.

CELSUS (Julius), tribun d'une cohorte de la ville, *Ann.*, VI, 9. — Périt victime de la conjuration de Séjan, 14. — S'étrangle en se passant autour du cou la chaîne qui l'attachait, *ibid.*

CENCHRIUS, fleuve du pays des Éphésiens, *Ann.*, III, 61.

CENSURE. Claude en exerce les fonctions, *Ann.*, XI, 13.

CENTENIER. Origine de ce titre d'honneur chez les Germains, *Germ.*, 6.

CENTIÈME. Le peuple sollicite la suppression de cet impôt établi sur les ventes depuis les guerres civiles, *Ann.*, I, 78. — Est fixé à moitié pour l'avenir, II, 42.

CENTUMVIRS, corps de magistrats à Rome, *Orat.*, 7, 38.

CENTURIONS, chargés d'annoncer le commencement des veilles, *Ann.*, XV, 30. —

Des centurions sont immolés par les Germains sur leurs autels profanes, I, 61. — Agrippa Postumus périt assassiné par un centurion envoyé à cet effet par Tibère et Livie, 6. — Germanicus passe en revue les centurions des première et vingtième légions, et les juge sur les rapports des tribuns de chaque légion, 44. — Un centurion périt dans les troubles du théâtre, en empêchant d'insulter les magistrats et en calmant les dissensions de la multitude, 67. — Les centurions accourent en foule vers Pison, et lui annoncent que les légions de Syrie lui sont dévouées, II, 76. — Blésus partage les trois divisions de son armée en petites troupes à la tête desquelles il met des centurions d'une valeur éprouvée, III, 74. — Élius Séjan réunit dans un seul camp les cohortes dispersées par la ville, et choisit lui-même les centurions, IV, 2. — Un grand nombre de braves centurions succombent en combattant contre les Frisons, 73. — Un centurion est chargé par Tibère de torturer Drusus, VI, 24. — Rubrius Fabatus, arrêté près du détroit de Sicile, est ramené par un centurion, 14. — Tibère obtient du sénat de s'en faire accompagner toutes les fois qu'il se rendrait dans son sein, 15. — Deux centurions chargent de chaînes tous les affidés de Silius dont ils peuvent s'emparer, XI, 32.—Sont chargés par Narcisse de consommer le supplice de Messaline, 37.—Huit centurions périssent en combattant contre les Bretons, XII, 38. — Le centurion Histeius, envoyé par Ummidius Quadratus près de Vologèse, reçoit de celui-ci, comme ôtages, les plus nobles personnages de la famille des Arsacides, XIII, 9. — Néron s'entoure d'une garde de centurions toutes les fois qu'il va voir sa mère reléguée par lui dans un palais qu'Antonia avait habité, 18. — Oloaritus, centurion de la flotte, frappe Agrippine au ventre avec son épée, XIV, 8.—Les centurions félicitent Néron d'avoir échappé à un danger imprévu et à l'attentat de sa mère, 10. — Néron se fait accompagner par eux sur la scène, 15. — Les centurions dévastent le royaume de Prasutagus, roi des Icéniens, 31. — Un centurion, envoyé par Néron, à la tête de soixante soldats, égorge Rubellius Plautus, 59. — Néron entouré de centurions Octavie reléguée dans l'île Pandateria, 64. — Le centurion Casperius est choisi pour remplir plusieurs missions, XII, 45, 46; XV, 5. — Un des centurions de Pétus et quelques soldats envoyés par ce dernier pour reconnaître les forces de l'ennemi, perdent la vie, 10. — Bravoure du centurion Tarquitius Crescens, 11. — Le centurion primipilaire est le premier que Corbulon rencontre dans la déroute de Pétus, 12. — Néron interroge le centurion qui accompagne les ambassadeurs des Parthes, sur l'état présent de l'Arménie, 25. — Les centurions Sulpicius Asper, Maximus Scaurus et Venetus Paullus s'engagent dans la conjuration contre Néron, (voyez les noms de ces trois personnages). — Un centurion annonce à Sénèque sa dernière heure, 61, 62. — Subrius Flavius et ses centurions, devaient, si Néron eût été victime du complot, transférer l'empire à Sénèque, 65. — Mort courageuse des centurions impliqués dans la conjuration contre Néron, 68. — Un centurion est envoyé à Barium pour tuer Silanus, XVI, 9. — Un autre porte à Ostorius l'ordre de mourir, 15. — Conduite des centurions après qu'Othon fut salué empereur, *Hist.*, I, 28. — Densus Sempronius, centurion de cohorte prétorienne, fait à Pison un rempart de son corps, 43. — L'exemption des droits de congé, payée auparavant par les soldats aux centurions, sont désormais acquittés sur la caisse du prince, 46, 58. — Quatre centurions de la dix-huitième légion, voulant protéger les images de Galba, sont écartés avec violence et chargés de fers, 56. — Vitellius ordonne leur mort, 59. — Le centurion Crispinus, qui avait trempé ses mains dans le sang de Capiton, est offert comme victime expiatoire aux soldats de Vitellius, 58. — Les Helvétiens retiennent prisonniers un centurion et quelques soldats de l'armée germanique, 67. — Il s'élève une sédition à Ostie où les plus sévères des centurions sont égorgés, 80, 83. — Le centurion Sisenna, inquiet et craignant quelque violence de la part d'un faux Néron qui, par mille artifices, tâche de le séduire, quitte secrètement l'île de Cythnos et s'enfuit, II, 8. — Alphenus Varus, pour apaiser la sédition contre Valens, ouvre l'avis de défendre aux centurions de relever les sentinelles, 29. — Les centurions parviennent à sauver Martius Macer de la fureur des soldats, 36. — Cluvius Rufus envoie en avant des centurions pour concilier à Vitellius l'affection des Maures, 58. — Vitellius s'aliène les troupes d'Illyrie en faisant périr les centurions les plus dévoués à Othon, 60. — Aponius Saturninus, gouverneur de Mésie, envoie un centurion pour assassiner Tertius Julianus, lieutenant de la septième légion, 85. — Vitellius entre dans Rome précédé de centurions vêtus de blanc, 89. — Le centurion Julius Priscus est élevé par ce prince à la dignité de préfet du prétoire, 92. — Quelques centurions, porteurs de lettres et d'édits de Vespasien, sont saisis dans la Rhétie et dans les Gaules, envoyés à Vitellius et mis à mort, 98. — Cécina et Bassus travaillent à ébranler la fidélité des centurions dévoués à Vitellius, 101. — Les chefs du parti flavien font naître chez eux l'espoir de conserver tout ce que Vitellius a fait en leur faveur, III, 9. — Cécina, à la nouvelle de la défection de la flotte, convoque les principaux centurions, 13. — L'autorité des centurions des troupes commandées par Antonius est méconnue des soldats, 19. — La septième légion Galbienne perd six de ses centurions, 22. — Mucien offre aux légions sous son commandement de remplacer à leur gré les centurions morts, 49. — Dévoûment du centurion Julius Agrestis, 54. — Claudius Faventinus, centurion cassé par Galba, pousse la flotte de Misène à abandonner le parti de Vitellius, 57. — La désertion des centurions devient fréquente parmi les troupes de ce prince, 61. — Les rameurs de la flotte du Rhin égorgent les centurions qui veulent s'opposer à une trahison, IV, 16. — Les centurions de l'armée de Germanie sont envoyés avec des lettres aux cités gauloises, pour en implorer des renforts et de l'argent, 36. — Mucien envoie un centurion en Afrique, pour assassiner L. Pison, gouverneur de cette province, 49. — Cinq centurions de la dixième légion sont tués en combattant à Arenacum, V, 20. — Une cohorte d'Usipiens, levée en Germanie et transportée en Bretagne, égorge son centurion, *Agr.*, 28.

CÉNUS, affranchi de Néron, répand la fausse nouvelle que les troupes d'Othon, défaites près de Bédriac, ont repris le dessus et taillé en pièces les vainqueurs, *Hist.*, II, 54. — Paye son audace par son supplice, *ibid.*

CÉPHÉE, roi d'Éthiopie, *Hist.*, V, 2.

CÉPION. *Voyez* SERVILIUS CÉPION.

CÉPION CRISPINUS, questeur de Granius Marcellus, préteur de Bithynie, accuse ce dernier de lèse-majesté, *Ann.*, I, 74. — Fut le premier qui se fit de délations un genre d'existence, *ibid.*

CÉRANUS, philosophe grec, persuade à Rubellius Plautus, qui apprend que Néron envoie des soldats pour le tuer, d'attendre la mort avec constance plutôt que de vivre dans les incertitudes et les craintes, *Ann.*, XIV, 59.

CERCINA, île de la mer d'Afrique (aujourd'hui *Kerkeni*) où fut relégué Sempronius Gracchus, *Ann.*, I, 53; IV, 13.

CÉRÈS. Tibère lui dédie un temple, *Ann.*, II, 49. — Les livres Sibyllins ordonnent de lui adresser des supplications, XV, 44. — Jeux du Cirque en l'honneur de Cérès, 53, 74; *Hist.*, II, 55. — C. Pison doit attendre dans le temple de Cérès que Néron soit frappé à mort, pour de là être porté au camp, *Ann.*, XV, 53.

CERIALIS. *Voyez* ANICIUS, PETILIUS, TURULIUS.

CERIUS SEVERUS, tribun, marche au camp des prétoriens, pour tâcher d'apaiser la sédition qu'y fait naître la promotion d'Othon à l'empire, *Hist.*, I, 31. — Est repoussé par des menaces, *ibid.*

CERTUS (Quinctius), chevalier romain, est massacré par l'ordre de Decimus Pacarius pour avoir osé le contredire, *Hist.*, II, 16.

CERVARIUS PROCULUS, chevalier romain, s'engage dans la conspiration contre Néron, *Ann.*, XV, 50. — Accuse Fenius Rufus, 66. — Néron récompense par l'impunité ses promptes révélations, 71.

César (Caïus Julius), dictateur perpétuel, premier empereur romain, *Ann.*, II, 43; *Hist.*, I, 50, 90; IV, 57; V, 9. — Sa mère Aurelia préside à son éducation, *Orat.*, 28. — Émule des plus grands orateurs, *Ann.*, XIII, 3; *Orat.*, 17, 25, 26, 38. — A vingt-un ans accuse Dolabella, 34. — Cneius Domitius se joint d'abord au parti d'Antoine, puis au sien, *Ann.*, IV, 44. — Donne à C. Oppius et à Corn. Balbus la faculté de traiter des conditions de la paix et d'être les arbitres de la guerre, XII, 60. — Rapporte que les Gaulois furent jadis plus puissans que les Germains, *Germ.*, 28. — Bat ces derniers dans la Gaule, 37; *Hist.*, IV, 55. — Est assiégé dans Alise par les Gaulois, *Ann.*, XI, 23. — Est le premier des Romains qui entre en Bretagne avec une armée, *Agr.*, 13. — Il en est chassé, 14; *Ann.*, XII, 34; *Orat.*, 17. — Apaise d'un seul mot la sédition de son armée, *Ann.*, I, 42. — Fait une loi touchant le mode du prêt et la possession des biens-fonds en Italie, VI, 16. — Crée des patriciens par la loi Cassia, 25. — Opposé à M. Caton, XVI, 22. — Réfute par un discours écrit un ouvrage où Cicéron élève ce dernier aux nues, IV, 34. — Rend par un décret aux Lacédémoniens le temple de Diane Limnatide qui leur avait été enlevé par Philippe de Macédoine, 43. — Son décret en faveur d'Aphrodisias et de Stratonice pour les services rendus autrefois à sa cause, III, 62. — Il perd Julie, sa fille unique, 6. — Ne laisse point Pompée sain et sauf, *Hist.*, III, 66. — S'empare de sa puissance et de celle de Crassus, *Ann.*, I, 1. — Nomme Caninius Rebilus consul pour un jour, *Hist.*, III, 37. — Lègue ses jardins au peuple romain, *Ann.*, II, 41. — Est victime d'une attaque subite, *Hist.*, III, 68. — Ses funérailles sont troublées par un excès de zèle, *Ann.*, I, 8. — Le meurtre du dictateur César parut aux uns l'action la plus infâme, aux autres la plus belle, *ibid.* — Son temple au Forum, *Hist.*, I, 42. — Sa statue dans l'île du Tibre, 86. — Sa maison de campagne près de Misène, *Ann.*, XIV, 9.

César (Caïus), fils d'Agrippa et de Julie, *Ann.*, I, 53. — Adopté par Auguste, 3; IV, 1. — Bien que revêtu de la robe de l'enfance, avait le titre de prince de la jeunesse et était consul désigné, I, 3. — Est choisi pour pacifier l'Arménie et lui donne Ariobarzane pour maître, II, 4, 42. — Est guidé dans le gouvernement de ce pays par P. Sulpicius Quirinus, qui avait aussi cultivé l'amitié de Tibère retiré à Rhodes, 48. — Tibère trouve en lui un puissant rival, vi, 51. — Est uni à Livie, iv, 40. — Souffrant d'une blessure, meurt en revenant d'Arménie, i, 3.

César (Lucius), fils d'Agrippa et de Julie, *Ann.*, i, 53. — Adopté par Auguste, 3; iv, 1. — Bien que revêtu de la robe de l'enfance, avait le titre de prince de la jeunesse et était consul désigné, i, 3. — Destiné à être l'époux de Lepida, iii, 23. — Tibère le croit un rival redoutable, vi, 51. — Meurt en se rendant aux armées d'Espagne, i, 3.

César (Caïus), dit Caligula, quatrième empereur romain, fils de Germanicus et d'Agrippine, *Ann.*, i, 41. — Arrière-petit-fils d'Auguste, 42. — Naît dans un camp, 41. — D'où lui vient le nom de Caligula, *ibid.* — Appelé par les soldats le nourrisson des légions, 44. — Vêtu comme un simple soldat, 69. — Prononce l'éloge funèbre de Livie à la tribune aux harangues, v, 1. — Séjan choisit Sextius Paconianus pour préparer sa ruine, vi, 3. — Appelé *la Caïa* par Cotta Messalinus, qui est accusé pour cette injure, 5. — Sext. Vestilius, auteur présumé d'une satire sur l'impudicité de Caligula, est accusé par Tibère, 9. — Épouse Claudia, fille de M. Silanus, 20. — Après la mort de celle-ci, Macron engage sa propre épouse Ennia à captiver le jeune prince, et même à l'enchaîner par une promesse de mariage, 55. — Mari de Lollia, xii, 22. — Consent à tout pour s'élever à l'empire, vi, 45. — Tibère lui prédit quel doit être le genre de sa mort, 46. — Prend possession de l'empire, 50. — Punit les machinateurs du complot contre Titius Sabinus, iv, 71. — Est pour L. Vitellius un objet de crainte, vi, 32. — Anicius Cerialis lui découvre une conjuration, xii, 17. — Mithridate, roi d'Arménie, est amené devant lui, xi, 8. — Avait coutume d'appeler M. Junius Silanus la brebis d'or, xiii, 1. — Son troisième consulat, *Agr.*, 44. — Son expédition ridicule contre la Germanie, *Hist.*, iv, 15; *Germ.*, 37. — Se dispose à entrer en Bretagne, *Agr.*, 13. — Ordonne de placer sa statue dans le temple de Jérusalem, *Hist.*, v, 9. — Julius Grécinus, connu par son amour pour l'éloquence et la philosophie, mérite, par ses qualités même, la colère de Caligula, *Agr.*, 4. — Mention du meurtre de Caligula, *Ann.*, i, 32; xi, 29; *Hist.*, iii, 68. — Valerius Asiaticus est accusé par Sosibius d'en être le principal auteur, *Ann.*, xi, 29. — Régna à peu près quatre ans, *Orat.*, 17. — Sous lui, Rome fut comme le bien héréditaire d'une seule famille, *Hist.*, I, 16. — On n'eut à craindre sous son règne que les malheurs de la paix, 89. — Nymphidius Sabinus prétendait être le fils de Caligula, parce que, comme lui, il avait la taille élevée et un aspect farouche, *Ann.*, XV, 72. — Son caractère, VI, 20, 45. — Ses mœurs corrompues, *Hist.*, IV, 48. — Son éloquence, *Ann.*, XIII, 3. — Mot de Passienus sur lui, V, 20. — Tant qu'il fut puissant la crainte altéra les récits de son règne, après sa mort des haines récentes les dictèrent, *Ann.*, I, 1. — *Voyez* encore, *Hist.*, I, 48; II, 76; IV, 42, 68.

CÉSAR. Ce titre est conféré à Galba du consentement de l'univers, *Hist.*, I, 30. — Pison Licinianus le reçoit de Galba, 29, 30. — Othon le tient des soldats, 37. — Vitellius défend qu'il lui soit donné, même après sa victoire, 62; II, 62. — Vespasien le reçoit à Césarée de ses soldats, 80. — Vitellius veut être appelé César, ce qu'auparavant il avait dédaigné, III, 58. — Domitien est salué César, 86; IV, 2. — Julius Sabinus se fait proclamer César, 67.

CÉSAR OCTAVIEN. *Voyez* AUGUSTE.

CÉSARÉE (*Kaisarié*), capitale de la Judée, *Hist.*, II, 79.

CÉSARIENNE (Mauritanie). *Voy.* MAURITANIE.

CÉSARS, *Ann.*, IV, 75; VI, 46; XII, 6, 42; XIII, 1; XV, 14; XVI, 28; *Hist.*, I, 5, 16, 84; II, 6; III, 72. — Au temps d'Auguste, ne faisaient que de jeter les fondemens de leur domination, *Ann.*, III, 39. — Ce prince établit leur empire, *Hist.*, I, 89. — Services à eux rendus par les Byzantins, *Ann.*, XII, 62. — Néron accuse C. Cassius Longinus de préparer une révolte contre la maison des Césars, XVI, 7. — Les vers de Bibaculus et de Catulle sont remplis d'injures contre les Césars, IV, 34. — Amour des centurions et des soldats pour eux, II, 76. — Dévoûment des prétoriens pour leur maison entière, XIV, 7. — Le Champ-de-Mars était le lieu destiné à leurs obsèques, I, 8; III, 9; XIII, 17. — Serment sur les actes des Césars, 11.

CESELLIUS BASSUS. *Voy.* BASSUS.

CÉSENNIUS PÉTUS, envoyé pour défendre particulièrement l'Arménie, partage les troupes avec Corbulon, *Ann.*, XV, 6. — Rivalité de ces deux chefs, *ibid.* — Entre dans l'Arménie sous de tristes présages, 7. — Entraîne son armée par-delà le mont Taurus, pour reprendre, dit-il, Tigranocèrte, 8. — Pressé par l'hiver, et bientôt forcé de ramener l'armée, *ibid.* — Apprend que Vologèse arrive avec des troupes nombreuses et redoutables, 10. — Dangers où il se trouve réduit par son imprévoyance, *ibid.* — Prie Corbulon de venir à son secours, *ibid.* — A recours de nouveau aux prières auprès de ce dernier, 11. — Paroles satiriques adressées par Corbulon aux soldats de Pétus, 12. — Pétus, abattu par le désespoir de son armée, adresse à Vologèse une lettre en forme de plainte, 13. — Réponse de ce dernier, 14. — Envoie des députés pour demander une conférence au roi. Résultat de cette conférence, *ibid.* — Les Parthes exigent de lui la construction d'un pont sur l'Arsanias, 15. — Sa conduite déshonorante, 16, 28. — S'entretient avec Corbulon, 17. — Va passer l'hiver en Cappadoce, *ibid.* — Son incapacité, 24, 25, 26. — A son retour, Néron se contente de le punir par des railleries, 25. — Corbulon ordonne au fils de ce général, alors tribun, d'aller avec un détachement ensevelir les restes du combat funeste livré par son père, 28.

CÉSIA, forêt de Germanie, située auprès du pays des Marses, *Ann.*, I, 50.

CÉSIANUS. *Voyez* APRONIUS CÉSIANUS.

CÉSIUS CORDUS, proconsul de la Crète, est accusé de péculat et du crime de lèse-majesté par Ancharius Priscus, *Ann.*, III, 38. — Est condamné, 70.

CÉSIUS NASICA, préfet de légion, combat heureusement en Bretagne, *Ann.*, XII, 40.

CÉSONINUS. *Voyez* SUILIUS CÉSONINUS.

CÉSONINUS MAXIMUS apprend son accusation par la sentence qui l'expulse d'Italie, *Ann.*, XV, 71.

CÉSONIUS PÉTUS, consul en 814 avec Petronius Turpilianus, *Ann.*, XIV, 29.

CESTE (Jeux du), institués par Anténor, *Ann.*, XVI, 21.

CESTIUS (Caïus), sénateur, prend la parole contre l'usage où l'on était de laisser impunis les malfaiteurs qui portaient sur eux une image de l'empereur, *Ann.*, III, 36. — Se charge de l'accusation de Q. Servéus, VI, 7. — Consul en 788 avec M. Servilius, 31.

CESTIUS GALLUS, gouverneur de Syrie, entreprend de contenir les Juifs et leur livre divers combats, le plus souvent avec perte, *Hist.*, V, 10.

CESTIUS PROCULUS est absous du crime de concussion, par le désistement des accusateurs, *Ann.*, XIII, 30.

CESTIUS SEVERUS, décrié pour ses nombreuses délations sous Néron, *Hist.*, IV, 41.

CETHEGUS (Cornelius), consul en 777 avec Vitellius Varron, *Ann.*, IV, 17.

CETHEGUS LABEO, commandant de la cinquième légion en Germanie, *Ann.*, IV, 73.

CETRONIUS (Caïus), lieutenant de la première légion, juge les soldats coupables de révolte, *Ann.*, I, 44.

CETRONIUS PISANUS, préfet de camp, est chargé de chaines par l'ordre de Festus, *Hist.*, IV, 50.

CÉUS, père de Latone, premier habitant de l'île de Cos, *Ann.*, XII, 61.

CHAISE CURULE du préteur, *Ann.*, I, 75. — Chaise curule de Germanicus placée parmi celles des prêtres d'Auguste, II, 83. — Chaise curule supportant la statue de Néron, XV, 29. — Chaise curule de Vitellius, *Hist.*, II, 59.

CHALCÉDONIENS. Comment désignés aux Grecs par l'oracle d'Apollon Pythien, *Ann.*, XII, 63.

CHALDÉENS. Leurs prédictions, *Ann.*, II, 27; XII, 68. — Tibère s'instruit dans leur science sous la direction de Thrasylle, *Ann.*, VI, 30. — Lollia Paullina est envoyée en exil, faussement accusée de les avoir consultés, XII, 22. — Science de Pammène dans leur art, XVI, 14. — *Voyez* ASTROLOGUES, MAGICIENS.

CHAMAVES, peuple de la Germanie, sur les bords du Rhin, *Ann.*, XIII, 55. — Peuples qui les avoisinent, *Germ.*, 33, 34.

CHAMP-DE-MARS. Les comices sont, pour la première fois, transférés de ce lieu au sénat, *Ann.*, I, 15. — Ce qui s'y passa le jour où les restes de Germanicus furent portés au tombeau d'Auguste, III, 4. — Britannicus y est enseveli au moment d'un orage affreux, XIII, 17. — Néron y fait élever un amphithéâtre, 31. — Ce prince l'ouvre pour servir de refuge au peuple après l'incendie de Rome, XV, 39. — Othon le trouve obstrué en partant pour son expédition contre Vitellius, *Hist.*, I, 86. — Vitellius y élève des autels pour sacrifier aux mânes de Néron, II, 95. — Les Flaviens s'y heurtent contre les Vitelliens, III, 82. — Lieu destiné aux obsèques des Césars, *Ann.*, I, 8; III, 4; XIII, 17.

CHAPELLE. *Voyez* TEMPLE.

CHARICLÈS, médecin de Tibère, célèbre en son art, *Ann.*, VI, 50. — Assure à Macron que l'empereur s'éteint et ne vivra pas deux jours, *ibid.*

CHASUARES, peuple germanique voisin des Dulgibins, des Chamaves et des Angrivariens, *Germ.*, 34.

CHATIMENS. *Voyez* PEINES.

CHAUQUES, peuple de la grande Germanie, vers le nord, *Germ.*, 35, 36; *Ann.*, I, 38; II, 17. — Offrent des troupes à Germanicus et se joignent à l'expédition contre les Chérusques, I, 60. — Se jettent dans la Basse-Germanie, conduits par Gannascus, XI, 18. — Corbulon leur envoie des émissaires pour les engager à se rendre, 19. — Sont exaspérés par le meurtre de Gannascus, *ibid.* — Chassent les Ansibariens, XIII, 55. — Combattent pour Civilis, *Hist.*, IV, 79; V, 19.

CHÉRUSQUES, peuple du nord de la Germanie, *Ann.*, I, 56, 59, 60, 64; II, 9, 19, 26. — Simulent une fuite et entraînent Cariovalde dans une plaine enfermée de bois, 11. — Se portent sur les collines, pour de là fondre sur les Romains au fort du combat, 16. — Leur impatience d'en venir aux mains, 17. — Sont culbutés, *ibid.* — Tibère prétexte que les Suèves demandent des secours contre eux, *Ann.*, II, 44. — Les Chérusques prennent les armes pour Arminius, 45. — Battent Maroboduus, 46. — Demandent à Rome Italicus pour roi, XI, 16. — Chassent ce dernier, que les Lombards aident à reprendre son trône, 17. — Ennemis des Cattes, XII, 56. — Entraînent les Foses dans leur ruine, *Germ.*, 36.

CHEVAL immolé par Tiridate, suivant l'usage des Parthes, avant de passer l'Euphrate, pour se rendre le fleuve propice, *Ann.*, VI, 37. — Chevaux préparés pour la chasse d'Hercule sur le mont Sambulos, XII, 13. — Cheval portant les ornemens consulaires, XV, 7. — Courses de chevaux, empruntées par les Romains aux Thuriens, XIV, 21.

CHEVALIERS ROMAINS. Leur cens d'éligibilité est différent de celui des sénateurs, *Ann.*, II, 33. — Les approvisionnemens en blé, les impôts et autres revenus publics étaient administrés par des commissions de chevaliers romains, IV, 6. — Ne devaient pas accompagner les pantomimes en public, I, 78. — Quatorze rangs leur étaient réservés au théâtre, VI, 3; XIII, 54; XV, 32. — Avaient le droit de juger, XI, 22; XIV, 20. — Auguste avait donné à ceux qui gouvernaient l'Égypte, l'autorité de la loi, et leurs décrets étaient considérés comme s'ils eussent été rendus par les magistrats de Rome, XII, 60; *Hist.*, I, 11. — Il était défendu par ce prince aux premiers des chevaliers romains d'entrer à Alexandrie sans permission expresse, *Ann.*, II, 59. — Auguste avait pensé à donner sa fille en mariage à un simple chevalier romain, IV, 39. — Leur ordre donne le nom de Germanicus à l'escadron qu'on appelait *de la Jeunesse*, et ordonne qu'aux ides de juillet la marche sera précédée de sa statue, II, 83. — Le sénat interdit le métier de courtisane à leurs filles, leurs petites-filles ou leurs épouses, 85. — Assistent, vêtus de la trabée, aux honneurs funèbres qui sont rendus aux cendres de Germanicus, III, 2. — Vouent une offrande à la Fortune Équestre pour la santé de l'impératrice, 71. — Claude leur confie l'administration de la Judée, *Hist.*, V, 9. — Néron, par des dons considérables, les force à descendre dans l'arène, *Ann.*, XIV, 14. — Leur donne dans le Cirque des places en avant de celles du peuple, XV, 32. — Plusieurs s'engagent dans la conspiration contre ce prince, 48. — Un grand nombre, en se rendant au spectacle pour y applaudir Néron, sont écrasés par la multitude, et d'autres, restant jour et nuit sur leurs sièges, sont saisis de maladies mortelles, XVI, 5. — Trente chevaliers romains sont préposés à la restitution des deux milliards deux cents millions de sesterces que Néron avait employés en gratifications, *Hist.*, I, 20. — Quelques-uns, croyant à la fausse nouvelle de la mort d'Othon, et oubliant crainte et prudence, rompent les portes du palais, et à l'envi se montrent à Galba, 35. — Vitellius dispose en leur faveur des charges du palais jusque-là livrées à des affranchis, 58. — Vitellius leur défend de se déshonorer sur le théâtre et dans l'arène, où les empereurs précédens les avaient fait paraître en les payant, et plus souvent par force, 62. — Des chevaliers ajoutent à l'embarras de la marche de ce prince vers Rome, 87. — Ils lui offrent leur épée et leur fortune, III, 58. — Leur conduite à la nouvelle de son abdication, 69. — Ils aident à poser la première pierre du Capitole, lors de la reconstruction de cet édifice, IV, 53. — Chevaliers illustres ou de premier rang, *Ann.*, II, 59; IV, 58; XI, 4, 35; XV, 28.

CHEVELUE (Gaule). Les principaux de ce pays demandent la faculté de s'élever dans Rome aux dignités, *Ann.*, XI, 23. — Discussion à ce sujet, *ibid.* et *suiv.*

CHEVELURE rousse des Germains, *Hist.*, IV, 61; *Germ.*, 4; *Agr.*, 11. — Les Cattes la laissent croître, ainsi que leur barbe, jusqu'à ce qu'ils aient immolé un ennemi, *Germ.*, 31. — Les Silures ont la plupart les cheveux crépus, *Agr.*, 11. — Les Suèves relèvent leur chevelure et l'assujettissent par un nœud, 38.

CHILIARQUE, commandant de mille hommes, *Ann.*, XV, 51.

CHILON. *Voyez* BETUUS CHILON.

CHLAMYDE, espèce de tunique courte et de forme ovale, attachée avec une agrafe sur l'épaule gauche, *Ann.*, xii, 56.

CHRÉTIENS, accusés par Néron d'être les auteurs de l'incendie de Rome, sont livrés aux plus affreux supplices, *Ann.*, xv, 44.

CHRIST (le), livré au supplice, sous le règne de Tibère, par le procurateur Ponce Pilate, *Ann.*, xv, 44.

CHYPRE (anciennement *Cypre*), île de la Méditerranée, *Hist.*, ii, 2. — *Voyez* CYPRIOTES.

CIBYRE, ville d'Asie, renversée par un tremblement de terre, est exemptée pour trois ans de tout tribut, *Ann.*, iv, 13.

CICÉRON (M. Tullius), fameux orateur romain, *Orat.*, 15, 26, 35. — Quelquefois imitateur des anciens, 18.—Auteur d'un ouvrage intitulé *Hortensius*, 16.—En a écrit un autre intitulé *Brutus*, 30. — Caton est par lui élevé jusqu'aux cieux, *Ann.*, iv, 34. — Ses plaidoyers, *Orat.*, 20, 37, 39. — Déclare devoir ses succès dans l'éloquence à la fréquentation de l'Académie, 32. — Beautés et défauts de Cicéron, 22, 23.—Mis en parallèle avec Crassus Gracchus et Corvinus, 18. — Ses connaissances variées, 30. — Poète médiocre, 21. — Meurt assassiné sous le consulat d'Hirtius et de Pansa, 17, 24.—Les beautés de la plus pure éloquence n'ont point compensé sa fin déplorable, 40. — Ne fut pas exempt de rivalités, 25. — Sa gloire trouve plus de détracteurs que celle de Virgile, 12. — Ouvrages écrits en sa faveur, 20.

CIEL. Ainsi que le ciel est la demeure réservée aux dieux, la terre est celle des mortels, *Ann.*, xiii, 55.

CILICIE, contrée de l'Asie Mineure, *Ann.*, ii, 42, 58; iii, 48; vi, 31; xii, 55; xiii, 8; *Hist.*, ii, 3. — Vonones y est relégué, *Ann.*, ii, 68. — A la mort de Germanicus, Pison envoie chez les petits rois de Cilicie solliciter des renforts, 78. — Pison s'y empare d'un château-fort nommé Celenderis, 80.

CILICIENS, combattant sous les ordres de Cn. Pison contre Sentius, tournent le dos, *Ann.*, ii, 80. — Poursuivent Cossutianus Capiton comme un infâme chargé d'opprobres, xiii, 33; xvi, 21.

CILNIUS MÉCÈNE. *Voyez* MÉCÈNE.

CILON. *Voyez* JUNIUS CILON.

CIMBRES, peuple du nord de la Germanie, *Germ.*, 37; *Hist.*, iv, 73.

CINCIA (Loi) produite par la licence des orateurs, *Ann.*, xv, 20. — Défend à qui que ce soit de recevoir, pour plaider une cause, ni argent ni présent, xi, 5; xiii, 42.

Cincius est chargé de l'administration de la Syrie, *Ann.*, xv, 25.

Cingonius Varron, sénateur, propose, au sujet de l'assassinat de Pedanius Secundus par un de ses esclaves, que les affranchis qui étaient sous le même toit soient déportés d'Italie, *Ann.*, xiv, 45. — Consul désigné, meurt par les ordres de Galba, comme complice de Nymphidius, *Hist.*, i, 6, 37.

Cinithiens (*Tripoli*), peuple d'Afrique, engagés dans la ligue de Tacfarinas, *Ann.*, ii, 52.

Cinna, combat au pied du mont Janicule, *Hist.*, iii, 51. — Combat dans Rome, 83. — Sa domination fut de courte durée, *Ann.*, i, 1.

Cinyras consacre un temple à Vénus, *Hist.*, ii, 3. — Le prêtre de la déesse est toujours un descendant du fondateur, *ibid.*

Circoncision, instituée par les Juifs pour se reconnaître à cette particularité, *Hist.*, v, 5.

Cirque. *Ann.*, ii, 49, *Hist.*, i, 32, 72; ii, 21. — Sa partie contiguë au mont Aventin est consumée, *Ann.*, vi, 45. — Néron y donne aux chevaliers romains des places en avant de celles du peuple, xv, 32. — L'incendie de Rome commence par la partie du Cirque contiguë aux monts Palatin et Célius, 38. — Vitellius multiplie dans le Cirque les spectacles de gladiateurs et de bêtes féroces, *Hist.*, ii, 94. — Jeux du Cirque, *Ann.*, ii, 83; xi, 11; xii, 41, 44, 53, 74; *Hist.*, iii. — Jeux du Cirque à Boville, 23.

Cirta (Pays de) (*Alger*), *Ann.*, iii, 74.

Cithare. *Voyez* Lyre.

Civica Cerialis, proconsul d'Asie, est égorgé, *Agr.*, 42.

Civilis (Julius ou Claudius), chef des Bataves, *Hist.*, i, 59; iv, 22 et *suiv.*, 54, 58, 65, 73, 77. — Jouit d'une grande prééminence, 13. — Ses motifs de haine contre les Romains, *ibid.* — Prépare contre eux des moyens de révolution, 14 et *suiv.* — Pense à former un empire des Gaules et des Germanies, 18. — Déporte chez les Frisons Claudius Labéon, préfet de la cavalerie batave, qui était en rivalité avec lui pour des discussions locales, *ibid.* — Les cohortes de Bataves et de Canninéfates, qui, sur l'ordre de Vitellius, se rendaient à Rome, se dirigent vers la Germanie inférieure pour s'y joindre à Civilis, 19. — Feint de soutenir le parti de Vespasien, 21. — Il prend d'immenses accroissemens, en élevant sa puissance sur la Germanie tout entière, 28. — Séduit Montanus qu'on avait dépêché vers lui, 32. —

Détache contre Dillius Vocula et son armée, des forces dont il confie le commandement à Julius Maximus et Claudius Victor, 33. — Ne sait pas profiter de ses succès, 34. — Le bruit s'accrédite qu'il est blessé ou tué, *ibid*. — Il assaille un convoi envoyé à Novesium par Vocula pour en ramener des blés, 35. — Il assiège Vétéra, 36. — Prend Gelduba, *ibid*. — Obtient, non loin de Novesium, l'avantage dans un combat de cavalerie, *ibid*. — Des rapports s'établissent entre lui et Classicus, 55. — Reçoit la soumission du camp de Vétéra, dont la garnison est massacrée contre la foi jurée, 60. — Coupe sa chevelure en signe de victoire, 61. — Hésite s'il ne permettra pas à son armée le pillage de Cologne, 63. — Fait alliance avec cette cité, 65, 66. — Bat les routes perdues de la Belgique, pour parvenir à saisir ou à chasser Claudius Labéon, 70. — Apprend la défaite de Julius Tutor, 71. — Offre à Cerialis 'empire des Gaules, 75. — Tutor conseille de pousser la guerre avec vigueur, 76. — Combat contre Cerialis, 78. — Est abandonné par les Agrippiniens, 79. — Recrute son armée et pose son camp à Vétéra, v, 14. — A un engagement au milieu des marais, 15. — Dispose son armée, 16. — La harangue, 17. — Il est battu par Cerialis, 18. — Rompt la digue élevée par Drusus le Germanique, et détruit tous les obstacles opposés au cours du Rhin, 19. — Il traverse ce fleuve, *ibid*. — Attaque sur quatre points les légions romaines, 20. — Abandonne son cheval et repasse le Rhin à la nage, 21. — Fait encore une tentative après laquelle, sans plus oser, il se retire de l'autre côté du Rhin, 23. — Cerialis lui offre le pardon, 24. — Les Bataves lui reprochent de les avoir jetés dans les guerres contre les Romains, 25. — Il demande et obtient une entrevue de Cerialis, 26. — Se comparait à Sertorius, à Annibal, parce qu'il était défiguré comme eux (borgne), par un même accident, IV, 13.

CLAIN (*Chiana*), rivière qui se perd dans le Tibre, *Ann.*, 1, 79. — Il est question de la détourner et de lui faire prendre cours par l'Arno, *ibid*.

CLAROS, ville, bois, temple consacrés à Apollon dans l'Ionie, en face de Colophon, *Ann.*, II, 54. — Surnom d'Apollon, XII, 22.

CLASSICIANUS (Julius), procurateur de Bretagne, successeur de Catus, ne s'accorde pas avec Suetonius Paullinus, gouverneur de cette province, *Ann.*, XIV, 38.

Classicus (Julius), de Trèves, *Hist.*, IV, 72. — Préfet de cavalerie trévire, II, 14; IV, 58, 74, 77, 79. — Des rapports s'établissent entre lui et Civilis, 55. — Conclut une alliance avec les chefs des Germains, 57. — Envoie un déserteur de la première légion pour égorger Dillius Vocula, 59. — Hésite s'il ne permettra pas à son armée le pillage de Cologne, 63. — Se traîne presque sans cesse dans la paresse et l'inactivité, 70. — Apprend la défaite de Julius Tutor, 71. — Offre à Cerialis l'empire des Gaules, 75. — Donne son approbation à l'avis de Julius Tutor, de pousser la guerre avec activité, 76. — Combat contre Cerialis, 78. — Remporte un avantage sur la cavalerie romaine envoyée en avant à Novesium, 79. — Passe le Rhin, avec Civilis, Tutor et cent treize sénateurs trévires, V, 19. — Combat de nouveau, 20. — S'enfuit, 21.

Claude Drusus Germanicus, cinquième empereur romain, fils de [Néron Claude Drusus] et d'Antonia, *Ann.*, XI, 3. — Petit-fils d'Antoine, *Hist.*, V, 9. — Est adjoint au collège des prêtres d'Auguste, *Ann.*, XI, 54. — S'avance jusqu'à Terracine au devant des cendres de Germanicus, *Ann.*, III, 2. — Actions de grâces à lui rendues pour avoir vengé Germanicus, 18. — Réservé en secret par la fortune pour futur empereur, *ibid.* — Tibère pense à lui laisser l'empire, mais la faiblesse de son esprit le fait exclure, VI, 46. — P. Suilius, relégué par Tibère, revient à Rome sous le règne de Claude et y jouit de la faveur de l'empereur, IV, 31. — Scribonianus fomente une révolte contre lui dans la Dalmatie, XII, 52; *Hist.*, I, 89; II, 75. — Magnus, frère de Pison Licinianus, est tué par ses ordres, I, 48. — T. Vinius, soupçonné d'avoir dérobé une coupe d'or à sa table, est servi le lendemain, par ses ordres, en vaisselle de terre, *ibid.* — Son expédition en Bretagne, *Agr.*, 13. — Reçoit des émissaires des Parthes qui le supplient de replacer Méherdate sur le trône de ses aïeux, XII, 10. — Célèbre les jeux Séculaires, XI, 11 — Assiste aux jeux du Cirque, *ibid.* — Britannicus, son fils, exécute à cheval les courses troyennes, *ibid.* — Claude ignore les désordres de son intérieur, 12, 13. — Exerce les fonctions de la censure, *ibid.* — Réprime la licence du peuple et arrête les exactions des usuriers, *ibid.* — Conduit à Rome des eaux prises aux monts Simbruins, *ibid.* — Ajoute de nouvelles lettres à l'alphabet, *ibid.* — Consulte le sénat au sujet du collège des aruspices, 15. — Pour arrêter de nouvelles tentatives contre la Germanie, ordonne de reporter les garnisons romaines en deçà du Rhin, 19. — Accorde les ornemens du triomphe à Corbulon, et, quelque temps après, à Curtius Rufus, 20. — Convoque le sénat et parle en faveur des principaux de la Gaule Chevelue, qui demandent la faculté de parvenir dans Rome aux dignités, 24. — Admet au nombre des patriciens les sénateurs les plus anciens ou ceux des familles les plus illustres, 25. — Moyen qu'il emploie pour purger le sénat de ses membres les plus diffamés, *ibid*. — Le consul Vipstanus propose de lui donner le titre de père du sénat, *ibid*. — Fait la clôture du lustre, *ibid*. — Pendant son voyage pour un sacrifice à Ostie, Messaline célèbre ses noces avec Silius, 26. — Son aveugle confiance en son épouse, 28. — Apprend l'union nouvelle qu'elle vient de contracter, 30. — Sa terreur à cette nouvelle imprévue, 31. — Des courriers arrivent qui apprennent que Claude accourt pour se venger, 32. — Narcisse redoute que l'influence de L. Vitellius et de P. Largus Cécina sur l'esprit de Claude, ne nuise à ses desseins, 33. — Messaline se présente devant lui, 34. — Il rentre dans Rome, *ibid*. — Narcisse ordonne que les enfans du prince soient écartés, *ibid*. — Conduite de Claude dictée par Narcisse, 35. — Il est sur le point de faire grâce à l'histrion Mnester, favori de son épouse, 36. — Paraît s'attendrir en faveur de Messaline, 37. — Encore à table quand il apprend sa mort, demande à boire et continue son repas comme à l'ordinaire, 38. — Un débat s'élève entre les affranchis pour décider qui lui choisira une femme, xii, 1, 2. — Se décide en faveur d'Agrippine, 3. — Sur les fausses accusations de cette dernière, qui projette le mariage de son fils avec Octavie, il retire sa promesse à L. Silanus, à qui sa fille était déjà fiancée, et le force d'abdiquer sa magistrature, 4. — Le sénat, sur le rapport de Vitellius, ordonne le mariage de Claude avec sa nièce Agrippine, 5, 6, 7. — Claude fait célébrer des sacrifices par le pontife selon les rites du roi Tullus, 8. — Il fiance sa fille à Domitius, 9. — Adresse à Méherdate des conseils sur la manière dont il doit gouverner les Parthes qui le demandent pour roi, 11. — Charge C. Cassius de conduire le jeune prince aux rives de l'Euphrate, *ibid*. — Zorsinès se prosterne devant sa statue, 17. — Eunone intercède auprès de lui en faveur de Mithridate, 19. — Réponse du prince à Eunone, 20. — Amené à Rome, Mithridate parle à Claude avec une fierté supérieure à sa fortune, 21. — Claude, à l'instigation d'Agrippine, se rend au sénat et propose l'exil de Lollia Paullina, faussement accusée d'avoir consulté les magiciens sur le mariage du prince, 22. — Étend le Pomerium, 23, 24. — Sur les insinuations de Pallas, adopte Domitius au détriment de son propre fils, et lui donne le nom de Néron, 25, 26, 41. — Promet à Vannius, roi des Suèves, un asile assuré, s'il est chassé de ses états, 29. — Caractacus, chef des Bretons, est amené à Rome et paraît devant Claude, 36; *Hist.*, III, 45. — César lui donne sa grâce, à lui, à son épouse et à ses frères, *Ann.*, XII, 37. — Ayant appris la mort d'Ostorius, lieutenant de Bretagne, nomme aussitôt A. Didius pour ne point laisser la province sans gouvernement, 40. — Est consul en 804, pour la cinquième fois, avec Ser. Cornelius Orphitus, 41. — Cède aux adulations du sénat, qui lui demande des honneurs pour Néron, *ibid.* — Fait punir de mort ou d'exil les plus sages instituteurs de son fils, dont il confie la surveillance à ceux-là même que lui présente sa marâtre, *ibid.* — Influencé par Agrippine, interdit l'eau et le feu à Junius Lupus, accusateur de Vitellius, 42. — Pressé violemment jusqu'à l'extrémité du Forum par la multitude en proie à la famine, parvient à se dégager à l'aide d'une troupe de soldats, 43. — Fait l'éloge de ceux qui, à cause de leur médiocre fortune, s'étaient d'eux-mêmes retirés du rang de sénateurs, et en exclut ceux qui, en restant, ajoutaient l'impudence à la pauvreté, 52. — Exalte le prétendu désintéressement de Pallas, 53. — Confie la Judée à des chevaliers ou à des affranchis, *Hist.*, V, 9. — Instruit des causes de la rébellion de la Judée, donne à Quadratus le droit d'informer contre les procurateurs, *Ann.*, XII, 54. — Préside au spectacle d'un combat naval donné sur le lac Fucin, 56. — Rappelle les questeurs à l'intendance de l'épargne, XIII, 29. — Est porté aux plus grandes cruautés par les artifices d'Agrippine, XII, 59. — Exile Julie, fille de Drusus, XIV, 63. — Décide que les affaires jugées par ses intendans auront la même force que si lui-même avait prononcé, XII, 60. — Propose d'exempter de tributs l'île de Cos, 61. — Effraie Agrippine par des paroles qu'il laisse échapper dans l'ivresse, 64.

— Meurt par l'effet du poison que lui fait administrer son épouse, 66, 67. — On cache sa mort jusqu'à ce que tout soit prêt pour assurer l'empire à Néron, 68. — Les honneurs divins lui sont décernés, et des funérailles solennelles, semblables à celles du divin Auguste, sont célébrées, 69; XIII, 2, 3. — Agrippine reçoit du sénat le titre de prêtresse de Claude, 2. — Néron prononce son éloge, 3. — Durée de son règne, *Orat.*, 17. — Sa diction ne manquait pas d'élégance toutes les fois qu'il avait médité ses discours, *Ann.*, XIII, 3. — Sa vieillesse mise en parallèle avec la jeunesse de Néron, 6. — Invoqué par Agrippine du séjour céleste, 14. — Son temple chez les Bretons, considéré par eux comme le monument de leur éternelle servitude, XIV, 31. — Sous Claude, Rome fut comme le bien héréditaire d'une seule famille, *Hist.*, I, 16. — Avarice qui signale les temps de cet empereur, V, 12. — Séjan est destiné à devenir le beau-père de son fils, *Ann.*, III, 29. — Tant que Claude fut puissant, la crainte altéra les récits de son règne; après sa mort, des haines récentes les dictèrent, I, 1. — *Voyez* encore, *Ann.*, XIII, 5, 14, 23, 32, 42, 43; XIV, 11, 18, 56; XV, 53; *Hist.*, I, 10, 77; III, 44.

CLAUDES (les), *Hist.*, II, 48. —

L'image de Pomponius Atticus déplacée parmi celles de ces personnages, *Ann.*, II, 44. — Leurs images sont rangées autour du cénotaphe de Drusus, III, 5. — Elles brillent aux funérailles de Drusus fils de Tibère, IV, 9.

CLAUDIA (Famille), *Ann.*, VI, 8; XII, 2; XV, 23. — D'origine sabine, XI, 24. — Orgueil ancien et inné dans cette famille, I, 4. — Divine et chérie du ciel, IV, 64. — Livie en est issue, V, 1; VI, 51. — L'adoption de Domitius Néron est la première qui eut lieu dans cette famille, XII, 25. — S'éteint dans la personne de Britannicus, XIII, 17; *Hist.*, I, 16.

CLAUDIA (Junia Claudilla), fille de M. Silanus, épouse Caïus César, *Ann.*, VI, 19. — Après sa mort, Macron engage sa propre épouse Ennia à captiver le jeune prince, et même à l'enchaîner par une promesse de mariage, 45.

CLAUDIA PULCHRA, cousine d'Agrippine, est mise en accusation : Domitius Afer est son délateur, *Ann.*, IV, 52, 66. — Est condamnée avec Furnius pour crime d'adultère, *ibid.*, 66.

CLAUDIA QUINTA. Sa statue, qui deux fois avait échappé à la violence des flammes, est consacrée dans le temple de la Mère des dieux, *Ann.*, IV, 64.

CLAUDIA SACRATA, femme ubienne, maîtresse de Petilius Cerialis, *Hist.*, V, 22.

CLAUDIENNE (Légion). *Voyez* à l'article LÉGION (septième *Claudienne*), ce qui a rapport à celle-ci.

CLAUDIUS. *Voyez* DEMIANUS, DRUSUS, NÉRON, SÉNÉCION.

CLAUDIUS APOLLINARIS, préfet de la flotte de Misène, *Hist.*, III, 57, 76. — S'échappe avec six galères, 77.

CLAUDIUS COSSUS, député des Helvétiens, fameux par son éloquence, *Hist.*, I, 69.

CLAUDIUS FAVENTINUS, centurion cassé par Galba d'une manière ignominieuse, pousse la flotte de Misène à abandonner le parti de Vitellius, *Hist.*, III, 57.

CLAUDIUS JULIANUS, choisi par Vitellius pour calmer les esprits des soldats, passe dans le parti de Vespasien, *Hist.*, III, 57. — Commande les gladiateurs, 76. — Conduit à L. Vitellius, est indignement frappé de verges et tué sous ses yeux, 77.

CLAUDIUS LABÉON, préfet de la cavalerie batave, en rivalité avec Civilis, est déporté chez les Frisons par ce dernier, *Hist.*, IV, 18. — Il corrompt ses gardes et s'enfuit à Cologne, 56. — Combat d'abord avec succès contre Civilis, puis est obligé de prendre la fuite, 66. — Civilis parcourt les routes perdues de la Belgique, pour parvenir à le saisir ou à le chasser, 70.

CLAUDIUS PHIRRICUS, commandant des galères en station en Corse, est massacré par l'ordre de Decimus Pacarius, pour avoir osé le contredire, *Hist.*, II, 16.

CLAUDIUS SAGITTA, préfet de la cavalerie Petrina, se rend en Afrique pour prévenir L. Pison qu'un centurion a été dépêché par Mucien pour l'égorger, *Hist.*, IV, 49.

CLAUDIUS SANCTUS, chef des troupes romaines, privé d'un œil, d'une figure repoussante, d'un esprit encore plus ignoble, *Hist.*, IV, 62.

CLAUDIUS SEVERUS, chef des Helvétiens, *Hist.*, I, 68.

CLAUDIUS TIMARCHUS, de l'île de Crète, est mis en jugement pour outrages envers le sénat, *Ann.*, XV, 20.

CLAUDIUS VICTOR, neveu de Civilis, reçoit de celui-ci l'ordre de marcher contre Dillius Vocula et son armée, *Hist.*, IV, 33.

CLAUSUS. *Voyez* ATTUS CLAUSUS.

CLAVARIUM, don fait aux soldats pour acheter les clous des caliga, *Hist.*, III, 50.

CLEMENS. *Voyez* ARRETINUS, SALIENUS, SUEDIUS.

CLEMENS, esclave de Postumus

Agrippa, est sur le point, à la mort d'Auguste, de jeter la république dans les discordes et les guerres civiles, *Ann.*, ii, 39, 40. — Tibère le fait égorger dans une partie inconnue du palais, *ibid.*

Clemens (Julius). Les légions révoltées de la Pannonie retiennent ce centurion qui leur semble propre à faire connaître leurs volontés, *Ann.*, i, 23. — Il transmet à Drusus les demandes qu'il est chargé de faire, 26.

Cleonicus, affranchi de Sénèque, est chargé par Néron de donner du poison à son maître, *Ann.*, xv, 45.

Cléopatre, concubine de Claude, de concert avec Calpurnie sa compagne, découvre au prince le mariage de Messaline avec C. Silius, *Ann.*, xi, 30.

Cléopatre, reine d'Égypte, *Hist.*, v, 9.

Clites, nation sujette d'Archelaüs de Cappadoce, se retirent sur les hauteurs du mont Taurus, *Ann.*, vi, 41. — Se soulèvent ayant Trosoboris à leur tête, xii, 55.

Clodius (Publius) exigeait des sommes énormes pour plaider, *Ann.*, xi, 7.

Clodius Macer, gouverneur d'Afrique, est poussé à la révolte par Galvia Crispinilla, *Hist.*, i, 73. — Fait des levées dans cette province, ii, 97. — Est mis à mort par Trebonius Garucianus, procurateur, sur l'ordre de Galba, i, 7, 11, 37. — L. Pison fait périr un des complices de son assassinat, iv, 49.

Clodius Quirinalis, préfet des galères stationnées à Ravenne, convaincu d'avoir, par ses débauches et ses cruautés, affligé l'Italie comme la dernière des nations, prévient sa condamnation par le poison, *Ann.*, xiii, 30.

Cluvidienus Quietus est relégué par Néron aux îles de la mer Égée, *Ann.*, xv, 71.

Cluvius, historien, *Ann.*, xiii, 20; xiv, 2.

Cluvius, primipilaire, père d'Helvidius Priscus, *Hist.*, iv, 5.

Cluvius Rufus (Marcus), gouverneur d'Espagne, *Hist.*, i, 8. — Est remercié par un édit du serment que sa province a prêté à Othon, 76. — Alarmé du dessein formé par Albinus d'envahir l'Espagne, fait des préparatifs pour s'y opposer, ii, 58. — Vitellius l'attache à sa suite, tout en lui laissant le gouvernement de cette province, 65; iv, 39. — Est témoin d'un traité conclu, entre Vitellius et Flavius Sabinus, dans le temple d'Apollon, iii, 65. — Helvidius fait son éloge devant le sénat, iv, 43.

Clypeus. *Voyez* Bouclier.

Cocceianus. *Voyez* Salvius Cocceianus.

Cocceius Nerva. *Voyez* Nerva.

Cocceius Proculus, soldat de la garde, reçoit d'Othon tout un champ pour lequel s'élevaient des contestations de limites, et que celui-ci avait acheté de ses deniers, *Hist.*, i, 24.

Codicilles (*Codicilli*), pris dans les acceptions suivantes : Lettre, *Ann.*, i, 6; iii, 16; iv, 39; vi, 9; xvi, 24. — Lettres de prince, xiii, 20; *Agr.*, 40; *Orat.*, 7. — Tablettes nuptiales, *Ann.*, xi, 34. — Nom donné par Fabricius Veienton à des libelles diffamatoires qu'il avait composés contre les sénateurs et les pontifes, xiv, 50.

Cogidunus, roi de la Bretagne sous l'administration d'Ostorius Scapula, *Agr.*, 14.

Cohortes des alliés, *Ann.*, ii, 16; xii, 31; xiv, 26; xv, 9; *Hist.*, v, 1. — Auxiliaires, *Ann.*, i, 51; iii, 21; xii, 39; xiii, 36, 37; xiv, 38; *Hist.*, i, 54, 59; ii, 11, 24; iii, 15, 21; iv, 70; v, 15. — De Bataves, i, 59; ii, 27, 66, 69; iv, 12, 15, 16, 19, 20, 21, 24; *Agr.*, 36. — De Belges, *Hist.*, iv, 20. — Du Bosphore, *Ann.*, xii, 16. — Britanniques, *Hist.*, i, 43, 70. — De Canninéfates, iv, 16, 19. — De Chauques, 79. — Des Flaviens, iii, 50, 84. — De Frisons, iv, 79. — De Gascons, 33. — De Gaulois, *Ann.*, ii, 17; iii, 45; *Hist.*, i, 70; ii, 68; iv, 17. — De Germains, ii, 32; iii, 69; iv, 22. — Légères, *Ann.*, i, 51; ii, 52; iii, 39; iv, 25, 73; xii, 31, 39; *Hist.*, iii, 2, 77; v, 11. — Légionnaires, *Ann.*, ii, 80; xii, 38. — De Liguriens, *Hist.*, ii, 14. — De Lusitaniens, i, 70. — De Nerviens, iv, 33. — De Nuit, iii, 64. — De Pannoniens, ii, 17. — Prétoriennes, *Ann.*, i, 7, 8, 17, 30; ii, 16, 20; iii, 2, 14; iv, 1, 5, 27; vi, 8; xi, 31; xii, 39, 42, 56; xiii, 15, 20, 48; xiv, 11; xv, 49, 60; xvi, 27; *Hist.*, i, 20, 43, 74; ii, 18, 21, 41, 93; iii, 40, 50. — Drusus est envoyé en Pannonie avec deux cohortes prétoriennes, *Ann.*, i, 24. — Sont réunies dans un seul camp, iv, 2. — Rome fournit à Othon cinq cohortes prétoriennes pour marcher contre Vitellius, *Hist.*, ii, 11. — Leur disposition au combat des Castors, 24. — Un corps considérable de cohortes prétoriennes suit Othon à Brixellum, 33. — Elles portent le corps de ce prince à ses funérailles, 49. — Deux cohortes prétoriennes prennent fait et cause pour la quatorzième légion prête à en venir à un combat terrible avec les cohortes bataves, 66. — Elles sont la terreur de Vitellius, 67. — Ce prince fait occuper l'Apennin par quatorze cohortes prétoriennes, iii, 55. (*Voyez*

Prétoriens.) — De Rhétiens, *Ann.*, II, 17; *Hist.*, I, 68. — Romaines, *Ann.*, XV, 5; *Hist.*, IV, 15, 18, 27, 50; *Agr.*, 37. — De Sicambres, *Ann.*, IV, 67. — Subsidiaires, I, 63. — Des Suniques, *Hist.*, IV, 66. — De Thraces, I, 68. — En toges, 38. — De Tongres, II, 14, 15; IV, 16; *Agr.*, 36. — Des Ubiens, *Hist.*, IV, 28. — Urbaines, *Ann.*, IV, 5; VI, 9; XIII, 21, 27; *Hist.*, I, 20, 24, 28, 74, 87; II, 93; III, 57, 64. — D'Usipiens, *Agr.*, 28. — De Vindéliciens, *Ann.*, II, 17. — De Vitellius, *Hist.*, II, 61, 89; III, 6, 58, 61, 62, 78, 85.

Coin, ordre de bataille, *Ann.*, XIV, 37; *Hist.*, II, 42; III, 29; IV, 16, 20; V, 16; *Germ.*, 6.

Colchide, contrée de l'Asie, *Ann.*, VI, 34.

Collega. *Voyez* Pompeius Collega.

Collier, récompense militaire, *Ann.*, III, 21; *Hist.*, II, 89.

Colline (Porte), nom d'une porte de Rome, située au pied de la colline Quirinale, *Hist.*, III, 82.

Cologne, cité des Ubiens, *Ann.*, I, 37, 56, 57, 71; XII, 27; *Hist.*, IV, 20. — Séparée par le Rhin de la nation des Tenctères, 64. — Affligée d'un fléau imprévu : des feux sortis de terre dévorent les métairies, les campagnes, les bourgs, et se portent jusqu'aux murailles mêmes de la colonie, *Ann.*, XIII, 57. — Vitellius, étant à table, y apprend que les quatrième et dix-huitième légions ont abattu les images de Galba, et prêté serment au sénat et au peuple romain, *Hist.*, I, 56. — Fabius Valens y salue Vitellius empereur, 57. — L'armée commandée par Hordeonius Flaccus, se met en marche de Bonn pour Cologne, IV, 25. — Les principaux chefs du complot de Civilis s'y réunissent, 55. — Vocula y descend, 56. — Julius Tutor l'investit, et lui fait prêter serment à l'empire des Gaules, 59. — Civilis et Classicus hésitent s'ils ne permettront pas à leurs armées le pillage de cette ville, 63. — Elle est épargnée, *ibid.* — Les Tenctères y envoient des députés, 64. — Sa réponse aux Tenctères, 65.

Colonies, siège de la tyrannie, *Agr.*, 16. — Pouzzoles obtient de Néron les droits et le surnom de colonie, *Ann.*, XIV, 27. — Légions entières réunies pour former des colonies, *ibid.* — *Voyez* Aquinum, Camulodunum, Capoue, Cologne, Crémone, Fréjus, Lyon, Nucérie, Ostie, Sienne, Trèves, Turin, Vienne.

Colophon (*Belverdere*), ville de Lydie, *Ann.*, II, 54.

Combat naval donné par Claude sur le lac Fucin, à

l'imitation de celui qu'avait donné Auguste lorsqu'il fit creuser un bassin en deçà du Tibre, *Ann.*, xii, 56.

COMÈTE, présage, suivant l'opinion du vulgaire, d'un prochain changement de souverain, apparaît, *Ann.*, xiv, 22; xv, 47.

COMICES, pour la première fois transférés du Champ-de-Mars au sénat, *Ann.*, i, 15. — Comices consulaires sous Tibère, 81. — On propose d'y élire les magistrats pour cinq ans, ii, 36. — Les comices des préteurs sont troublés par les excès de la brigue, xiv, 28. — Abus des adoptions simulées lors des comices, xv, 19. — Dans les comices consulaires, Vitellius sollicite pour ses candidats comme un simple particulier, *Hist.*, ii, 91. — Vitellius assemble en hâte les comices, et y désigne les consuls pour beaucoup d'années, iii, 55. — Brigues des comices, *Orat.*, 37. — Comices de l'empire, *Hist.*, i, 14.

COMINIUS (Caïus), chevalier romain, convaincu d'avoir fait des vers outrageans contre Tibère, en obtient sa grâce, *Ann.*, iv, 31.

COMMAGÈNE (*Azar*), contrée de Syrie, *Ann.*, ii, 42, 56. — Corbulon la traverse pour se rendre en Arménie, xv, 12.

COMMENTAIRES (Mémoires) d'Agrippine, *Ann.*, iv, 53. —

(Actes du sénat), xv, 74. — (Pièces d'un procès), vi, 47. — (Tablettes des princes), xiii, 43; *Hist.*, iv, 40.

CONCORDE. On lui décrète des offrandes à l'occasion du jugement de Libon, *Ann.*, ii, 32. — Vitellius va déposer dans son temple les marques du pouvoir impérial, *Hist.*, iii, 68.

CONCUSSION. Accusation de concussion, *Ann.*, i, 72. — Crime de concussion, iii, 33; iv, 19. — Condamnés pour concussion : Antonius Flamma, *Hist.*, iv, 45; Cadius Rufus, *Ann.*, xii, 22; Césius Cordus, iii, 70; Cossutianus Capiton, xiii, 33; Tarquitius Priscus, xiv, 46; Vibius Secundus, 28; Vipsanius Lenas, xiii, 30. — Absous de ce crime : Cestius Proculus, *ibid.* — Statilius Taurus, accusé à faux de concussion, se donne la mort, xii, 59.

CONFARRÉATION (Mariage par), *Ann.*, iv, 16.

CONGIARIUM, gratification faite au peuple romain, et qui, dans l'origine, consistait en un conge de vin ou d'huile, *Ann.*, iii, 29; xii, 41; xiii, 31; xiv, 11; *Orat.*, 17.

CONJURATION contre Caligula, *Ann.*, xvi, 17. — Contre Néron, en faveur de C. Pison, xv, 48 et *suiv.* — Contre Galba, en faveur d'Othon, *Hist.*, i, 27.

CONSERVATEUR, surnom pris par l'affranchi Milichus, *Ann.*, xv, 71. — Surnom de Jupiter, *Hist.*, iii, 74.

CONSIDIUS, ancien préteur, fait un crime à Pomponius Secundus d'avoir été l'ami d'Élius Gallus, *Ann.*, v, 8.

CONSIDIUS ÆQUUS, chevalier romain, pour avoir faussement accusé de lèse-majesté le préteur Magius Cécilianus, est puni, à la réquisition de Drusus, par décret du sénat, *Ann.*, iii, 37.

CONSIDIUS PROCULUS, accusé de lèse-majesté par Q. Pomponius, est aussitôt égorgé que jugé, *Ann.*, vi, 18. — On interdit le feu et l'eau à Sancia, sa sœur, *ibid*.

CONSUL DÉSIGNÉ, donne le premier son opinion, *Ann.*, iii, 22, 49; iv, 42; xi, 5; xii, 9; xiv, 48; xv, 74; *Hist.*, iv, 4, 6, 8, 9.

CONSULAIRES (Ornemens) décernés à Antonius Primus, *Hist.*, iv, 4; à F. Aurelius, 79; à J. Cilon, *Ann.*, xii, 21; à Corbulon, xi, 20; à Crispinus, xvi, 17; à Curtius Rufus, xi, 20; à Numisius Lupus, *Hist.*, i, 79; à J. Titius, *ibid*. — Néron les demande au sénat pour Asconius Labéon, *Ann.*, xiii, 10. — Ce même prince les donne à Nymphidius, xv, 72. — Au passage de l'Euphrate par Césennius Pétus,

le cheval qui portait les ornemens consulaires, revient épouvanté, sans nulle cause apparente, 17.

CONSULAT. Dans l'origine, une extrême jeunesse n'était point un motif pour ne pas l'obtenir, *Ann.*, xi, 22. — Est décerné à Néron d'année en année, xiii, 41. — Personnages nommés à ces fonctions pour un seul jour, *Hist.*, iii, 37.

CONSULS, doivent leur création à L. Brutus, *Ann.*, i, 1. — Leurs noms sont inscrits pour marquer les époques, iii, 57. — Ont des places distinguées dans le sénat, iv, 8. — Leur tribunal dans ce palais, xvi, 30. — Leur hésitation après la lettre d'accusation de Tibère contre Agrippine et Néron, v, 3. — Vitellius assemble les comices et y désigne les consuls pour beaucoup d'années, *Hist.*, iii, 55.

CONSUS, dieu du conseil. Son autel, *Ann.*, xii, 24.

CONTAGION qui désole l'Italie en 819, *Ann.*, xvi, 13.

CORBULON (Domitius), ancien préteur, porte plainte devant le sénat contre L. Sylla, *Ann.*, iii, 31. — Se charge de faire réparer les routes d'Italie, *ibid*. — Gouverneur de la Basse-Germanie, il déploie là plus grande activité contre Gannascus et le met en fuite, xi, 18. — Sa sévérité envers les soldats, *ibid.* — Prescrit des limites aux Frisons, auxquels il donne un sénat, des magistrats, des lois, 19. — Envoie des émissaires vers les principaux Chauques pour les engager à se rendre, et en même temps tramer la ruine de Gannascus, *ibid.* — Sa conduite, applaudie généralement à Rome, est blâmée par quelques-uns, *ibid.* — Claude lui ayant ordonné de reporter les garnisons romaines en deçà du Rhin, il donne le signal de la retraite, 20. — Pour que le soldat ne s'abandonne pas à l'oisiveté, il fait creuser entre la Meuse et le Rhin un canal de vingt-trois milles, afin de parer aux caprices de l'Océan, *ibid.* — Claude veut qu'il reçoive les ornemens du triomphe, quoiqu'il lui ait interdit de continuer la guerre, *ibid.* — Choisi par Néron pour conserver l'Arménie aux Romains, xiii, 8; *Hist.*, iii, 24. — La discorde se met entre lui et Ummidius Quadratus, *Ann.*, xiii, 9. — Corbulon croit qu'il est de la grandeur du peuple romain de recouvrer des pays conquis jadis par Lucullus et par Pompée, 34. — Arrius Varus, dans des entretiens secrets avec Néron, fait un crime à Corbulon de ses vertus, *Hist.*, iii, 6. — Celui-ci rétablit la discipline parmi les soldats, *Ann.*, xiii, 35. — Réprimande Pactius Orphitus d'avoir combattu malgré ses instructions, 36. — Cherche long-temps et vainement à combattre Vologèse, 37. — Convient avec Tiridate d'une entrevue, à laquelle ce dernier ne se présente qu'au déclin du jour et à une distance où l'on pouvait plutôt le voir que l'entendre, 38. — Pour ne point traîner la guerre en longueur, et pour forcer les Arméniens à se défendre, prend la résolution de raser entièrement tous leurs forts, 39. — Marche sur Artaxata, 40. — Cette ville lui ouvre ses portes; mais, dans l'impossibilité d'y laisser assez de troupes pour la contenir, il la rase au niveau du sol, 41. — Profitant de la terreur qu'il vient d'inspirer, marche sur Tigranocerte, xiv, 23. — Attaqué par les Mardes, en passant sur leurs confins, il les repousse et envoie les Ibériens dévaster leur pays, *ibid.* — Évite un péril imprévu, 24. — Des députés envoyés de Tigranocerte lui annoncent que les portes sont ouvertes, et lui offrent, en témoignage d'hospitalité, une couronne d'or, *ibid.* — Donne une escorte aux députés des Hyrcaniens, pour retourner sur leur territoire, 25. — S'assure la possession de l'Arménie, puis se retire dans la Syrie, 26. — On répand le faux bruit que Rubellius

Plautus l'avait sollicité d'agir en sa faveur, 58. — Vologèse apprend ses succès, xv, 1. — Corbulon envoie deux légions avec Verulanus Severus et Vettius Bolanus pour soutenir Tigrane, 3. — Organise la défense de la Syrie, 4. — Envoie des députés à Vologèse, 5. — Partage le commandement des troupes avec Pétus, envoyé particulièrement pour défendre l'Arménie, 6. — Chacun de ces deux chefs critique les actions de l'autre, *ibid.* — Corbulon fortifie les rives de l'Euphrate, et jette un pont sur ce fleuve, 9. — Pétus lui avoue ses dangers pressans, 10, 11. — Corbulon se rend en Arménie, où il arrête la fuite des soldats de Pétus, 12. — Rencontre ce dernier sur les bords de l'Euphrate, 16. — Court entretien des deux généraux, 17. — Concessions réciproques entre Corbulon et Vologèse, *ibid.* — Corbulon est chargé de présider à l'expédition contre les Parthes, 25. — Choisit les troupes avec lesquelles il se dispose à entrer en campagne, et fait les lustrations accoutumées, 26. — S'avance par le chemin jadis frayé par L. Lucullus, 27. — Des ambassadeurs de Tiridate et de Vologèse viennent lui proposer la paix, *ibid.* — Corbulon chasse de leurs résidences les gouverneurs arméniens, qui les premiers avaient trahi la cause des Romains, *ibid.* — Tiridate lui propose une entrevue qu'il accepte, 28. — Résultat de cette conférence, 29. — Il pénètre Tiridate d'admiration en lui expliquant les usages pratiqués dans les camps romains, 30. — Vologèse lui fait demander qu'on épargne à Tiridate toute image de servitude, — Corbulon est égorgé, *Hist.*, II, 76.

Cordus (Julius) fait prêter serment à Othon en Aquitaine, *Hist.*, I, 76.

Corinthe (*Corito*), ville de l'Achaïe, *Ann.*, v, 1; *Hist.*, II, 1.

Corma, fleuve de l'Afrique occidentale, *Ann.*, XII, 14.

Cornelia, de la famille des Cossus, est nommée vestale à la place de Lélia, morte, *Ann.*, xv, 22.

Cornelia, mère des Gracques, préside elle-même à l'éducation de ses fils, *Orat.*, 28.

Cornelia (Loi), sur les assassins, *Ann.*, XIII, 44. — Sur les faux, XIV, 40.

Cornélie, vestale, admise à la place de Scantia, est gratifiée de deux millions de sesterces, *Ann.*, IV, 16.

Cornelius. *Voyez* Aquinus, Balbus, Cethegus.

Cornelius, chargé de poursuivre Scaurus, l'accuse seulement d'adultère avec Livie, et de consultations de magiciens, *Ann.*, VI, 29. — Se voit interdire l'eau et le feu, et reléguer dans une île, 30.

CORNELIUS (Caïus) défendu par Cicéron, dans une accusation de concussion, *Orat.*, 39.

CORNELIUS (Lentulus Cossus), consul en 778 avec Asinius Agrippa, *Ann.*, IV, 34.

CORNELIUS (Lentulus Cossus), probablement fils du précédent, collègue de Néron au consulat, en 813, *Ann.*, XIV, 20.

CORNELIUS (Marcellus), sénateur, enveloppé dans l'accusation dirigée contre Lepida et Julius Silanus, détourne sa condamnation par un appel au prince, *Ann.*, XVI, 8. — Othon reproche à Galba de l'avoir fait assassiner en Espagne, *Hist.*, I, 37.

CORNELIUS DOLABELLA, sénateur, poussant l'adulation jusqu'à l'absurdité, propose de décerner les honneurs de l'ovation à Tibère lorsqu'il reviendrait de la Campanie dans Rome, *Ann.*, III, 47. — Au procès de C. Silanus, voulant pousser l'adulation plus loin que ceux qui avaient voté avant lui, demande que nulle personne d'une vie reprochable et couverte d'infamie ne puisse obtenir de gouvernement; que le prince en jugerait, 68.

CORNELIUS DOLABELLA, qu'un nom ancien et que sa parenté avec Galba mettaient en évidence, est confiné par Othon dans la colonie d'Aquinum, *Hist.*, I, 88. — Apprenant la mort de ce dernier, rentre dans Rome, II, 63. — Dénoncé par Plancius Varus, l'un de ses intimes amis, il est tué par l'ordre de Vitellius, 64.

CORNELIUS FLACCUS, lieutenant, est envoyé par Corbulon pour raser les places fortes des Arméniens, *Ann.*, XIII, 39.

CORNELIUS FUSCUS, procurateur de Pannonie, *Hist.*, II, 86. — Son influence, III, 4. — Accourt en toute hâte prendre le commandement de la flotte de Ravenne, III, 12. — Fait le siège d'Ariminum, 42. — On lui défère les insignes de la préture, IV, 4.

CORNELIUS LACON, préfet du prétoire, le plus lâche des hommes, *Hist.*, I, 6. — Son obstination, 26. — Partage avec Vinius et Icelus l'autorité souveraine, 13. — Persuade à Galba d'adopter Pison Licinianus, son ami, 14. — On veut l'envoyer auprès de l'armée germanique révoltée, mais il déjoue ce projet, 19. — Repousse les indices de la révolte d'Othon, venues jusqu'aux oreilles de Galba, 26. — Accable Vinius de menaces, 33. — Projette de le faire périr à l'insu de

Galba, 39. — On feint de l'exiler dans une île; il est poignardé par un vétéran, qu'Othon avait envoyé d'avance pour le tuer, 46.

CORNELIUS LUPUS, accusé par P. Suilius, sous Claude, et condamné à mort, *Ann.*, XIII, 43.

CORNELIUS MARTIALIS est dépouillé du tribunat, non parce qu'il haïssait Néron, mais parce qu'il passait pour le haïr, *Ann.*, XV, 71.

CORNELIUS MARTIALIS, primipilaire, est envoyé par Flavius Sabinus vers Vitellius, avec ordre de se plaindre des infractions de leurs traités, *Hist.*, III, 70. — Est massacré par les Vitelliens, 73.

CORNELIUS MERULA, flamine de Jupiter, n'est pas remplacé pendant soixante-dix années, *Ann.*, III, 58.

CORNELIUS ORPHITUS (Servius), consul en 804 avec Ti. Claudius, *Ann.*, XII, 41. — Propose de changer les noms des mois de mai et juin en ceux de Claudius et de Germanicus, XVI, 12. — Il est victime des délations d'Aquilius Regulus, *Hist.*, IV, 42.

CORNELIUS PRIMUS, client de Vespasien, donne asile à Domitien, *Hist.*, III, 74.

CORNELIUS SCIPION. *Voyez* SCIPION.

CORNELIUS SCIPION (Publius), consul avec Tib. Sempronius en 536, année de la fondation de Crémone, *Hist.*, III, 34.

CORNELIUS SYLLA est chassé du sénat par Tibère, *Ann.*, II, 48.

CORNELIUS SYLLA, gendre de Claude par son mariage avec Antonia, *Ann.*, XIII, 23. — Faussement accusé auprès de Néron de lui avoir tendu des embûches, il reçoit l'ordre de quitter sa patrie, et de ne pas sortir de l'enceinte de Marseille, 47. — Est assassiné dans cette ville, et sa tête est rapportée à Néron, qui s'en raille, en remarquant la blancheur prématurée des cheveux, XIV, 57. — Néron, sans avouer le meurtre de Sylla, le dénonce, comme un esprit turbulent, au sénat, qui prononce son expulsion de son sein, 59.

CORNUTUS. *Voyez* CÉCILIUS.

CORSE, île de la Méditerranée, est presque victime de la témérité du procurateur Decimus Pacarius, *Hist.*, II, 16.

CORUNCANIUS (les), originaires de Camerium, *Ann.*, XI, 24.

CORVINUS (Marcus Messala), orateur célèbre, *Ann.*, III, 34. — Parvient aux plus hauts honneurs par une vie aussi pure que son éloquence, XI, 6. — Est chargé par Auguste de contenir les esclaves et ces esprits audacieux et turbulens que la force seule peut réprimer, VI, 11. — Collègue de ce dernier au consulat en

723, XIII, 34. — Son désintéressement, XI, 7. — Comparé à Cicéron, *Orat.*, 18. — Jusqu'à quel point la force de son âme et de son génie a secondé son jugement, 21. — Il prolongea son existence jusqu'au milieu du règne d'Auguste, 17.

CORCYRE, île située vis-à-vis des côtes de la Calabre, *Ann.*, III, 1.

Cos (*Stanco*), île de la mer Égée. Cn. Pison y apprend la mort de Germanicus, *Ann.*, II, 75. — Demande pour son temple d'Esculape la confirmation d'un ancien droit d'asile, IV, 14. — Claude propose de l'exempter de tributs, XII, 61.

COSA (*monte Argentaro*), promontoire d'Étrurie *Ann.*, II, 39.

COSSUTIANUS CAPITON, accusé de concussion, *Ann.*, XI, 6. — Condamné pour ce crime, XIII, 33. — Recouvre le rang de sénateur, à la prière de Tigellinus, son beau-père, XIV, 48. — Accuse Antistius de lèse-majesté, *ibid.* — Mella lui lègue de grandes sommes, XVI, 17. — Ennemi de Thrasea, accuse ce dernier, 21, 22, 28. — Reçoit cinq millions de sesterces en récompense de sa délation, 33.

Cossus (Famille des), *Ann.*, XV, 22.

COSTA. *Voyez* PEDANIUS COSTA.

COTTA. *Voyez* AURELIUS COTTA.

COTTA (Lucius), accusé par Scipion l'Africain, *Ann.*, III, 66.

COTTA MESSALINUS, sénateur, issu d'aïeux illustres, *Ann.*, IV, 20. — Opine dans le procès de Libon, pour que l'image de ce dernier ne soit jamais portée aux funérailles de ses descendans, II, 32. — Fait régler, par un sénatus-consulte, que les gouverneurs seront punis, sur les accusations des provinces, des désordres de leurs épouses, comme s'ils en étaient les propres auteurs, IV, 20. — Opine avec une rigueur atroce contre Agrippine et son fils, V, 3. — Harcelé de nombreuses accusations, en appelle à Tibère qui prend sa défense, VI, 5. — Grand-oncle de Lollia, XII, 22.

COTTIENNES (Alpes), *Hist.*, I, 61; IV, 68. — Les passages en sont tenus fermés aux soldats d'Othon par les troupes de Vitellius, I, 87.

COTYS, fils de Rhémétalcès et neveu de Rhescuporis, partage avec ce dernier les états de Thrace laissés sans souverain par la mort de son père, *Ann.*, II, 64. — Son caractère, *ibid.* — Rhescuporis s'empare de ce qui lui avait été cédé, *ibid.* — Il reçoit l'ordre de Tibère de ne pas vider par les armes ses débats avec Rhescuporis, 65. — Est attiré par son oncle à un festin, et est chargé de chaînes, *ibid.* — Rhescuporis prétexte auprès de Tibère que des embûches lui avaient été tendues par Cotys, *ibid.*— Celui-ci est égorgé par les ordres de son oncle, qui soutient qu'il s'est donné volontairement la mort, 66 ; III, 38. — Son épouse accuse Rhescuporis devant le sénat romain, II, 67. — Ses enfans sont mis en possession d'une partie de la Thrace, *ibid.*; III, 38 ; IV, 5. — Trebellienus Rufus leur est donné pour tuteur, II, 67.

COTYS, roi de l'Arménie Mineure, *Ann.*, XI, 9. — Laissé dans son nouveau royaume avec quelques cohortes commandées par Julius Aquila, et craignant l'invasion du Bosphore par Mithridate, il envoie des députés à Eunone, XII, 15. — Mithridate n'ayant plus d'espoir dans les armes, n'ose se confier à sa générosité, 18.

COURONNE, don militaire, *Ann.*, II, 9. — Couronne civique, III, 21 ; XII, 31 ; XV, 12 ; XVI, 15. — Couronne de chêne, II, 83. — Couronne d'or, don d'hospitalité, II, 57 ; XIV, 24.

COURTISANE. Ce métier est interdit aux femmes qui auraient eu pour aïeul, pour père ou pour mari, un chevalier romain, *Ann.*, II, 85.

COVINARIUS, soldat qui combat sur un chariot armé de faux, *Agr.*, 35, 36.

CRASSUS (Maison des), *Hist.*, II, 72. — Regulus cause sa ruine, IV, 52.

CRASSUS (Lucius Licinius), orateur, plus poli et plus orné que Gracchus, *Orat.*, 18. — Sa maturité est préférable aux ornemens coquets de Mécène et aux glapissemens de Gallion, 26. — Agé seulement de dix-neuf ans, il accuse C. Carbon, 34. — Censeur, donne l'ordre aux rhéteurs de fermer leur école d'impudence, 35.

CRASSUS (Marcus Licinius), un des ancêtres de Pison Licinianus, *Hist.*, I, 15. — Est égorgé par les Parthes, *Ann.*, II, 2 ; *Germ.*, 37. — Sa puissance passe promptement à César, *Ann.*, I, 1. — Dut son pouvoir non-seulement à la force et aux armes, mais à son génie et à son éloquence, *Orat.*, 37.

CRASSUS (Marcus Licinius), père de Pison Licinianus, *Hist.*, I, 14.

CRASSUS (Marcus Licinius), fils du précédent, frère de Pison, tué par ordre de Néron, *Hist.*, I, 48.

CRASSUS SCRIBONIANUS, frère du précédent et de Pison, donne la sépulture à Pison Licinianus et paie sa tête aux assassins qui l'avaient conservée pour la vendre, *Hist.*, I, 47. — Antonius Primus l'avait exhorté, dit-on, à saisir le gouvernement de la république, **iv**, 39.

Crédit, se conserve plus sûrement par l'adresse, que par les moyens violens, *Ann.*, **xi**, 29.

Crémère (*Bagano*), petite rivière d'Étrurie, célèbre par le désastre éprouvé sur ses bords, *Hist.*, **ii**, 91.

Crémone, ville de la Gaule Cisalpine, *Hist.*, **ii**, 17, 24, 100; **iii**, 15, 17, 22, 40, 41, 46, 49, 53, 54, 60; **iv**, 2, 31, 51, 72. — Cécina, honteux d'avoir entrepris témérairement le siège de Placentia, repasse le Pô et gagne Crémone, **ii**, 22, 23. — La treizième légion y construit un amphithéâtre, 67; **iii**, 32. — Cécina y donne un spectacle de gladiateurs auquel assiste Vitellius, **ii**, 70. — Le même chef fait occuper cette ville, **iii**, 14. — Vipstanus Messala arrive sous ses murs, 18. — L'armée flavienne demande qu'on s'en empare, 19. — Des cavaliers qui s'avancent jusque sous les murs de cette ville, apprennent l'arrivée de l'armée vitellienne, 21.—Les Flaviens font le siège de Crémone, 26-31. — Elle est incendiée, 32. — Pillée et saccagée, 33. — Antonius défend à ses soldats de retenir aucun de ses habitans captifs, l'Italie s'accordant à rejeter tout achat de semblables prisonniers, 34. —Vespasien reçoit en Égypte la nouvelle du combat de Crémone, 48.—Époque de sa fondation, 34. — Vespasien encourage la reconstruction de cette ville, *ibid*.

Cremutius Cordus, dans les Annales qu'il publie, loue Marcus Brutus et nomme Cassius le dernier des Romains, *Ann.*, **iv**, 34. — Est accusé pour ces paroles, *ibid*. — Meurt en se privant de nourriture, 35. — Les sénateurs décrètent que ses ouvrages seront brûlés par les édiles; mais ils ont survécu, 35.

Crepereius Gallus, compagnon de voyage d'Agrippine sur le vaisseau préparé pour la perte de celle-ci, y trouve la mort, *Ann.*, **xiv**, 5.

Crescens, affranchi de Néron, offre un banquet à la multitude en réjouissance de l'avènement d'Othon, *Hist.*, **i**, 76.

Crescens. *Voyez* Tarquitius Crescens.

Crète (*Candie*), île de la Méditerranée, *Ann.*, **iv**, 21; **xv**, 20. — Patrie prétendue des Juifs, *Hist.*, **v**, 2. — Administrée par Césius Cordus, *Ann.*, **iii**, 38. — Envoie des députés à Rome pour réclamer le droit d'asile pour une statue d'Auguste, 63. — Son manque d'orateurs attribué à sa discipline et à la sévérité de ses lois, *Orat.*, 40.

CRETICUS SILANUS. *Voyez* JUNIUS SILANUS CRETICUS.

CRÉTOIS reçoivent leurs lois de Minos, *Ann.*, III, 26.

CRISPINA, fille de T. Vinius, donne la sépulture à son père, dont elle paye la tête à ses assassins, qui l'avaient conservée pour la vendre, *Hist.*, I, 47.

CRISPINILLA. *Voyez* GALVIA CRISPINILLA.

CRISPINUS, centurion, meurtrier de Fonteius Capiton, est offert comme victime expiatoire aux soldats de Vitellius, *Hist.*, I, 58.

CRISPINUS (Cépion). *Voyez* CÉPION CRISPINUS.

CRISPINUS (Rufius), chevalier romain de sang sénatorial, préfet du prétoire, est chargé par Claude de diriger un corps de troupes destiné à combattre ceux des compatriotes de Valerius Asiaticus qui se soulèveraient en faveur de ce dernier, *Ann.*, XI, 1. — Quinze cent mille sesterces et les honneurs de la préture lui sont accordés, 4. — Agrippine lui fait enlever le commandement des cohortes prétoriennes, XII, 42. — Premier mari de Poppée dont il eut un fils, XIII, 45. — Est banni à l'occasion de la conjuration contre Néron, XV, 71. — Reçoit l'ordre de mourir et se tue lui-même, XVI, 17.

CRISPINUS (Varius), tribun de cohorte prétorienne, remet les armes à la dix-septième cohorte, qui, sur l'ordre d'Othon, se rend d'Ostie à Rome, *Hist.*, I, 80.

CRISPUS. *Voyez* VIBIUS CRISPUS.

CROIX (Supplice de la) est infligé à des Romains par les Bretons, *Ann.*, XIV, 33. — Néron fait clouer des chrétiens à des croix, XV, 44.

CRUPPELLAIRES, esclaves destinés aux combats de gladiateurs, et qui étaient entièrement couverts de fer, *Ann.*, III, 43.

CRUPTORIX, Frison, auxiliaire des Romains, *Ann.*, IV, 73.

CTÉSIPHON (*Soliman-Pack*), siège de l'empire des Parthes, *Ann.*, VI, 42. — Tiridate y ceint le bandeau royal, suivant l'usage du pays, *ibid.*

CUMANUS. *Voyez* VENTIDIUS CUMANUS.

CUMES, ville de Campanie, sur les bords de la mer, *Ann.*, XV, 46.

CURIATA (Loi), *Ann.*, XI, 22; *Hist.*, I, 15.

CURIATIUS MATERNUS, poète, un des interlocuteurs du Dialogue des Orateurs, *Orat.*, 2, 3, 4, 5, 9, 10, 11, 14, 15, 16, 23, 24, 25, 27, 28, 33, 42.

CURIE, *Ann.*, I, 7; III, 36; V, 4; *Agr.*, 45. — Les anciennes Curies, *Ann.*, XII, 24.

Curion (Caïus) exigeait des sommes énormes pour plaider, *Ann.*, xi, 7.

Curions (les) consacrèrent beaucoup de travail et de soins à l'étude de l'éloquence, *Orat.*, 37.

Curtilius Mancia, lieutenant de l'armée supérieure, passe le Rhin et fait des démonstrations armées dans le but d'effrayer les Ansibariens et leurs alliés, *Ann.*, xiii, 56.

Curtisius (Titus), jadis soldat de cohorte prétorienne, pousse les esclaves à la révolte, *Ann.*, iv, 27. — Est amené à Rome par le tribun Staïus, *ibid.*

Curtius (Lac), gouffre près duquel Galba fut massacré, *Hist.*, i, 41; ii, 55, 88.

Curtius Atticus. *Voyez* Atticus.

Curtius Lupus, questeur préposé à l'administration des pâturages, prévient un soulèvement des esclaves, prêt à éclater, *Ann.*, iv, 27.

Curtius Montanus, accusé par Eprius Marcellus d'être l'auteur de poésies abominables, *Ann.*, xvi, 28. — Ses vers ne sont nullement injurieux, et l'on ne peut lui reprocher que d'avoir montré du génie, 29. — Est rendu à son père qui s'engage pour lui à renoncer aux charges publiques, 33. — Opine pour que la mémoire de Pison Licinianus soit honorée avec celle de Galba, *Hist.*, iv, 40. — Reproche à Aquilius Regulus d'avoir, après l'assassinat de Galba, donné de l'argent au meurtrier de Pison, et déchiré de ses dents la tête de ce dernier, 42. — Effet de son discours sur le sénat, 43.

Curtius Rufus. Son origine, *Ann.*, xi, 21. — Une figure de femme lui apparaît dans la ville d'Adrumète, et lui prédit le proconsulat d'Afrique, *ibid.* — Claude lui accorde les ornemens du triomphe, 20. — Réalisation de la prédiction qui lui avait été faite, 21. — Sa mort, *ibid.*

Curtius Severus, préfet de cavalerie, envoyé contre les Clites révoltés, est mis en déroute par ces derniers, *Ann.*, xii, 55.

Curule. *Voyez* Chaise curule, Édilité curule.

Custos, surnom de Jupiter, *Hist.*, iii, 74.

Cusus (le *Vag*), fleuve de la grande Germanie, *Ann.*, ii, 63.

Cyclades, îles de la mer Égée, *Ann.*, ii, 55; v, 10.

Cyclopes. Après les avoir tués, Apollon se retire dans le bois d'Ortygie pour se soustraire à la colère de Jupiter, *Ann.*, iii, 61.

Cymé (*Namourt*), ville d'Éolide, maltraitée par un tremblement de terre, *Ann.*, II, 47. — Exemptée par Tibère de tout tribut pendant cinq années, *ibid.*

CYNIQUES, secte de philosophes, *Ann.*, XVI, 34; *Hist.*, IV, 40.

CYPRE. *Voyez* CHYPRE.

CYPRÈS, dans les domaines de Vitellius, tombe tout à coup, et, le jour suivant, se relève et reverdit, *Hist.*, II, 78.

CYPRIOTES, réclament l'inviolabilité pour leurs temples de Vénus de Paphos, de Vénus d'Amathonte et de Jupiter Salaminien, *Ann.*, III, 62.

CYRÉNÉENS, accusent de concussion Césius Cordus, leur proconsul, *Ann.*, III, 70. — Accusent Pedius Blésus d'avoir pillé le trésor d'Esculape, et de s'être laissé corrompre dans les levées de troupes par l'argent et l'intrigue, XIV, 18. — Dénoncent comme coupable Acilius Strabon, qui avait exercé chez eux l'autorité de préteur, *ibid.* — Sur leur requête, Antonius Flamma est condamné à restitution, *Hist.*, IV, 45.

CYRRE (*Quers*), ville de Syrie, *Ann.*, II, 57.

CYRUS, roi de Perse, *Ann.*, VI, 31. — Consacre à Hiérocésarée un temple à Diane Persique, III, 62.

CYTHNOS (*Thermia*), île de la mer Égée, où C. Silanus est relégué, *Ann.*, III, 69. — Un faux Néron est jeté sur cette île par la violence d'une tempête, et y est mis à mort par l'ordre d'Asprenas, *Hist.*, II, 8, 9.

CYZIQUE. Les habitants de cette ville d'Asie sont dépouillés de leur liberté, *Ann.*, IV, 36.

D

DACES, nation limitrophe de la Germanie, *Germ.*, 1. — Illustrés par les revers des Romains et par leurs propres défaites, *Hist.*, I, 2. — S'arment contre les Romains, III, 46. — Le bruit se répand qu'ils tiennent les quartiers de Mésie et de Pannonie assiégés, IV, 54.

DACIE (*Valaquie, Transylvanie, Moldavie*), pays des Daces, *Agr.*, 41.

DAHES, peuple de la Scythie (du *Dahistan*), *Ann.*, II, 3; XI, 8, 10. — Artaban y est élevé, II, 3.

DALMATES servant comme soldats dans le parti de Vespasien, *Hist.*, III, 12, 50.

DALMATIE, province d'Illyrie, *Ann.*, II, 53; *Hist.*, II, 32. — Occupée par quatre légions, *Ann.*, IV, 5. — Tibère termine la guerre de cette province, VI, 37. — Furius Camillus Scribonianus y fomente des troubles, XII, 52. — Les légions de Dalmatie jurent obéissance à Othon, *Hist.*, I, 76. — S'avancent à ses ordres, II, 11. — Passent au parti de Vespasien, 86. — Mer de Dalmatie, *Ann.*, III, 9.

DANDARIDES. Mithridate met leur roi en déroute, *Ann.*, XII, 15.

DANDARIE, contrée de la Colchide, sur les frontières de la Scythie, *Ann.*, XII, 16.

DANUBE, fleuve de Germanie, *Ann.*, II, 63; XII, 29; *Germ.*, 28. — Prend sa source dans les hauteurs peu élevées du mont Abnoba, 1. — Sépare la Germanie de la Rhétie et de la Pannonie, 42. — Son cours, 41. — Se jette dans le Pont-Euxin par six embouchures : une septième se perd en des marais, 1. — Les peuplades qui cultivent les champs Décumates au-delà de ce fleuve ne sont point comptées parmi les Germains, 29. — Sa rive protégée par quatre légions, *Ann.*, IV, 5. — Vannius, chassé du trône des Suèves, s'embarque sur le Danube pour se rendre en Pannonie, XII, 30. — Les Daces sont maîtres des deux rives du Danube, *Hist.*, III, 46.

DARIUS, roi de Perse, *Ann.*, III, 63. — Combat contre Alexandre à Arbelle, XII, 13.

DAVARA, colline de l'Asie Mineure, dans le voisinage du mont Taurus, *Ann.*, VI, 41.

DÉCEMVIRS. But de leur création, *Ann.*, III, 27. — Leur autorité ne dure que deux années, I, 1.

DECIANUS. *Voyez* CATUS DECIANUS.

DECIDIANA. *Voyez* DOMITIA DECIDIANA.

DÉCIMER une armée, *Ann.*, XIV, 44; *Hist.*, I, 37; une légion, 51; une cohorte, *Ann.*, III, 21.

DECIMUS PACARIUS, procurateur de Corse, est sur le point de rendre cette île victime de sa témérité, *Hist.*, II, 16. — Est tué dans son bain, *ibid.*

DECIUS CALPURNIANUS, préfet des gardes nocturnes, est livré à la mort par ordre de Claude, *Ann.*, XI, 35.

DECIUS LE SAMNITE. Plaidoyers de César pour lui, *Orat.*, 21.

DECRIUS, commandant romain, succombe en combattant courageusement contre Tacfarinas, *Ann.*, III, 20.

DÉCUMANE (Porte) une des quatre principales du camp romain, *Ann.*, I, 66.

DÉCUMATES (Champs), *Germ.*, 29.

DÉCURIES, *Ann.*, XIII, 27. — Décuries de chevaliers, XIV, 20. — Leur élection, III, 30.

DÉCURIONS de cavalerie, *Ann.*, XIII, 40, *Hist.*, I, 70; II, 29.

DÉFAITES des Romains à Allia et à Cremère, *Hist.*, II, 91. — Aux fourches-Caudines et à

Numance, *Ann.*, XV, 13. — De Lollius et Varus, I, 10, 43, 55, 57, 60; II, 15, 35, 45; XII, 27. — A Bédriac, *Hist.*, II, 23, 44. — Défaites nombreuses, essuyées dans la longue lutte contre les Germains, avant leur soumission, *Germ.*, 37.

DEJOTARUS. Plaidoyers de Brutus pour lui, *Orat.*, 21.

DÉLOS. Les Éphésiens lui contestent l'honneur d'avoir vu naître Diane et Apollon, *Ann.*, III, 61.

DELPHES (*Castri*), ville de Phocide; célèbre par son oracle d'Apollon, *Ann.*, II, 54.

DÉMARATE de Corinthe, porte en Étrurie la connaissance de l'alphabet, *Ann.*, XI, 14.

DEMETRIUS, philosophe de la secte des cyniques, s'entretient avec Thrasea sur la nature de l'âme et sa séparation du corps, *Ann.*, XVI, 34. — Assiste aux derniers momens de celui-ci, 35. — Est désapprouvé d'avoir défendu P. Egnatius Celer, l'accusateur de Barea Soranus, plutôt par ambition que par honneur, *Hist.*, IV, 40.

DEMIANUS (Claudius), jeté pour ses crimes dans les prisons par L. Antistius Vetus, alors proconsul d'Asie, s'associe à Fortunatus, affranchi de ce dernier, pour l'accuser, *Ann.*, XVI, 10. — Est rendu à la liberté par Néron, pour prix de sa délation, *ibid.*

DÉMONAX, gouverneur d'Arménie, *Ann.*, XI, 9.

DÉMOSTHÈNE, le premier des orateurs antiques, *Orat.*, 12, 15, 25, 37. — Fut un des plus studieux élèves de Platon, 32. — Florissait du temps de Philippe et d'Alexandre, 16.

DENSUS (Sempronius), centurion de cohorte prétorienne, chargé par Galba d'escorter Pison, se présente aux coups destinés à ce dernier et facilite ainsi sa fuite, *Hist.*, I, 43.

DENSUS JULIUS, chevalier romain, incriminé pour son attachement à Britannicus, est écarté de l'accusation par Néron, *Ann.*, XII, 10.

DEXTER. *Voyez* ROMULIUS DENTER.

DENTHÉLIE, territoire du Péloponnèse où se trouvait le temple de Diane Limnatide, *Ann.*, IV, 43.

DESTIN. Les choses humaines sont-elles réglées par le destin et par une nécessité immuable, ou roulent-elles au gré du hasard ? *Ann.*, IV, 20; VI, 22. —Ses décrets, quoique annoncés par des présages, sont inévitables, *Hist.*, I, 18.

DEVINS. *Voyez* MAGICIENS.

DÉVOUMENT d'un affranchi d'Octavius Sagitta, *Ann.*, XIII, 44. — Dévoûment filial de Servilie, XVI, 31.

DEXTER. *Voyez* SUBRIUS DEXTER.

DIADÈME. Germanicus place le diadème sur la tête de Zénon, fils de Polémon, *Ann.*, II, 56. — Tiridate le détache de son front et le dépose aux pieds de la statue de Néron, xv, 29.

DIANE. Les Éphésiens réclament pour leur pays l'honneur de l'avoir vu naître, *Ann.*, III, 61. — L. Scipion et L. Sylla, vainqueurs, le premier d'Antiochus, le second de Mithridate, récompensent les Magnésiens de leur fidélité et de leur courage, en déclarant inviolable leur temple de Diane Leucophryne, 62. — Les Hiérocésariens avaient chez eux un temple de Diane Persique, consacré par le roi Cyrus, et auquel Perpenna, Isauricus et beaucoup d'autres généraux ont accordé l'inviolabilité jusqu'à deux mille pas à l'entour, *ibid.* — Les députations de Lacédémone et de Messène sont entendues au sujet de leurs droits sur le temple de Diane Limnatide, IV, 42. — Bois sacré de Diane, XII, 8.

DICTATURE s'établit momentanément à Rome, *Ann.*, I, 1. — Dans le principe, il n'y avait pas d'âge fixé pour l'obtenir, XI, 22. — Auguste n'administra point la république en despote ni en dictateur, mais sous le nom de prince, I, 9.

DIDIUS GALLUS (Aulus), général des Romains contre Mithridate, roi du Bosphore, *Ann.*, XII, 15. — Est envoyé par Claude pour succéder à Ostorius dans le gouvernement de la Bretagne, 40. — Repousse les Silures, *ibid.* — Élève quelques forts, plus avant dans le pays, pour se donner la renommée d'avoir agrandi son gouvernement, *Agr.*, 14. — Appesanti par l'âge, et rassasié d'honneurs, il lui suffit d'agir par ses officiers et de tenir l'ennemi éloigné, *Ann.*, XII, 40. — Est remplacé par Veranius, XIV, 29; *Agr.*, 14.

DIDIUS SCÉVA est massacré par les Vitelliens, à la prise du Capitole, *Hist.*, III, 73.

DIDON la Phénicienne, fondatrice de Carthage, *Ann.*, XVI, 1, 3.

DIDYME, affranchi, espion de Drusus, *Ann.*, VI, 24.

DIEUX conjugaux, *Germ.*, 18. — Tutélaires de l'empire, *Hist.*, IV, 53. — Des Germains, *Germ.*, 2, 9; *Hist.*, V, 17. — Tutélaires de la Germanie, *Ann.*, II, 10. — Hospitaliers, XV, 52. — Mânes, III, 2. — De la patrie, I, 39. — Pénates, XV, 41. — De Rome, III, 59. — Vengeurs, IV, 28; *Hist.*, IV, 57. — Hercule et Bacchus chez les Grecs, Romulus chez les Romains, sont placés au nombre des dieux, *Ann.*, IV, 38. — Les dieux secondent les plus braves, *Hist.*, IV, 17. — Les injures aux dieux regardent les dieux, *Ann.*, I, 73.

DIGUE du Rhin, commencée par Drusus, est terminée, soixante ans après, par Paullinus, *Ann.*, XIII, 58. — Civilis en pose une sur ce fleuve, qui en détourne les eaux, *Hist.*, v, 14, 18. — Celle de Drusus est rompue par ce même Civilis, 19.

DILLIUS. *Voyez* APONIANUS.

DILLIUS VOCULA, lieutenant de légion, *Hist.*, IV, 77. — Hordeonius Flaccus lui donne l'ordre de s'avancer à marches forcées le long du Rhin avec l'élite des légions, *Hist.*, IV, 24. — Ce dernier lui abandonne la direction générale de l'armée, 25. — On lui associe le lieutenant Herennius Gallus pour partager le soin du commandement, 26. — Délivre ce dernier de la fureur des soldats, 27. — Combat contre les forces de Civilis, 33. — Ne profite pas de ses succès, 34. — Envoie les équipages des légions à Novesium, pour en ramener des blés par le chemin de terre, 35. — Échappe, la nuit, sous un habit d'esclave, à la fureur des soldats, 36. — Reprend le commandement de l'armée revenue à des sentimens plus doux, et lui fait renouveler le serment à Vespasien, 37. — Il est abusé par la ruse des Gaulois, 56. — Voyant la défection de Classicus et de Julius Tutor, il se retire à Novesium, 57. — Il convoque ses soldats et leur adresse un discours, 58. — Il est égorgé par un déserteur de la première légion, Émilius Longinus, que Classicus avait envoyé pour consommer ce crime, 59, 62.

DINIS, un des chefs des Thraces, conseille à ceux-ci de poser les armes, et le premier avec sa femme et ses enfans se remet au vainqueur, *Ann.*, IV, 50.

DIODOTE, le Stoïcien, enseigne la philosophie à Cicéron, *Orat.*, 30.

DIPLÔME, *Hist.*, II, 54, 65.

DIS PATER (*Pluton*), *Hist.*, IV, 84.

DIVIN (*Divus*), titre donné à Auguste, *Ann.*, I, 11, 19, 35, 40, 42, 43, 58; II, 26, 38, 41, 49, 55, 71; III, 6, 16, 23, 24, 34, 48, 54, 56, 62, 63, 64, 66, 68; IV, 34, 36, 42, 52, 67; VI, 3; XII, 11, 23, 25, 60, 69; XIII, 1, 19, 34; XV, 35; XVI, 22; *Hist.*, I, 15, 18, 89; II, 76; IV, 48, 57; *Agr.*, 13; *Orat.*, 14. — A Jules César, *Ann.*, I, 42; IV, 34; XI, 23; XVI, 22; *Hist.*, I, 42, 86; IV, 55, 57; *Germ.*, 28, 37; *Agr.*, 13, 15. — A Claude, *Ann.*, XIV, 31; *Agr.*, 13. — A Nerva, *Hist.*, I, 1 — A Vespasien, *Germ.*, 8; *Agr.*, 9. — Ce titre est pris par Mariccus, *Hist.*, II, 61.

DIVINATION, jouit d'un grand

crédit chez les Germains, *Germ.*, 10. — *Voyez* ASTROLOGIE.

DIVINITÉS tutélaires des légions, *Ann.*, II, 17.

DIVODURUM (*Metz*), capitale des Médiomatriques, est victime d'une terreur subite qui s'empare de l'armée commandée par Fabius Valens, *Hist.*, I, 63.

DOLABELLA est accusé de concussion par J. César, qui n'avait alors que vingt-un ans, *Orat.*, 34.

DOLABELLA. *Voyez* CORNELIUS DOLABELLA.

DOLABELLA (Publius), proconsul d'Afrique, n'ose y retenir la neuvième légion, dont Tibère, après les succès de Blésus, regardait la présence comme inutile, *Ann.*, IV, 23. — Fait lever le siège aux Numides, fortifie les lieux favorables, et fait tomber sous la hache les têtes des principaux Musulans qui travaillaient à une défection, 24. — Dispose ses troupes et préside à tous les mouvemens, *ibid.* — Pénètre au milieu des Numides à demi endormis, les égorge, et, par la mort de Tacfarinas, met fin à la guerre, 26. — Demande les ornemens du triomphe, que Tibère lui refuse par déférence pour Séjan, ne voulant pas laisser effacer la gloire de Blésus, l'oncle de son favori, 26. —

Est suivi à Rome des députés des Garamantes, *ibid.* — S'associe à Domitius Afer pour accuser Quinctilius Varus, 66. — Propose de célébrer chaque année un spectacle de gladiateurs aux frais des magistrats élevés à la questure, XI, 22.

DOMESTIQUE. Fronto demande au sénat un règlement pour les dépenses domestiques, *Ann.*, II, 33.

DOMITIA, tante de Néron, *Ann.*, XIII, 19. — Agrippine l'accuse d'être la maîtresse d'Atimetus, son affranchi, 21.

DOMITIA (Famille), *Ann.*, XV, 23.

DOMITIA DECIDIANA, issue d'illustres aïeux, épouse de Julius Agricola, *Agr.*, 6.

DOMITIA LEPIDA, mère de Messaline, *Ann.*, XI, 37. — Tante de Néron, XII, 64. — Exhorte sa fille à se soustraire à ses bourreaux en se donnant la mort, XI, 37. — Agrippine, par haine de femme, ourdit la perte de Lepida, XII, 64. — Sa mort est prononcée sur une accusation de sortilèges au moyen desquels elle aurait cherché à devenir l'épouse du prince, 65.

DOMITIEN (Flavius), second fils de Vespasien, reste à Rome quoique l'occasion de fuir vers l'armée de son père se présente à lui, *Hist.*, III, 59. — Est assiégé avec Sabinus dans le Capitole par les Viteliiens, 69. — Parvient, grâce à un déguisement de lin, à s'échapper au milieu d'une troupe de sacrificateurs, 74. — Ne voyant plus rien d'hostile à redouter, se rend auprès des chefs du parti, et est salué César, 86; IV, 2. — Érige une petite chapelle à Jupiter Conservateur, III, 74. — Ne se montre fils d'empereur que par des débauches et des adultères, IV, 2, 51, 68. — On lui décerne la préture, 3, 39. — Il propose au sénat de rétablir les honneurs de Galba, 40. — Recommande l'oubli des chagrins, des animosités et des malheurs des temps précédens, 44. — Fait abroger par une loi les consulats donnés par Vitellius, 47. — Petilius Cerialis lui envoie une lettre que Civilis et Classicus lui avaient écrite pour offrir l'empire des Gaules à lui Cerialis, 75. — Mucien s'oppose à ce qu'il appelle Antonius Primus pour l'accompagner à l'armée, 80. — Puis il le détourne d'aller en Germanie, 85. — Domitien s'arrête à Lyon, d'où il dépêche des envoyés secrets à Cerialis pour tenter sa fidélité; mais Cerialis, par de sages tempéramens, le joue comme un enfant tourmenté de vains désirs, 86. — Moyens qu'il emploie pour se dérober à toute rivalité avec son frère, *ibid.* — Devenu maître de l'empire, il ajoute aux dignités de Tacite, I, 1. — Il consacre un grand temple à Jupiter Gardien, avec sa propre statue dans les bras du dieu, III, 74. — Il célèbre les jeux Séculaires, *Ann.*, XI, 11. — Son faux triomphe de la Germanie, *Agr.*, 39. — Il reçoit la nouvelle des succès d'Agricola en Bretagne, la joie au front, le tourment au cœur, *ibid.* — Sa jalousie contre Agricola, *ibid.* — Il ajourne sa haine, et lui fait décerner des honneurs, 40. — Il est soupçonné de n'être pas étranger à la mort de ce dernier, 43. — Ses dernières années, 44. — Prince ennemi de toutes les vertus, 41. — Disposé à n'écouter que les plus pervers, *ibid.* — Exercé à la feinte, 42. — Prompt à la haine, et d'autant plus implacable qu'il était plus dissimulé, *ibid.* — Son visage se couvrait facilement de rougeur, 45; *Hist.*, IV, 40. — Tacite avait écrit l'histoire de son règne, *Ann.*, XI, 11. — *Voyez* encore, *Hist.*, IX, 46.

DOMITIUS. *Voyez* BALBUS, CÉCILIANUS, CELER, CORBULON.

DOMITIUS, titre d'une tragédie projetée par Curiatius Maternus, *Orat.*, 3.

DOMITIUS (Cneius) donne l'ordre aux rhéteurs de fermer leur école d'impudence, *Orat.*, 35.

DOMITIUS (Lucius), trisaïeul de Néron, succombe aux champs de Pharsale, en combattant pour la noblesse, *Ann.*, IV, 44.

DOMITIUS (Cneius), bisaïeul de Néron, maître de la mer durant la guerre civile, se joint ensuite au parti d'Antoine, puis à celui de César, *Ann.*, IV, 44.

DOMITIUS (Lucius), aïeul de Néron, mari d'Antonia la jeune, *Ann.*, IV, 44. — Passe l'Elbe, pénètre dans la Germanie plus avant qu'aucun de ses devanciers, et obtient pour ces exploits les ornemens triomphaux, *ibid.* — Digue élevée par lui aux Longs-Ponts, I, 63.—Sa mort, IV, 44.

DOMITIUS AFER accuse Claudia Pulchra d'adultère avec Furnius, *Ann.*, IV, 52. — Accuse Quinctilius Varus, fils de Claudia Pulchra, 66.—Meurt, XIV, 19.—Mis au rang des premiers orateurs, IV, 52; *Orat.*, 13, 15. — Appelé par Tibère l'homme de sa justice, *Ann.*, IV, 52.

DOMITIUS AHENOBARBUS (Cn.), fils du précédent, petit-fils d'Octavie, petit-neveu d'Auguste, épouse Agrippine, fille de Germanicus, *Ann.*, IV, 75. — Frère de Domitia Lepida, XII, 64. — Consul en 785 avec Camillus Scribonianus, VI, 1. —Est choisi pour évaluer les pertes de chaque particulier dans l'incendie du quartier voisin du mont Aventin, 45.

— Est impliqué dans l'accusation d'Albucilla, comme son complice et son amant, 47. — Échappe à la mort, 48. — Agrippine projette le mariage de leur fils Domitius Néron avec Octavie, fille de Claude, XII, 3. — Néron demande pour lui une statue au sénat, XIII, 10.

DOMITIUS NERO CLAUDIUS. *Voyez* NÉRON.

DOMITIUS POLLION offre sa fille pour succéder à la vestale Occia, *Ann.*, II, 86.—Elle est acceptée, *ibid.*

DOMITIUS SABINUS, primipilaire, reçoit de Galba l'ordre d'amener du temple de la Liberté les soldats de Germanie présens à Rome, *Hist.*, I, 31.

DOMITIUS SILIUS, premier mari d'Arria Galla, *Ann.*, XV, 59.

DOMITIUS STATIUS est dépouillé du tribunat, non parce qu'il haïssait le prince (Néron), mais parce qu'il passait pour le haïr, *Ann.*, XV, 71.

DONATIUS VALENS, centurion de la dix-huitième légion, voulant protéger les images de Galba, est écarté avec violence et chargé de fers, *Hist.*, I, 56. — Est mis à mort par ordre de Vitellius, 59.

DONATIVUM, largesse pécuniaire faite au peuple et aux soldats, *Ann.*, XII, 41; *Hist.*, I, 5, 18,

25, 30, 37, 41; II, 82, 94; III, 10, 50; IV, 19, 36, 58.

DONUSE (*Stenosa*), île de la mer Égée, dans laquelle Asinius Gallus propose que Vibius Serenus soit enfermé, *Ann.*, IV, 30.

DORYPHORUS, affranchi de Néron, est emprisonné par ce dernier, comme s'étant opposé au mariage de Poppéa, *Ann.*, XIV, 65.

DOT, chez les Germains, n'est point apportée par l'épouse, mais par le mari, *Germ.*, 18. — Dot offerte par Néron à Pythagoras lors de l'union infâme qu'il contracte avec ce dernier, *Ann.*, XV, 37.

DOUZE-TABLES (Loi des). Comment elle fut composée, *Ann.*, III, 27. — Elle réduit l'intérêt à un pour cent, VI, 16.

DRAGONS vus près de Néron enfant, comme pour le garder, *Ann.*, XI, 11.

DROITE (Main). *Voyez* MAIN.

DROITS. *Voyez* IMPÔTS, TRIBUTS.

DRUIDES, ministres de la religion chez les Gaulois et les Bretons; leurs pratiques barbares, *Ann.*, XIV. 30. — Leurs vaines prédictions, *Hist.*, IV, 54.

DRUSIEN (Canal), creusé par Drusus dans la Gueldre (pays des Bataves), *Ann.*, II, 8. — Entrée de Germanicus dans ce canal, *ibid.*

DRUSILLA, petite-fille de Cléopâtre et d'Antoine, épouse d'Antonius Félix, *Hist.*, V, 9.

DRUSILLE, fille de Germanicus, est unie par Tibère à L. Cassius Longinus, *Ann.*, VI, 15.

DRUSUS. Discours de Calvus contre lui, *Orat.*, 21.

DRUSUS (Néron Claude), fils de Tibère Néron et de Livie, beau-fils d'Auguste, *Ann.*, I, 3. — Frère de Tibère, *ibid.*, III, 29; VI, 9, 51. — Père de Germanicus, I, 3, 33, 43; II, 14, 41. — Beau-père d'Agrippine, I, 41. — Aïeul de Rubellius Plautus, XIV, 57. — Sur la demande d'Auguste au sénat, il est dispensé du vigintivirat, et peut aspirer à la questure cinq ans plus tôt que ne l'accordent les lois, III, 29. — Il est décoré du titre d'*imperator* par Auguste, I, 3. — Impose comme tribut aux Frisons la fourniture de cuirs de bœufs pour l'usage des troupes romaines, IV, 72. — Commence une digue, pour contenir le Rhin, qui est achevée, soixante-trois ans plus tard, par Pompeius Paullinus, XIII, 53. — Cette digue, dans la suite, fut rompue par Civilis, *Hist.*, V, 19. — Drusus parvient à abattre et à comprimer les Germains, *Germ.*, 37. — Ses investigations dans l'Océan Germanique, 34. — Sa mort, *Ann.*, I, 3. — Ses funérailles sont célébrées avec magnificence par Auguste, III, 5. — Germanicus l'invoque en entrant dans le canal Drusien, II, 8. — Il a laissé un grand souvenir chez le peuple romain, I, 33. — Ce que les vieillards disaient à son sujet, II, 82. — Il sut mieux que Tibère s'attirer l'affection des Romains, VI, 51. — La faveur du peuple lui fut fatale, II, 41.

DRUSUS CÉSAR, neveu du précédent, fils de Tibère, *Ann.*, I, 76; II, 43; IV, 12, et de Vipsania, III, 19. — Arrière-petit-fils de Pomponius Atticus, II, 43. — Frère utérin d'Asinius Saloninus, III, 75. — Mari de Livie, II, 43. — Pourquoi Tibère ne demande pas pour lui la dignité proconsulaire, I, 14. — Consul désigné, *ibid.* — Consul avec C. Norbanus, 55. — Est envoyé par Tibère en Pannonie auprès des légions révoltées, 24. — A son approche les soldats vont au devant de lui, *ibid.* — Contenance de Drusus une fois entré dans le retranchement, 25. — Lit une lettre de son père, *ibid.* — Sa réponse au centurion Clemens, qui lui transmet les demandes que les soldats l'ont chargé de faire pour eux, 26. — Met à profit la consternation que jette dans l'esprit des soldats une éclipse de lune, 28. — Discours qu'il leur tient, 29. — Sur leurs instances, il envoie Blésus, L. Apronius et Justus Catonius à Tibère, *ibid.* — Mande Vibulenus et Percennius, et les fait égorger, *ibid.* — Voyant le calme rétabli, retourne à Rome, 30. — Tibère loue Drusus au sénat, sur la fin des troubles d'Illyrie, 52. — Il est adjoint au collège des prêtres d'Auguste, 54. — Donne au nom de Germanicus, et au sien, un spectacle de gladiateurs, et se réjouit à voir couler le sang, 76. — Le peuple s'en alarme, et son père lui en fit, dit-on, des reproches, *ibid.* — La Germanie est le seul pays où il peut acquérir le nom d'*imperator* et mériter des lauriers, II, 26. — Il favorise la nomination d'Haterius Agrippa à la préture en remplacement de Vipsanius Gallus, mort, 51. — Est envoyé en Illyrie pour se faire à la guerre et se concilier l'affection de l'armée, 44, 46. — Reçoit en Dalmatie la visite de Germanicus, 53. — S'acquiert beaucoup de gloire en suscitant parmi les Germains des discordes qui devaient amener la perte de Maroboduus, 62. — Donne Vannius pour roi aux Suèves, 63; XII, 29. — Les sénateurs décrètent qu'il fera son entrée à Rome avec les honneurs du petit triomphe, 64. — Son épouse met au monde deux jumeaux du sexe masculin, 84. — Drusus s'avance au devant des restes de Germanicus jusqu'à Terracine, III, 2. — Part de nouveau pour l'armée d'Illyrie, 7. — Pison se rend auprès de lui, espérant le trouver favorable, 8. — Discours qu'il tient à Pison, *ibid*. — Revient de l'Illyrie, et ajourne les honneurs de l'ovation que le sénat lui avait décernés pour ses exploits de l'année précédente, 11. — Actions de grâces à lui rendues pour avoir vengé Germanicus, 18. — Il sort de Rome pour reprendre les auspices, y rentre avec l'ovation, et, peu de jours après, sa mère meurt, 19. — Tibère l'empêche de donner le premier son opinion dans le procès de Lepida, 22. — Drusus se range à l'avis de Rubellius Blandus, 23. — Sa fille Julie épouse Néron, fils de Germanicus, 29. — Il est consul pour la seconde fois, 31. — En l'absence de Tibère, apprend à exercer seul les fonctions de consul, et se concilie la faveur publique, *ibid*. — Combat la proposition de Cécina, 34. — Mande Annia Rufilla, qui est convaincue et renfermée dans la prison publique, 36. — A sa réquisition et par décret du sénat, Considius Æquus et Célius Cursor, chevaliers romains, sont punis pour avoir faussement accusé Magius Cécilianus de lèse-majesté, 37. — Tibère envoie une lettre au sénat, où il demande pour Drusus la puissance tribunitienne, 56. — Honneurs qui lui sont décrétés par le sénat à cette occasion, 57. — Tibère restreint les honneurs qui lui sont décernés pour sa puissance tribunitienne, 59. — Une lettre de Drusus, lue au sénat, quoique tournée à la modestie, semble de la plus haute arrogance, *ibid*. — Passe pour être bienveillant envers les enfans de Germanicus, ou certainement pour ne pas leur être contraire, IV, 4. — Adresse des plaintes contre Séjan, 7. — Impatient de la rivalité de ce dernier, et d'un caractère trop vif, dans une querelle élevée par hasard, porte la main contre lui, et, sur sa résistance, le frappe au visage, 3. — Séjan pousse son épouse à l'adultère et l'amène à la perte de Drusus, *ibid*. — Séjan choisit un poison qui, s'insinuant peu à peu, simule une maladie naturelle, et charge l'eunuque Lygdus de l'administrer à Drusus, 8. — Perfidie de Séjan dans l'empoisonnement de Drusus, 10. — Honneurs décernés à sa mémoire, 9. — Ses funérailles doivent leur grand éclat à la pompe des images, *ibid*. — Tibère attire d'abord sur lui l'accusation de l'empoisonnement, mais la trame du complot est dévoilée par Apicata et confirmée par Eudème et Lygdus au milieu des tortures, 11. — Le second des enfans jumeaux de Drusus, meurt, 15.

— Sa fille Julie périt victime de la perfidie de Messaline, XIII, 32, 43.

DRUSUS, fils de Germanicus, prend la robe virile, *Ann.*, IV, 4. — Drusus, son oncle, mort, Tibère le présente au sénat avec son frère Néron, et le conjure d'adopter ces arrière-petits-fils d'Auguste, 8. — Séjan médite par quelles machinations il pourra le faire disparaître, 12. — Tibère réprimande les pontifes de ce que, en faisant des vœux pour sa conservation, ils avaient prié les mêmes dieux pour Drusus, 17. — Aux jours des Féries latines, au moment où, préfet de la ville, il monte sur son tribunal pour prendre possession de sa charge, Calpurnius Salvianus vient le saisir d'une dénonciation contre Sext. Marius, 36. — Séjan le mêle à la trame qu'il a ourdie contre Néron, son frère, tout en préparant pour lui les germes d'une perte prochaine, 60. — Son épouse, Émilia Lepida, par ses nombreuses accusations, cause sa perte, VI, 40. — Emprisonné dans le palais, prolonge misérablement son existence durant neuf jours en mangeant la bourre de son lit, et finit par succomber, 23. — Quels tourmens atroces il endura pendant sa détention, 24. — Ses imprécations contre Tibère avant de mourir, *ibid.* — Un faux bruit se répand qu'il a paru aux îles Cyclades, puis sur le continent, V, 10.

DRUSUS LIBON, *Ann.*, IV, 29. — Arrière-petit-fils de Pompée, petit-neveu de Scribonia, II, 27. — Est accusé de machiner une révolution, 27-30; IV, 31. — Sa contenance pendant l'instruction et les débats du procès, II, 29, 30. — Se frappe de deux coups dans les entrailles et meurt, après avoir en vain sollicité le trépas de la main de ses esclaves, 31. — Vescularius Atticus est l'agent de sa ruine, VI, 10. — Ses biens sont partagés entre les accusateurs, et des prétures extraordinaires sont accordées à ceux qui sont de l'ordre sénatorial, II, 32. — Opinion de plusieurs sénateurs sur lui, *ibid.*

DRUSUS (M. Livius), tribun du peuple, se montre prodigue de concessions au nom du sénat, *Ann.*, III, 27.

DUBIUS AVITUS, successeur de Pompeius Paullinus au commandement de la province de Germanie, *Ann.*, XIII, 54. — Chasse les Ansibariens des champs riverains du Rhin, 56.

DUCENNIUS GEMINUS est préposé par Néron, avec deux autres consulaires, à l'administration des revenus publics, *Ann.*, XV, 18. — Préfet de Rome, est convoqué par Galba pour être témoin de l'adoption qu'il fait de Pison Licinianus, *Hist.*, I, 14.

DUEL, présage de victoire ou de défaite chez les Germains, *Germ.*, 10.

DUILLIUS (Caïus), le premier qui établit la gloire de Rome sur mer, et mérita le triomphe naval par la défaite des Carthaginois, *Ann.*, II, 49.

— Élève, près du marché aux légumes, un temple à Janus, *ibid.*

DULGIBINS, nation germanique voisine des Chasuares, des Chamaves et des Agrivariens, *Germ.*, 34.

DYRRACHIUM (*Durazzo*), ville maritime de l'Illyrie, *Hist.*, II, 83.

E

ECBATANE (*Hamadan*), ville capitale de la Médie, *Ann.*, XV, 31.

ÉDESSE (*Orfa*), ville de Mésopotamie, *Ann.*, XII, 12.

ÉDILES reçoivent de Vistilia la déclaration qu'elle va se livrer à la prostitution, *Ann.*, II, 85. — Représentent qu'on méprise la loi somptuaire, III, 52. — Sont déchargés du soin de réprimer le luxe des tables, 55. — Les sénateurs décrètent que les ouvrages de Cremutius Cordus seront brûlés par eux, IV, 35. — On restreint davantage leur pouvoir, XIII, 28.

ÉDILITÉ CURULE : Auguste y élève Claudius Marcellus, le fils de sa sœur, *Ann.*, I, 3.

ÉDIT publié par Tibère à l'occasion des plaintes du peu d'éclat des funérailles de Germanicus, *Ann.*, III, 6.

ÉDUENS, peuple de la Gaule, limitrophes des Sequanais, *Ann.*, III, 45; *Hist.*, III, 35. — Essayent de se soustraire

à leurs dettes par la révolte, 40, 43, 44. — Sont défaits par Silius, 46; *Hist.*, IV, 17, 57. — Un décret du sénat leur confère le droit de parvenir au rang de sénateur à Rome, *Ann.*, XI, 25. — Auxiliaires de Julius Vindex, *Hist.*, I, 51. — Les Vitelliens cherchent vainement contre eux un motif de guerre, 64. — Mariccus tâche de les entraîner dans un soulèvement, II, 61.

ÉÉTÈS, roi de Colchide, laisse en mourant son trône à Jason, *Ann.*, VI, 34.

EFFIGIES d'Agrippine et de Néron portées par le peuple autour du sénat, *Ann.*, V, 4. — De Petronius Turpilianus, de Cocceius Nerva et de Tigellinus, placées par Néron dans le palais, XV, 72. — *Voyez* IMAGES, STATUES.

ÉGÉE, ville de Cilicie, *Ann.*, XIII, 8.

ÉGÉE (Mer) (*Archipel*), *Ann.*, V, 10; XV, 71.

ÉGÈS, ville d'Asie, maltraitée par un tremblement de terre, *Ann.*, II, 47. — Exemptée par Tibère de tout tribut pendant cinq années, *ibid.*

ÉGIUM, ville d'Achaïe, renversée par un tremblement de terre, est exemptée de tout tribut pendant trois ans, *Ann.*, IV, 13.

EGNATIA MAXIMILLA, épouse de Glitius Gallus, accompagne ce dernier dans son exil, *Ann.*, XV, 71.

EGNATIUS (Marcus) périt par suite d'une conspiration tramée contre Auguste, *Ann.*, I, 10.

EGNATIUS (Publius Céler), client de Soranus, excite l'indignation par sa déposition contre ce dernier, *Ann.*, XVI, 32. — Musonius Rufus l'accuse d'avoir porté un faux témoignage, *Hist.*, IV, 10. — Sa condamnation, 40. — Son portrait, *Ann.*, XVI, 32.

ÉGYPTE, borne le territoire des Juifs au midi, *Hist.*, V, 6. — La lèpre y exerce ses ravages sous le règne de Bocchoris, 3. — Grenier de l'empire, III, 8. — Approvisionne Rome, 48; *Ann.*, XII, 43. — Le gouvernement en était confié par Auguste à des chevaliers romains, 60; *Hist.*, I, 11. — Ce prince leur avait défendu, ainsi qu'aux sénateurs, d'y entrer sans permission expresse, *Ann.*, II, 59. — Germanicus la visite et en admire les merveilles, *ibid.*, 60, 61. — Marcus Lepidus y est envoyé comme tuteur des enfans de Ptolémée, II, 67. — Est occupée par deux légions, IV, 5; *Hist.*, II, 6. — Le phénix y reparaît après une longue révolution de siècles, *Ann.*, VI, 28. — Son gouvernement est confié à C. Balbillus, XIII, 22. — Néron y projette un voyage qu'il n'exécute point, XV, 36; *Hist.*, I, 70. — Est gouvernée au nom d'Othon, 76. — Vespasien se propose d'en occuper les frontières, II, 82. — *Voyez* encore, *Ann.*, II, 69; V, 10; XV, 26; *Hist.*, II, 9, 74, 76; IV, 3, 82, 84; V, 2.

ÉGYPTIENS, adorent le bœuf sous le nom d'Apis, *Hist.*, V, 4. — Ils enterrent leurs morts, au lieu de les brûler, 5. — Leurs prêtres, IV, 83. — Les premiers exprimèrent leurs pensées par des figures d'animaux, *Ann.*, XI, 14. — Ils prétendent être les inventeurs des caractères alphabétiques, *ibid.* — Ils répandent la superstition dans l'Italie, II, 85.

ELBE, fleuve de la grande Germanie, *Ann.*, I, 59; II, 14, 19, 22, 41. — Prend sa source chez les Hermondures, *Germ.*, 41. — Traversé par Lucius Domitius, *Ann.*, IV, 44.

ÉLÉAZAR, chef des Juifs, se fortifie dans le temple de Jérusalem, *Hist.*, v, 12. — Est massacré par des soldats envoyés par Jean, autre chef des Juifs, *ibid.*

ÉLÉGIE. Ses caprices, *Orat.*, 10.

ÉLÉPHANTINE, île du Nil, autrefois limite de l'empire romain, *Ann.*, II, 61.

ÉLEUSIS (*Lefsina*), ville de l'Attique, *Hist.*, IV, 83.

ÉLIA PETINA, issue de la famille des Tubérons, répudiée par Claude, est favorisée par Narcisse, qui engage le prince à la reprendre, XII, 1, 2.

ÉLIUS GALLUS, après l'exécution de Séjan, se réfugie dans les jardins de Pomponius, *Ann.*, V, 8.

ÉLIUS GRACILIS, lieutenant de la Belgique, détourné par jalousie L. Antistius Vetus du projet de joindre la Moselle et l'Araris, par un canal creusé entre ces deux fleuves, *Ann.*, XIII, 53.

ÉLIUS LAMIA, gouverneur d'Afrique, protège l'innocence de Gracchus, *Ann.*, IV, 13. — Ses funérailles sont célébrées avec la pompe censoriale, VI, 27. — Sa naissance était illustre, sa vieillesse fut active, et sa considération s'accrut du refus continuel qu'il éprouva de se rendre à son gouvernement, *ibid.*

ÉLIUS SÉJAN. *Voyez* SÉJAN.

ÉLOQUENCE, le premier des biens, *Orat.*, 6. — N'est point un art, mais bien plutôt une faculté, 33. — N'a pas une seule physionomie, 18. — Comme la flamme, a besoin d'aliment, 36. — Stimulée par les troubles et les séditions, *ibid.*, 37, 40. — Paralysée par la peur, *Ann.*, III, 67. — Aper en fait ressortir les avantages, *Orat.*, 5-10. — Maternus lui préfère la poésie, 11-13. — Déchue de son ancienne splendeur, 1. — Par degrés morcelée et rapetissée, 27. — Messala énumère les causes de sa décadence, 28-35. — L'estime de la postérité est le plus beau prix de l'éloquence, *Ann.*, XI, 6.

ÉLYMÉENS, peuple riverain du golfe Persique, *Ann.*, VI, 44.

ÉLYSIENS, peuplade de la Germanie, qui faisait partie des Lygiens, *Germ.*, 43.

EMERITA (*Mérida*), ville d'Espagne, est accrue de nouvelles familles par Othon, *Hist.*, I, 78.

ÉMILES (Famille des) ou ÉMILIA, *Ann.*, III, 22, 24, 72; VI, 29. — Sang fécond en excellens citoyens, et ceux de cette famille qui eurent des mœurs corrompues fournirent du moins une carrière brillante, 27.

ÉMILIA LEPIDA, qui, outre l'alliance honorable des Émiles,

avait L. Sylla et Cn. Pompée pour aïeuls, est mise en accusation pour divers crimes, *Ann.*, III, 22. — Est défendue par Manius Lepidus, son frère, *ibid.* — Quirinus, qui, après l'avoir répudiée, la poursuit encore, lui concilie la compassion, 22, 48. — Conduite de Tibère dans son procès, *ibid.* — Le feu et l'eau lui sont interdits, 23. — Tibère révèle qu'elle avait cherché à empoisonner son mari, *ibid.*

ÉMILIA LEPIDA, fille de Lepidus, qui avait épousé le jeune Drusus, et qui par ses nombreuses accusations en avait causé la perte, est accusée d'adultère, et, sans penser à se défendre, termine d'elle-même sa vie, *Ann.*, VI, 40.

ÉMILIA MUSA meurt intestat, et ses biens sont remis à Émilius Lepidus par Tibère, *Ann.*, II, 48.

ÉMILIEN (Palais), habité par Tigellinus, est le foyer d'un incendie, *Ann.*, XV, 40.

ÉMILIUS, primipilaire, traverse le Visurgis, *Ann.*, II, 11. — Dégage les Bataves attirés dans un piège par les Chérusques, *ibid.*

ÉMILIUS, militaire, témoin à charge dans le procès de Votienus Montanus, ne déguise rien, et, quoi qu'on fasse pour l'interrompre, persévère dans ses déclarations avec la plus grande obstination, *Ann.*, IV, 42.

ÉMILIUS LEPIDUS. Les biens d'Émilia Musa, morte intestat, lui sont remis par Tibère, *Ann.*, II, 48.

ÉMILIUS LONGINUS, déserteur de la première légion, envoyé par Classicus, égorge Dillius Vocula, *Hist.*, IV, 59. — Il est tué à son tour, 62.

ÉMILIUS MAMERCUS et Valerius Potitus sont les premiers questeurs élus à Rome, soixante-trois ans après l'expulsion des Tarquins, *Ann.*, XI, 22.

ÉMILIUS PACENSIS, tribun dans les cohortes urbaines, est cassé de ses fonctions par Galba, *Hist.*, I, 20. — Othon le réintègre et lui confie la direction de l'expédition contre Vitellius, 87. — Les soldats révoltés le jettent dans les fers, II, 12. — Il est massacré, III, 73.

EMPIRE ROMAIN. Ses limites, *Ann.*, II, 62.

EMPIRES ne se conservent pas par la lâcheté; il leur faut un rempart d'hommes et de guerriers, *Ann.*, XV, 1. — Quiconque ambitionne l'empire, ne trouvera point de milieu entre le faîte et le précipice, *Hist.*, II, 74.

EMS, fleuve de Germanie, *Ann.*, I, 60, 63; II, 8, 23.

ENCHANTEMENS. Formules d'enchantemens contre Germamanicus, *Ann.*, II, 69. — Numantina, première épouse de Plautius Silvanus, accusée d'avoir troublé la raison de son mari par des enchantemens et des maléfices, est jugée innocente, IV, 22. — Claudia Pulchra est accusée d'enchantemens et de maléfices contre le prince, 52.

ÉNÉE, tige de la famille des Jules, *Ann.*, IV, 9; XII, 58. — Son image est portée aux funérailles de Drusus, fils de Tibère, IV, 9.

ENFANS, à deux corps, *Ann.*, XII, 64. — Ni des légions, ni des flottes ne sont pour un empire des appuis aussi fermes que de nombreux enfans, *Hist.*, IV, 52.

ENNIA, femme de Macron, est poussée par son mari à captiver Caligula, veuf de Claudia, et même à l'enchaîner par une promesse de mariage, *Ann.*, VI, 45.

ENNIUS (Lucius), chevalier romain, allait être accusé de lèse-majesté, pour avoir converti en argenterie une statue de l'empereur, si Tibère ne se fût opposé à ce qu'il fût mis en jugement, *Ann.*, III, 70.

ENSEIGNES (Porte-drapeau). Un de ceux de la sixième légion, en Syrie, passe du côté de Cn. Pison avec son étendard, *Ann.*, II, 81.—Decrius, commandant romain, leur reproche que des soldats romains prennent la fuite devant des déserteurs et des gens sans discipline commandés par Tacfarinas, III, 20.

ENSEIGNES. Les légions de Pannonie placent ensemble les trois aigles et les enseignes des cohortes, *Ann.*, I, 18. — On voit encore dans les bois sacrés de la Germanie les enseignes romaines appendues et offertes aux dieux de la patrie, 59. — Embrasées par le feu céleste, XII, 64. — Pætus supplie Corbulon de venir protéger les enseignes de son armée, XV, 11. — Les têtes de Galba, de Pison et de Vinius, fixées sur des piques, sont portées au milieu des enseignes des cohortes, auprès de l'aigle de la légion, *Hist.*, I, 44. — Les troupes de Civilis, envoyées pour combattre Dillius Vocula, s'emparent des enseignes des légions romaines, IV, 33. — Civilis s'en sert pour exciter l'enthousiasme de son armée, 18, 34. — Agricola, pour combattre les Calédoniens, se place à pied au devant des enseignes, *Agr.*, 35.

ÉNUS (*Inn*), rivière qui coule entre la Norique et la Rhétie, *Hist.*, III, 5.

ÉPAPHRODITE, affranchi de Néron, introduit Milichus qui vient lui dénoncer Scevinus, son maître, au prince, *Ann.*, XV, 55.

Éphèse. Ses rhéteurs, *Orat.*, 15.

Éphésiens, réclament pour leur pays l'honneur d'avoir vu naître Apollon, *Ann.*, III, 61. — Leur ville est uniquement consacrée au culte de ce dieu, IV, 55. — Ils disputent aux autres villes d'Asie l'honneur d'élever un temple à Tibère, *ibid.* — Leur port, XVI, 23.

Épicharis, affranchie, se jette dans la conjuration contre Néron, et s'efforce d'ébranler les chefs de la flotte de Misène et de les lier au parti par la complicité, *Ann.*, XV, 51. — Les douleurs de la torture ne peuvent la réduire à des aveux, 56. — Elle s'étrangle avec sa ceinture, pour se soustraire à de nouveaux tourmens, *ibid.*

Épicure, célèbre philosophe grec, *Orat.*, 31.

Épidaphne, faubourg d'Antioche où Germanicus termina sa vie, *Ann.*, II, 83. — Le sénat décrète qu'un tertre y sera élevé, *ibid.*

Épigramme (Jeux de l'), *Orat.*, 10.

Épilepsie, maladie à laquelle, suivant Néron, Britannicus était sujet, *Ann.*, XIII, 16.

Épiphanes, roi, est blessé au combat des Castors, où son ardeur se signale pour Othon, *Hist.*, II, 25.

Eporedria. *Voyez* Ivrée.

Épponine, femme de Julius Sabinus, parvient, par son dévoûment, à soustraire son mari, pendant neuf années, aux recherches de ses ennemis, *Hist.*, IV, 67.

Eprius Marcellus, *Hist.*, IV, 10. — Né à Capoue, *Orat.*, 8. — Est appelé à la préture pour un jour, *Ann.*, XII, 4. — Attaqué par les Lyciens en restitution, il l'emporte tellement par ses intrigues, que quelques-uns de ses accusateurs sont punis d'exil, XIII, 33. — Instigateur des cruautés de Néron, *Hist.*, IV, 7. — Accuse Thrasea, *Ann.*, XIII, 22, 26, 28, 29. — Reçoit pour cette action cinq millions de sesterces, 33. — Helvidius Priscus l'accuse, *Hist.*, IV, 6, 43. — Licinius Cécina l'attaque sur l'ambiguité de ses opinions, II, 53. — Autre débat entre Eprius et Helvidius, IV, 6 et *suiv.* — Puissance de son éloquence, *Ann.*, XVI, 22; *Orat.*, 5. — Ses richesses peuvent en être considérées comme le prix, 8. — Sa fortune n'a rien de désirable, 13. — Son nom est dévoué au mépris, *Hist.*, II, 53, 95; IV, 42.

Èques, peuple du Latium, lèvent des armées contre Rome, *Ann.*, XI, 24.

Équestre (Fortune). *Voyez* Fortune équestre.

Équestre (Ordre), nom donné à l'ordre des chevaliers, *Ann.*,

II, 83; III, 30; VI, 7; XIV, 53; *Hist.*, I, 13, 52; II, 10; III, 81; IV, 39, 53.

Équinoxe. Les vents du nord, déchaînés dans le temps de l'équinoxe, enflent l'Océan avec la plus grande violence, *Ann.*, I, 70.

Érato. Ariobarzane mort, les Arméniens essayent du gouvernement d'une femme de ce nom, qu'ils chassent bientôt, *Ann.*, II, 4.

Érinde, rivière d'Hyrcanie, *Ann.*, XI, 10.

Érythrée, ville d'Ionie, est visitée pour la recherche des vers de la Sibylle, *Ann.*, VI, 12.

Éryx (*Monte san Giuliano*), montagne de Sicile, *Ann.*, IV, 4, 43.

Escadron *de la Jeunesse* prend, d'après la décision de l'ordre des chevaliers, le nom de Germanicus, *Ann.*, II, 83.

Eschine, orateur athénien, *Orat.*, 15. — Occupe la première place après Démosthène, 25.

Esclaves. Un ancien sénatus-consulte défendait de les soumettre à la question lorsqu'il y allait de la tête de leur maître, *Ann.*, III, 26. — Auguste, devenu maître de l'empire, charge un consulaire de contenir les esclaves et ces esprits audacieux et turbulens que la force seule peut réprimer, VI, 11.
— Pison, accusé d'avoir empoisonné Germanicus, offre de livrer ses esclaves et de les soumettre aux tourmens de la question, III, 14. — Tibère ne souffre pas que ceux de Lepida soient soumis à cette épreuve, ni interrogés sur ce qui regardait sa maison, 22. — L'agent du fisc achète ceux de C. Silanus pour les livrer à la question, 67.
— Tibère, quand il sortait du sénat, avait coutume de prononcer ces paroles d'un auteur grec : « O hommes faits pour être esclaves ! » 65.
— Le hasard étouffe les semences d'une révolte d'esclaves en Italie, IV, 27. — Les esclaves de Vibius Serenus, soumis à la question, sont contraires à son fils qui l'accuse, 29. — Châtimens proposés au sénat contre les femmes qui se livreraient à des esclaves, XII, 53. — Le sénateur Carinas Céler est dénoncé par un esclave, XIII, 11. — Le vingt-cinquième sur l'achat des esclaves est supprimé, 31. — Sénatus-consulte rendant les esclaves solidairement responsables de la vie de leurs maîtres, 32; XIV, 42.
— Forfait insigne commis à Rome par l'audace d'un esclave, 40, 42 et *suiv.* — Les esclaves de Pompeia Paullina bandent les plaies de cette dernière qui s'était fait ouvrir les veines en même temps

que son mari, xv, 64. — Ostorius Scapula fait tenir un poignard par un de ses esclaves et se précipite dessus, xvi, 15. — Un esclave public accueille par pitié Pison Licinianus et le cache dans sa chambre, *Hist.*, i, 43. — Argius, ancien esclave de Galba, donne la sépulture au corps de ce prince, 49. — Un esclave du Pont veut se faire passer pour Néron, ii, 8. — Les esclaves d'Othon se précipitent vers ce prince au gémissement qu'il pousse en se donnant la mort, 49. — Les soldats de Vitellius saisissent un esclave de Virginius qu'ils s'imaginent être venu pour assassiner l'empereur, 68. — Un esclave fugitif essaye de se faire passer pour Camerinus Scribonianus, 72. — Un esclave barbare suscite dans le Pont une révolte contre les Romains, iii, 47, 48. — Un esclave de Virginius Capiton livre Terracine aux Vitelliens, 77; iv, 3. — Les esclaves s'arment pour Vitellius, iii, 79. — Dévoûment héroïque d'un esclave de L. Pison, iv, 50. — Des esclaves, achetés exprès, figurent des captifs germains dans le faux triomphe de Domitien sur la Germanie, *Agr.*, 39. — Leur condition chez les Germains, *Germ.*, 25. — Esclaves employés chez ces derniers à baigner la déesse Hertha, puis engloutis dans le lac où s'est faite l'ablution, 40. — Constitués par les Suiones gardiens de leurs armes, 44. — Multitude des esclaves chez les Romains, *Ann.*, iii, 53. — Destinés aux combats de gladiateurs, 43.

Esculape apporte l'art de la médecine dans l'île de Cos, *Ann.*, xii, 61. — Les consuls reconnaissent l'asile de ce dieu à Pergame, iii, 63. — Cos demande pareille faveur pour le temple de ce dieu, iv, 14. — Pedius Blésus pille son trésor, xiv, 18. — Esculape assimilé à Sérapis, *Hist.*, iv, 84.

Éserninus Marcellus refuse à Pison de prendre sa défense, *Ann.*, iii, 11. — Parvient aux plus hauts honneurs par une vie aussi pure que son éloquence, xi, 6. — Son désintéressement, 7.

Espagne. *Ann.*, i, 3; iii, 13; vi, 27; *Hist.*, i, 22, 37, 49, 62; *Hist.*, ii, 32, 86; iii, 2, 13, 25; iv, 3, 25, 68, 76; v, 19; *Germ.*, 37; *Agr.*, 10, 11; *Orat.*, 10. — Séparée de l'Afrique par un faible détroit (*Gibraltar*), *Hist.*, ii, 58. — Forme, avec les Gaules, la plus puissante partie du monde, iii, 53; *Agr.*, 24. — Depuis peu conquise, est occupée par trois légions, *Ann.*, iv, 5. — Rivalise de zèle avec les Gaules et l'Italie pour réparer les pertes de l'armée de Germanicus, i, 71. — Le bruit se répand à Rome, qu'une révolte est sur le point de s'y manifester, III, 44. — Son séjour est interdit à Pompeius Élianus, XIV, 41. — Gouvernée par Cluvius Rufus, *Hist.*, I, 8. — Jure obéissance à Othon et tourne tout à coup pour Vitellius, 76. — Cluvius Rufus est accusé de se créer une puissance particulière, et de prendre possession de l'Espagne, II, 65. — Sur la nouvelle de diverses défections, Vitellius fait venir des renforts de ce pays, 97; III, 15. — La nouvelle de la victoire des Flaviens à Bédriac et à Crémone y parvient bientôt, 35. — La première légion *Adjutrix*, la dixième et la sixième s'y déclarent pour Vespasien, 44, 53, 70. — Patrie des Balbus, *Ann.*, XI, 24.

ESPAGNE CITÉRIEURE, *Hist.*, I, 49; IV, 39. — Un crime affreux y est commis par un paysan termestin, 45.

ESPAGNE ULTÉRIEURE, *Ann.*, IV, 13. — Envoie au sénat des députés pour demander la permission d'élever un temple à Tibère et à sa mère, *Ann.*, IV, 37.

ESPAGNOLS demandent la permission d'élever un temple à Auguste dans la colonie de Tarragone, *Ann.*, I, 78. — Un Espagnol soumis à la torture pour avoir tué L. Pison, préteur de la province, refuse de déclarer ses complices, et échappe aux tourmens en se précipitant la tête contre un rocher, IV, 45. — Galba introduit une légion d'Espagnols dans Rome, *Hist.*, I, 6.

ESPÉRANCE. Son temple est consacré par Germanicus : Atilius en avait fait le vœu, *Ann.*, II, 49.

ESPÉRANCE doit être opposée aux coups de la fortune, *Hist.*, II, 46. — Plus vous espérez, plus on vous encourage, 78.

ESPRIT HUMAIN. Le propre de l'esprit humain est de haïr celui que l'on a offensé, *Agr.*, 42.

ESQUILIES, une des sept collines de Rome, *Ann.*, XV, 40.

ESQUILINE (Porte), située sur le mont Esquilin, à Rome, *Ann.*, II, 32.

ÉTÉSIENS (Vents), *Ann.*, VI, 33; *Hist.*, II, 98.

ÉTHIOPIE (*Abyssinie*), vaste contrée d'Afrique conquise par Rhamsès, *Ann.*, II, 60.

ÉTHIOPIENS, race primitive des Juifs, *Hist.*, V, 2.

ÉTRURIE (*Toscane*), province d'Italie, *Ann.*, II, 39; IV, 5; XI, 24; XIV, 59; *Hist.*, I, 86; III, 41. — Les premières familles d'Étrurie cultivent la science des aruspices, *Ann.*, XI, 15. — Temple du Salut dans cette province, XV, 53.

ÉTRURIENS, ÉTRUSQUES reconnaissent les Sardes pour leurs frères, *Ann.*, IV, 55. — Les Romains leur ont emprunté les histrions, xiv, 21.—Rome leur donne des ôtages, xi, 24. — Venant au secours des Romains, ils sont postés sur le mont Célius, iv, 65. — Reçoivent de Démarate de Corinthe les lettres de l'alphabet, xi, 14.

Eubée (*Negrepont*), île de la mer Égée, *Ann.*, ii, 54; v, 10.

Eucerus, natif d'Alexandrie, habile joueur de flûte que Poppéa fait accuser d'adultère avec Octavie, *Ann.*, xiv, 60.

Eudemus, ami et médecin de Livie, est admis dans la confidence de l'empoisonnement projeté de Drusus, époux de celle-ci, *Ann.*, iv, 3. — Ses aveux au milieu des tortures, 11.

Eudoses, peuple de la Germanie, *Germ.*, 40.

Eumolpides, famille sacerdotale d'Athènes, *Hist.*, iv, 83.

Euxone, chef des Aorses, *Ann.*, xii, 15. — Intercède auprès de Claude, pour Mithridate 18, 19.

Euphrate, fleuve d'Asie, *Ann.*, ii, 58; vi, 31; xiv, 25; xv, 26; *Hist.*, v, 9. — Tout l'immense espace de terres de l'entrée de la Syrie à l'Euphrate est contenu par quatre légions, *Ann.*, iv, 5. — L. Vitellius conduit l'élite de ses légions et de ses auxiliaires sur la rive de l'Euphrate, vi, 37. — C. Cassius est chargé par Claude de conduire Méherdate sur ses bords, xii, 11. — Néron ordonne que des ponts joignent ses rives, xiii, 7. — Corbulon dispose ses légions sur la rive de ce fleuve, xv, 3. — Pétus le traverse sous de tristes présages, 7.—Corbulon y jette un pont, 9. — Il laisse des troupes en Syrie, pour conserver les forts établis aux rives de l'Euphrate, 12. — Corbulon rencontre Pétus sur ses bords, 16. — On détruit les fortifications élevées par Corbulon par-delà ce fleuve, 17.

Euripide, poète tragique de Salamine, *Orat.*, 12.

Europe, une des trois parties du monde qui formaient l'ancien continent, *Ann.*, xii, 63.

Euxin. *Voyez* Pont-Euxin.

Évandre d'Arcadie porte aux Aborigènes la connaissance des lettres de l'alphabet, *Ann.*, xi, 14. — Consacre un autel et un temple à Hercule vivant, xv, 41.

Evocati, vétérans qui s'enrôlaient de nouveau après avoir rempli leur temps de service, *Ann.*, ii, 68; *Hist.*, i, 41, 46.

Evodus, affranchi, est chargé par Narcisse de surveiller et d'affermir les centurions et le tribun qui doivent consommer le meurtre de Messaline, *Ann.*, xi, 37.

F

FABATUS. *Voyez* CALPURNIUS FABATUS.

FABIANUS (Valerius), parent de Domitius Balbus, suppose un testament de ce dernier, *Ann.*, XIV, 40. — Convaincu dans le sénat, il est condamné aux peines de la loi Cornelia, *ibid.*

FABIUS (Paullus), consul en 787 avec L. Vitellius, *Ann.*, VI, 28.

FABIUS FABULLUS, commandant de la cinquième légion, *Hist.*, III, 14.

FABIUS JUSTUS, consul en 854; c'est à lui qu'est adressé le Dialogue sur les causes de la corruption de l'éloquence, *Orat.*, 1.

FABIUS MAXIMUS, ami et confident d'Auguste; doutes sur sa mort, *Ann.*, I, 5.

FABIUS PRISCUS conduit la quatorzième légion chez les Nerviens et les Tongres, et reçoit la soumission de ces peuples, *Hist.*, IV, 79.

FABIUS ROMANUS, intime ami de Lucain, accuse Mella, père de ce dernier, de participation au complot contre Néron, *Ann.*, XVI, 17.

FABIUS RUSTICUS, historien, *Ann.*, XIII, 20; XIV, 2; XV, 61; *Agr.*, 10.

FABIUS VALENS, lieutenant de légion, avant qu'il lui en soit

F

rien ordonné, tue Fonteius Capiton sur le point de se révolter en Germanie, *Hist.*, I, 7; III, 62. — Il pousse Vitellius à usurper l'empire, I, 52. — Il entre dans Cologne avec la cavalerie de la première légion et ses auxiliaires, et salue Vitellius empereur, 57. — Il est désigné par ce dernier pour commander une armée et fondre en Italie par les Alpes Cottiennes, 61. — Un heureux présage s'offre à lui et aux troupes qu'il conduit, 62. — La nouvelle du meurtre de Galba et de l'élection d'Othon lui parvient dans la cité des Leuques, 64. — Il empêche, par ses délations secrètes, Vitellius d'accorder aucun honneur à Manlius Valens, quoiqu'il se fût entièrement voué à son parti, *ibid.* — Il impose des contributions aux Gaulois, *ibid.*, 66. — Envoie des secours dans la Gaule Narbonnaise, II, 14, 28. — Une sédition dont il manque d'être victime, s'élève parmi ses troupes, 27-29. — Son entrée en Italie suscite à Cécina un dessein funeste par ses résultats, 24. — Il arrive à Ticinum, 27. — Il apprend dans cette ville le malheureux combat de Cécina, et la révolte est sur le point de recommencer, 30. — Rivalité entre Cécina et Valens, *ibid.*,

93. — Leurs troupes se réunissent, 31. — Il feint de vouloir commencer un pont sur le Pô et attend sur la rive le moment où l'ennemi pourra se perdre par son imprudence, 34. — Il livre bataille aux Othoniens, et les défait, 41 et *suiv.* — Les soldats d'Othon, après la mort de ce prince, conjurent avec menaces Virginius d'être leur député auprès de Cécina et de Valens, 51. — Il envoie aux sénateurs réunis à Bologne une lettre qui met un terme à leurs alarmes, 54. — On lit publiquement celles qu'il avait écrites aux consuls, 55. — Il ferme les yeux sur le pillage de l'Italie par les soldats, 56. — Il reçoit en pleine assemblée les louanges de Vitellius, qui le place près de sa chaise curule, 59. — Il montre à ce dernier les positions du combat de Bédriac, 70. — Il donne à Bologne un spectacle de gladiateurs, 67, 71. — Vitellius, afin de lui donner une place parmi les consuls, abrège la durée des consulats des autres, *ibid.* — Cécina partage avec lui le pouvoir impérial, 92. — Ils célèbrent tous deux le jour de la naissance de Vitellius par des spectacles de gladiateurs dans tous les quartiers de Rome, 95. — Ce prince les charge de la direction de son armée contre Vespasien, 99. — Retenu par les suites d'une maladie grave au départ des troupes, Valens écrit à celles qu'il avait commandées en personne, de s'arrêter pour l'attendre, 100. — Vitellius l'engage à presser son départ, III, 36. — Il reste fidèle à ce prince, 15. — Perd en délibérations le temps d'agir, 40. — Se couvre d'infamies, 41. — Conçoit le projet de soulever les Gaules, *ibid.* — En est détourné par Marius Maturus, procurateur des Alpes Maritimes, 42. — Une tempête le jette dans les îles Stéchades, où des galères envoyées par Valerius Paullinus se saisissent de lui, 43. — Il est tué à Urbinum, dans sa prison, 62. — Son origine et ses mœurs, *ibid.*; I, 66. — *Voyez* encore, II, 77; III, 66.

Fabricius (les). Comparaison de leur fortune avec celle des Scipions, *Ann.*, II, 33.

Fabricius Véienton est chassé d'Italie pour avoir composé des libelles diffamatoires contre les sénateurs et les pontifes, *Ann.*, XIV, 50.

Fabullus. *Voyez* Fabius Fabullus.

Factions dans Rome, leur début et leurs progrès, *Hist.*, II, 38. — Factions des grands, *Orat.*, 36.

Falanius, chevalier romain peu distingué, est accusé de crime de lèse-majesté, *Ann.*, I, 73. — A quel propos, *ibid.*

Famine à Rome, *Ann.*, XII, 43;

Hist., I, 86. — Vespasien se rend à Alexandrie pour menacer Rome de la famine, III, 48. — Famine en Bretagne, *Ann.*, XIV, 38.

FANTASSINS. *Voyez* INFANTERIE.

FANUM FORTUNÆ (*Fano*), ville d'Italie, sur le bord de la mer Adriatique, *Hist.*, III, 50.

FASTES. Les jeux Augustaux y sont ajoutés, *Ann.*, I, 15. — Aurelius Cotta propose que le nom de Pison en soit rayé; Tibère s'y oppose, III, 17, 18.

FAUSTUS. *Voyez* ANNIUS FAUSTUS.

FAUSTUS (Publius Cornelius Sylla), consul en 805 avec Salvius Othon, *Ann.*, XII, 52.

FAVENTINUS. *Voyez* CLAUDIUS FAVENTINUS.

FAVONIUS, le Zéphyre ou vent d'ouest, *Ann.*, IV, 67.

FAVONIUS (Marcus), ami de Brutus, tué par Antoine, *Ann.*, XVI, 22.

FÉCIAUX. Lucius Apronius demande que les jeux publics soient présidés par eux, *Ann.*, III, 54.

FÉCONDITÉ. Le sénat lui décerne un temple à l'occasion de la fille donnée par Poppée à Néron, *Ann.*, XV, 23.

FÉLIX. *Voyez* ANTONIUS FÉLIX.

FÉLIX (Sextilius) est envoyé pour occuper la rive de l'Énus, *Hist.*, III, 5. — Il défait Julius Tutor, IV, 70.

FEMMES : sont non-seulement faibles et inhabiles aux travaux, mais, si on leur en laisse la licence, elles sont cruelles, ambitieuses, avides d'autorité, *Ann.*, III, 33. — Leur pouvoir contraire aux mœurs de Rome, XII, 37. — Sont regardées comme des divinités par les Germains, *Hist.*, IV, 61; V, 25; *Germ.*, 8. — Les Bretons les admettent au commandement, *Ann.*, XII, 40; XIV, 35; *Agr.*, 16, 31. — Les Sitones ont une femme pour souveraine, *Germ.*, 45. — Tibère regarde leur élévation comme une atteinte à sa propre autorité, *Ann.*, I, 14, 69. — Les Arméniens essaient du gouvernement d'une femme nommée Érato, II, 4. — Le sénat, par des règlemens sévères, réprime leur dissolution, 85; XII, 53. — Severus Cécina propose de défendre à tout magistrat, de se faire accompagner par sa femme dans les provinces, III, 33. — Claude réprime par des édits sévères, la licence du peuple, qui, au théâtre, avait insulté des femmes de distinction, XI, 13. — Des femmes, semblables aux Furies, en habits lugubres, les cheveux épars, et portant des flambeaux, courent au travers d'une armée de Bretons, XIV, 30. — Ces derniers placent sur des chariots disposés par eux leurs femmes pour être témoins de leur victoire, 34. — Des femmes illustres de Rome se dégradent au milieu de l'arène, xv, 32. — Se prostituent dans une fête donnée par Tigellinus à Néron, 37. — Des femmes s'engagent dans la conspiration contre ce tyran, 48. — Une femme (l'épouse de Calvisius Sabinus), dans sa coupable curiosité de visiter l'intérieur d'un camp, y pénètre la nuit en habit de soldat, *Hist.*, I, 48. — Beau trait d'une femme de Ligurie, II, 13. — Acharnement des femmes juives au siège de Jérusalem, V, 13.

FENIUS RUFUS est nommé préfet des vivres, *Ann.*, XIII, 22. — Désigné par la faveur publique, parce qu'il gérait l'administration des vivres sans dilapidation, est nommé par Néron préfet du prétoire, XIV, 51. — On lui fait un crime de l'affection d'Agrippine pour lui, 57; XV, 50. — Il se jette dans la conjuration contre Néron, *ibid.* — Son rôle dans le complot, 53. — Pour faire croire à son ignorance de la conspiration, se montre atroce envers ses complices, et les presse avec violence dans ses interrogatoires, 58. — Empêche Subrius Flavius de frapper Néron de son épée au milieu de l'interrogatoire, *ibid.* — Sa conférence avec Granius Silvanus, 61. — Sa complicité à la conspiration est dévoilée par Flavius Scevinus, 66. — Consigne en mourant ses lamentations jusque dans son testament, 68.

FÉRENTAIRES (*Ferentarii*), soldats armés à la légère, *Ann.*, XII, 35.

FERENTINUM (*Ferentino*), ville du Latium, patrie d'Othon, *Hist.*, II, 50.

FERENTUM (*Forenza*), ville d'Italie, près de laquelle la Fortune avait un temple, *Ann.*, XV, 53.

FÉRIES LATINES, *Ann.*, IV, 36; VI, 11.

FÉRONIE, ville d'Italie, peu éloignée de Terracine, *Hist.*, III, 76.

FESTIN offert à Néron par Tigellinus, *Ann.*, XV, 37. — Festin de Vitellius, *Hist.*, II, 62. — Festins des Germains, *Germ.*, 22.

FESTUS, préfet de cohorte, est massacré en Afrique, *Hist.*, II, 59.

FESTUS. *Voy.* MARTIUS FESTUS.

FESTUS (Valerius), lieutenant de légion en Afrique, attend les succès entre Vitellius et Vespasien, pour soutenir l'un ou l'autre parti, *Hist.*, II, 98. — Fait tuer L. Pison par des soldats maures et carthaginois choisis parmi les auxiliaires, IV, 49, 50. — Fait charger de chaînes Cetronius Pisanus, préfet de camp, *ibid.*

FÊTES. Le jour des ides de septembre, où Libon s'était tué, est déclaré jour de fête, *Ann.*, II, 32. — On inscrit parmi les jours de fêtes, ceux où Corbulon avait remporté la victoire dans l'Orient, XIII, 41. — Néron célèbre à Baïes les fêtes de Minerve, XIV, 4. — Jeux annuels ajoutés aux fêtes de cette déesse, 12. — Fêtes consacrées aux fleuves, I, 79. — De la Grande-Déesse, III, 6. — Des Juvénales, XIV, 15. — De Saturne, XIII, 15; *Hist.*, III, 78.

FEU céleste embrase les enseignes et les tentes des soldats, *Ann.*, XII, 64. — Des feux sortis de terre, chez les Ubiens, dévorent les métairies, les campagnes, les bourgs, et se portent jusqu'aux murailles mêmes de la colonie nouvellement fondée, XIII, 57. — Moyen employé pour les éteindre, *ibid.*

FIDÈNES (*Castello Giubileo*), bourg des Sabins, *Hist.*, III, 79. — Un amphithéâtre construit par un certain Atilius, pour donner des spectacles de gladiateurs, s'y écroule, *Ann.*, IV, 62.

FIGUIER RUMINAL. *Voyez* RUMINAL.

FILS accusateur de son père, *Ann.*, IV, 28. — Fils tué par son père, XIII, 37. — Un fils, en combattant dans le parti flavien, tue son père qui se trouve dans les rangs des Vitelliens, *Hist.*, III, 25.

FINNOIS, peuple germanique ou sarmate, *Germ.*, 46. — Particularités sur cette nation, *ibid.*

FIRMIUS CATUS, sénateur, ami intime de Libon, pousse ce jeune homme imprudent à conspirer, II, 27; IV, 31. — Dénonce le crime et le coupable par l'entremise de Flaccus Vescularius, qui approche le plus de Tibère, II, 28. — Est chassé du sénat pour avoir faussement accusé sa sœur du crime de lèse-majesté, IV, 31.

FIRMUS. *Voyez* PLOTIUS FIRMUS.

FISC, trésor du prince, *Ann.*, II, 47; *Hist.*, IV, 72. — Administré par des préteurs, 9. — L'agent du fisc achète les esclaves de C. Silanus pour les livrer à la question, III, 67. — Les biens de C. Silius sont confisqués et engloutis dans le fisc, IV, 20. — L. Pison veut forcer les Termestins à restituer les sommes dues au fisc, 45. — Les biens de Séjan sont versés du trésor public dans la caisse du prince (fisc), VI, 2. — Pétus, fameux par les confiscations qu'il exerçait pour le fisc, XIII, 23. — Galba réunit au fisc les revenus de Lyon, *Hist.*, I, 65. — Othon, sur la demande que font les soldats d'être exemptés du droit de congé payé aux centurions, promet de les payer de sa caisse, 46. — Vitellius leur accorde la même faveur, 58. — Othon rend aux personnes rappelées de l'exil le reste des confiscations de Néron non encore réunies au fisc, 90.

FLACCILLA. *Voy.* ANTONIA FLACCILLA.

FLACCUS. *Voyez* HORDEONIUS FLACCUS.

FLACCUS (Pomponius), sénateur. Son avis dans le jugement de Libon, *Ann.*, II, 32. — Est choisi pour gouverner la Mésie, 66. — Détermine Rhescuporis à se rendre aux postes romains, 67. — Propréteur de Syrie, meurt, VI, 27.

FLACCUS VESCULARIUS. *Voyez* ATTICUS.

FLAMINE de Jupiter ne peut sortir de l'Italie, *Ann.*, III, 58.— Un décret des pontifes décidait que toutes les fois que le flamine de Jupiter serait malade, il pourrait s'absenter plus de deux nuits, avec la permission du grand-pontife, pourvu que ce ne fût pas aux jours de service public, ni plus de deux fois dans la même année, 71. — Tibère propose un nouveau mode d'élection; mais, après une discussion, on convient de ne rien changer à l'institution des flamines, IV, 16. —Auguste voulait être adoré par des flamines dans les temples, sous l'image des divinités, *Ann.*, I, 10.—Règles des flamines de Mars et de Quirinus, *Ann.*, III, 58. —Un flamine ne peut succéder à Germanicus, s'il n'est de la famille des Jules, *Ann.*, II, 83.

FLAMINIENNE (Voie), une des principales routes d'Italie, *Ann.*, III, 9; XIII, 47; *Hist.*, II, 64; III, 79, 82.—Othon la trouve obstruée en partant pour son expédition contre Vitellius, *Hist.*, I, 86.

FLAMMA. *Voyez* ANTONIUS FLAMMA.

FLAMMEUM, voile de pourpre des mariées, *Ann.*, XV, 37.

FLAVIANUS. *Voyez* AMPIUS et TULLIUS.

FLAVIUS. *Voyez* SUBRIUS et VESPASIEN.

FLAVIUS, frère d'Arminius, *Ann.*, II, 9; XI, 16. — S'était distingué par sa fidélité et avait perdu un œil en combattant sous Tibère, II, 9. — Son entrevue avec Arminius, *ibid.* et *suiv.*—Est sur le point d'en venir à un combat avec ce dernier, 10.

FLAVIUS, chef gaulois qui avait combattu pour Vindex, est abandonné par Vitellius à la fureur des soldats, *Hist.*, II, 94.

FLAVIUS (Maison des), *Hist.*, II, 101.

FLAVIUS NEPOS est dépouillé du

tribunat, non parce qu'il haïssait Néron, mais parce qu'il passait pour le haïr, *Ann.*, XV, 71.

FLAVIUS SABINUS, frère aîné de Vespasien, reçoit des soldats la préfecture de Rome, emploi qui lui avait déjà été confié sous Néron, *Hist.*, I, 46. — Consul du 1er mai au 1er juillet 822, 77. — Othon l'envoie pour se mettre à la tête des troupes que Macer commandait, II, 36. — Remet, après la mort d'Othon, les troupes sous ses ordres au vainqueur, 51. — Fait prêter serment pour Vitellius à tout ce qu'il y a de soldats dans Rome, 55. — Pour ne point paraître soutenir Dolabella, il le pousse dans le précipice, 63. — Il ébranle par ses instigations la fidélité de Cécina, 99. — Il reste à Rome quoique l'occasion de s'enfuir vers l'armée de son frère se présente à lui, III, 59. — Jaloux de céder en gloire à Antonius Primus et à Varus, il ouvre des négociations avec Vitellius, sur la paix et les moyens de déposer les armes par un accommodement, 64, 65. — Ayant éprouvé un échec avec les Vitelliens, il monte à la citadelle du Capitole avec sa troupe et quelques sénateurs et chevaliers, 69. — Il y est assiégé, *ibid.* et *suiv.* — Est pris, et tombe percé de coups, 73, 74, 79, 81. — Sa tête est coupée, et son corps mutilé est traîné aux Gémonies, 74. — On lui fait des funérailles censoriales, IV, 47. — Son éloge, III, 75.

FLAVIUS SCEVINUS, de l'ordre sénatorial, se jette dans la conjuration contre Néron, *Ann.*, XV, 49. — Demande à frapper les premiers coups, 53. — L'affranchi Milichus, chargé par lui d'aiguiser son poignard, va le dénoncer, 54, 55. — Enlevé par des soldats, entreprend de se défendre, *ibid.* — Menacé de la torture, fait connaître les conjurés, 56, 59. — Dévoile la complicité de Fenius Rufus, 66. — Périt avec plus de courage que ne le promettait la mollesse de sa vie, 70. — Sa femme est envoyée en exil, 71.

FLEUVES. Les alliés des Romains ont consacré des fêtes, des bois et des autels aux fleuves de leur patrie, *Ann.*, I, 79.

FLEVUM, château-fort chez les Frisons, *Ann.*, IV, 72.

FLORE. Tibère fait la dédicace d'un temple à cette déesse, consacré par les édiles Lucius et Marcus Publicius, *Ann.*, II, 49.

FLORENTINS, demandent en grâce au sénat, que le Clain ne soit pas détourné de son lit accoutumé pour être conduit dans l'Arno, *Ann.*, I, 79.

Florus (Julius) pousse les Trévires à la révolte, *Ann.*, III, 40. — Se voyant défait, se perce de sa propre main, 42.

Florus (Gessius), procurateur de Judée sous Néron, *Hist.*, V, 10.

Florus (Sulpicius), soldat des cohortes britanniques, nouvellement fait citoyen par Galba, égorge Pison Licinianus sur l'ordre que lui en avait donné Othon, *Hist.*, I, 43.

Flotte envoyée à Fréjus par Auguste, et composée des galères prises à la bataille d'Actium, *Ann.*, IV, 5. — Germanicus charge Anteius et Cécina de la construction d'une flotte de mille vaisseaux, II, 6. — Elle périt dans l'Océan par l'effet de la tempête, 23. — La perte de la flotte ranime l'espoir des Germains, mais aussi accroît l'énergie de Germanicus, 25. — La flotte de Pison rencontre l'escadre d'Agrippine sur les côtes de la Lycie, 79. — Désastre de la flotte causée par les ordres de Néron, XV, 46. — Ce prince en tire une légion, *Hist.*, I, 6. — La flotte se montre fidèle au parti d'Othon, 87. — Saccage Intemelium, II, 13; *Agr.*, 7. — Menace la Gaule Narbonnaise, *Hist.*, II, 14, 15, 32. — Sa renommée conserve au parti d'Othon la Corse et la Sardaigne, 16. — Elle bat les Trévires et les Tongres qui combattent pour Vitellius, 28. — Mucien ordonne à la flotte de passer du Pont à Byzance pour opérer en faveur de Vespasien, 83. — Se montre disposée à changer de maître, 101. — Celle de Ravenne fait défection à Vitellius, III, 13, 36, 39. — Vespasien tire de celle-ci un choix de soldats qui demandaient à servir comme légionnaires, et les remplace par des Dalmates, 50. — Vitellius est abandonné par la flotte de Misène, 56, 60. — La flotte du Rhin est livrée à Civilis par la perfidie des rameurs dont une partie étaient Bataves, IV, 16. — Marche de cette dernière, 22. — La flotte de Bretagne est subitement attaquée par les Canninéfates, et la plus grande partie des navires est coulée ou prise, 79. — La flotte d'Agricola seconde les efforts de son armée de terre, *Agr.*, 25. — Elle fait le tour de la Bretagne, 10, 38. || Flotte de Bretagne, *Hist.*, IV, 79. — Sur le Danube, *Ann.*, XII, 30. — A Fréjus, IV, 5. — De Germanie, *Hist.*, I, 58. — A Misène, *Ann.*, IV, 5; XIV, 3, 62; XV, 51; *Hist.*, II, 100; III, 56, 57, 60. — A Ravenne, *Ann.*, IV, 5; *Hist.*, II, 100; III, 6, 36, 39, 50. — Sur le Rhin, *Ann.*, XII, 30; *Hist.*, IV, 16. — Des Suiones, *Germ.*, 44.

FONDI (Montagnes de), *Ann.*, IV, 69.

FONTEIUS AGRIPPA. *Voyez* AGRIPPA.

FONTEIUS CAPITON, ancien proconsul de l'Asie, accusé par Vibius Serenus, est absous, *Ann.*, IV, 36.

FONTEIUS CAPITON (Caïus), consul en 812 avec C. Vipstanus Apronianus, *Ann.*, XIV, 1. — Fait tuer Julius Paulus, *Hist.*, IV, 13. — Prêt à se révolter en Germanie, est exécuté par Cornelius Aquinus et Fabius Valens, lieutenans de légions, avant qu'il leur en fût rien ordonné, I, 7, 8 ; III, 62. — Othon reproche sa mort à Galba, I, 37. — Sordidité et avarice de Capiton, 52. — Sa mémoire chère aux soldats, 58.

FORÊT consacrée à Hercule, *Ann.*, II, 12.

FORFAITS évidens n'ont de refuge qu'en l'audace, *Ann.*, XI, 26. — Réussissent par l'emportement, les sages projets par la maturité, *Hist.*, I, 32.

FORMIES (*Mola*), ville du Latium, chez les Volsques, *Ann.*, XV, 46 ; XVI, 10.

FORS-FORTUNA. Son temple près du Tibre, *Ann.*, II, 41.

FORTUNATUS, affranchi de L. Antistius Vetus, après avoir malversé la fortune de son patron, en devient l'accusateur, *Ann.*, XVI, 10.

FORTUNE récente d'autrui est considérée d'un œil envieux, et l'on n'exige jamais plus de modération que de ceux qu'on a vus ses égaux, *Hist.*, II, 20. — Les esprits actifs et vigoureux opposent l'espérance aux coups de la fortune, 46. — Ses vicissitudes, 70. — L'on peut, à sa volonté, subir plus ou moins les caprices de la fortune, 74. — La fortune mêle et les grandeurs et les abaissemens, IV, 47.

FORTUNE avait plusieurs temples à Rome, *Ann.*, III, 71. — Son temple à Ferentum, XV, 53. — Le sénat décrète, à l'occasion de la naissance d'une fille que Poppée donne à Néron, l'érection de statues d'or aux deux Fortunes, 23.

FORTUNE ÉQUESTRE. Les chevaliers romains lui vouent une offrande pour la santé de l'impératrice Livie, *Ann.*, III, 71. — Son temple à Antium, *ibid.*

FORUM D'ALLIENUS (*Ferrare*), ville d'Italie, *Hist.*, III, 6.

FORUM D'AUGUSTE, *Ann.*, IV, 15.

FORUM BOARIUM, *Ann.*, XII, 24.

FORUM OLITORIUM, *Ann.*, II, 49.

FORUM ROMANUM, *Ann.*, I, 7, 8 ; II, 34 ; III, 5, 9, 12, 29, 36 ; IV, 65, 67 ; XI, 32 ; XII, 24, 43 ; XIV, 61 ; XV, 69, 72 ; *Hist.*, I, 33, 39, 40, 41 ; II, 38, 88 ; III, 70, 85.

Foses, peuple de la Germanie, limitrophe des Chérusques, *Germ.*, 36.

Foudre frappe et incendie des villes de Judée, *Hist.*, v, 7. — Tue une femme dans les bras de son mari, *Ann.*, xiv, 11. — Frappe les quatorze quartiers de Rome, *ibid.* — Renverse, à *Sublaqueum*, la table sur laquelle Néron faisait un repas, 22. — Incendie le Gymnase et fond en un bronze informe la statue de Néron, xv, 22.

Framée, sorte de lance en usage chez les Germains, *Germ.*, 6, 14, 24. — Aucun ne la porte avant qu'il n'en ait été reconnu digne, 13. — Donnée en présent de noces à l'épouse, 18. — Dans leurs assemblées, les Germains agitent cette arme en signe d'approbation, 11.

Frayeur écoute également et les conseils des sages et les rumeurs du vulgaire, *Hist.*, iii, 58.

Fregellanus. *Voyez* Pontius.

Fréjus (*Forojuliensis* ou *Forum Julii*), colonie de la Gaule Narbonnaise, *Ann.*, ii, 63. — Patrie d'Agricola, *Agr.*, 4. — Auguste y envoie, avec des rameurs choisis, les galères prises à la bataille d'Actium, *Ann.*, iv, 5. — Catualda, chassé par les Hermondures, est accueilli par Tibère et envoyé dans cet endroit, ii, 63. — Les Vitelliens l'occupent, *Hist.*, ii, 14. — Valerius Paullinus, du parti flavien, réunit tous les soldats licenciés par Vitellius, et y met une garnison, iii, 43.

Frère. Au combat livré, au mont Janicule, contre Cinna, un soldat pompéien tue son frère; ensuite, reconnaissant sa victime, se tue lui-même, *Hist.*, iii, 51. — Un soldat du parti flavien demande une récompense pour avoir tué son frère, de sa propre main, en combattant, *ibid.*

Frisons, peuple de la Germanie, *Ann.*, i, 60; *Agr.*, 28. — Divisés en grands et en petits Frisons, *Germ.*, 34. — Voisins de la nation des Chauques, 35. — Rompent la paix avec Rome, *Ann.*, iv, 72, 73. — Leur nom acquiert un grand éclat chez les Germains, 74. — Livrent des ôtages et se contiennent dans des limites prescrites par Corbulon, xi, 19. — S'approchent des rives du Rhin et sont repoussés par la cavalerie auxiliaire, xiii, 53. — Auxiliaires de Civilis, *Hist.*, iv, 15, 16, 79. — Claudius Labéon est déporté dans leur pays par ce chef des Bataves, 18, 56.

Frondeurs, *Ann.*, ii, 20; xiii, 39.

Frontinus (Julius), préteur de la ville, convoque le sénat et abdique sa magistrature,

Hist., IV, 39. — Gouverneur de la Bretagne, subjugue par les armes, la nation vaillante et belliqueuse des Silures, *Agr.*, 17.

Fronto (Julius), tribun dans les gardes de nuit, est cassé de ses fonctions, *Hist.*, I, 20. — Il est chargé de fers par les Othoniens, sur le soupçon de tramer une trahison avec son frère, qui combat pour Vitellius, II, 26.

Fronto (Octavius) prononce un long discours contre le luxe de la ville, *Ann.*, II, 33.

Fronto (Vibius), préfet de cavalerie, arrête Vonones qui veut s'enfuir de la Cilicie où il était relégué, *Ann.*, II, 68.

Fucin (Lac). Un combat naval y est donné entre les criminels, à l'exemple d'Auguste, lorsqu'il fit creuser un bassin en deçà du Tibre, *Ann.*, XII, 56. — Canal creusé pour l'écoulement de ses eaux dans le Liris, 57.

Fufius Geminus, consul en 782 avec Rubellius Geminus, *Ann.*, V, 1. — Est l'objet des attaques de Tibère, parce qu'il était monté en crédit par la faveur de Livie, 2. — Sa mère périt pour avoir pleuré sa mort, VI, 10.

Fulcinius Trion. Son génie, entre les délateurs, était célèbre et avide de mauvaise renommée, *Ann.*, II, 28. — Reçoit la déposition d'un certain Junius, que Libon avait sollicité d'évoquer par des enchantemens les ombres infernales, *ibid.* — Demande l'information contre Libon, *ibid.* — Accuse Pison, III, 10, 13. — Tibère lui promet de l'aider à parvenir aux honneurs, et lui conseille de modérer la fougue de son éloquence, 19. — Ses rivalités avec Regulus, son collègue dans le consulat, V, 11; VI, 4. — Voulant se soustraire aux atteintes des délateurs, se tue, 38.

Fundani montes. *Voyez* Fondi (Montagnes de).

Fundanus (Pièce d'eau de), *Hist.*, III, 69.

Funérailles avec la pompe censoriale, sont décernées à Lucilius Longus, *Ann.*, IV, 15. — On célèbre celles d'Élius Lamia avec les mêmes honneurs, VI, 27. — Elles sont décernées à Claude, XIII, 2. — On fait à Flavius Sabinus des funérailles censoriales, *Hist.*, IV, 47. || Tibère demande au sénat que la mort de Sulpicius Quirinus soit honorée de funérailles publiques, *Ann.*, III, 48. — Les funérailles publiques sont décrétées à L. Pison par le sénat, *Ann.*, VI, 81. — Des funérailles publiques sont célébrées à la mort de Poppée, XVI, 6.

Funisulanus Vettonianus, commandant, sous les ordres de Pétus, la quatrième légion, entre dans l'Arménie, *Ann.*, xv, 7.

Furius Camille. *Voyez* Camille (Furius).

Furius Camillus Scribonianus, consul en 785 avec Cn. Domitius, *Ann.*, vi, 1. — Fomente des troubles dans la Dalmatie, xii, 52. — Son entreprise est découverte et étouffée au même instant, *Hist.*, i, 89. — Est mis à mort par un simple soldat nommé Volaginius, ii, 75.

Furius Camillus Scribonianus, fils du précédent, est exilé sous prétexte d'avoir recherché par des astrologues l'époque de la mort de l'empereur, *Ann.*, xii, 52. — Incertitudes sur son genre de mort, *ibid.*

Furnius, orateur médiocre, *Orat.*, 21.

Furnius, accusé d'adultère avec Claudia Pulchra, est condamné avec elle, *Ann.*, iv, 52.

Fuscus. *Voyez* Cornelius Fuscus.

G

Gabie fournit de ses pierres, qui sont à l'épreuve du feu, pour la construction des édifices de Rome, après l'incendie de cette ville en 817, *Ann.*, xv, 43.

Gabinianus, rhéteur fameux sous Vespasien, *Orat.*, 26.

Gabolus (Licinius), ancien préfet, chassé jadis par Agrippine, et rappelé par Néron, *Ann.*, xiv, 12.

Galatie, contrée de l'Asie Mineure, est soumise par Corbulon à une levée de soldats, *Ann.*, xiii, 35; xv, 6. — Galba envoie Calpurnius Asprenas pour la gouverner en même temps que la Pamphylie, *Hist.*, ii, 9.

Galba (Caïus Sulpicius), consul en 775 avec D. Haterius, *Ann.*, iii, 52. — Se donne la mort, vi, 40.

Galba (Servius Sulpicius) est accusé par Caton le Censeur, *Ann.*, iii, 66. — Orateur, *Orat.*, 18. — Son éloquence, encore naissante et non assez développée, eut des imperfections, 25.

Galba (Servius Sulpicius), septième empereur romain, *Ann.*, iii, 55. — N'est connu de Tacite ni par un bienfait ni par une injure, *Hist.*, i, 1. — Avare, sévère, cruel, 5, 6. — Peu de fermeté de son caractère, 7. — Consul en 786 avec L. Sylla, *Ann.*, vi, 15. — Tibère l'ayant sondé sur divers objets, lui adresse ces paroles en grec : « Et toi aussi, Galba, tu goûteras un jour de l'empire, » 20. — Vespasien lui envoie Titus, son fils, pour lui porter ses hommages et sa soumission, *Hist.*, 1, 10. — Fait empereur par la sixième légion, 16; v, 16. — Consul, pour la seconde fois, en 822, avec Titus Vinius, 1, 1, 11. — Conserve peu de temps le pouvoir (3 mois), *Orat.*, 17. — Disait qu'il voulait choisir ses soldats, non les acheter, *Hist.*, 1, 5. — Son entrée dans Rome est marquée par le massacre de milliers de soldats sans armes, 6, 31, 37, 87. — Vinius et Lacon, qui partagent l'autorité souveraine, assument sur lui toute la haine due aux forfaits, et tout le mépris qu'inspire l'incapacité, *ibid.* — Valens dénonce à Galba les irrésolutions de Virginius Rufus, 52. — Ce prince le rappelle de l'armée du Bas-Rhin sous les apparences d'amitié, 8. — Galba envoie Aulus Vitellius dans la Germanie Inférieure en qualité de consulaire, 9, 52. — Réunit au fisc les revenus de Lyon, et comble Vienne d'honneurs, 65. — Pense à adopter un successeur, 12. — Vinius lui donne le conseil de choisir Othon, 13. — Lacon lui parle honorablement de Pison Licinianus, son ami, toutefois comme d'un inconnu, 14. — Galba ordonne que ce dernier soit appelé, *ibid.* — Discours qu'il tient à Pison en l'adoptant, 15, 16. — Il se rend au camp et y annonce qu'il adopte Pison, 18. — Fait part de la même action au sénat, 19. — Haine que lui porte Othon, 21. — Sa vieillesse mise en parallèle avec la jeunesse d'Othon, 22. — Ce dernier tient sur lui des discours équivoques aux soldats, 23. — Mévius Pudens contribue à soulever l'armée contre lui, 24. — Quelques indices du complot d'Othon arrivent jusqu'à lui et sont repoussés par Lacon, 26. — L'aruspice Umbricius lui annonce de tristes présages, des embûches menaçantes et un ennemi domestique, 27. — Galba ignore que l'empire a passé dans les mains d'Othon, 29. — Les prétoriens se soulèvent contre lui, 31. — Son irrésolution dans ces conjonctures, 32, 33. — Va se diriger vers le camp, où Pison le précède, 34. — Un soldat, au milieu du palais, vient à lui, et, montrant un glaive ensanglanté, se vante faussement qu'Othon a péri de sa main, 35. — Paroles de Galba à ce sujet, *ibid.* — Othon rappelle aux soldats les cruautés et la tyrannie de Galba, et les exhorte à aller s'en emparer, 37, 38. — Galba, s'approchant du Forum, est joint par Pison épouvanté du tumulte de la sédition qui s'accroît, 39. — Dans ses perplexités, est entraîné çà et là suivant l'impulsion et les fluctuations de la multitude, 40. — Atilius Vergilion, arrache de son enseigne l'image de Galba et la jette contre terre, 41. — Galba est renversé de sa litière par la précipitation des porteurs effrayés, et roule à terre, *ibid.* — Il est massacré, *ibid.*; II, 31, 58, 88; III, 68, 85, 95; IV, 42. — Sa tête est portée avec celle de Pison et de Vinius au milieu des enseignes des cohortes, auprès de l'aigle de la légion, I, 44. — Son corps, long-temps abandonné, est, dans la licence des ténèbres, en but à mille outrages, 49. — L'intendant Argius, un de ses anciens esclaves, lui donne une humble sépulture dans les jardins que Galba possédait étant simple particulier, *ibid.* — Sa tête, recueillie le jour suivant, est réunie aux cendres de son corps déjà brûlé, *ibid.* — Marius Celsus se montra son ami fidèle jusqu'à ses derniers momens, 45. — Vie et mœurs de Galba, 49. — Haine que lui portaient les Trévires et les Langrois qu'il avait frappés d'édits rigoureux, 53. — Ses images sont brisées par les soldats des légions de la Germanie, 55, 56. — La nouvelle de sa mort parvient à Fabius Valens dans la cité des Leuques, 64. — Les Helvétiens, ignorant sa mort, refusent de reconnaître Vitellius, 67. — Titus apprend à Corinthe que Galba a cessé de vivre, II, 1. — Cornelius Dolabella est confiné par Othon dans la colonie d'Aquinum à cause de sa parenté avec Galba, I, 88. — Le peuple porte autour des temples les images de Galba avec des lauriers et des fleurs, II, 55. — On entasse des couronnes en forme de tombeau près du lac Curtius, dans le lieu que Galba mourant avait teint de son sang, *ibid.* — Vitellius est porté à l'empire en haine de Galba, 76. — Antonius ordonne, dans tous les municipes, le rétablissement des images de Galba, III, 7. — Le sénat, sur la proposition de Domitien, rétablit tous ses honneurs, IV, 40. — Sa statue d'or, I, 36. — *Voyez* encore, *Hist.*, I, 43, 50, 51, 73, 77; II, 6, 10, 23, 71, 86, 92, 97, 101; III, 22, 25, 57, 62, 86; IV, 6, 13, 33, 57.

GALBIENNE (Légion). *Voyez* à l'article LÉGIONS (septième *Galbienne*), ce qui a rapport à celle-ci.

GALBIENS, dénomination donnée par mépris pour Vindex à ses partisans, *Hist.*, I, 51.

GALERIA, épouse de Vitellius, protège Galerius Trachalus contre ses accusateurs, *Hist.*, II, 60. — Son nom ne fut jamais mêlé à d'odieuses persécutions, 64.

GALERIANUS. *Voyez* CALPURNIUS GALERIANUS.

GALERIUS TRACHALUS, Romain célèbre par son éloquence, *Hist.*, I, 90. — Est protégé contre ses accusateurs par

Galeria, épouse de Vitellius, II, 60.

GALGACUS, chef des Calédoniens, *Agr.*, 29 et *suiv.*

GALILÉENS, peuple de la Judée, *Ann.*, XII, 54.

GALLA. *Voyez* ARRIA GALLA.

GALLA (Sosia), épouse de C. Silius, odieuse à Tibère à cause de l'affection d'Agrippine pour elle, *Ann.*, IV, 19, 52. — Est reléguée en exil, sur la proposition d'Asinius Gallus, 20.

GALLION, orateur, comparé à C. Gracchus, *Orat.*, 26.

GALLION. *Voyez* JUNIUS GALLION.

GALLUS. *Voyez* ANNIUS, ASINIUS, CANINIUS, CESTIUS, CREPEREIUS, GLITIUS, HERENNIUS, RUBRIUS, TOGONIUS, VIPSANIUS.

GALLUS (Publius), chevalier romain, pour avoir été dans l'intimité de Fenius Rufus, et n'avoir pas été étranger à Vetus, est puni par l'interdiction de l'eau et du feu, *Ann.*, XVI, 12.

GALVIA CRISPINILLA, intendante des débauches de Néron, passe en Afrique pour exciter Claudius Macer à prendre les armes, et tente d'affamer le peuple, *Hist.*, I, 73. — On demande son supplice, mais elle échappe à la haine publique, *ibid.*

GAMBRIVES, peuplade de Germanie, *Germ.*, 2.

GANNASCUS, Canninéfate, chef des Chauques, fait avec ces derniers une irruption dans la Basse-Germanie, *Ann.*, XI, 18. — Est mis en fuite par Corbulon, *ibid.* — Ce dernier envoie des émissaires qui trament secrètement sa ruine, 19. — Le meurtre de Gannascus exaspère les Chauques, *ibid.*

GARAMANTES, nation d'Afrique indomptée et féconde en brigands, *Hist.*, IV, 50. — Tacfarinas se réfugie chez eux après avoir pillé les Leptins, *Ann.*, III, 74. — Leur roi envoie des troupes à Tacfarinas, IV, 23. — P. Dolabella est suivi à Rome des députés de cette nation, 26. — Festus les chasse du territoire des Leptins, *Hist.*, IV, 50.

GARDIEN, surnom de Jupiter, *Hist.*, III, 74.

GARUCIANUS. *Voyez* TREBONIUS GARUCIANUS.

GASCONS, peuple voisin des Pyrénées, servent dans les armées romaines, *Hist.*, IV, 33.

GAULE Chevelue, Lyonnaise, Narbonnaise. *Voyez* ces dénominations.

GAULES, séparées de la Germanie par le Rhin, *Germ.*, 1. — De la Bretagne par l'Océan, *Agr.*, 10. — Forment, avec l'Espagne, la plus puissante partie du monde, *Hist.*, III, 53. —

Arioviste combat pour s'en emparer, IV, 73. — César l'y bat, *Germ.*, 37. — Soumises au tribut par Germanicus, *Ann.*, I, 31, 33; II, 6. — Une troupe menaçante de Germains gagne les Gaules, I, 69. — Convoitées de tout temps par ceux-ci, *Hist.*, IV, 73. — Elles rivalisent avec l'Espagne et l'Italie pour réparer les pertes de l'armée de Germanicus, *Ann.*, I, 71. — A cause de l'énormité de leurs dettes, essaient de se révolter, III, 40. — Le bruit se répand à Rome, que ses soixante-quatre cités secouent le joug des Romains, 44. — En 776, le littoral de la Gaule le plus voisin, est gardé par les galères qu'Auguste avait prises à la bataille d'Actium et envoyées à Fréjus par des rameurs choisis, IV, 5. — Trebellius Maximus, Q. Volusius et Sextius Africanus en font le recensement en 814, *Ann.*, XIV, 46. — Dispositions des Gaules à l'avènement de Ser. Galba à l'empire, *Hist.*, I, 8. — Fabius Valens reçoit de Vitellius l'ordre de les séduire, et, s'il n'y réussit pas, de les dévaster, 61. — Effroi des Gaules à l'approche de l'armée, 63. — Vitellius hâte le recrutement dans les Gaules, pour reformer les légions dont il ne restait plus que le nom, II, 57. — Ce prince, sur la nouvelle de défections, en tire des renforts, 97; III, 15. — On y saisit des émissaires de Vespasien, II, 97. — Le tribun Julius Calenus y porte la nouvelle de la victoire remportée par les Flaviens à Bédriac et à Crémone, III, 35. — Fabius Valens conçoit le projet de soulever les Gaules, 41. — Elles se déclarent pour Vespasien, 44, 53. — Civilis travaille à gagner leur alliance, IV, 17. — Il pense à s'en former un empire, 18. — Elles refusent de se soumettre aux levées et aux tributs, 26. — Civilis envoie des troupes pour en ravager les confins, 28. — L'armée de Germanie y envoie des centurions pour solliciter des renforts et de l'argent, 36. — Elles secondent la rebellion de Civilis, 54 et *suiv.* — Les soldats romains prêtent serment à l'empire des Gaules, 59, 60. — Les cités des Gaules s'assemblent chez les Rémois, 68. — Petilius Cerialis renvoie dans leurs cités les levées faites dans les Gaules, en leur ordonnant d'annoncer que l'empire avait assez de ses légions, 71. — Résultat de cette détermination, *ibid.* — Mer des Gaules, *Agr.*, 24. — *Voyez* encore, *Ann.*, I, 34, 36, 47; II, 5, 6; III, 41, 43; IV, 28; VI, 7; XI, 18; XII, 39; XIII, 53; XIV, 32, 39, 57; *Hist.*, I, 2, 37, 51, 62, 65, 87, 89; II, 11, 29, 32, 61. 69, 86;

III, 2, 13; IV, 3, 12, 24, 25, 32, 49, 61, 67, 69, 85; V, 19, 23, 26; *Germ.*, 37.

GAULOIS. Leur génie naturel, *Agr.*, 21. — Leur culte dicté par la superstition, 11. — Chassés des bords du Rhin par les Germains, *Germ.*, 2. — Ont autrefois été établis en Germanie, 28, 29. — D'après les probabilités générales, ont occupé le sol de la Bretagne le plus voisin de la Gaule, *Agr.*, 11. — Prennent Rome, *Ann.*, XI, 24; *Hist.*, III, 72; IV, 54. — Incendient cette ville, XV, 43. — Sacrovir leur rappelle leurs anciens triomphes et les maux qu'ils ont causés aux Romains, III, 45. — Claude fait ressortir la fidélité avec laquelle ils observent les traités, XI, 24. — Ils se vantent fièrement de l'exemption du quart du tribut à eux accordé par Galba, et des récompenses qu'ils en ont reçues, *Hist.*, I, 51; IV, 57. — A la nouvelle du meurtre de ce prince, l'irrésolution des Gaulois est fixée par la terreur que leur inspire la présence de Vitellius : leur haine est égale pour lui ou pour Othon, I, 64. — Se détachent du parti de Vitellius, à la nouvelle des succès des Flaviens à Crémone, IV, 31. — Moyen employé par Petilius Cerialis pour gagner leur adhésion à l'empire et leur faire abandonner le parti de Civilis, 71. — Cohortes de Gaulois, *Ann.*, II, 17; III, 45; *Hist.*, I, 70; II, 68; IV, 17. — *Voyez* encore, *Ann.*, I, 44; III, 40, 41; IV, 5; XI, 25; *Hist.*, II, 93; IV, 14, 62, 76, 77, 78; *Germ*, 29; *Agr.*, 32; *Orat.*, 10.

GAULOIS TRANSPADANS, *Hist.*, III, 34.

GELDUBA (*Gelb*), forteresse de la Germanique 2e sur le Rhin, *Hist.*, IV, 26, 32, 35, 58. — Civilis la prend, 36.

GELLIUS PUBLICOLA, questeur de C. Silanus, se joint à ses accusateurs, *Ann.*, III, 67.

GEMINA, surnom donné à plusieurs légions. *Voyez* LÉGIONS.

GEMINIUS, chevalier romain, périt victime de la conjuration de Séjan, *Ann.*, VI, 14.

GEMINUS. *Voyez* ATIDIUS, DUCENNIUS, FUFIUS, RUBELLIUS, TALIUS, VIRDIUS.

GÉMISSEMENS. Le principal devoir des amis n'est point d'accorder aux morts de lâches gémissemens, mais de se souvenir de ce qu'ils ont voulu, d'exécuter ce qu'ils ont prescrit, *Ann.*, II, 72.

GÉMONIES. Le peuple y traîne les statues de Cn. Pison, *Ann.*, III, 14. — On y jette les corps des enfans de Séjan, v, 9. — Le sénat remercie Tibère de n'avoir pas fait jeter le corps d'Agrippine aux Gémonies, vi, 25. — Le corps mutilé de Flavius Sabinus y est traîné, *Hist.*, iii, 74, 85. — Vitellius l'y suit bientôt, *ibid.*

Génie est plus facile à éteindre qu'à ranimer, *Agr.*, 3.

Génitrix, surnom de Vénus. *Voyez* Vénus.

Gerelanus, tribun, est envoyé vers Vestinus Atticus pour lui donner la mort, *Ann.*, xv, 69.

Germains, dénomination générale de tous les peuples de la Germanie, *Ann.*, i, 57 ; ii, 5, 45 ; iii, 46 ; iv, 5, 74 ; xi, 16, 17 ; *Hist.*, i, 84 ; ii, 93 ; iii, 15 ; iv, 14, 24, 26, 37, 63, 64, 65, 74, 75, 78, 79 ; v, 15, *Agr.*, 32. — Origine et fondateurs de leur nation, *Germ.*, 2. — D'où leur vient leur nom, *ibid.* — Tacite croit qu'ils sont indigènes et qu'ils n'ont été mêlés avec d'autres peuples ni par des établissemens, ni par des passages, *ibid.* — Leur nation est intacte, pure et semblable à elle seule, 4. — Leur conformation, *ibid.* — Leur haute stature, *Hist.*, v, 14, 18. — Ils ne peuvent supporter le changement de sol et de climat, ii, 32 ; *Germ.*, 4. — Ils n'habitent point de villes et ne souffrent même pas que leurs demeures soient contiguës entre elles, 16. — Ils creusent des cavernes souterraines qui leur servent de refuge contre l'hiver, et de lieu de dépôt pour leurs grains, *ibid.* — Leur mode de culture, 26. — Leur nourriture et leur boisson ordinaires, 23. — Leurs festins, théâtres de rixes et de réconciliations, leur offrent aussi l'occasion de discussions importantes, 22. — Ils prolongent presque tous leur sommeil jusque dans le jour, et se baignent à leur lever, *ibid.* — Leur manière de se vêtir, 17. — Ils ignorent le commerce mystérieux des lettres, 19, 20. — Aucune nation n'accueille ses convives et ses hôtes avec plus de générosité, 21. — Rigidité de leurs mœurs, 19. — Leurs unions sont chastes, et, de tous les Barbares, ils sont presque les seuls qui se contentent d'une seule épouse, 18. — C'est le mari qui apporte la dot, *ibid.* — Comment ils punissent l'adultère, 19. — Limiter le nombre des enfans, faire périr les derniers, est chez eux un crime, *ibid.* — Éducation de leurs enfans et ordre de succession, 20. — Prendre part aux inimitiés d'un père ou d'un proche, aussi bien qu'à ses affections, est chez eux obligatoire, 21. — L'homicide s'y rachète, *ibid.* — Peines diverses qu'ils réservent à différens délits, 12. — Ils regardent la plupart des femmes comme prophétesses, et, par le progrès de la superstition, comme des divinités, *Hist.*, IV, 6; V, 35; *Germ.*, 8. — Leurs dieux, leurs sacrifices et leurs rites religieux, 9. — Pouvoir de leurs pontifes, 7, 11. — Ils se montrent des plus superstitieux pour les auspices et la divination, 10. — Leurs spectacles et leur passion pour les jeux de hasard, 24. — Habiles nageurs, *Hist.*, II, 35; IV, 66; V, 14. — Sont avides de dangers, 19. — Se réjouissent de la guerre, IV, 16; *Germ.*, 14. — Ils s'y font accompagner par leurs mères, leurs femmes et leurs enfans, 7. — Leurs armes et leur équipement militaire, *Ann.*, II, 14; *Hist.*, V, 18; *Germ.*, 6. — Leur infanterie, leur cavalerie, leur ordre de bataille, *ibid.* — Des images de bêtes féroces sont leurs enseignes quand ils vont au combat, *Hist.*, IV, 22. — Hercule est le premier de tous leurs héros qu'ils célèbrent quand ils vont se battre, *Germ.*, 3. — Leur chant de guerre, *ibid.* — Leur grand corps, effrayant à la vue, n'est propre qu'à un choc rapide, et ne peut endurer les blessures, *Ann.*, II, 14; *Germ.*, 4. — Ne le cèdent pas en courage aux Romains, *Ann.*, II, 22. — Leur long apprentissage contre ces derniers les a instruits à faire la guerre, 45. — Tout le temps qu'ils ne sont pas en guerre, ils le passent à la chasse, mais plus souvent dans l'oisiveté, *Germ.*, 15. — Sont difficiles à gouverner, *Hist.*, IV, 76. — Le nom de roi leur est odieux, *Ann.*, II, 44. — Ils choisissent ceux-ci d'après la naissance, et leurs chefs d'après leur courage, *Germ.*, 7. — Leurs assemblées et leurs délibérations publiques, 11. — Ils ne traitent nulle affaire ni publique ni particulière sans être armés, 13. — Conditions de leurs esclaves et de leurs affranchis, 25. — L'usure chez eux est inconnue, 26. — Leurs funérailles et leurs sépultures, 27. — Seul peuple avec lequel on avait la guerre sur la fin d'Auguste, *Ann.*, I, 2. — Chantent les hauts faits d'Arminius, 88. — Germanicus les abat par un grand nombre de victoires, II, 73. — Se réjouissent des discordes des Romains et songent à en profiter, I, 50. — Sont surpris par Germanicus, encore étendus dans leurs lits, auprès des tables, *ibid.* — Le bruit se répand qu'une troupe menaçante de Germains gagne les Gaules, 69. — Leur armée se présente au-delà du Visurgis, II, 11. — Ils s'approchent de nuit du camp romain, et, sans avoir lancé un seul trait, se retirent, 13. — Rage qu'ils éprouvent à la vue du trophée d'armes élevé par Germanicus, 19. — La perte de la flotte de Germanicus ranime leur espoir, 25. — Il se répand à Rome qu'ils se sont jetés dans la ligue des cités des Gaules, III, 44. — Noble fierté de deux chefs germains admis au théâtre de Pompée, XIII, 54. — Néron ordonne qu'on retire à Agrippine les Germains qui lui servent de garde d'honneur, 18. — Poursuivent avec acharnement les Helvétiens qui refusent de reconnaître Vitellius, *Hist.*, I, 68. — Sont envoyés en avant par Cécina pour défendre une partie de l'Italie livrée aux Vitelliens, 70. — Se joignent à Civilis, IV, 21 et *suiv.*; V, 14. — Sont battus par les troupes commandées par Dillius Vocula, IV, 33. — Percent de coups un prisonnier romain qui avait osé proclamer ce qui s'était passé, 34. — Leurs chefs concluent une alliance avec Classicus et Julius Tutor, 57. — Leur conduite à la prise du camp de Vétéra, 60. — Civilis les exhorte avant de livrer bataille à Cerialis, V, 17. — Ils sont repoussés par ce dernier, prennent la fuite et gagnent le Rhin, 18. — Combattent de nouveau et sont précipités dans le fleuve par Cerialis, 20, 21. — Ils dressent une embûche aux Romains, 22. — Sont détournés par Ci-vilis de fondre sur les légions romaines, 24. — Servent comme auxiliaires dans les armées romaines, *Ann.*, I, 56; II, 16; IV, 73; *Hist.*, I, 61, 70; V, 16. — Servent de garde à l'empereur, *Ann.*, I, 24; XV, 58. — Les Germains convoitèrent de tout temps le sol fécond des Gaules, *Hist.*, IV, 73.

GERMANICUS CÉSAR, fils de Drusus, *Ann.*, I, 33, 43; II, 14, 41; et d'Antonia, III, 3. — Petit-fils de Livie, I, 33; II, 14. — Avait du côté maternel Marc Antoine pour aïeul et Auguste pour grand-oncle, II, 43, 53; IV, 57. — Neveu de Tibère, I, 33; II, 14, 43; et de Marcellus, 41. — Époux d'Agrippine, petite-fille d'Auguste, I, 33. — Auguste ordonne qu'il soit adopté par Tibère, 3; IV, 57; XII, 25. — Était d'un caractère populaire, d'une affabilité admirable, II, 13, 72. — Très-clément, 57, 72. — Humain avec ses amis, 73. — Modéré dans ses plaisirs, *ibid.* — Grand guerrier, *ibid.* — Avait l'affection des Romains, 43. — Auguste lui donne le commandement de huit légions sur le Rhin, I, 3. — Tibère demande pour lui la dignité proconsulaire, 14. — Des députés sont envoyés pour la lui conférer, et en même temps pour le consoler de la mort d'Auguste, *ibid.* — Germanicus est pour Tibère un objet de crainte et de jalousie, 33, 52; II, 5, 26, 41, 43; VI, 51. — Il commande en chef deux armées sur les bords du Rhin, I, 31. — Il répartit les tributs des Gaules, *ibid.*, 33. — Il redouble d'efforts en faveur de Tibère, et lui fait prêter serment par les Séquanais et par les cités des Belges, 34. — Apprend la révolte des légions et part en hâte, *ibid.* — Trouve les soldats repentans, *ibid.* — Stratagème qu'emploient les soldats pour lui faire apercevoir leur mutilation, 34, 35. — Il leur fait l'éloge d'Auguste et passe aux victoires et aux triomphes de Tibère, 34. — Les soldats déclarent que s'il veut l'empire, ils sont prêts à le seconder, 35. — Conduite de Germanicus à cette proposition, *ibid.* — Un soldat, nommé Calusidius, tire son épée et la lui offre pour s'en frapper, *ibid.* — On donne le temps aux amis de Germanicus de l'entraîner dans sa tente, *ibid.* — Part pour l'armée supérieure et soumet au serment les seconde, treizième, quatorzième et seizième légions, 37. — Retour de Germanicus à l'Autel des Ubiens (*Gottberg*), 39. — Il blâme la conduite des soldats qui avaient été sur le point de massacrer Munatius Plancus, et qui, la nuit, s'étaient portés aux excès les plus graves contre sa propre personne, *ibid.* — Décide son épouse à s'éloigner avec son fils de ce théâtre de sédition, 40. — Celle-ci rendue chez les Trèves, les soldats conjurent Germanicus de la faire revenir, 41. — Réponse de Germanicus à cette demande, 42 et 43. — Il se refuse au retour d'Agrippine à cause de sa grossesse avancée et de l'hiver, et promet le retour de son fils, 44. — Passe en revue les centurions et les juge sur les rapports des tribuns et de la légion, *ibid.* — Se prépare à faire venir, par le Rhin, des armes, une flotte et des troupes alliées, pour réduire, par la guerre, les cinquième et vingt-unième légions qui persistent dans la rebellion, 45. — Temporise pour leur donner le temps de rentrer dans le devoir, 48. — Il écrit à Cécina qu'il arrive avec de grandes forces, et que, si les légions ne se chargent du supplice des coupables, il en ordonnera le massacre sans distinction, *ibid.* — Entre dans le camp soumis, et ordonne de brûler les corps des soldats massacrés, 49. — Fait jeter un pont et passer le fleuve à ses troupes, *ibid.* — Surprend les Marses et les massacre, 50, 51. — Tibère fait au sénat l'éloge de sa conduite dans les troubles des légions, *ibid.* — Il est adjoint au collège des prêtres d'Auguste, 54.

— Le triomphe lui est décerné quoique la guerre ne soit pas terminée, 55.—Il arrive à l'improviste chez les Cattes et massacre tout ce que retarde la faiblesse de l'âge et du sexe, 56. — Incendie Mattium, ravage le plat pays et tourne vers le Rhin, *ibid.*
— Reçoit des députés de Ségeste que ses propres concitoyens tenaient assiégé, et qui lui demande du secours, 57.— Germanicus attaque les assiégeans et délivre Ségeste, *ibid.*
— Il lui promet un établissement dans une des anciennes provinces, et sûreté pour les siens, 58. — Il ramène l'armée et reçoit le titre d'*imperator* de la volonté même de Tibère, *ibid.* — Conçoit des inquiétudes en voyant Inguiomer se jeter dans le parti d'Arminius, 60. — Ordonne à Cécina de se rendre jusqu'à l'Ems, *ibid.* — Fait passer sur des vaisseaux quatre légions à travers les lacs, *ibid.* — Est pénétré du désir de rendre les derniers devoirs aux restes des légions de Varus et à leur général, 61. — Pose le premier gazon du mausolée, 62.
— Est désapprouvé par Tibère, *ibid.* — Poursuit Arminius, combat sans résultat, et ramène l'armée vers l'Ems, 63.
— Divise les légions qui revenaient sur les navires, et confie à P. Vitellius la seconde et la quatorzième pour les conduire par terre, 70. — Ramène la flotte au fleuve Unsingis, *ibid.*—Les Gaules, l'Espagne et l'Italie rivalisent entre elles pour réparer les pertes de son armée, 71.—N'accepte que les armes et les chevaux nécessaires pour combattre, *ib.*
—Sa déférence envers ses soldats, *ibid.*—Les troubles d'Orient peuvent servir à Tibère de prétexte pour l'enlever à ses fidèles légions, II, 5. — Germanicus envoie P. Vitellius et C. Antius pour régler le tribut des Gaules, 6. — Charge Antius et Cécina de construire une flotte, *ibid.* — Indique l'île des Bataves pour le lieu de réunion des vaisseaux, *ibid.* — Ordonne à Silius de fondre chez les Cattes, 7. — Apprenant que le fort établi sur la Luppia est assiégé, il y conduit lui-même six légions, *ibid.* — Les assiégeans se dispersent au seul bruit de son arrivée, *ibid.* — Relève l'autel de Drusus, *ibid.* — Fait fortifier tout le pays entre le fort Aliso et le Rhin, *ibid.* — Distribue les légions et les alliés sur les vaisseaux, et entre dans le canal que l'on nomme Drusien, 8. — Il invoque son père Drusus, *ibid.* — Arrive heureusement jusqu'à l'Ems, *ibid.* — Laisse la flotte à Amisia, sur la rive gauche du fleuve, et fait passer l'armée sur la rive droite, *ibid.* — Tandis qu'il trace son camp, on lui annonce la défection des Angrivariens derrière lui :

il envoie Sterlinius pour les punir de leur perfidie, *ibid.* —Traverse le Visurgis, 12. — A la nuit, il sort de l'augural, enveloppé d'une peau de bête, et jouit de sa renommée, 13. — Encouragé par un songe, que confirment les auspices, il convoque ses soldats, les harangue et donne le signal du combat, 14. — Quelle place il occupe dans l'armée, 16. — Il donne l'ordre à Sterlinius de prendre les Chérusques à dos, *ibid.* — L'augure le plus favorable, huit aigles, fixe son attention, *ibid.* — Il bat les Barbares dans la plaine d'Idistavise, 17. — Élève un trophée d'armes, 18. — Marche de nouveau contre les Germains qui courent aux armes, 20. — Confie la cavalerie à Seius Tubéron, dispose l'infanterie pour les combattre, *ibid.* — Ote son casque pour être mieux reconnu des siens pendant le carnage, 21. — Élève un second trophée d'armes, 22. — Éprouve à son retour un naufrage sur l'Océan, 23, 24. — Sa trirème seule aborde au pays des Chauques, 24. — Son désespoir, *ibid.* — La perte de sa flotte ranime son énergie, 25. — Ordonne de nouveau à C. Silius de marcher contre les Cattes, et lui-même fond sur les Marses, *ibid.* — Retrouve l'aigle d'une des légions de Varus, qui était enfouie, *ibid.* — Renverse et massacre des ennemis qui n'osent plus combattre, *ibid.* — Fait éclater sa munificence en remboursant toutes les pertes qu'on déclare, 26. — Tibère lui écrit de revenir pour le triomphe, *ibid.* — Demande en grâce une année pour accomplir son entreprise; on n'y consent pas, *ibid.* — Son triomphe, 41. — Tibère fait don au peuple, au nom de Germanicus, de trois cents sesterces par tête, et se désigne lui-même pour être son collègue au consulat, 42. — Les sénateurs rendent un décret par lequel est déféré à Germanicus le gouvernement des provices d'outre-mer, 43. — Il consacre un temple à l'Espérance, 49. — Favorise la nomination d'Haterius Agrippa à la préture, en remplacement de Vipsanius Gallus, mort, 51. — Navigue sur l'Adriatique, puis sur la mer d'Ionie, et prend quelques jours pour réparer sa flotte, 53. — Voit le golfe illustré par la victoire d'Actium, les trophées consacrés par Auguste et le camp d'Antoine, *ibid.* — Visite Drusus en Dalmatie, *ibid.* — Est revêtu pour la seconde fois de la dignité de consul, à Nicopolis, *ibid.* — Se rend à Athènes, où les Grecs le reçoivent avec les distinctions les plus recherchées, *ibid.* — Passe dans l'île d'Eubée, et dans celle de Lesbos, où Agrippine accouche de Julie son dernier enfant,

54. — Se rend à l'extrémité de l'Asie, voit Périnthe et Byzance, puis le détroit de la Propontide et le Pont-Euxin, *ibid.*— A son retour, il aborde à Ilion, côtoie l'Asie, touche Colophon pour y consulter l'oracle d'Apollon de Claros, qui lui prédit une fin prématurée, *ibid.* — N'ignorant pas avec quel acharnement Pison le poursuit, il lui envoie cependant des trirèmes pour le sauver d'un naufrage, 55. — Essuie, avec son épouse, les invectives de Plancine, 55. — Vient à Artaxata, et place la couronne d'Arménie sur la tête de Zénon, 56. — Redoute l'orgueil de Pison, 57. — Germanicus et Pison se joignent à Cyrre; effets de cette réunion, *ibid.* — Germanicus assiste, avec Agrippine et Pison, à un festin donné par le roi des Nabatéens, *ibid.* — Tolère les outrages de Pison, *ibid.* — Reçoit des députés d'Artaban qui lui demande que Vonones soit éloigné de la Syrie, 58. — Accède aux prières d'Artaban, *ibid.* — Part pour l'Égypte, 59. — A l'imitation de P. Scipion, se promène, les pieds découverts, avec un manteau grec et sans gardes, *ibid.* — Reçoit de Tibère des reproches de ce que, contre les volontés d'Auguste, il a pénétré dans Alexandrie sans l'aveu du prince, *ibid.* — S'embarque à Canope, remonte le Nil, visite l'embouchure du fleuve se rend sur les ruines de l'ancienne Thèbes, qu'il visite, 60. — Admire la statue de Memnon, les Pyramides, les lacs creusés pour recevoir les débordemens du Nil, puis se rend à Éléphantine et à Syène, 61. — Passe l'été au milieu de ces diverses provinces, 62. — Les sénateurs décrètent qu'il fera son entrée dans Rome avec les honneurs du petit triomphe, 64. — A son retour d'Égypte, il fait de graves reproches à Pison, en voyant aboli tout ce qu'il avait ordonné, 69. — Tombe malade à Antioche; on le croit empoisonné par Pison, *ibid.* — Germanicus en conçoit non moins d'indignation que d'alarmes, 70. — Discours qu'il prononce à ses derniers momens, 71. — Ses amis lui jurent de le venger, *ibid.* — Exhortations à son épouse, 72. — Sa mort excite des regrets universels, *ibid.* — Tibère compte sa mort parmi les évènemens prospères, IV, 1. — Ses funérailles, II, 73. — Mis en parallèle avec Alexandre le Grand, *ibid.* — Agrippine, accompagnée de ses enfans, monte sur un vaisseau avec les cendres de son époux, 75. — Pison envoie à Tibère des lettres où il accuse Germanicus de faste et d'ambition, 78. — État mo-

ral de Rome à la nouvelle de la maladie, puis de la mort de Germanicus, 82. — Décrets pour les honneurs à rendre à sa mémoire, 83. — Agrippine porte à la sortie du vaisseau son urne funéraire, III, 1. — Marques générales de désespoir dans le trajet de Brindes à Rome, 2. — Quel rôle jouèrent Tibère, Livie, Antonia, Agrippine, Drusus et Claudius pendant ses funérailles, 3. — Ses restes sont déposés dans le tombeau d'Auguste, 4. — Plusieurs personnes se plaignent du peu d'éclat de ses funérailles, 5. — Édit de Tibère au sujet de ces plaintes, 6. — Expiation de sa mort, dont il a été parlé diversement, 19. — Auguste avait certainement voulu le mettre à la tête des affaires publiques; mais, vaincu par les sollicitations de son épouse, il adopta Tibère, IV, 57. — Tibère recommande aux sénateurs, Néron, un des enfans de Germanicus, III, 29. — Tant qu'il vécut, Tibère resta indécis s'il le rapprocherait, ou Drusus, de la puissance suprême, 56. — Drusus, un de ses fils, prend la robe virile, IV, 4. — Tibère conjure le sénat d'adopter ses enfans, arrière-petits-fils d'Auguste, 8. — On se réjouit en secret de voir se relever la maison de Germanicus, 12. — Séjan médite la perte de l'épouse et des fils de Germanicus, *ibid*. — En entendant Néron remercier le sénat et Tibère, pour les villes d'Asie, on se persuada voir et entendre Germanicus lui-même, 15. — L'amitié qu'avaient eue pour lui C. Silius et Titius Sabinus, leur est fatale à tous deux, 18, 68. — Tibère relègue dans une île P. Suilius, ancien questeur, 31. — Agrippine, sa fille, épouse Cn. Domitius, 75. — Drusille et Julie, ses autres filles, prennent L. Cassius et M. Vinicius pour époux, VI, 15. — Claude choisit Agrippine pour femme, XII, 1 et *suiv*. — Octavie, dans son exil, invoque le nom de Germanicus, XIV, 64. — *Voyez* encore, *Ann.*, VI, 7, 31; XI, 12; XIII, 55; XIV, 7; *Germ.*, 37.

GERMANICUS, surnom donné à Vitellius, *Hist.*, I, 62, 64. — Celui-ci le donne à son fils, II, 59; III, 66.

GERMANIE, vaste contrée de l'Europe, *Ann.*, I, 22, 43, 47, 58, 59, 69; II, 5, 23, 46, 88; IV, 18, 67, 73; XI, 1, 16; XIII, 53; XIV, 38, 57; *Hist.*, I, 8, 14, 31, 49, 58; II, 16, 22; III, 2, 46, 53, 62, 85; IV, 3, 13, 23, 39, 46, 49, 61, 72; V, 14, 26; *Agr.*, 10, 15, 28, 41. — Ses limites, *Germ.*, 1, 35, 42; *Ann.*, II, 6; *Hist.*, V, 19. — Son climat, *Ann.*, II, 24; *Hist.*, II, 80; *Germ.*, 2. — Division des saisons, 26. — L'hiver y a une longue durée, 22. — Son sol marécageux et isolé, *Hist.*, IV, 73; *Germ.*, 2, 4, 30. — Plus humide vers les Gaules, plus exposée au vent du côté de la Norique et de la Pannonie, *ibid.* — Son aspect et son séjour sauvages, 2. — Ses productions, 5. — Les bœufs domestiques y sont très-petits, quoique les animaux qui vivent dans ses forêts soient énormes, *Ann.*, IV, 72. — Le gros bétail n'y porte pas ce qui fait l'ornement et la gloire de son front, *Germ.*, 5. — Les troupeaux y sont nombreux, *ibid.* — Les chevaux n'y sont remarquables ni par la beauté ni par la vitesse, 6. — Les hennissemens et les frémissemens de ces animaux y sont observés comme des présages, 10. — L'or et l'argent, que les dieux lui ont refusés, n'y sont estimés que par leur utilité et par leur emploi, 5. — Le fer n'y est pas abondant, 6. — Ses cités ont l'usage de fournir spontanément et par tête à leurs ducs du bétail et des grains, 15. — Ses dieux tutélaires, *Ann.*, II, 10; *Hist.*, V, 17; *Germ.*, 2, 9. — Les Gaulois, autrefois, y eurent des établissemens, 28, 29. — Accablé par l'âge, Auguste s'y transporta maintes fois, *Ann.*, 1, 46. — Tibère y fut neuf fois envoyé par le divin Auguste, II, 26. — Lucius Domitius y pénètre plus avant qu'aucun de ses devanciers, IV, 44. — Tibère y obtient de brillans succès, I, 34. — Varus y succombe sous sa destinée et sous la force d'Arminius, 55; *Hist.*, IV, 17. — On y retrouve les dépouilles de sa défaite, *Ann.*, I, 55. — Germanicus y porte la mort et la dévastation, 56, 60. — La seconde et la quatrième légion courent risque d'y périr sur les côtes de l'Océan soulevé par les vents du nord au temps de l'équinoxe, 70. — La flotte, sur ses côtes, essuie une horrible tempête, II, 23, 24. — Seul pays à combattre en 769, 26. — Expédition ridicule de Caligula contre la Germanie, *Hist.*, IV, 15; *Agr.*, 13. — Néron y lève des soldats qu'il envoie vers les portes Caspiennes, contre les Albaniens, puis qu'il rappelle pour étouffer les entreprises de Vindex, *Hist.*, I, 6. — Fonteius Capiton, sur le point de s'y révolter, y est tué, 7, 37; III, 62. — Les légions s'y révoltent, 1, 19, 26. — Les auxiliaires y sont prêts à agir en faveur de Vitellius, 52. — On les joint aux deux armées commandées par Fabius Valens et Cécina pour se rendre en Italie, 61. — Othon envoie des députés aux deux armées de Germanie, 74. — Il essaye d'y faire assassiner Vitellius, 75. — Les cohortes de Bataves y sont renvoyées, II, 69; IV, 15. — Vitellius, à la nouvelle de défections, en tire des renforts, II, 97. — Le bruit toujours croissant de défaites en Germanie parvient à Rome, IV, 12. — La Germanie envoie des députés à Civilis et lui offre des secours, 17. — Ce chef pense à s'y fonder un empire, 18. — Il l'appelle à partager la gloire et le butin, 22. — Il élève sa puissance sur elle, 28. — On y apprend les succès remportés par les Flaviens à Bédriac et à Crémone, III, 35; IV, 31. — Elle abandonne Vitellius, III, 70; IV, 31. — La nouvelle de la mort de ce prince y ajoute une nouvelle guerre à la première, 54. — Faux triomphe de Domitien sur la Germanie, *Agr.*, 39.

GERMANIE ROMAINE ou CIS-RHÉNANE, *Ann.*, I, 31; XIII, 35.

GERMANIE INFÉRIEURE, *Ann.*, III, 41; IV, 73; *Hist.*, I, 53. — Les Chauques y font une irruption, *Ann.*, XI, 18. — Galba y envoie Vitellius pour prendre le commandement de ses légions, *Hist.*, I, 9, 52. — Esprit de ces légions en allant prêter le serment solennel à Galba, 55. — L'élite de l'armée, commandée par Fabius Valens, marche sur l'Italie, 61. — Tous les soldats sont attachés à ce chef, II, 93. — Les cohortes de Bataves et de Canninéfates, commandées par Hordeonius Flaccus, se rendent dans la Germanie Inférieure pour s'y joindre à Civilis, IV, 19.

GERMANIE SUPÉRIEURE, *Ann.*, IV, 73; VI, 30; *Hist.*, I, 9. — Est frappée de terreur par l'incursion et les dévastations d'une troupe de Cattes, *Ann.*, XII, 27. — Les légions qui l'occupent trahissent la foi du serment et demandent un autre empereur que Galba, *Hist.*, I, 12, 50, 54. — Le lieutenant Cécina y gagne le cœur des soldats, 53. — Ils brisent les images de Galba et se donnent à Vitellius, 55-57. — Trente mille soldats de l'armée de la Germanie Supérieure marchent sur l'Italie, sous les ordres de Cécina, 60. — La quatorzième légion y est envoyée à Gallus Annius, V, 19.

GESSIUS FLORUS. *Voyez* FLORUS.

GETA, esclave fugitif, essaye de se faire passer pour Scribonianus Camerinus; mais, reconnu par son maître, il est livré au supplice des esclaves, *Hist.*, II, 72.

GETA. *Voyez* LUSIUS GETA.

GÉTULES, peuples de l'Afrique, vaincus par Cneius Lentulus, *Ann.*, IV, 44.

GÉTULICUS. *Voyez* LENTULUS.

GLADIATEURS. Blésus en avait dans son camp, *Ann.*, I, 24. — Drusus donne des spectacles de gladiateurs, 76. — Un certain Atilius, poussé par un sordide intérêt, en donne un à Fidènes, IV, 62. — P. Dolabella propose de célébrer chaque année un spectacle de gladiateurs, aux frais des magistrats élevés à la questure, xi, 22. — Claude en donne un au nom de L. Silanus, auquel il avait fiancé sa fille Octavie, xii, 3. — Spectacle de gladiateurs à pied, donné près du lac Fucin, 57. — Les questeurs désignés ne sont plus contraints de donner de ces spectacles, xiii, 5. — Néron, dans ses orgies nocturnes, s'entoure de gladiateurs qui interposent leurs armes en cas de ripostes trop vigoureuses, 25. — Le même prince défend aux procurateurs ayant un gouvernement de donner des spectacles de gladiateurs, 31. — Affreux carnage entre les habitans de Nucérie et de Pompéi, à l'occasion d'un spectacle de gladiateurs, xiv, 17. — Magnificences de ces combats en 816, xv, 32. — Vatinius en donne un à Bénévent, 34.—Des gladiateurs, dans la ville de Préneste, tentent de s'échapper, 46. — Cécina donne un spectacle de gladiateurs à Crémone, et Valens un autre à Bologne, *Hist.*, ii, 67, 70, 71 ; iii, 32.— Vitellius multiplie ces spectacles dans le Cirque, ii, 94.— La naissance de ce prince est célébrée par Cécina et Valens, qui donnent des spectacles de gladiateurs dans tous les quartiers de Rome, 95.— Gla- diateurs couverts de lames de fer, *Ann.*, iii, 46. — Employés comme soldats dans les guerres civiles, *Hist.*, ii, 11, 23, 34, 35, 43 ; iii, 57, 76, 77.

Gless, nom donné par les Æstyens au succin, *Germ.*, 45.

Glitius Gallus est dénoncé par Afranius Quinctianus, son ami, comme faisant partie de la conjuration contre Néron, *Ann.*, xv, 56. — Suspect plutôt que convaincu, est condamné à l'exil, 71. — Son épouse l'y accompagne, *ibid.*

Gloire (la) et la vertu ont leurs ennemis, *Ann.*, iv, 33. — Mépriser la gloire, c'est mépriser les vertus, 38.—Plus l'entreprise est grande, plus il y aura de gloire pour les vainqueurs, vi, 34. — La passion de la gloire, est la dernière dont se dépouillent même les sages, *Hist.*, iv, 6.

Glota (*la Clyde*), rivière de l'Écosse, *Agr.*, 23.

Gornéas, citadelle d'Arménie où Rhadamiste tint Mithridate assiégé, *Ann.*, xii, 45.

Gotarzès massacre son frère Artaban, l'épouse et le fils de ce prince, *Ann.*, xi, 8.—S'enfonce dans les profondeurs de l'Hyrcanie, 9. — Après l'assassinat de Bardane, les Parthes le rappellent, 10. — Ses cruautés et ses débauches forcent les Parthes à supplier l'empereur à replacer Méherdate sur le trône de ses aïeux, *ibid.*; XII, 10. — Fait un sacrifice aux dieux du pays, sur une montagne nommée Sambulos, 13. — Est vainqueur de Méherdate et lui fait couper les oreilles, 14. — Meurt de maladie, *ibid.*

GOTHINS, peuple de la Germanie, parlant le gaulois, *Germ.*, 43.

GOTHONS, peuple de la Germanie, *Ann.*, II, 62. — Les rois, chez eux, ont un pouvoir plus absolu que dans le reste de la Germanie, *Germ.*, 43.

GOTTBERG, montagne de la Germanique 2e, chez les Ubiens, *Ann.*, I, 39, 57.

GRACCHUS (Caïus), comparé comme orateur au vieux Caton, est plus plein, plus abondant, *Orat.*, 18. — Moins poli et moins orné que Crassus, *ibid.* — Inférieur à Cicéron en variété, en urbanité et en élévation, *ibid.* — Sa fougue préférable aux ornemens coquets de Mécène et aux glapissemens de Gallion, 26.

GRACCHUS (Sempronius) était d'une famille illustre, d'un génie pénétrant et d'une éloquence dangereuse, *Ann.*, I, 53. — Avait séduit Julia lors de son union avec M. Agrippa, *ibid.* — Auteur d'une lettre écrite par Julie à Auguste, et remplie d'invectives contre Tibère, *ibid.* — Cruauté de ce dernier contre lui, *ibid.* — Il est relégué à Cercina, où il supporte quatorze années d'exil, *ibid.* — Écrit ses dernières volontés à Alliaria, son épouse, *ibid.* — Succombe, frappé par l'ordre de Tibère, *ibid.*

GRACCHUS (C. Sempronius), dès sa tendre enfance, le compagnon d'exil de son père, et qui l'avait suivi dans l'île de Cercina, où il ne subsistait que par des échanges de viles marchandises entre l'Afrique et la Sicile, *Ann.*, IV. — Accusé d'avoir fourni des blés à Tacfarinas, est absous, *ibid.* — Préteur, chargé de punir les délits contre l'usure, effrayé de la multitude des coupables, en réfère au sénat, 16. — Accuse Granius Martianus de lèse-majesté, 38.

GRACES (Actions de) rendues aux dieux pour des meurtres, *Ann.*, XIV, 64; XV, 71. — Sur la proposition de Néron, défense est faite aux provinces de solliciter du sénat des actions de grâces pour les propréteurs ou les proconsuls, 22.

GRACILIS. *Voyez* ÉLIUS GRACILIS.

GRACQUES (les) sont élevés par Cornelia, leur mère, qui préside elle-même à leur éducation, *Orat.*, 28. — Agitateurs du peuple, *Ann.*, III, 27. — Leur éloquence ne profita pas à la république, puisqu'il fallut subir leurs lois, *Orat.*, 40.

GRAÏENNES (Alpes) ou GRECQUES (*Petit Saint-Bernard*), *Hist.*, IV, 68. — Elles sont franchies par la quatorzième légion que Vitellius renvoie en Bretagne, d'où Néron l'avait tirée, *Hist.*, II, 66.

GRANDE-DÉESSE (Fêtes de la). *Voyez* MÉGALÉSIES.

GRANIUS (Quintus) accuse Pison de secrets discours contre la majesté du prince; il ajoute qu'il a chez lui du poison, et qu'il n'entre au sénat qu'armé d'un poignard, *Ann.*, IV, 21.

GRANIUS MARCELLUS, préteur de Bithynie, est accusé de lèse-majesté par son propre questeur Cépion Crispinus, *Ann.*, I, 74.

GRANIUS MARTIANUS, sénateur, accusé de lèse-majesté par C. Gracchus, met fin à ses jours, *Ann.*, VI, 38.

GRANIUS SILVANUS, tribun de cohorte prétorienne, s'engage dans la conspiration contre Néron, *Ann.*, XV, 50. — Porte à Sénèque la déposition de Natalis contre lui, 60. — Retourne auprès du philosophe pour lui ordonner de mourir, 61. — Quoique absous, Granius se perce de sa propre main, 71.

GRAPTUS, affranchi de Néron, suppose que des embûches ont été dressées à ce dernier par Cornelius Sylla, qui, pour cette raison, est relégué à Marseille, *Ann.*, XIII, 47.

GRATIANUS (Tatius), ancien préteur, est, en vertu de la loi de lèse-majesté, condamné au dernier supplice, *Ann.*, VI, 38.

GRATIFICATION au peuple, *voyez* CONGIARIUM ; aux soldats, *voyez* CLAVARIUM, DONATIVUM.

GRATILLA VERULANA s'enferme dans le Capitole pour en soutenir le siège contre les Vitelliens, *Hist.*, III, 69.

GRATUS. *Voyez* MUNATIUS GRATUS.

GRATUS (Julius), préfet de camp, est enchaîné par les Vitelliens qui lui imputent de tramer une trahison avec son frère, qui combat pour Othon, *Hist.*, II, 26.

GRÈCE. Une de ses parties (le Péloponnèse) doit son nom à Pélops, *Ann.*, IV, 55. — Les Phéniciens y portent la connaissance des caractères de l'alphabet, XI, 14. — A la mort de Rhémétalcès, Cotys, son fils, est mis par Auguste en possession des contrées voisines de la Grèce, II, 64. — Germanicus la parcourt, et y est reçu avec les distinctions les plus recherchées, 53, 54. — La licence et l'impunité du droit d'asile se multiplient dans les villes grecques, III, 60. — Des députations des villes grecques réclament en faveur de leurs asiles, IV, 14, 43. — Les offrandes et les statues des divinités en sont enlevées par ordre de Néron, XV, 45. — Ses jeux, XIV, 20, 21; XV, 33. — Il est honorable de s'y exercer aux jeux du Gymnase, *Orat.*, 10. — Apollon y est révéré à cause de sa grande puissance et de sa prescience, *Ann.*, XIV, 14. — *Voyez* encore, *Ann.*, II, 60; III, 7; VI, 28; XIV, 15; XV, 36, 41; *Hist.*, I, 23; II, 81, 83; *Orat.*, 3. — *Voyez* ACHAÏE.

GRÉCINA. *Voyez* POMPONIA GRÉCINA.

GRÉCINUS (Julius), père d'Agricola, de l'ordre des sénateurs, connu par son amour pour l'éloquence et la philosophie, mérite, par ces qualités mêmes, la colère de l'empereur Caligula, *Agr.*, 4.

GRECS, n'admirent qu'eux, *Ann.*, II, 88. — Sont naturellement portés à l'adulation, 53; VI, 18. — Ont un penchant qui les porte vers la nouveauté et le merveilleux, V, 10. — Sont passionnés pour les antiquités, *Hist.*, II, 4. — Sont enclins à la mollesse et à la licence, III, 47. — Chez eux non-seulement la liberté, mais la licence même est impunie, *Ann.*, IV, 35. — Antiochus fait des efforts pour donner aux Juifs les mœurs des Grecs, *Hist.*, V, 8. — Ils ont les Amphictyons pour tribunal suprême, *Ann.*, IV, 14. — Possédèrent Caprée, 67. — Décernent les honneurs divins à Théophane après sa mort, VI, 18. — Vononès avait un cortège de Grecs chez les Parthes, II, 2. — Les Grecs reçoivent Germanicus, qui se rend à Athènes, avec les distinctions les plus recherchées, 54. — Germanicus porte leur habillement en Égypte, 59. — Tibère se fait accompagner, dans sa retraite, de plusieurs hommes de lettres, presque tous Grecs, dont l'entretien devait le distraire, IV, 58. — Les Romains paraissent avec le manteau grec aux jeux de Néron, XIV, 21. — Fondateurs de Byzance, XII, 63. — De Trébizonde, *Hist.*, III, 47. — Hercule et Bacchus, chez eux, sont placés au rang des dieux, *Ann.*, IV, 38. — Décadence de l'éloquence chez les Grecs, *Orat.*, 15.

GRINNE, fort des Bataves dans l'île de leur nom, *Hist.*, V, 20. — Classicus, qui l'assiège, est bientôt forcé de prendre la fuite, 21.

GRIPHUS. *Voyez* PLOTIUS GRIPHUS.

GUERRE de Germanie, *Hist.*, IV, 12. — Guerre de Pérouse, *Ann.*, V, 1; *Hist.*, I, 50. — Guerre des pirates, *Ann.*, XII, 63; XV, 25. — Guerre des Sabins, *Hist.*, III, 73. —

Guerre Sociale, *Ann.*, VI, 12.

GUERRES finissent honorablement toutes les fois qu'elles se terminent par la générosité, *Ann.*, XII, 19.

GUGERNES, peuple de la Germanique 2e, près du Rhin, *Hist.*, IV, 26. — Combattent pour Civilis, V, 16. — Se laissent surprendre par de la cavalerie que Cerialis, sur les conseils d'un transfuge batave, envoie sur le point qu'ils étaient chargés de défendre, 18.

GYARE (*Joura*), île de la mer Égée, sauvage et sans habitation, *Ann.*, III, 69. — L. Pison vote pour que C. Silanus y soit relégué, 68. — Asinius Gallus opine pour que Vibius Serenus y soit enfermé, IV, 30.

GYMNASES, une des causes de la dégénération de la jeunesse romaine, *Ann.*, XIV, 20. — Néron fait la dédicace d'un gymnase, 47. — Le Gymnase est incendié par la foudre, XV, 22. — En Grèce, il est honorable de s'exercer aux jeux du Gymnase, *Orat.*, 10.

H

HADRIA (*Atri*), ville de la Vénétie, près de l'embouchure du Pô, *Hist.*, III, 12.

HALICARNASSE (*Bodrun*), ville de la Doride, dispute aux autres villes d'Asie l'honneur d'élever un temple à Tibère, *Ann.*, IV, 55.

HALOTUS, eunuque, est chargé par Agrippine de donner à Claude le poison qui doit terminer ses jours, *Ann.*, XII, 66.

HALUS, ville parthique, *Ann.*, VI, 41.

HAMMON (Jupiter). Le roi Bocchoris visite son oracle, *Hist.*, V, 3. — Les Juifs immolent le bélier pour insulter à cette divinité, 4.

HASARD. Les choses humaines sont-elles réglées par le destin et par une nécessité immuable, ou roulent-elles au gré du hasard? *Ann.*, VI, 22.

HATERIUS (Quintus) blesse l'âme soupçonneuse de Tibère, *Ann.*, I, 13. — Est sur le point d'être égorgé par les gardes du palais de Tibère qu'il suivait pour l'apaiser, *ibid.* — Embarrasse le prince en se jetant à ses pieds et le fait tomber, *ibid.* — Il a recours à Augusta, dont les supplications très-instantes le sauvent, *ibid.* — Parle longuement contre le luxe, II, 33. — A l'occasion de la demande que fait Tibère au sénat de la puissance tribunitienne pour Drusus, propose de faire graver les sénatus-consultes de ce jour, en lettres d'or, III, 57. — Tibère blâme cette proposition, 59. — Sa mort, IV, 61.—Son éloquence fut vantée tant qu'il vécut; les écrits qu'il a laissés ont jeté moins d'éclat, *ibid.*

HATERIUS AGRIPPA (Decimus). *Voyez* AGRIPPA.

HATERIUS ANTONINUS (Quintus), consul en 806 avec D. Junius Silanus Torquatus, *Ann.*, XII, 58. — Reçoit de Néron une pension, XIII, 34.

HÉBREUX (Terres des), *Hist.*, V, 2.

HÉCATE. Les Stratoniciens défendent les privilèges de son culte, *Ann.*, III, 62.

HÉLIOPOLIS (*Matarée*), ville de la Basse-Égypte, *Ann.*, VI, 28.

HELIUS, affranchi, choisi par Agrippine pour empoisonner M. Junius Silanus, XIII, 1.

HELLUSES, peuple peu connu de la Germanie, *Germ.*, 46. — Fable sur cette nation, *ibid.*

HELVÉCONES, peuplade de la Germanie, qui faisait partie des Lygiens, *Germ.*, 43.

HELVÉTIENS, nation gauloise établie entre la forêt d'Hercynie, le Rhin et le Mein, *Germ.*, 28. — Ignorant la mort de Galba, refusent de reconnaître Vitellius, *Hist.*, I, 67. — Prennent Claudius Severus pour chef, 68. — Sont défaits par Cécina, *ibid.* — Envoient des députés à Vitellius, 69. — Cécina s'arrête pour connaître les intentions de ce dernier, 70.

HELVIDIUS PRISCUS, lieutenant de légion, est envoyé pour apaiser les troubles de l'Arménie, puis reçoit l'ordre de retourner en Syrie, *Ann.*, XII, 49. — Tribun du peuple, il satisfait son ressentiment particulier contre Obultronius Sabinus, questeur de l'épargne, en l'accusant d'avoir augmenté le droit de saisie contre les pauvres, XIII, 28. — Est choisi pour gendre par Pétus Thrasea, *Hist.*, IV, 5. — Est accusé par Eprius Marcellus de partager les mêmes fureurs reprochées à ce dernier, *Ann.*, XVI, 28. — Son alliance avec Thrasea cause son exil, 29. — Est chassé de l'Italie, 33. — Assiste aux derniers momens de Thrasea, 35. — Herennius Sénécion est mis à mort pour avoir fait son éloge, *Agr.*, 2. — Rappelé de l'exil, il se présente pour accuser Eprius Marcellus, délateur de son beau-père, et se désiste, *Hist.*, IV, 6. — Désigné préteur, il opine contre l'avis favorisé par Vitellius, II, 91. — Son langage éloigné de toute flatterie sous Vespasien, IV, 4. — Il a un autre démêlé avec Marcellus, 6 et *suiv.* — Propose que le Capitole soit rétabli aux frais publics, 9. — Reprend son accusation contre Marcellus, 43. — Ce dernier lui échappe par la puissance de son éloquence, *Orat.*, 5. — Précédé du pontife Plautius Élianus, il purifie, en qualité de préteur, l'emplacement du Capitole, *Hist.*, IV, 53. — Sa naissance, sa vie, ses travaux, sa destinée, 5. — *Voyez* encore, *Hist.*, IV, 10.

HELVIDIUS, fils du précédent, est traîné en prison, *Agr.*, 45.

HELVIUS RUFUS, simple soldat, a la gloire de sauver un citoyen, *Ann.*, III, 21. — Apronius lui fait don d'un collier et d'une lance, *ibid.* — Tibère lui décerne la couronne civique, *ibid.*

HÉMUS (*Argentaro*), montagne entre la Bulgarie et la Romanie, *Ann.*, III, 38; *Hist.*, II, 85. — L'hiver y est prématuré et rigoureux, *Ann.*, IV, 51.

HÉNIOQUES, peuple du Pont-Euxin, chez lequel Vonones, relégué en Cilicie, veut s'enfuir, *Ann.*, II, 68.

HERCULE est placé au nombre des dieux, *Ann.*, IV, 38. — Les Égyptiens prétendent que ce dieu est né chez eux, qu'il est le plus ancienne de leurs divinités, et que les héros qui dans la suite l'égalèrent en courage, furent honorés de son nom, II, 60. — Les Germains, lorsqu'ils marchent aux combats, le célèbrent comme le premier de tous leurs héros, *Germ.*, 3.

— Ce peuple l'apaise par des offrandes, 9. — Maître de la Lydie, Hercule augmente le privilège du temple d'Éphèse que la domination des Perses n'avait point diminué, que, depuis, les Macédoniens et ensuite les Romains avaient conservé, *Ann.*, III, 61. — Sa chasse miraculeuse sur le mont Sambulos, XII, 13. — Ses descendans partagent le Péloponnèse, IV, 43. — Son grand autel à Rome, XII, 24. — Cet autel est brûlé dans l'incendie de la ville, XV, 41. — Son temple est également consumé, *ibid.* — Forêt consacrée à Hercule, II, 12.

HERCULE (Nouvelles Colonnes d'), *Germ.*, 34.

HERCULE MONÉCUS (Port d'), *Hist.*, III, 42.

HERCULEUS, commandant de galère, un des meurtriers d'Agrippine, la frappe, le premier, d'un coup de bâton à la tête, *Ann.*, XIV, 8.

HERCYNIE, forêt de Germanie, *Ann.*, II, 45; *Germ.*, 28, 30.

HERENNIUS GALLUS, lieutenant de la première légion, en quartiers d'hiver à Bonn, *Hist.*, IV, 19. — Est battu par les Bataves qui viennent de secouer l'autorité de Hordeonius Flaccus, 20. — Associé à Vocula, pour partager le soin du commandement, 26. — Chargé de fers par ses soldats, il est délivré par l'arrivée de Vocula, 27. — Prisonnier de Civilis, 59. — Valentinus et Tutor le massacrent, 70, 77.

HERENNIUS SÉNÉCION est mis à mort pour avoir fait l'éloge de Priscus Helvidius, et ses écrits sont brûlés par les triumvirs dans les comices, *Agr.*, 2, 45.

HERMAGORAS, rhéteur; ses écrits sont arides, *Orat.*, 19.

HERMIONES, peuple habitant l'intérieur de la Germanie, *Germ.*, 2.

HERMONDURES, peuple de la Germanie, fidèles alliés des Romains, *Germ.*, 41. — Voisins des Narisques, 42. — Chez eux l'Elbe prend sa source, 41. — Ils chassent Catualda, *Ann.*, II, 63. — Auteurs de la perte de Vannius, roi des Suèves, XII, 29, 30. — Livrent aux Cattes un grand combat, dans lequel ces derniers sont vaincus et sacrifiés à Mars et à Mercure, XIII, 57.

HÉRODE est fait roi de Judée par Antoine, *Hist.*, V, 9.

HÉROÏQUE (Vers). Son éclat, *Orat.*, 10.

HERTHA, déesse des Germains, la même que la Terre, *Germ.*, 40. — Culte qui lui est rendu, *ibid.*

HIBERNIE (*Irlande*), *Ann.*, XII, 32. — Situation de cette île, *Agr.*, 24. — Le sol et le climat, le caractère et les usages des habitans, diffèrent peu de ceux de la Bretagne, *ibid.*

HIÉROCÉSARÉE, ville de Lydie, maltraitée par un tremblement de terre, *Ann.*, II, 47. — Exemptée par Tibère de tout tribut pendant cinq années, *ibid.*

HIÉROCÉSARIENS, ont chez eux un temple de Diane Persique, consacré par le roi Cyrus, et auquel Perpenna, Isauricus et beaucoup d'autres généraux ont accordé l'inviolabilité jusqu'à deux mille pas à l'entour, *Ann.*, III, 62.

HIÉROGLYPHES égyptiens, *Ann.*, II, 60; XI, 14.

HIÉRON, satrape, écrit à Tiridate pour lui demander un léger délai pour se rendre à la cérémonie où ce dernier devait prendre les attributs du pouvoir royal, *Ann.*, VI, 42. — Absent lors de son couronnement, il se déclare pour Artaban, 43.

HIEROSOLYMA. *Voyez* JÉRUSALEM.

HIEROSOLYMUS, chef de la nation juive, *Hist.*, V, 2.

HILARIUS, affranchi de Vitellius, accuse M. Cluvius Rufus de se créer une puissance particulière, et de prendre possession de l'Espagne, *Hist.*, II, 65.

HIRTIUS (Aulus), consul en 711 avec Pansa, *Orat.*, 17. —

Expire victime des machinations d'Auguste, *Ann.*, I, 10.

HISPALIS (*Séville*), ville de la Bétique, est accrue par Othon de nouvelles familles, *Hist.*, I, 78.

HISPON (Romanus) se joint à Cépion Crispinus, et accuse Granius Marcellus de lèse-majesté, *Ann.*, I, 74. — Ses menées auprès de Tibère, *ibid.* — Exécré de tous, *ibid.* — Accuse Sénèque d'être complice de C. Pison; mais Sénèque, plus puissant, le frappe de la même accusation, XIV, 65.

HISTEIUS, centurion envoyé près de Vologèse par Ummidius Quadratus, reçoit du roi des Parthes, comme ôtages, les plus nobles personnages de la famille des Arsacides, *Ann.*, XIII, 9.

HISTER. *Voyez* ATELLIUS HISTER.

HISTORIEN. Son premier devoir est de ne taire aucune vérité, et de faire craindre aux auteurs de paroles ou d'actions coupables la postérité et l'infamie, *Ann.*, III, 65.

HISTRIONS, empruntés des Toscans, *Ann.*, XIV, 21. — Auguste les avait déclarés à l'abri de la peine des verges, I, 77. — Menées de l'histrion Percennius qui suscite en Pannonie la sédition parmi les légions, 16. — La discorde naît au sujet des factions en leur faveur, 54. — On fait beaucoup de règlemens pour fixer désormais leur salaire et réprimer la licence de leurs partisans, 77. — Sont chassés d'Italie, IV, 14; XIII, 25. — Un débat s'élève entre le préteur Vibullius et le tribun du peuple Antistius, parce que le tribun avait fait relâcher quelques violens fauteurs d'histrions, que le préteur faisait conduire en prison, 28. — — Ils accompagnent Vitellius dans sa marche vers Rome, *Hist.*, II, 87. — Passion des Romains pour les histrions, *Ann.*, XVI, 4; *Orat.*, 29.

HIVER est de longue durée en Germanie, *Germ.*, 22.

HOLLANDE, autrefois *Insula Batavorum* (île des Bataves), *Ann.*, II, 6.

HOMÈRE, accueilli avec honneur par la postérité, *Orat.*, 12. — Célèbre dans ses poëmes la nation des Solymes, *Hist.*, V, 2.

HOMICIDE, chez les Germains, se rachète par une certaine quantité de grand et de petit bétail, *Germ.*, 21.

HOMONADES, peuple de la Cilicie, *Ann.*, III, 48.

HORACE, poète, *Orat.*, 20. — Placé par quelques-uns au dessous de Lucilius, 23.

HORATIUS PULVILLUS, consul pour la seconde fois en 247, fait la dédicace du Capitole, *Hist.*, III, 72.

HORDEONIUS FLACCUS, lieutenant de l'armée de la Germanie Supérieure, est méprisé de ses soldats, à cause de son manque de fermeté, *Hist.*, I, 9; IV, 77. — N'offre aucun obstacle aux tentatives de Vitellius pour s'emparer de l'empire, I, 52. — Donne l'ordre aux députés des Lingons de se retirer, et, pour mieux dissimuler, les fait sortir du camp pendant la nuit, 54. — N'ose réprimer les désordres auxquels se livrent les troupes sous son commandement, 56; IV, 19. — Vitellius, partant pour l'Italie, lui remet la défense du Rhin, II, 57. — Inquiet des Bataves, craint une guerre pour lui-même, 97. — Conseils qu'il donne à Civilis, par son inclination pour Vespasien, et par intérêt pour la république, IV, 13. — Ordonne au lieutenant Mummius Lupercus, de s'avancer contre Civilis, 18. — Par ses nombreuses concessions, augmente chez les cohortes de Bataves et de Canninéfates, l'opiniâtreté des demandes qui ne pouvaient leur être accordées, occasion qu'elles saisissent pour se joindre à Civilis, 19. — Indignation et reproches de ses soldats, 24. — Il abandonne à Vocula la direction générale de l'armée, 25. — Il est accusé de trahison, 27. — Il ordonne à l'armée de prêter serment à Vespasien, 31. — Il distribue au nom de ce dernier une gratification accordée aux soldats par Vitellius, 36. — Il est arraché de son lit et égorgé dans une sédition, *ibid.*, 55. — Civilis allègue qu'il a été poussé par Horatius Pulvillus à prendre les armes contre les Romains, V, 26.

HORESTES, peuple de la Calédonie, sur la côte orientale, *Agr.*, 38.

HORMUS, affranchi de Vespasien, fait briser, par son crédit, les chaînes dont Bassus avait été chargé par Mennius Rufinus, *Hist.*, III, 12. — La dignité de chevalier lui est donnée, IV, 39. — Sa mauvaise réputation, III, 28.

HORTALUS (Marcus), petit-fils de l'orateur Hortensius, *Ann.*, II, 37. — Sur l'ordre du divin Auguste, qui lui donne un million de sesterces, il prend une épouse pour que son illustre famille ne s'éteigne point, *ibid.* — Adresse à Tibère des prières que le prince reçoit avec dédain, *ibid.* — Son discours au sénat pour le prier de défendre de l'indigence les arrière-petits-fils de Q. Hortensius, *ibid.* — Réponse de Tibère à Hortalus, 38.

HORTENSIUS, titre d'un ouvrage de Cicéron, *Orat.*, 16.

HORTENSIUS (Quintus). Son image placée dans le sénat

parmi celles des orateurs, *Ann.*, II, 37.

HOSPITALITÉ exercée par les Germains avec la plus grande affabilité, *Germ.*, 21.

HOSTILIE, bourg de la Gaule Cisalpine sur le Pô, *Hist.*, II, 100; III, 14, 21, 40. — Cécina élève un camp entre ce bourg et les marais du Tartaro, III, 9.

HYPÈPES, ville de Lydie, ne peut prétendre à l'honneur d'élever un temple à Tibère, comme étant trop peu considérable, *Ann.*, IV, 55.

HYPÉRIDE, orateur athénien, *Orat.*, 12. — Occupe la première place après Démosthène, 25. — Florissait au temps de Philippe et d'Alexandre, 16.

HYRCANIE DES MACÉDONIENS, ville de Lydie, maltraitée par un tremblement de terre, *Ann.*, II, 47. — Exemptée de tout tribut pendant cinq ans par Tibère, *ibid*.

HYRCANIE (*Asterabad*, partie du *Corcan* et du *Dahistan*), *Ann.*, XI, 8. — Artaban, qui, après son expulsion du trône, y est retrouvé couvert de sales lambeaux, en est rappelé par les Parthes, VI, 43. — Gotarzès, pour détruire toute rivalité entre Bardane et lui, s'enfonce dans les profondeurs de l'Hyrcanie, XI, 9. — Cette province fait défection aux Parthes, XIII, 37; XV, 1, 2. — Guerre d'Hyrcanie, XIV, 25.

HYRCANIENS, peuple d'Asie allié du roi Artaban, *Ann.*, VI, 36. — Envoient des députés vers Néron pour demander l'alliance des Romains, XIV, 25.

I

IAMBES. Leur verve mordante, *Orat.*, 10.

IAZYGES. *Voyez* SARMATES IAZYGES.

IBÈRES (d'Espagne) ont probablement occupé la Calédonie, *Agr.*, 11.

IBÉRIE (*Géorgie*), vaste contrée de l'Asie, *Ann.*, VI, 32; XI, 8; XII, 44. — Est boisée et montueuse, VI, 34.

IBÉRIENS, ou IBÈRES, peuple d'Asie, *Ann.*, IV, 5. — Se prétendent issus des Thessaliens, VI, 34. — Inondent de troupes l'Arménie, 33. — Combattent avec les Albaniens contre les Parthes qu'ils défont, 35, 36. — Secondent Mithridate pour s'emparer de l'Arménie, XI, 9. — Une guerre élevée entre les Arméniens et les Ibères devient la cause, pour les Parthes et les Romains, des plus graves mouvemens, XII, 44, 46. — Corbulon les envoie chez les Mardes pour dévaster leur pays, XIV, 23.

ICELUS, affranchi de Galba, décoré de l'anneau des chevaliers, se fait appeler Martianus, *Hist.*, I, 13. — Partage avec Vinius et Cornelius Lacon l'autorité souveraine, *ibid.*— Anime ce dernier contre Vinius, 33. — Othon lui reproche ses rapines, 37. — Ce prince le fait exécuter publiquement, 46.— Son administration fut un fléau pour Rome, II, 95.

IcÉNIENS, ou IcÈNES, nation vaillante de la Bretagne, *Ann.*, XII, 31.—Leur défaite par P. Ostorius, contient ceux qui balancent entre la guerre et la paix, 32. — Courent de nouveau aux armes et appellent à la révolte les Trinobantes et d'autres peuples qui jurent secrètement de ressaisir leur liberté, XIV, 31.

IDA, montagne de Crète, *Hist.*, V, 2.

IDÆI, habitans du mont Ida, nom primitif des Juifs (*Judæi*), *Hist.*, V, 2.—Sont chassés avec Saturne, 4.

IDISTAVISE, plaine de Germanie près du Visurgis, *Ann.*, II, 16.

ILE des Bataves (*Hollande*), *Hist.*, IV, 18. — Basse et marécageuse, V, 23. — Est indiquée pour lieu de réunion aux vaisseaux de la flotte construite par les soins de Germanicus, *Ann.*, II, 6. — Est ravagée sans pitié par Cerialis, *Hist.*, V, 23. || Ile du Tibre (*St-Barthélemy*), à Rome, I, 86. || Ile au milieu du Pô, II, 35.

ILE (*insula*), dénomination appliquée à une ou plusieurs maisons isolées de tous côtés, *Ann.*, VI, 45; XV, 41, 43.

ILION. Les Romains en tirent leur origine, *Ann.*, II, 54; IV, 54; XII, 58. — On y recherche les vers de la Sibylle, VI, 12. — Néron se charge de sa cause et obtient qu'elle sera déchargée de toute imposition publique, XII, 58. — *Voyez* TROIE.

ILLYRIE (dénomination sous laquelle les Romains comprenaient tous les pays situés entre l'Istrie et l'Épire), mentionnée, *Ann.*, I, 46, 52; III, 11; XV, 26; *Hist.*, I, 2, 31; II, 74; III, 35; IV, 3.— Tibère s'y rend peu de temps avant la mort d'Auguste, et en est rappelé aussitôt par une lettre pressante de sa mère, *Ann.*, I, 5. — Drusus y est envoyé; dans quel but, II, 44; III, 7, 34. — Est côtoyée par Germanicus qui se rend à Nicopolis, II, 53.— Ses légions sont complétées au moyen de levées faites dans la Gaule Narbonnaise, dans l'Afrique et dans l'Asie, XVI, 13.—Néron y lève des soldats qu'il envoie vers les portes Caspiennes, contre les Albaniens, puis qu'il rappelle pour étouffer les entreprises de Vindex, *Hist.*, 1, 6. — Les légions que Néron en avait tirées envoient une députation à Virginius pendant leur séjour en Italie, 9. — Les légions de ce pays prêtent serment à Othon, 76.— Vitellius s'en aliène les troupes en faisant périr les centurions les plus dévoués à Othon, II, 60.— Elles passent au parti de Vespasien, 85, 86. — Mer d'Illyrie, III, 2.

IMAGES. Celle d'Attus Clausus brille aux funérailles de Drusus, fils de Tibère, *Ann.*, IV, 9. || Celle d'Auguste placée dans le sénat, II, 37. || Celles de Brutus et de Cassius ne sont pas portées aux funérailles de Junie, III, 76.|| Celles des Claudes sont rangées autour du cénotaphe de Drusus, 5. — Brillent aux funérailles de Drusus, fils de Tibère, IV, 9. || Celle de Drusus toujours présente aux soldats de Germanicus, I, 43. || Celle d'Énée, tige de la famille des Jules, est portée aux funérailles de Drusus, fils de Tibère, IV, 9. || Images de Galba, *Hist.*, II, 76. — Insultées par les soldats, I, 55. — Atilius Vergilion arrache celle de ce prince dont son enseigne est décorée, 41. — Le peuple porte autour des temples les images de Galba avec des lauriers et des fleurs, II, 55.— Antonius en ordonne le rétablissement dans tous les municipes, III, 7. || Celle de Q. Hortensius placée dans le sénat, *Ann.*, II, 37.|| Celles des Jules sont rangées autour du cénotaphe de Drusus, III, 5. || On ouvre à Rome les avis les plus rigoureux contre les images de Livie, femme de Drusus, VI, 2. || Celles de Manlius sont portées aux funérailles de Junie, III, 76. || Celles de Néron relevées sous Othon, *Hist.*, I, 78. || Image de Pomponius Atticus déplacée parmi celles des Claudes, *Ann.*, II, 44. || Celles des Quinctius sont portées aux funérailles de Junie, III, 76. || Celle de Romulus est portée aux funérailles de Germanicus, fils de Drusus, IV, 9. || Tibère souffre que les images de Séjan soient honorées dans les théâtres, dans les places publiques et à la tête des légions, 2. || L'image de Vénus, dans le temple de Paphos, est un cône à sommet arrondi, *Hist.*, II, 5.|| Les commandans des galères sous les ordres de Lucilius Bassus, se précipitent avec un grand bruit sur les images de Vitellius, III, 12.— Les centurions et quelques soldats sous les ordres de Cécina les arrachent, 13.— Elles sont replacées par la cinquième légion, 14.— Les principaux officiers des légions qui défendent Crémone enlèvent le nom et les images de Vitellius, 31. — Les cités des Belges relèvent ses images, lorsque déjà il n'était plus, IV, 37.|| Images des ancêtres portées aux funérailles, *Ann.*, II, 32. — Images des orateurs célèbres placées dans le sénat, 38. — Images de tous les rois d'Albe portées aux funérailles de Drusus, fils de Tibère, IV, 9. — Prérogatives des images de l'empereur, III, 36. — Images de l'empereur dans les camps, XII, 17 ; XV, 24, 29. — Les images sont périssables et fragiles comme les traits des hommes qu'elles représentent, *Agr.*, 46.

IMPERATOR. Tibère et Claudius Drusus sont décorés de ce titre par Auguste, *Ann.*, I, 3. — Auguste lui-même obtint ce titre vingt-une fois, 9. — Blésus est le dernier des généraux romains qui le reçoit, III, 74.

IMPÔTS administrés par des commissions de chevaliers romains, *Ann.*, IV, 6. — Le peuple sollicite la suppression du centième, imposé sur les ventes depuis les guerres civiles, I, 78. — Tibère fixe cet impôt à la moitié pour l'avenir, II, 42. — Néron hésite s'il n'ordonnera pas la suppression de tous les impôts ; mais les sénateurs lui font voir les inconvéniens qui naîtraient de cette mesure, XIII, 50. — Abolition du quarantième et du cinquantième, 51. — Les soldats demandent la suppression des droits de congé que l'on payait aux centurions, *Hist.*, I, 46.

INACTION, à charge d'abord, finit par nous charmer, *Agr.*, 3. — Il est des temps où l'inaction est de la prudence, 6.

INCENDIE du Capitole pendant les troubles de Marius, *Ann.*, VI, 12. — Tibère promet de reconstruire le théâtre de Pompée, consumé par un incendie, et de lui laisser son premier nom, *Ann.*, III, 72. — Le mont Célius devient la proie des flammes, IV, 64. — La partie du Cirque contiguë au mont Aventin est consumée ainsi que tout le quartier voisin, VI, 45. — Incendie de Bologne, XII, 58. — Cent navires chargés de grains sont consumés dans le Tibre par un incendie fortuit, XV, 18. — Incendie de Rome attribué par les uns à Néron, par les autres au hasard, 38 et *suiv.* — Incendie de l'amphithéâtre de Placentia, *Hist.*, II, 21. — La colonie de Turin est en partie incendiée par les feux que la quatorzième légion avait laissés épars çà et là, la nuit de son départ pour la Bretagne, 66. — Incendie de Crémone par les Flaviens, III, 33. — Le Capitole est de nouveau la proie des flammes, I, 2, 71, 72 ; III, 71, 75, 79, 81 ; IV, 54. — Nouvel incendie de Rome dans lequel les temples les plus anciens sont consumés, I, 2.

INCESTE. Sext Marius, l'homme le plus opulent de l'Espagne, accusé de ce crime avec sa fille, est précipité de la roche Tarpéienne, *Ann.*, VI, 19. — Néron fait paraître des faux témoins qui accusent Lepida d'inceste avec son neveu Junius Silanus, XVI, 8.

INFANTERIE, *Ann.*, III, 39, 46; XIII, 35, 37, 40; XIV, 29, 32; XV, 10, 11, 17, 58; *Hist.*, I, 87; II, 56, 81, 83; IV, 56, 71; *Agr.*, 26, 38. — Auxiliaire, *Ann.*, IV, 5, 73; *Hist.*, II, 4. — Des Bataves, IV, 14, 33. — Des Bretons, *Agr.*, 12, 36. — Des Cattes, *Germ.*, 30, 32. — Des Flaviens, *Hist.*, III, 18, 53, 55. — Légionnaire, *Ann.*, XIV, 38; *Hist.*, I, 70. — Des Othoniens, II, 18, 24, 25, 26. — Des Sarmates, I, 79. — Des Vitelliens, II, 14, 25; III, 41, 79.

INGÉVONES, peuple puissant de la Germanie, placé aux bords de l'Océan, *Germ.*, 2.

INGUIOMER, oncle d'Arminius, se jette dans son parti, *Ann.*, 1, 60. — Donne l'avis d'investir le camp romain, 68. — Est assez grièvement blessé, *ibid.* — Se retire du combat, *ibid.* — Échappe au carnage de la plaine d'Idistavise, II, 17. — Combat de nouveau et est abandonné plutôt par la fortune que par son courage, 21. — Passe avec tous ses vaisseaux au parti de Maroboduus; motif de cette conduite, 45. — Maroboduus, le tenant par la main, le montre aux siens comme tout l'honneur des Chérusques, 46.

INIMITIÉS entre proches sont toujours les plus violentes, *Hist.*, IV, 70.

INN. *Voyez* ÉNUS.

INNOCENCE, le plus souvent, est faible contre les haines récentes, *Ann.*, II, 77. — Recourt sans danger à la prudence, XI, 26.

INSIQUES, nation voisine de l'Arménie, et dévouée aux Romains, *Ann.*, XIII, 37.

INSTEIUS CAPITON, préfet de camp, est envoyé par Corbulon pour raser les places fortes des Arméniens, *Ann.*, XIII, 39.

INSUBRIENS (*le Milanais*), nation de la Gaule Cisalpine, *Ann.*, XI, 23.

INTEMELIUM. *Voyez* ALBIUM INTEMELIUM.

INTENTIONS les plus honorables sont souvent suivies des plus funestes résultats dès qu'on n'y joint pas le raisonnement, *Hist.*, I, 83.

INTÉRAMNATES demandent au sénat que le Nar ne soit pas divisé en ruisseaux sans cours, ce dont on les menaçait, *Ann.*, I, 79. — S'opposent à ce qu'on ferme l'issue du lac Vélin, *ibid.*

INTÉRAMNE (*Terni*), ville de l'Italie dans l'Ombrie, *Hist.*, II, 64. — Varus y est envoyé avec une troupe légère, et y égorge le peu de Vitelliens qui lui résistent, III, 61. — Une partie des troupes de Vitellius, cantonnées dans Narni, se rendent à Intéramne après leur défection, 63.

INTÉRÊT de l'argent, d'abord fixé à un pour cent par la loi des Douze-Tables, est plus tard, à la demande des tribuns, réduit à un demi, et enfin entièrement aboli, *Ann.*, VI, 16. — Tibère ouvre une banque de cent millions de sesterces, et donne la facilité d'y emprunter sans intérêt, pour trois années, pourvu que l'emprunteur s'engageât envers l'état du double en hypothèque sur des biens-fonds, 17.

INTERPRÈTES de songes, *Ann.*, II, 27.

IONIE (Mer d'). Germanicus navigue sur cette mer, *Ann.*, II, 53.

ISAURICUS (Publius Servilius) accorde au temple de Diane Persique l'inviolabilité jusqu'à deux mille pas à l'entour, *Ann.*, III, 62.

ISIS, célèbre divinité des Égyptiens, *Hist.*, V, 2. — Une partie des Suèves lui sacrifient, *Germ.*, 9. — Avait anciennement une chapelle à Alexandrie, dans un lieu nommé Rhacotis, *Hist.*, IV, 84.

ISTÉVONES, nation puissante de la Germanie, qui habitait sur les bords du Rhin, *Germ.*, 2.

ISTHME de Corinthe, *Ann.*, V, 10.

ISTRIE, contrée située sur l'Adriatique, *Hist.*, II, 72.

ITALICUS, fils de Flavius et de la fille de Cattumère, prince des Cattes, et neveu d'Arminius du côté paternel, *Ann.*, XI, 16, 17. — Chassé par les Chérusques, puis rétabli par l'assistance des Lombards, *ibid.*

ITALICUS, roi des Suèves, est attiré par les Flaviens dans leur parti, III, 5. — Combat à Bédriac, 21.

ITALIE, bornée par les Alpes, *Ann.*, XI, 24. — Est protégée sur ses deux mers par deux flottes, à Misène et à Ravenne, IV, 5. — Son climat, *Hist.*, II, 32. — Vit des ressources étrangères, *Ann.*, III, 54. — Tyrrhenus y fonde un nouvel établissement, et de son nom vient la dénomination des Tyrrhéniens, IV, 55. — Annibal y fait une irruption, *Hist.*, III, 34. — Marius y défait les Cimbres, *Germ.*, 37. — Incendiée par Spartacus et ébranlée par deux grandes guerres que lui font Sertorius et Mithridate, *Ann.*, III, 73. — Mesures prises par Auguste dans la crainte que l'Italie ne pût être un jour livrée à la famine, II, 59. — Rivalise avec les Gaules et l'Espagne pour réparer les pertes de l'armée de Germanicus, 1, 71. — Les astrologues en sont chassés, II, 32; XII, 52; *Hist.*, II, 62. — Les affranchis infestés de superstition en sont expulsés, *Ann.*, II, 85. — Domitius Corbulon se charge de faire réparer les routes d'Italie, III, 31. — Il n'était pas permis aux flamines de Jupiter d'en sortir, 58. — Les histrions en sont expulsés, IV, 14; XIII, 25. — Junius Gallion en est chassé, VI, 3. — On visite ses colonies pour la recherche des vers de la Sibylle, 12. — Junia Calvina en est exilée, *Ann.*, XII, 8. — Lollia Paullina en est bannie, 22. — Domitia Lepida est accusée d'en avoir troublé la tranquillité en ne réprimant pas ses nombreux esclaves répandus dans la Calabre, 65. — Clodius Quirinalis, convaincu d'avoir, par ses débauches et ses cruautés, affligé l'Italie comme la dernière des nations, prévient sa condamnation par le poison, XIII, 30. — Vibius Secundus, convaincu de concussion, est banni de l'Italie, XIV, 28. — Son séjour est interdit à Pompeius Élianus et à Valerius Ponticus, 41. — Fabricius Véienton en est chassé pour avoir composé des libelles diffamatoires contre les sénateurs et les pontifes, et avoir trafiqué des grâces du prince, 50. — Les agens de Néron la dévastent pour se procurer de l'argent, XV, 45. — Cadicia et Césonius Maximus en sont expulsés, 71. — Helvidius Priscus et Agrippinus Paconius en sont chassés, XVI, 33, 35. — Vitellius désigne Fabius Valens et Cécina pour s'y rendre à la tête de deux puissantes armées, 61. — Une lutte des plus violentes des Romains entre eux y commence, II, 6. — Othon se rend maître de la majeure partie de l'Italie, 12. — Tout le pays entre le Pô et les Alpes est occupé par Vitellius, 17, 53. — Cécina y poursuit sa marche, 20. — L'Italie est affligée de maux plus cruels et plus affreux que la guerre, 56. — Antonius Primus entraîne avec lui, pour l'envahir, les vexillaires des cohortes et une partie de la cavalerie flavienne, III, 6. — Toute l'Italie est partagée entre Vespasien et Vitellius par la chaîne des Apennins, 43. — Mucien insulte à l'Italie comme à une conquête, 49. — L'occupation de Mevania y répand l'effroi, 59. — *Voyez* encore, *Ann.*, I, 34; II, 40, 50, 63; III, 28, 33, 40; IV, 7, 31, 56; V, 10, 16, 17; XI, 14, 15, 22, 23; XII, 36, 43; XIII, 3, 28, 42; XIV, 27, 39; XV, 13; XVI, 5; *Hist.*, I, 2, 9, 11, 50, 62, 84; II, 8, 21, 27, 28, 66, 83, 90; III, 1, 2, 4, 5, 9, 30, 46; IV, 5, 13, 17, 51, 55, 58, 65, 72, 73, 75, 76; V, 1, 10; *Germ.*, 2; *Orat.*, 28, 39.

ITALIE TRANSPADANE, *Ann.*, XI, 24; *Hist.*, I, 70; II, 32.

ITALIQUE (Légion), *Hist.*, I, 59, 64; II, 41.

ITURÉE, contrée de la Palestine, est réunie au gouvernement de Syrie, *Ann.*, XII, 23.

ITURIUS, client de Junia Silana, accuse Agrippine, *Ann.*, XIII, 19. — Invectives de cette dernière contre lui, 21. — Est relégué, 22. — Néron lui donne sa grâce, XIV, 12.

IVRÉE, ville de l'Italie Transpadane, est livrée aux Vitelliens par la cavalerie Syllana, *Hist.*, I, 70.

IZATÈS, roi des Adiabènes, *Ann.*, XII, 13. — Abandonne Méherdate, 14.

J   J

JANICULE, une des sept collines de Rome, théâtre d'un combat qui fut livré contre Cinna, *Hist.*, III, 51.

JANUS. Son temple, élevé près du marché aux légumes par C. Duillius, est dédié par Tibère, *Ann.*, II, 49.

JARDINS. César avait légué les siens au peuple romain, *Ann.*, VI, 21. — Élius Gallus, après l'exécution de Séjan, se réfugie dans ceux de Pomponius, comme dans l'asile le plus assuré, v. 8. — Messaline se retire dans ceux de Lucullus et y meurt, XI, 32, 37. — Agrippine, avide d'envahir les jardins de Statilius Taurus, le perd en le faisant accuser par Tarquitius Priscus, XII, 59. — Jardins de Salluste, XIII, 47; *Hist.*, III, 82. — Jardins de Mécène joints au palais de Néron, *Ann.*, XV, 39. — Ce dernier ouvre les siens pour servir de refuge au peuple, après l'incendie de Rome, *ibid.* — Il les offre pour y livrer au supplice les chrétiens, sur lesquels il a rejeté l'accusation de l'incendie, 44. — Jardins de Servilius, *Ann.*, XV, 55, 57; *Hist.*, III, 38. — Jardins de Thrasea, *Ann.*, XVI, 34. — Galba est enseveli dans les jardins qu'il possédait étant humble particulier, *Hist.*, I, 49.

JASON monte sur le trône de la Colchide, laissé vacant par la mort d'Éétès, après avoir enlevé Médée et en avoir eu plusieurs enfans, *Ann.*, VI, 34.

JASON, personnage de tragédie. *Orat.*, 9.

JAVELOTS des soldats romains jettent des flammes, *Ann.*, XV, 7.

JEAN, appelé aussi Bargioras, chef des Juifs, *Hist.*, V, 12.

JÉRUSALEM, ville de la Palestine et capitale de la Judée, *Hist.*, II, 4; V, 8. — Son origine, 2

— Son temple, 8. — Pompée détruit les murs de cette ville, mais épargne son temple, 9, 12. — Caligula ordonne que sa statue soit placée dans le temple, 9. — Titus assied son camp près de Jérusalem, 1, 10. — Siège de cette ville; ses fortifications, II, 13.

JEUNESSE (Escadron de la). *Voy.* ESCADRON.

JEUNESSE (Prince de la). *Voyez* PRINCE DE LA JEUNESSE.

JEUNESSE (Jeux de la). *Voyez* JUVÉNALES.

JEUX Augustaux, *Ann.*, I, 15, 54. — De Cérès, XV, 74; *Hist.*, II, 55. — Du ceste, *Ann.*, XVI, 21. — Du Cirque, II, 83; XI, 11; XII, 41, 44, 53, 74; *Hist.*, III, 83. — De la Grande-Déesse, *Ann.*, III, 6. — Du Gymnase, *Orat.*, 10. — Romains ou Grands jeux, *Ann.*, III, 64. — Séculaires, XI, 11. — Troyens, *ibid.* — Annuels ajoutés aux fêtes de Minerve, XIV, 12. — Des Juvénales, 15; XV, 33; XVI, 21. — Quinquennaux, 2, 4; XIV, 20. — Sacrés, 21. — Sacrés d'Actium, XV, 23. — Du Cirque à Boville, *ibid.* — Dans le principe, le peuple s'y tenait debout, XIV, 20. — *Voyez* FÊTES.

JOURDAIN (*Nahr-el-Arden*), célèbre rivière de la Palestine, qui arrose la Judée, *Hist.*, V, 6.

JOURNAUX, *Ann.*, III, 3; XIII, 31; XVI, 22.

JOURS sont très-longs à l'extrémité de la Bretagne, *Agr.*, 12. — Les Germains ne comptent point par jours, mais par le nombre des nuits; chez eux c'est la nuit qui semble amener le jour, *Germ.*, 11. — Le jour le plus précieux, après le règne d'un méchant prince, c'est le premier, *Hist.*, IV, 42.

JUBA le jeune, roi de Mauritanie, *Ann.*, IV, 23. — Tient son trône du peuple romain, 5.

JUBA, nom que veut prendre Lucius Albinus, procurateur des deux Mauritanies, *Hist.*, II, 58.

JUDA, un des chefs de la nation juive, *Hist.*, V, 2.

JUDÉE, contrée de la Phénicie, *Ann.*, XII, 54; *Hist.*, II, 5, 76; IV, 3. — Sa situation et ses produits, V, 6. — Sa capitale et son temple, 8. — Villes de Judée jadis frappées et incendiées par la foudre, 7. — Phases par lesquelles elle passa depuis sa conquête par Pompée, 9. — Demande aux Romains une diminution de tribut, *Ann.*, II, 42. — Berceau du christianisme, XV, 44. — Est réunie au gouvernement de Syrie, XII, 23. — Vespasien est chargé par Néron d'y diriger la guerre, *Hist.*, I, 10; V, 10. — L'armée y prête serment à Othon, 76. — Succès qu'y obtient Vespasien, II, 1, 4, 78. — Les agens de Vitellius venus de ce pays, lui annoncent que l'Orient le reconnaît pour maître, 73. — Vespasien se retire à Césarée, ville de la Judée, 79. — Titus est chargé d'y poursuivre la guerre, 82; IV, 51; V, 1, 10. — Il assiège sa capitale, 11-13. — La Judée ne connaît des Césars que le nom, II, 6.

JUGEMENS, mis dans les attributions du sénat par Sylla, sont rendus aux chevaliers, *Ann.*, XI, 22. — Les lois Serviliennes les restituent au sénat, XII, 41.

JUIFS. Leur origine, *Hist.*, V, 2. — Leur déportation, 3. — Moïse pour les maintenir et les gouverner, leur donne des rites nouveaux et opposés à ceux des autres mortels, 4. — Ils ne connaissent qu'un seul dieu, 5. — Ont institué la circoncision pour se reconnaître à cette particularité, *ibid.* — Autres usages et croyances qui leur sont particulières, *ibid.* — Opiniâtreté de leur fanatisme, II, 4. — Se donnent des rois, V, 8. — Pompée est le premier des Romains qui les dompte, 9. — Traits principaux de leur histoire depuis cette époque jusqu'au moment où Titus, chargé par Vespasien de continuer la guerre, met le siège devant Jérusalem, *ibid.* et *suiv.* — Ils répandent la superstition dans l'Italie, *Ann.*, II, 85. — Manifestent quelque apparence de révolte à la nouvelle de la mort de Caïus, XII, 54.

JUIN (Mois de) perd son ancien nom pour prendre celui de Germanicus, *Ann.*, XVI, 72. — Cause de ce changement, *ibid.*

JULES (Famille des), *Ann.*, VI, 8; XIV, 22; XV, 23; *Hist.*, II, 48. — Énée en est la tige, *Ann.*, IV, 9; XII, 58. — Albe est son berceau, XI, 24. — Tibère lui consacre un sacerdoce, *Hist.*, II, 95. — Livie, admise dans cette famille, y prend le nom d'Augusta, *Ann.*, I, 8; V, 1; VI, 51. — On lui dédie une chapelle à Bovilles, II, 41. — Le sénat décrète qu'il ne sera élu aucun flamine ni augure pour succéder à Germanicus, s'il n'est de cette famille, 83. — Les images des Jules sont rangées autour du cénotaphe de Drusus, père de Germanicus, III, 5. — Poppée est déposée dans leur tombeau, XVI, 6. — La maison des Jules s'éteint dans la personne de Néron, *Hist.*, I, 16.

JULES CÉSAR. *Voyez* CÉSAR (Caïus Julius).

JULIA (Loi) contre l'adultère, *Ann.*, II, 50; IV, 42. — Auguste, dans sa vieillesse, y ajoute la loi Papia Poppéa, afin de punir plus directement les célibataires et d'enrichir le trésor, III, 25. — Lois Juliennes contre les intrigues des candidats, XV, 20.

JULIA AGRIPPINA. *Voyez* AGRIPPINE.

JULIA AUGUSTA. *Voyez* LIVIE.

JULIA PROCILLA, épouse de Julius Grécinus, mère d'Agricola, femme de la plus grande chasteté, *Agr.*, 4. — Est assassinée au sein de ses domaines par les soldats de la flotte d'Othon, 7.

JULIANUS. *Voyez* CLAUDIUS, TERTIUS.

JULIANUS (Titius), commandant une légion en Mésie, reçoit les ornemens consulaires, *Hist.*, I, 79.

JULIE, fille unique de Jules César, meurt, *Ann.*, III, 6.

JULIE, fille d'Auguste, *Ann.*, I, 53. — D'abord femme de Marcellus, 3. — Puis unie avec M. Agrippa, 53. — Enfin unie à Tibère, *ibid.*, VI, 51. — Le mépris qu'elle affecte pour ce dernier est la cause de sa retraite dans l'île de Rhodes, I, 53. — Ses débordemens, *ibid.*; III, 18, 24; IV, 44. — Confinée par son père, à cause de ses désordres, dans l'île Pandateria, ensuite à Rhégium, I, 53. — Dès que Tibère obtint l'empire, il la bannit honteusement, *ibid.* — Elle meurt de faim et de misère, *ibid.*

JULIE, fille d'Agrippa et de Julie, convaincue d'adultère avec D. Silanus, est exilée par Auguste, son aïeul, *Ann.*, III, 24. — Supporte un exil de vingt années, soutenue des libéralités de Livie, et termine sa vie dans l'île de Trimère, lieu où elle fut reléguée, IV, 71.

JULIE. Agrippine, femme de Germanicus, lui donne le jour dans l'île de Lesbos, *Ann.*, II, 54. — Est unie par Tibère à M. Vinicius, VI, 15.

JULIE, fille de Drusus, épouse Néron, fils de Germanicus, *Ann.*, III, 29. — Trahit les secrets de son mari, IV, 60. — Épouse ensuite Rubellius Blandus, VI, 27. — Chassée par Claude, XIV, 63. — Périt victime de la perfidie de Messaline, XIII, 32. — P. Suilius est accusé de l'avoir forcée à se donner la mort, 43.

JULIENNES (Alpes), *Hist.*, III, 8.

JULIUS. *Voyez* AFRICANUS, AGRESTIS, ALPINUS, ALTINUS, AQUILA, ASIATICUS, ATTICUS, AUSPEX, BRIGANTICUS, BURDO, CALENUS, CARUS, CELSUS, CIVILIS, CLASSICIANUS, CLASSICUS, CLEMENS, CORDUS, DENSUS, FLORUS, FRONTINUS, FRONTO, GRATUS, GRÆCINUS MARINUS.

JULIUS AGRICOLA (Cneius), originaire de Fréjus, *Agr.*, 4. — Sa famille, et son entraînement vers l'étude, *ibid.* — Il reçoit sa première éducation militaire en Bretagne, sous Suetonius Paullinus, 5. — Revenu à Rome pour y solliciter les magistratures, il épouse Domitia Decidiana,

6. — Il est successivement nommé questeur, tribun du peuple et préteur, *ibid.* — Il est choisi par Galba pour reconnaître les offrandes des temples, *ibid.* — Des soldats de la flotte d'Othon assassinent sa mère et pillent une partie de son patrimoine, 7. — Il passe au parti de Vespasien, et obtient bientôt le commandement de la vingtième légion, campée dans la Bretagne, *ibid.* — Son attention à ne point paraître vouloir s'élever au dessus de ses supérieurs, 8. — A son retour, Vespasien l'admet entre les patriciens, et ensuite lui confie le gouvernement de l'Aquitaine, 9. — Il est nommé consul, *ibid.* — Il marie sa fille à Tacite, 3, 9. — Il est préposé au gouvernement de la Bretagne, *ibid.* — Taille en pièces les Ordoviques, 18. — Soumet l'île de Mona et pacifie toute la province, *ibid.* — Il règle sa maison; réserve aux fautes légères le pardon, aux grandes la sévérité; fait preuve de prévoyance et de justice, 19. — Il réprime les abus, et son activité est couronnée de succès, 20. — Il accoutume les Bretons à la tranquillité et au repos par les plaisirs, 21. — Il découvre des peuples nouveaux, qu'il frappe de terreur, 22. — Il assure la possession de ces peuples, 23. — Il médite l'occupation de l'Hibernie,

24. — Il fait cerner les cités placées de l'autre côté de la Bodotria, et explorer les ports par sa flotte, 25 — Il met en fuite les Calédoniens, qui étaient sur le point de s'emparer du camp de la neuvième légion, 26. — Il perd son fils âgé d'un an, 28. — Il parvient jusqu'au mont Grampius, 29. — Il harangue ses soldats, 33, 34. — Il dispose ses forces, 35. — Il exhorte trois cohortes de Bataves et deux de Tongres à engager la mêlée à la pointe de l'épée, 36. — Il défait les Bretons après un combat des plus opiniâtres, 37. — Sages dispositions d'Agricola après sa victoire, 38. — Il est pour Domitien un objet de jalousie, 39. — Le prince ajourne sa haine, et lui fait décerner par le sénat les ornemens triomphaux, l'honneur de la statue, et tout ce qui est offert au lieu du triomphe, 40. — Agricola remet à son successeur la Bretagne tranquille, et va se concentrer dans la retraite et le repos, *ibid.* — Sa gloire et l'espèce d'ennemis la plus funeste (ceux qui le louent) le mettent en danger, 41. — Il se désiste de la candidature au proconsulat d'Asie et d'Afrique, 42. — Sa mort est attribuée par quelques-uns au poison, 43. — Son testament, *ibid.* — Durée de son existence; son

extérieur, ses honneurs, ses richesses, 44. — L'opportunité de sa mort lui évite le spectacle des atrocités de Domitien, 45. — Consolations et leçons puisées dans l'exemple de ses vertus, 46.

Julius Indus, de Trèves, impatient de déjouer les projets de Florus, son compatriote et son antagoniste, dissipe les Trévires révoltés, *Ann.*, III, 42.

Julius Mansuetus est tué par son fils en combattant, le premier pour Vitellius, le second pour Vespasien, *Hist.*, III, 25.

Julius Martialis, tribun, chargé de la garde du camp, y laisse pénétrer Othon qui vient d'être salué empereur, et fait naître par son inaction le soupçon de sa complicité, *Hist.*, I, 28. — Est blessé dans une sédition militaire, en s'opposant à l'entrée tumultueuse des soldats dans le palais, 82.

Julius Maximus, lieutenant de Civilis, reçoit de ce dernier l'ordre de marcher contre Dillius Vocula et son armée, *Hist.*, IV, 33.

Julius Montanus, de l'ordre des sénateurs, en vient par hasard aux mains, à travers les ténèbres, avec Néron, *Ann.*, XIII, 39.

Julius Paullus, de race royale, frère de Civilis, est mis à mort par Fonteius Capiton, sur une fausse accusation de révolte, *Hist.*, IV, 13, 32.

Julius Pelignus, procurateur de Cappadoce, se conduit d'une manière honteuse pour le nom romain, *Ann.*, XII, 49.

Julius Placidus, tribun de cohorte, arrache Vitellius du réduit ignoble où il s'était caché, *Hist.*, III, 85. — A l'oreille tranchée par un soldat de Germanie, *ibid.*

Julius Pollion, tribun d'une cohorte prétorienne, est chargé par Néron de préparer le poison qui doit mettre fin aux jours de Britannicus, *Ann.*, XIII, 15.

Julius Postumus, un des intimes de l'impératrice Livie, seconde Séjan dans ses projets criminels contre Agrippine, *Ann.*, IV, 12.

Julius Priscus, centurion, est élevé par Vitellius à la dignité de préfet du prétoire, *Hist.*, II, 92. — Occupe avec Alphenus Varus les passages de l'Apennin, III, 55. — Abandonnant le camp pour retourner vers Vitellius, il épargne à tous la honte de la trahison, 61. — Se tue de sa main, par honte plutôt que par nécessité, IV, 11.

Julius Sabinus, de Langres, s'enorgueillit de l'éclat d'une origine chimérique, *Hist.*, IV, 55. — Entre dans le complot de Civilis, *ibid.* — Se fait proclamer César, et se précipite sur les Séquanais, 67. — Sa défaite, sa fuite et sa retraite, *ibid.*

Julius Sacrovir pousse les Éduens à la révolte, *Ann.*, III, 40. — Combat pour les Romains, la tête découverte, pour faire remarquer sa valeur, 41. — S'empare d'Augustodunum (*Autun*), 43. — Il se montre avec ses troupes à douze milles de cette ville, en des lieux découverts, 45. — Disposition de ses troupes qu'il harangue, *ibid.* — Est anéanti par un seul combat, *Hist.*, IV, 57. — Se retire vers Augustodunum, puis dans une maison de campagne voisine, où il se tue de sa propre main, *Ann.*, III, 46; IV, 18.

Julius Secundus, orateur célèbre, un des interlocuteurs du Dialogue des Orateurs, *Orat.*, 2, 3, 5, 9, 14, 15, 16, 23, 28, 33.

Julius Tugurinus, chevalier romain, s'engage dans la conspiration contre Néron, *Ann.*, XV, 50.

Julius Tutor, de Trèves, *Hist.*, IV, 55, 72. — Se joint à Civilis pour exciter une révolte générale dans les Gaules, 55, 57, 58. — Investit Cologne et lie par le même serment tout ce qu'il y a de soldats sur le Haut-Rhin, 59. — Est défait par Sextilius Félix, 70, 71. —

Ramène les Trévires aux combats, 70. — Engage Civilis à ne pas apporter de lenteurs dans la guerre, 76. — Combat contre Cerialis, 78. — Passe le Rhin avec Civilis, Classicus et cent treize sénateurs trévires, V, 19. — Combat de nouveau, 20. — S'enfuit, 21. — *Voyez* encore, *Hist.*, IV, 74.

Julius Vindex se révolte dans les Gaules contre Néron, *Ann.*, XV, 74; *Hist.*, I, 16, 53, 70, 89; II, 27; IV, 69. — Les Viennois secondent ses efforts, I, 65. — Néron rappelle, pour étouffer ses entreprises, des troupes qu'il avait envoyées vers les portes Caspiennes contre les Albaniens, 6. — Vindex succombe avec toutes ses forces, 51; IV, 17, 57. — Les soldats de Vitellius demandent le dernier supplice pour Asiaticus, Flavius et Rufinus, chefs gaulois qui avaient combattu en faveur de Vindex, II, 94.

Julus Antonius. *Voyez* Antoine (Jules).

Juncus Virgilianus, sénateur, est livré à la mort par ordre de Claude, *Ann.*, XI, 35.

Junia, mère de Furius Camillus Scribonianus, *Ann.*, XII, 52.

Junia (Famille). D. Silanus lui est rendu, *Ann.*, III, 24. — Tibère demande en sa faveur que C. Silanus soit relégué à

Cythnos plutôt qu'à l'île de Gyare, 69. — L'éclat que Torquatus Silanus tire de cette famille, cause la perte de ce dernier, xv, 35.

JUNIA CALVINA, sœur de L. Silanus, faussement accusée d'inceste avec son frère, *Ann.*, xii, 4. — Est exilée d'Italie, 8. — Est rappelée par Néron, xiv, 12.

JUNIA SILANA, femme de C. Silius, est renvoyée par son époux, sur les insinuations de Messaline, qui veut jouir sans partage de son amant adultère, *Ann.*, xi, 12; xiii, 19. — Se venge d'Agrippine, qui avait dégoûté Afranius Sextius de s'unir avec elle, en l'accusant de méditer une révolution en faveur de Rubellius Plautus, *ibid.* — Invectives d'Agrippine contre elle, 21. — Elle est exilée, 22. — Termine sa vie, à son retour à Tarente, xiv, 12.

JUNIA TORQUATA, vestale, *Ann.*, iii, 69.

JUNIE, nièce de Caton, épouse de C. Cassius, sœur de M. Brutus, meurt, *Ann.*, iii, 75. — Ne nomme pas Tibère dans son testament, *ibid.* — Ses funérailles sont honorées d'un éloge à la tribune et des autres solennités, *ibid.*

JUNIUS, sollicité par Libon d'évoquer par des enchantemens les ombres infernales, porte sa déposition chez Fulcinius Trion, *Ann.*, ii, 28.

JUNIUS, sénateur, *Ann.*, iv, 64.

JUNIUS (les) aïeux de Blésus, *Hist.*, iii, 38.

JUNIUS BLÉSUS. *Voyez* BLÉSUS.

JUNIUS CILON, procurateur du Pont, conduit Mithridate à Rome, *Ann.*, xii, 21. — On lui décerne les ornemens consulaires, *ibid.*

JUNIUS GALLION, ayant demandé, pour les prétoriens vétérans, le droit de siéger dans les quatorze rangs réservés aux chevaliers romains, encourt la colère de Tibère, est chassé du sénat, puis de Rome, enfin ramené dans cette ville, où il est enfermé dans la prison consulaire, *Ann.*, vi, 3. — Effrayé de la mort de Sénèque, son frère, il demande grâce pour lui-même, xv, 73. — Mella, son autre frère, se coupe les veines, xvi, 17.

JUNIUS LUPUS, sénateur, est condamné à l'exil pour avoir accusé Vitellius, favori d'Agrippine, du crime de lèse-majesté, *Ann.*, xii, 42.

JUNIUS MARULLUS, consul désigné, propose d'ôter la préture à Antistius, et de le faire périr suivant la coutume des anciens Romains, pour avoir composé et lu des vers injurieux contre Néron, *Ann.*, xiv, 48.

JUNIUS MAURICUS demande que le pouvoir soit accordé au sénat, de consulter les registres du palais impérial, pour y reconnaître quelles accusations chacun avait sollicitées, *Hist.*, IV, 40. — Victime de délations sous Domitien, *Agr.*, 45.

Junius Othon, d'abord maître d'école, puis devenu sénateur par le crédit de Séjan, veut relever une obscure origine par la plus impudente audace, *Ann.*, III, 66. — Préteur, il accuse C. Silanus d'avoir outragé la divinité de Tibère, *ibid.* — Tribun du peuple, il s'oppose à ce qu'on décerne la récompense à Lélius Balbus, délateur d'Acutia : de là, bientôt son exil, VI, 47.

Junius Rusticus, chargé par Tibère de la rédaction des procès-verbaux du sénat, *Ann.*, V, 4.

Junius Silanus (Caïus), proconsul d'Asie, est accusé de concussion par les alliés du peuple romain, *Ann.*, III, 66. — Accusé, en outre, d'avoir outragé la divinité d'Auguste et méprisé la majesté de Tibère, *ibid.* — On insinue qu'il est coupable de lèse-majesté, 67. — Après avoir demandé un délai de peu de jours, il renonce à se défendre, et hasarde une requête à Tibère dans laquelle il mêle les reproches aux prières, *ibid.* — Peines que L. Pison, Cn. Lentulus et Cornelius Dolabella proposent de lui infliger, 68. — Tibère consent à ce que les biens maternels de Silanus, sorti d'un second lit, soient séparés et rendus à son fils, *ibid.* — Sur la demande de Tibère, que Silanus soit relégué à Cythnos plutôt qu'à l'île de Gyare, tous se rangent à son avis, 69.

Junius Silanus (Decimus), frère du suivant, *Ann.*, III, 24. — Convaincu d'adultère avec la petite-fille d'Auguste (Julie), *ibid.* — Est exilé, *ibid.* — Revient à Rome, où il n'obtient point d'honneurs, *ibid.*

Junius Silanus (Marcus), homme des plus distingués par son illustre noblesse et par son éloquence, *Ann.*, III, 24. — Est consul en 772 avec L. Norbanus, II, 59. — Obtient de Tibère le rappel de Decimus, son frère, III, 24. — Propose, pour marquer les époques, de ne plus inscrire les noms des consuls dans les monumens publics ou particuliers, mais de ceux qui exerceraient la puissance tribunitienne, 57. — Tibère blâme cette proposition, 59. — Un imposteur, qui d'abord avait voulu se faire passer pour Drusus, déclare être le fils de M. Silanus, V, 10. — Silanus demande que les biens de Séjan soient versés du trésor public dans la caisse du prince, comme restitution, VI, 2. — Proconsul d'Afrique sous Caligula, ce prince, qui le redoute, lui ôte le commandement de la légion, et le donne à un lieutenant envoyé à cet effet, *Hist.*, IV, 48. — Julius Grécinus meurt pour avoir refusé d'accuser Silanus, *Agr.*, 4.

JUNIUS SILANUS (Marcus), beau-père de Caligula, *Ann.*, VI, 20.

JUNIUS SILANUS (Appius), consul en 781 avec Silius Nerva, *Ann.*, IV, 68. — Accusé de lèse-majesté, il est sauvé par Celsus, tribun d'une cohorte de la ville et l'un de ses dénonciateurs, VI, 9.

JUNIUS SILANUS (Lucius), jeune homme des plus distingués, décoré par Claude des ornemens du triomphe, est fiancé avec Octavie, fille de ce dernier, *Ann.*, XII, 3. — Agrippine, jalouse d'unir son fils Néron avec la fille de César, médite la perte de Silanus, *ibid.*, 4 ; XIII, 1. — Sur l'accusation fausse d'un inceste avec sa sœur, il est chassé du sénat, Claude lui retire sa promesse, et il est forcé d'abdiquer sa magistrature de préteur, XII, 4. — Il se donne la mort le jour des noces de Claude avec Agrippine, 8 ; XIII, 14.

JUNIUS SILANUS (Marcus), arrière-petit-fils d'Auguste, frère du précédent, proconsul d'Asie, emprisonné par l'ordre d'Agrippine par Pub.

Celer et l'affranchi Helius, *Ann.*, XIII, 1, 15, 33.

JUNIUS SILANUS CRETICUS (Marcus), gouverneur de Syrie, attire Vonones et l'entoure de ses gardes en lui laissant toutefois son cortège et le nom de roi, *Ann.*, II, 4. — Est éloigné de sa province par Tibère, 43.

JUNIUS SILANUS TORQUATUS (Decimus), consul en 806 avec Q. Haterius, *Ann.*, XII, 58. — Néron le force à se tuer, et prononce ensuite des paroles de clémence, XV, 35. — Sa mort apprend à son neveu à redoubler de prudence, XVI, 8.

JUNIUS SILANUS (Lucius), neveu du précédent, *Ann.*, XVI, 8. — C. Pison éprouve une crainte secrète qu'il ne s'empare de l'empire, XV, 52. — Néron s'efforce de prouver au sénat qu'il doit être éloigné des affaires publiques, XVI, 7. — Est condamné à l'exil par décret du sénat, 9. — Conduit à Ostie, ensuite renfermé dans le municipe de Barium, y est tué par ordre de Néron, *ibid.*

JUNON. Samos demande pour le temple de cette déesse, la confirmation d'un ancien droit d'asile, *Ann.*, IV, 14. — Les livres Sibyllins ordonnent aux matrones de rendre Junon propice par des purifications, XV, 44. — Helvidius Priscus l'invoque lors de la reconstruction du Capitole, *Hist.*, IV, 53. — Un spectre d'une taille plus qu'humaine sort d'une chapelle de Junon, I, 86.

JUPITER, *Ann.*, I, 73; IV, 56; *Hist.*, III, 72; IV, 54, 58. — Souverain maître de toutes choses, *Hist.*, IV, 84.— Chasse Saturne de l'île de Crète, V, 2. — Apollon, après avoir tué les Cyclopes, se retire dans le bois d'Ortygie pour se soustraire à sa colère, *Ann.*, III, 61. — Les Stratoniciens défendent les privilèges de son culte, 62. — Germanicus consacre entre l'Elbe et le Rhin un trophée d'armes à Mars, à Jupiter et à Auguste, II, 22. — On lui décrète des offrandes à l'occasion du jugement de Drusus Libon, 32. — Tibère lui dédie un temple à Capoue, IV, 57. — Les sénateurs décrètent, qu'au quinze des calendes de novembre, jour de la mort de Séjan et d'Agrippine, une offrande sera chaque année portée à Jupiter, VI, 25. — Son temple est frappé par la foudre, XIII, 24. — Helvidius Priscus l'invoque lors de la reconstruction du Capitole, *Hist.*, IV, 53. — Ses flamines, *Ann.*, III, 58, 71. || Jupiter Capitolin, XV, 23. — Jupiter Conservateur, *Hist.*, III, 74. — Jupiter Gardien, *ibid.* — Jupiter Hammon, V, 3, 4. — Jupiter Libérateur, *Ann.*, XV, 64; XVI, 35. — Jupiter Pluton, *Hist.*, IV, 83. — Jupiter Stator, *Ann.*, XV, 41. — Jupiter Vindex, 74.

JUSTUS. *Voyez* CATONIUS, FABIUS, MINUCIUS.

JUVÉNALES, instituées par Néron, *Ann.*, XIV, 15. — Ce prince y chante, XV, 33. — Thrasea y montre peu d'intérêt, XVI, 21. — Fabius Valens, contraint en apparence, et bientôt par goût, y joue des mimes, *Hist.*, III, 62.

JUVENALIS, un des premiers de la cité des Tongres, livre toute la nation à Civilis, *Hist.*, IV, 66.

L

LABÉON (Pomponius), gouverneur de Mésie, vient avec une légion pour combattre les Thraces révolté, *Ann.*, IV, 47. — Se fait périr en s'ouvrant les veines, VI, 29. — Paxéa, son épouse, suit cet exemple, *ibid.*

LABÉON (Titidius), mari de Vistilia, est mis en accusation pour avoir négligé d'employer, contre son épouse qui affichait sa turpitude, la vengeance légale, *Ann.*, II, 85. — Les soixante jours accordés pour consultation n'étant pas écoulés, on croit faire assez de punir Vistilia, *ibid.*

LABÉON. *Voyez* ANTISTIUS, AS-CONIUS, CETHEGUS, CLAUDIUS.

LAC Asphaltite, en Judée, *Hist.*, v, 6. — Averne, *Ann.*, xv, 42. — De Baïes, xiv, 4. — Curtius, *Hist.*, i, 41; ii, 55. — Fucin, *Ann.*, xii, 56. — De Fundanus, *Hist.*, iii, 69. — Lucrin, *Ann.*, xiv, 5. — Vélin, i, 79. — Lacs de la Campanie, iii, 59; *Hist.*, i, 23. — Lac de la Germanie où l'on baigne la déesse Hertha, *Germ.*, 40. — Navigation de Germanicus et de son armée sur les lacs du pays des Bataves, *Ann.*, i, 60; ii, 8. — Lacs creusés pour recevoir les débordemens du Nil, 61.

LACÉDÉMONE fait valoir ses droits sur le temple de Diane Limnatide, *Ann.*, iv, 43. — La cause de sa ruine est d'avoir repoussé de son sein, comme étrangers, les peuples vaincus, xi, 24. — Son manque d'orateurs attribué à sa discipline et à la sévérité de ses lois, *Orat.*, 40.

LACHES, chez les Germains, sont plongés dans la fange d'un bourbier, puis une claie est jetée par dessus, *Germ.*, 12.

LACON, beau-père de Pompeia Macrina et un des premiers citoyens de l'Achaïe, périt victime de Tibère, *Ann.*, vi, 18.

LACON. *Voyez* CORNELIUS LACON.

LAERTE, père d'Ulysse, *Germ.*, 3.

LAIT caillé, nourriture ordinaire des Germains, *Germ.*, 23.

LAMENTATIONS ne conviennent qu'à des femmes, *Agr.*, 46.

LAMIA. *Voyez* ÉLIUS LAMIA.

LANGRES, capitale des Lingons (Langrois), *Hist.*, i, 59. — Envoie en présent aux légions de la Germanie, deux mains droites entrelacées, symbole d'hospitalité, i, 54. — Dévouée à Vitellius, 64. — Les cohortes de Bataves s'y réunissent à Fabius Valens, ii, 27.

LANGROIS, peuple de la Lyonnaise 1re, *Hist.*, iv, 70, 76. — Sont frappés d'édits rigoureux par Galba, i, 53. — Zèle qu'ils montrent à la nouvelle que Vitellius a été salué empereur à Cologne, 57. — Othon leur donne le droit de citoyens romains, 78. — Ils entrent dans le complot de Civilis, 55, 57. — Ils sont dispersés par les Séquanais, 67. — Suspects aux autres Gaulois, parce que, lors du soulèvement de Vindex, ils avaient tenu pour Virginius, 69. — Petilius Cerialis les engage à la soumission, 73. — Ils attaquent à Trèves les Romains qui, après avoir essuyé un échec, ressaisissent la victoire et les défont complètement, 77, 78.

LANUVIUM (*Cività Indovina*), ville du Latium, auprès de Rome, patrie de Sulpicius Quirinus, l'accusateur de Lepida, *Ann.*, III, 48.

LAODICÉE (*Ladik*), ville de Syrie. Domitius Céler, envoyé en Syrie par Pison, débarque à cet endroit, *Ann.*, II, 79.

LAODICÉE, ville sur les confins de la Médie et de la Perside, ne peut prétendre à l'honneur d'élever un temple à Tibère, comme trop peu considérable, *Ann.*, IV, 55. — Détruite par un tremblement de terre, XIV, 27.

LARES (Chapelle des), *Ann.*, XII, 24.

LARGUS CÉCINA. *Voyez* CÉCINA.

LATERANUS. *Voyez* PLAUTIUS LATERANUS.

LATICLAVE, costume distinctif des sénateurs, *Orat.*, 7.

LATINIUS LATIARIS, ancien préteur, trame avec trois autres complices du même rang que lui, la perte de Titius Sabinus, *Ann.*, IV, 68, 69. — Principal auteur de la perte de Sabinus, il en est le premier puni, 71; VI, 4.

LATINIUS PANDUS, propréteur de Mésie, *Ann.*, II, 66. — Meurt, *ibid.*

LATIUM (*Campagne de Rome*), *Ann.*, IV, 5; XI, 23. — Néron accorde les droits du Latium aux nations des Alpes Maritimes, XV, 32. — Vitellius les prodigue aux étrangers, *Hist.*, III, 55.

LATONE, fille de Céus, *Ann.*, XII, 61. — Au dire des Éphésiens, mit chez eux au monde Diane et Apollon, en s'appuyant contre un olivier qu'on y voit encore, *Ann.*, III, 61. — Bois d'Ortygie à elle consacré, *ibid.*

LAURIER ajouté aux faisceaux de l'empereur, *Ann.*, XIII, 9. — Maisons ornées de laurier, XV, 71. — Le peuple porte autour des temples les images de Galba avec des lauriers et des fleurs, *Hist.*, II, 40. — Chemin jonché de roses et de lauriers par les habitans de Crémone, 70. — Dépêches des généraux entourées de laurier, *Ann.*, II, 26; *Hist.*, III, 77; *Agr.*, 18. — Statues couronnées de laurier, *Ann.*, IV, 23.

LECANIUS, meurtrier de Galba, *Hist.*, I, 41.

LECANIUS (Caïus), consul en 817 avec M. Licinjus, *Ann.*, XV, 33.

LÉGIONNAIRES (Soldats). *Voyez* SOLDAT.

LÉGIONS (Mouvement des). La première, campée chez les Ubiens, et entraînée par la vingt-unième et la cinquième, se révolte, *Ann.*, I, 31. — Est ramenée par Cécina à la cité des Ubiens (*Gottberg*), 37. — S'y révolte de nouveau, 39.

—Avait reçu ses enseignes de Tibère, 42.—Rentre dans le devoir et massacre les chefs de la sédition, 44. — Commandées par Germains, combat les Germanicus, 51. — Soutient, à son tour, un rude combat contre Arminius, et sauve Cécina sur le point d'être enveloppé, 65.—Se montre hostile à Galba, *Hist.*, I, 55. — Salue Vitellius empereur à Cologne, 57. — Est en quartier d'hiver à Bonn, IV, 19, 25.—Combat contre les Bataves qui la repoussent, 20.—Déserte le camp de Bonn, et se soumet à Civilis, 62.—Vient d'elle-même prêter serment à Vespasien, 70.—Fait à Trèves sa soumission à Cerialis, 72.—Son aigle est sur le point d'être enveloppée, 77.

La première des classiques, dite *Adjutrix*, à Rome, *Hist.*, I, 6. — Suspecte à Galba, 32. —Principale force de l'armée d'Othon, III, 13. — Est envoyée pour occuper les rives du Pô, II, 11.—Gallus la conduit au secours de Placentia, et, sur la nouvelle que cette ville a repoussé les assaillans, assit son camp à Bédriac, 23. —Combat aux Castors, 24. — En vient aux prises, entre le Pô et la route, avec la vingt-unième qui combat pour Vitellius, lui enlève son aigle, mais elle perd son lieutenant et plusieurs drapeaux et enseignes, 43. — Vitellius l'envoie en Espagne afin que la paix et le repos calment sa turbulence, 67. — Les Flaviens essayent de l'attirer à leur parti, 86.—Elle embrasse la cause de Vespasien et entraîne avec elle la dixième et la sixième légion, III, 44.

Première *Italique*, *Hist.*, I, 59. — Est retirée de Lyon, 64.—Othon lui envoie des députés, 74.—Elle combat contre les Othoniens près de Bédriac, et y donne des preuves de sa valeur, II, 41.— Se met en marche sous le commandement de Cécina, contre les troupes de Vespasien, 100.—Est envoyée en avant pour occuper Crémone, III, 14. — Est battue près de cette ville par Antonius Primus, 18. — Combat à Bédriac, 22. — Vocula lui fait prêter serment à Vespasien, et la conduit à Mayence, IV, 37.

La deuxième, campée dans la Germanie Supérieure, prête serment à Tibère entre les mains de Germanicus, *Ann.*, I, 37.— Danger qu'elle court avec la quatorzième sur les côtes de l'Océan, 70.— En Bretagne, Claude nomme Vespasien pour la commander, *Hist.*, III, 44.— Ne prend pas part à la gloire qu'y acquièrent la quatorzième et la vingtième légion en combattant sous les ordres de Suetonius Paullinus, *Ann.*, XIV, 37. — Ses vexillaires combattent pour Vitellius près de Crémone, *Hist.*, III, 22. —

Vient augmenter les forces commandées par Cerialis, v, 14. — Civilis l'attaque dans Batavodurum, 20.

La deuxième *Adjutrix*, formée de nouvelles recrues, est dirigée vers la Germanie, contre Civilis, *Hist.*, iv, 68. —Vient augmenter les forces commandées par Cerialis, v, 14. — Exhortations que ce chef lui adresse, 16.

La troisième combat, sous Marc Antoine, avec succès contre les Parthes, *Hist.*, iii, 24.— Combat en Orient, sous les ordres de Corbulon, pour la possession de l'Arménie, *Ann.*, xiii, 38, 40; xv, 6; *Hist.*, iii, 24. — Entre dans cette contrée, *Ann.*, xv, 26. — Marche sur Aquilée pour agir en faveur d'Othon, *Hist.*, ii, 85. — Taille en pièces les Rhoxolans qui venaient d'envahir la Mésie, i, 79; iii, 24. —Quitte la Syrie pour passer dans cette province, 74.— Se déclare pour Vespasien, 85. — Vitellius apprend sa défection, 96. — Elle arrive à Vérone, sous le commandement de Dillius Aponianus, iii, 10. — Reçoit l'ordre de se poster sur la chaussée même de la voie Postumia, 21.— Assiège Crémone, 27, 29. — Prend ses quartiers d'hiver à Capoue, iv, 3. — Mucien la renvoie en Syrie, 39.—Quelques-uns de ses soldats, amenés d'Alexandrie, font la guerre en Judée, v, 1.

La troisième, dite *Tertia Augusta*, en Afrique, *Hist.*, iv, 48.

La quatrième, dite *Scythique*, sous les ordres de Césennius Pétus et commandée par Funisulanus Vettonianus, entre en Arménie, *Ann.*, xv, 6, 7. — Corbulon la dirige sur la Syrie, 26.

La quatrième, dite *Macédonique*, se révolte dans la Germanie Supérieure, *Hist.*, i, 18. — Brise les images de Galba, 55, 56. — Embrasse le parti de Vitellius, pour lequel elle combat près de Bédriac, iii, 22. — Vocula lui fait prêter serment à Vespasien et la conduit à Mayence, iv, 37.

La cinquième, campée sur les frontières des Ubiens, se révolte, *Ann.*, i, 31, 37. — En quartier d'hiver à Vétéra, dans l'île des Bataves, persiste dans la sédition, 45. — Fait justice des chefs de la révolte, 48, 49. — Germanicus la dirige contre les Germains, 51. — Elle combat aux Longs-Ponts contre Arminius, 64. — Contre les Frisons, iv, 73. — Dans la Germanie Inférieure, se montre hostile à Galba, *Hist.*, i, 55. — Fabius Valens commande l'élite de l'armée de la Germanie Inférieure avec l'aigle de la cinquième légion, 61. — Elle fait reculer la treizième à la bataille de Bédriac, ii, 43. — Massacre à Ticinum, à la suite d'une altercation de deux soldats, deux cohortes auxiliaires, 68. — Rétablit les images de Vitellius renversées, III, 14. — Combat pour lui près de Crémone, 22. — Se retire dans le camp de Vétéra, IV, 18. — Y soutient un siège, 35, 36. — Supporte la disette avec le plus admirable courage, 58. — Jure obéissance à l'empire des Gaules, 60.

La cinquième, dite *Macédonique*, récemment tirée de la Mésie, passe sous les ordres de Césennius Pétus en Orient, *Ann.*, XV, 6. — Ce dernier la tient au loin dans le Pont, 10. — Corbulon la fait venir en Arménie, 26. — Elle fait la guerre en Judée, *Hist.*, V, 1.

La sixième, dite *Ferrata*, en quartier d'hiver près de Laodicée en Syrie, *Ann.*, II, 79. — Commandée par Sentius, réduit Pison à capituler dans le fort Célenderis, 81. — Combat en Orient, sous les ordres de Corbulon, pour la possession de l'Arménie, XIII, 38, 40; XV, 6. — Entre dans cette contrée, 26. — Marche, sous les ordres de Mucien, contre Vitellius, *Hist.*, II, 83. — Mucien l'oppose aux Daces, III, 46.

La sixième, dite *Victrix*, en Espagne, entraînée par la première *Adjutrix*, passe au parti de Vespasien, *Hist.*, III, 44. — Elle est rappelée d'Espagne, IV, 68. — Vient en Germanie augmenter les forces commandées par Cerialis, V, 14. — Exhortations que lui adresse ce chef, 16.

La septième, *Claudienne*, en Mésie, *Hist.*, II, 85. — Marche sur Aquilée, et maltraite ceux qui annoncent la défaite d'Othon, *ibid.* — Cherche à séduire par lettres l'armée de Pannonie, *ibid.* — Arrive en Italie, III, 9. — Antonius Primus lui assigne un poste près de Crémone, 21. — Elle fait le siège de cette ville, 27. — Mucien la renvoie dans ses quartiers d'hiver, IV, 29.

La septième, *Galbienne*, levée en Espagne par Galba, *Hist.*, III, 25. — En Pannonie, combat pour Othon, *Hist.*, II, 11. — Vitellius la rend à ses quartiers d'hiver, 67. — Elle passe dans le parti de Vespasien, 86. — Arrive à Padoue avec le lieutenant Vedius Aquila, 7. — Est chargée des travaux de retranchement autour de Vérone, 10. — Antonius Primus lui assigne un poste près de Crémone, 21. — Elle perd six de ses centurions en combattant, 22. — Se montre acharnée au siège de Crémone, 27, 29.

La huitième se révolte en Pannonie : pourquoi, *Ann.*, I, 23. — Retourne dans ses quartiers d'hiver, 30. — Marche sur Aquilée pour agir en faveur d'Othon, *Hist.*, II, 85. — Alors en Mésie, passe au parti de Vespasien, *ibid.* — Arrive à Vérone sous le commandement de Numisius Lupus, III, 10. — Antonius Primus lui assigne un poste près de Crémone, 21. — Elle fait le siège de cette ville, 27. — Est conduite en Germanie contre Civilis, IV, 68.

La neuvième oppose ses prières et ses menaces à l'obstination des huitième et quinzième, qui se préparaient à en venir aux mains entre elles en Pannonie, *Ann.*, I, 23. — Est rappelée d'Afrique, IV, 23. — Combat en Bretagne sous les ordres de Petilius Cerialis, et perd toute son infanterie, 32. — Est complétée avec l'infanterie légionnaire, 38. — Ses vexillaires combattent pour Vitellius près de Crémone, III, 22. — Connue pour être la plus faible, est attaquée par les peuples de la Calédonie, *Agr.*, 26.

La dixième, en quartier d'hiver à Cyrre, dans la Syrie, *Ann.*, II, 57. — L'élite de ses soldats combat sous Corbulon pour la possession de l'Arménie, XIII, 40. — Reste sous les ordres de ce général, XV, 6. — Fait la guerre en Judée, *Hist.*, V, 1.

La dixième, dite *Gemina*, en Espagne, reçoit de Cluvius Rufus l'ordre de s'approcher du rivage (du détroit de Gibraltar), *Hist.*, II, 58. — Entraînée par la première, *Adjutrix*, passe au parti de Vespasien, III, 44. — Est mandée d'Espagne, IV, 68, 76. — Combat en Germanie sous les ordres de Cerialis, 19. — Civilis l'attaque dans Arenacum, 20.

La onzième, *Claudienne*, en Dalmatie, va combattre pour Othon, *Hist.*, II, 11. — Vitellius la rend à ses quartiers d'hiver, 67. — Elle passe au parti de Vespasien, III.

La douzième, sous les ordres de Césennius Pétus, et commandée par Calavius Sabinus, entre en Arménie, *Ann.*, XV, 6, 7, 10. — Corbulon la dirige sur la Syrie, 26. — Titus l'appelle en Judée, *Hist.*, V, 1.

La treizième, *Gemina*, campée dans la Germanie Supérieure, prête serment à Tibère entre les mains de Germanicus, *Ann.*, I, 37. — Embrasse le parti d'Othon, *Hist.*, II, 11. — Combat aux Castors, 24. — Est repoussée, à la bataille de Bédriac, par l'impétuosité de la cinquième légion, 43. — Se porte à des voies de fait contre Vedius Aquila, son lieutenant, après la perte de la bataille, 44. — Vitellius l'emploie à élever des amphithéâtres, 67 ; III, 32. Elle passe au parti de Vespasien, II, 86. — Est en quartier d'hiver à Pétovion, III, 1. — Arrive à Padoue avec le lieutenant Vedius Aquila, 7. — Antonius Primus lui assigne un poste près de Crémone, 21. — Son impétuosité au siège de cette ville, 27. — Se rend à Novesium, IV, 26.

La quatorzième, campée

dans la Germanie Supérieure, prête serment à Tibère entre les mains de Germanicus, *Ann.*, I, 37.—Danger qu'elle court avec la seconde sur les côtes de l'Océan, 70. — Combat en Bretagne sous les ordres de Suetonius Paullinus, XIV, 34, 37 ; *Hist.*, II, 27. — Fabius Valens joint à son armée, pour marcher sur l'Italie, des cohortes qui se sont séparées de cette légion, I, 64. — Sur l'ordre d'Othon, quitte la Dalmatie, II, 11, 32. — Unique force de l'armée de ce prince, III, 13. — Combat près de Bédriac, II, 43. — Cénus, affranchi de Néron, répand le faux bruit qu'elle a rétabli le combat parmi les soldats d'Othon, et que les vainqueurs sont taillés en pièces, 54. — Elle campe quelque temps à Turin, puis Vitellius la renvoie en Bretagne, d'où Néron l'avait tirée, 66. — Le bruit se répand qu'elle rebrousse chemin, 68. — Les partisans de Vespasien essayent de l'entraîner dans son parti, 86. — Ses vexillaires s'avancent, sous le commandement de Cécina, contre les troupes de Vespasien, 100. — Elle est mandée de Bretagne, IV, 68, 76. — Conduite contre les Nerviens et les Tongres par Fabius Priscus, son lieutenant, qui reçoit la soumission de ces peuples, 79. — —Vient augmenter les forces commandées par Cerialis, V, 14. — Exhortations que lui adresse ce chef, 16. — Elle est envoyée à Gallus Annius dans la Germanie Supérieure, 19.

La quinzième, dans la Germanie Inférieure, réunie pour prêter le serment solennel à Galba, murmure contre ce prince, *Hist.*, I, 55. — Ses vexillaires s'avancent, sous le commandement de Cécina, pour combattre les troupes du parti de Vespasien, II, 100. — Son ordre de bataille près de Crémone, III, 22, 23. — Se retire dans le camp de Vétéra, IV, 18. — Y soutient un siège, 35, 36.— Supporte la disette avec le plus admirable courage, 58. —Jure obéissance à l'empire des Gaules, 60.

La quinzième, dite *Apollinaire*, se révolte en Pannonie, *Ann.*, I, 23.—Retourne dans ses quartiers d'hiver, 30. — Est conduite en Syrie par Marius Celsus, pour combattre sous les ordres de Corbulon, XV, 25. — Ce dernier la fait passer en Arménie, 26.— Elle fait la guerre en Judée, *Hist.*, V, 1.

La seizième, campée dans la Germanie Supérieure, prête serment à Tibère entre les mains de Germanicus, *Ann.*, I, 37. — Dans la Germanie Inférieure, réunie pour prêter le serment solennel à Galba, murmure contre ce prince, *Hist.*, I, 55. — Combat près de Crémone pour Vitellius, III, 22. — Se soumet à Civilis qui lui donne l'ordre de passer de Novesium dans la colonie de Trèves, IV, 62. — Prête serment à Vespasien, 70. — Fait à Trèves sa soumission à Cérialis, 72.—Son aigle est sur le point d'être enveloppée, 77.

La dix-huitième se révolte dans la Germanie Supérieure, *Hist.*, I, 18.—Brise les images de Galba, 55, 56. — Se met en marche, sous le commandement de Cécina, pour occuper Crémone, II, 100. — Combat pour Vitellius, III, 22. — Est commandée par Dillius Vocula, IV, 24. — Ce lieutenant lui fait prêter serment à Vespasien et la conduit à Mayence, 37.

La dix-neuvième, anéantie par la défaite de Varus, y perd son aigle, que Stertinius retrouve ensuite, *Ann.*, I, 60.

La vingtième, campée chez les Ubiens, et entraînée par la vingt-unième et la cinquième, se révolte, *Ann.*, I, 31.—Est ramenée par Cécina dans la cité des Ubiens (*Gottberg*), 37.—S'y révolte de nouveau, 39. — Germanicus lui rappelle les bienfaits de Tibère, 42. — Elle rentre dans le devoir, 44. — Combat contre les Germains qui sont chassés et massacrés par elle, 51. — Est présente au combat des Longs-Ponts, 64. — Combat en Bretagne sous les ordres de Suetonius Paullinus, XIV, 34, 37. — Son lieutenent Roscius Célius est accusé par Trebellius de sédition et de corrompre la sévérité de la discipline, *Hist.*, I, 60. — Combat près de Crémone pour Vitellius, III, 22. — Vespasien en confie le commandement à Agricola, *Agr.*, 7.

La vingt-unième, surnommée *Rapax*, *Hist.*, II, 43. — Campée sur les frontières des Ubiens, se révolte, *Ann.*, I, 31, 37. — En quartier d'hiver à Vétéra, dans l'île des Bataves, persiste dans la rébellion, 45. — Fait justice des chefs de la révolte, 48, 49. — Germanicus la dirige contre les Germains, 51. — Elle combat contre Arminius aux Longs-Ponts, 64.—Se rend en Italie sous le commandement de Cécina, chef nommé par Vitellius, *Hist.*, I, 61. — Enlève l'argent envoyé pour solder la garnison d'un fort que les Helvétiens entretenaient à leurs frais et avec leurs propres troupes, 67. — Combat entre le Pô et la route contre la première *Adjutrix* du parti d'Othon, et perd son aigle, II, 43.—Se met en marche contre les troupes de Vespasien, 100. — Est envoyée en avant pour occuper Crémone, III, 14. — Est battue près de cette ville par Antonius Primus, 18. — Combat de nouveau, 22, 25. — Est conduite en Germanie contre Civilis, iv, 68. — Accourt par Vindonissa, 70. — Repousse les forces de Civilis qui étaient sur le point de remporter la victoire, 78.

La vingt-deuxième, à Alexandrie, envoie quelques-uns de ses soldats faire la guerre en Judée, *Hist.*, v, 1.

Légions. Le divin Auguste, de son regard intimida les légions victorieuses d'Actium, *Ann.*, 1, 42. — Les légions de Pannonie se révoltent; pour quel motif, 16, 30. — Elles chargent le tribun Blésus d'une mission ayant pour but de réclamer à Tibère, pour ses soldats, le congé après seize années, 19. — Presque aux mêmes jours, les légions de Germanie s'agitent, 31-49. — On leur lit une lettre supposée de l'empereur, 36. — Germanicus, apprenant que le fort établi sur la Luppia est assiégé, y conduit lui-même six légions, ii, 7. — Les légions, jadis commandées par Drusus, font plusieurs fois le tour de l'autel élevé à leur général, *ibid.* — Germanicus les distribue sur les vaisseaux, 8. — Elles passent sur la rive droite de l'Ems, *ibid.* — Sont enflammées de colère aux propositions de trahison que leur fait un des soldats d'Arminius, 13. — Place qu'elles occupent dans l'armée en marche contre les Barbares, 16. — Une partie est renvoyée par terre en ses quartiers d'hiver, et le reste descend sur l'Océan par l'Ems, 23. — Les légions de Syrie sont corrompues par Pison, au point qu'elles l'appellent le père des légions, 55, 80; iii, 13. — Des centurions accourent en foule, à la mort de Germanicus, vers Pison, et lui annoncent que les légions de Syrie lui sont dévouées, 76. — Une légion de Pannonie se rend à Rome, et de là, comme garnison, en Afrique, iii, 9. — Distribution des légions, en 776, dans les provinces de l'empire, iv, 5. — Pomponius Labeo arrive de Mésie avec une légion pour combattre les Thraces sous les ordres de Sabinus, 47. — Les légions d'Orient reçoivent de Néron l'ordre de se rapprocher de l'Arménie, xiii, 7. — Une de celles de la Germanie est ajoutée aux forces commandées par Corbulon pour soumettre l'Arménie, 35. — Celles de l'Illyrie sont complétées au moyen de levées faites dans la Gaule Narbonnaise, dans l'Afrique et dans l'Asie, xvi, 13. — Néron charge Vespasien de diriger la guerre de Judée avec trois légions, *Hist.*, 1, 10. — Néron en forme une des soldats de la flotte, 6, 31. — Dispositions des légions de la Germanie Supérieure et de la Germanie

Inférieure sous Galba, 9, 12, 52 et *suiv.* — Ce prince introduit dans Rome une légion d'Espagnols, 6. — Celles que Néron avait tirées de l'Illyrie envoient une députation à Virginius pendant leur séjour en Italie, 12. — La légion de marine se révolte contre Galba pour se ranger au parti d'Othon, 31. — Elle lui prête serment, 36. — Les Helvétiens s'emparent de lettres que l'on portait, au nom de l'armée germanique, aux légions pannoniennes, 67. — Celles-ci, celles de Dalmatie, de Mésie et de Syrie jurent obéissance à Othon, 76. — Celles de Dalmatie et de Pannonie s'avancent aux ordres de ce prince, II, 11. — Les légions d'Illyrie penchent pour Vespasien, 74. — Elles passent dans son parti, 85, 86.

LÉLIA, vestale, meurt et est remplacée par Cornelia, de la famille des Cossus, *Ann.*, XV, 22.

LÉLIUS (Caïus), orateur, *Orat.*, 25.

LÉLIUS BALBUS. *Voyez* BALBUS.

LÉMOVES, peuple germanique sur les bords de l'Océan (mer Baltique), *Germ.*, 43.

LÉNAS (Vipsanius) est condamné pour ses pillages dans le gouvernement de Sardaigne, *Ann.*, XIII, 30.

LENTINUS (Terentius), chevalier romain, témoin dans un testament supposé, est condamné aux peines de la loi Cornelia, *Ann.*, XIV, 40.

LENTULUS. *Voyez* CORNELIUS (Lentulus Cossus).

LENTULUS (les) consacrèrent beaucoup de travail et de soins à l'éloquence, *Orat.*, 37.

LENTULUS (Cneius), consul et triomphateur des Gétules, *Ann.*, IV, 44. — Accompagne Drusus en Pannonie, et est assailli à coups de pierres par les soldats des légions révoltées, I, 27. — Opine dans le procès de Libon pour qu'aucun Scribonius ne prenne le surnom de Drusus, II, 32. — Augure, III, 59. — Combat la prétention de Servius Maluginensis, flamine de Jupiter, au gouvernement d'Asie, *ibid.* — Demande lors du procès de C. Silanus, que les biens maternels soient séparés et rendus à son fils, 68. — Est accusé de soulever l'ennemi et de troubler la république, IV, 29. — Sa mort, 44. — Son éloge, *ibid.*

LENTULUS GÉTULICUS (Cneius Cornelius), fils du précédent. Tibère fait exiler Aquilia, accusée d'adultère avec Varius Ligur, quoique Lentulus Gétulicus, consul désigné, ne l'ait d'abord condamnée que suivant la loi Julia, *Ann.*, IV, 42. — Est consul en 779 avec C. Calvisius, 46. — Gouverneur de la Germanie Supérieure, seul de tous les amis de Séjan, au fils duquel il avait voulu unir sa fille, échappe au massacre ordonné par Tibère, et même se conserve une grande faveur, 30.

Lepida, épouse de Cassius et tante de Silanus, est accusée par de faux témoins d'inceste avec son neveu et de sacrifices abominables, *Ann.*, xvi, 8. — Néron doit décider de son sort, 9.

Lepida Domitia. *Voyez* Domitia Lepida.

Lepida Émilia. *Voyez* Émilia Lepida.

Lépide, triumvir, *Ann.*, i, 1, 2. — Auguste lui fait beaucoup de concessions, puis l'abuse sous le voile de l'amitié, 9, 10.

Lépide, amant d'Agrippine, *Ann.*, xiv, 2.

Lépide (Marcus), du sang des Émiles, *Ann.*, vi, 27. — Méritait l'empire, selon Auguste, i, 13. — Son crédit et sa faveur auprès de Tibère, iv, 20. — Proposé par Tibère à l'élection des sénateurs pour le proconsulat d'Afrique, s'en excuse, iii, 35. — Son discours en faveur de Lutorius Priscus accusé d'avoir composé, à l'occasion d'une maladie de Drusus, un poëme dont il aurait donné lecture chez P. Pétrone, 50. — Lépide demande au sénat que la basilique de Paullus, monument des Émiles, soit rétablie et décorée à ses dépens, 72. — Obtient qu'il ne sera adjugé qu'un quart des biens de Sosia Galla à ses accusateurs, et qu'on laissera le reste à ses enfans, iv, 20. — Proconsul d'Asie, 56. — Cotta Messalinus se plaint de son crédit, vi, 5. — Sa mort, 27. — Jugement de Tacite sur ce personnage, iv, 20.

Lepidus, père du triumvir. Ses propositions turbulentes, *Ann.*, iii, 21.

Lepidus (Émilius). *Voyez* Émilius Lepidus.

Lepidus (Manius), frère de Lepida, prend sa défense dans son procès, *Ann.*, iii, 22. — Sext. Pompeius fait éclater sa haine contre lui, en essayant de le faire éloigner du gouvernement de l'Asie, 32. — Est envoyé dans ce pays en qualité de proconsul, *ibid.*

Lepidus (M. Émilius), envoyé en Égypte comme tuteur des enfans de Ptolémée, *Ann.*, ii, 57.

Lepidus (Marcus), peut-être le même que le Marcus Lépide cité ci-dessus, s'offre pour défendre Pison, *Ann.*, iii, 11.

Leptins, peuple d'Afrique, sont troublés par les incursions de Tacfarinas, *Ann.*, iii, 74. — Leur inquiétude en voyant leurs campagnes partout dévastées par les Garamantes,

Hist., IV, 50. — Festus apaise leur inimitié avec le peuple d'OEa, *ibid.*

LESBOS (*Métélin*), île de la mer Egée. Agrippine y accouche de Julie son dernier enfant, *Ann.*, II, 54. — On trouve que Junius Gallion y supporte trop facilement l'exil, VI, 3.

LÈSE-MAJESTÉ (Crime de). Magius Cécilianus en est faussement accusé, *Ann.*, III, 37. — Césius Cordus et Antistius Vetus en sont également accusés, 38. — Ce crime est imputé à C. Silanus, 66, 67. — Tibère s'oppose à ce que L. Ennius soit mis en jugement pour ce crime, 70. — C. Silius en est accusé, IV, 19. — Vibius Serenus et Cécilius Cornutus comparaissent au sénat comme coupables de ce crime, 28. — Cn. Lentulus et Scius Tubéron sont mis sous le poids de la même prévention, 29. — Firmius Catus est relégué pour avoir faussement accusé sa sœur de ce crime, 31. — Votienus Montanus est jugé suivant la loi de lèse-majesté, 42. — Annius Pollion, Appius Silanus, Scaurus Mamercus, Sabinus Calvisius et Vinicianus sont accusés en masse de lèse-majesté, VI, 9. — Considius Proculus, sous la même accusation, est aussitôt égorgé que jugé, 18. — Granius Martianus, accusé de lèse-majesté par C. Gracchus, met fin à sa vie, 38. — Tatius Gratianus, ancien préteur, est, en vertu de cette même loi, condamné au dernier supplice, *ibid.* — Trebellienus Rufus et Sextius Paconianus eurent l'un et l'autre le même sort, 39. — Acutia est accusé de lèse-majesté par Lélius Balbus, et condamnée, 47. — Albucilla est accusée du même crime, et Cneius Domitius, Vibius Marsus et L. Arruntius sont impliqués dans l'accusation, *ibid.* — Junius Lupus est condamné à l'exil pour avoir accusé Vitellius de lèse-majesté, XII, 42. — Le préteur Antistius, sous la même accusation, est envoyé en exil, XIV, 48, 49. — *Voyez* encore, *Ann.*, I, 72 et *suiv.*; II, 50; III, 22, 24; IV, 30.

LETTRES. La forme des lettres latines est celle des plus anciens caractères grecs, *Ann.*, XI, 14. — Q. Haterius, à l'occasion de la demande que fait Tibère au sénat de la puissance tribunitienne pour Drusus, propose que les sénatus-consultes de ce jour soient gravés en lettres d'or, III, 57. — Claude ajoute de nouvelles lettres à l'alphabet, XI, 13, 14.

LEUQUES (à peu près territoire de *Verdun*), peuple de la Belgique 1re, *Hist.*, I, 64.

LIBAN, principale montagne de la Judée, produit et alimente le Jourdain, *Hist.*, V, 6.

Liber. *Voyez* Bacchus.

Libera. *Voyez* Proserpine.

Libérateur, surnom de Jupiter, *Ann.*, xv, 64; xvi, 35.

Liberté. Les Romains ne peuvent supporter ni une entière servitude, ni une entière liberté, *Hist.*, i, 16. — La souveraineté du peuple touche à la liberté, *Ann.*, vi, 42. — La liberté est donnée par la nature, même aux animaux privés de la parole, *Hist.*, iv, 17. — La liberté et des maîtres ne résident pas facilement ensemble, 64. — Tibère laisse au sénat une apparence de liberté, *Ann.*, i, 77, 81; ii, 51; iii, 60.

Liberté (Temple de la), à Rome, *Hist.*, i, 31.

Libon (Lucius), consul en 769 avec Sisenna Statilius Taurus, *Ann.*, ii, 1.

Libon. *Voyez* Drusus Libon.

Libye, conquise par Rhamsès, *Ann.*, ii, 60. — Les Juifs, fuyant, dit-on, de l'île de Crète, vinrent s'établir à l'extrémité de la Libye, au temps où Saturne, vaincu et chassé par Jupiter, abandonna son empire, *Hist.*, v, 2.

Licinius (Marcus), consul en 780 avec L. Calpurnius, *Ann.*, iv, 62.

Licinius (Marcus), consul en 817 avec C. Lecanius, *Ann.*, xv, 33.

Licinius. *Voyez* Archias, Cecina, Crassus, Gabolus, Mucianus.

Licinius Proculus, intime et familier d'Othon, et passant pour avoir favorisé son complot, est nommé préfet du prétoire par les soldats, *Hist.*, i, 46. — Harangue les troupes sous son commandement, à la suite d'une sédition, 82. — Inexpérimenté à la guerre, parvient à supplanter ses rivaux, 87. — Perd la cause d'Othon en conseillant à ce prince une bataille et le déterminant à se retirer à Brixellum, 33. — Laisse à Titianus les honneurs du pouvoir, et conserve la force et la puissance, 39. — Othon se plaint de son inertie, et lui envoie l'ordre exprès d'en terminer d'une manière décisive, 40. — Sa défaite et sa fuite, 44. — Il se vante faussement à Vitellius d'avoir trahi Othon, 60. — Vitellius, persuadé de sa perfidie, pardonne à sa fidélité, *ibid.*

Licteur. Tibère ne souffre pas qu'on en donne un à sa mère, *Ann.*, i, 14. — Germanicus, pour honorer Athènes, cette ville antique, alliée fidèle des Romains, ne s'y fait accompagner que d'un seul licteur, ii, 53. — Le sénat en décerne deux à Agrippine, xiii, 2. — Les licteurs arrêtent Barea Soranus et sa fille, qui, accusés devant le sénat, s'élancent l'un vers l'autre pour s'embrasser, xvi, 32. — Fa bius Valens envoie ses licteurs pour réprimer la sédition dans son camp, *Hist.*, II, 29.—Cécina, après la soumission de Crémone, apparaît avec la prétexte et des licteurs, III, 31.—Le premier licteur de Rusticus Arulenus est égorgé par les soldats de Petilius Cerialis, 80.

LIEUTENANT de légion, *Hist.*, I, 7, 52, 60; II, 43, 44; IV, 22, 56, 59. — Asinius demande que ce grade entraîne immédiatement avec lui la préture, *Ann.*, II, 36. — P. Dolabella divise en quatre corps les troupes du roi Ptolémée, et les donne à commander à des lieutenans ou à des tribuns, IV, 24.

LIEUTENANT de province, *Agr.*, 33. — Vibius Marcus propose d'adjoindre à M. Lepidus, gouverneur de la province d'Asie, un lieutenant surnuméraire pour veiller à la construction du temple de Tibère, *Ann.*, IV, 56.

LIEUTENANT prétorien, *Agr.*, 7.

LIGUR (Varius). Aquilia est accusée d'adultère avec lui, *Ann.*, IV, 42.—Menacé d'une accusation, obtient à force d'argent le silence des dénonciateurs, VI, 30.

LIGURIE (*États de Gênes*), contrée de la Gaule Cisalpine, où Ostorius Scapula reçoit l'ordre de se donner la mort, *Ann.*, XVI, 15.—Dévastée par les soldats de la flotte d'Othon, *Agr.*, 7. — Une cohorte de Liguriens combat pour ce prince, *Hist.*, II, 14. — Les Othoniens s'y retirent après avoir remporté une victoire sur les Vitelliens, 15.—Beau trait d'une femme de ce pays, 13.

LINGONS. *Voyez* LANGRES, LANGROIS.

LINUS de Thèbes, *Agr.*, 12. — Invente seize lettres de l'Alphabet, *Ann.*, XI, 14.

LIPPE, fleuve de Germanie, dans la Westphalie, *Ann.*, I, 60; II, 7; *Hist.*, V, 22.

LIRIS (*Garigliano*), petite rivière du Latium, *Ann.*, XII, 56.

LIVIA (Famille) adopte Livie, *Ann.*, V, 1; VI, 57.

LIVIE, issue de la famille des Claudes, et adoptée par celle des Livius et des Jules, était de l'origine la plus illustre, *Ann.*, V, 1; VI, 51.—Un premier mariage l'unit à Tibère Néron, dont elle eut plusieurs enfans, V, 1.—Auguste, épris de ses attraits, l'enlève à son époux et la reçoit enceinte dans son lit, I, 10; V, 1; VI, 51.—Il ne naît point d'enfans de leur union, V, 1.—Mère de Tibère, I, 33; II, 34.—Aïeule de Germanicus, I, 33; II, 14. —Bisaïeule d'Agrippine, XII, 69.—Mère funeste à la république, marâtre plus funeste encore à la maison des Césars, I, 10. — Accompagne plusieurs fois Auguste en Occident et en Orient, III, 34. — Soupçonnée d'avoir fait périr Caïus et Lucius, les fils d'Agrippa, 1, 3. — Cache la mort d'Auguste, *ibid.* — De concert avec Tibère, hâte la mort de Postumus Agrippa, 6. — Instituée héritière par Auguste, 8. — Prend le nom d'Augusta, *ibid.* — Implore de Tibère le pardon d'Haterius et l'obtient, 13. — Adulations des sénateurs; titres qu'ils proposent de lui donner, 14. — Tibère ne souffre pas même qu'on lui donne un licteur, *ibid.* — Animosité de Livie contre Agrippine, 33. — Son amitié pour Urgulania, II, 34; IV, 21, 22. — Elle prescrit à Plancine d'humilier Agrippine par toutes sortes de rivalités de femme, II, 43. — Issue de ses secrets entretiens avec Plancine, 82. — Ne paraît point en public lors des honneurs rendus aux cendres de Germanicus, III, 3. — Pison, dans une lettre qu'il écrivit à Tibère, avant de se suicider, la conjure de protéger ses enfans, 16. — On accorde la grâce de Plancine à ses prières, 17. — Actions de grâces à elle rendues pour avoir vengé Germanicus, 18. — Elle fait la dédicace d'une statue au divin Auguste, et place le nom de Tibère après le sien, 64. — Une maladie très-dangereuse de l'impératrice Livie nécessite le prompt retour du prince à Rome, *ibid.* — Les chevaliers romains vouent une offrande à la Fortune Équestre pour la santé de l'impératrice, 71. — Tibère s'appitoie sur son extrême vieillesse, IV, 8. — Séjan la pousse à accuser Agrippine auprès de Tibère, 12. — Les villes d'Asie décernent un temple à son fils, à elle et au sénat, 15. — On décrète que toutes les fois qu'elle viendra au théâtre, elle se placera sur le banc des vestales, 16. — L'Espagne Ultérieure demande la permission d'élever un temple à Livie et à son fils Tibère, 37. — L'ambition de Livie détermine Tibère à aller vivre loin de Rome, 57. — Après avoir renversé, par ses artifices, les descendans d'Auguste et leur fortune florissante, elle soutient, par ses libéralités, Julia, petite-fille d'Auguste, exilée par son aïeul, 71. — Meurt dans un âge très-avancé, V, 1. — Caïus César, son arrière-petit-fils, prononce son éloge funèbre à la tribune aux harangues, *ibid.* — Tibère s'oppose formellement à l'apothéose, en disant qu'elle l'avait ainsi ordonné, 2. — Dès le jour de sa mort l'autorité devint pesante et oppressive, 3. — Repas célébré par les pontifes à l'anniversaire de sa naissance, VI, 5.

LIVIE, sœur de Germanicus, *Ann.*, II, 84; IV, 3. — Nièce

NOUVEL INDEX.

d'Auguste, *ibid*. — Unie d'abord à Caïus César, 40. — Puis femme de Drusus, II, 43, 84; IV, 3. — D'une figure peu agréable dans son enfance, devient par la suite une beauté remarquable, *ibid*. — Met au jour deux jumeaux du sexe masculin, II, 84. — Est entraînée à l'adultère par Séjan qui la porte à l'espoir de leur union et du partage du trône, puis à la perte de son époux, IV, 3. — Séjan l'incite à accuser Agrippine auprès de Tibère, 12.—Séjan sollicite la faveur de s'unir à elle, 39.—Tibère n'y consent pas, 40.—Rivalité de Livie avec Agrippine, *ibid*. — Sa fille Julie la fait dépositaire de toutes les actions de Néron, et celle-ci les confie à Séjan, 60.—On ouvre à Rome les avis les plus rigoureux contre ses images et contre sa mémoire, VI, 2.

LIVINEIUS REGULUS s'offre pour défendre Cn. Pison, *Ann.*, III, 11. — Est chassé du sénat, XIV, 17. — Donne un spectacle de gladiateurs à Pompéi, et est exilé à cause de ses résultats funestes, *ibid*.

LIVIUS (les), *Ann.*, V, 1.

LIVIUS TITUS. *Voyez* TITE-LIVE.

LOCUSTE, condamnée naguère pour empoisonnement, est chargée par Agrippine de préparer le poison qui doit mettre fin aux jours de Claude, *Ann.*, XII, 66. -Prépare aussi celui destiné à donner la mort à Britannicus, XIII, 15.

Lois, furent d'abord d'une simplicité convenable à des esprits sans culture, et la renommée a célébré principalement celles que les Crétois reçurent de Minos, les Spartiates de Lycurgue, et plus tard les Athéniens de Solon, *Ann.*, III, 26. — Plus l'état se corrompt, plus les lois se multiplient, 17. — Ne statuent que sur des faits, parce que l'avenir est incertain, 69. — Sylla dictateur abolit ou bouleverse les lois antérieures et en ajoute de nouvelles, 27. — Par une loi de Sylla, vingt questeurs sont créés pour servir de complément au sénat, qu'il avait chargé de ses jugemens, XI, 22. — Lois du dictateur César touchant le mode du prêt et la possession des biens-fonds en Italie, VI, 16. — D. Silanus vit en exil sans qu'aucune loi, aucun sénatus-consulte l'ait banni, III, 24. — Germanicus, en mourant, invoque le sénat et les lois, II, 71. || Lois agraires et sur les blés, IV, 32.—Cassia, XI, 25. — Cincia, 5; XIII, 43; XV, 20. — Sur la concussion, XI, 6; XII, 22; XIII, 33.—Cornelia, sur les assassins, 44. — Cornelia, sur les faux, XIV, 40. — Curiata, XI, 22; *Hist.*, I, 15. — Des Douze-Tables, *Ann.*, III, 27; VI, 16.— Sur le flamine de Jupiter, IV, 16.

— Julia, sur l'adultère, II, 50; IV, 42. — Juliennes, contre le célibat, III, 25. — Contre les intrigues des candidats, XV, 20. — Sur le crime de lèse-majesté, I, 72; II, 50; IV, 6, 34, 42; VI, 38; XIV, 48. — De Minos, de Lycurgue, de Solon, III, 26. — Oppiennes, contre le luxe des femmes, 33, 34. — Papia Poppea, 25, 28. — Roscia, XV, 32. — Semproniennes, XII, 60. — Senia, XI, 25. — Serviliennes, XII, 60. — Somptuaire, III, 52. — Sur l'usure, VI, 16.

LOLLIA PAULLINA, fille du consulaire M. Lollius, disputa à Messaline le titre d'épouse de l'empereur Claude, *Ann.*, XII, 1, 2.—Sa haute naissance et les unions qu'elle avait déjà contractées, 22. — Agrippine lui suscite un crime et un accusateur, et, après l'avoir fait exiler, la contraint à se donner la mort, *ibid.* — Néron permet qu'on rapporte ses cendres à Rome, XIV, 12.

LOLLIUS (Marcus). Sa défaite, *Ann.*, I, 10.

LOLLIUS (Marcus), père de Lollia Paullina, *Ann.*, XII, 1. — Tibère l'accuse comme auteur de la corruption de Caïus et de leurs inimitiés, III, 48.

LOMBARDS, ou LANGOBARDS, peuple peu nombreux de la Germanie, assurent leur tranquillité en cherchant les combats et les dangers, *Germ.*, 40. — Ils abandonnent Maroboduus pour Arminius, *Ann.*, II, 45. — Battent Maroboduus, 46. — Italicus, avec leur assistance, est rétabli sur le trône des Chérusques d'où ceux-ci l'avaient chassé, XI, 17.

LONDINIUM (*Londres*), ville de la Bretagne orientale, *Ann.*, XIV, 33.

LONGINUS. *Voyez* CASSIUS, ÉMILIUS, POMPEIUS.

LONGS-PONTS, digue élevée en Germanie par L. Domitius, *Ann.*, I, 63.

LONGUS. *Voyez* LUCILIUS.

LUC, municipe des Voconces, apaise à force d'argent Fabius Valens qui fait approcher des torches enflammées de ses murs, *Hist.*, I, 66.

LUCAIN (M. Annéus), fils d'Annéus Mella, *Ann.*, XVI, 17. — Poète distingué, *Orat.*, 20. — Porte la haine la plus vive dans la conspiration contre Néron, *Ann.*, XV, 49. — Dénoncé par Flavius Scevinus, nomme bientôt lui-même sa mère, Atilla, comme initiée à la conjuration, 56, 57. — Récite à ses derniers moments des vers qu'il avait composés sur un soldat blessé, qui, comme lui, mourait par la perte de son sang, 70. — Sa mère est épargnée, 71. — Son père, accusé sur de fausses lettres de lui, se donne la mort en se coupant les veines, XVI, 17.

LUCANIE (*Basilicate* et *principauté intérieure*), province méridionale de l'Italie, *Ann.*, XI, 24; *Hist.*, II, 83.

LUCAR, salaire des histrions, qui se prélevait sur le produit des bois sacrés; d'où ce nom, *Ann.*, I, 77.

LUCEIUS ALBINUS. *Voyez* ALBINUS.

LUCÉRIE (*Lucera*), ville de l'Apulie propre, patrie de l'empereur Vitellius, *Hist.*, III, 86.

LUCILIUS, poète, préféré par quelques-uns à Horace, *Orat.*, 23.

LUCILIUS. *Voyez* BASSUS et CAPITON.

LUCILIUS LONGUS, ami de Tibère, le compagnon de toutes ses peines et de ses plaisirs, et le seul sénateur qui l'ait suivi dans sa retraite de Rhodes, meurt, *Ann.*, IV, 15. — Les sénateurs lui décernent des funérailles solennelles, aux frais publics, et une statue dans le forum d'Auguste, *ibid.*

LUCILLIUS. Ce centurion, auquel les soldats avaient donné le surnom de *Encore une autre*, est tué par les légions insurgées de Pannonie, *Ann.*, I, 23.

LUCIUS CÉSAR. *Voyez* CÉSAR.

LUCRÈCE, poète, préféré par quelques-uns à Virgile, *Orat.*, 23.

LUCRETIUS (Spurius) est appelé par Tarquin le Superbe aux fonctions de magistrat, pour que Rome ne reste pas sans chef pendant son absence, *Ann.*, VI, 11.

LUCRIN (Lac) près de Pouzzoles, *Ann.*, XIV, 5.

LUCULLUS (Lucius) soutient Cyzique dans la guerre de Mithridate, *Ann.*, IV, 36. — Les Byzantins lui offrent leur assistance, XII, 62. — Pays conquis par Lucullus, XIII, 34. — Tibère expire à Misène, dans une maison de campagne dont Lucullus avait été le possesseur, VI, 50. — Messaline convoite les jardins créés par lui, XI, 1. — Elle s'y retire et y meurt, 32, 37. — Le nom de Lucullus est cité par Pétus, parmi ceux des conquérans de l'Arménie, XV, 14. — Corbulon s'avance par le chemin ouvert jadis par Lucullus, 27.

LUCULLUS (les) consacrèrent beaucoup de travail et de soins à l'éloquence, *Orat.*, 37.

LUNE nouvelle ou dans son plein, momens choisis par les Germains pour traiter leurs affaires, *Germ.*, 11. — Les soldats des légions révoltées de Pannonie sont effrayés par une éclipse de lune, *Ann.*, I, 28.

LUNE (Temple de la) consacré par Servius Tullius à Rome, est brûlé, *Ann.*, XV, 41.

Lupanars, lieux de débauche, *Ann.*, XIII, 25; XV, 37.

Lupercus. *Voyez* Mummius Lupercus.

Lupia (*Lippe*), fleuve de la grande Germanie, *Ann.*, II, 7.

Lupus. *Voyez* Cornelius, Curtius, Junius, Numisius.

Lusitanie (*Portugal, partie de l'Estramadure espagnole et du royaume de Léon*). Néron en donne le gouvernement à Othon, pour n'avoir pas dans Rome un rival, *Ann.*, XIII, 46; *Hist.*, I, 13, 21. — Cécina en tire des cohortes pour appuyer la cause de Vitellius, 70.

Lusius Geta, préfet du prétoire, homme prêt au bien comme au mal, *Ann.*, XI, 33. — Est interrogé par Claude sur le mariage de Messaline avec C. Silius, 31. — Agrippine lui fait enlever le commandement des cohortes prétoriennes, XII, 42.

Lusius Saturninus, accusé par P. Suilius, qui le fait condamner à mort, *Ann.*, XIII, 43.

Lusius Varius. *Voyez* Varius (Lucius).

Lustre. Claude en fait la clôture, *Ann.*, XI, 25; XII, 4; XVI, 2.

Lutatia (Famille). Sa noblesse, *Hist.*, I, 15.

Lutatius Catulus (Quintus), consul en 652 avec Marcus, fait la dédicace du Capitole, *Hist.*, III, 72.

Lutorius Priscus (Caïus), chevalier romain, auteur d'un poëme remarquable où il déplorait les derniers momens de Germanicus, devient tout à coup la proie d'une délation, *Ann.*, III, 49. — M. Lepidus parle contre l'opinion d'Agrippa, qui demande que Lutorius Priscus soit condamné au dernier supplice, 50. — Il est conduit en prison où il perd aussitôt la vie, 51.

Luxe. Décrets contre le luxe, *Ann.*, II, 33. — C. Bibulus et les autres édiles demandent qu'on apporte un remède efficace contre le luxe de la table, III, 52. — Tibère, après avoir long-temps réfléchi si l'on pouvait réprimer ces profusions et ces excès, envoie une lettre au sénat, *ibid.* — Contenu de cette lettre, 53, 54. — Vespasien est le premier auteur de la réforme, 55.

Lycie, contrée de l'Asie-Mineure, *Ann.*, II, 60. — Pison, retournant en Syrie, côtoie ses bords et y rencontre les vaisseaux d'Agrippine, 79.

Lyciens, attaquent Eprius Marcellus en restitution, *Ann.*, XIII, 33.

Lycurgue, donne des lois aux Spartiates, *Ann.*, III, 26.

Lycurgue, orateur athénien, *Orat.*, 25.

Lydie. Hercule en étant maître, avait augmenté le privilège

du temple d'Éphèse, que la domination des Perses n'avait point diminué, que depuis, les Macédoniens et ensuite les Romains avaient conservé, *Ann.*, III, 61.

LYDUS, fils du roi Atys, donne son nom à la Lydie, *Ann.*, IV, 55.

LYGDUS, eunuque, est chargé par Séjan d'administrer le poison à Drusus, *Ann.*, IV, 8. — Comment Séjan parvint à le séduire, 10.— Ses aveux au milieu des tortures, 11.

LYGIENS, nation de la grande Germanie, *Ann.*, XII, 29, 30. — Comprennent sous leur nom beaucoup de peuplades, *Germ.*, 43.

LYON, capitale de la Lyonnaise 1re, *Hist.*, I, 59; II, 59, 65. — Le lieutenant Atilius Aviola en fait venir une légion pour contenir les Andécaves, *Ann.*, III, 41. — Néron lui accorde quatre cent mille sesterces pour réparer ses désastres, XVI, 13.—Dévoûment de ses habitans pour ce prince, *Hist.*, I, 51. — Galba réunit ses revenus au fisc, 65. — Lyon montre de l'enthousiasme pour la cause de Vitellius, qui en retire la légion Italique et la cavalerie de Turin, et n'y laisse que la dix-huitième cohorte qui y tenait ses quartiers ordinaires, 64. — La nouvelle guerre rallume une ancienne inimitié qui régnait entre ses habitans et ceux de Vienne, 65. — Othon envoie des députés aux troupes campées à Lyon, 74. — Mucien empêche Domitien, qui part pour la guerre contre Civilis, d'aller plus loin que cette ville, 85. — Domitien en dépêche des émissaires secrets à Cerialis pour tenter sa fidélité, 86.

LYONNAISE (Gaule), gouvernée par Junius Blésus, *Hist.*, I, 59; II, 59.

LYRE. Néron en joue sur le théâtre, *Ann.*, XIV, 15; XV, 65; XVI, 4. — Un affranchi d'Italie, habile chanteur et joueur de lyre, essaie de se faire passer pour Néron, *Hist.*, II, 8.

LYRIQUE (Vers). Sa grâce, *Orat.*, 10.

LYSIAS, orateur athénien, *Orat.*, 12. — Occupe la première place après Démosthène, 25.

M

MACÉDOINE, contrée de la Grèce septentrionale, *Ann.*, III, 38; IV, 43. — Se plaint d'être opprimée et mise au nombre des provinces impériales, I, 76. — Est jointe à la Mésie, 80. — Est gouvernée par Poppéus Sabinus, V, 10. — Antistius Vetus, un des principaux de ce pays, III, 38. —

L'éloquence y est inconnue, *Orat.*, 40. — Guerre de Macédoine, *Ann.*, IV, 55; XII, 62.

MACEDONES HYRCANI. *Voyez* HYRCANIE DES MACÉDONIENS.

MACÉDONIENS. Les Athéniens leur font plusieurs guerres malheureuses, *Ann.*, II, 55. — Respectent le privilège du temple d'Éphèse, III, 61. — Établissent leur suprématie, *Hist.*, V, 8. — Artaban réclame leurs anciennes limites, VI, 31. — Philippe, leur roi, *Ann.*, IV, 43. — *Voyez* encore, *Ann.*, VI, 41; *Hist.*, IV, 83.

MACÉDONIQUE, surnom de la quatrième légion. *Voyez* LÉGION.

MACER. *Voyez* CLODIUS, MARTIUS, POMPEIUS.

MACHINES DE GUERRE employées en campagne, *Ann.*, I, 56; II, 20; *Hist.*, III, 23, 25. — Servant dans les sièges, *Ann.*, II, 81; XIII, 39; *Hist.*, II, 21, 22, 34; III, 20, 71, 84; IV, 28, 30. — Nouvellement employées par les nations germaines, IV, 23. — Inconnues aux Barbares de l'Orient, *Ann.*, XII, 45. — *Voyez* BALISTE, CATAPULTE.

MACRINA. *Voyez* POMPEIA MACRINA.

MACRON, préfet du prétoire, est désigné par Tibère pour l'accompagner toutes les fois qu'il se rendra au sénat, *Ann.*, VI, 15. — Reçoit de ce prince, au cas où Séjan parviendrait à soulever les soldats, l'ordre de tirer Drusus du palais où il était détenu et de le proclamer empereur, 23. — Sa haine non moins funeste aux existences que l'amitié de Séjan, 29. — Plus atroce que ce dernier, et par cela même choisi pour le renverser, 48. — Dénonce à Tibère le sujet d'une tragédie dont Scaurus était l'auteur, et dont quelques vers semblaient attaquer indirectement le prince, *ibid.* — Fulcinius Trion lui adresse les invectives les plus sanglantes dans son testament, 38. — Sa puissance exorbitante, 45. — Après la mort de Claudia, qui avait été unie à Caligula, il engage sa propre épouse Ennia à captiver le jeune prince, et même à l'enchaîner par une promesse de mariage, *ibid.* — Tibère lui reproche d'abandonner le soleil couchant pour se tourner vers le soleil levant, 46. — Sa haine contre Arruntius, 47. — Il ordonne qu'on étouffe Tibère sous un monceau de couvertures, et qu'on sorte du palais, 50.

MAGICIENS. Leurs mystères, *Ann.*, II, 27. — Sénatus-consulte pour leur expulsion de l'Italie, 32. — Mamercus Scaurus est accusé de les avoir consultés, VI, 29. — Lollia Paullina est envoyée en exil, faussement accusée du même délit, XII, 22. — Servilie, fille de Barca Soranus, est accusée d'avoir donné de l'argent à des magiciens, XVI, 30. — *Voyez* ASTROLOGUES, CHALDÉENS.

MAGIUS. *Voyez* CÉCILIANUS.

MAGNÉSIE DU SIPYLE, ville de Lydie, maltraitée par un tremblement de terre, *Ann.*, II, 47. — Exemptée de tout tribut pendant cinq ans par Tibère, *ib.*— Elle ne peut prétendre à l'honneur d'élever un temple à Tibère, comme étant trop peu considérable, IV, 55.

MAGNÉSIE (sur le Méandre). L. Scipion et L. Sylla vainqueurs, le premier d'Antiochus, le second de Mithridate, récompensent les Magnésiens de leur fidélité et de leur courage, en déclarant inviolable leur temple de Diane Leucophryne, *Ann.*, III, 62.

MAGNUS, frère de Pison Licinianus, est tué par ordre de Claude, *Hist.*, I, 48.

MAI (Mois de) perd son ancien nom pour prendre celui de Claude, *Ann.*, XVI, 12.

MAIN. Tiridate et Corbulon se donnent tous deux la main, *Ann.*, XV, 28. — Manière dont les rois d'Orient scellent un traité en se prenant la main droite, XII, 47. — La cité de Langres envoie en présent aux légions de Germanie, deux mains droites entrelacées, symbole d'hospitalité, *Hist.*, I, 54. — Sisenna porte également des mains entrelacées aux prétoriens, au nom de l'armée de Syrie, en signe d'alliance, II, 8.

MAITRE. Tibère réprimande sévèrement ceux qui l'appellent de ce nom, *Ann.*, II, 87.

MAJESTÉ (Loi de). Quel était primitivement son objet, *Ann.*, I, 72.—Auguste, le premier, l'étend aux libelles infâmes, *ibid.* — Abus qu'en fait Tibère, 73, 74; IV, 6.— Votienus Montanus est condamné suivant cette loi, 42. — Tatius Gratianus, ancien préteur, est, en vertu de cette loi, condamné au dernier supplice, VI, 38. — *Voyez* LÈSE-MAJESTÉ (Crime de).

MAJORIALES (Familles), *Familiæ majorum gentium*, *Ann.*, XI, 25.

MALÉFICES employés contre Germanicus par Cn. Pison, *Ann.*, II, 69. — Numantina, première épouse de Plautius Silvanus, accusée d'avoir troublé la raison de son mari par des enchantemens et des maléfices, est reconnue innocente, IV, 22. — Claudia Pulchra est accusée d'enchantemens et de maléfices contre le prince, 52.

MALHEUR. Dans le malheur l'âme s'attendrit facilement, *Ann.*, IV, 68.

MALLOVENDUS, chef des Marses, apprend à Germanicus que

l'aigle d'une légion de Varus est enfouie dans un bois voisin, *Ann.*, II, 25.

MALORIX, chef des Frisons, se rend à Rome et reçoit de Néron le titre de citoyen romain, *Ann.*, XIII, 54.

MALUGINENSIS (Servius), flamine de Jupiter, demande le gouvernement de l'Asie, *Ann.*, III, 58. — Tibère s'appuie, pour le lui refuser, d'un décret des pontifes fait sous Auguste, 71. — A sa mort, Tibère propose un nouveau mode d'élection, IV, 16.

MALUGINENSIS, fils du précédent, succède à son père, *Ann.*, IV, 16.

MAMERCUS ÉMILIUS. *Voyez* ÉMILIUS MAMERCUS.

MAMERCUS SCAURUS, arrière-petit-fils de M. Scaurus, et l'opprobre de ses aïeux pendant sa vie, *Ann.*, III, 66. — Oncle et beau-père de Sylla, 31. — Le plus fécond orateur de son temps, *ibid.* — Blesse l'âme soupçonneuse de Tibère, I, 13. — Donne satisfaction à Corbulon qui avait accusé son neveu devant le sénat pour ne lui avoir pas cédé sa place au spectacle de gladiateurs, III, 31. — Accuse C. Silanus d'avoir outragé la divinité d'Auguste et méprisé la majesté de Tibère, 66. — Il est lui-même accusé de lèse-majesté, VI, 9. — Servilius et Cornelius, chargés de le poursuivre, l'accusent seulement d'adultère avec Livie, et de consultations de magiciens, 29. — Il prévient sa condamnation d'une manière digne des Emiles, ses aïeux : son épouse Sextia l'encourage à la mort et la partage avec lui, *ibid.*

MANCIA. *Voyez* CURTILIUS.

MANIMES, peuplade de la Germanie, qui faisait partie des Lygiens, *Germ.*, 43.

MANLIUS. Les images de cette famille sont portées aux funérailles de Junie, *Ann.*, III, 76.

MANLIUS, complice du crime d'adultère avec Apuleia Varilia, est banni de l'Italie et de l'Afrique, *Ann.*, II, 50.

MANLIUS (Cneius), vaincu par les Germains, *Germ.*, 37.

MANLIUS PATRUITUS, sénateur, se plaint d'outrages et d'invectives qu'il a essuyés dans la colonie de Sienne, par l'ordre des magistrats, et qui attaquaient le sénat tout entier, *Hist.*, IV, 45.

MANLIUS VALENS commande en Bretagne une légion (l'Italique) qui éprouve une défaite, *Ann.*, XII, 40. — Quoique entièrement voué au parti de Vitellius, n'obtient aucun honneur auprès de celui-ci : Fabius Valens l'avait desservi par des délations secrètes, *Hist.*, I, 64.

MANN, fils du dieu Tuiston, origine et fondateur de la nation des Germains, *Germ.*, 2. — Ses trois fils communiquent leurs noms aux Ingévones, aux Hermiones et aux Istévones, *ibid.*

MANSUETUS. *Voyez* JULIUS MANSUETUS.

MARCELLUS. *Voyez* ASINIUS, CORNELIUS, EPRIUS, ESERNINUS, GRANIUS, ROMILIUS.

MARCELLUS (M. Claudius), neveu d'Auguste, est élevé en dignité par lui, *Ann.*, I, 3; *Hist.*, I, 15. — Oncle de Germanicus, *Ann.*, II, 41. — Rival de Tibère, VI, 51. — Meurt jeune encore, II, 41. — Livie fait, près de son théâtre, la dédicace d'une statue au divin Auguste, III, 64.

MARCHÉ AUX BOEUFS, AUX LÉGUMES. *Voyez* FORUM BOARIUM, FORUM OLITORIUM.

MARCIA (Fontaine), dont les eaux consacrées sont conduites à Rome, est profanée par Néron qui, par un désir d'une recherche outrée, s'y plonge tout entier, *Ann.*, XIV, 22.

MARCIA, épouse de Fabius Maximus, fait entendre ses gémissemens aux funérailles de ce dernier, en s'accusant d'avoir été elle-même la cause de son trépas, *Ann.*, I, 5.

MARCIUS (Publius), astrologue, est exécuté, selon l'antique usage, hors la porte Esquiline, après publication de sa sentence à son de trompe, *Ann.*, II, 32.

MARCIUS NUMA est appelé par Tullus Hostilius aux fonctions de magistrat, pour que Rome ne reste pas sans chef pendant son absence, *Ann.*, VI, 10.

MARCODURUM (*Duren*), village de la Germanique 2e, où des cohortes d'Ubiens furent battues, *Hist.*, IV, 28.

MARCOMANS (*Bohême*), peuple de la Germanie, *Ann.*, II, 46, 62, *Germ.*, 43. — Ils ont chassé les Boïens du territoire qu'ils occupent, 42. — Sont gouvernés par des rois issus de la noble race de Maroboduus et de Tuder, *ibid.*

MARDES, peuple voisin de l'Arménie, attaquent Corbulon, qui les repousse et envoie les Ibériens pour dévaster leur pays, *Ann.*, XIV, 23.

MARIAGE, seule consolation des femmes honnêtes, *Ann.*, IV, 53. — Ce lien ne devient pas plus fréquent après la promulgation de la loi Papia Poppéa contre le célibat, III, 25. — Cérémonies qui accompagnent celui de Messaline avec C. Silius, pendant l'absence de Claude, XI, 27. — Claude donne le premier, chez les Romains, l'exemple d'un mariage d'un oncle paternel avec sa nièce, XII, 5, 6, 7. — Mariage par confarréation, IV, 16. — Mariage chez les Germains, *Germ.*, 18.

MARICCUS, de la nation des Boïens, essaye de soulever

les Gaules, est pris et exposé aux bêtes féroces, *Hist.*, II, 61.

Marinus (Julius), un des plus anciens amis de Tibère, son intime à Rhodes, son inséparable à Caprée, est envoyé par lui à la mort, *Ann.*, VI, 10. — Avait pris part au complot de Séjan contre Curtius Atticus, *ibid.*

Marinus (Valerius), destiné au consulat par Galba, est remis à une autre époque par Vitellius, *Hist.*, II, 71.

Marius (Caïus), sorti du bas peuple, *Hist.*, II, 38. — Ses nombreux consulats, *Ann.*, I, 9. — Cause principale de ses guerres avec Sylla, XII, 60. — Subjuguant la liberté par ses armes, lui substitue le despotisme, *Hist.*, II, 38. — Sa victoire sur les Germains (les Cimbres), *Germ.*, 37.

Marius (Sextus), l'homme le plus opulent de l'Espagne, est dénoncé par Calpurnius Salvianus, *Ann.*, IV, 36. — Accusé d'inceste avec sa fille, est précipité de la roche Tarpéienne, VI, 19. — Ses richesses, dont Tibère s'empare, furent la seule cause de sa perte, *ibid.*

Marius Celsus conduit la quinzième légion de Pannonie en Syrie, *Ann.*, XV, 25. — Consul désigné, est convoqué par Galba pour être témoin de l'adoption qu'il fait de Pison Licinianus, *Hist*, I, 14. — Est envoyé par Galba vers les soldats d'élite d'Illyrie, campés sous le portique de Vipsanius, 31. — Est repoussé à coups de traits, *ibid.* — Se montre ami fidèle de Galba jusqu'à ses derniers momens, 45. — Othon le soustrait à une mort certaine en le faisant charger de chaînes et affirmant qu'il lui réserve les plus grands supplices, *ibid.* — Il est bientôt appelé dans l'intimité de ce prince qui en fait un de ses généraux, 71. — Il conserve le consulat sous Vitellius quoiqu'il le dût à Galba, 77; II, 60. — Othon lui donne un commandement dans l'armée de terre, I, 87. — Ce prince apprécie ses conseils, 90. — Marius obtient de brillans succès, II, 23. — Prend le commandement de la cavalerie au combat des Castors, 24. — Précipite l'infanterie vitellienne dans le piège où elle-même voulait l'attirer, 25. — Appuie l'opinion de Suetonius Paullinus, qui conseille à Othon de temporiser, 33. — Semble, par son vain nom de général, réservé à couvrir les fautes que les autres auraient commises, 39. — Refuse d'exposer les soldats, fatigués de la route et surchargés de bagages, devant un ennemi tout prêt à accepter la bataille, 40. — Rentre la nuit dans le camp après la défaite de Bédriac, 44.

MARIUS CELSUS (Publius), consul en 815 avec L. Asinius Gallus, *Ann.*, XIV, 48.

MARIUS MATURUS, procurateur des Alpes Maritimes, fait tous ses efforts pour chasser les Othoniens des frontières de cette province, *Hist.*, II, 12. — Fidèle à Vitellius, quoique entouré d'ennemis de toutes parts, III, 42. — Prend enfin le parti de prêter serment à Vespasien, 43.

MARIUS NEPOS est chassé du sénat par Tibère, *Ann.*, II, 48.

MAROBODUUS, roi des Marcomans, *Ann.*, II, 26; III, 11. — Le nom de roi qu'il avait pris le rend odieux même aux siens, II, 44. — Les Semnones et les Lombards l'abandonnent pour Arminius, 45. — Inguiomer, avec tous ses vassaux, passe de son côté, *ibid.* — Tenant Inguiomer par la main, il harangue ses soldats, 46. — Est défait, se retire chez les Marcomans et envoie des députés à Tibère pour implorer des secours, *ibid.* — Est chassé du territoire des Marcomans par Catualda, 62. — N'a plus d'autre ressource que la compassion de Tibère, qui lui offre l'Italie pour demeure, *ibid.* — Est envoyé à Ravenne, *ibid.* — Reste dix-huit ans sans sortir d'Italie et meurt de vieillesse, *ibid.* — Ses descendans lui succèdent sur le trône des Marcomans, *Germ.*, 42.

MARS, adoré par les Germains, qui le regardent comme le plus grand des dieux, *Hist.*, IV, 64. — Ils l'apaisent par des offrandes d'animaux, *Germ.*, 9. — Germanicus consacre entre l'Elbe et le Rhin un trophée d'armes à Mars, à Jupiter et à Auguste, *Ann.*, II, 22. — On décrète des offrandes à Mars à l'occasion du jugement de Drusus Libon, 32. — Les Hermondures lui vouent l'armée des Cattes, XIII, 57. — Flamines de Mars, III, 58.

MARS VENGEUR. Son temple, *Ann.*, II, 64; XIII, 8. — Valerius Messalinus propose d'ériger une statue d'or dans cet édifice, III, 18.

MARSAQUES, peuple voisin des Canninéfates, dans l'île des Bataves, *Hist.*, IV, 56.

MARSEILLAIS, présentent une requête touchant la disposition de ses biens que leur léguait Vulcatius Moschus, exilé de Rome, et qui avait reçu chez eux le droit de cité, *Ann.*, IV, 43. — Décision en leur faveur, *ibid.*

MARSEILLE, ville de la Gaule, sur la Méditerranée, dans le voisinage des îles Stéchades, *Hist.*, III, 43. — L. Antonius y est confiné par Auguste, qui couvre cet exil du prétexte de son instruction, *Ann.*, IV,

44. — Corn. Sylla y est exilé par Néron, XIII, 47. — Il y est assassiné par l'ordre du même prince, XIV, 57. — J. Agricola y réside dès son jeune âge, *Agr.*, 4.

Marses, peuplade germaine, *Germ.*, 1. — Ils sont surpris et massacrés par Germanicus, *Ann.*, I, 50, 51. — Un seul combat suffit à Cécina pour les réduire, 56. — Germanicus fond sur eux, II, 25.

Marses, nation d'Italie, dans l'Apennin, se lèvent contre Vitellius, *Hist.*, III, 59.

Marsignes (*Silésie*), peuplade de Suèves, *Germ.*, 43. — Par leur langage et leur coiffure, rappellent les Suèves, *ibid.*

Marsus (Vibius). *Voyez* Vibius Marsus.

Martialis. *Voyez* Cornelius et Julius.

Martianus. *Voyez* Granius et Icelus.

Martina, fameuse en Syrie par ses empoisonnemens, et toute dévouée à Plancine, est envoyée à Rome par Sentius, *Ann.*, II, 74; III, 7. — Le bruit court qu'elle a expiré à Brindes, et que l'on a trouvé du poison caché dans ses cheveux, *ibid.*

Martius Festus, chevalier romain, s'engage dans la conspiration contre Néron, *Ann.*, XV, 50.

Martius Macer, commandant d'un corps de gladiateurs, remporte un avantage non loin de Crémone, *Hist.*, II, 23. — Éprouve un désastre sur le Pô, 35. — Les centurions et les tribuns lui sauvent la vie en s'interposant entre lui et les soldats qui déjà l'avaient blessé d'un coup de lance, 36. — Othon envoie Flavius Sabinus prendre le commandement de ses troupes, *ibid.* — Vitellius feint de l'oublier comme chef du parti othonien, et ne lui donne pas le consulat qui lui était promis, 71.

Marullus. *Voyez* Junius Marullus.

Marus (*Morava*, *Marish* ou *Maros*), rivière de la grande Germanie, *Ann.*, II, 63.

Massa. *Voyez* Bebius Massa.

Maternus. *Voyez* Curiatius Maternus.

Mathématiciens. *Voyez* Astrologues, Chaldéens, Magiciens.

Matius, chevalier romain, ami d'Auguste et fameux par sa puissance, *Ann.*, XII, 60.

Mattiaques, nation de la Germanie, *Ann.*, XI, 20. — Assiègent Mayence, *Hist.*, IV, 37. — Dévoués au peuple romain, *Germ.*, 29.

Mattium (*Marpurg*), capitale des Cattes, *Ann.*, I, 56. — Est incendiée par Germanicus, *ibid.*

MATURUS. *Voyez* MARIUS MATURUS.

MAURES, toujours disposés à la guerre par l'habitude du pillage et du brigandage, *Hist.*, II, 58. — Sont entraînés à la guerre par Tacfarinas, *Ann.*, II, 52 ; IV, 23, 24. — Accusent Vibius Secundus de concussion, XIV, 28. — Festus charge des Maures de l'assassinat de L. Pison, proconsul d'Afrique, *Hist.*, IV, 50.

MAURICUS. *Voyez* JUNIUS MAURICUS.

MAURITANIE (royaumes de *Maroc, Fez* et *Alger*), donnée au roi Juba par le peuple romain, *Ann.*, IV, 5. — Est adjointe à la province de Bétique par Othon, *Hist.*, I, 78. — Mauritanie Césarienne, II, 58, 59. — Mauritanie Tingitane, 58, 59. — Dispositions des deux Mauritanies à l'avènement de Galba, I, 11. — Elles se joignent au parti de Vitellius, II, 58.

MAUSOLÉES dédaignés par les Germains, *Germ.*, 27. — *Voyez* TOMBEAU.

MAXIMILLA. *Voyez* EGNATIA MAXIMILLA.

MAXIMUS. *Voyez* CÉSONIUS, FABIUS, JULIUS, TREBELLIUS.

MAXIMUS (Sanquinius), consulaire, *Ann.*, VI, 4. — Les Chauques, enhardis par sa mort, se jettent sur la Basse-Germanie, conduits par Gannascus, XI, 18.

MAXIMUS SCAURUS, centurion, se jette dans la conjuration contre Néron, *Ann.*, XV, 50.

MAYENCE, ville septentrionale de la Germanique 1re, *Hist.*, IV, 25, 33. — Cohortes de Bataves cantonnées dans cette ville, 15. — Hordeonius Flaccus est accusé par ses soldats de ne s'être pas opposé à leur sortie, 24. — Est assiégée par les Germains, 37. — Julius Tutor l'occupe, 59. — Les camps de Mayence et de Vindonissa sont les seuls que les Barbares laissent subsister, 61. — Les cavaliers picentins se retirent à Mayence, 62. — Julius Tutor évite cette ville, 70. — Petilius Cerialis y arrive et y réunit ses soldats, 71.

MAZIPPA, chef des Maures, est entraîné à la guerre par Tacfarinas, et partage également les forces avec ce dernier, *Ann.*, II, 52.

MÉCÈNE (Cilnius), favori d'Auguste, *Ann.*, I, 54 ; III, 30. — Épris d'un fol amour pour le pantomime Bathylle, I, 54. — Méprise les honneurs, III, 30. — Durant les guerres civiles, Auguste lui donne le gouvernement général de Rome et celui-même de l'Italie, VI, 11. — Vit dans Rome même comme dans une retraite éloignée, XIV, 53, 55. — Dans son âge avancé, il conserve plutôt les apparences de l'amitié du prince, qu'un véritable pouvoir, III, 30. — Ornemens coquets de son style, *Orat.*, 26. — Ses jardins, *Ann.*, XV, 39.

MÉCHANS, dans les troubles et les discordes, ont toujours le plus de force, *Hist.*, IV, 1.

MÉDECIN, inutile pour les gens bien portans, *Orat.*, 41.

MÈDES, *Ann.*, II, 56; XII, 14. — Pacorus leur est donné pour roi par Vologèse son frère, *Ann.*, XV, 2, 14. — Pharasmane fait considérer à ses soldats, les Mèdes tout brillans d'or, VI, 34. — Tiridate passe par leur pays dans le but de reconquérir l'Arménie, XIV, 26. — Pacorus reçoit chez les Mèdes la visite de Tiridate, XV, 31. — Maîtres de l'Orient, *Hist.*, V, 8.

MÉDÉE, enlevée par Jason, lui donne des enfans, *Ann.*, VI, 34.

MÉDÉE, tragédie de Curiatius Maternus, *Orat.*, 3. — Tragédie d'Ovide, 12.

MÉDIE (*Irak-Agémi* ou *Irak-Ajami*), contrée de l'Asie, *Ann.*, XIII, 41. — Conquise par Rhamsès, II, 60.

MEDIOLANUM. *Voyez* MILAN.

MÉDIOMATRIQUES, peuple de la Belgique 1re, *Hist.*, I, 63. — Alliés fidèles des Romains, IV, 70, 71, 72.

MÉDITERRANÉE, *Ann.*, XIII, 53.

MÉGALÉSIES, fêtes en l'honneur de Cybèle Mégale, *Ann.*, III, 6.

MEHERDATE, fils de Vonones, petit-fils de Phraate, donné à Rome comme ôtage, est demandé pour roi par les Parthes, *Ann.*, XI, 10; XII, 10. — Claude adresse des conseils à Méherdate sur la manière dont il doit gouverner les Parthes, et charge C. Cassius de le conduire aux rives de l'Euphrate, 11, 12. — Abandonné par Izatès et par Acbare, 14. — Est trahi par Parrhace, aux promesses duquel il s'était confié, et livré à Gotarzès, qui lui fait couper les oreilles, *ibid.*

MEIN, fleuve de la Germanie occidentale, *Germ.*, 28.

MÉLITÈNE (*Meledni*), ville de Cappadoce, *Ann.*, XV, 26.

MELLA (Annéus), chevalier romain de sang sénatorial, né des mêmes parens que Gallion et Sénèque, et père d'Annéus Lucain, accusé, sur de fausses lettres, de participation au complot contre Néron, se coupe les veines, *Ann.*, XVI, 17. — Lègue par son testament de grandes sommes à Tigellinus et à son gendre Cossutianus, Capiton, *ibid.*

MEMMIUS POLLIO, consul désigné, ouvre un avis par lequel on supplierait Claude de fiancer Octavie à Domitius, *Ann.*, XII, 9.

MEMMIUS REGULUS (Caïus), mari de Lollia Paullina, *Ann.*, XII, 22. — Sa mort et son éloge, XIV, 47.

Memmius Regulus (Lucius), consul en 816 avec Virginius Rufus, *Ann.*, xv, 23.

Memnon. Sa statue, en granit, produit le son de la voix dès qu'elle est frappée des rayons du soleil, *Ann.*, ii, 61.

Memphis, ville célèbre et l'honneur de l'antique Égypte, *Hist.*, iv, 84.

Ménapiens, peuple de la Germanique 2e, sont dévastés par des troupes envoyées par Civilis, *Hist.*, iv, 28.

Ménélas, à son retour dans la Grèce, est jeté sur les côtes de Canope et vers la Libye, *Ann.*, ii, 60.

Menenius Agrippa, orateur romain, *Orat.*, 17, 21.

Mennius, préfet de camp, modère les vexillaires des légions rebelles, par le supplice de deux soldats, *Ann.*, i, 38. — Sa hardiesse le sauve, *ibid.*

Mennius Rufinus, préfet de cavalerie, fait charger Bassus de chaînes; mais elles sont aussitôt brisées par l'intervention d'Hormus, *Hist.*, iii, 12.

Méphitis. Son temple, situé devant les remparts de Crémone, échappe à l'incendie, protégé par sa situation ou par ses dieux, *Hist.*, iii, 33.

Mer Adriatique, *Ann.*, ii, 53; xv, 34; *Hist.*, iii, 42. — Amyclée, *Ann.*, iv, 59. — De Bithynie, ii, 60. — De Bretagne, *Agr.*, 10. — De Dalmatie, *Ann.*, iii, 9. — Égée, v, 10; xv, 71. — Des Gaules, *Agr.*, 24. — D'Illyrie, *Hist.*, iii, 2. — Des Indes, *Agr.*, 12. — Ionienne, *Ann.*, ii, 53. — De Judée, *Hist.*, v, 7. — Méditerranée, *Ann.*, xiii, 53. — Océan, xv, 37; *Germ.*, 40, 42, 44; *Agr.*, 25. — Océan septentrional, *Ann.*, i, 9, 63, 69, 70; ii, 6. 8, 15, 23, 24; iv, 12, 72, 79; xi, 20; xiii, 53; xiv, 32, 39; *Hist.*, i, 9; iv, 15; v, 22, *Germ.*, 1, 2, 17, 34, 37, 45; *Agr.*, 15. — Pont-Euxin, *Ann.*, ii, 54; xii, 63; xiii, 39; *Germ.*, 1. — Rouge, *Ann.*, ii, 61; xiv, 25. — Suévique, *Germ.*, 45. — Des Suiones, *ibid.*

Mercure est de tous les dieux des Germains celui qu'ils honorent le plus, *Germ.*, 9. — Les Hermondures lui vouent l'armée des Cattes, *Ann.*, xiii, 57.

Mère des dieux. La statue de Claudia Quinta est consacrée dans son temple, *Ann.*, iv, 64. — Adorée par les Æstyens, 45.

Merula. *Voyez* Apidius, Cornelius.

Mésie (la *Servie* et la *Bulgarie*). Latinius Pandus étant mort, Pomponius Flaccus est choisi pour la gouverner, *Ann.*, ii, 66. — Deux légions y défendent la rive du Danube, iv, 5. — Les légions de Mésie jurent obéissance à Othon,

Hist., 1, 76. — Les Rhoxolans fondent sur elle avec neuf mille de leurs cavaliers, 79. — L'armée de Mésie apporte ses forces tout entières au parti de Vespasien, III, 2, 5, 53. — Le tribun Vipstanus Messala arrive sous Crémone avec les auxiliaires de ce pays, 18. — Le bruit se répand que les quartiers romains y sont assiégés par les Sarmates et les Daces, IV, 54. — *Voyez* encore, *Ann.*, I. 80 ; IV, 47 ; VI, 29 ; XV, 6 ; *Hist.*, II, 32, 44, 46, 74, 83 ; III, 9, 11, 24, 46, 75 ; V, 26 ; *Agr.*, 41.

Mésopotamie (*Al-Gézira* et partie du *Diarbeck*), contrée d'Asie, *Ann.*, VI, 36 ; XII, 12. — D'où vient son nom, VI, 37. — Tiridate, sur l'avis d'Abdagèse, va s'y retrancher derrière le fleuve, 44.

Messala (Valerius), sénateur. Sa proposition sur les honneurs funèbres à rendre aux restes d'Auguste, *Ann.*, I, 8. — Sa réponse à Tibère, qui l'avait interpellé, *ibid.*

Messala (Valerius), arrière-petit-fils de Corvinus, collègue du troisième consulat de Néron, en 811, *Ann.*, XIII, 34.

Messala (Volesus), proconsul d'Asie, *Ann.*, III, 68. — Mémoire du divin Auguste et sénatus-consulte contre lui, *ibid.*

Messala (Vipstanus), issu d'aïeux illustres, est le seul qui apporte à la guerre civile des qualités et des vertus, *Hist.*, III, 9. — Réunit ses efforts à ceux d'Antonius et d'Aponianus pour calmer les soldats qui demandent la mort d'Aponius Saturninus, 11. — Il arrive près de Crémone avec les auxiliaires de Mésie, 18. — Intercède pour obtenir la grâce de l'accusateur Regulus, son frère, IV, 42. — Tacite s'appuie deux fois de son autorité, comme historien, III, 25, 28. — Un des interlocuteurs du Dialogue des Orateurs, *Orat.*, 14, 42. — Démontre la supériorité des anciens sur les modernes, 15, 25. — Découvre les causes de l'infériorité de ces derniers, 28-35.

Messala Corvinus. *Voyez* Corvinus.

Messaline, fille de Messala Barbatus et de Lepida, *Ann.*, XI, 37. — Julie, fille de Drusus, périt victime de sa perfidie, XIII, 32. — Messaline ourdit la perte de Valerius Asiaticus, XI, 1, 2. — Elle hâte la mort de Poppée, en l'entourant de personnes qui l'effrayent tellement de la prison, qu'elles la déterminent à une mort volontaire, *ibid.* — Haine de Messaline pour Agrippine, 12. — Elle brûle pour C. Silius avec une telle ardeur, qu'elle lui fait chasser sa noble épouse Julia Silana, pour jouir sans partage de son amant adultère, *ibid.*; XIII, 19. — Elle se joue avec légèreté des affaires de l'état, XII, 7. — Pendant l'absence de Claude, son époux, pour la célébration d'un sacrifice à Ostie, Messaline se marie solennellement avec C. Silius, XI, 26, 27. — Confiance aveugle de Claude en elle, 28. — Narcisse révèle à ce dernier le mariage de son épouse, et ses débordemens avec les Titius, les Vectius, les Plautius, 29, 30. — Elle figure, sous le costume de bacchante, dans un simulacre de vendanges célébré à l'occasion de son mariage, 31. — Se retire dans les jardins de Lucullus, 32, 37. — Résolue à aller au devant du péril, et à se montrer à son époux, elle prend la route d'Ostie dans un tombereau destiné à enlever les immondices des jardins, *ibid.* — Elle s'avance au devant de Claude; mais Narcisse rappelle au prince et Silius et le mariage, 34. — Narcisse ordonne de consommer le supplice de Messaline, 37. — Sa mort, 38; XII, 1. — Son impudicité, XI, 36, 37; XIII, 30, 34. — Le sénat ordonne d'enlever son nom et ses statues de tous les lieux publics et particuliers, XI, 38. — Agrippine fait retirer le commandement des cohortes prétoriennes à Lusius Geta et à Rufius Crispinus qu'elle croyait dévoués au souvenir de Messaline et attachés à ses enfans, XII, 42. — P. Suilius accusé, pour avoir fait périr et condamner plusieurs personnages, prétexte les ordres qu'il avait reçus de Messaline, XIII, 43.

MESSALINUS (Catullus), délateur fameux sous Domitien, *Agr.*, 45.

MESSALINUS (Valerius), fils de Messala Corvinus, *Ann.*, III, 34. — Avait quelquefois des traits d'éloquence de son père, *ibid.* — Propose, au procès de Pison, l'érection d'une statue d'or, dans le temple de Mars Vengeur, en mémoire de Germanicus, 18. — Combat l'avis de Cécina, 34.

MESSALINUS COTTA. *Voy.* COTTA MESSALINUS.

MESSALLINA (Statilia), femme du consul Atticus Vestinus, *Ann.*, XV, 68.

MESSÈNE (*Mossenico*), ville de la Morée, fait valoir ses droits sur le temple de Diane Limnatide, *Ann.*, IV, 43.

METELLUS. *Voyez* CÉCILIUS METELLUS.

METELLUS (les) consacrèrent beaucoup de travail et de soins à l'éloquence, *Orat.*, 37.

METELLUS (Lucius), grand-pontife, retient à Rome le flamine de Jupiter Aulus Postumius, *Ann.*, III, 71.

METIUS. *Voyez* CARUS METIUS.

MÉTRODORE, philosophe, disciple et ami d'Épicure, *Orat.*, 31.

METZ. *Voyez* DIVODURUM.

MEUSE, une des principales rivières de la Gaule, reçoit un bras du Rhin et va, par une embouchure, se décharger dans l'Océan, *Ann.*, II, 6; *Hist.*, V, 22. — Corbulon fait creuser entre la Meuse et le Rhin un canal de vingt-trois milles, afin de parer aux caprices de l'Océan, *Ann.*, XI, 20. — Des troupes de Civilis passent la Meuse, pour frapper à la fois les Ménapiens, les Morins et les confins des Gaules, *Hist.*, IV, 29. — Claudius Labéon s'empare du pont sur ce fleuve, 66.

MEVANIA (*Bevagna*), petite ville d'Ombrie, *Hist.*, III, 55. — Son occupation répand l'effroi dans l'Italie, 59.

MÉVIUS PUDENS, un des intimes de Tigellinus, contribue à soulever l'armée contre Galba en faveur d'Othon, *Hist.*, I, 24.

MILAN, ville de l'Italie Transpadane, est livrée aux Vitelliens par la cavalerie Syllana, *Hist.*, I, 70.

MILÉSIENS, appelés pour arbitres entre Lacédémone et Messène, au sujet de leurs droits sur le temple de Diane Limnatide, se prononcent en faveur des Messéniens, *Ann.*, IV, 43.

MILET (*Pala-Sha*), capitale de l'Ionie, *Ann.*, II, 54. — Ses habitans, qui adorent Diane ou Apollon, réclament en faveur de leur droit d'asile, III, 63. — Milet dispute aux autres villes d'Asie l'honneur d'élever un temple à Tibère, IV, 55.

MILICHUS, affranchi de Scevinus, va dénoncer son maître comme l'un des principaux de la conjuration contre Néron, *Ann.*, XV, 54, 59. — Conduit par Épaphrodite à l'empereur, il lui montre le poignard que Scevinus l'avait chargé d'aiguiser pour le tuer, 56. — Comblé de richesses, prend un surnom grec qui signifie le Sauveur, 71.

MILLIAIRE D'OR, *Hist.*, I, 27.

MILON (T. Annius), défendu par Cicéron dans une accusation d'homicide, *Orat.*, 37, 39.

MILVIUS (Pont), rendez-vous célèbre pour les débauches nocturnes, *Ann.*, XIII, 47. — Galba y fait massacrer la plus grande partie d'un corps de soldats de marine, et jette le reste dans les fers, *Hist.*, I, 87. — Vitellius en part pour faire son entrée dans Rome, II, 89. — Antonius Primus s'efforce d'obtenir de ses légions de venir y camper, III, 82.

MINERVE. Son temple est frappé par la foudre, *Ann.*, XIII, 24. — Les sénateurs lui votent des jeux annuels qui seront ajoutés à ses fêtes, jours où les prétendus complots d'Agrippine contre Néron auraient été découverts, et de plus une statue d'or qui lui sera élevée dans le sénat, xiv, 12. — Le préteur Helvidius Priscus l'invoque pour la reconstruction du Capitole, *Hist.*, iv, 63.

Minoriales (Familles), *Familiæ minorum gentium*, *Ann.*, xi, 25.

Minos, premier législateur des Crétois, *Ann.*, iii, 26.

Minturnes (*Trajetto*), ville du Latium, *Hist.*, iii, 57.

Minucius Justus, préfet de camp de la septième légion, envoyé auprès de Vespasien pour le soustraire à la fureur des soldats qu'il commandait avec une rigidité intempestive dans une guerre civile, *Hist.*, iii, 7.

Minucius Thermus, condamné pour avoir été l'ami de Séjan, se joint aux délateurs, *Ann.*, vi, 7.

Minucius Thermus, ancien préteur, est sacrifié par Néron à l'animosité de Tigellinus, *Ann.*, xvi, 20. — Sa mort, *ibid.*

Misène, port où stationne la flotte romaine dans la mer de Tyrrhène, *Ann.*, iv, 5; xiv, 3, 62; xv, 51; *Hist.*, ii, 9, 100; iii, 56, 57, 60. — Promontoire de Misène, *Ann.*, vi, 50; xiv, 4; xv, 46. — Un tombeau est élevé à Agrippine, par le soin de ses domestiques, près de la route de Misène, xiv, 9.

Mithridate, roi de Pont, *Ann.*, ii, 55. — L. Sylla, après l'avoir vaincu, pour récompenser les Magnésiens de leur fidélité et de leur courage, déclare inviolable leur temple de Diane Leucophryne, iii, 62. — Mithridate fait la guerre à l'Italie, 73; iv, 36; et égorger les citoyens romains dans toutes les îles et villes de l'Asie, 14.

Mithridate, roi détrôné du Bosphore, appelle les peuples à la révolte, met en déroute le roi des Dandarides et s'empare de ses états, *Ann.*, xii, 15. — Abandonne Soza, ville de la Dandarie, 16. — N'ayant plus d'espoir dans les armes, il va se jeter aux genoux d'Eunone, qui intercède pour lui auprès de Claude, 17, 18, 19. — Résolution de ce dernier à son égard, 20. — Conduit à Rome, parle à César avec une fierté supérieure à sa fortune, 21.

Mithridate, Ibérien, frère de Pharasmane, se réconcilie avec ce dernier, *Ann.*, vi, 32. — Il l'engage à seconder ses efforts, et parvient avec son aide à s'emparer de l'Arménie, 33. — Amené à Rome sous Caïus, il retourne, par le conseil de Claude, dans ses états, comptant sur l'appui de Pharasmane, xi, 8.—Il les soumet avec l'aide des Romains et des Ibériens, 9. — Pharasmane, sous l'apparence d'une discorde avec Rhadamiste son fils, envoie ce dernier près de Mithridate pour soulever les Arméniens, xii, 44. — Renversé de son trône, Mithridate perd la vie avec son épouse et ses enfans, 45-47.

Mitylène (*Castro*), patrie de Théophane, ami du grand Pompée, *Ann.*, vi, 18. — Auguste permet à M. Agrippa de s'y retirer, xiv, 53. — Ses rhéteurs, *Orat.*, 15.

Mnester, histrion, essaie d'émouvoir Claude en sa faveur, en lui rappelant qu'il avait obéi à Messaline par sa volonté expresse; mais il est néanmoins livré au supplice, *Ann.*, xi, 36.

Mnester, affranchi d'Agrippine, se perce de son épée sur le bûcher enflammé de sa patronne, *Ann.*, xiv, 9.

Modène, ville de la Gaule Cisalpine, célèbre par le désastre d'Antoine, *Hist.*, i, 50. — Othon y laisse un grand nombre de sénateurs qu'il avait emmenés de Rome, ii, 52, 54. — Le sénat de Modène leur offre des armes et de l'argent, en les qualifiant de pères conscrits, 52.

Moenus. *Voyez* Mein.

Moguntiacum. *Voyez* Mayence.

Moïse annonce aux Juifs qu'il vient les secourir en leurs misères, *Hist.*, v, 3. — Donne à ce peuple des rites nouveaux et opposés à ceux des autres mortels, 4.

Mona (*Anglesey*), île forte par sa population, et réceptacle des déserteurs de la Bretagne, *Ann.*, xiv, 29. — Est attaquée par Suetonius Paullinus, *Agr.*, 14. — Soumise par Agricola, 18.

Monécus. *Voyez* Hercule Monécus.

Monèse, noble personnage de la nation des Parthes, est chargé par Vologèse de chasser Tigrane de l'Arménie, *Ann.*, xv, 2. — Trouve Tigrane sur la défensive, et éprouve un échec, 4.—Reçoit l'ordre de quitter Tigranocerte, 5.

Monnaie d'or et d'argent frappée à Antioche par ordre de Vespasien, *Hist.*, ii, 83.— Pièces d'or et d'argent jetées dans les fondemens du Capitole, iv, 53.

Monobaze, gouverneur de l'Adiabénie, *Ann.*, xv, 1. — Est appelé comme témoin d'un traité, 14.

Monstres marins de forme à la fois d'homme et de bête, *Ann.*, ii, 24. — Monstre à deux têtes d'homme ou d'animal, xv, 47.

Mont Abnoba, *Germ.*, 1. — Amanus, *Ann.*, ii, 83.— Apennin, *Hist.*, iii, 42, 50, 52, 55, 56, 59. — Aventin, *Ann.*,

VI, 45. — Carmel, *Hist.*, II, 78. — Célius, *Ann.*, IV, 64, 65; XV, 38. — Esquilin, 40. — Graïus, *Hist.*, II, 66; IV, 68. — Grampius, *Agr.*, 29. — Hémus, *Ann.*, III, 38; IV, 51; *Hist.*, II, 85. — Ida, V, 2. — Liban, 6. — Palatin, *Ann.*, XII, 24; XV, 38. — Querquetulanus, IV, 65. — Sambulos, XII, 13. — Taunus, I, 56. — Taurus, VI, 41; XII, 49; XV, 8, 10. — Vésuve, IV, 67. — Vocetius, *Hist.*, I, 68.

MONTAGNES, engendrent les tempêtes, *Agr.*, 10. — En Asie, d'immenses montagnes s'affaissent par un tremblement de terre, *Ann.*, II, 47. — Danger que court Tibère dans une grotte située près des montagnes de Fondi, IV, 59.

MONTANUS. *Voyez* ALPINUS, CURTIUS, JULIUS, TRAULUS, VOTIENUS.

MONUMENS formés de pierre, si le jugement de la postérité les frappe de la haine publique, ne sont plus que des sépulcres méprisés, *Ann.*, IV, 38.

MORINS, peuple de la Belgique 2ᵉ, sont dévastés par des troupes envoyées par Civilis, *Hist.*, IV, 28.

MORT, dans l'ordre de la nature, est égale pour tous : le souvenir ou l'oubli de la postérité en fait la différence, *Hist.*, I, 21. — La mort est honorable alors qu'on embrasse la défense de la patrie,

alors qu'on appelle les citoyens à la liberté, *Ann.*, XV, 59. — Une mort honorable est préférable à une vie honteuse, *Agr.*, 33.

MORTELS. Les premiers mortels, n'ayant encore aucune passion coupable, vivaient sans honte, sans crime, et par conséquent sans frein et sans châtiment, *Ann.*, III, 26. — Tout est incertitude chez eux, I, 72.

MOSELLE, rivière de la Belgique 1ʳᵉ, *Hist.*, IV, 71, 77. — L. Antistius Vetus est détourné du projet de la joindre à l'Araris (*la Saône*) par Élius Gracilis, lieutenant de Belgique, jaloux de cette entreprise, *Ann.*, XIII, 53.

MOSTÈNE, ville d'Asie, maltraitée par un tremblement de terre, *Ann.*, II, 47. — Est exemptée par Tibère de tout tribut pendant cinq années, *ibid.*

MUCIEN (Licinius) commande quatre légions en Syrie, *Hist.*, I, 10; II, 4. — A la mort de Néron, Vespasien et Mucien, divisés par la jalousie et déposant toute haine, pensent à agir de concert, 5. — Mucien reçoit pour Othon le serment des légions de Syrie, I, 76. — Attend pour prendre les armes l'occasion favorable, II, 7. — Son penchant pour Titus, 5, 74. — Appelle Vespasien à l'empire, 76, 77; IV, 24. — Se retire à Antioche,

II, 79. — Y fait prêter serment à Vespasien, par ses soldats, 80. — Tient avec ce dernier conseil à Béryte, sur l'ensemble des circonstances présentes, 81. — Est désigné pour marcher contre Vitellius, 82. — S'avance à la tête de ses troupes, 83; III, 47. — Soutient la guerre de ses propres richesses, II, 84. — Est attendu par les Flaviens avec les troupes d'Orient, III, 1, 25. — Vespasien recommande de ne pas porter la guerre au delà d'Aquilée avant l'arrivée de ce chef, 8.— Mucien oppose la sixième légion aux Daces, 46. — Essaie de ralentir la marche d'Antonius Primus sur Rome, 52, 78.— Celui-ci, dans une lettre pleine de jactance qu'il écrit à Vespasien, flétrit Mucien par ses déclamations indirectes, 53.— Mucien est regardé comme l'honneur de son parti, 66. — La mort de Flavius Sabinus le remplit de joie, 75.— On lui décerne les ornements du triomphe, IV, 4.— Il fait son entrée dans Rome, où il s'environne de toute la puissance du prince, 11, *Agr.*, 7.— Il choisit Agricola pour faire des levées, et lui confie ensuite le commandement de la vingtième légion, *ibid.*— Il s'occupe à rassembler les anciens écrits, *Orat.*, 37. — Il brise la puissance d'Antonius et celle de Varus, *Hist.*, IV, 11, 39. — Parle prolixement en faveur des accusateurs, 44. — Apaise une sédition militaire, 46. — Envoie un centurion en Afrique pour égorger L. Pison, gouverneur de cette province, 49. — Est inquiet des succès de Civilis dans la Germanie, 68. — Il ordonne que le fils de Vitellius périsse, 80.— En marche pour aller combattre Civilis, il reçoit la nouvelle du combat heureux de Trèves, 85.— Il dissuade Domitius d'aller en Germanie, *ibid.* et 86.— Son exemple allégué par Civilis, V, 26. — Jugement sur ses mœurs, II, 95. — Aperçu sur son caractère, I, 10; II, 5; III, 49. — *Voyez* encore, *Hist.*, IV, 75.

Mucius (Quintus) enseigne le droit civil à Cicéron, *Orat.*, 30.

Multitude, toujours adulatrice, *Hist.*, I, 90.— Crédule, IV, 49.— *Voyez* notre dissertation *Le Prince et le Peuple de Tacite*, t. VIII et IX.

Mummius (Lucius), général, décide en faveur des prétentions des Messéniens sur le temple de Diane Limnatide, *Ann.*, IV, 43. — Offre le premier à Rome les spectacles des Grecs, XIV, 21.

Mummius Lupercus, lieutenant, commande deux légions contre Civilis, *Hist.*, IV, 18. — Il est assiégé dans le camp de Vétéra, 22. — Il meurt assassiné, 61.

Munatius Gratus. chevalier

romain, s'engage dans la conspiration contre Néron, *Ann.*, xv, 50.

Munatius Plancus, personnage consulaire, est sur le point d'être massacré par les soldats révoltés des légions de Germanie en quartier d'hiver à l'Autel des Ubiens (*Gottberg*), *Ann.*, i, 39. — Il est protégé par l'aquilifère Calpurnius, *ibid.* — Germanicus fait asseoir Plancus sur son tribunal, *ibid.*

Murcus (Statius), spéculateur, désigné par Othon pour assassiner Pison Licinianus, égorge ce dernier sur le seuil du temple de Vesta, *Hist.*, i, 43.

Muses, *Orat.*, 9, 11, 12. — Pleines de douceur, 13.

Musonius Rufus, philosophe stoïcien, né en Toscane, persuade à Rubellius Plautus, qui apprend que Néron envoie des soldats pour le tuer, d'attendre la mort avec constance plutôt que de vivre dans les incertitudes et les craintes, *Ann.*, xiv, 59. — La célébrité de son nom cause son exil, xv, 71. — Il se joint aux députés envoyés par les Vitelliens à l'armée flavienne, *Hist.*, iii, 81. — Accuse Publius Celer d'avoir rendu Barea Soranus victime d'un faux témoignage, iv, 10. — Il le fait condamner, 40.

Musulans, nation puissante qui réside près des déserts de l'Afrique, *Ann.*, ii, 52. — P. Dolabella fait tomber sous la hache les têtes des principaux de cette nation qui travaillaient à une défection, iv, 24.

Mutila Prisca, femme toute-puissante sur l'esprit de Livie, *Ann.*, iv, 12.

Mutilus (Papius). *Voyez* Papius Mutilus.

Myrine, ville d'Asie, maltraitée par un tremblement de terre, *Ann.*, ii, 47. — Exemptée par Tibère de tout tribut pendant cinq années, *ibid.*

N

Nabal (*Nabalia*), et mieux Vahal (*Vahalis*). *Voyez* ce mot.

Nabatéens. Leur roi donne un festin auquel assistent Germanicus, Agrippine et Pison, *Ann.*, ii, 57.

Naharvales, peuplade de la Germanie, qui faisait partie des Lygiens, *Germ.*, 43. — Bois consacré par leur culte, *ibid.*

Naples, ville d'Italie, dans la Campanie, *Ann.*, xvi, 10. — Néron s'y retire après le meurtre de sa mère, xiv, 10

— Ce prince choisit cette ville pour y faire ses débuts sur la scène, xv, 33.

Nar (*la Néra*), rivière d'Ombrie qui se jette dans le Tibre, *Ann.*, I, 79; III, 9. — Il est question de diviser le Nar en ruisseaux sans cours, et de fermer l'issue par laquelle le lac Vélin lui apporte ses eaux, *ibid.*

Narbonnaise (Gaule), *Ann.*, II, 62; XI, 24; XII, 23. — Cornelius Sylla y est exilé (à Marseille) par Néron, XIV, 57. — On y fait des levées pour compléter les légions d'Illyrie, XVI, 13. — T. Vinius, dans son proconsulat, la gouverne avec sévérité et intégrité, *Hist.*, I, 48. — Elle se déclare pour Vitellius, 76. — Othon prend la résolution de s'y rendre, 87. — Elle envoie ses généraux l'attaquer, II, 12. — Est menacée par la flotte d'Othon, 14, 15, 28, 32. — Fabius Valens conçoit le projet de descendre sur quelque point de la Gaule Narbonnaise, et d'y renouveler la guerre, III, 41, 42.

Narcisse, l'instrument de l'assassinat d'Appius, gagne à prix d'argent deux courtisanes qui servaient habituellement aux plaisirs de Claude, et les détermine à se charger de l'accusation de Messaline qui vient d'épouser publiquement C. Silius, *Ann.*, XI, 29. — Dénonce au prince l'adultère de Silius, 30; XII, 65. — Offre à Claude de se charger du commandement des soldats pour déjouer les machinations de Silius, XI, 33. — Messaline s'avançant vers Claude, Narcisse rappelle au prince et Silius et le mariage : il lui remet un mémoire détaillé sur toutes les débauches de son épouse, 34. — Il ordonne que les enfans de Claude soient écartés, comme on allait les présenter à leur père, *ibid.* — Pour empêcher la tempête de fondre sur lui-même, il se hâte d'ordonner la mort de Messaline, 37. — On lui décerne les ornemens de la questure, 38. — Il emploie son crédit pour faire reprendre à Claude Élia Petina, femme avec laquelle il avait été uni, XII, 1, 2. — Accusé de cupidité et de déprédations par Agrippine, il reproche à celle-ci son ambition de femme et ses espérances sans mesure, 57. — Il se défie de plus en plus de celle-ci et cherche dans la personne de Britannicus un appui contre elle, 65. — Saisi d'une maladie dangereuse, se rend à Sinuesse pour rétablir ses forces par la douceur de son climat et la salubrité de ses eaux, 66. — Une prison rigoureuse et un ordre formel le forcent à se tuer, XIII, 1.

Narisques, peuple de la Germanie qui occupait une contrée comprise entre les Hermondures, les Quades, les Marcomans et le Danube, *Germ.*, 42.

NARNI, ville de l'Ombrie, *Ann.*, III, 9; *Hist.*, III, 60, 79. — Vitellius y laisse une partie de ses troupes avec les préfets du prétoire, 58. — Les Flaviens les forcent à se rendre, 63, 67. — Ceux-ci quittent cette ville pour marcher sur Rome, 78.

NASICA. *Voyez* CÉSIUS NASICA.

NASO (Valerius), ancien préteur, est désigné comme lieutenant surnuméraire, pour veiller à la construction du temple de Tibère à Smyrne, *Ann.*, IV, 56.

NASO. *Voyez* ANTONIUS NASON.

NATALIS. *Voyez* ANTONIUS NATALIS.

NATTA (Pinarius) accuse Cremutius Cordus d'avoir, dans les Annales qu'il publie, loué Brutus et nommé Cassius le dernier des Romains, *Ann.*, IV, 34.

NAUPORT, ville de la Gaule Transpadane, *Ann.*, I, 20.

NAVA (*la Nahe*), rivière qui se jette dans le Rhin près de Bingium, *Hist.*, IV, 70.

NAXOS (*Naxie*), île de la mer Égée, *Ann.*, XVI, 9.

NÉMÈTES, peuple de la Germanique 1re, sur la rive gauche du Rhin, *Ann.*, XII, 27; *Germ.*, 28.

NEPOS. *Voyez* FLAVIUS et MARIUS.

NEPTUNE. Les Téniens allèguent un oracle d'Apollon qui prescrivait de consacrer à ce dieu une statue et un temple, *Ann.*, III, 63.

NÉRON, l'aîné des fils de Germanicus, *Ann.*, II, 43; III, 29. — Recommandé par Tibère aux sénateurs, *ibid.* — Il est dispensé du vigintivirat, et on lui donne le pontificat : il épouse Julie, fille de Drusus, *ibid.* — Drusus, fils de Tibère, étant mort empoisonné par Séjan, le prince présente au sénat Néron et son frère, et le conjure d'adopter ces arrière-petits-fils d'Auguste, IV, 8. — Séjan médite par quelles machinations il pourra faire disparaître Néron, 12. — La haine de Séjan contre lui, accroît l'intérêt qu'on lui voue, 15. — Porte aux sénateurs et à son aïeul les remercîmens des villes d'Asie, pour la condamnation de Lucius Capiton, *ibid.* — Tibère réprimande les pontifes de ce que, en faisant des vœux pour sa conservation, ils avaient prié les mêmes dieux pour Néron, 17. — Comme le plus prochain héritier de l'empire, c'est surtout vers Néron que Séjan dirige ses trames odieuses, 59, 60. — Déjà Séjan ne cache plus les pièges qu'il lui tend, 67. — Tibère semble désigner Néron aux sénateurs comme une cause d'alarmes, 70. — Une lettre du prince vient l'accuser ainsi qu'Agrippine, V, 3. — Le peuple porte son effigie autour du sénat, 4. — Le sénat n'ayant pris aucune délibération, Tibère ordonne que rien ne soit décidé sans lui, 5. — Après sa mort, sa femme Julie épouse Rubellius Blandus, 27.

NÉRON (Tiberius). *Voyez* TIBÈRE NÉRON, père de l'empereur Tibère, et TIBÈRE NÉRON CÉSAR.

NÉRON (Lucius Domitius), sixième empereur, fils de Cn. Domitius Ahenobarbus et d'Agrippine, *Ann.*, XII, 3, 64; IV, 53; XI, 12; XIII, 10. — Seul rejeton viril de Germanicus, XI, 12; XII, 2. — Descendant d'Auguste, XIII, 34; XIV, 53, 55. — Le fils de l'astrologue Thrasylle lui prédit l'empire, VI, 22. — On débite que, dans son enfance, des dragons ont été vus près de lui, comme pour le garder, XI, 11. — Il exécute à cheval les courses troyennes, *ibid.* — Dès qu'Agrippine est assurée de son union avec Claude, elle projette celle de Néron avec Octavie, la fille de César, XII, 3. — Sénèque lui est donné pour gouverneur, 8; XIII, 2. — Il est fiancé à Octavie et marche déjà l'égal de Britannicus, XII, 9. — Est adopté par Claude, 25, 26. — On devance le temps où il doit prendre la robe virile, 41. — Consul désigné, et appelé prince de la jeunesse, *ibid.* — Fêtes données pour lui gagner l'affection de la multitude, *ibid.* — Est salué du nom de Domitius par Britannicus : plainte d'Agrippine à ce sujet, *ibid.* — Épouse Octavie à l'âge de seize ans, 58. — Se charge de la cause des habitans d'Ilion et de la colonie de Bologne, de Rhodes et d'Apamée, *ibid.* — Agrippine veut qu'il tienne d'elle l'empire, mais elle ne tolère pas qu'il en ait l'autorité, 64. — On cache la mort de Claude jusqu'à ce que tout soit prêt pour assurer l'empire à Néron, 68. — Il est proclamé empereur le 3 avant les ides d'octobre (6 oct.), 69. — Agrippine trame la perte de M. Silanus à son insu, XIII, 1. — Sénèque et Burrus, ses gouverneurs, combattent la violence d'Agrippine, 2.—Néron prononce l'éloge funèbre de Claude, composé par Sénèque, 3. — De tous les maîtres de l'empire, il est le premier qui ait emprunté l'éloquence d'autrui, *ibid.* — Il trace devant le sénat le plan de son gouvernement futur, 4. — Sur l'avis de Sénèque, il va audevant de sa mère qui s'approche pour monter sur le tribunal de l'empereur et y siéger avec lui, 5. — Inquiétudes que donne à la nouvelle de son jeune âge l'invasion de l'Arménie par les Parthes, 6. — Ces derniers se retirent en voyant les préparatifs que le jeune prince ordonne contre eux, 8. — Adulations du sénat à cette occasion, 8. — Fait publier « qu'en l'honneur des succès de Quadratus et de Corbulon, on ornerait de lauriers les faisceaux de l'empereur, » 9. — Demande au sénat une statue pour Cn. Domitius son père, et les ornemens consulaires pour Asconius Labéon, 10. — On lui offre à lui-même des statues d'argent ou d'or massif, qu'il refuse, *ibid*. — Il conserve l'usage de commencer l'année aux calendes de janvier, quoique les sénateurs eussent proposé que ce fût au mois de décembre, où Néron était né, *ibid*. — Il ne souffre pas qu'on mette en accusation Carinas Celer, ni Julius Densus, *ibid*. — Consul en 808 avec L. Antistius, il refuse de ce dernier son serment sur les actes des Césars, 11. — Plautius Lateranus est rendu par lui au sénat, *ibid*. — Liaison de Néron avec l'affranchie Acté, avec Othon et Claudius Sénécion, et son aversion pour Octavie, 12. — Subjugué par la force de sa passion, Néron se dépouille de tout respect pour sa mère, et s'abandonne à Sénèque, 13. — Il éloigne Pallas de l'administration des affaires, à laquelle Claude l'avait préposé, 14. — Agrippine, irritée de voir son pouvoir de plus en plus chancelant, rappelle à son fils que Britannicus est le véritable et digne rejeton de l'empire de son père, 14. — Néron trame la perte de Britannicus et lui fait donner du poison, 15, 16. — Il rejette sur une attaque d'épilepsie l'effet du breuvage qui vient de lui être donné par son ordre, *ibid*. — S'excuse, par un édit, de la précipitation des obsèques de Britannicus, 17. — Relègue sa mère dans un palais qu'Antonia avait habité, 18. — L'histrion Pâris accuse auprès de lui Agrippine de méditer une révolution en faveur de Rubellius Plautus : frayeur du prince, 20. — Après s'être justifiée, Agrippine demande un entretien avec son fils, 21. — Sur l'avis des aruspices, Néron purifie la ville, parce que la foudre avait frappé les temples de Jupiter et de Minerve, 24. — Il parcourt les rues de la ville, les lupanars, les tavernes, ayant un habit d'esclave pour déguisement, 25. — Délibère avec quelques conseillers sur le remède à apporter pour la répression de l'insolence des affranchis, 26, 27. — Choisit pour préfets de l'épargne d'anciens préteurs d'une expérience reconnue, 29. — Est consul pour la seconde fois, en 810, avec L. Scipion, 31. — Fait élever un vaste amphithéâtre au Champ-de-Mars, *ibid*. — Ordonne par un édit qu'aucun magistrat ou procurateur, ayant un gouvernement, ne donnerait ni spectacles de gladiateurs, ni combats de bêtes, ni tout autre spectacle, *ibid.* — Ne pouvant absoudre P. Celer, accusé par l'Asie, Néron traîne l'affaire en longueur, jusqu'à ce que Céler soit mort de vieillesse, 33. — Valerius Messala est collègue de Néron à son troisième consulat, en 811, 34. — Le prince donne des pensions à ce Messala, à Aurelius Cotta et à Haterius Antoninus, *ibid.* — Aux nouvelles des succès de Corbulon, est salué *imperator*, 41. — Il s'oppose à ce que Nerulinus soit mis en jugement, 43. — Poppée Sabina, unie à Othon, inspire une vive passion à Néron, et lui reproche son commerce avec Acté, 46. — Il éloigne Othon de Rome pour n'avoir pas de rival, *ibid.*; *Hist.*, I, 13, 21. — Sylla, accusé faussement près du prince de lui avoir tendu des embûches, reçoit l'ordre de quitter sa patrie, et de ne pas sortir de l'enceinte de Marseille, *Ann.*, XIII, 47. — Néron hésite s'il n'ordonnera pas la suppression de tous les impôts, 50. — Il fait absoudre Sulpicius Camerinus et Pomponius Silvanus, proconsuls d'Afrique, 51. — Donne à Verritus et à Malorix le titre de citoyen romain, 54. — Est de plus en plus épris de Poppée, qui, par ses larmes et ses artifices, essaie de l'amener à un mariage, XIV, 1. — Agrippine, dans son ardeur de retenir le pouvoir, se présente à lui, prête à l'inceste ; mais Sénèque, pour arrêter ses séductions, recourt à Acté, 2. — Néron prend la résolution de faire périr sa mère, 3. — — Il l'attire à Baïes, 4. — En apprenant qu'elle vient d'échapper aux flots qui devaient l'engloutir, il consulte Burrus et Sénèque sur ce qu'il lui reste à faire dans ces circonstances, 7. — Il charge Anicetus de partir, avec des hommes dévoués, pour frapper Agrippine, *ibid.* et *suiv.* — La nuit même de l'assassinat, il la fait brûler avec les plus modiques apprêts, 9. — Réalisation des prédictions que les astrologues avaient faites à Messaline au sujet de son fils, *ibid.* — Néron comprend enfin toute l'énormité de son forfait, 10. — Il se retire à Naples, *ibid.* — Écrit au sénat une lettre dans laquelle il s'efforce de rendre la mémoire d'Agrippine odieuse par l'imputation de crimes supposés, 11. — Pour aggraver la haine qu'on portait à sa mère, veut faire croire que, depuis qu'elle n'est plus près de lui, sa clémence s'est accrue, 12. — Il retourne à Rome, monte au Capitole, rend grâces aux dieux, puis se jette dans des débordemens que le respect dû à sa mère avait seul réprimés jusqu'alors, 13. — Il conduit des chars et joue de la lyre, 14.

— Fait venir sur la scène des descendans d'illustres familles, et force des chevaliers romains à descendre dans l'arène, *ibid.* — Institue la fête des Juvénales, 15; *Hist.*, III, 62. — S'occupe de poésie et de philosophie, *Ann.*, XIV, 16. — Remet au sénat le jugement des villes de Nucérie et de Pompéi qui, à l'occasion d'un spectacle de gladiateurs, en étaient venues à un massacre entre elles, 17. — Approuve la conduite d'Acilius Strabon accusé par les Cyrénéens, 18. — Consul, pour la quatrième fois, en 813, avec Cornelius Cossus, 20. — Néron est proclamé vainqueur au concours pour le prix de l'éloquence, 21. — Il engage Rubellius Plautus, que la voix publique désigne comme son successeur à l'empire, à se retirer en Asie, 22. — Maladie de Néron, occasionnée par un bain pris dans la fontaine Marcia, *ibid.* — Il choisit Tigrane pour gouverner l'Arménie, 26. — Accorde à Pouzzoles les droits et le surnom de colonie, 27. — Met ordre aux troubles des comices des préteurs, et accroît la considération des sénateurs, 28. — Q. Veranius consigne pour lui mille adulations dans son testament, 29. — Prasutagus l'institue héritier conjointement avec ses propres filles, 31. — Néron augmente les troupes de la Bretagne, en y envoyant deux mille légionnaires de la Germanie, huit cohortes auxiliaires et mille cavaliers, 38; *Hist.*, II, 11. — Il espère pouvoir, par son autorité, rappeler à la paix les esprits séditieux des Bretons, *Ann.*, XIV, 39. — Il arrache au châtiment Asinius Marcellus, impliqué dans la fabrication d'un testament supposé, 40.

— Ordonne d'exécuter la sentence prononcée contre des esclaves dont le maître avait été assassiné par l'un d'eux, 45. — Préside à la dédicace d'un gymnase, 47. — Antistius lit, chez Ostorius Scapula, des vers injurieux pour Néron, et qui valent l'exil à leur auteur, 48, 49. — Néron juge Fabricius Véienton accusé d'avoir composé des libelles diffamatoires contre les sénateurs et les pontifes, et d'avoir trafiqué des grâces du prince, 50. — Il visite Burrus à ses derniers momens, 51. — Nomme Fenius Rufus et Sophonius Tigellinus préfets du prétoire, *ibid.* — Burrus mort, Sénèque perd sa puissance auprès de Néron, 52. — Sénèque sollicite du prince la permission de se retirer de la cour, 53, 54. — Néron se refuse à sa demande, 55, 56. — Tigellinus, après avoir étudié ses défiances, pousse Néron à de nombreux forfaits, 57, 58, 59; *Hist.*, I, 72. — Néron répudie Octavie, qu'il accuse de stérilité, et l'exile après s'être uni à Poppée, *Ann.*, XIV, 60. — Les rumeurs du peuple le déterminent à rappeler Octavie, *ibid.* — Discours artificieux que lui adresse Poppée, 61. — Néron mande Anicetus et le charge de s'avouer coupable d'adultère avec Octavie, 62. — Octavie est enfermée dans l'île Pandateria, 63. — Elle y périt, 64. — Néron fait empoisonner ses principaux affranchis, 65. — Ordonne de jeter dans le Tibre des provisions de blé gâté par le temps, et maintient le prix ordinaire des céréales, malgré la perte de trois cents navires chargés de grains, XV, 18. — Prépose trois consulaires aux revenus publics, *ibid.* — Sur sa proposition, on défend à qui que soit de solliciter du sénat des actions de grâces pour les propréteurs ou les proconsuls, 22. — La foudre fond sa statue en un bronze informe, *ibid.* — Poppée lui donne une fille dont il a bientôt à déplorer la perte, 23. — Il reçoit des ambassadeurs des Parthes, 24, 25. — Raille Pétus, à son retour de l'Arménie, sur ses opérations de guerre en ce pays, *ibid.* — Tiridate dépose son diadème aux pieds de la statue de Néron, puis lui adresse une lettre suppliante, 29, 30. — Néron accorde les droits du Latium aux nations des Alpes Maritimes, 32. — Assigne aux chevaliers des places dans le Cirque, *ibid.* — Choisit Naples pour y faire ses débuts sur la scène, 33. — Séjourne à Bénévent, où il assiste à un grand spectacle de gladiateurs, donné par Vatinius, 34. — Force Torquatus à se tuer, et prononce ensuite des paroles de clémence, 35. — Revient à Rome, 36. — Se dispose à un voyage en Orient, mais ne l'exécute point, *ibid.*; *Hist.*, I, 70. — Assiste à un repas magnifique offert par Tigellinus, *Ann.*, XV, 37. — Il épouse Pythagoras, *ibid.* — L'incendie de Rome lui est attribué, 38, 44. — Il fait construire des édifices pour recevoir la multitude sans ressource, et baisse le prix des céréales, 39. — Pendant l'incendie il chante, dit-on, la destruction de Troie, *ibid.* — Des ruines de Rome, Néron construit un immense palais, 42. — Il accorde des primes aux propriétaires, 43. — Rejette l'accusation de l'incendie sur les chrétiens, et leur fait subir les plus affreux supplices, 44. — Charge Cleonicus, affranchi de Sénèque, de donner du poison à son maître, 45. — Cause par ses désordres la perte de la flotte, 46. — Expie l'apparition d'une comète par un sang illustre, 47. — Conjuration contre Néron, 48 et *suiv.* — Il fait périr Plautius Lateranus, 60. — Ordonne la mort de Sénèque, 61. — Empêche Pompeia Paullina de partager la mort avec son mari, 64. — Sénèque devait, dit-on, lui succéder, s'il eût été victime du complot, 65. — Néron fait saisir Fenius Rufus, 66, et mettre à mort, 68. — Discours courageux que lui tiennent Subrius Flavius et Sulpicius Asper, 67, 68. — Il fait ouvrir les veines à Vestinus Atticus, 68, 69. — Ordonne le supplice de M. Ann. Lucain, 70. — Récompense par l'impunité les promptes révélations d'Antonius Natalis et de Cervarius Proculus; comble Milichus de richesses, etc., 71. — Convoque le sénat et décore des ornemens triomphaux Petronius Turpilianus, Cocceius Nerva et Tigellinus, et donne les ornemens consulaires à Nymphidius, 72. — Adresse un édit au peuple et fait connaître les dépositions et les aveux des condamnés, 73. — Donne son nom au mois d'avril, 74; XVI, 12. — Dédie le poignard de Scevinus à Jupiter Vindex, XV, 74. — Cesellius Bassus lui déclare qu'il a trouvé en Numidie, dans son champ, une grande masse d'or, XVI, 1. — Le prince envoie pour amener cette proie qu'il croit déjà acquise, 2. — Il monte sur le théâtre, 4, 5. — Vitellius l'y suit fidèlement, *Hist.*, II, 71. — Poppée périt victime d'un transport de fureur de Néron, qui prononce lui-même son éloge funèbre, *Ann.*, XVI, 6. — Il s'efforce de prouver au sénat que Cassius et Silanus doivent être éloignés des affaires publiques, 7. — Il produit de faux témoins qui accusent Lepida d'inceste avec son neveu, 8. — Cause, par ses machinations, la mort de L. Antistius Vetus, de Sextia et de Pollutia, 10, 11. — Pour consoler les habitans de Lyon de leur désastre, Néron leur accorde quatre cent mille sesterces pour réparer leur ville, 13. — Dévoûment de cette colonie pour Néron, *Hist.*, I, 51, 65. — Il fait périr Anteius, Ostorius, Mella, Anicius Cerialis, Rufius Crispinus et Pétrone, *Ann.*, XVI, 14-19. — Envoie Silia en exil et livre Thermus à l'animosité de Tigellinus, 20. — Conçoit le désir d'anéantir la vertu même en faisant perir Pétus Thrasea et Barea Soranus, 21 et *suiv.* — Crassus, frère de Pison Licinianus, est tué par ses ordres, *Hist.*, I, 48. — Il choisit Vespasien pour diriger la guerre de Judée, 10; V, 10. — Son projet de guerre contre les Albaniens, I, 6. — Sa barbarie et ses débauches le précipitent du faîte des grandeurs publiques, 16. — Sa fuite nocturne, III, 68. — Il est expulsé par des messages et des bruits plutôt que par les armes, I, 89. — La nouvelle de sa mort, reçue au premier moment avec des transports de joie générale, agite toutefois diversement les esprits, 4. — Durée de son règne, *Orat.*, 17. — Tant qu'il fut puissant, la crainte altéra les récits de son règne ; après sa mort, des haines récentes les dictèrent, *Ann.*, I, 1. — Sous son règne l'inaction fut de la prudence, *Agr.*, 6. — Il ordonna des supplices et ne s'en fit pas un spectacle, 45. — Mis en parallèle avec Galba, *Hist.*, I, 7. — Le besoin d'argent suggère l'idée de reprendre aux individus, causes de la ruine publique, les deux milliards deux cents millions de sesterces que Néron leur avait donnés gratuitement, 20. — Faste de la cour de Néron, 22. — Jamais cour ne fut plus féconde en pervers, *Ann.*, XIV, 13. — Galvia Crispinilla, intendante des débauches de Néron, échappe à la mort, *Hist.*, I, 73. — On expose les images de Néron sous Othon, qui lui-même est salué du nom de Néron Othon, 78. — Cénus, un des affranchis de Néron, est mis à mort par l'ordre de Vitellius, II, 54. — Ce dernier prince élève dans le Champ-de-Mars des autels pour sacrifier aux mânes de Néron, 95. — *Voyez* encore, *Hist.*, I, 8, 9, 23, 25, 30, 31, 46, 76, 77, 90 ; II, 10, 27, 58, 66, 72, 76 ; III, 6 ; IV, 7, 8, 13, 41, 42, 43, 44.

NÉRON (Faux) abuse les Parthes qui sont sur le point de courir aux armes, *Hist.*, I, 2. — Un esclave du Pont, ou, selon d'autres, un affranchi d'Italie, se faisant passer pour Néron, jette une fausse alarme dans l'Achaïe et l'Asie, II, 8. — Cet aventurier est mis à mort et son corps est transporté en Asie et de là à Rome, 9.

NÉRON OTHON, nom dont le peuple et les soldats saluent Othon, comme pour rehausser sa noblesse et sa gloire, *Hist.*, I, 78.

NÉRON, tragédie de Curiatius Maternus, *Orat.*, 11.

NÉRON, nom donné au mois d'avril, *Ann.*, XVI, 12.

NERULINUS, fils de P. Suilius, est sur le point d'être mis en jugement, par haine contre son père, *Ann.*, XIII, 43.

NERVA (Marcus Cocceius), préteur désigné, est décoré des ornemens triomphaux par Néron, qui fait placer sa statue triomphale dans le Forum, *Ann.*, XV, 72. — Empereur, associe des choses jadis incompatibles, l'autorité d'un seul et la liberté, *Agr.*, 3. — Tacite réserve à sa vieillesse l'histoire de son règne, *Hist.*, I, 1.

NERVA (Cocceius), sénateur, ancien consul, accompagne

Tibère dans sa retraite, *Ann.*, iv, 58. — Malgré les instances de Tibère pour le détourner de sa fatale résolution, se laisse mourir en s'abstenant de nourriture, vi, 26.

Nerva (Silius), consul en 781 avec Junius Silanus, *Ann.*, iv, 68.

Nerva (Silius), consul en 818 avec Atticus Vestinus, *Ann.*, xv, 48.

Nerva (Trajanus). *Voyez* Trajan.

Nerviens, peuple de la Gaule, *Hist.*, iv, 15. — Mettent un certain orgueil à affecter l'origine germanique, *Germ.*, 28. — Soit frayeur, soit perfidie, laissent à découvert les flancs de l'armée romaine, commandée par Dillius Vocula, *Hist.*, iv, 33. — Quelques-uns, soulevés par Claudius Labéon, courent aux armes contre Civilis, 56, 66. — Ils engagent leur foi à ce dernier, qui les réunit à ses troupes, *ibid.* — Fabius Priscus reçoit leur soumission, 79.

Nestor florissait treize cents ans environ avant Vespasien, *Orat.*, 16.

Nicéphorie (*Rocca*), ville de Mésopotamie, située sur l'Euphrate, se range sous les lois de Tiridate, *Ann.*, vi, 41.

Nicephorius (*Kabour*), fleuve d'Arménie qui baigne une partie des murs de Tigranocerte, *Ann.*, xv, 4.

Nicétès (Sacerdos), rhéteur, *Orat.*, 15.

Nicopolis, ville d'Achaïe où Germanicus fut revêtu pour la seconde fois de la dignité de consul, *Ann.*, ii, 53. — Colonie romaine, v, 10.

Nicostrate, athlète fameux, *Orat.*, 10.

Niger. *Voyez* Brutidius, Casperius, Veianus.

Nil, fleuve d'Égypte. Germanicus s'embarque à Canope et remonte le Nil, *Ann.*, ii, 60, 61.

Ninive (*Nino*), ancienne capitale de l'Assyrie, *Ann.*, xii, 13.

Nisibis (*Nizbin*), ville de la Mygdonie, distante de trente-sept milles de Tigranocerte, *Ann.*, xv, 5.

Noles, ville de Campanie où moururent Octavius et Auguste, *Ann.*, i, 5, 9. — Tibère y dédie un temple à Auguste, iv, 57.

Nonianus. *Voyez* Servilius Nonianus.

Nonius Actianus, décrié par ses nombreuses délations sous Néron, *Hist.*, iv, 41.

Nonius Receptus, centurion de la dix-huitième légion, voulant protéger les images de Galba, est écarté avec violence et chargé de fers, *Hist.*, i, 56. — Est mis à mort par ordre de Vitellius, 59.

Norbanus (Caïus Junius), consul en 671, avec L. Scipion, l'année de l'incendie du Capitole, *Hist.*, III; 72.

NORBANUS FLACCUS (Caïus), consul en 768 avec Drusus César, *Ann.*, I, 55.

NORBANUS FLACCUS (Lucius), consul en 772 avec M. Silanus, *Ann.*, II, 59.

NORIQUE (partie de l'*Autriche*, de la *Stirie* et de la *Bavière*), province romaine, sur la rive droite du Danube, *Ann.*, II, 63; *Hist.*, I, 70; III, 5; V, 25; *Germ.*, 5. — Ses dispositions à l'avènement de Galba, *Hist.*, I, 11.

NOVARE, ville de l'Italie Transpadane, est livrée aux Vitelliens par la cavalerie Syllana, *Hist.*, I, 70.

NOVELLUS. *Voyez* ANTONIUS NOVELLUS.

NOVESIUM (*Neus* ou *Nuys*), ville de la Basse-Germanie, chez les Ubiens, à une très-petite distance (demi-lieue) du Rhin, *Hist.*, IV, 26, 33, 62, 70, 77, 79.—Dillius Vocula y envoie les équipages des légions pour en ramener des blés par le chemin de terre, 35.—Civilis, non loin de cette ville, obtient un avantage dans une attaque de cavalerie, 36. — Vocula s'y retire, 57. — Petilius Cerialis visite cette ville, V, 22.

NOVIUS (Cneius), chevalier romain, est surpris armé d'un poignard dans la foule de ceux qui allaient saluer Tibère, *Ann.*, XI, 22.—S'avoue coupable et ne nomme aucun complice, *ibid.*

NOVIUS PRISCUS est condamné à l'exil à cause de son amitié pour Sénèque, *Ann.*, XV, 71. — Son épouse Antonia Flaccilla l'y accompagne, *ibid.*

NUCÉRIE (*Nocera*), ville de la Campanie, reçoit des renforts de vétérans, *Ann.*, XIII, 31.— Carnage affreux entre ses habitans et ceux de Pompéi, à l'occasion d'un spectacle de gladiateurs, XIV, 17.

NUITHONES (*Mecklembourg* et *Poméranie*), peuple de la Germanie, *Germ.*, 40.

NUITS, sont claires et si courtes à l'extrémité de la Bretagne, qu'entre la fin et le lever du jour il n'y a qu'un faible intervalle, *Agr.*, 12.—Les Germains ne comptent point par jours, mais par le nombre des nuits, *Germ.*, 11.

NUMA. *Voyez* MARCIUS NUMA.

NUMA POMPILIUS donne pour frein à son peuple la religion et les lois divines, *Ann.*, III, 26.—Son palais est brûlé dans l'incendie de Rome, XV, 41.

NUMANCE, ville d'Espagne, célèbre par la guerre qu'elle soutint avec succès contre les Romains, pendant quatorze années, *Ann.*, XV, 13.

NUMANTINA, première épouse

de Plautius Silvanus, accusée d'avoir troublé la raison de son mari par des enchantemens et des maléfices, est reconnue innocente, *Ann.*, IV. 22.

NUMIDES, peuple d'Afrique, *Ann.*, XVI, 1. — Sont entraînés à la guerre par Tacfarinas, et taillés en pièces par Furius Camille, *Ann.*, II, 52. — Combattent de nouveau sous Tacfarinas, et, après une défaite complète, sont repoussés dans les déserts, III, 21. — Troublent encore l'Afrique, 24. — Sont vaincus par Dolabella et perdent leur chef, 25. — Othon envoie à Titianus et à Proculus un Numide pour leur porter l'ordre de livrer bataille, *Hist.*, II, 40.

NUMISIUS LUPUS, commandant une légion en Mésie, reçoit les ornemens consulaires, *Hist.*, I, 79. — Arrive à Vérone, III. 10.

NUMISIUS RUFUS, lieutenant de légion, est assiégé par Civilis dans le camp de Vétéra, *Hist.*, IV, 22. — Est chargé de fers par Classicus, 59. — Est massacré par Tullius Valentinus et Julius Tutor, 70, 77.

NYMPHIDIUS SABINUS reçoit de Néron les ornemens consulaires, *Ann.*, XV, 72. — Préfet du prétoire, il ambitionne l'empire et encourage les soldats sous ses ordres à la révolte, *Hist.*, I, 5. — Périt à sa première tentative, *ibid.* — Sa mort est reprochée à Galba, 37. — Son nom est mis en jeu dans le complot d'Othon, 25. — Il se prétendait fils de l'empereur Caïus Caligula, parce que, comme lui, il avait une taille élevée et un aspect farouche, *Ann.*, XV, 72.

O

OBULTRONIUS SABINUS, questeur de l'épargne, est accusé par le tribun du peuple Helvidius Priscus, d'avoir augmenté le droit de saisie contre les pauvres, *Ann.*, XIII, 28. — Othon reproche à Galba d'avoir fait assassiner Obultronius en Espagne, *Hist.*, I, 37.

OCCIA préside pendant cinquante-sept années au culte de Vesta, *Ann.*, II, 86.

OCCIDENT, *Hist.*, I, 2, 89. — Plusieurs fois visité par Auguste accompagné de Livie, *Ann.*, III, 34. — Après l'avènement d'Othon, les luttes les plus violentes commencent dans la Gaule avec les forces de l'Occident, *Hist.*, II, 6.

OCÉAN, *Germ.*, 40, 43, 44; *Agr.*, 25. — Forme la limite du monde, *Germ.*, 45. — Dormant et presque immobile, *ibid.*; *Agr.*, 10. — Produit des perles, 12. — Tigellinus en fait venir des poissons pour un repas magnifique qu'il offre à Néron, *Ann.*, xv, 37. — Détroit de l'Océan, *Agr.*, 40.

OCÉAN SEPTENTRIONAL, *Ann.*, I, 63; II, 8, 15; IV, 72; XIII, 53; XIV, 32, 39; *Hist.*, I, 9; IV, 15; *Germ.*, 17. — Une des limites de la Germanie, *Germ.*, 1, 37; *Agr.*, 15. — Donné pour bornes à l'empire par Auguste, *Ann.*, 1, 9. — Baigne l'île des Bataves, *Hist.*, IV, 12, 79. — Reçoit les eaux du Rhin et de la Meuse, *Ann.*, II, 6; *Hist.*, v, 22. — Difficulté de sa navigation, *Germ.*, 2. — Une tempête affreuse y est soulevée par les vents du nord, au temps de l'équinoxe, *Ann.*, 1, 70. — Autre tempête où périt la flotte construite par Germanicus, II, 23, 24. — Drusus le Germanique le visite, *Germ.*, 34. — Corbulon fait creuser, entre le Rhin et la Meuse, un canal de vingt-trois milles, afin d'obvier aux caprices de cette mer, XI, 20. — Paraît d'une couleur ensanglantée, XIV, 32.

OCRICULUM (*Otricoli*), ville d'Ombrie, *Hist.*, III, 78.

OCTAVE. *Voyez* AUGUSTE.

OCTAVES. Les cendres de L. Antonius sont déposées dans leur tombeau, *Ann.*, IV, 44.

OCTAVIE, sœur d'Auguste, mère de Claudius Marcellus, *Ann.*, 1, 3. — Épouse en troisièmes noces Marc Antoine, 10. — Mère des deux Antonia, IV, 44. — Aïeule de Germanicus, II, 43; de Lucius Antonius, IV, 44, et de Cn. Domitius, père de Néron, 75.

OCTAVIE, fille de Claude et de Messaline, sœur de Britannicus, *Ann.*, XI, 32, 34; XII, 2. — Messaline, après sa coupable union avec C. Silius, lui ordonne d'aller se jeter dans les bras de son père, XI, 32. — Agrippine, dès qu'elle est assurée de son union avec Claude, projette celle de Néron, son fils, avec Octavie, la fille de César, déjà fiancée à L. Silanus, XII, 3. — Octavie est fiancée à Néron, 9. — Elle épouse ce dernier, âgé seulement de seize ans, 58. — Est retenue dans le palais, après la mort de Claude, par les ordres d'Agrippine, 68. — Néron éprouve pour elle de la répugnance, XIII, 12. — Elle dissimule sa douleur, sa tendresse et toutes ses affections, en voyant Britannicus périr empoisonné, 16. — Agrippine semble tourner toute sa tendresse vers elle, 18, 19. — Poppée Sabina la regarde comme un obstacle à son union avec le prince, XIV, 1. — Néron la répudie sous le prétexte de stérilité, l'exile ensuite, et bientôt après la rappelle pour faire cesser les rumeurs, 60; *Hist.*, I, 13. — Joie que témoigne le peuple à son retour, *Ann.*, XIV, 61. — Néron, par la promesse de grandes récompenses, détermine Anicetus à s'accuser d'adultère avec Octavie, 62. — Elle est reléguée dans l'île Pandateria, 63. — On lui ouvre les veines, puis elle est étouffée dans la vapeur d'un bain brûlant, 63. — Sa tête est coupée et portée à Rome, pour être montrée à Poppée, *ibid.*

OCTAVIUS, père d'Auguste, mourut à Nole, dans la même maison et dans la même chambre où mourut plus tard son fils, *Ann.*, I, 9.

OCTAVIUS FRONTO. *Voy.* FRONTO.

OCTAVIUS SAGITTA, tribun du peuple, poignarde Pontia pour se venger de ses dédains, *Ann.*, XIII, 44. — Sorti du tribunat, il est poursuivi devant les consuls par le père de la victime, et est condamné, par une sentence du sénat, d'après la loi sur les assassins, *ibid.* — De retour de son exil, il y est renvoyé par Mucien, *Hist.*, IV, 44.

ODRUSES, peuple de Thrace, prennent les armes, *Ann.*, III, 38.

OEA (*Tripoli*), ville d'Afrique, voisine de Leptis-la-Grande, *Hist.*, IV, 50.

OISEAUX extraordinaires, *Ann.*, II, 24. — Des oiseaux sinistres assiègent le Capitole, XII, 43. — Tigellinus fait venir des oiseaux de diverses contrées pour un repas magnifique qu'il offre à Néron, XV, 37. — Un oiseau d'une espèce inconnue vient se poser dans un bois très-fréquenté auprès de Regium Lepidum, le jour de la bataille de Bédriac, et n'en part qu'à l'instant où Othon se donne la mort, *Hist.*, II, 50. — Un grand nombre d'oiseaux de triste augure voltigent au dessus de la tête de Vitellius, III, 56. — Les Germains savent interpréter les cris et le vol des oiseaux, *Germ.*, 10.

OLENNIUS, primipilaire, par sa trop grande rigueur dans la perception du tribut imposé par Drusus aux Frisons, soulève ce peuple, *Ann.*, IV, 72.

OLITORIUM FORUM, *Ann.*, II, 49.

OLIVIER. Latone, au terme de sa grossesse, mit au monde Diane et Apollon, chez les Éphésiens, en s'appuyant contre un olivier qu'on y voit encore, *Ann.*, III, 61.

OLLIUS (Titus), père de Sabina Poppée, victime de l'amitié que Séjan avait eue pour lui, *Ann.*, XIII, 44.

OLOARITUS, centurion de la flotte, un des meurtriers d'Agrippine, la frappe de son épée au ventre, *Ann.*, XIV, 8.

OMBRIE, contrée d'Italie, *Ann.*, IV, 5; *Hist.*, III, 41, 42. — Antonius Primus envoie en avant sa cavalerie pour l'explorer, 52.

ONOMASTUS, affranchi d'Othon,

est mis par ce dernier à la tête du complot qui doit lui procurer l'empire, *Hist.*, I, 25. — Va donner à Othon le signal convenu pour lui apprendre que les conjurés sont rassemblés et la conspiration prête à éclater, puis se rend avec lui près du temple de Saturne, où son patron est salué empereur, 27.

OPITERGIUM (*Oderzo*), ville de la Vénétie septentrionale, ouvre ses portes aux Flaviens, *Hist.*, III, 6.

OPPIENNES (Lois), rendues dans le but de mettre des bornes au luxe des femmes, *Ann.*, III, 33, 34.

OPPIUS (Caius), chevalier romain, doit à la puissance de J. César la faculté de traiter des conditions de la paix et d'être l'arbitre de la guerre, *Ann.*, XII, 60.

OPSIUS (Marcus), ancien préteur, trame, avec trois autres complices du même rang que lui, la perte de Titius Sabinus, *Ann.*, IV, 68. — Il périt lui-même victime de son infâme ministère, 71.

OPTIO, grade immédiatement au dessous de celui de centurion, *Hist.*, I, 25.

OR, refusé par les dieux aux Germains, *Germ.*, 5. — La Bretagne en renferme, *Agr.*, 12. — Les plats de ce métal sont interdits, *Ann.*, II, 33.

— Valerius Messalinus propose d'ériger une statue d'or dans le temple de Mars Vengeur, III, 18. — Tibère fait périr Sextus Marius pour s'emparer de ses mines d'or, VI, 19. — Néron refuse qu'on lui érige des statues de ce métal, XIII, 10. — Cesellius Bassus prétend avoir trouvé dans son champ, en Numidie, une grande masse d'or, XVI, 1. — Statue d'or de Galba, *Hist.*, I, 36. — Vespasien fait frapper des monnaies de ce métal à Antioche, II, 82.

ORACLES d'Apollon, *Ann.*, III, 63. — D'Apollon de Claros, II, 54; XII, 22. — D'Apollon Pythien, XII, 63; *Hist.*, IV, 83. — D'Hammon, V, 3. — De Phrixus, *Ann.*, VI, 34.

ORATEURS, inconnus aux Lacédémoniens, aux Crétois, aux Macédoniens, aux Perses, *Orat.*, 40. — Définition du parfait orateur, 22, 30. — Ses qualités, 25, 30. — L'orateur comparé à un père de famille, 22. — Comparé au poète, 4. — Puissance et crédit de l'orateur, 5. — Aucune renommée, aucune louange dans un art quelconque, n'est comparable à la gloire des grands orateurs, 7. — Orateurs anciens, 18. — Orateurs latins, 17. — Ne doivent recevoir ni présens ni salaire, *Ann.*, XIII, 5. — Sont superflus parmi des âmes pures, *Orat.*, 41.

Orcades, îles de l'Océan, découvertes et subjuguées par la flotte romaine, *Agr.*, 10.

Ordoviques (partie de la principauté de *Galles*), peuple de la Grande-Bretagne, *Ann.*, xii, 33. — Ils sont taillés en pièces par Agricola, *Agr.*, 18.

Oreille, s'ouvre aisément aux discours de la médisance et de l'envie, *Hist.*, i, 1.

Orient, *Ann.*, iii, 12; vi, 34; xi, 9; xiv, 57; *Hist.*, i, 2, 89; ii, 8, 98; iii, 1, 46; v, 5, 8, 13. — Accoutumé à des rois, iv, 17. — Son roi Pacorus est tué par Ventidius, *Germ.*, 37. — Auguste visite plusieurs fois l'Orient, accompagné de Livie, *Ann.*, iii, 38. — Les royaumes d'Orient se soulèvent, ii, 1. — Caïus y est envoyé, 4, 42. — Les troubles d'Orient favorisent les desseins de Tibère, 5. — Les sénateurs rendent un décret par lequel est déféré à Germanicus le gouvernement des provinces de l'Orient, 43. — Vitellius est chargé par Tibère d'y diriger des opérations, vi, 32. — Néron ordonne que la jeunesse s'arme dans les provinces voisines, pour compléter les légions de l'Orient, xiii, 7. — Comment sont divisées les troupes d'Orient, 8. — Néron y projette un voyage qu'il n'exécute point, 36. — Immobile à l'avènement de Galba, *Hist.*, i, 10; ii, 6. — Toutes ses provinces sont gouvernées au nom d'Othon, i, 76; ii, 32. — Les deux armées d'Orient prêtent serment à ce prince, 6. — L'Orient reconnaît Vitellius pour maître, 73.

Ornemens consulaires, de la préture, de la questure, triomphaux. *Voyez* Consulaires, Préture, Questure, Triomphaux.

Ornospade, prince parthe, *Ann.*, vi, 37.

Orode, fils d'Artaban, est envoyé par son père pour combattre les Ibériens, *Ann.*, vi, 33. — Sur la demande des Parthes, il se prépare au combat, 34. — Sur la fausse nouvelle de sa mort, les Parthes épouvantés cèdent la victoire, 35.

Orphée, *Orat.*, 12.

Orphidius Benignus, lieutenant de la première légion, *Adjutrix*, est tué en combattant, entre le Pô et la route, contre la vingt-unième légion, du parti d'Othon, *Hist.*, ii, 43. — Son corps est cherché et brûlé avec les honneurs accoutumés, 45.

Orphitus. *Voyez* Cornelius et Pactius.

Ortygie (Bois d'), consacré, par ordre des dieux, à Latone, chez les Éphésiens, *Ann.*, iii, 61. — Apollon, après avoir tué les Cyclopes, s'y retire pour se soustraire à la colère de Jupiter, *ibid.*

Oscus, affranchi d'Othon, est chargé par ce dernier de l'inspection des navires, et de surveiller des hommes plus honorables que lui, *Hist.*, 1, 87.

Oses, peuple de la Germanie, *Germ.*, 28.—Parlent la langue pannonienne, 43.

Osiris, l'une des plus grandes et des plus anciennes divinités de l'Égypte, *Hist.*, IV, 84.

Osques, peuple de la Campanie, *Ann.*, IV, 14.

Ostie, ville d'Italie, sur la rive gauche du Tibre, à son embouchure, *Ann.*, XI, 29, 31, 32.— Le faux Agrippa y débarque, II, 40. — Claude s'y rend pour la célébration d'un sacrifice, XI, 26. — Il y apprend le mariage de Messaline avec C. Silius, 30.—Après l'incendie de Rome, on fait venir des ustensiles d'Ostie et des municipes voisins, XV, 39.—Ses marais reçoivent les décombres de Rome, 43. — Junius Silanus, condamné à l'exil, y est conduit, XVI, 9. — Une sédition y éclate parmi les soldats, *Hist.*, I, 80. — Dolabella est accusé d'avoir tenté de séduire la cohorte campée dans cette ville, II, 63.

Ostorius Sabinus, chevalier romain, accusateur de Barea Soranus, *Ann.*, XVI, 23, 30. — Associe la fille au danger du père, *ibid.*—Reçoit douze cent mille sesterces et les insignes de la questure, 33.

Ostorius Scapula (Publius), excellent homme de guerre, *Agr.*, 14.— Propréteur, arrivant en Bretagne, trouve la province livrée aux troubles et réduit les rebelles, 31, 35. — On lui décerne les ornemens du triomphe, 38. — Sa fortune, jusque-là prospère, chancèle bientôt, *ibid.* — Il meurt fatigué d'ennuis et de soucis, 39.

Ostorius Scapula (Marcus), fils du précédent, mérite la couronne civique en Bretagne, *Ann.*, XII, 31; XVI, 15. — Antistius lit des vers injurieux contre Néron, chez Ostorius, qui, appelé en témoignage, affirme n'avoir rien entendu, XIV, 48. — Il est dénoncé par ce même Antistius, comme ennemi de l'état et du prince, XVI, 14. — Un centurion étant envoyé vers lui pour hâter sa fin, Ostorius est réduit à tourner contre lui-même un courage souvent redouté des ennemis, 15.

Othon. *Voyez* Junius Othon.

Othon (L. Salvius), père de l'empereur Othon, *Hist.*, II, 50. — Consul en 805 avec Faustus Sylla, *Ann.*, XII, 52.

Othon (Salvius), originaire du municipe de Ferentinum, *Hist.*, II, 50. — Son père avait été consul, son aïeul préteur, *ibid.*—Quelques traits de son caractère, *ibid.* — Durée de son existence, *ibid.*—Ses liaisons avec Néron, *Ann.*, XIII, 12, 45; *Hist.*, I, 13.— Il s'unit à Poppée Sabina, *Ann.*, XIII, 45; XIV, 1.— Loue la beauté et la grâce de son épouse auprès de Néron, XIII, 46. — Le prince, pour n'avoir pas de rival, le relègue en Lusitanie sous prétexte d'un gouvernement, *ib.*; *Hist.*, I, 13.— Othon passe le premier dans le parti de Galba, *ibid.*—Vinius l'appuie de son crédit pour le faire nommer empereur, *ibid.* —Othon porte toutes ses espérances vers le trouble, 21. — Haine qu'il porte à Galba et à Pison, *ibid.*— Des astrologues lui affirment que l'observation de nouvelles révolutions dans les astres lui annonce une année glorieuse, 22.— Il se ménage l'affection des soldats dans l'espoir de succéder à l'empire, 23, 24.— Ourdit un complot à cet effet, 25, 26.— Est salué empereur par vingt-trois soldats, près du temple de Saturne, 27. — Pison Licinianus s'efforce de détourner la cohorte de garde au palais, de donner son adhésion à ce choix, 30. — La populace demande sa mort et la condamnation des conjurés, 32. — Les amis de Galba lui conseillent de s'opposer aux progrès d'Othon, tandis que la conjuration est encore faible et naissante, 33. — On annonce qu'Othon a été tué dans le camp, 34. — Un soldat se vante faussement à Galba de lui avoir donné la mort, 35. — Ardeur des soldats en faveur d'Othon, 36. — Il leur adresse une harangue devant les retranchemens, 37, 38. — Leur ordonne de fondre sur le peuple qui s'arme, et de maîtriser le péril, 40.—Il envoie deux soldats pour égorger Pison, 43. — Considère d'un œil insatiable la tête de son rival à l'empire, 44. — Soustrait Marius Celsus à une mort certaine en le faisant charger de chaînes, et en affirmant qu'il lui réserve les plus grands supplices, 45.— Pour ne point aliéner l'esprit des centurions en favorisant les soldats, il promet que sa caisse payera les congés annuels, 46. — Fait périr Cornelius Lacon et Martianus Icelus, *ibid.* — Les sénateurs lui décernent la puissance tribunitienne, le nom d'Auguste et tous les honneurs des princes, 47.—A travers le Forum ensanglanté, au milieu des cadavres gisans, il est porté au Capitole et de là au palais, *ibid.* — La nouvelle de son élection parvient à Fabius Valens dans la cité des Leuques, tandis qu'il s'avance sur l'Italie pour lui imposer Vitellius pour empereur, 64.— Othon dissimule ses penchans vicieux, et dispose tout pour l'honneur de l'empire, 71. — Il écrit à Vitellius des lettres dans lesquelles d'abord il le ménage, puis d'autres où il lui reproche ses impuretés et ses forfaits, 74. — Il essaye de le faire assassiner, 75. — Les légions des différentes provinces lui jurent obéissance, 76; II, 6. — Othon se nomme lui-même consul avec Titianus son frère, I, 77. — Par des honneurs, des emplois et des pardons, il s'efforce de donner de la consistance à son parti, *ibid.* — Cherche à séduire les villes et les provinces, 78. — Fait relever les statues de Poppée, *ibid.* — Est salué du nom de Néron Othon, *ibid.* — Il s'attribue les succès obtenus en Mésie sur les Rhoxolans, 79. — Donne l'ordre que la dix-septième cohorte soit conduite de la colonie d'Ostie dans la capitale, 80. — Une sédition militaire, causée par l'esprit soupçonneux des soldats, vient le troubler dans un festin où il avait réuni les premières personnes de la ville, 81. — Il parvient avec peine à contenir les séditieux et se rend le lendemain au camp, où ils se montrent disposés à une entière soumission, 82. — Discours qu'il adresse aux soldats, 83, 84. — Contenance du sénat envers Othon, 85. — Othon se dispose à marcher contre Vitellius, 86, 87, 88, 89. — Il confine Cornelius Dolabella dans la colonie d'Aquinum, 88. — A son départ de Rome, il confie le repos de la ville et le soin de l'empire à Salvius Titianus, son frère, 90. — Vespasien et Mucien attendent l'issue de ses débats avec Vitellius, pour prendre les armes, II, 7. — La guerre s'ouvre sous d'heureux auspices pour Othon, 11, 12. — Ses soldats ravagent Albium Intemelium, 13; *Agr.*, 7. — Conduite de sa flotte, *Hist.*, II, 14, 16, 101. — Ses soldats, après une victoire sur les Vitelliens, se retirent à Albingaunum, 15. — Les têtes de Decimus Pacarius et de ses intimes sont portées à Othon comme celles d'ennemis, 16.— Il mande Titianus son frère, et lui confie la direction de la guerre, 23. — Othon est chargé d'invectives par Valens et Cécina, 30. — Il délibère s'il doit traîner la guerre en longueur ou tenter la fortune, 31. — Se décide pour la bataille, sur les insinuations de Titianus et de Proculus, qui le déterminent aussi à se retirer à Brixellum, 33, 39. — Dès ce jour sa cause est comme perdue, *ibid.* — Il ordonne à Vestricius Spurinna de laisser une faible garnison à Placentia et de venir renforcer l'armée avec ses cohortes, 36. — Envoie Flavius Sabinus pour se mettre à la tête des troupes que Macer avait commandées, *ibid* — Presse Titianus et Proculus de livrer bataille, 39, 40. — Ses troupes sont défaites à la bataille de Bédriac, 44, 45, 85. — Il apprend ce désastre, 46. — Malgré les protestations de dévoûment et de fidélité des soldats, Othon se refuse à tous projets de guerre, 47. — Il annonce sa résolution de se donner la mort, *ibid.* — Ses dernières actions et ses derniers entretiens, 48. — Sur la nouvelle que les soldats se révoltent, va réprimander les auteurs de la sédition, 49. — Il se tue en se laissant tomber sur un poignard, *ib.* — Ses funérailles, *ib.*, 51. — Quelques soldats se tuent auprès de son bûcher, 49. — Vitellius apprend sa mort, 57. — Othon est mis en parallèle avec Vitellius, 31. — Un même courroux de la part des dieux, une même frénésie parmi les humains, les mêmes motifs, nés de forfaits semblables, les poussaient à la discorde, 38. — Vitellius fait périr les centurions des troupes d'Illyrie les plus dévoués à Othon, et pardonne aux principaux chefs de son parti, 60. — Othon ne fut vaincu que par un désespoir précipité, 76. — Courte durée de son règne, I, 47; *Orat.*, 17. — N'est connu de Tacite ni par un bienfait ni par une injure, *Hist.*, I, 1. — *Voyez* encore, *Hist.*, I, 70, 73; II, 1, 38, 43, 52, 53, 63, 83, 86, 95; III, 10, 13, 32; IV, 1, 17, 54.

OVATION. Les sénateurs décrètent que Germanicus et Drusus feront leur entrée dans Rome avec les honneurs de l'ovation, *Ann.*, II, 64. — Drusus, sorti de Rome pour reprendre les auspices, y rentre bientôt avec l'ovation, III, 19. — Dolabella Cornelius, allant jusqu'à l'absurdité de l'adulation, propose au sénat de décerner les honneurs de l'ovation à Tibère, à son retour de la Campanie dans Rome, 47. — Cet honneur est accordé à A. Plautius au retour de son gouvernement de Bretagne, XIII, 32. — On propose au sénat de décerner à Néron les honneurs de l'ovation en raison de l'heureuse issue des affaires d'Arménie, 8.

OVIDE, auteur de la tragédie de *Médée*, *Orat.*, 12.

OXIONES, peuple peu connu de la Germanie, *Germ.*, 46. — Fable sur cette nation, *ibid.*

P

PACARIUS. *Voyez* DECIMUS PACARIUS.

PACENSIS. *Voyez* ÉMILIUS PACENSIS.

PACONIANUS (Sextius), ancien préteur, accusé près du sénat par Tibère, pour échapper au supplice, promet une révélation, *Ann.*, VI, 3. — Accuse Latinius Latiaris, 4. — Est étranglé dans sa prison pour y avoir fait des vers contre le prince, 39.

PACONIUS. *Voyez* AGRIPPINUS PACONIUS.

PACONIUS (Marcus), lieutenant de C. Silanus, se joint aux accusateurs de ce dernier, *Ann.*, III, 67.

PACORUS, prince parthe (qualifié improprement par Tacite du titre de *roi des Parthes*), s'empare des provinces d'Orient, et est tué par P. Ventidius, *Hist.*, V, 9; *Germ.*, 37.

PACORUS, frère de Vologèse, *Ann.*, XV, 14; *Hist.*, I, 40. — Reçoit de ce dernier la Médie à titre de royaume, *Ann.*, XV, 2. — Tiridate va le visiter, 31.

PACTIUS AFRICANUS, sénateur, accusé d'avoir désigné pour victimes à Néron les deux frères Scribonius, se soustrait à l'indignation en enlaçant Vibius Crispus dans son accusation, *Hist.*, IV, 41.

PACTIUS ORPHITUS, ancien primipilaire, enfreint l'ordre que lui avait donné Corbulon, de se tenir dans ses retranchemens, et d'attendre de plus grandes forces, *Ann.*, XIII, 36. — S'engage avec l'ennemi et est défait, *ibid.* — Est le premier que Corbulon rencontre dans la déroute de Pétus, XV, 12.

PACUVIUS, poète, *Orat.*, 20. — Dur et sec, 21.

PACUVIUS, lieutenant de la sixième légion, en Syrie, prévient les menées de Domitius Celer sur ses soldats, en faveur de Pison, *Ann.*, II, 79.

PADOUE, ville de la Gaule Cisalpine, patrie de Pétus Thrasea, *Ann.*, XVI, 21. — Cécina se retire dans cette ville afin de tout disposer pour sa trahison avec Lucilius Bassus, *Hist.*, II, 100. — Les Flaviens l'attirent dans leur parti, III, 6. — Deux légions, la septième, *Galbiana*, et la treizième, *Gemina*, y arrivent pleines d'allégresse, 7. — Aponius Saturninus s'y réfugie, 11.

PAGANI (habitans d'un pays, paysans), *Hist.*, I, 53; II, 14, 88; III, 43, 77; IV, 20. — Antonius se sert de ce nom pour piquer l'amour-propre des prétoriens, III, 24.

PAGIDA ou PAGIS, fleuve d'Afrique dans la Numidie, *Ann.*, III, 20.

PAIN sans levain des Juifs, rappelle le blé qu'ils pillèrent, *Hist.*, V, 4.

PAIX, tient sous le même niveau le plus habile comme le plus lâche, *Ann.*, XII, 12. — L'union des méchans est plus facile à obtenir pour le trouble, que leur accord pour la paix, *Hist.*, I, 54. — La paix et la concorde sont utiles à des vaincus; pour les vainqueurs, elles ne sont qu'honorables, III, 70. — La paix et le calme réclament des moyens honorables, IV, 1. — Il est meilleur et plus utile de jouir de la paix, que d'être agité par la guerre, *Orat.*, 37.

PALAIS des Césars, *Ann.*, XII, 69; *Hist.*, I, 29, 39, 72, 80, 82; III, 74, 85. — Citadelle du pouvoir impérial, 70. — Haterius y suit Tibère, *Ann.*, I, 13. — Ce prince y fait égorger le faux Agrippa, II, 40. — Le sénat s'y assemble, 37; XIII, 5. — Le peuple, qui y témoigne son allégresse du rappel d'Octavie par Néron, en est repoussé, XIV, 61. — Le palais des Césars est brûlé dans l'incendie de Rome, XV, 39. — Néron, des ruines de Rome, fait construire un immense palais (le palais d'or), 42. — Les effigies de Petronius Turpilianus, de Cocceius Nerva et de Tigellinus sont placées dans le palais par Néron, 72. — La populace le remplit de ses cris en demandant la mort d'Othon et la condamnation des conjurés, *Hist.*, I, 32. — Des chevaliers et des sénateurs, ajoutant foi à la fausse nouvelle de la mort d'Othon, et oubliant crainte et prudence, rompent les portes du palais, pour se montrer à Galba, 35. — Un soldat s'y présente à ce prince et lui dit qu'Othon a péri de sa main, *ibid.* —

Othon en prend possession, 47. — Vitellius l'abandonne, III, 67. — Il y rentre, 68, 70. — Agricola, à son retour de Bretagne, se rend de nuit dans le palais de Domitien, *Agr.*, 40.

PALAMÈDE, d'Argos, invente seize lettres de l'alphabet, *Ann.*, XI, 14.

PALATIN (Mont), la plus haute des sept collines de Rome, *Ann.*, XII, 24; XV, 38.

PALLAS, affranchi dans la plus brillante faveur auprès de Claude, *Ann.*, XI, 29, 38. — Se retire par lâcheté après le mariage de Messaline avec C. Silius, 29. — Engage Claude à prendre Agrippine pour épouse, XII, 1, 2. — Ses liaisons adultères avec celle-ci, 25, 65; XIII, 2, XIV, 2. — Il presse Claude d'adopter Domitius, XII, 25; XIII, 2. — Demande une loi contre les femmes qui se livreraient à des esclaves, XII, 53. — Barea Soranus propose de lui décerner les ornemens de la préture et quinze millions de sesterces, *ibid.* — Cornelius Scipion lui rend des actions de grâces, de ce qu'étant issu des rois de l'Arcadie, il sacrifie son antique noblesse à l'intérêt de Rome, *ibid.* — Louanges dérisoires sur son désintéressement, *ibid.* — Agrippine s'en fait un appui auprès de Néron, XIII, 2. — Son arrogance morose le rend insupportable à ce dernier, *ibid.*—Néron l'éloigne de l'administration des affaires, à laquelle Claude l'avait préposé, 14. — Accusé d'avoir formé le complot d'appeler à l'empire Cornelius Sylla, répond avec orgueil à cette fausse imputation, 23. — Néron, jaloux de posséder les immenses richesses que Pallas retient par sa vieillesse prolongée, empoisonne cet affranchi, xiv, 65.

PALMIER, arbre élevé et majestueux de la Judée, *Hist.*, v, 6.

PALUDAMENTUM, habit de guerre du général, *Ann.*, xii, 56. — Vitellius en revêt son fils encore enfant, *Hist.*, ii, 59. — Le prend lui-même pour faire son entrée dans Rome, mais le quitte, sur le conseil de ses amis, pour se couvrir de la prétexte, 89.

PAMMÈNE, astrologue fameux dans l'art des Chaldéens, *Ann.*, xvi, 14.

PAMPHYLIE, contrée de l'Asie Mineure. Pison, retournant en Syrie, en côtoie les bords et y rencontre les vaisseaux d'Agrippine, *Ann.*, ii, 79. — Galba envoie Calpurnius Asprenas la gouverner en même temps que la Galatie, *Hist.*, ii, 9.

PANDA, rivière de Thrace, qui se perdait dans le Bosphore, *Ann.*, xii, 16.

PANDATERIA (*Vento Lene*), petite île de la mer Tyrrhénienne, où Julie est confinée, à cause de ses désordres, par son père Auguste, *Ann.*, 1, 53.—Néron y relègue Octavie, son épouse, sous la fausse accusation de s'être prostituée à Anicetus, xiv, 63.

PANDUS. *Voyez* LATINIUS PANDUS.

PANNONIE, séparée de la Germanie par le Danube, *Germ.*, 1. — Séjour des Aravisques, 28. — Les légions s'y soulèvent, *Ann.*, 1, 16-31. — Causes de la sédition, *ibid.*—Une de ses légions se rend à Rome, et de là, comme garnison, en Afrique, iii, 9. — Deux légions y défendent la rive du Danube, iv, 5. — Vannius, roi des Suèves, chassé de son trône, va s'y fixer avec tous ses partisans, xii, 29, 30. — Marius Celsus conduit une de ses légions en Syrie, xv, 25. — Les légions de Pannonie jurent obéissance à Othon, *Hist.*, 1, 76.—S'avancent aux ordres de ce prince, ii, 11. — Les troisième, septième *Claudienne* et huitième légions essayent d'attirer l'armée de Pannonie au parti de Vespasien, 85, 86; iii, 53. — Le bruit se répand que les quartiers romains y sont assiégés par les Sarmates et les Daces, iv, 54. — Troupes levées dans cette province, *Ann.*, xv, 10; *Hist.*, ii, 14, 17; iii, 12. — Les Oses parlent la langue du pays, *Germ.*, 43. — *Voyez* encore, *Ann.*, 1, 47, 52; *Hist.*, 1, 26, 67; ii, 32;

III, 2, 4, 11, 24; V, 26, *Germ.*, 5; *Agr.*, 41.

PANNONIENNES (Alpes) sont couvertes de garnisons qui ferment le passage aux courriers de Vitellius, *Hist.*, II, 98; III, 1.

PANNONIENS, combattent sous Césennius Pétus en Arménie, *Ann.*, XV, 10. — Combattent pour Othon, *Hist.*, II, 14. — Une cohorte de Pannoniens est faite prisonnière à Crémone, 17.

PANSA, consul en 711 avec Hirtius, *Orat.*, 17. — Périt victime des machinations d'Auguste, *Ann.*, I, 10.

PANTOMIMES. Un sénateur ne devait jamais entrer dans leur maison, *Ann.*, I, 77. — Les chevaliers romains ne pouvaient pas les accompagner, *ibid.* — Les pantomimes ne devaient point représenter ailleurs qu'au théâtre, *ibid.* — Leur expulsion de l'Italie, XIII, 25. — Quoique rendus à la scène, sont éloignés des jeux sacrés, XIV, 21. — *Voyez* HISTRIONS.

PAPHOS, ville de l'île de Chypre, célèbre par son temple de Vénus, *Hist.*, II, 2. — Le fondateur du temple de Vénus de Paphos est le roi Aérias, 3; *Ann.*, III, 62. — Titus le visite, *Hist.*, II, 2. — Diverses particularités sur le culte et sur l'établissement du temple de la déesse de Paphos, 3.

PAPIA POPPÉA (Loi), rendue dans le but de punir plus directement les célibataires et d'enrichir le trésor, *Ann.*, II, 25. — Invite, par des récompenses, à adjuger au peuple romain, comme au père de tous, les héritages vacans où les privilèges des pères n'avaient pas de droit, 28.

PAPINIUS (Sextus), consul en 789 avec Q. Plautius, *Ann.*, VI, 40.

PAPINIUS (Sextus), de famille consulaire, pour échapper aux poursuites criminelles de sa mère, se choisit un genre de mort prompt, mais affreux : il se précipite, *Ann.*, VI, 49.

PAPIRIUS, centurion, envoyé par Mucien en Afrique pour égorger Pison, *Hist.*, IV, 49.

PAPIRIUS CARBON. Sous son consulat (en 640), les Cimbres font retentir leurs armes jusqu'à Rome, *Germ.*, 37.

PAPIRIUS CARBON (Caïus), orateur, *Orat.*, 18. — Accusé par L. Crassus, 34.

PAPIUS MUTILUS, sénateur. Son vote dans le procès de Drusus Libon, *Ann.*, II, 32.

PARALYTIQUE guéri par Vespasien, *Hist.*, IV, 81.

PARIS, histrion, affranchi de Domitia, est déterminé par Atimetus à aller dénoncer Agrippine, *Ann.*, XIII, 19. — Effet qu'il produit sur Néron par l'exposition en détail de l'accusation, 20. — Invectives d'Agrippine contre lui, 21. — Son empire dans les plaisirs du prince le sauve d'un châtiment, 22. — Néron le fait déclarer libre de naissance par jugement, 27.

PARRHACE, ancien vassal de Vonones, trahit Méherdate et le livre à Gotarzès son vainqueur, *Ann.*, XII, 14.

PARRICIDES (Supplice des), *Ann.*, IV, 29.

PARTHES, sont vêtus d'habillemens flottans, *Germ.*, 17. — Leur orgueil, *Ann.*, XIV, 26. — Ne pardonnent point l'outrage, VI, 34. — Sont également exercés à charger et à fuir, 35. — N'ont point l'audace nécessaire pour monter à l'assaut, XV, 4. — Combattent avec des armes de trait, 7. — L'état d'eunuque, chez eux, loin d'être un sujet de mépris, est un moyen plus facile de parvenir au pouvoir, VI, 31. — Font la guerre contre Antiochus Épiphane, *Hist.*, V, 8. — Aphrodisias et Stratonice sont louées par Auguste de ce qu'elles ont supporté une irruption des Parthes sans que leur fidélité pour le peuple romain en ait été ébranlée, *Ann.*, III, 62. — Ils demandent à Rome Vonones pour roi, et, l'ayant accepté, le rejettent ensuite comme étranger, II, 1, 3, 56. — Appellent Artaban, qui s'empare du trône, 3. — L'Arménie, sans maître, reste indécise entre les Parthes et les Romains, *ibid.* — Jalousie des Arméniens contre les Parthes, 56. — Artaban, leur roi, envoie des députés à Germanicus pour lui rappeler son amitié et son alliance, et lui demander que Vonones soit éloigné de la Syrie, 58. — Des grands de cette nation se rendent à Rome, à l'insu d'Artaban, pour demander le fils de Phraate pour roi, VI, 31. — Tibère le leur envoie; puis, Phraate mort, il choisit Tiridate pour rival d'Artaban, 32. — Les Parthes combattent contre les Ibériens pour la possession de l'Arménie, 32-34. — Vitellius les excite à quitter Artaban, qui se voit bientôt obligé de fuir son royaume, 36. — Tiridate ayant pris possession du trône, Vitellius leur recommande d'obéir à leur roi, de respecter Rome et d'être fidèles à leurs sermens et à l'honneur, 37. — Leur conduite enthousiaste envers leur nouveau souverain, 41, 42. — Phraate, Hiéron et tous les grands des Parthes qui n'avaient pas assisté au couronnement de Tiridate, se déclarent pour Artaban et le rappellent, 43, 44. — Après le meurtre de ce dernier par son frère Gotarzès, ils choisissent Bardane pour roi, 8, 9. — Bardane ayant succombé sous un fer assassin, ils rappellent Gotarzès, qui avait cédé le trône à ce dernier;

mais ses cruautés et ses débauches les forcent bientôt d'envoyer vers Claude des émissaires pour le supplier de replacer Méherdate sur le trône de ses aïeux, 10 ; xii, 10.—Claude adresse à ce dernier des conseils sur la manière dont il doit gouverner les Parthes, et le fait conduire par C. Cassius aux rives de l'Euphrate, 11, 12. — Méherdate vaincu par Gotarzès, et ce dernier mort, la couronne des Parthes est donnée à Vonones, puis à son fils Vologèse, 14, 44. — Une guerre élevée entre les Arméniens et les Ibères devient la cause, pour les Parthes et les Romains, des plus graves mouvemens, *ibid*.—Artaxate et Tigranocerte se soumettent aux Parthes, 50.—Ceux-ci font une nouvelle irruption, envahissent l'Arménie et chassent Rhadamiste, xiii, 6. — Aux préparatifs que Néron fait contre eux, ils se retirent, comme pour différer la guerre, 7. — Ils la recommencent bientôt, 34. — Tiridate envoie des ambassadeurs en son nom et au nom des Parthes, 37. — Distraits de leurs opérations contre les Romains par une guerre en Hyrcanie, xiv, 25 ; xv, 1. — Ils poussent la guerre avec plus de vigueur, 7.—Abandonnant l'entreprise d'envahir la Syrie, ils tournent toutes leurs espérances vers l'Arménie, 9.

—Marchent contre Pétus, 10. — Le pressent vivement, 13. — Exigent de lui la construction d'un pont sur l'Arsanias, 15.—Évacuent l'Arménie, 17. — Trophées érigés à Rome pour une prétendue victoire sur les Parthes, 18.—Leurs ambassadeurs apportent à Rome les instructions du roi Vologèse, 24. — On leur déclare de nouveau la guerre, et Corbulon est choisi pour en diriger les opérations, 25.—Négociations avec ce dernier, 27, 28.—Jouets d'un faux Néron, sont prêts à courir aux armes, *Hist.*, i, 2. — Vespasien leur envoie des députés, ii, 82.— Vologèse, leur roi, offre quarante mille cavaliers à ce prince, iv, 51. — *Voyez* encore, *Ann.*, ii, 57, 58, 60 ; vi, 14, 33, 41 ; xii, 49 ; xv, 1, 14, 16, 29 ; *Hist.*, ii, 6 ; iii, 24 ; *Germ.*, 37.

Passienus, orateur, *Ann.*, vi, 20. — Ce qu'il disait de Caligula, *ibid*.

Patriciens. Les magistrats romains furent d'abord choisis parmi eux, *Ann.*, xi, 24. — Claude élève à ce titre les sénateurs les plus anciens ou des familles les plus illustres, 25. — Vespasien admet Agricola parmi les patriciens, *Agr.*, 9.

Patrie. La mort est honorable alors qu'on embrasse la défense de sa patrie, *Ann.*, xv, 95.

Patrobius, affranchi de Néron,

est puni du dernier supplice par Galba, *Hist.*, I, 49. — Son nom voué à l'exécration publique, II, 95.

PATRON, nom donné aux orateurs, *Orat.*, 1, 36.

PATRUITUS. *Voyez* MANLIUS PATRUITUS.

PATULEIUS, chevalier romain dont Tibère laisse l'héritage à M. Servilius, quoique lui-même ait été appelé à prendre possession de ses biens par un testament, *Ann.*, II, 48.

PAULLINA. *Voyez* LOLLIA PAULLINA et POMPEIA PAULLINA.

PAULLINUS. *Voyez* POMPEIUS, SUETONIUS, VALERIUS.

PAULLUS. *Voyez* FABIUS JULIUS.

PAULLUS (Basilique de). M. Lépide demande au sénat la permission de rétablir et décorer à ses dépens ce monument des Émiles, *Ann.*, III, 72.

PAULLUS VENETUS, centurion, s'engage dans la conjuration contre Néron, *Ann.*, XV, 50.

PAULUS (Lucius), PAUL-ÉMILE, vainqueur de Persée, vient montrer ce dernier à Rome, *Ann.*, XII, 38.

PAXEA, épouse de Pomponius Labéon, se fait mourir, à l'exemple de son mari, en s'ouvrant les veines, *Ann.*, VI, 29.

PÉCULAT. *Voyez* CONCUSSION.

PEDANIUS COSTA est éliminé du consulat par Vitellius, *Hist.*, II, 71.

PEDANIUS SECUNDUS, préfet de Rome, est assassiné par un de ses esclaves, *Ann.*, XIV, 42 et *suiv.*

PEDARII SENATORES, *Ann.*, III, 65.

PEDIUS (Quintus) succède avec Auguste aux consuls Hirtius et Pansa, tués à la journée de Modène, *Orat.*, 17.

PEDIUS BLÆSUS, accusé par les Cyrénéens d'avoir pillé le trésor d'Esculape et de s'être laissé corrompre dans les levées de troupes par l'argent et l'intrigue, est chassé du sénat, *Ann.*, XIV, 18.—Othon l'y rappelle, *Hist.*, I, 77.

PÉDON, préfet de camp, conduit la cavalerie sur les frontières des Frisons, *Ann.*, I, 60.

PEINE des femmes qui se livrent à des esclaves, *Ann.*, XII, 53. — Peine des affranchis qui oublient les égards dus à leurs patrons, XIII, 26.—Peine des esclaves dont le maître a été assassiné par l'un d'eux, 32; XIV, 42. — Peine de l'adultère, II, 50; IV, 42. — Comment ce crime est puni chez les Germains, *Germ.*, 19.—Chez eux l'homicide se rachète par une certaine quantité de grand et de petit bétail, 21. — Peines diverses réservées chez les Germains à différens délits, 12. — Nos ancêtres ont réglé que si le délit précède, la peine suivra, *Ann.*, III, 69.

Péligniens, petit peuple du Samnium, se lèvent contre Vitellius, *Hist.*, III, 59.

Pelignus. *Voyez* Julius Pelignus.

Péloponnèse, doit son nom à Pélops, *Ann.*, IV, 55. — Partagé entre les descendans d'Hercule, 43. — Les Lydiens y envoient une colonie, 55.

Pélops donne son nom au Péloponnèse, *Ann.*, IV, 55.

Pénates (Dieux), *Ann.*, XI, 16. — Foyer domestique, I, 5; II, 84; *Hist.*, II, 80; III, 68; *Germ.*, 25, 32, 46. — Palais du prince, *Ann.*, VI, 51. — Pénates du peuple romain, sont brûlés dans l'incendie de Rome, XV, 41.

Penetrales Dii, dieux particuliers à un pays, *Ann.*, II, 10.

Pénius Postumus, préfet de camp de la seconde légion, apprenant les succès de la quatorzième et de la vingtième contre les Bretons, désespéré d'avoir ravi à sa légion une gloire semblable et d'avoir désobéi aux ordres de son chef, se perce de son épée, *Ann.*, XIV, 37.

Pennines (Alpes), *Hist.*, I, 61; IV, 68. — Franchies par les Vitelliens, encore couvertes des neiges de l'hiver, I, 70. — Ceux-ci en tiennent les passages fermés aux soldats d'Othon, 87.

Percennius, jadis directeur de théâtre, suscite en Pannonie la sédition parmi les légions, *Ann.*, I, 16, 28. — Discours qu'il débite aux soldats, 17. — Drusus le mande et le fait égorger, 29. — Mentionné, 31.

Père de la patrie, *Ann.*, XI, 25. — Tibère refuse ce titre, I, 72; II, 87.

Père des légions. Pison reçoit ce titre des légions de Syrie, *Ann.*, II, 55, 80.

Père du sénat. Le consul Vipstanus ayant proposé de donner ce titre à Claude, le prince réprime cette flatterie qui lui paraît outrée, *Ann.*, XI, 25.

Pères conscrits (*Patres conscripti*), nom des sénateurs, *Ann.*, II, 37; III, 53, 54; IV, 8, 34, 37, 38; VI, 6, 8; XI, 24; XIV, 43; XV, 20; *Hist.*, II, 52; IV, 42.

Pergame (*Bergamo*), ville de la Mysie, élève un temple en l'honneur d'Auguste et de Rome, *Ann.*, IV, 37, 55. — Les consuls reconnaissent son temple d'Esculape comme asile, III, 63. — Elle dispute aux autres villes d'Asie l'honneur d'élever un temple à Tibère, IV, 55. — Ses habitans s'opposent par la force à ce qu'Acratus, affranchi de Néron, enlève leurs statues et leurs tableaux, XVI, 23.

Périnthe (*Erekli*), ville de Thrace, *Ann.*, II, 54.

PÉRIPATÉTICIENS, philosophes de l'école d'Aristote, *Orat.*, 31.

PERLES de l'Océan, sont ternes et plombées, *Agr.*, 12. — Pêche des perles dans la mer Rouge (*mer des Indes*), *ibid.*

PÉROUSE (Guerre de), *Ann.*, v, 1 ; *Hist.*, i, 50.

PERPENNA (Marcus) accorde au temple de Diane Persique l'inviolabilité jusqu'à deux mille pas à l'entour, *Ann.*, iii, 62.

PERSÉE, dernier roi de Macédoine, *Ann.*, xii, 62. — Fait la guerre aux Romains, iv, 55. — Décore le temple de Paul-Émile son vainqueur, xii, 38.

PERSES, soumis par Rhamsès, *Ann.*, ii, 60. — Leur domination ne diminua pas le privilège du temple d'Éphèse, que depuis les Macédoniens et ensuite les Romains ont conservé, iii, 61. — Artaban réclame leurs anciennes limites, vi, 31. — Maîtres de l'Orient, *Hist.*, v, 8. — L'éloquence est chez eux inconnue, *Orat.*, 40.

PETILIUS CERIALIS, commandant la neuvième légion en Bretagne, défait, se réfugie dans son camp, dont les retranchemens le protègent, *Ann.*, xiv, 32. — Sa témérité réprimée par de sévères leçons, 33 ; *Hist.*, iii, 79. — Est élevé par Vespasien, dont il est l'allié, au rang des généraux, 59. — Il parvient à échapper aux gardes de Vitellius en se déguisant en paysan, *ibid.* — Est envoyé en avant avec mille cavaliers pour suivre les routes de traverse du pays sabin, et pénétrer dans Rome par la voie Salaria, 78, 80. — Passe en Germanie sur l'ordre de Mucien, iv, 68. — Arrive à Mayence, 71. — Bat Tullius Valentinus à Rigodulum et l'y fait prisonnier, *ibid.* — Entre dans Trèves et préserve cette ville de la destruction, 72. — Convoque en assemblée les Trévires et les Lingons, et leur adresse un discours pour les engager à la soumission, 73. — Civilis et Classicus lui offrent l'empire des Gaules, 75. — Il commet une faute en laissant se réunir des troupes ennemies qu'il pouvait intercepter séparément, *ibid.* — Julius Tutor presse Civilis de marcher contre Cerialis, 76. — Celui-ci, qui avait passé la nuit hors du camp, apprend que son armée est à la fois attaquée et vaincue, 77. — Il répare, par son intrépidité, un échec aussi peu attendu, *ibid.* — Prend et rase le camp ennemi, 78. — Va au secours des Agrippiniens, 79. — Domitien dépêche vers lui des envoyés secrets pour tenter sa fidélité ; mais Cerialis, par de sages tempéramens, le joue comme un enfant tourmenté de vains désirs, 86. — Marche contre Civilis, v, 14. — A un engagement au milieu des marais, 15. — Dispose son armée et la harangue, 16. — Bat Civilis, 18. — Ce dernier veut encore tenter la fortune; mais Cerialis le presse si vigoureusement, qu'il est obligé de traverser le Rhin à la nage, 20, 21. — Cerialis échappe lui-même, quelques jours après, au danger d'être pris, *ibid.* et *suiv.* — Ravage sans pitié l'île des Bataves, 23. — Leur offre la paix par des émissaires secrets, et à Civilis le pardon, 24. — Son entrevue avec ce dernier, 26. — Cerialis est envoyé en qualité de consulaire en Bretagne, *Agr.*, 8. — Il attaque la cité des Brigantes, dont il soumet la plus grande partie, 17.

PETILIUS RUFUS, ancien préteur, trame, avec trois autres complices du même rang que lui, la perte de Titius Sabinus, *Ann.*, IV, 68.

PETINA. *Voyez* ÉLIA PETINA.

PETOVION (*Pettau*), ville de la Pannonie 1re, quartier d'hiver de la treizième légion, *Hist.*, III, 1.

PETRA, surnom de deux chevaliers romains mis à mort pour un songe qu'eut l'un d'eux, *Ann.*, XI, 4.

PETRINA (Cavalerie), *Hist.*, IV, 49. — Est envoyée par Cécina pour défendre une partie de l'Italie livrée aux Vitelliens, I, 70.

PÉTRONE (Caïus), devenu proconsul de Bithynie, et ensuite consul, se montre actif et à la hauteur de ses fonctions, *Ann.*, XVI, 18. — Admis ensuite au nombre des amis intimes de Néron, Tigellinus, par jalousie, l'accuse de sa liaison avec Scevinus, *ibid.* — Il est arrêté à Cumes, en Campanie, où il avait suivi l'empereur, 19. — Fermeté qu'il déploie dans ses derniers momens, *ibid.* — Envoie à Néron un écrit sur ses monstruosités, *ibid.*

PÉTRONE (Publius). Lutorius est accusé d'avoir lu chez lui un poëme qu'il avait composé à l'occasion d'une maladie de Drusus, *Ann.*, III, 49. — Pétrone est choisi pour évaluer les pertes de chaque particulier dans l'incendie qui consuma la partie du Cirque contiguë au mont Aventin, ainsi que tout le quartier voisin, VI, 45.

PETRONIA, première femme de Vitellius, épouse Dolabella après son divorce, *Hist.*, II, 64.

PETRONIUS, procurateur de la Norique, *Hist.*, I, 70.

PETRONIUS PRISCUS est relégué par Néron aux îles de la mer Égée, *Ann.*, XV, 71.

PETRONIUS TURPILIANUS, consul en 814 avec Césonius Pétus, *Ann.*, xiv, 29. — Suetonius Paullinus, gouverneur de Bretagne, reçoit l'ordre de lui remettre le commandement de l'armée, 39; *Agr.*, 16. — Il pacifie cette province et la remet à Trebellius Maximus, *ibid.* — Est décoré par Néron des ornemens triomphaux, *Ann.*, xv, 72. — Galba le fait périr comme général de Néron, *Hist.*, i, 6, 37.

PETTAU. *Voyez* PETOVION.

PÉTUS, fameux par les confiscations qu'il exerçait pour le fisc, est envoyé en exil pour avoir faussement accusé Pallas et Burrus d'un complot, *Ann.*, xiii, 23.

PÉTUS. *Voyez* CÉSENNIUS, CÉSONIUS, THRASEA.

PEUCINS, peuple germanique ou sarmate, appelés aussi Bastarnes, *Germ.*, 46.

PEUPLE. *Voyez* la dissertation nouvelle Le Prince et le Peuple de Tacite.

PEUR, entraîne même les gens de bien, *Ann.*, xvi, 26. — Les timides et les lâches sont poussés par la peur au désespoir, *Hist.*, ii, 46.

PHARASMANE, roi d'Ibérie, et frère de Mithridate, *Ann.*, vi, 32; xi, 8; xii, 44. — Est réconcilié avec ce dernier par Tibère, vi, 32. — Parvient avec son frère à s'emparer de l'Arménie, 33. — Appelle Orode au combat, 34. — Blesse ce dernier, 35. — Mande à Claude que l'occasion est favorable de reconquérir l'Arménie, xi, 8. — Se sert de Rhadamiste, son fils, pour préparer les Arméniens à la révolte, puis lui donne des troupes pour combattre Mithridate et s'emparer de ses états, xii, 44-46. — Il ordonne la mort de ce dernier, ainsi que celle de sa femme et de ses enfans, 47. — T. Ummidius Quadratus lui envoie des députés avec sommation de s'éloigner des frontières de l'Arménie, et de rappeler son fils, 48. — Pharasmane tue Rhadamiste, xiii, 37. — Une partie de l'Arménie reçoit de Corbulon l'ordre d'obéir à Pharasmane, xiv, 26.

PHARSALE (Bataille de), *Hist.*, i, 50; ii, 38. — Lucius Domitius y périt, combattant pour la noblesse, *Ann.*, iv, 44.

PHÉBUS, affranchi de Néron, reprend vivement Vespasien de s'être laissé aller au sommeil pendant que le prince jouait de la lyre, *Ann.*, xvi, 5.

PHÉNICIENS, forment la limite, au couchant, du territoire des Juifs, *Hist.*, v, 6. — Devancèrent les Égyptiens dans la navigation, *Ann.*, xi, 14. — De chez ces derniers, ils portent les caractères alphabétiques en Grèce, et s'y acquièrent la gloire d'une invention qu'ils avaient reçue de l'Égypte, *ibid.* — Didon la Phénicienne, XVI, 1.

PHÉNIX, reparaît en Égypte, après une longue révolution de siècles, *Ann.*, VI, 28. — Particularités sur cet oiseau fabuleux, *ibid.*

PHILADELPHIE, ville d'Asie, maltraitée par un tremblement de terre en 777, *Ann.*, II, 47. — Exemptée par Tibère de tout tribut pendant cinq ans, *ibid.*

PHILIPPE, roi de Macédoine, fondateur de Philippolis, *Ann.*, III, 38. — Redoutable aux Athéniens, II, 63. — En guerre avec les Lacédémoniens, leur enlève le temple de Diane Limnatide, IV, 43. — Contemporain de Démosthène et d'Hypéride, *Orat.*, 16.

PHILIPPE emploie le superflu de ses richesses à l'ornement de Rome, *Ann.*, III, 72.

PHILIPPE (Faux). *Voyez* PSEUDO-PHILIPPUS.

PHILIPPES. Bataille de Philippes, *Ann.*, III, 76; *Hist.*, I, 50; II, 38. — Plaines de Philippes, *Ann.*, IV, 35.

PHILIPPOPOLIS, ville de Thrace, fondée par Philippe de Macédoine, *Ann.*, III, 38.

PHILON l'Académique enseigne la philosophie à Cicéron, *Orat.*, 30.

PHILOPATOR, roi de Cilicie, *Ann.*, II, 42. — Sa mort, *ibid.*

PHILOSOPHES, diffèrent d'opinion sur la manière dont sont réglées les choses humaines, *Ann.*, VI, 22.

PHIRRICUS. *Voyez* CLAUDIUS PHIRRICUS.

PHRAATE, roi des Parthes, portait à Auguste tous les sentimens du respect, *Ann.*, II, 1. — Pour affermir les liens de son alliance avec Rome, il y avait envoyé une partie de ses enfans, *ibid.*; XI, 10. — Après sa mort et celle des rois ses successeurs, les grands du royaume envoient à Rome des députés demander pour roi Vonones, le plus âgé des fils de Phraate, I, 2. — Des députés des Parthes viennent à Rome demander son petit-fils Méherdate pour roi, XII, 10.

PHRAATE, fils du précédent, est demandé pour roi par les Parthes aux Romains, *Ann.*, VI, 31. — Tibère accède à ce vœu, 32. — Phraate est emporté par une maladie soudaine, *ibid.*

PHRAATE, satrape, écrit à Tiridate pour lui demander un court délai pour se rendre à la cérémonie où ce dernier devait prendre les attributs du pouvoir royal, *Ann.*, VI, 42. — Ne vient pas au couronnement de Tiridate, et se déclare pour Artaban, 43.

Phrixus. Les Ibériens et les Albaniens ont son oracle en vénération, *Ann.*, VI, 34. — Ils prétendent qu'un bélier le transporta au travers des flots, *ibid.*

Picenum (Picentin, *Marche d'Ancône*), contrée d'Italie, *Ann.*, III, 9; *Hist.*, III, 42. — Cavaliers picentins, IV, 62.

Pilate. *Voyez* Ponce Pilate.

Pinarius Natta. *Voyez* Natta.

Pirates (Guerre des), *Ann.*, XII, 62; XV, 25.

Pirée (*Porto di Leone*), port d'Athènes, *Ann.*, V, 10.

Pisanus. *Voyez* Cetronius Pisanus.

Pise (Golfe de), *Hist.*, III, 42.

Pison (Caïus Calpurnius) seconde dans la guerre civile, avec une vive ardeur, le parti qui se relève en Afrique contre César, *Ann.*, II, 43. — Suit Brutus et Cassius, *ibid.* — Ayant obtenu son rappel, il ne voulut briguer nuls honneurs, jusqu'à ce qu'enfin on le pressa d'accepter le consulat, *ibid.*

Pison (Cneius), fils de C. Calpurnius Pison et mari de Plancine, *Ann.*, II, 43. — Avait un caractère violent, incapable d'aucune déférence, imbu de la fierté de son père, *ibid.* — Auguste à ses derniers momens le juge digne de l'empire, I, 13. — Pison est enveloppé dans une accusation machinée par Tibère, *ibid.* — Interpelle ce prince lors de l'accusation de Granius Marcellus du crime de lèse-majesté, 74. — Son avis dans la discussion du sénat sur la proposition de détourner les fleuves et les lacs qui grossissent le Tibre, 79. — Demande que les affaires ne doivent pas être suspendues pendant l'absence du prince, II, 35. — Est envoyé comme gouverneur en Syrie, 43. — Épouvante Athènes par sa marche tumultueuse, et la réprimande par une déclamation virulente, 55. — Germanicus, sachant que Pison le poursuit et le voyant entraîné sur des écueils, envoie des trirèmes à son secours, *ibid.* — Pison parvient à corrompre les légions de Syrie, au point qu'elles l'appellent leur père, *ibid.*, 80; III, 13. — Germanicus redoute son orgueil, 57. — Germanicus et Pison se joignent à Cyrre; effets de cette réunion, *ibid.* — Pison se rend rarement aux assemblées convoquées par Germanicus, *ibid.* — Assiste avec Germanicus et Agrippine à un festin donné par le roi des Nabatéens; sa conduite à ce festin, *ibid.* — Est humilié de voir Vonones, son protégé, relégué par Germanicus à Pompéiopolis, 58. — Est soupçonné d'avoir empoisonné Germanicus, 69. — Reçoit de ce dernier l'ordre de quitter la

Syrie, 70.— Part avec ses vaisseaux, *ibid.*— Apprend, dans l'île de Cos, que Germanicus n'est plus ; joie qu'il en éprouve, 75. — Délibère sur ce qu'il doit faire, 76, 77. — Envoie à Tibère des lettres où il accuse Germanicus de faste et d'ambition, 78. — Fait partir Domitius sur une trirème, et lui prescrit de gagner la Syrie par la pleine mer, *ibid.*— Arrive sur le continent avec ses vaisseaux et intercepte un corps de nouveaux soldats, *ibid.* — Envoie chez les petits rois de Cilicie solliciter des renforts, *ibid.* — Est secondé avec ardeur par son fils Marcus, *ibid.* — Côtoyant les bords de la Lycie et de la Pamphylie, il rencontre l'escadre d'Agrippine et est près d'en venir aux mains, 79. — Marsus Vibius le somme de comparaître à Rome, *ibid.* — Réponse railleuse de Pison, *ibid.* — Sentius lui écrit pour le dissuader de porter la corruption dans le camp, *ibid.* — Pison s'empare du château de Celenderis, 80. — Proteste qu'il est le seul gouverneur nommé par César, *ibid.* — Combat et est vaincu par Sentius, qui lui accorde des vaisseaux pour son retour assuré en Italie, 80, 81. — Murmure des Romains contre Pison et Plancine, en apprenant la maladie de Germanicus, 82. — On demande que Pison soit puni, III, 7.— Il se fait précéder à Rome par son fils, et se rend auprès de Drusus, 8. — Son itinéraire à partir d'Ancône jusqu'à Rome, 9. — A son arrivée dans Rome, sa maison est décorée d'ornemens de fête, *ibid.* — Il est accusé, et Tibère défère la cause au sénat, 10. — Sur le refus qu'il éprouve de L. Arruntius, T. Vinicius, Asinius Gallus, Eserninus Marcellus et Sext. Pompeius, de prendre sa défense, M. Lepidus, L. Pison et Livineius Regulus s'offrent d'eux-mêmes, 11. — Il est statué que les accusateurs seront entendus pendant deux jours, et que, après six jours d'intervalle, il sera accordé trois jours à l'accusé pour se défendre, 13. — Sa défense est faible, et la seule accusation du poison paraît détruite, 14. — Cris du peuple pendant son jugement, *ibid.* — Il est reconduit dans une litière par un tribun des cohortes prétoriennes, *ibid.* — Reparaît au sénat, et, le lendemain, on le trouve égorgé dans sa chambre, 15. — Conjectures sur son crime et sur sa mort, 16. — Tibère lit une lettre où Pison lui recommande ses enfans, *ibid.* — Aurelius Cotta propose de rayer son nom des Fastes, et de confisquer une partie de ses biens, 17. — Tibère repousse cette proposition, 18.

Pison (Cneius), fils du précédent, ne quitte point Rome pendant le séjour de son père en Syrie, *Ann.*, III, 16. — Aurelius Cotta propose le changement de son prénom, 17.

Pison (Marcus), frère du précédent, persuade à son père, après la mort de Germanicus, de se rendre en hâte à Rome, *Ann.*, II, 76. — Seconde avec ardeur les projets de guerre de son père, quoiqu'il se fût opposé à ce qu'on l'entreprît, 78. — Précède son père à Rome et est reçu avec douceur par Tibère, III, 8. — Son père, dans une lettre qu'il écrivit à Tibère, affirme que c'est contre les conseils de Marcus Pison qu'il est rentré en Syrie, 16. — Tibère l'excuse du crime de guerre civile, 17. — Aurelius Cotta propose qu'il soit relégué pour dix ans, *ibid.* — Tibère le sauve de l'ignominie et lui laisse ses biens paternels, 18.

Pison (Lucius Calpurnius), noble et fier Romain, *Ann.*, IV, 21. — Après s'être récrié contre les intrigues du forum, la corruption de la justice, la cruauté des orateurs, qui sans cesse menaçaient d'accusations, se retire du sénat, II, 34. — Appelle en justice Urgulania, que l'amitié de l'impératrice avait mise au dessus des lois, *ibid.* — Prend la défense de Cn. Pison, III, 11. — Q. Granius l'accuse de secrets discours contre la majesté du prince, IV, 21. — Sa mort opportune arrête la poursuite, *ibid.*

Pison (Lucius) avait pour père un censeur, *Ann.*, VI, 10. — Vote dans le procès de C. Silanus pour que l'eau et le feu lui soient interdits et qu'il soit relégué dans l'île de Gyare, III, 68. — Préfet de Rome et pontife, meurt à quatre-vingts ans de mort naturelle, VI, 10. — Est, par décret du sénat, honoré de la pompe des funérailles publiques, 11. — Son éloge, 10.

Pison (Lucius), préteur de la province d'Espagne, est assassiné par un paysan termestin, *Ann.*, IV, 45.

Pison (Caïus), chef de la fameuse conjuration contre Néron, *Ann.*, XIV, 65; XV, 48, 49, 65; *Hist.*, IV, 39. — Sa naissance, ses vertus, son affabilité, ses avantages corporels, *Ann.*, XV, 48. — Ne consent pas à ce que sa maison de campagne de Baïes soit ensanglantée par le meurtre de Néron, 52. — On convient qu'il restera dans le temple de Cérès, d'où, Néron tué, il sera porté au camp, 53. — Pison est dénoncé par Antonius Natalis, 56, 60. Ses amis l'excitent à tenter un mouvement contre Néron; il s'y refuse, 59. — Il s'ouvre les veines des bras après avoir été saisi par les ordres du prince, *ibid.* — Mucien fait assassiner le fils de Pison, *Hist.*, IV, 11, 50.

PISON (Lucius), consul désigné, fait apporter des restrictions au pouvoir des tribuns en matière de juridiction, *Ann.*, XIII, 28. — Collègue de Néron au consulat, en 810, 31. — Préposé par Néron, avec deux autres consulaires, à l'administration des revenus publics, XV, 18. — Gouverneur d'Afrique, est soupçonné de retenir les convois, *Hist.*, IV, 38. — Les Vitelliens essayent vainement de l'entraîner à la révolte, 49. — Il meurt assassiné par les ordres de Festus, commandant de la légion d'Afrique, 48-50. — Mensonge héroïque de l'un de ses esclaves, *ibid.*

PISON LICINIANUS, issu de M. Crassus et de Scribonia, *Hist.*, I, 14. — Descendant de Pompée et de Marcus Licinius Crassus, 15. — Est mandé par Galba, sur les insinuations de Lacon, 14. — Adopté par le prince, 15, 16, 38. — Ne fait apercevoir nul mouvement d'une âme ou troublée ou enorgueillie, 17. — Galba se rend au camp et y annonce l'adoption qu'il fait de Pison, 18. — Les paroles pleines d'affabilité que ce dernier prononce au sénat, sont accueillies avec enthousiasme, 19. — Pison est sur le point d'être envoyé auprès de l'armée germanique révoltée, *ibid.* — Haine que lui porte Othon, 21. — Pison harangue la cohorte de garde au palais, pour la détourner de reconnaître Othon pour empereur, 29, 30. — Il sort pour aller au camp où Galba doit le suivre, 34. — Épouvanté du tumulte de la sédition qui s'accroît et des clameurs qui retentissent, Pison joint Galba qui s'approche du Forum, 39. — Protégé par Sempronius Densus, il se sauve dans le temple de Vesta, 43. — Il en est tiré par deux soldats envoyés par Othon, qui l'égorgent sur le seuil du temple, *ibid.* — Pison succombe comme en un combat, III, 68. — Othon considère d'un œil insatiable sa tête qui est portée avec celles de Galba et de Vinius au milieu des enseignes des cohortes, auprès de l'aigle de la légion, I, 44. — Regulus déchire de ses dents la tête de Pison, IV, 42. — Les derniers devoirs lui sont rendus par son épouse et son frère, qui payent sa tête aux assassins qui l'avaient conservée pour la vendre, I, 47. — Il périt à trente-un ans, après avoir été long-temps exilé et quatre jours César, 48, 19. — Sa pauvreté maintint ses dernières volontés, 48. — Curtius Montanus opine au sénat pour que sa mémoire soit honorée, 40, IV.

PITUANIUS (Lucius), astrologue, est précipité de la roche Tarpéienne, *Ann.*, II, 32.

PIUS. *Voyez* AURELIUS PIUS.

PLACENTIA (*Plaisance*), ville de la Gaule Cisalpine, *Ann.*, XV, 47; *Hist.*, II, 17, 49. — Spurinna, chef du parti d'Othon, l'occupe et la fortifie, 18, 19. — Cécina songe aux moyens de l'assiéger d'une manière formidable, 20. — Les assaillans sont repoussés avec perte, 21, 22, 24, 32. — Spurinna informe par une lettre Annius Gallus de la résistance de cette place, 23. — Par ordre d'Othon, Spurinna y laisse une faible garnison, et va renforcer l'armée avec ses cohortes, 36.

PLACIDUS. *Voyez* JULIUS PLACIDUS.

PLAINES devenues montagnes par un tremblement de terre, *Ann.*, II, 47.

PLAISANCE. *Voyez* PLACENTIA.

PLANASIA (*Pianosa*), île de la mer Tyrrhénienne où fut relégué Agrippa Postumus par Auguste son grand-père, *Ann.*, I, 3, 5; II, 39.

PLANCINE, épouse de Cneius Pison, *Ann.*, II, 43, 57. — L'impératrice lui prescrit d'humilier Agrippine par toutes sortes de rivalités de femme, *ibid.* — Elle assiste aux exercices de cavalerie, aux courses des cohortes, et vomit des invectives contre Agrippine et Germanicus, 55. — Vonones se l'attache par toutes sortes de services et de présens, 58. — Relations de Plancine avec l'empoisonneuse Martina, 74. — Plancine se revêt d'habits de fête en apprenant la mort de Germanicus, 75; VI, 26 — Joint ses esclaves au nombre des soldats de Pison, qui veut rentrer en Syrie, II, 80. — Murmures des Romains contre Pison et Plancine, en apprenant la maladie de Germanicus, 2. — Elle arrive à Rome avec son époux, III, 9. — Est accusée d'avoir offert des sacrifices impies contre Germanicus, 13. — Objet de haine, 15. — Proteste d'abord qu'elle partagera la destinée de son époux, puis s'en détache peu à peu et sépare sa défense, *ibid.* — Pison ne parle pas d'elle dans la lettre qu'il écrit à Tibère avant de se suicider, 16. — On accorde la grâce de Plancine aux prières de Livie, 17, 18. — Accusée de crimes notoires, Plancine se punit de sa propre main, VI, 26.

PLANCIUS VARUS, ancien préteur, un des intimes amis de Dolabella, le dénonce à Flavius Sabinus, préfet de la ville, comme ayant quitté sa prison et s'étant présenté pour commander le parti vaincu, *Hist.*, II, 63. — Se repent de cette accusation et cherche trop tard à réparer sa faute, *ibid.*

PLANCUS. *Voyez* MUNATIUS PLANCUS.

PLANÈTE de Saturne est la plus élevée dans le ciel et la plus puissante des sept qui fixent les destins des mortels, *Hist.*, v, 4.

PLATON, fameux philosophe grec, *Orat.*, 31. — Eut Démosthène pour élève, 32.

PLAUTIUS (Aulus), gouverneur de Bretagne, *Agr.*, 14. — A son retour de cette province est honoré de l'ovation, *Ann.*, XIII, 32. — Son épouse, Pomponia Grécina, accusée de superstitions étrangères, est soumise au jugement marital, et déclarée innocente, *ibid.*

PLAUTIUS (Quintus), consul en 789 avec Sext. Papinius, *Ann.*, VI, 40.

PLAUTIUS ÉLIANUS, pontife, assiste le préteur Helvidius Priscus dans la cérémonie de la purification de l'emplacement du Capitole, *Hist.*, IV, 53.

PLAUTIUS LATERANUS, amant de Messaline, *Ann.*, XI, 30. — Claude le laisse vivre en considération des services signalés de son oncle, 36. — Néron fait un acte d'indulgence en le rendant au sénat, XIII, 11. — Consul désigné, Plautius porte la haine la plus vive dans la conspiration contre Néron, XV, 49.—Rôle qu'il a à remplir lors du meurtre du prince, 53. — Néron le fait périr avec tant de promptitude, qu'il ne lui accorde ni les embrassemens de ses enfans, ni un seul instant pour choisir son genre de trépas, 60.

PLAUTIUS SILVANUS, préteur, sans motif connu, précipite son épouse Apronia du haut de sa maison, *Ann.*, IV, 22. — Urgulania, son aïeule, pour le soustraire à un jugement, lui envoie un poignard, *ibid.* — Après avoir vainement tenté de se poignarder, il se fait ouvrir les veines, *ibid.*

PLAUTUS. *Voyez* RUBELLIUS PLAUTUS.

PLÉBÉIENS. Les magistrats romains, d'abord choisis parmi les patriciens, le furent ensuite parmi les plébéiens, etc., *Ann.*, XI, 24.

PLÉBISCITES rendus pour obvier aux ruses de l'usure, *Ann.*, VI, 16. — Plébiscites Calpurniens. *Voyez* CALPURNIENS.

PLEURS, doivent être réservés aux femmes, *Germ.*, 27.

PLINE SECOND (Caïus), historien et naturaliste, *Ann.*, XIII, 20; XV, 53; *Hist.*, III, 28. — A écrit les guerres de Germanie, *Ann.*, I, 69.

PLOTIUS FIRMUS, jadis simple soldat, commandant des gardes de nuit, est élu préfet du prétoire par les soldats, *Hist.*, I, 46.—Harangue les troupes sous son commandement, à la suite d'une sédition, 82.—

Fait à Othon des protestations d'attachement, après la nouvelle de la perte de la bataille de Bédriac, 46. — Entendant le gémissement que pousse ce prince en se donnant la mort, s'élance vers lui et le trouve percé d'une seule blessure, 49.

PLOTIUS GRIPHUS, élevé nouvellement au rang de sénateur par Vespasien, commande une légion, *Hist.*, III, 52. — Est nommé préteur en remplacement de Tertius Julianus, 39.—Conserve les honneurs de cette magistrature, quoique les fonctions en soient rendues à ce dernier, 40.

PLUTON, *Hist.*, IV, 84.

Pô, fleuve d'Italie, *Ann.*, XI, 24; *Hist.*, I, 70; II, 20, 32, 39, 44; III, 34.—Othon en fait occuper les rives, II, 11.—Vitellius s'assure de tout le pays et les villes entre ce fleuve et les Alpes, 17.—Cécina, honteux d'avoir entrepris témérairement le siège de Placentia, repasse le Pô, 22.—Martius Macer fait passer, dans des barques, les gladiateurs sur la rive opposée de ce fleuve, 23.—Cécina et Valens feignent de vouloir construire un pont, pour aller les attaquer, 34.—L'armée des Othoniens gagne le confluent du Pô et de l'Adda, 40.—Le hasard met aux prises deux légions entre le Pô et la route, 43.—Ce fleuve submerge les campagnes, III, 50. — Antonius et les autres chefs du parti flavien conviennent de couvrir le Pô de convois, 52.

POÈTE, mis en comparaison avec l'orateur, *Orat.*, 4, 13.—Personne ne connaît les poètes médiocres, bien peu les excellens, 10. — Différens genres de poètes, *ibid.*—Le mot *vates* opposé au mot *poeta*, 9.

POLÉMON, roi de Pont, *Ann.*, II, 56. — Une partie de l'Arménie reçoit des Romains l'ordre de lui obéir, XIV, 26.—Anicetus, un de ses affranchis, excite une révolte contre les Romains, *Hist.*, III, 47.

POLLION. *Voyez* ANNIUS, ASINIUS, CÉLIUS, DOMITIUS, JULIUS, MEMMIUS, VEDIUS.

POLLUTIA. *Voyez* ANTISTIA POLLUTIA.

POLLUX et CASTOR, adorés par les Naharvales sous le nom d'Alcis, *Germ.*, 43.

POLTRONS, chez les Germains, sont plongés dans la fange d'un bourbier, puis une claie est jetée par dessus, *Germ.*, 12.

POLYCLETUS, affranchi, est envoyé pour reconnaître l'état de la Bretagne, *Ann.*, XIV, 39. — Ses richesses, produit de ses rapines, *Hist.*, I, 37.—Son nom voué à l'exécration publique, II, 95.

POMERIUM, espace laissé vide autour des murs, tant en dedans qu'en dehors de la ville, *Ann.*, xii, 23, 24.

Pompée (Cneius), dit le Grand, bisaïeul de Lepida, *Ann.*, iii, 22. — Ancêtre de Pison Licinianus, *Hist.*, i, 15. — Perd promptement le pouvoir, *Ann.*, i, 1. — Choisi pour réformer les mœurs, il offre des remèdes plus intolérables que le mal, iii, 28. — Infracteur de ses propres lois, *ibid.*—Soutient à dix-huit ans une guerre civile, xiii, 6. — Combat aux portes de Rome, *Hist.*, iii, 51. — Son autorité dans la guerre des pirates, *Ann.*, xv, 25.—Les Byzantins lui offrent leur assistance, xii, 62. — Ses conquêtes en Arménie, xiii, 34; xv, 14.— Dompte les Juifs, ce qu'aucun Romain n'avait fait avant lui, et, par droit de victoire, entre dans le temple de Jérusalem, *Hist.*, v, 9, 12.—A son troisième consulat (en 702), restreint l'éloquence, *Orat.*, 38. — La guerre civile le suit au-delà des mers, et il y trouve une fin funeste, *Hist.*, ii, 6.—Sous lui la république eût pu se maintenir, i, 50.— Plus dissimulé que C. Marius et que L. Sylla, ne fut pas meilleur, ii, 38.—Eut Théophane pour ami, *Ann.*, vi, 18.—Tite-Live exalta Pompée par tant de louanges, qu'Auguste appelait cet historien le Pompéien, iv, 53. — Tibère promet de reconstruire le théâtre de Pompée, consumé par un incendie, et de lui laisser son premier nom, iii, 72; vi, 45. — Noble fierté que montrèrent dans ce théâtre deux chefs des Frisons, xiii, 54. — Pompée est blâmé d'avoir établi un théâtre à demeure, xiv, 20.—Il dut sa puissance non-seulement à la force et aux armes, mais à son génie et à son éloquence, *Orat.*, 37. — Ne fut point ménagé par les orateurs, 40. — Sa statue, *Ann.*, ii, 27; iii, 23.— *Voyez* encore, *Hist.*, iii, 66.

Pompéi, ville de Campanie, voit naître un carnage affreux entre ses habitans et ceux de Nucérie, à l'occasion d'un spectacle de gladiateurs, *Ann.*, xiv, 17. — Est renversée en grande partie par un tremblement de terre, xv, 22.

Pompeia Macrina, arrière-petite-fille de Théophane de Milet, et dont Tibère avait déjà fait périr le premier mari, Argolicus, et le beau-père, Lacon, est envoyée en exil, *Ann.*, vi, 18. — Son père, illustre chevalier romain, et son frère, ancien préteur, voyant leur condamnation approcher, se tuent de leur propre main, *ibid.*

Pompeia Paullina, femme de Ann. Sénèque, *Ann.*, xv, 60. —Se fait ouvrir les veines en même temps que son mari, 63. — Néron ordonne qu'on l'empêche de mourir, 64.

Elle ne survit que peu d'années, *ibid.*

Pompéien, nom donné par Auguste à Tite-Live, à cause des louanges nombreuses que cet historien prodigue à Cn. Pompée, *Ann.*, IV, 34.

Pompéiopolis, ville maritime de la Cilicie, *Ann.*, II, 58.

Pompeius, chevalier romain, périt victime de la conjuration de Séjan, *Ann.*, VI, 14.

Pompeius est dépouillé du tribunat, non parce qu'il haïssait Néron, mais parce qu'il passait pour le haïr, *Ann.*, XV, 71.

Pompeius (Caïus). *Voyez* Pompée.

Pompeius (Caïus), consul en 802 avec Q. Veranius, *Ann.*, XII, 8.

Pompeius (Sextus), fils du Grand Pompée, fut abusé par Auguste qui fit avec lui une paix illusoire, *Ann.*, I, 10. — Fait la paix avec les triumvirs, V, 1. — Succombe en Sicile, I, 2.

Pompeius (Sextus), consul en 767 avec Sex. Apuleius, prête, le premier, serment à Tibère, *Ann.*, I, 7. — Refuse à Pison de prendre sa défense, III, 11. — Fait éclater sa haine contre M. Lépide, 32.

Pompeius Collega (Sextus), consul en 846, année de la mort d'Agricola, *Agr.*, 44.

Pompeius Élianus, jeune homme sorti de la questure, accusé d'avoir eu connaissance de l'infamie de Val. Fabianus, est exilé de l'Italie et privé du séjour de l'Espagne où il était né, *Ann.*, XIV, 41.

Pompeius Longinus, tribun, marche au camp des prétoriens pour tâcher d'apaiser la sédition qu'y fait naître la promotion d'Othon à l'empire, *Hist.*, I, 31. — Est saisi et désarmé par eux, comme suspect, à cause de sa fidélité à Galba, *ibid.*

Pompeius Macer, préteur, demande à Tibère si l'on doit recevoir les accusations de lèse-majesté, *Ann.*, I, 72.

Pompeius Paullinus, commandant en Germanie, termine la digue commencée soixante-trois années auparavant par Drusus, afin de contenir le Rhin, *Ann.*, XIII, 53. — Est préposé par Néron, avec deux autres consulaires, à l'administration des revenus publics, XV, 18.

Pompeius Propinquus, procurateur de Belgique, envoie à Rome une lettre informant que les légions de la Germanie Supérieure ont trahi la foi du serment, demandent un autre empereur que Galba, et laissent au sénat et au peuple romain la faculté de l'élection, *Hist.*, I, 12. — Est massacré par les soldats de Vitellius, 58.

Pompeius Urbicus, complice

de Messaline et de Silius, est livré à la mort par ordre de Claude, *Ann.*, xi, 35.

Pomponia Grécina, épouse de Plautius, est accusée de superstitions étrangères, soumise au jugement marital, et déclarée innocente, *Ann.*, xiii, 32. — Vécut longues années, pendant lesquelles elle ne cessa de déplorer la mort de Julie, victime de la perfidie de Messaline, *ibid.*

Pomponius. *Voyez* Atticus, Flaccus, Labéon.

Pomponius, client de Séjan, *Ann.*, vi, 8.

Pomponius (Lucius), consul en 770 avec C. Cécilius Rufus, *Ann.*, ii, 41.

Pomponius (Quintus) accuse Considius Proculus et Sancia, sœur de ce dernier, pour obtenir la faveur du prince et arracher ainsi à la mort son frère Pomponius Secundus, *Ann.*, vi, 18. — P. Suilius est accusé de l'avoir, par l'atrocité de ses délations, forcé à se jeter dans la guerre civile, xiii, 43.

Pomponius Secundus (Lucius), *désigné sous le prénom de* Publius, *Ann.*, xi, 13. — Frère de Q. Pomponius, vi, 18. — On lui fait un crime d'avoir été l'ami d'Élius Gallus, v, 8. — Supporte avec fermeté son infortune et survit à Tibère, *ibid.* — Consulaire, il est insulté par le peuple au théâtre le jour où l'on représentait un de ses ouvrages, xi, 13. — Repousse les Cattes de la Germanie Supérieure, où ils portaient la terreur, et la dévastation, 27. — On lui décerne les honneurs du triomphe, 28. — S'est acquis une grande gloire auprès de la postérité par l'excellence de ses poésies, *ibid.; Orat.*, 13.

Pomponius (Publius). *Voyez* Pomponius Secundus (Lucius).

Pomponius Silvanus, qui avait exercé le pouvoir proconsulaire en Afrique, mis en accusation, est absous par l'influence de Néron, *Ann.*, xiii, 52.

Pomtinus Sevinus, condamné pour crime de concussion, est rendu au sénat par Othon, *Hist.*, i, 77.

Ponce Pilate, procurateur de Judée, livre le Christ au supplice, *Ann.*, xv, 44.

Pont construit sur l'Arsanias par Pétus, sur l'ordre des Parthes, *Ann.*, xv, 15. — Pont de bateaux construit sur l'Euphrate pour le passage des troupes, vi, 37; xv, 7, 9. — Pont construit et rompu à Forum d'Allienus, *Hist.*, iii, 6. — Pont sur la Meuse, iv, 66. — Pont Milvius, *Ann.*, xiii, 47; *Hist.*, i, 87; ii, 89; iii, 82. — Pont sur la Moselle, iv, 77. — Pont sur la Nava,

IV, 70. — Pont sur le Nabal, V, 26. — Pont sur le Pô, II, 34. — Pont sur le Rhin, *Ann.*, I, 49, 69. — Pont Sublicius sur le Tibre, *Hist.*, I, 86.

PONT, royaume septentrional de l'Asie Mineure, *Ann.*, II, 56; XV, 6, 26; *Hist.*, II, 81; III, 47; IV, 83. — Administré par un procurateur, *Ann.*, XII, 21. — Pétus y tient la douzième légion, XV, 10. — Sa contenance pendant les démêlés d'Othon et de Vitellius, *Hist.*, II, 6. — Un esclave de ce pays veut se faire passer pour Néron, 8. — Mucien, ordonne à la flotte de passer du Pont à Byzance, 83.

PONT-EUXIN (*mer Noire*), mer située entre l'Europe et l'Asie, *Ann.*, II, 54; XII, 63; XIII, 39. — Reçoit les eaux du Danube par six embouchures, *Germ.*, 1.

PONTIA POSTUMIA, femme mariée, est déterminée par de grands présens à l'adultère, puis à quitter son mari, *Ann.*, XIII, 44. — Est poignardée par Octavius Sagitta, son amant, dans un excès de jalousie, *ibid.*; *Hist.*, IV, 44.

PONTICUS (Valerius) est chassé d'Italie pour avoir voulu soustraire des accusés au préfet de Rome, *Ann.*, XIV, 41.

PONTIFES, *Ann.*, III, 64. — Sont outrageusement consultés par Auguste, pour savoir si, l'enfant étant conçu et n'étant pas encore né, son union avec la femme de Néron était légitime, I, 10. — On tire au sort parmi les grands de Rome vingt-un pontifes, 54. — Ils président aux sacrifices de Jupiter, lorsque le flamine en est empêché par maladie ou fonction publique, III, 58. — Font, sous Auguste, un décret qui décide que toutes les fois que le flamine de Jupiter serait malade, il pourrait s'absenter plus de deux nuits, avec la permission du grand-pontife, pourvu que ce ne soit pas aux jours de service public, ni plus souvent que deux fois dans la même année, 71. — Sont réprimandés par Tibère de ce que, en faisant des vœux pour sa conservation, ils avaient prié les mêmes dieux pour les fils de Germanicus, IV, 17. — Célèbrent un festin à l'anniversaire de la naissance de l'impératrice Livie, VI, 5. — On fait un sénatus-consulte pour qu'ils aient à voir ce qu'il faut recueillir et conserver de la science des aruspices, XI, 15. — Agrippine monte au Capitole sur le char à eux réservé de toute antiquité, XII, 42. — Ils font des vœux pour le salut de Claude, 68. — Fabricius Véienton est chassé de l'Italie pour avoir composé contre eux des libelles diffamatoires, XIV, 50. — Ils aident à poser la première pierre du Capitole, lors de sa reconstruction, *Hist.*, IV, 43.

Pontins (Marais), dans le Latium, chez les Volsques, *Ann.*, XV, 42.

Pontius (Caïus), consul en 790 avec Cn. Acerronius, *Ann.*, VI, 45.

Pontius Fregellanus, complice des dérèglemens d'Albucilla, est condamné à perdre le rang de sénateur, *Ann.*, VI, 48.

Poppéa Sabina, femme de P. Corn. Scipion, *Ann.*, XI, 2. 4. — Efface en beauté toutes les femmes de son temps, XIII, 45. — Victime des artifices de Messaline, se donne la mort, XI, 1, 2, 4. — P. Suilius est accusé de l'avoir forcée à s'arracher la vie, XIII, 43.

Poppée Sabina, fille de T. Ollius et de la précédente, petite-fille, du côté maternel, de Poppéus Sabinus, dont elle prit le nom, *Ann.*, XIII, 45. — Sa personne et son caractère, *ibid.* — Épouse de Rufius Crispinus, de qui elle eut un fils, puis d'Othon, *ibid.*; XV, 71. — Inspire de l'amour à Néron, XIII, 46. — Ce prince la laisse à Othon jusqu'à ce qu'il ait répudié Octavie, son épouse, *Hist.*, I, 13. — Elle entretient près d'elle plusieurs astrologues, 22. — Ses artifices pour amener Néron au mariage, *Ann.*, XIV, 1. — Elle est unie à ce prince, 60. — Détermine un des serviteurs d'Octavie à accuser cette princesse d'être éprise d'un esclave, *ibid.*, 63. — Le peuple renverse ses statues, 61. — Son discours artificieux à Néron, *ibid.* — La tête d'Octavie lui est apportée de l'île Pandateria, 64. — Doryphorus est empoisonné par Néron, pour s'être opposé à son mariage avec Poppée, 65. — Elle donne à Néron une fille et reçoit du prince le surnom d'Augusta, XV, 23. — Conseillère des cruautés de Néron, 61. — Elle périt victime d'un transport de fureur de son époux, qui prononce ensuite son éloge funèbre, XVI, 6. — Son corps est embaumé et déposé dans le tombeau des Jules, *ibid.* — Sa mort remplit de joie ceux qui se rappellent son impudicité et sa barbarie, 7. — Par une absence volontaire, Thrasea n'assiste pas à ses funérailles, 21. — On décerne à Poppée les honneurs des dieux, *ibid.*, 22. — Othon, par un sénatus-consulte, fait relever ses statues, *Hist.*, I, 78.

Poppéus Sabinus, aïeul maternel de Poppée Sabina, *Ann.*, XIII, 45. — Est prorogé dans son gouvernement de Mésie, I, 80. — On lui décerne les ornemens du triomphe pour sa victoire sur les Thraces, IV, 46. — Sa conduite pendant cette guerre, 47-51. — Apprend l'apparition d'un faux Drusus et se met à sa poursuite, v, 10. — Mort de Poppéus Sabinus, vi, 39. — Jugement sur ce personnage, *ibid.*

Poppéus Silvanus, gouverneur de Dalmatie, *Hist.*, ii, 86. — Commande six mille Dalmates servant dans le parti flavien, iii, 50. — Est préposé à la perception d'un emprunt de soixante millions de sesterces, iv, 47.

Poppéus Vopiscus est donné à Virginius, par Othon, pour collègue au consulat, sous le prétexte de leur ancienne amitié, *Hist.*, i, 77.

Populace. *Voyez* la dissertation nouvelle *Le Prince et le Peuple de Tacite*, t. viii et ix.

Porc, est banni de la nourriture des Juifs, en mémoire de la persécution qu'a jadis attirée sur eux la lèpre à laquelle cet animal est sujet, *Hist.*, v, 4.

Porcius (les), originaires de Tusculum, *Ann.*, xi, 24.

Porcius Caton. *Voyez* Caton.

Porsenna, roi d'Étrurie, force Rome à se rendre, *Hist.*, iii, 72.

Port d'Éphèse, *Ann.*, xvi, 23. — Port d'Hercule Monécus, *Hist.*, iii, 42.

Porte. *Voyez* Colline, Esquiline, Décumane, Prétorienne, Triomphale.

Porte-aigle. *Voyez* Aquilifère.

Portes Caspiennes. *Voyez* Caspiennes.

Portiques renversés dans l'incendie de Rome, *Ann.*, xv, 40. — Dans la reconstruction de cette ville, on élève des portiques pour limiter les quartiers, 43. — Portique de Vipsanius, *Hist.*, i, 31.

Portius Septiminus, procurateur de Rhétie, garde une fidélité incorruptible à Vitellius, *Hist.*, ii, 5.

Postérité, distribue à chacun l'honneur mérité, *Ann.*, iv, 35. — L'estime de la postérité est le plus beau prix de l'éloquence, xi, 6.

Postumia. *Voyez* Pontia Postumia.

Postumia (Voie), grand chemin qui passait près d'Hostie, *Hist.*, iii, 21.

Postumius (Aulus), dictateur, fondateur du temple de Bacchus, Proserpine et Cérès, situé près du grand Cirque, *Ann.*, ii, 49.

Postumius (Aulus), flamine de Jupiter, est retenu à Rome par le grand-pontife L. Metellus, *Ann.*, iii, 71.

Postumus. *Voyez* Agrippa, Julius, Pénius.

Potitus (Valerius) et Émilius Mamercus sont les premiers questeurs élus à Rome, soixante-trois ans après l'expulsion des Tarquins, *Ann.*, xi, 22.

POUILLE. *Voyez* APULIE.

POUVOIR obtenu par le crime ne fut jamais exercé vertueusement, *Hist.*, I, 30.

POUZZOLES, ville de la Campanie, envoie des députations vers le sénat, *Ann.*, XIII, 48. — Obtient de Néron les droits et le surnom de colonie, XIV, 27. — Ce prince aimait beaucoup à se promener en mer aux environs de cette ville, XV, 51. — Pouzzoles se distingue par son zèle pour Vespasien, *Hist.*, III, 57.

PRASUTAGUS, roi des Icéniens, nomme Néron son héritier, conjointement avec ses deux filles, espérant, par une telle déférence, mettre son royaume et sa famille à l'abri de l'outrage, *Ann.*, XIV, 31.

PRÉCIPITATION, est souvent près de la crainte, *Germ.*, 30.

PRÉFECTURES données par Vespasien à ses partisans, *Hist.*, II, 82.

PRÉFETS DE CAMP (*Præfecti castrorum*), *Ann.*, XII, 38; *Hist.*, II, 89; IV, 59; V, 20. — Alphenus Varus, *Hist.*, II, 29. — Aufidienus Rufus, *Ann.*, I, 20. — Cassius Longinus, *Hist.*, III, 14. — Cetronius Pisanus, IV, 50. — Julius Gratus, II, 26. — Minucius Justus, III, 7. — Pénius Postumus, *Ann.*, XIV, 37.

PRÉFETS DE CAVALERIE (*Præfecti equitum* ou *alæ*). Asinius Pollion, *Hist.*, II, 59. — Lucilius Bassus, 100. — Julius Briganticus, 22; V, 20. — Julius Classicus, II, 14; IV, 55. — Claudius Labéon, 18. — Claudius Sagitta, 49. — Vibius Fronto, *Ann.*, II, 68. — Mennius Rufinus, *Hist.*, III, 12. — Tullius Flavianus, 79.

PRÉFETS DE COHORTE, *Ann.*, XII, 17; *Hist.*, II, 15; IV, 15, 17. — Alpinus Montanus, III, 35; IV, 31. — Arrius Varus, *Ann.*, XIII, 9. — Aulus Atticus, *Agr.*, 37. — Civilis, *Hist.*, IV, 32. — Festus, II, 59. — Scipion, *ibid.*

PRÉFETS DE LA FLOTTE (*Præfecti remigum* ou *classis*). Anicetus, *Ann.*, XIV, 3, 62, 63. — Autre du même nom, *Hist.*, III, 47. — Lucilius Bassus, II, 100; III, 12. — Burdo, I, 58. — Claudius Apollinaris, III, 75, 77. — Claudius Julianus, *ibid.* — Clodius Quirinalis, *Ann.*, XIII, 30. — Cornelius Fuscus, *Hist.*, III, 12.

PRÉFETS DES GARDES NOCTURNES (*Præfecti vigilum*). Decius Calpurnianus, *Ann.*, XI, 35. — Sophonius Tigellinus, *Hist.*, I, 70.

PRÉFETS DE LÉGION. Un grand nombre succombent en combattant contre les Frisons, *Ann.*, IV, 73. — Vitellius Saturninus, préfet de légion, est blessé dans une sédition militaire, en s'opposant à l'entrée tumultueuse des soldats dans le palais, *Hist.*, I, 82.

Préfets du prétoire, *Hist.*, III, 58. — Alphenus Varus, *Hist.*, III, 36. — Arretinus Clemens, IV, 68. — Arrius Varus, 2, 68. — Afran. Burrus, *Ann.*, XII, 42; XIII, 20. — Cornelius Lacon, *Hist.*, I, 13, 19. — R. Crispinus, *Ann.*, XI, 1; XVI, 17. — Fenius Rufus, XIV, 51; XV, 50, 53. — Julius Priscus, *Hist.*, II, 92; IV, 11. — Licinius Proculus, I, 46, 82, 87; II, 33, 39. — Lusius Geta, *Ann.*, XI, 31, 33. — Macron, VI, 15. — Nymphidius Sabinus, *Hist.*, I, 5. — Plotius Firmus, 46, 82; II, 46, 49. — P. Sabinus, 92. — Seius Strabon, *Ann.*, I, 7. — Séjan, 24. — Soph. Tigellinus, XIV, 51; *Hist.*, I, 70. — Othon envoie les préfets du prétoire pour apaiser une sédition militaire, 81.

Préfets de Rome (*Præfecti Urbis*). Corvinus (Messala), *Ann.*, VI, 11. — Drusus, IV, 36. — Ducennius Geminus, *Hist.*, I, 14. — Élius Lamia, *Ann.*, VI, 27. — Flavius Sabinus, *Hist.*, I, 46; II, 55, 63; III, 64, 75. — Pedanius Secundus, *Ann.*, XIV, 42, 43. — L. Pison, VI, 10. — Sisenna Statilius Taurus, 11. — Leur institution, *ibid.* — Préfet de Rome, pour les Féries latines, *ibid.*; IV, 36.

Préfets des subsistances (*Præfecti annonæ*). Arrius Varus, *Hist.*, IV, 68. — Fenius Rufus, *Ann.*, XIII, 22. — C. Turranius, I, 7; XI, 31.

Préfets du trésor ou de l'épargne, sont chargés de la tenue des registres publics du trésor, dont le soin était auparavant confié aux questeurs de l'épargne, *Ann.*, XIII, 28. — Forme variable de cette administration, 29.

Préneste (*Palestrine*), ville du Latium, est témoin d'une tentative d'évasion de la part des gladiateurs, *Ann.*, XV, 46.

Présages, *Ann.*, XI, 31; *Hist.*, I, 3. — Présages de maux, *Ann.*, XIV, 64; *Hist.*, I, 6. — Présage d'une vengeance prochaine, *Ann.*, XV, 74. — L'adoption de Licinianus Pison par Galba est proclamée dans le camp par ce dernier sous d'affreux présages, *Hist.*, I, 18. — L'aruspice Umbricius annonce à Galba de tristes présages, 27. — Un heureux présage s'offre à Fabius Valens et à l'armée qu'il menait aux combats, 62. — Présages pour Othon de défaites menaçantes, 86. — Présage heureux pour Titus dans le temple de Vénus à Paphos, II, 4. — Un présage heureux promet à Vespasien la plus grande illustration, 78. — Présages funestes pour Vitellius, III, 56. — Les Germains tirent des présages du hennissement et du frémissement des chevaux, *Germ.*, 10. — *Voyez* Augure.

Présent (le) est toujours dédaigné, et ce qui est ancien loué, *Orat.*, 18.

PRÉTEUR, recevait les accusations, *Ann.*, I, 72; II, 79. — Il était autrefois d'usage qu'ils plaidassent les plus grandes affaires, *Orat.*, 38. — Chargé de la représentation des spectacles, *Ann.*, XIV, 20. — Auguste ordonne que tous les livres présumés de la Sibylle soient déposés, à un jour fixe, chez le préteur de la ville, VI, 12. — La célébration annuelle des jeux Augustaux est attribuée au préteur qui a la juridiction entre les citoyens et les étrangers, I, 15. — Tibère fait serment de ne jamais excéder le nombre de douze préteurs qui avait été fixé par Auguste, 14. — Un préteur est envoyé pour interroger Urgulania en sa demeure, II, 34. — Gallus demande que les lieutenans des légions, qui devaient être préteurs après leurs campagnes, le soient alors même de droit, 36. — Le préteur Gracchus, chargé de punir les délits contre l'usure, effrayé de la multitude des coupables, en réfère au sénat, VI, 16. — L. Silanus, préteur, forcé d'abdiquer sa magistrature un jour avant la fin de son exercice, Éprius Marcellus y est appelé, XII, 4. — Il est fait défense aux tribuns d'attenter à leur droit, XIII, 28. — Néron, par un édit, charge les préteurs de prononcer extraordinairement contre les publicains, 51. — Acilius Strabon est dénoncé par les Cyrénéens, chez lesquels il avait exercé l'autorité de préteur, XIV, 19. — Les comices des préteurs sont troublés par les excès de la brigue, 28. — Le préteur de la ville convoque le sénat, *Hist.*, I, 47; IV, 39. — Tacite, décoré de ce titre, assiste aux jeux Séculaires célébrés par Domitien, *Ann.*, XI, 11.

PRÉTEURS DU TRÉSOR, *Ann.*, I, 75; XIII, 29; *Hist.*, IV, 9.

PRÉTEXTATA. *Voyez* SULPICIA PRÉTEXTATA.

PRÉTEXTE, marque distinctive des jeunes gens de qualité, *Ann.*, I, 3; XII, 41. — Marque de la dignité des principaux magistrats, *Hist.*, II, 89. — Robe des consuls, III, 31.

PRÉTORIENNE (Porte), entrée principale d'un camp romain, *Hist.*, IV, 30.

PRÉTORIENNES (Cohortes). *Voy.* COHORTES et PRÉTORIENS.

PRÉTORIENS. Junius Gallion demande pour les prétoriens vétérans le droit de siéger dans les quatorze rangs réservés aux chevaliers, *Ann.*, VI, 3. — Dévoués à la maison entière des Césars, XIV, 7. — Se soulèvent contre Galba lors de la promotion d'Othon à l'empire, *Hist.*, I, 31. — Adjoints par ce dernier à des députés qui se rendaient en Germanie, sous prétexte de les escorter, sont renvoyés avant d'avoir communiqué avec les légions, 74. — Sont embarqués par Othon pour se rendre dans la Gaule Narbonnaise, 87. — Le centurion Sisenna leur porte, au nom de l'armée de Syrie, des mains entrelacées en signe d'alliance, II, 8. — Leur conduite pendant le siège de Placentia, 22. — S'écrient, après la défaite de Bédriac, que la trahison et non la valeur les a vaincus, 44. — Promettent à Othon de laver l'affront de cette funeste journée, 46. — Vespasien essaie d'attirer à lui les prétoriens disgraciés par Vitellius, 82. — Ceux-ci reprennent du service et deviennent les soutiens de son parti, 67. — Vitellius se plaint d'eux avec aigreur, 96. — Antonius les fait venir pour soutenir ses lignes chancelantes, III, 23. — Ce chef les apostrophe avec une sorte d'indignation, 24. — *Voyez* Cohorte et Soldats.

Prêtres d'Auguste, *Ann.*, I, 54; II, 83; III, 64; *Hist.*, II, 95. — De l'Égypte, IV, 83. — Des Germains, *Germ.*, 7, 10, 11. — Des Juifs, *Hist.*, V, 5, 8, 13. — Des Naharvales, *Germ.*, 43. — Titiens, *Ann.*, I, 54. — Pourquoi créés et par qui, *ibid.* — Romulus institue un collège de prêtres en l'honneur du roi Tatius, *Hist.*, II, 95. — Agrippine reçoit du sénat le titre de prêtresse de Claude, *Ann.*, XIII, 2. — Le sénat vote un prêtre à la fille de Néron qui vient de mourir, XV, 23. — *Voyez* Pontifes.

Préture (Ornemens de la) décernés à Julius Aquila, *Ann.*, XII, 21; à Pallas, 53; à Arrius Varus, *Hist.*, III; à Cornelius Fuscus, *ibid.*

Primipilaire, premier centurion d'une légion, *Ann.*, II, 11; IV, 72; XV, 12; *Hist.*, I, 31, 87; II, 22; III, 6, 22, 70; IV, 15.

Primus. *Voyez* Antonius et Cornelius.

Prince. Auguste accepte le pouvoir sous ce nom, *Ann.*, I, 1; III, 28. — *Voyez* la dissertation nouvelle *Le Prince et le Peuple de Tacite*, t. VIII et IX.

Prince de la jeunesse. Caïus et Lucius, fils d'Agrippa, bien que revêtus de la robe de l'enfance, avaient ce titre, *Ann.*, I, 3. — Néron en est honoré, XII, 41.

Princes, sont mortels, *Ann.*, III, 6. — Tous les biens leur sont accordés, un seul excepté, dont ils doivent être insatiables, le souvenir honorable de leur vie, IV, 38. — Toutes leurs actions doivent se diriger vers la renommée, 40. — Un prince, une fois odieux, ses bonnes, ses mauvaises actions lui nuisent également, *Hist.*, I, 7. — Le vulgaire ne les juge que d'après leur figure et les grâces de leur corps, *ibid.* — Persuader un prince de ce qu'il doit faire, est une grande tâche, 15. — Les princes cruels frappent plutôt qui les approche, IV, 74. — Le sang forme pour chaque homme un lien indissoluble, et surtout pour les princes, 52. — Même sous les mauvais princes, il peut y avoir des grands hommes, *Agr.*, 42.

PRINCIPAT, *Ann.*, I, 2, 7; *Hist.*, I, 15, 50, 83; III, 86; IV, 11; *Agr.*, 3.

PRISCA. *Voyez* MUTILA PRISCA.

PRISCUS. *Voyez* ANCHARIUS, FABIUS, HELVIDIUS, JULIUS, LUTORIUS, NOVIUS, PETRONIUS, TARQUIN L'ANCIEN et TARQUITIUS.

PRISCUS (Cornelius), consul en 846, année de la mort d'Agricola, *Agr.*, 44.

PROBITÉ, n'est plus intacte dès que l'on considère la grandeur du profit, *Ann.*, XI, 6.

PROCÈS. S'il n'y avait aucun gain à poursuivre des procès, on en aurait moins, *Ann.*, XI, 6.

PROCÈS-VERBAUX des séances du sénat, *Ann.*, V, 4; XV, 74.

PROCILLA. *Voyez* JULIA PROCILLA.

PROCONSULAIRE (Pouvoir), *Ann.*, I, 14; XII, 41; XIII, 21, 52.

PROCONSULAIRE (Province), *Ann.*, I, 76; III, 58.

PROCONSULS, chargés par un édit de Néron de prononcer extraordinairement dans les provinces contre les publicains, *Ann.*, XIII, 51. — Sur la proposition de Néron, on défend à qui que ce soit de solliciter du sénat des actions de grâces pour les proconsuls, XV, 22.

PROCULEÏUS (Caïus), connu par la tranquillité de sa vie, et étranger aux affaires de l'état, *Ann.*, IV, 40.

PROCULUS. *Voyez* BARBIUS, CERVARIUS, CESTIUS, COCCEIUS, CONSIDIUS, LICINIUS, TITIUS, VOLUSIUS.

PROCURATEURS, chargés de l'administration des biens du prince, *Ann.*, XIV, 54; *Orat.*, 7. — Cette dignité égale celle de chevalier, *Agr.*, 4. — Gouvernent certaines provinces, *Hist.*, II, 11. — Ont des troupes sous leurs ordres, *Ann.*, XIV, 32. — Leur avidité, *Agr.*, 15. — Claude les choisit parmi ses affranchis et leur donne le plein droit de jugement, *Ann.*, XII, 60. — Néron ordonne par un édit qu'aucun procurateur ayant un gouvernement, ne donnera ni spectacles de gladiateurs, ni combats de bêtes féroces, ni tout autre jeu, XIII, 31. — Néron les charge par un édit de prononcer extraordinairement dans les provinces contre les publicains, 51. — Vespasien élève plusieurs de ses partisans à ce poste, *Hist.*,

II, 82. || Procurateur d'Afrique, *Hist.*, IV, 50.—Des Alpes Maritimes, III, 42.—D'Asie, *Ann.*, IV, 15.—De la Belgique, *Hist.*, I, 12, 58, 59.—De Cappadoce, *Ann.*, XII, 49.—Des jeux, XI, 35. — De la Judée, XII, 54; XV, 44; *Hist.*, V, 10. —De la Mauritanie, I, 11.— De la Norique, *ibid.* — Du Pont, *Ann.*, XII, 21. — De la Rhétie, *Hist.*, I, 11; III, 5.— De la Thrace, *ibid.*

PRODIGES, précurseurs de calamités menaçantes, *Ann.*, XV, 47. — Prodige annonçant la mort d'Othon, *Hist.*, II, 50.— Eaux basses du Rhin regardées comme un prodige, IV, 26. — Des prodiges éclatent qui prouvent la faveur du ciel et comme une certaine prédilection des dieux pour Vespasien, 81.—Des prodiges se manifestent aux Juifs assiégés par Titus dans Jérusalem, V, 13. — *Voyez* encore, *Ann.*, IV, 64; XII, 43, 64; XIII, 58; XIV, 12, 32; XV, 47; *Hist.*, I, 3, 86; IV, 83.

PROPERTIUS. *Voyez* CELER.

PROPINQUUS. *Voyez* POMPEIUS PROPINQUUS.

PROPONTIDE (*mer de Marmara*), mer qui sert de limite à l'Asie et à l'Europe, *Ann.*, II, 54.

PROPRÉTEURS. Sur la proposition de Néron, il est défendu à qui que ce soit de solliciter pour eux des actions de grâces du sénat, *Ann.*, XV, 22.

PROSERPINE. Tibère fait la dédicace de son temple, *Ann.*, II, 49. — Les livres Sibyllins ordonnent de lui adresser des supplications, XV, 44. — Sa statue, *Hist.*, IV, 83.

PROSTITUÉS, chez les Germains, sont plongés dans la fange d'un bourbier, puis une claie est jetée par dessus, *Germ.*, 12.

PROVINCES ROMAINES. Afrique, *Ann.*, III, 58; XIII, 62; *Hist.*, IV, 38. — Aquitaine, *Agr.*, 9.— Asie, *Ann.*, II, 1; IV, 56; XIII, 43; *Agr.*, 6.—Bétique, *Hist.*, I, 78.—Bretagne, *Ann.*, XII, 40; XIII, 32; XIV, 30; *Hist.*, I, 60; *Agr.*, 9, 14.—Crète, *Ann.*, XV, 20.—Égypte, II, 59; *Hist.*, I, 11.—Germanie, *Ann.*, IV, 73; XIII, 54.—Judée, II, 42; XII, 54; *Hist.*, V, 9.—Lusitanie, *Ann.*, XIII, 46.—Mésie, I, 80; IV, 47.—Norique, II, 63; *Hist.*, I, 11, 70, 76; II, 12.— Rhétie, *Germ.*, 41. — Sardaigne, *Ann.*, XIII, 30. — Syrie, II, 42; XII, 23; XIII, 8; *Agr.*, 40.—Tingitanne, *Hist.*, II, 58.—Ancienne province, *Ann.*, I, 58; III, 74. — Provinces de l'Orient, XV, 36; *Hist.*, I, 76. — Provinces d'outremer, *Ann.*, XIII, 51.—Les sénateurs rendent un décret par lequel est déféré à Germanicus le gouvernement des provinces d'outre-mer, II, 43. — De quelle manière les légions étaient distribuées en 776, dans les provinces de l'empire, IV, 5. — Abus des adoptions simulées lors du tirage au sort des gouvernemens, XV, 19.

PROXIMUS. *Voyez* STATIUS PROXIMUS.

PSEUDOPHILIPPUS (*Faux Philippe*), surnom d'un roi de Macédoine, *Ann.*, XII, 62.

PTOLÉMÉE, astrologue, accompagnant Othon en Espagne, lui promet qu'il survivra à Néron, *Hist.*, I, 22.

PTOLÉMÉE, premier roi macédonien qui affermit la puissance de l'Égypte : pendant son sommeil, une vision lui prescrit de faire venir la statue de Serapis à Alexandrie, *Hist.*, IV, 83, 84.

PTOLÉMÉE, troisième prince macédonien qui régna en Égypte, *Ann.*, VI, 28; *Hist.*, IV, 84. — Un phénix paraît sous son règne, *Ann.*, VI, 28.

PTOLÉMÉE, fils de Juba le Jeune et de Cléopâtre, roi des Maures, auxiliaire des Romains contre Tacfarinas, *Ann.*, IV, 23, 24. — En reconnaissance de son zèle durant la guerre contre Tacfarinas, on lui députe un sénateur qui lui remet un sceptre d'ivoire, une toge brodée, présens du sénat, et lui confirme les titres de roi, d'allié et d'ami des Romains, 26.

PTOLÉMÉE (Philipator). Marcus Lepidus est envoyé en Égypte pour servir de tuteur à ses enfans, *Ann.*, II, 67.

PUBLICAINS, n'écrasent point les Bataves sous le poids des tributs, *Germ.*, 29. — Sur les plaintes réitérées du peuple, qui accuse leur avidité sans bornes, on réprime leurs exactions, *Ann.*, XIII, 50, 51.

PUBLICIUS (Lucius et Marcus), édiles, consacrent un temple à Flore, *Ann.*, II, 49.

PUBLIUS (Lucius), sénateur, donne son avis dans le procès de Drusus Libon, *Ann.*, II, 32.

PUBLIUS CELER. *Voyez* CELER et EGNATIUS.

PUDENS. *Voyez* MÉVIUS PUDENS.

PUISSANCE, n'est déjà plus assurée dès qu'elle est sans bornes, *Hist.*, II, 92.

PULCHRA. *Voyez* CLAUDIA PULCHRA.

PULVILLUS. *Voyez* HORATIUS PULVILLUS.

PUTÉOLES. *Voyez* POUZZOLES

PYRAME (*Gihon*), fleuve de Cilicie, sur la rive duquel Vononès, qui voulait fuir de ce pays, est arrêté, *Ann.*, II, 68.

PYRAMIDES, semblables à des montagnes élevées à l'envi par les richesses des rois, *Ann.*, II, 61.

PYRÉNÉES, chaîne de hautes montagnes qui séparent la Gaule de l'Espagne, *Hist.*, I, 23.

PYRRHUS, redoutable au peuple

romain, *Ann.*, II, 63. — Est prévenu par les généraux romains d'un complot d'empoisonnement tramé contre lui, 88.

PYTHAGORAS, affranchi que Néron épouse dans les formes des unions solennelles, *Ann.*, XV, 37.

PYTHIEN (Apollon). Son oracle, *Ann.*, XII, 63. *Voyez* APOLLON.

Q

QUADES, peuple de la Germanie, *Ann.*, II, 63. — Peuples qui les avoisinent, *Germ.*, 42, 43. — Gouvernés par des rois tirés de leur propre nation, 42. — Imposent des tributs aux Gothins et aux Oses, 43.

QUADRATUS. *Voyez* UMMIDIUS.

QUADRATUS (Séius), accusé et condamné, *Ann.*, VI, 7.

QUARTIERS de Rome au nombre de quatorze, *Ann.*, XIV, 12; XV, 40.

QUERQUETULANUS, nom primitif du mont Célius, *Ann.*, IV, 65. — *Voyez* CÉLIUS.

QUESTEURS. Leur institution, *Ann.*, XI, 22. — Par une loi de Sylla, vingt questeurs sont créés pour servir de complément au sénat, *ibid.* — P. Dolabella propose de célébrer, chaque année, à leurs frais, un spectacle de gladiateurs, *ibid.* — Néron s'oppose à ce qu'ils soient désormais obligés à ces représentations, XIII, 5. — Questeurs du prince, XVI, 27. — Questeurs du consul, 34.

QUESTEURS de l'épargne, sont déchargés de la tenue des registres publics du trésor, qui est confiée aux préfets, *Ann.*, XIII, 28.

QUESTION. Un ancien sénatus-consulte défendait de soumettre les esclaves à la question, lorsqu'il y allait de la tête de leur maître, *Ann.*, II, 30. — Pison, accusé d'empoisonnement sur la personne de Germanicus, offre de livrer ses esclaves et ses serviteurs aux tourmens de la question, III, 14. — Tibère ne souffre pas que les esclaves de Lépide soient soumis à la question ni interrogés sur ce qui regardait sa maison, 22. — L'agent du fisc achète les esclaves de C. Silanus pour les livrer à la question, 67. — Appliquée aux esclaves du père de Vibius Serenus, la question est contraire à l'accusateur, IV, 29. — Les suivantes d'Octavie y sont soumises, dans le but de leur arracher par la douleur, de prétendus aveux sur le crime d'adultère faussement imputé à leur maîtresse, XIV, 60. — Un affranchi de Thermus ayant intenté une action criminelle à Tigellinus sur quelques faits, l'expie par les tortures de la question, XVI, 20.

QUESTURE, était autrefois le prix du seul mérite, *Ann.*, XI, 22. — Tibère demande pour Néron, fils de Germanicus, la permission d'y prétendre cinq ans plus tôt que ne l'accordent les lois, III, 29. — Sur la proposition de P. Dolabella, la questure est pour ainsi dire mise à l'encan, XI, 22. — Les insignes en sont donnés à Ostorius Sabinus, en récompense de ses délations, XVI, 33.

QUIETUS. *Voyez* CLUVIDIENUS QUIETUS.

QUINCTIANUS. *Voyez* AFRANIUS QUINCTIANUS.

QUINCTILIANUS, tribun du peuple, fait un rapport au sénat sur un livre sibyllin, *Ann.*, VI, 12.

QUINCTILIUS VARUS, célèbre par sa défaite en Germanie. *Voyez* VARUS.

QUINCTILIUS VARUS, personnage riche, et parent de Tibère, est attaqué par Domitius Afer, qui avait condamné Claudia Pulchra, mère de Varus, *Ann.*, IV, 66.

QUINCTIUS. Les images de cette famille sont portées aux funérailles de Junie, *Ann.*, III, 76.

QUINCTIUS. *Voyez* ATTICUS et CERTUS.

QUINCTIUS (Publius), plébéien, défendu dans une accusation de banqueroute par Cicéron, *Orat.*, 37.

QUINDÉCEMVIRS, *Ann.*, III, 64. — On soumet à leur examen un nouveau livre sibyllin, VI, 12. — Tacite est décoré de ce titre, XI, 11. — Thrasea est revêtu de ce sacerdoce, XVI, 22.

QUINQUATRIES, fêtes en l'honneur de Minerve, *Ann.*, XIV, 4, 12.

QUINQUENNAUX (Jeux), sont institués à Rome, *Ann.*, XIV, 20; XVI, 2, 4.

QUINTA. *Voyez* CLAUDIA.

QUIRINUS, surnom de Romulus, *Hist.*, IV, 58. — Est placé au nombre des dieux, *Ann.*, IV, 38. — Ses flamines, III, 58.

QUIRINUS (Publius Sulpicius), parent de Libon, adresse au nom de ce dernier des supplications à Tibère, *Ann.*, II, 30. — Accuse Lepida après l'avoir répudiée, III, 22. — Tibère révèle qu'il sait par les esclaves de P. Quirinus que Lepida avait cherché à empoisonner son mari, 23. — Tibère demande au sénat que la mort de Quirinus soit honorée de funérailles publiques, 48. — Éloge qu'en fait le prince, *ibid.* — Sa mémoire n'était pas en honneur chez les sénateurs, *ibid.*

QUIRITES. Le divin J. César apaise d'un seul mot la sédition de son armée, en appelant Quirites les soldats qui lui refusent le serment, *Ann.*, I, 42.

R

RAPAX, surnom de la vingt-unième légion. *Voyez* LÉGIONS.

RAVENNE, ville de la Gaule Cisalpine, *Ann.*, IV, 29. — L'épouse d'Arminius y met au monde un fils qui y est élevé, I, 58. — Maroboduus y est envoyé par Tibère, et y meurt de vieillesse, II, 63. — Station d'une flotte romaine, IV, 5; XIII, 30; *Hist.*, II, 100; III, 6, 12, 36, 39.

RÉATINS, s'opposent à ce qu'on ferme l'issue par laquelle le lac Vélin s'épanche dans le Nar, *Ann.*, I, 79.

REBILUS. *Voyez* CANINIUS REBILUS.

RECEPTUS. *Voyez* NONIUS RECEPTUS.

RECONNAISSANCE, paraît une charge, la vengeance un avantage, *Hist.*, IV, 3.

REGIUM LEPIDUM (*Reggio*), ville de la Gaule Cisalpine, *Hist.*, II, 50.

REGULUS. *Voyez* AQUILIUS, LIVINEIUS et MEMMIUS.

REGULUS a de vives altercations avec Fulcinius Trion, son collègue dans le consulat, *Ann.*, V, 11; VI, 4.

REGULUS (Rosius) est nommé consul pour un seul jour d'exercice que Cécina Alienus avait encore à remplir, *Hist.*, III, 37.

RELIGION, donnée par Numa pour frein à son peuple, *Ann.*, III, 26.

REMÈDES, moins prompts que les maux, *Agr.*, 3.

REMMIUS, ancien vétéran, un des premiers gardiens de Vonones en Cilicie, perce ce roi de son épée, *Ann.*, II, 68.

RÉMOIS, peuple de la Gaule, dans la Belgique 2ᵉ, *Hist.*, IV, 67. — Les cités des Gaules s'assemblent chez les Rémois, 68. — Julius Auspex les dissuade de se révolter contre les Romains, 69.

RÉMUS, frère de Romulus, *Ann.*, XIII, 58.

REPENTINUS. *Voyez* CALPURNIUS REPENTINUS.

REPOS, dangereux au milieu des ambitieux et des puissans, *Germ.*, 36.

RÉPUBLIQUE est éternelle, *Ann.*, III, 6. — Othon la recommande au sénat, I, 90.

REUDIGNES, peuple de la Germanie, *Germ.*, 40.

RHACOTIS, nom d'un quartier de la ville d'Alexandrie où fut érigé un temple à Serapis, *Hist.*, IV, 84.

RHADAMISTE, fils de Pharasmane, sous prétexte d'une discorde avec son père, se rend près de Mithridate, son oncle, et l'abuse sous le voile d'une fausse amitié, *Ann.*, XII, 44. — Reçoit des troupes de son père, marche contre Mithridate et entre en négociations avec ce dernier, 45, 46. — S'en empare par la ruse et l'imposture et le fait périr avec sa femme et ses enfans, 47. — Julius Pelignus, procurateur de Cappadoce, exhorte Rhadamiste à prendre le diadème, 49. — Celui-ci perd l'Arménie, puis envahit bientôt de nouveau ce royaume, dont Vologèse est forcé de se retirer, 50. — Son épouse enceinte étant obligée de fuir avec lui, Rhadamiste la frappe de son cimeterre pour la soustraire à ses ennemis, 51. — Tour-à-tour maître ou exilé de l'Arménie, Rhadamiste en est chassé par les Parthes, XIII, 6. — Il est tué par son père, 37.

RHEGIUM, ville située sur le détroit de la Sicile, *Ann.*, I, 53.

RHÉMÉTALCÈS, roi des Thraces, *Ann.*, II, 64. — A sa mort, Auguste partage ses états entre Rhescuporis et son fils Cotys, *ibid.*

RHÉMÉTALCÈS, fils de Rhescuporis, partage avec les enfans de Cotys la Thrace, restée sans souverain depuis la condamnation de son père par le sénat, *Ann.*, II, 67; III, 38; IV, 5. — Avec les auxiliaires composés de ceux de ses sujets qui lui sont restés fidèles, Rhémétalcès s'avance contre les Thraces, qui veulent secouer la domination des Romains, 47.

RHESCUPORIS, roi des Thraces, frère du premier Rhémétalcès, *Ann.*, II, 64. — Son caractère, *ibid.* — Partage avec son neveu Cotys les états de Thrace, laissés sans souverain par la mort de son frère, *ibid.* — Il s'empare de ce qui avait été cédé à Cotys, *ibid.* — Se contient un peu sous le règne d'Auguste, mais agit ouvertement dès qu'il apprend le changement d'empereur, *ibid.* — Il reçoit l'ordre de Tibère de ne pas vider par les armes ses débats avec Cotys, 65. — Attire ce dernier à un festin et le charge de chaînes, *ibid.* — Ordonne que Cotys soit égorgé, et soutient qu'il s'est volontairement donné la mort, 66. — Flaccus détermine Rhescuporis à se rendre aux postes romains, 67. — Il est entraîné à Rome, accusé devant le sénat par l'épouse de Cotys, et condamné à être détenu loin de ses états, *ibid.* — Est transporté à Alexandrie où il est égorgé, *ibid.* — Il avait tenté de faire la guerre aux Romains, III, 38.

RHÉTEURS, *Orat.*, 29, 32, 42. — Leurs déclamations, 31, 35. — Reçoivent, des censeurs

Crassus et Domitius, l'ordre de fermer leur école d'impudence, *ibid.*

RHÉTIE (partie de la *Suisse*, pays des *Grisons*, *Tyrol* et partie des états de *Venise*), contrée d'Europe, *Hist.*, IV, 70.—Séparée de la Germanie par le Danube, *Germ.*, 1. — Les vétérans y sont envoyés sous prétexte de défendre la province des incursions des Suèves, *Ann.*, I, 44.—Ses dispositions à l'avènement de Galba, *Hist.*, I, 11.—Ses troupes se joignent aux partisans de Vitellius, 59.—Cécina envoie des courriers aux auxiliaires de Rhétie, pour qu'ils viennent attaquer par derrière les Helvétiens que sa légion attaque de face, 67.— Des émissaires de Vespasien y sont saisis, 98. — Les Flaviens observent cette province, III, 5, 8, 15, 53. — Les Romains y ont une colonie florissante, *Germ.*, 41.—Monumens et tombeaux, avec des inscriptions grecques, trouvés sur ses confins, 3.

RHÉTIENS, *Hist.*, V, 25.—Combattent contre Arminius, sous les ordres de Germanicus, *Ann.*, II, 17. — Contre les Helvétiens en faveur de Vitellius, *Hist.*, I, 68.

RHÉTIQUES (Alpes), *Hist.*, 1, 70. —Le Rhin y prend sa source, *Germ.*, 1.

RHIN, fleuve des Gaules, *Ann.*, I, 3, 32, 36, 45, 56, 59, 63, 67; II, 7, 14, 22; IV, 72, 73; XI, 18; XII, 27; *Hist.*, I, 9, 51, 57; II, 17; IV, 15, 16, 28, 37, 59, 63, 70, 72; V, 16, 17, 24, 25; *Germ.*, 2, 3, 17, 34, 41. —Il se précipite, à sa naissance, des sommets escarpés et inaccessibles des Alpes de Rhétie, 1. — Sépare les Gaules de la Germanie, *ibid.* — Baigne les confins des Helvétiens, des Triboques, des Némètes, des Vangions, des Ubiens, 28. — Sépare Cologne de la nation des Tenctères, *Hist.*, IV, 64. — Forme l'île des Bataves, 12; *Germ.*, 29. — D'abord contenu en un seul lit, ou seulement entrecoupé de petites îles, se divise comme en deux fleuves à l'entrée du territoire batave : l'un borde la Germanie, conserve le nom de Rhin et toute la violence de son cours jusqu'à ce qu'il se mêle à l'Océan; l'autre, plus large et plus pacifique, se dirige vers la frontière des Gaules : on l'appelle alors Vahal; puis il change cette dénomination en se réunissant à la Meuse, et va, par une immense embouchure, se décharger dans le même Océan, *Ann.*, II, 6; *Hist.*, V, 22. — Défendu contre les Germains et les Gaulois par huit légions, *Ann.*, IV, 5. — Germanicus y jette un pont et fait traverser le fleuve à douze mille légionnaires, I, 49. — Le sénat décrète à la mémoire de Germanicus, l'érection d'un arc de triomphe sur la rive de ce fleuve, II, 83. — Claude, pour arrêter de nouvelles tentatives contre la Germanie, ordonne de reporter les garnisons romaines en deçà de ce fleuve, XI, 19. — Corbulon fait creuser entre le Rhin et la Meuse un canal de vingt-trois milles afin de parer aux caprices de l'Océan, 20. — Pompeius Paullinus termine la digue commencée soixante-trois années auparavant par Drusus, afin de contenir ce fleuve, XIII, 53. — Suetonius Paullinus dissuade Othon de dégarnir la rive du Rhin, *Hist.*, II, 32. — Vitellius remet la défense de ce fleuve à Hordeonius Flaccus, 57. — Celui-ci mort, Julius Tutor est nommé pour lui succéder, IV, 55. — Civilis couvre les deux rives du Rhin de troupes de Germanie, 22. — Dillius Vocula reçoit l'ordre de s'avancer le long de ce fleuve avec l'élite des légions, 24. — Une sécheresse inouïe en interrompt presque la navigation, 26. — Civilis pose sur le Rhin une digue transversale qui en détourne les eaux, V, 14, 18. — Il rompt celle de Drusus, et détruit tous les obstacles opposés à son cours, 19. — Il passe et repasse plusieurs fois ce fleuve, 20, 21, 23. — Armées du Haut et du Bas-Rhin, *Ann.*, I, 31.

RHODES, île de la mer Égée, *Ann.*, VI, 10. — Tibère y vit exilé sous l'apparence de la retraite, I, 4, 53; II, 42; III, 48; IV, 15, 57; VI, 20, 51. — Cn. Pison atteint Germanicus près de cette île, II, 55. — A la demande de Néron, la liberté est rendue à l'île de Rhodes, XII, 58. — Titus se dirige vers cette île, *Hist.*, II, 2. — Rhodes posséda quelques orateurs, 40.

RHÔNE, fleuve considérable de la Gaule, *Ann.*, XIII, 53.

RHOXOLANS, nation sarmate, fondent avec neuf mille de leurs cavaliers sur la Mésie, *Hist.*, I, 79. — Sont surpris et massacrés par la troisième légion, soutenue des auxiliaires, *ibid.* — *Voyez* SARMATES.

RICHESSES des affranchis, *Ann.*, XIV, 55. — D'Eprius Marcellus, *Orat.*, 8. — D'Helius, *Hist.*, I, 37. — D'Icelus, *ibid.* — De Narcisse, *Ann.*, XI, 38. — De Pallas, XIV, 65. — De Polyclète, *Hist.*, I, 37. — De Sénèque, *Ann.*, XIII, 42; XIV, 52. — De Vatinius, *Hist.*, I, 37. — De Volusius, *Ann.*, III, 30; XIV, 56. — En honneur chez les Suiones, *Germ.*, 44.

RIGODULUM (*Réol*), ville de la Belgique 1re, près de Trèves, où Tullius Valentinus fut battu et fait prisonnier par Petilius Cerialis, *Hist.*, IV, 71.

ROBE *prétexte* était encore portée par Caïus et Lucius, fils d'Agrippa, qu'ils avaient déjà le titre de princes de la jeunesse, *Ann.*, I, 3. — Britannicus paraît revêtu de la robe *prétexte* dans le Cirque aux jeux donnés pour gagner à Néron l'affection de la multitude, tandis que ce dernier porte la robe *triomphale*, XII, 41. — On propose au sénat, en raison de l'heureuse issue des évènemens de l'Arménie, que Néron porte la robe *triomphale* pendant les jours de prières qui seront consacrés aux dieux, XIII, 8. — La robe *virile* est prise avant l'âge par Néron, pour qu'il parût digne de tenir les rênes de l'état, XII, 41.

ROBUR, cachot, *Ann.*, IV, 22.

ROCHE TARPÉIENNE. *Voyez* TARPÉIENNE.

ROCHERS ROUGES, lieu situé à trois milles de Rome, sur la voie Flaminienne, *Hist.*, III, 79.

ROI. Conserver ses domaines, c'est l'honneur d'un particulier; celui d'un roi, c'est de combattre pour en conquérir de nouveaux, *Ann.*, XV, 1.

ROMAINS. L'Arménie, sans maître, est indécise entre les Parthes et les Romains, *Ann.*, II, 3. — Haine que leur portent les Arméniens, 56. — Les Marses les croient invincibles et supérieurs à tous les évènemens, 25. — Une guerre élevée entre les Arméniens et les Ibères devient la cause pour les Parthes et les Romains, des plus graves mouvemens, XII, 44. — Les Romains recommencent la guerre avec les Parthes pour la possession de l'Arménie, XII, 34. — Cartismandua implore l'appui des Romains contre Venusius, *Hist.*, III, 45.

ROMANUS. *Voyez* FABIUS, HISPON.

ROME, la tête de l'empire, *Hist.*, II, 32. — A Romulus pour fondateur, *Ann.*, IV, 9; XI, 24; *Hist.*, IV, 58. — Les Troyens se disent les ancêtres de ses fondateurs, *Ann.*, II, 54; IV, 55, XII, 58. — Ses accroissemens successifs, 24. — Divisée en quatorze quartiers, XIV, 12; XV, 40. — A son origine, Rome obéit à des rois, I, 1. — Se rend à Porsenna, *Hist.*, III, 72. — Prise par les Gaulois, *ibid.*; IV, 54; *Ann.*, XI, 24. — Donne des ôtages aux Toscans, *ibid.* — Subit le joug des Samnites, *ibid* — Smyrne, la première, lui élève un temple sous le consulat de Caton l'Ancien, IV, 56. — La discorde règne à Rome pendant vingt années, III, 28. — Jadis les rois romains, et dans la suite les consuls, lorsqu'ils s'absentaient de cette ville, élisaient momentanément un magistrat chargé de rendre la justice et de remédier aux accidens imprévus, VI, 11. — L. Brutus lui donne la liberté et les consuls, I, 1.

— Auguste la décore magnifiquement, 9. — Taurus, Philippe, Balbus employent les dépouilles ennemies et le superflu de leurs richesses à l'ornement de Rome, III, 72. — Auguste en chasse sa fille et sa petite-fille en punition de leur impudicité, 24. — Auguste y rentre avec le corps de Drusus, père de Germanicus, 8. — Pour affermir son alliance avec Rome, Phraate y envoie plusieurs de ses enfans, II, 1. — État des choses à Rome en 767, I, 16. — On y apprend le soulèvement des légions germaniques, 46. — Archelaüs se rend à Rome, II, 42. — Les sénateurs décrètent que Germanicus et Drusus y feront leur entrée avec les honneurs du petit triomphe, 64. — Rhescuporis y est entraîné, 67. — Cn. Sentius y envoie l'empoisonneuse Martina, 74. — Germanicus mort, M. Pison persuade à son père de se rendre en hâte à Rome, 76. — Sentius accorde à Cn. Pison des vaisseaux pour assurer son retour dans cette ville, 81. — État moral de Rome à la nouvelle de la mort de Germanicus, 82. — Le sénat décrète l'érection d'un arc de triomphe à Rome, à la mémoire de Germanicus, avec une inscription portant le récit de ses exploits, 83. — Le jour où les restes de Germanicus sont portés au tombeau d'Auguste, les rues sont remplies par la multitude, III, 4. — Pison se fait précéder à Rome par son fils, auquel il donne ses instructions pour adoucir Tibère, 8. — Drusus sorti de Rome pour reprendre les auspices, y rentre avec l'ovation, 19. — Lepida y est accusée pour plusieurs crimes, 22. — D. Silanus, à son retour d'exil, reste dans cette ville et n'obtient point d'honneurs, 24. — Le bruit se répand à Rome que les soixante-quatre cités des Gaules se révoltent, 44. — M. Lépide opine pour l'expulsion de C. Lutorius Priscus de cette ville, 50. — On y redoute la sévérité contre le luxe, 52. — P. Rutilius, chassé de cette ville par les lois romaines, devient citoyen de Smyrne, IV, 43. — Une maladie très-dangereuse de l'impératrice Livie, nécessite le retour du prince absent de Rome, III, 64. — État des forces de Rome en 776, et rois qui lui sont alliés, IV, 4, 5. — Les Garamantes y envoient des députés, 26. — Séjan essaye de déterminer Tibère à aller vivre loin de cette ville, 41. — La maison du prince y est livrée au trouble, 52. — Tibère quitte Rome pour n'y jamais rentrer, 57. — Après l'écroulement de l'amphithéâtre de Fidènes, Rome rappelle cette Rome antique qui, après de grandes batailles, prodiguait les soins et les largesses aux blessés, 63. — Elle est plongée dans l'affliction par l'incendie du mont Célius, 64. — Tibère ordonne qu'on y célèbre le mariage de sa petite-nièce Agrippine avec Cn. Domitius, 75. — Ce prince feint de quitter Caprée pour retourner à Rome, puis regagne aussitôt ses rochers, VI, 1, 2. — Si quelquefois il s'en approchait par des chemins détournés, il s'esquivait aussitôt, 15. — Junius Gallion, d'abord chassé d'Italie, est ramené à Rome, où on l'enferme dans la prison consulaire, 3. — Le sang coule à Rome sans interruption, 29. — Abudius Ruso en est chassé, 30. — Des grands de la nation des Parthes, à l'insu d'Artaban, se rendent à Rome pour demander le fils de Phraate pour roi, 31. — Tibère passe le détroit et se tient tout près de cette ville, afin d'y voir, pour ainsi dire, le sang ruisseler, et considérer les mains de ses bourreaux, 39. — Un incendie affreux plonge Rome dans le deuil, 45. — On y jette les semences de meurtres qui doivent se commettre même après que Tibère ne sera plus, 47. — La mère de Sext. Papinius en est bannie pour dix ans, 49 — Claude y conduit des eaux prises aux monts Simbruins, XI, 13. — Les Chérusques demandent un roi à Rome, 16. — La conduite de Corbulon, gouverneur de la Basse-Germanie, généralement applaudie, est blâmée à Rome par quelques personnes, 19. — Cn. Novius est surpris armé d'un poignard dans la foule de ceux qui venaient à Rome saluer le prince, 22. — Les principaux de la Gaule Chevelue demandent la faculté de s'élever dans Rome aux dignités, 23, 24. — Un décret du sénat confère aux Éduens le droit d'y parvenir au rang de sénateurs, 25. — Claude y rentre, revenant d'Ostie, après avoir appris le mariage de Messaline avec C. Silius, 34. — Mithridate est conduit à Rome et y parle à Claude avec une fierté peu d'accord avec sa fortune, XII, 21. — Les Cattes y envoient des députés et des ôtages, 28. — Elle est en proie à la famine, 43. — On y attribue aux intendans la plupart des affaires dont autrefois les préteurs seuls connaissaient, 60. — On propose dans le sénat l'entrée de Néron dans Rome avec l'ovation, à cause de l'heureuse issue des évènemens de l'Arménie, XIII, 8. — L'impudicité y devient la source de grands maux pour la république, 44. — Verritus et Malorix y reçoivent de Néron le titre de citoyens romains, 54. — Néron, dans une lettre au sénat, attribue la mort d'Agrippine à l'heureuse fortune de Rome, XIV, 11. — Le tonnerre frappe les quartorze quartiers de cette ville, 12. — Néron, parcourant les villes de la Campanie, hésite sur la manière dont il rentrera dans Rome, 13. - Comment il y est reçu, *ibid.* — On rapporte dans Rome beaucoup de Nucériens, le corps mutilé de blessures, victimes du carnage qui avait eu lieu entre ceux-ci et les habitans de Pompéi, 17. — Des jeux quinquennaux y sont institués à l'exemple des combats de la Grèce, 20. — Néron engage Rubellius Plautus à se sacrifier au repos de Rome en se retirant en Asie, 22. — Deux forfaits insignes sont commis à Rome, 40. — Sénèque s'y montre rarement, 56. — On y érige des trophées pour une prétendue victoire sur les Parthes, XV, 18. — Des ambassadeurs de cette nation apportent à Rome les instructions du roi Vologèse, 24, 25. — Tiridate s'y rend pour recevoir le bandeau royal des mains de Néron, 29. — Ce dernier revient dans cette ville, 36. — Rome entière devient comme la maison de Néron, 37. — L'incendie de Rome est attribuée par les uns à ce prince, par les autres au hasard, 38, 41. — Elle est reconstruite avec symétrie, 43. — Néron rejette sur les chrétiens l'accusation de l'incendie de cette ville, 44. — Rome se remplit de funérailles, 71. — Néron y monte sur le théâtre, XVI, 4. — La peste y exerce ses ravages, 13. — État de Rome à la mort de Néron, *Hist.*, I, 4 et *suiv.* — L'entrée de Galba dans cette ville est marquée par le massacre de milliers de soldats sans armes, 6, 31. — On y reprend aux individus causes de la ruine publique, les sommes énormes que Néron leur avait données en gratification, 20. — Les soldats donnent la préfecture de Rome à Flavius Sabinus, 46. — La nouvelle de la révolte de Vitellius vient y augmenter la terreur que l'atrocité du forfait d'Othon y avait inspirée, 50. — Vitellius y envoie des assassins pour ôter la vie à ce dernier, 75. — On y apprend les succès des troupes romaines sur les Rhoxolans, 79. — Une circonstance légère fait naître à Rome une sédition qui est sur le point de l'entraîner à sa ruine, 80, 82, 85. — On y transporte le corps d'un aventurier qui avait voulu se faire passer pour Néron et qui avait été mis à mort à Cythnos par l'ordre de Calpurnius Asprenas, II, 9. — On célèbre à Rome les jeux de Cérès, 55. — On y annonce qu'Othon a quitté la vie, et que Flavius Sabinus, préfet de la ville, a fait prêter serment pour Vitellius à tout ce qu'il a de soldats dans Rome, *ibid.* — Vitellius s'y fait précéder d'un édit par lequel il diffère de prendre le titre d'Auguste, et refuse celui de César, 62. — Dolabella, relégué à Aquinum par Othon, apprenant la mort de ce prince, rentre dans Rome; mais bientôt il est mis à mort par ordre de Vitellius, 63. — Antiochus sort de Rome pour se rendre en Syrie, 81. — Vitellius s'avance vers Rome, 87, 88. — Ce prince y fait son entrée, 89. — Cécina et Valens y font célébrer des spectacles de gladiateurs en célébration du jour de la naissance de Vitellius, 95.—Les délices de Rome sont une cause d'amollissement pour les Vitelliens, III, 2. — Vespasien se hâte de gagner Alexandrie, pour pouvoir menacer Rome de la famine, 48. — Mucien essaye de ralentir la marche d'Antonius Primus sur cette ville, 52, 78. — Vitellius prépose son frère à la défense de Rome, 55. — La populace y prend les armes pour ce prince, 80. — Le parti flavien s'en empare, 82 et *suiv.* — Massacres et pillages dans cette ville, IV, 1. — Tremblante, Rome demande en grâce qu'on arrête L. Vitellius qui arrive avec ses cohortes, 2. — Les sénateurs y décernent à Vespasien tous les honneurs usités pour les empereurs, 6. — Mucien y fait son entrée, 11. — Le bruit toujours croissant de défaites en Germanie, parvient à Rome, 12. — Elle est partagée par une multiplicité d'inquiétudes, 38, 39.—Vespasien la tire de la plus grande crise en lui faisant passer des vaisseaux chargés de blé, 52. — Agricola, à son retour de son gouvernement de Bretagne, se rend de nuit dans Rome, *Agr.*, 40. — *Voyez* encore, *Ann.*, III, 9, 11, 28, 34, 36, 37, 40, 47, 65, 71, 75, 76; IV, 2, 17, 23, 27, 29, 31, 32, 40, 53, 69, 74; V, 1; VI, 2, 5, 10, 27, 32, 37, 40; XI, 1, 11, 16, 22, 30; XII, 7, 10, 11, 14, 23, 36, 53, 56; XIII, 21, 22, 26, 30, 33, 42, 43, 49, 55; XIV, 15, 26, 38, 41, 42, 43, 53, 61, 64; XV, 5, 27, 31, 33, 52, 58, 60, 65, 73; XVI, 1, 28; *Hist.*, I, 1, 8, 11, 14, 16, 22, 29, 37, 62, 76, 84, 88, 89, 90; II, 1, 10, 19, 21, 28, 38, 52, 54, 71, 92, 99; III, 13, 15, 36, 38, 40, 50, 54, 60, 64, 66, 70, 75, 77, 79; IV, 14, 19, 46, 49, 51, 53, 55, 57, 67, 68, 75, 85; V, 1, 11, 25; *Germ.*, 37; *Agr.*, 7; *Orat.*, 5, 6, 7, 10, 17, 28, 30, 36, 41.

ROMILIUS MARCELLUS, centurion de la dix-huitième légion, voulant protéger les images de Galba, est écarté avec violence et chargé de fers, *Hist.*, I, 56. — Est mis à mort par ordre de Vitellius, 59.

ROMULIUS DENTER est appelé par Romulus aux fonctions de magistrat, pour que Rome ne reste pas sans chef pendant son absence, *Ann.*, VI, 11.

Romulus, fondateur de Rome, *Ann.*, IV, 9; XI, 24; *Hist.*, IV, 58. — En détermine l'enceinte, *Ann.*, XII, 24. — On croit que ce ne fut pas Romulus, mais Tatius, qui ajouta le Capitole à la ville, *ibid.* — Romulus règne au gré de sa volonté, III, 26. — Appelle Romulius Denter aux fonctions de magistrat, pendant le temps de son absence de Rome, VI, 10. — En un même jour, combat les ennemis et en fait des citoyens, XI, 24. — Institue les patriciens de première création (*majorum gentium*), 25. — Le figuier Ruminal qui, huit cent quarante ans auparavant, avait couvert l'enfance de Romulus de son ombre, perd ses branches, se dessèche, puis reverdit, XIII, 58. — Romulus voue un temple à Jupiter Stator, XV, 41. — Fonde un collège de prêtres en l'honneur du roi Tatius, *Hist.*, II, 95. — Son image est portée aux funérailles de Drusus, fils de Tibère, *Ann.*, IV, 9. — Est placé au nombre des dieux, 38.

Roscia (Loi), assigne aux chevaliers romains quatorze rangs de sièges au théâtre, *Ann.*, XV, 32.

Roscius, acteur fameux, *Orat.*, 20.

Roscius (Célius). *Voyez* Célius Roscius.

Roscius Regulus. *V.* Regulus.

Rostres, la tribune aux harangues, *Ann.*, XII, 21; *Hist.*, I, 39; III, 70, 85. — Drusus, père de Germanicus, y est loué après sa mort, *Ann.*, III, 5. — Caïus César y prononce l'éloge funèbre de Livie, sa bisaïeule, V, 1. — Néron y fait l'éloge de Poppée, après l'avoir tuée dans un transport de fureur, XVI, 6.

Rubellius Blandus opine pour que l'eau et le feu soient interdits à Lepida, *Ann.*, III, 23. — Partage seul l'opinion de M. Lépide dans le procès de C. Lutorius Priscus, 51. — Épouse Julie, fille de Drusus, VI, 27. — Est choisi pour évaluer les pertes de chaque particulier, dans l'incendie qui consuma la partie du Cirque contiguë au mont Aventin, ainsi que tout le quartier voisin, 45.

Rubellius Geminus, consul en 782 avec Fufius Geminus, *Ann.*, V, 1.

Rubellius Plautus, issu, par le côté maternel, du divin Auguste, au même degré que Néron, *Ann.*, XIII, 19. — Petit-fils de Drusus, XIV, 57 — Gendre de L. Antistius, 58; XVI, 10. — Agrippine est accusée de méditer une révolution en faveur de Rubellius Plautus, et de partager avec lui son lit et son pouvoir, XIII, 19. — Néron veut leur mort, 20. — Agrippine se justifie de l'accusation, 21. — La punition de Plautus est différée, 22. — Il est désigné par toutes les bouches comme successeur de Néron, XIV, 22. — Sur l'ordre de ce dernier, il se retire en Asie avec son épouse et quelques intimes, *ibid.* — Du fond de son exil, est encore pour Néron un sujet d'inquiétudes, 57. — Est égorgé par l'ordre du prince, 58, 59 ; XVI, 10. — Néron, sans avouer le meurtre de Plautus, le dénonce comme un esprit turbulent au sénat, qui prononce son expulsion de son sein, XIV, 59. — Octavie, répudiée, reçoit les domaines de Plautus, 60. — On fait un crime à Soranus de son amitié pour lui, XVI, 23, 30, 32. — Cornelius Laco avait cultivé chez lui l'amitié de Pison Licinianus, *Hist.*, I, 14.

RUBRIUS, chevalier romain peu distingué, est accusé du crime de lèse-majesté, *Ann.*, I, 73. — On lui imputait d'avoir profané par un parjure le nom d'Auguste, *ibid.*

RUBRIUS FABATUS, soupçonné d'avoir dit que l'empire était perdu, et qu'il allait se réfugier chez les Parthes, est confié à des gardes, *Ann.*, VI, 14.

RUBRIUS GALLUS, après la mort d'Othon, est député auprès de Cécina et de Valens par les cohortes campées à Brixellum, *Hist.*, II, 51. — Il détermine Cécina à trahir Vitellius, 99.

RUFILLA (Annia), condamnée pour fraude en justice, suscite contre C. Cestius les diffamations et les menaces, sans que lui-même ose recourir à la loi, parce qu'on lui opposait l'image de l'empereur, *Ann.*, III, 36. — Est, par l'ordre de Drusus, mandée, convaincue et renfermée dans la prison publique, *ibid.*

RUFINUS. *Voyez* MENNIUS RUFINUS.

RUFINUS, chef gaulois, qui avait combattu pour Vindex, est abandonné par Vitellius aux soldats qui demandent son supplice, *Hist.*, II, 94.

RUFINUS (Vinicius), chevalier romain, témoin dans un testament supposé, est condamné aux peines de la loi Cornelia, *Ann.*, XIV, 40.

RUFIUS. *Voyez* CRISPINUS.

RUFUS. *Voyez* ATILIUS, AUFIDIENUS, CADIUS, CLUVIUS, CURTIUS, FENIUS, HELVIUS, MUSONIUS, NUMISIUS, PETILIUS, SULPICIUS, TREBELLIENUS, VIRGINIUS.

RUGIENS, peuple germanique, sur les bords de l'Océan (*mer Baltique*), *Germ.*, 43.

RUMINAL (Figuier), perd ses branches, se dessèche, puis de nouveaux jets le raniment, *Ann.*, XIII, 58.

RUSO. *Voyez* ABUDIUS RUSO.

RUSTICUS. *Voyez* ARULENUS, FABIUS, JUNIUS.

RUTILIUS (Publius) est accusé

par M. Scaurus, *Ann.*, III, 66.—Chassé de Rome par les lois romaines, Rutilius devient citoyen de Smyrne, IV, 43. — Il écrit lui-même sa vie, *Agr.*, 1.

S

S

Sabina. *Voyez* Poppéa.

Sabins, une des plus célèbres nations primitives de l'Italie, *Hist.*, III, 78. — Tatius crée les prêtres titiens pour la conservation du culte sabin, *Ann.*, I, 54. — Tarquin l'Ancien fait la guerre aux Sabins, *Hist.*, III, 72. — La maison des Claudes en tire son origine, *Ann.*, IV, 9; XI, 24.

Sabinus. *Voyez* Calavius, Calvisius, Célius, Domitius, Flavius, Julius, Nymphidius, Obultronius, Ostorius, Poppéus, Titius.

Sabinus (Publius) est nommé préfet du prétoire par Vitellius, *Hist.*, II, 92. — Vitellius le fait jeter dans les fers à cause de son amitié pour Cécina, et nomme à sa place Alphenus Varus, III, 36.

Sabrine (*Severn*), fleuve de la Bretagne, *Ann.*, XII, 31.

Sacerdos. *Voyez* Carsidius et Nicétès.

Sacrata. *Voyez* Claudia.

Sacrée (Voie), une des rues de Rome, *Hist.*, III, 68.

Sacrifices. Pison envoie ses licteurs pour troubler un sacrifice offert aux dieux pour leur demander le rétablissement de Germanicus, *Ann.*, II, 69. — Le même Pison et Plancine sont accusés d'avoir offert des sacrifices impies contre Germanicus, III, 13. — Sacrifices pour rendre l'Euphrate propice, VI, 37. — Les municipes voisins de la Campanie témoignent par des sacrifices leur joie de ce que Néron a échappé au prétendu attentat d'Agrippine, XIV, 10. — Galba fait un sacrifice devant le temple d'Apollon, *Hist.*, I, 27. — Vitellius, après avoir visité le champ de bataille de Bédriac, offre un sacrifice aux divinités du lieu, II, 70. — S'échappant des autels, un taureau renverse l'appareil du sacrifice, et n'est égorgé qu'au loin, III, 56. — Souvent les pontifes ont présidé aux sacrifices de Jupiter, lorsque le flamine en était empêché par maladie ou par fonction publique, *Ann.*, III, 58.

Sacrovir. *Voyez* Julius.

Sagitta. *Voyez* Claudius, Octavius.

Sagittaires, *Ann.*, XIII, 40.

Saie, vêtement des Germains, *Germ.*, 17.

SAINTONGE, pays de la Gaule, *Ann.*, VI, 7.

SALAMINIEN (Jupiter). Son temple fondé par Teucer, *Ann.*, III, 62.

SALARIA (Voie), qui conduisait de Rome au pays sabin, *Hist.*, III, 78, 82.

SALEIUS. *Voyez* BASSUS.

SALIENS (Hymne des), *Ann.*, II, 83.

SALIENUS CLEMENS attaque Junius Gallion, et l'appelle ennemi du prince et parricide, *Ann.*, XV, 73.

SALLUSTE (C. Sallustius Crispus), l'un des plus célèbres historiens de Rome, adopte le petit-fils d'une de ses sœurs et lui donne son nom, *Ann.*, III, 30. — Ses jardins, XIII, 47; *Hist.*, III, 82.

SALLUSTIUS CRISPUS (Caïus), petit-fils d'une sœur de C. Salluste l'historien, qui l'adopte et lui donne son nom, *Ann.*, III, 30. — Dédaigne la dignité de sénateur, *ibid.* — Son caractère, *ibid.* — Tant que vécut Mécène, il eut la seconde place, puis bientôt la première dans les secrets des empereurs, *ibid.* — Complice du meurtre d'Agrippa, I, 6; III, 30. — Ses représentations à Livie sur la manière dont Tibère doit gouverner, I, 6. — Tibère lui remet le soin de s'emparer de l'esclave Clemens, qui se fait passer pour Agrippa, *ibid.*

SALONINA, femme de Cécina Alienus, monte un cheval superbe couvert de pourpre, *Hist.*, II, 20.

SALONINUS. *Voyez* ASINIUS SALONINUS.

SALUT. L'augure de Salut, négligé depuis vingt-cinq ans, est rétabli d'une manière stable, *Ann.*, XII, 23. — Temple du Salut en Étrurie, XV, 53, 74.

SALVIANUS. *Voyez* CALPURNIUS.

SALVIUS COCCEIANUS reçoit les consolations d'Othon, son oncle, qui va se donner la mort, *Hist.*, II, 48.

SALVIUS OTHON. *Voyez* OTHON, l'empereur.

SALVIUS TITIANUS, frère d'Othon, proconsul en Asie, *Agr.*, 6. — Reçoit de Vitellius une lettre où ce dernier le menace de la mort, lui et son fils, si on ne lui conserve pas sains et saufs sa mère et ses enfans, *Hist.*, I, 75. — Consul avec Othon, 77. — Ce dernier, à son départ pour son expédition contre Vitellius, lui confie le soin de la ville et de l'empire, 90. — Othon le mande et lui donne la direction de la guerre, II, 23. — Il conseille à Othon la bataille, et le détermine à se retirer à Brixellum, 33. — A les honneurs du pouvoir, tandis que Proculus a la force et la puissance, 39. — Othon se plaint de l'inertie de Salvius, et lui envoie l'ordre exprès d'en terminer d'une manière décisive, 40. — Il rentre la nuit dans le camp après la défaite de Bédriac, 44. — N'a rien à redouter de Vitellius ; son pieux dévoûment et son incapacité sont ses excuses, 60.

SAMARITAINS, peuple de la Judée, *Ann.*, XII, 54.

SAMBULOS, montagne d'Asie, vers la Mésopotamie, *Ann.*, XII, 13.

SAMIUS, chevalier romain distingué, après avoir donné quatre cent mille sesterces à Suilius, s'apercevant qu'il le trahit, se perce de son épée dans la maison de ce dernier, *Ann.*, XI, 5.

SAMNITES, font passer les Romains sous le joug (aux Fourches Caudines), *Ann.*, XI, 24. —Leurs forces mises en parallèle avec celles des Parthes, XV, 13. — Jugés moins redoutables que les Germains, *Germ.*, 37. —Se lèvent contre Vitellius, *Hist.*, III, 59.

SAMOS, île de la mer Égée, demande pour son temple de Junon la confirmation d'un ancien droit d'asile, *Ann.*, IV, 14. — On y recherche les vers de la Sibylle, VI, 12.

SAMOTHRACE (*Samandraki*), île de la mer Égée, *Ann.*, II, 54.

SANCIA, sœur de Considius Proculus, est condamnée à l'exil, *Ann.*, VI, 18.

SANCTUS. *Voyez* CLAUDIUS SANCTUS.

SANQUINIUS. *Voyez* MAXIMUS.

SANQUINIUS est puni pour avoir accusé L. Arruntius, *Ann.*, VI, 7.

SAÔNE, rivière. *Voyez* ARARIS.

SARDAIGNE, île de la Méditerranée, reçoit pour sa defense quatre mille affranchis infectés de superstition, *Ann.*, II, 85.—Vipsanius Lénas est condamné pour ses pillages dans le gouvernement de cette province, XIII, 30. — Anicetus s'accuse faussement d'adultère avec Octavie, déterminé par les promesses de récompenses que lui fait Néron, et est relégué dans cette île, où il meurt, XIV, 62. — Par décret du sénat, Cassius y est déporté, XVI, 9. — Crispinus, relégué dans cette île, au sujet de la conjuration contre Néron, y reçoit l'ordre de mourir, et s'y tue, 17. — La renommée de la flotte victorieuse d'Othon conserve la Sardaigne à ce prince, *Hist.*, II, 16.

SARDES, ville d'Asie, maltraitée par un tremblement de terre, *Ann.*, II, 47. — Obtient des soulagemens de Tibère, *ibid.* —Ses habitans, qui adoraient Diane et Apollon, réclament en faveur de leur droit d'asile, III, 63. — Dispute aux autres villes d'Asie l'honneur d'élever un temple à Tibère, IV. 55. — Les Étrusques ont reconnu ses habitans pour frères, *ibid.*

SARIOLENUS VOCULA, décrié par ses nombreuses délations sous Néron, *Hist.*, IV, 41.

SARMATES, peuple limitrophe de la Germanie, *Germ.*, 1.— Leur habillement flottant, 17. —Toujours à cheval ou dans leurs chariots, 46. — Leur équipement à la guerre, *Hist.*, I, 79.—Faibles dans leurs attaques d'infanterie, redoutables dans leurs chocs de cavalerie, *ibid.* — Imposent des tributs aux Oses et aux Gothins, *Germ.*, 43. — Dans la lutte de Pharasmane contre Artaban pour la possession de l'Arménie, les Sarmates se battent dans les rangs des deux armées adverses, *Ann.*, VI, 33. — Combattent valeureusement, 35. — Se lèvent contre les Romains, *Hist.*, I, 2.—Mucien envoie contre eux et les Daces réunis la sixième légion, III, 46.—Cette expédition sert de prétexte pour décerner à ce chef les décorations triomphales, IV, 4. — Le bruit se répand que les Sarmates et les Daces tiennent assiégés les quartiers romains en Mésie et en Pannonie, 54.

SARMATES IAZYGES. Leur cavalerie, principale force de Vannius, roi des Suèves, *Ann.*, XII, 29, 30.—Leurs chefs sont appelés dans les rangs de l'armée flavienne, *Hist.*, III, 5.

SARMENT (Verge de), marque de distinction du centurion, *Ann.*, I, 23.

SATIRE. Le mépris fait tomber la satire, l'irritation l'accrédite, *Ann.*, IV, 34.

SATRIUS SECUNDUS accuse Crémutius Cordus d'avoir, dans les Annales qu'il publie, loué Brutus et nommé Cassius le dernier des Romains, *Ann.*, IV, 34.—Client de Séjan, VI, 8.—Dénonciateur de la conspiration de ce dernier, 47.— Albucilla, qui avait été son épouse, est accusée d'impiété envers Tibère, *ibid.*

SATURNALES (*Fêtes de Saturne*), *Ann.*, XIII, 15.—Célébrées par les Flaviens à Ocriculum, *Hist.*, III, 78.

SATURNE, vaincu et chassé de la Crète par Jupiter, *Hist.*, V, 2.—Sa planète est, des sept qui fixent les destins des mortels, la plus élevée dans le ciel et la plus puissante, 4.— Ses fêtes, *Ann.*, XIII, 15; *Hist.*, III, 78. — Son temple, *Ann.*, II, 41.—Othon est salué empereur, près de cet édifice, par vingt-trois soldats, *Hist.*, I, 27.

SATURNINUS. *Voyez* APONIUS, LUSIUS.

SATURNINUS (Apuleius), agitateur du peuple, *Ann.*, III, 27.

SATURNINUS (Vitellius), préfet d'une légion, est blessé dans une sédition militaire, en s'opposant à l'entrée tumultueuse des soldats dans le palais du prince, *Hist.*, I, 82.

SAUFELLUS TROGUS, complice de Messaline et de C. Silius, est mis à mort par ordre de Claude, *Ann.*, XI, 35.

SAUTERELLES, dévorent toutes les herbes et toutes les feuilles dans les environs de Nisibis, et réduisent à la disette la cavalerie de Vologèse, *Ann.*, XV, 5.

SAUVEUR, surnom dont se décore l'affranchi Milichus, *Ann.*, XV, 71.

SAXA RUBRA. *Voyez* ROCHERS ROUGES.

SCANTIA, vestale, *Ann.*, IV, 16.

SCAPULA. *Voyez* OSTORIUS SCAPULA.

SCAURUS. *Voyez* AURELIUS, MAMERCUS et MAXIMUS.

SCAURUS. En sa considération, les biens de Lepida, dont il a une fille, ne sont pas confisqués, *Ann.*, III, 23.

SCAURUS (Marcus), bisaïeul de Mamercus Scaurus, accuse Publius Rutilius, *Ann.*, III, 66. — Il écrit sa propre vie, *Agr.*, 1.

SCAURUS (Marcus Émilius), fils du précédent, est défendu par Cicéron, qui le fait absoudre du crime de concussion, *Orat.*, 39.

SCEPTUQUES, princes des Sarmates, combattent dans les armées opposées, *Ann.*, VI, 33.

SCÉVA. *Voyez* DIDIUS SCÉVA.

SCEVINUS. *Voyez* FLAVIUS et POMTINUS.

SCIPION, l'antagoniste de César en Afrique, est souvent appelé homme illustre par Tite-Live, *Ann.*, IV, 34.

SCIPION, préfet de cohorte, est massacré en Afrique, *Hist.*, II, 59.

SCIPION (Cornelius), lieutenant de Blésus, est chargé du passage par lequel Tacfarinas venait piller le pays des Leptins, puis se réfugiait chez les Garamantes, *Ann.*, III, 74.

SCIPION (L. Cornelius), consul en 671 avec C. Norbanus, année où le Capitole fut brûlé, *Hist.*, III, 72.

SCIPION (P. Cornelius), mari de Poppée Sabina, *Ann.*, XI, 2, 4. — Apprend à Claude la mort de celle-ci, 2. — Sa basse flatterie envers Pallas, XII, 53. — Collègue de Q. Volusius au consulat en 80), XIII, 25.

SCIPION (Lucius), vainqueur d'Antiochus, récompense les Magnésiens de leur fidélité et de leur courage, en déclarant inviolable leur temple de Diane Leucophryne, *Ann.*, III, 62.

SCIPION (Publius), le premier Africain, se promène en Sicile sans gardes, les pieds découverts et avec un manteau grec, *Ann.*, II, 59. — Vient montrer au peuple romain Siphax fait prisonnier par Masinissa, XII, 38. — Ne fut pas ménagé par les orateurs, *Orat.*, 40.

Scipion (Publius), le second Africain, accuse L. Cotta, *Ann.*, III, 66.

Scipions (les). Leur fortune et leur temps comparés avec ceux des Fabricius, *Ann.*, II, 33. || Basses flatteries des Scipions sous Tibère, VI, 2.

Scribonia (Famille), ou des Scribonius, *Ann.*, II, 27. — Cn. Lentulus opine pour que le surnom de Drusus lui soit interdit, 32.

Scribonia, épouse d'Auguste, tante de Libon, *Ann.*, II, 27. — Sa statue, *ibid.*

Scribonia, épouse de M. Crassus et mère de Pison Licinianus, *Hist.*, I, 14.

Scriboniana, nom d'une aile de cavalerie, *Hist.*, III, 6.

Scribonianus. *Voy.* Camerinus, Crassus, Furius Camillus.

Scribonius (les frères), sont envoyés à Pouzzoles pour porter remède à des griefs dont s'étaient plaints les habitans de cette ville, *Ann.*, XIII, 48. — Pactius Africanus est accusé de les avoir désignés pour victimes à Néron, *Hist.*, IV, 41. — Ils étaient célèbres par leur union et leurs richesses, *ibid.*

Scydrothemis, souverain de Sinope, *Hist.*, IV, 83. — Veut s'opposer au transport de la statue de Serapis à Alexandrie, 84.

Scythes, *Ann.*, II, 65; VI, 44.

— Vonones, relégué en Cilicie, veut fuir chez un de ses parens, roi de Scythes, II, 68. — Rhescuporis prétexte une guerre contre eux, 66.

Scythie, conquise par Rhamsès, *Ann.*, II, 60. — Artaban fuit de son royaume vers les contrées lointaines qui bordent la Scythie, VI, 36.

Séculaires (Jeux), célébrés par Auguste, par Claude et par Domitien, *Ann.*, XI, 11.

Secundus. *Voyez* Carinas, Julius, Pedanius, Pomponius, Satrius, Vibius.

Sedochèzes, nom d'un peuple inconnu, *Hist.*, III, 48. (Brotier prétend qu'il faut lire *sub Sedochi Lazorum regis auxilio.*)

Ségestains, peuple de Sicile, demandent que le temple de Vénus, tombant en ruines sur le mont Éryx, soit restauré, *Ann.*, IV, 43.

Ségeste, chef des Chérusques. Sa taille gigantesque, *Ann.*, I, 57. — Fut honoré du titre de citoyen par Auguste, 58. — Sa fidélité envers les Romains, 55, 58.— Sa fille lui est enlevée par Arminius, *ibid.*— Ségeste envoie aux Romains des députés pour demander du secours contre ses propres concitoyens qui le tiennent assiégé, 57. — Il joint aux députés son fils Ségimond, *ibid.* — Germanicus le délivre, *ibid.* — Paroles de Ségeste,

58. — N'aspire qu'à devenir l'utile médiateur de la Germanie, *ibid.* — Germanicus lui promet un établissement dans une des anciennes provinces, et sûreté pour les siens, *ibid.* — La fille de Ségeste lui donne un petit-fils, *ibid.* — Invectives d'Arminius contre Ségeste, 59. — Stertinius reçoit à discrétion son frère Ségimer, 71.

SÉGIMER, frère de Ségeste, fait sa soumission à Germanicus entre les mains de Stertinius, *Ann.*, I, 71. — Il obtient sa grâce, *ibid.* — Son fils avait insulté, dit-on, au cadavre de Quinctilius Varus, *ibid.*

SÉGIMOND, fils de Ségeste, *Ann.*, I, 57. — Avait été créé pontife à l'Autel des Ubiens, *ibid.* — Envoyé par son père, avec d'autres députés, à Germanicus pour réclamer du secours contre ses propres concitoyens qui le tenaient assiégé, est reçu avec bienveillance et conduit par une escorte sur la rive gauloise, *ibid.*

SEIUS QUADRATUS. *Voyez* QUADRATUS.

SEIUS STRABON, chevalier romain, préfet du prétoire, père de Séjan, *Ann.*, I, 24; IV, 1. — Prête serment à Tibère, entre les mains des consuls Sex. Pompeius et Sex. Apuleius, I, 7.

SEIUS TUBÉRON, lieutenant de Germanicus, *Ann.*, II, 20. — Est accusé de soulever l'ennemi et de troubler la république, IV, 29.

SÉJAN (Élius), de Vulsinie, *Ann.*, V, 8. — Sa naissance et son caractère, IV, 1. — Préfet du prétoire, est joint par Tibère à Drusus, qu'il envoie en Pannonie auprès des légions révoltées, I, 24. — Aggrave les soupçons de Tibère contre Agrippine, 69. — Joue Cn. Pison par de vaines promesses, III, 16. — Est destiné à devenir le beau-père du fils de Claude, 29. — Blésus, oncle de Séjan, est, par son crédit, porté au proconsulat d'Afrique, 35. — Junius Othon, d'abord maître d'école, devient sénateur avec l'appui de Séjan, 66. — Les sénateurs proposent de décerner à Séjan une statue, que l'on placerait dans le théâtre de Pompée, et Tibère accorde à Blésus les ornemens du triomphe en sa considération, 72. — Influence de Séjan sur Tibère, VI, 51. — Il accroît la puissance de la préfecture du prétoire, IV, 2. — Tibère souffre que les images de Séjan soient honorées dans les théâtres, dans les places publiques et à la tête des légions, *ibid.* — Au commencement de sa puissance, Séjan s'accrédite par de sages avis, 7. — La famille nombreuse de Tibère retardant l'exécution de ses desseins, il médite sur les moyens de l'anéantir, 3.

— Il séduit Livie, l'épouse de Drusus, lui donne l'espoir de leur union et du partage du trône, puis la pousse à la perte de son époux, contre lequel l'animaient des haines récentes, *ibid.* — Il admet dans la confidence Eudemus, ami et médecin de Livie, et chasse de sa maison son épouse Apicata, dont il avait eu trois enfans, pour ne pas être suspect à sa concubine, *ibid.* — Il choisit un poison qui, s'insinuant peu à peu, simule une maladie naturelle, et charge l'eunuque Lygdus de l'administrer à Drusus, 8. — Moyen qu'employa Séjan pour séduire Lygdus, et comment il procède dans l'empoisonnement, 10. — Tibère d'abord n'est pas regardé comme étranger à ce crime, mais bientôt la trame du complot est dévoilée par Apicata, et confirmée par Eudemus et Lygdus, au milieu des tortures, 11. — Dès que Séjan voit que la mort de Drusus reste impunie, il médite par quelles machinations il pourra faire disparaître Agrippine et ses fils, 12. — Sa haine contre Néron accroît l'intérêt qu'on porte au jeune prince, 15. — Il pousse et irrite Tibère contre les fils de Germanicus, 17. — Attaque C. Silius et Titinius Sabinus, 18. — Par déférence pour Séjan, ne voulant pas laisser effacer la gloire de Blésus, l'oncle de son favori, Tibère refuse les ornemens du triomphe à P. Dolabella vainqueur de Tacfarinas, 26. — Séjan contribue à la perte de Cremutius Cordus, 34. — Il sollicite de Tibère son union avec Livie, 39. — N'obtient pas cette faveur du prince, 40. — Il fait à Tibère un pompeux éloge des charmes du repos et de la solitude, et essaye de le déterminer à aller vivre loin de Rome, 41. — Entoure Agrippine de personnes qui, sous le voile de l'amitié, la préviennent qu'on veut l'empoisonner, 54. — Tibère, déterminé peut-être par les artifices de Séjan, se retire en Campanie, 57. — Il accompagne ce prince dans sa retraite, 48. — Il le sauve d'un danger qu'il court dans une grotte, et augmente par-là sa faveur, 59. — Dirige principalement contre Néron, le plus prochain héritier de l'empire, ses menées criminelles, *ibid.* — Mêle Drusus à cette trame perfide, tout en préparant pour lui les germes d'une perte prochaine, 60. — Séjan ne prend plus la peine de cacher ses pièges contre Agrippine et Néron, 67. — Imprécations de Titius Sabinus contre Séjan, 70. — Conduite de Séjan envers Tibère, pour lui laisser mûrir sa vengeance contre Asinius Gallus, 71. — Le sénat vote une statue à Séjan, et sollicite de lui la faveur de se laisser voir, 74. — Il quitte Caprée avec Tibère et vient se montrer aux confins de la Campanie où son abord est plus difficile que celui de l'empereur, *ibid.* — A la mort de Livie, comme échappé de ses liens, Séjan s'élance sur Agrippine et Néron comme sur une proie, v, 3. — De prétendues remontrances contre Séjan, circulent sous les noms d'anciens consulaires, 4. — Il choisit Sextius Paconianus pour préparer la ruine de Caïus César, vi, 3. — Satrius Secundus dénonce la conspiration de Séjan, 47. — Mort de Séjan, v, 8; vi, 38. — Son supplice précède de deux années, jour pour jour, la mort d'Agrippine, 25. — On sévit contre les derniers enfans de Séjan, quoique les esprits fussent assez apaisés par les premières exécutions, v, 9. — On instruit contre ses amis et ses complices, 6, 8, 11; vi, 7. — Ses biens sont versés du trésor public dans la caisse du prince, comme restitution, 2. — Terentius ose se prévaloir d'avoir été son ami, lors même qu'on lui en fait un reproche, 8, 9. — Tibère ordonne qu'on massacre toutes les personnes retenues en prison, accusées de liaison avec Séjan, 19. — T. Ollius est victime de son amitié, xiii, 45. — Il engagea Marinus dans un complot qu'il dirigea contre Curtius Atticus, vi, 10. — Geminius Celsus et Pompeius périssent victimes de la conjuration de Séjan, 14. — Lentulus Gétulicus, qui avait voulu unir sa fille au fils de Séjan, est le seul qui échappe à la proscription, et qui même se conserve une grande faveur, 30. — Séjan passait pour capable d'inventer tous les crimes, iv, 11. — Sa faveur s'achetait par un forfait, 68. — Être connu de ses affranchis, des gardes de sa porte, semblait un honneur insigne, vi, 8. — Séjan mis en parallèle avec Macron, 29, 46, 48.

SEL produit par une rivière de Germanie, *Ann.*, xiii, 57. — Comment on le recueille, *ibid.*

SÉLEUCIE, ville de Syrie, d'où quelques auteurs prétendent que la statue de Serapis fut apportée à Alexandrie, *Hist.*, iv, 84. — Pison s'y retire pour y attendre les suites d'une maladie de Germanicus, *Ann.*, ii, 69.

SÉLEUCIE, ville de Babylonie sur le Tigre, fondée par Seleucus Nicator, *Ann.*, vi, 42. — Son gouvernement, *ibid.* — Artaban, suivi d'une nombreuse armée, touche aux portes de cette ville, 44. — Bardane en fait le siège, xi, 8. — Elle se rend sept années après sa révolte, 9.

SELEUCUS, mathématicien, dirige Vespasien par ses prédictions, *Hist.*, ii, 78.

SELEUCUS NICATOR, fondateur

de la ville de Séleucie sur le Tigre, *Ann.*, VI, 42.

SELLARII, dénomination inventée dans les dernières années de Tibère, pour expliquer un certain genre de débauche, *Ann.*, VI, 1.

SEMNONES, se disent les plus anciens et les plus nobles des Suèves, *Germ.*, 39. — Leurs horribles cérémonies et leur vie barbare, *ibid.* — Ils abandonnent Maroboduus pour Arminius, *Ann.*, II, 45.

SEMPRONIENNES (Lois), mettent l'ordre équestre en possession des jugemens, *Ann.*, XII, 60.

SEMPRONIUS. *Voyez* DENSUS, GRACCHUS, les GRACQUES.

SEMPRONIUS LONGUS (Tiberius), consul avec P. Cornelius Scipion, en 536, année de la fondation de Crémone, *Hist.*, III, 34.

SÉNAT. *Voyez* les Dissertations nouvelles, t. VIII et IX.

SÉNATUS-CONSULTE rendu contre Volesus Messala, proconsul d'Asie, *Ann.*, III, 68. — Auguste fait confirmer l'exil de Postumus Agrippa par un sénatus-consulte, I, 6. — D. Silanus vit en exil sans qu'aucune loi, aucun sénatus-consulte l'ait banni, III, 24. — Sénatus-consulte pour réprimer les troubles du théâtre et la licence des partisans des histrions, I, 77. — Défendant d'appliquer la question aux esclaves, lorsqu'il y va de la tête du maître, II, 30. — Pour l'expulsion d'Italie des astrologues et des magiciens, 32; XII, 52. — Pour l'interdiction des plats d'or massif, et des vêtemens de soie aux hommes, II, 33. — Les sénateurs rendent un décret par lequel est déféré à Germanicus le gouvernement des provinces d'outre-mer, 43. — Sénatus-consulte ordonnant que quatre mille affranchis infectés de superstition, et en âge de porter les armes, seront transportés en Sardaigne; le reste doit sortir de l'Italie, 85. — Sur les plaintes de Tibère au sénat, de son zèle trop prompt à venger le prince des injures légères, on fait un sénatus-consulte par lequel les décrets des sénateurs ne seront portés au trésor qu'au dixième jour, et la vie des condamnés prolongée pendant ce temps, III, 51. — Sénatus-consulte rendu à l'occasion de la demande que fait Tibère de la puissance tribunitienne pour Drusus, 57. — Concernant les asiles de la Grèce et de l'Asie, 63. — On fait, sur la proposition de Tibère, des sénatus-consultes pour soulager les villes de Cibyre en Asie et Égium en Achaïe, qu'un tremblement de terre avait renversées, IV, 13. — Sénatus-consulte réglant que les gouverneurs seront punis sur les accusations des provinces, des désordres de leurs épouses, comme s'ils en étaient eux-mêmes les auteurs, 20. — Sénatus-consulte concernant les spectacles de gladiateurs et la construction des amphithéâtres, rendu à l'occasion du désastre de Fidènes, 63. — A l'effet d'admettre un livre sibyllin présenté par Caninius Gallus, quindécemvir, parmi les livres de la prophétesse, vi, 12. — Pour réprimander la populace, 13. — Accordant à Tibère de se faire accompagner par Macron, capitaine de ses gardes, de centurions et de tribuns, toutes les fois qu'il viendrait au sénat, 15. — Concernant l'achat des biens-fonds en Italie, 17. — Rendu au sujet de la science des aruspices, xi, 15. — Comblant de louanges Pallas pour son prétendu désintéressement, xii, 53. — Un sénatus-consulte décide que les affaires jugées par les intendans du prince auront la même force que si lui-même eût prononcé, 60. — Sénatus-consulte concernant l'assassinat des maîtres par leurs claves, xiii, 32; xiv, 42 et suiv. — Un sénatus-consulte ordonne des prières publiques pour les succès de Corbulon dans l'Orient, xiii, 41. — Décret du sénat contre les orateurs qui mettaient à prix leur éloquence, 42. — Un sénatus-consulte permet

à la ville de Syracuse d'excéder aux jeux le nombre déterminé de gladiateurs, 49. — Contre la collusion en matière judiciaire, xiv, 41. — Contre l'adoption simulée, xv, 19. — Pour défendre à qui que ce soit de solliciter du sénat des actions de grâces pour les propréteurs ou les proconsuls, 22. — Domitius Cécilianus apporte à Thrasea le sénatus-consulte qui le condamne à mort, xvi, 34, 35. — Un sénatus-consulte, sous le règne de Galba, ordonne que les délateurs seront mis en accusation, *Hist.*, ii, 10. — Othon, par un sénatus-consulte, fait relever les statues de Poppée, i, 78. — Sénatus-consulte rendu contre les habitans de Sienne pour leur manque de respect envers le sénat, iv, 45.

SÉNÉCION. *Voyez* HERENNIUS SÉNÉCION.

SÉNÉCION (Claudius), fils d'affranchi, *Ann.*, xiii, 12. — Ses liaisons intimes avec Néron, *ibid.*

SÉNÉCION (Tullius), chevalier romain, de la familiarité la plus intime de Néron, s'engage dans une conspiration contre ce prince, *Ann.*, xv, 50. — Dénoncé par Flavius Scevinus, nomme bientôt lui-même Annius Pollion, son ami, comme faisant partie du complot, 56, 57. — Meurt avec plus de courage que ne promettait la mollesse de sa vie, 70.

Sénèque (Lucius Annéus) obtient son rappel de l'exil et en même temps la préture, *Ann.*, xii, 8. — Agrippine veut qu'il serve de guide à la jeunesse de son fils, *ibid.*; xiii, 2. — Il combat la violence d'Agrippine, *ibid.* — Auteur de l'éloge funèbre prononcé par Néron le jour des funérailles de Claude, 3. — Sur l'avis de Sénèque, Néron va au devant de sa mère, qui s'approche pour monter sur le trône de l'empereur et y siéger avec lui, 5. — Sénèque rédige pour Néron beaucoup de harangues où celui-ci s'engage à la clémence, 11. — Néron s'abandonne à lui, 13. — Agrippine tourne en ridicule son éloquence auprès de son fils, 14. — Sénèque conserve, par son crédit, à Burrus sa dignité de préfet du prétoire, 20. — Il accompagne ce dernier, chargé de donner connaissance à Agrippine de l'accusation intentée contre elle, 21. — P. Suilius reproche à Sénèque d'avoir porté l'adultère dans la maison du prince, d'engloutir à Rome, comme en des filets, les biens et les testamens des vieillards sans héritiers, et d'épuiser l'Italie et les provinces par ses immenses usures, 42. — Sénèque a recours à l'affranchie Acté pour arrêter les séductions d'Agrippine, xiv, 2. — Il est consulté par Néron après l'issue inattendue de la navigation dans laquelle devait périr Agrippine, 7. — L'atrocité toujours croissante de Néron soulève des murmures contre Sénèque, 11. — Il essaye en vain de détourner le prince de ses goûts d'histrion, 14. — La mort de Burrus affaiblit la puissance de Sénèque, 52. — On essaye, par diverses accusations, de le perdre dans l'esprit de Néron, *ibid.* — Averti de ces accusations, Sénèque demande au prince quelques momens d'entretien, lui offre ses richesses et sollicite de lui la permission de se retirer de la cour, 53, 54. — Néron se refusant à ses souhaits, Sénèque change tout l'appareil de sa puissance première, et feint d'être retenu en sa demeure par sa mauvaise santé, 55, 56. — Sénèque renversé, il est aisé d'abattre Fennius Rufus, 57. — Accusé secrètement par Romanus d'être complice de C. Pison, Sénèque rejette cette accusation sur son auteur, 65. — Sujet de gloire et de périls nouveaux pour Sénèque, xv, 23. — Il échappe, par sa frugalité, au poison que Néron lui fait donner par Cleonicus, affranchi du philosophe, 45. — Antonius Natalis dénonce Sénèque comme faisant partie de la conjuration contre Néron, 56, 60. — Granius Silvanus est envoyé vers lui pour lui ordonner de mourir, 61. — Exhortations de Sénèque à ses amis, 62. — Ses derniers entretiens avec son épouse, 63. — Ils se font ouvrir tous les deux les veines avec le même fer, *ibid.*— Néron ordonne que les plaies de Paullina soient bandées : Sénèque meurt après de longues souffrances, 64. — Le bruit court que Sénèque devait succéder à Néron, si ce dernier eût été victime de la conjuration, 65. — Novius Priscus est condamné à l'exil à cause de son amitié pour Sénèque, 71. — Effroi qu'éprouve Junius Gallion de la mort de son frère, 73. — Mella, autre frère de Sénèque, accusé de faire partie de la conjuration, se fait mourir en se coupant les veines, xvi, 17. —Urbanité de Sénèque, xiii, 2. — Son expérience, 6. — *Voyez* encore, *Ann.*, xv, 67.

Sénia. Auguste crée des patriciens par la loi Sénia, *Ann.*, xi, 25.

Sénonais (Gaulois) combattent contre les Romains, *Ann.*, xi, 24.—Prennent et brûlent Rome, xv, 41.

Sentius, ami de Vespasien, *Hist.*, iv, 7.

Sentius (Cneius) partage longtemps avec Vibius Marsus les suffrages pour l'administration de la Syrie, et l'emporte enfin sur lui, *Ann.*, ii, 74, 77.—Envoie à Rome une femme nommée Martina, fameuse en Syrie par ses empoisonnemens et toute dévouée à Plancine, *ibid.*; iii, 7.—Écrit à Pison pour le dissuader de faire des tentatives sur la Syrie, ii, 79. — Combat contre Pison, le défait et lui accorde des vaisseaux pour son retour assuré en Italie, 80, 81.

Septemvirs, *Ann.*, iii, 64.

Septentrion, *Hist.*, v, 6. — Le climat devient plus terrible en se rapprochant du septentrion, *Ann.*, ii, 23.— Projet de réunir les rives de l'occident et du septentrion par la navigation, xiii, 53.

Septiminus. *Voyez* Portius Septiminus.

Septimius, centurion, effrayé par les soldats révoltés des légions de Germanie, se réfugie vers le tribunal, *Ann.*, i, 32. — Les soldats le réclament jusqu'à ce qu'il le leur soit livré pour l'égorger, *ibid.*

Sépulture refusée aux corps des condamnés, *Ann.*, vi, 29. — Othon consent à ce que la sépulture soit donnée à ceux du parti de Galba qui avaient péri dans la conjuration dirigée contre ce dernier, *Hist.*, i, 47.— Argius donne à Galba une humble sépulture dans les jardins que ce prince possédait étant simple particulier, 49.

Séquanais, peuple puissant de la Gaule Lyonnaise, limitrophes des Éduens, *Ann.*, iii,

45. — Prêtent serment à Tibère, entre les mains de Germanicus, I, 34.—Prennent les armes et sont réduits par Silius, III, 45, 46.— Auxiliaires de Julius Vindex, *Hist.*, I, 51. — Julius Sabinus, chef des Langrois, est mis en fuite par eux, 67.

SERAPIS, dieu de la santé, *Hist.*, IV, 81-84.

SERENUS. *Voyez* AMULIUS SERENUS et VIBIUS SERENUS.

SERENUS (Annéus), l'un des familiers de Sénèque, feint d'aimer l'affranchie Acté, et sert de voile aux premières amours de Néron, *Ann.*, XIII, 13.

SÉRIPHE, île de la mer Égée, où Vistilia va cacher la honte que lui cause son impudicité, *Ann.*, II, 85. — Dépouillé de ses biens, privé du feu et de l'eau, Cassius Severus vieillit à Sériphe, IV, 21.

SERPENT vu dans la chambre de Néron, *Ann.*, XI, 11. — Une femme accouche d'un serpent, XIV, 12.

SERTORIUS perd un œil en combattant, *Hist.*, IV, 13.—Il fait la guerre à l'Italie, *Ann.*, III, 73.

SERVÉUS (Quintus) est préposé à la Commagène, *Ann.*, II, 56. — Accuse Pison d'avoir corrompu les troupes, III, 13.—Tibère propose au sénat d'accorder un sacerdoce à Servéus, 19. — Condamné pour avoir été l'ami de Séjan, se joint aux délateurs, VI, 7.

SERVILIE, fille de Barea Soranus, frappée de veuvage par l'exil d'Annius Pollion qu'elle venait d'épouser, est accusée par Octavius Sabinus d'avoir donné de l'argent à des devins, *Ann.*, XVI, 30.— Déclare dans le sénat que, s'il y a crime dans ses actions, son père n'en peut être responsable, 31, 32. — On lui laisse le choix de sa mort, 33.

SERVILIENNES (Lois), rendues dans le but de restituer au sénat les jugemens qui lui avaient été enlevés par les lois Semproniennes, *Ann.*, XII, 60.

SERVILIUS, chargé de poursuivre Scaurus, l'accuse seulement d'adultère avec Livie, et de consultations de magiciens, *Ann.*, VI, 29.— Se voit interdire l'eau et le feu, et reléguer dans une île, 30.

SERVILIUS (Jardins de), *Ann.*, XV, 55, 58; *Hist.*, III, 38.

SERVILIUS CÉPION, vaincu en Germanie, *Germ.*, 37.

SERVILIUS NONIANUS (Marcus) est mis par Tibère en possession de l'héritage de Patuleius, quoique lui-même ait été institué héritier dans le dernier testament de ce chevalier romain, *Ann.*, II, 48. — Tibère l'engage, dans le procès de Lepida, à déposer ce qu'il avait semblé vouloir qu'on passât sous silence, III, 22. — Consul en 788 avec C. Cestius, VI, 31. — Sa mort, XIV, 19. — Écrivit l'histoire romaine, *ibid.*—Son éloquence, jugée inférieure à celle de Sisenna et de Varron, *Orat.*, 23.

SERVIUS. *Voyez* CORNELIUS ORPHITUS, GALBA, MALUGINENSIS.

SERVIUS (les), *Hist.*, II, 48.

SERVIUS TULLIUS, sixième roi de Rome, donne la principale sanction aux lois auxquelles les rois romains furent astreints, *Ann.*, III, 26.—Consacre un temple à la Lune, XV, 41. — Élève, avec le secours des alliés de Rome, le temple du Capitole, *Hist.*, III, 72.

SÉSOSTRIS, roi d'Égypte, *Ann.*, VI, 28.— C'est sous son règne qu'on vit le premier phénix, *ibid.*

SEVERUS. *Voyez* ALLEDIUS, CASSIUS, CÉCINA, CERIUS, CESTIUS, CLAUDIUS, CURTIUS.

SEVERUS, architecte, bâtit le palais de Néron, après l'incendie de Rome, *Ann.*, XV, 42.

SEVERUS VERULANUS, lieutenant de Corbulon, est envoyé par lui, avec des auxiliaires, contre Tiridate, alors dans le pays des Mèdes, *Ann.*, XIV, 26. — Est envoyé par Corbulon avec une légion, pour soutenir Tigrane dans la possession de l'Arménie, XV, 3.

SEXTIA, épouse de Mamercus Scaurus, encourage son mari à prévenir sa condamnation par la mort, et la partage avec lui, *Ann.*, VI, 29.

SEXTIA, belle-mère de L. Antistius Vetus, meurt en même temps que son gendre et sa petite-fille, en s'ouvrant les veines, *Ann.*, XVI, 10, 11.

SEXTILIA, mère de Vitellius, femme vertueuse et de mœurs antiques, *Hist.*, II, 64. — Est décorée par son fils du nom d'Augusta, 89. — Par une mort opportune, échappe, peu de jours avant, à la ruine de sa maison, III, 67.

SEXTILIUS. *Voyez* FÉLIX.

SEXTIUS. *Voyez* AFRICANUS, PACONIANUS.

SIBYLLE, *Ann.*, VI, 12.

SIBYLLINS (Livres), *Ann.*, VI, 12. — Asinius Gallus propose de les consulter; Tibère s'y oppose, I, 76. — Sont consultés sous Néron après l'incendie de Rome, XV, 44.

SICAMBRES, peuple de la Germanie, sont soumis, *Ann.*, II, 26. — Une partie est massacrée et l'autre transportée dans les Gaules, XII, 39. — Ils combattent contre les Thraces comme auxiliaires des Romains, IV, 47.

SICILE, la plus grande et la plus célèbre des îles de la Méditerranée, *Ann.*, I, 53; IV, 13; XII, 23. — P. Scipion s'y promène vêtu du manteau grec, II, 59. — Pompée y succombe, I, 2. — On y recherche les vers de la Sibylle, VI, 12. — Détroit de Sicile (*Charybde* et *Scylla*), I, 53; VI, 14.

Sidon, de concert avec son frère Vangion, renverse du trône des Suèves Vannius leur oncle maternel, et partagent son royaume, *Ann.*, xii, 29, 30. — Est séduit par le parti flavien, iii, 5. — Combat à Bédriac, 21.

Sienne, petite ville de l'Étrurie, est le théâtre de scènes injurieuses pour le sénat romain, *Hist.*, iv, 45.

Silana. *Voyez* Junia Silana.

Silanus. *Voyez* Creticus, Junius.

Silia, femme d'un consulaire et compagne des débauches de Néron, était fort liée avec Pétrone ; soupçonnée par l'empereur d'avoir révélé ses turpitudes nocturnes, elle est envoyée en exil, *Ann.*, xvi, 20.

Silius (Caïus) commande l'armée supérieure sur les bords du Rhin, *Ann.*, i, 31. — On lui décerne les ornemens triomphaux pour le récompenser de ses exploits sous Germanicus, 72 ; iv, 18. — Il est chargé avec Anteius et Cécina, par Germanicus, de la construction d'une flotte, ii, 6. — Celui-ci lui ordonne de fondre chez les Cattes, 7, 25. — Il enlève un modique butin avec l'épouse et la fille d'Arpus, chef des Cattes, *ibid.* — Visellius Varron, lieutenant de la Germanie Inférieure, affaibli par l'âge, lui cède sa place, iii, 43. — Silius ravage les villages des Séquanais et gagne Augustodunum (*Autun*), 45. — S'oppose au mouvement de Sacrovir, 46. — Son amitié pour Germanicus lui est fatale, iv, 18. — L'affection d'Agrippine pour son épouse Sosia Galla, rend celle-ci odieuse à Tibère, 19. — Silius, accusé par Varron, prévient, par sa mort volontaire, le supplice qui le menaçait, *ibid.* — Ses biens sont confisqués et engloutis dans le fisc, 20. — Le sénat interdit la conservation de ses images, xi, 35.

Silius (Caïus), fils du précédent, *Ann.*, xi, 35. — Consul désigné, 5, 27. — Ennemi déclaré de Suilius, 6. — Messaline brûle pour Silius d'une telle ardeur, qu'elle lui fait chasser sa noble épouse, Junia Silana, pour jouir sans partage de son amant adultère, 12. — Messaline saisit l'occasion d'une absence de Claude, qui se rendait à Ostie pour un sacrifice, et célèbre ses noces avec Silius suivant toutes les solennités, 26, 27. — Narcisse révèle à Claude cette union criminelle, 29, 30 ; xii, 65. — Silius figure, revêtu des attributs de Bacchus, dans un simulacre de vendanges célébré à l'occasion de ce mariage, 31. — En apprenant l'arrivée de Claude, il dissimule sa terreur, 32. — Narcisse excite Claude contre Silius, 34. — Amené au pied du tribunal, Silius supplie qu'on accélère sa mort, 35.

SILIUS DOMITIUS. *Voyez* DOMITIUS SILIUS.

SILIUS ITALICUS est témoin d'un traité conclu entre Vitellius et Flavius Sabinus, dans le temple d'Apollon, *Hist.*, III, 65.

SILIUS NERVA. *Voyez* NERVA.

SILURES, peuple de la Bretagne, *Ann.*, XII, 32, 38. — Leur teint basané, leurs cheveux, la plupart crépus, et leur position en face de l'Espagne, font croire que des Ibères ont jadis occupé leur pays, *Agr.*, 11. — Leur intrépidité naturelle, *Ann.*, XII, 33. — Irrités des paroles du général romain, qui veut éteindre jusqu'à leur nom, les Silures défont une légion romaine, 39, 40. — Q. Veranius fait chez eux quelques légères incursions, XIV, 29. — Ils sont subjugués par Petilius Cerialis, *Agr.*, 17.

SILVANUS. *Voy.* GRANIUS, PLAUTIUS, POMPONIUS, POPPÉUS.

SIMBRUINS (Lacs), dans le Latium, près de Sublaqueum, *Ann.*, XIV, 22.

SIMBRUINS (Monts). Claude en amène les eaux à Rome, *Ann.*, XI, 13.

SIMON, après la mort d'Hérode, usurpe le titre de roi de Judée, *Hist.*, V, 9. — Est puni par Quinctilius Varus, *ibid.*

SIMON, chef des Juifs, *Hist.*, V, 12.

SIMONIDE complète l'alphabet, *Ann.*, XI, 14.

SIMPLEX. *Voyez* CÉCILIUS SIMPLEX.

SIMULACRES. *Voyez* IMAGES.

SINDE, fleuve qui sépare le Dahistan des Aries, *Ann.*, XI, 11.

SINGULAIRES, nom d'un corps de cavalerie, *Hist.*, IV, 70.

SINNACÈS, Parthe que sa naissance et ses richesses faisaient estimer, pousse ses compatriotes à envoyer une ambassade secrète à Rome, *Ann.*, VI, 31. — Artaban lui donne des entraves par diverses missions, par des présens et par sa dissimulation, 32. — Sinnacès pousse à la révolte son père Abdagèse et une multitude qu'avait jusqu'alors retenue la crainte, 36. — Amène à Tiridate de nouvelles troupes, et Abdagèse lui remet les trésors et les ornemens royaux, 37.

SINOPE (*Sinah* ou *Sinope*), ville du Pont, *Hist.*, IV, 83, 84.

SINUESSE, ville de la Campanie, célèbre par la douceur de son climat et la salubrité de ses eaux, *Ann.*, XII, 66. — Tigellinus y reçoit l'ordre de terminer sa vie, *Hist.*, I, 70.

SIPHAX, roi des Massésyliens, fait prisonnier par Masinissa est conduit au triomphe de P. Scipion, le premier Africain, *Ann.*, XII, 38.

SIPYLE, montagne de Lydie, près du Méandre, *Ann.*, II, 47.

SIRAQUES, peuple d'Asie, sur les bords du Mermodas, *Ann.*, XII, 15, 16.

SIRPICUS (*Verge d'osier*), surnom d'un centurion, *Ann.*, I, 23.

SISENNA, historien, *Hist.*, III, 51. — Préféré à Aufidius Bassus et à Servilius Nonianus, *Orat.*, 23.

SISENNA, centurion, inquiet et craignant quelque violence du faux Néron qui tâche par mille artifices de le séduire, quitte secrètement l'île de Cythnos et s'enfuit, *Hist.*, II, 8.

SISENNA STATILIUS TAURUS, consul en 769 avec L. Libon, *Ann.*, II, 1. — Agrippine, avide d'envahir ses jardins, le perd en le faisant accuser de concussion par Tarquitius Priscus, XII, 59; XIV, 46. — Il se donne la mort avant la décision du sénat, XII, 59.

SITONES (*Norwégiens*), peuple de la Germanie, voisins des Suiones, *Germ.*, 45. — Ils ont une femme pour souveraine, *ibid.*

SMYRNÉENS, allèguent un oracle d'Apollon, qui avait ordonné de dédier un temple à Vénus Stratonicienne, *Ann.*, III, 63. — P. Rutilius, chassé de Rome par les lois romaines, reçoit des Smyrnéens le droit de cité, IV, 43. — Ils disputent aux autres villes d'Asie l'honneur d'élever un temple à Tibère, et obtiennent la préférence, 55, 56. — Avaient les premiers élevé un temple à la ville de Rome, *ibid.*

SOCIALE (Guerre), *Ann.*, VI, 12.

SOHEMUS, roi d'Iturée, meurt, et son royaume est réuni au gouvernement de Syrie, *Ann.*, XII, 23.

SOHEMUS, nommé roi de la Sophène par Néron, *Ann.*, XIII, 7. — Se déclare avec son royaume pour Vespasien, *Hist.*, II, 81. — Accompagne Titus dans la guerre de Judée, V, 1.

SOIE (Vêtemens de) interdits aux hommes, *Ann.*, II, 33.

SOLDATS. Il est des choses qu'ils doivent savoir, il en est qu'il est plus utile qu'ils ignorent, *Hist.*, I, 83. — Dans les discordes, la foi du soldat est peu solide, et chacun d'eux est à redouter, II, 75.

SOLDAT (*miles*) *gregarius*, *Ann.*, I, 16, 22; III, 21, 45; XIV, 24; *Hist.*, I, 36, 46, 57; II, 5; III, 31, 51, 61; IV, 27; VI, 1. — Légionnaire, *Ann.*, III, 41; VI, 41; XII, 35; XIV, 26, 34, 38; *Hist.*, I, 38, 42, 64; II, 22, 27, 66, 68, 70, 89, 94; III, 18, 50; IV, 18, 20, 30, 70. — Nautique, *Agr.*, 25. — Prétorien, *Ann.*, IV, 41; VI, 3; IX, 31; XIV, 7; *Hist.*, I, 31, 38, 74, 87, 89; II, 8, 11, 14, 22, 44, 92; III, 21, 23, 24, 43; IV,

46, 68. — *Subsignanus* (soldat légionnaire qui servait sous une autre enseigne que son aigle), *Hist.*, I, 70; IV, 33. — *Urbanus*, I, 89; II, 19. — Vexillaire, *voyez* ce mot.

SOLDATS ROMAINS. Cn. Pison intercepte un corps de nouveaux soldats qui se rend en Syrie, *Ann.*, II, 78. — Néron envoie soixante soldats en Asie pour consommer le meurtre de Rubellius Plautus, XIV, 58. — Des soldats romains, comme s'ils eussent dû renverser Vologèse ou Pacorus du trône antique des Arsacides, et non égorger leur empereur (Galba), faible vieillard sans armes, dispersent le peuple, foulent aux pieds le sénat, menacent de leurs armes, poussent leurs chevaux avec rapidité, et s'élancent dans le Forum, *Hist.*, I, 40. — Othon, sur leur demande d'être exemptés de payer le droit de congé aux centurions, leur promet de l'acquitter sur sa caisse, 46. — Vitellius leur accorde la même faveur, 58. — Quelques soldats se tuent auprès du bûcher d'Othon, II, 49. — Vitellius leur accorde une licence absolue, 94. — Appesantis par leur armure, craignent de se jeter à la nage, V, 14. — Leur amour pour les Césars, *Ann.*, II, 76. — Leur honneur réside dans le camp, *Hist.*, III, 84.

SOLEIL. Le phénix lui est consacré, *Ann.*, VI, 28. — Son autel à Héliopolis, *ibid.* — Son temple à Rome, près du Cirque, XV, 74. — Les Syriens le saluent à son lever, *Hist.*, III, 24. — Au-delà des Suiones, la dernière clarté du soleil à son couchant, se conserve jusqu'à son lever assez vive pour effacer l'éclat des étoiles, *Germ.*, 45. — Le même phénomène a lieu à l'extrémité de la Bretagne, *Agr.*, 12.

SOLON donne des lois aux Athéniens, *Ann.*, III, 26.

SOLYMES, nation célébrée dans les poëmes d'Homère, *Hist.*, V, 2.

SOMPTUAIRE (Loi), *Ann.*, III, 52.

SONGE de Cécina, *Ann.*, I, 65. — Songe de Cesellius Bassus, XVI, 1. — Songe de l'un des deux chevaliers romains surnommés Petra, XI, 4. — Interprètes de songes, II, 27.

SOPHÈNE, province de la grande Arménie, reçoit de Néron Sohemus pour roi, *Ann.*, XIII, 7.

SOPHOCLE, poète tragique d'Athènes, *Orat.*, 12.

SOPHONIUS. *Voyez* TIGELLINUS.

SORANUS. *Voyez* BAREA SORANUS.

SORRENTE, promontoire séparé de Caprée par un canal large de trois milles, *Ann.*, IV, 67; VI, 1.

SORT. Ses vicissitudes, *Hist.*, II, 1. — Méthode employée par les Germains pour consulter le sort, *Germ.*, 10.

Sosia Galla. *Voyez* Galla.

Sosianus. *Voyez* Antistius.

Sosibius, précepteur de Britannicus, *Ann.*, xi, 1, 4. — Est adjoint par Messaline au délateur Suilius, pour perdre Valerius Asiaticus, 1.

Sosius (Caïus) subjugue la Judée, *Hist.*, v, 9.

Sostratus, prêtre de Vénus à Paphos, dévoile à Titus un heureux avenir, *Hist.*, ii, 4.

Souvenir. Combien ne doit-on pas sourire de pitié de ces hommes qui, par leur autorité présente, pensent étouffer les souvenirs de l'âge suivant! *Ann.*, iv, 35.

Souverains, redoutent la popularité de leurs enfans, *Ann.*, ii, 82. — Il n'est aucun appui plus sûr pour un souverain vertueux, que des amis vertueux, *Hist.*, iv, 7. — Si les méchans souverains veulent une domination sans bornes, les meilleurs veulent une certaine mesure dans la liberté, 8.

Soza, ville de la Dandarique, *Ann.*, xii, 16.

Spartacus, gladiateur célèbre, *Ann.*, xv, 46. — Après avoir défait tant d'armées consulaires, incendié impunément l'Italie, alors que la république était ébranlée par deux grandes guerres que lui faisaient Sertorius et Mithridate, n'obtient point de traiter avec elle, iii, 73.

Spartiates, fondateurs de Canope, *Ann.*, ii, 60. — Reçurent leurs lois de Lycurgue, iii, 26.

Spéculateurs, nom d'un corps de troupes, *Hist.*, i, 24, 25, 31; ii, 33. — Vingt-trois d'entre eux saluent Othon empereur près du temple de Saturne, i, 27. — Julius Atticus, soldat de ce corps, se vante faussement à Galba d'avoir tué Othon, 35. — Statius Murcus, spéculateur, envoyé par Othon pour égorger Pison, s'acquitte de son message, 43. — Un grand nombre de spéculateurs accompagnent Othon à Brixellum, ii, 33.

Spelunca, villa entre la mer Amyclée et les montagnes de Fondi, *Ann.*, iv, 59.

Spintriæ, dénomination inventée dans les dernières années de Tibère, pour expliquer un certain genre de débauche, *Ann.*, vi, 1.

Spurinna. *Voyez* Vestricius Spurinna.

Spurius. *Voyez* Lucretius.

Staïus, tribun, sur l'ordre de Tibère, s'empare de T. Curtisius, chef d'esclaves révoltés, *Ann.*, iv, 27.

Statilia. *Voyez* Messallina (Statilia).

Statilius Taurus emploie une partie de ses richesses à l'ornement de Rome et à la gloire de sa postérité, *Ann.*, III, 72. — Chargé par Auguste de contenir les esclaves et ces esprits audacieux et turbulens que la force seule peut réprimer, VI, 11.

STATILIUS TAURUS. *V.* SISENNA.

STATIUS. *Voyez* ANNÉUS, DOMITIUS, MURCUS.

STATIUS PROXIMUS, tribun de cohorte prétorienne, s'engage dans la conspiration contre Néron, *Ann.*, XV, 50. — Il met à mort Plautius Lateranus, qui garde le silence sans lui reprocher sa complicité, 60. — Insulte par une mort ambitieuse à la grâce que l'empereur lui avait accordée, 71.

STATOR (Jupiter). Sa chapelle, vouée par Romulus, est brûlée dans l'incendie de Rome, *Ann.*, XV, 41.

STATUE triomphale d'Agricola, *Agr.*, 40. || Statue triomphale d'Aponius Saturninus, *Hist.*, I, 79. || Statue d'Auguste, comprise dans la vente qu'avait faite Falanius de ses jardins, *Ann.*, I, 73. — Marcellus abat la tête d'une statue de ce prince pour y substituer celle de Tibère, 74. — On dédie à Boville une statue au divin Auguste, II, 41. — Statue d'Auguste en Crète, 63. — Statue d'Auguste dédiée par Livie près du Théâtre de Marcellus, 64. || Statue de Caligula, *Hist.*, V, 9. || Statue de Jules César dans l'île du Tibre, I, 86. || Statues des Césars, *Ann.*, II, 27, 74. || Statue de Claudia Quinta, échappe deux fois à la violence des flammes, IV, 64. || Statue de Cocceius Nerva placée dans le Forum par Néron, XV, 72. || Statue de Domitien dans les bras de celle de Jupiter, *Hist.*, III, 74. || Néron demande une statue au sénat pour Cn. Domitius son père, *Ann.*, XIII, 10. || Statue de Drusus placée près du temple de Mars Vengeur, II, 64. — Décrétée par le sénat, III, 57. || Statues des deux Fortunes en or, XV, 23. || Statue de Galba, du même métal, *Hist.*, I, 26. || Statue de Germanicus, placée près du temple de Mars Vengeur, *Ann.*, II, 64. — En ivoire, précède la pompe des jeux du Cirque, 83. — Précède, aux ides de juillet, la marche de l'ordre des chevaliers, *ibid.* || Statue d'Isis, figurée en forme de vaisseau, *Germ.*, 9. || Statue de Junon, *Ann.*, XV, 44. || Statue de Jupiter, *Hist.*, III, 74. || Statue de Lucilius Longus dans le forum d'Auguste, IV, 15. || Statue de Marcellus, placée, dans sa maison, en un lieu plus élevé que celles des Césars, I, 74. || Le sénat ordonne d'enlever les statues de Messaline de tous les lieux publics ou particuliers, XI, 38. || Statue de Mars Vengeur, XIII, 8. — Valerius Messalinus propose d'en ériger une d'or à ce dieu, III, 18. || Le sénat en vote une du même métal à Minerve, XIV, 12. || Statue de Neptune, III, 63. || On propose au sénat, à l'occasion de l'heureuse issue des évènemens de l'Arménie, que la statue de Néron, d'une grandeur égale à celle de Mars Vengeur, soit placée dans le temple de ce dieu, XIII, 8. — On décerne à Néron des statues d'argent ou d'or massif : il les refuse, 10. — On décerne à ce prince des statues pour les succès de Corbulon en Orient, 41. — Une statue de Néron est placée dans le sénat, XIV, 12. — La foudre fond en un bronze informe la statue de Néron, XV, 22. — Tiridate dépose le bandeau royal aux pieds de la statue de ce prince, 29. || Les statues de Cn. Pison sont traînées par le peuple aux Gémonies, III, 14. || Statue de Pompée, II, 27. || Celles de Poppée sont renversées par le peuple, XIV, 61. — Relevées par Othon, *Hist.*, I, 78. || Statue de Proserpine, IV, 83. || Statue de Scribonia, *Ann.*, II, 27. || Les sénateurs proposent d'en décerner une à Séjan, qu'on placera dans le théâtre de Pompée, III, 72. || Statue de Serapis, *Hist.*, IV, 83, 84. || Celle de Silius est conservée malgré les défenses du sénat, *Ann.*, XI, 35. || Statue de Tigellinus placée dans le Forum par Néron, XV, 72. || Le sénat en décrète une à Tibère, III, 57. — Convertie en argenterie par L. Ennius, 70. — Statue de Tibère intacte dans l'incendie du mont Célius, IV, 64. || Statue de la Victoire à Camulodunum, XIV, 31. || Celles de Vitellius sont renversées, *Hist.*, III, 85. || Statues des généraux romains entourées de lauriers, *Ann.*, IV, 23.

Stéchades (îles d'*Hières*), îles de la Méditerranée, près de Marseille, *Hist.*, III, 43.

Stella. *V.* Arruntius Stella.

Stertinius (Lucius) est envoyé par Germanicus, avec des troupes légères, contre les Chérusques, les Bructères et les Angrivariens, *Ann.*, I, 60. — Les disperse, *ibid.* — Retrouve l'aigle de la dix-neuvième légion, perdue à la défaite de Varus, *ibid.* — Est envoyé pour recevoir à discrétion Ségimer, frère de Ségeste, 71. — Germanicus envoie contre les Angrivariens, qui ont fait défection, Stertinius, qui les punit par la flamme et le fer, II, 8. — Il passe le Visurgis, 11. — Dégage les Bataves attirés dans un piège par les Chérusques, *ibid.* — Tourne les Chérusques et les prend à dos, 17. — Accorde aux Angrivariens leur pardon, 22.

Stoïciens. Arrogance de ces philosophes, *Ann.*, XIV, 57. — Leurs préceptes, *Hist.*, III.

81. — Cité de stoïciens, *Orat.*, 31. — Secte stoïcienne, *Ann.*, XVI, 32.

STRABON. *Voyez* ACILIUS et SEIUS.

STRATONICE, ville de Carie, rend des services à la cause de César, *Ann.*, III, 62. — Est louée par le divin Auguste de ce qu'elle a supporté une irruption des Parthes sans que sa fidélité pour le peuple romain en soit ébranlée, *ibid.* — Défend les privilèges du culte de Jupiter et d'Hécate, *ibid.*

STRATONICIENNE. Un oracle d'Apollon, au dire des Smyrnéens, avait ordonné de dédier un temple à Vénus ainsi surnommée, *Ann.*, III, 63.

SUARDONES, peuple de la Germanie, *Germ.*, 40.

SUBLAQUEUM (*Badia di subjaco*), ville du Latium, sur l'Anio, *Ann.*, XIV, 22.

SUBLICIUS (Pont), est rompu par une crue prodigieuse du Tibre, *Hist.*, I, 86.

SUBRIUS DEXTER, tribun, marche au camp des prétoriens, pour tâcher d'apaiser la sédition qu'y fait naître la promotion d'Othon à l'empire, *Hist.*, I, 31. — Est repoussé par des menaces, *ibid.*

SUBRIUS FLAVIUS, tribun de cohorte prétorienne, un des principaux dans la conjuration contre Néron, *Ann.*, XV, 49. — Avait eu le projet de se jeter sur ce dernier tandis qu'il chantait sur la scène, ou lorsque, dans l'incendie du palais, il courait, la nuit, çà et là sans gardes, 50. — Fenius Rufus l'empêche de frapper Néron pendant l'interrogatoire même des conjurés, 58. — Subrius voulait, dit-on, transférer l'empire à Sénèque, 65. — Sa complicité est dévoilée, 67. — Sa réponse à Néron, qui lui demandait quels motifs l'avaient porté à oublier son serment, *ibid.* — Sa mort courageuse, *ibid.*

SUCCIN, ou ambre jaune, recueilli par les Æstyens, *Germ.*, 45. — Nature et propriétés du succin, *ibid.*

SUEDIUS CLEMENS, primipilaire, reçoit d'Othon la direction de l'expédition contre Vitellius, *Hist.*, I, 87. — Cherche à plaire aux soldats pour pouvoir les commander, II, 12.

SUESSA POMETIA, ville du Latium, capitale des Volsques, est prise par Tarquin le Superbe, *Hist.*, III, 72.

SUETONIUS PAULLINUS (Caïus), général actif et sage, *Agr.*, 5; *Hist.*, II, 15. — Gouverne la Bretagne, *Agr.*, 14; *Ann.*, XIV, 29. — S'avance au travers des ennemis sur Londinium, 33. — Dispose ses troupes pour le combat, 34. — Les harangue et leur donne le signal, 36. — Remporte une victoire des plus brillantes et comparable aux anciens faits d'armes, 37. — Ne s'accorde pas avec Julius Classicianus, successeur de Catus, 38.—Reçoit l'ordre de remettre l'armée à **Petronius Turpilianus**, 39 ; *Agr.*, 16, 18. — Consul en 819 avec L. Telesinus, *Ann.*, xvi, 14.—Commande pour Othon, *Hist.*, i, 87. — Ce prince apprécie ses conseils, 90.—Suetonius obtient de brillans succès, ii, 23. — Prend le commandement de l'infanterie au combat des Castors, 24. — Il donne par ses délais le temps aux Vitelliens, repoussés dans une première attaque, de reprendre leur audace, 25. — La retraite qu'il fait sonner intempestivement évite à Cécina l'anéantissement complet de son armée, 26. — Il conseille à Othon de temporiser, 31.—Raisons de ce conseil, 32. — Son opinion est appuyée par Marius Celsus et Annius Gallus, 33. — Les chefs othoniens jettent sur lui leurs vues pour le faire empereur, 37. — Semble, par son vain nom de général, réservé à couvrir les fautes commises par les autres, 39. — Refuse d'exposer des soldats fatigués de la route et surchargés de bagages, devant un ennemi tout prêt à accepter la bataille, 40. — Sa fuite après la défaite, 44. — Il se vante faussement à Vitellius d'avoir trahi Othon, 60. — Vitellius, persuadé de sa perfidie, pardonne à sa fidélité, *ibid.*

Suèves, nom donné par Tacite à tous les peuples qui habitaient depuis l'Albis jusqu'à la Sarmatie, *Hist.*, i, 2; iii, 21; *Germ.*, 2; *Agr.*, 28. — Ils occupent la plus grande partie de la Germanie sous des dénominations différentes, et sont divisés en peuplades particulières, quoique conservant en commun le nom de Suèves, *Germ.*, 38-45. — Un usage particulier aux Suèves est de relever leur chevelure et de l'assujettir par un nœud, 38.—Une partie des Suèves sacrifient à Isis, 9. — Leur ancien respect pour les Romains, *Hist.*, iii, 5.—Leurs incursions en Rhétie, *Ann.*, i, 44. — Sont forcés à la paix par Tibère, ii, 26.—Ce prince prétexte qu'ils demandent des secours contre les Chérusques, 44. — Les nations suèves dépendantes du royaume de Maroboduus, l'abandonnent pour Arminius, 45. — Dépouilles conquises par eux, trouvées par Catualda sur le territoire des Marcomans, 62. — Drusus donne Vannius pour roi à ceux d'entre eux qui avaient suivi Maroboduus à Ravenne et Catualda à Fréjus, 63; xii, 29.

Suévie est divisée et coupée par une chaîne continue de montagnes au-delà desquelles habitent plusieurs nations, *Germ.*, 43.

Suévique (Mer), *Germ.*, 45.

Suilius Césoninus, favori d'Agrippine, est épargné à cause de sa propre infamie, *Ann.*, XI, 36.

SUILIUS (Marcus), consul en 803 avec C. Antistius, *Ann.*, XII, 25.

SUILIUS (Publius), ancien questeur de Germanicus, convaincu d'avoir reçu de l'argent pour juger une affaire, est relégué dans une île par Tibère, *Ann.*, IV, 31. — Revient à Rome sous le règne suivant, y est tout-puissant, vénal, jouissant de la faveur de Claude, *ibid.* — Messaline se déchaîne contre Valerius Asiaticus et Poppée, accusés par Suilius, XI, 1, 2. — Celui-ci continue d'accuser, et désigne deux illustres chevaliers romains, surnommés Petra, 4. — Sa cruauté, sans interruption, lui fournit des victimes, 5. — On demande contre lui l'exécution de l'ancienne loi Cincia, 5; XIII, 42. — On prépare un décret pour lui appliquer la loi sur les concussions, XI, 6. — Ses invectives contre A. Sénèque, XIII, 42. — Toutes les barbaries de Claude sont imputées à Suilius, 43. — On confisque une partie de ses biens, et il est relégué aux îles Baléares, *ibid.*

SUIONES, peuple habitant plusieurs îles de l'Océan (*mer Baltique*), et puissant par ses flottes, ses armes et ses guerriers, *Germ.*, 44, 45.

SULPICIA PRÉTEXTATA, veuve de Crassus, demande vengeance contre Aquilius Regulus, *Hist.*, IV, 42.

SULPICIUS. *Voyez* ASPER, CAMERINUS, FLORUS, GALBA, QUIRINUS.

SULPICIUS (Famille des). Son ancienneté et sa noblesse, *Ann.*, III, 48; *Hist.*, I, 15.

SULPICIUS RUFUS, intendant des jeux, est livré à la mort par ordre de Claude, *Ann.*, XI, 35.

SUNIQUES, peuple de la Belgique (*Limbourg*) dont Civilis forme la jeunesse en cohortes, *Hist.*, IV, 66.

SUOVÉTAURILE, sacrifice usité chez les Romains, qui consistait à immoler un porc, une brebis et un taureau, *Ann.*, VI, 37; *Hist.*, IV, 53.

SUPPLICATIONS, actions de grâces ou prières publiques, *Ann.*, II, 32; III, 64; XIII, 41; XIV, 12, 59; XV, 23, 44.

SUPPLICE des esclaves, *Hist.*, II, 72; IV, 3, 11. — Supplices endurés par les chrétiens sous Néron, *Ann.*, XV, 44.

SURENA, en présence d'une grande multitude, et au milieu des acclamations, ceint Tiridate du bandeau royal, *Ann.*, VI, 42.

SYÈNE (*Assouan*), ville d'Égypte, autrefois limite de l'empire romain, *Ann.*, II, 61.

SYLLA. *Voyez* CORNELIUS et FAUSTUS.

SYLLA (L. Cornelius), dictateur, *Ann.*, III, 75. — Bisaïeul de Lepida, 22. — Le plus cruel des patriciens, *Hist.*, II, 38. — Sa domination est de courte durée, *Ann.*, I, 1. — Abolit ou bouleverse les lois antérieures et en ajoute de nouvelles. III, 27. — Subjugue la liberté par ses armes et lui substitue le despotisme, *Hist.*, II, 38. — Combat contre Mithridate, *Ann.*, II, 55. — Récompense les Magnésiens de leur fidélité et de leur courage, en déclarant inviolable leur temple de Diane Leucophryne, III, 62. — Zèle que lui témoigne Smyrne, IV, 56. — Les Byzantins lui offrent leur assistance, XII, 62. — Il agrandit le Pomerium, 23. — Principale cause des guerres de Marius et de Sylla, 60. — Sylla fait reconstruire le Capitole, *Hist.*, III, 72. — Par une loi, crée vingt questeurs pour servir de complément au sénat, qu'il charge des jugemens, *Ann.*, XI, 22. — Caligula plaisante sur lui en conversant, VI, 46. — Il combattit deux fois dans Rome, *Hist.*, III, 83. — Ne fut pas épargné par les orateurs, *Orat.*, 40.

SYLLA (Lucius), jeune noble, est cité par Corbulon, devant le sénat, pour ne lui avoir pas cédé sa place au spectacle de gladiateurs, *Ann.*, III, 31. — Consul en 686 avec Servius Galba, VI, 15.

SYLLANA (Cavalerie), campée aux environs du Pô, prête serment à Vitellius, *Hist.*, I, 70. — Ouvre les portes de l'Italie, II, 17.

SYRACUSE, ville de Sicile, obtient l'autorisation, par un sénatus-consulte, d'excéder le nombre déterminé de gladiateurs, *Ann.*, XIII, 48.

SYRIE, contrée d'Asie, *Ann.*, II, 4, 43, 55, 58, 77, 82, 83; V, 10; VI, 27, 31, 32; XII, 49, 55; XIII, 35; XV, 5, 17, 26; *Hist.*, II, 9, 74, 77, 78; IV, 3, 39; V, 1, 2, 6, 9, 10, 26. — A Antioche pour capitale, II, 79. — Accoutumée à des rois, IV, 17. — Ne connait les Césars que de nom, II, 6. — Il y est d'usage de saluer le soleil levant, III, 24. — Tout l'immense espace de terres, de l'entrée de la Syrie à l'Euphrate, est contenu par quatre légions romaines, *Ann.*, IV, 5. — La Syrie demande aux Romains une diminution de tribut, II, 42. — Pison s'en éloigne avec ses vaisseaux, 70. — On en donne l'administration à Sentius, 74. — Pison, à la mort de Germanicus, y envoie Domitius Céler, et intercepte un corps de nouveaux soldats qui s'y rendent, 78. — Domitius Céler y débarque à Laodicée, 79. — Sentius défend la Syrie contre Pison, qu'il en repousse, 80, 81. — L. Vitellius y retourne avec ses légions, VI, 37. — Tiridate s'y sauve avec une poignée d'hommes, 44. — Gouvernée par Vibius Marsus, XI, 10. — Gouvernée par C. Cassius Longinus, XII, 11. — L'Iturée et la Judée sont réunies au gouvernement de Syrie, 23. — T. Ummidius Quadratus la commande, 45; XIII, 8. — On en promet le gouvernement à P. Anteius, qui cependant ne l'obtient pas, 22. — Corbulon s'y retire, XIV, 26. — Organise la défense de cette province, XV, 3, 4, 12. — Les Parthes abandonnent le projet de l'envahir, et tournent toutes leurs espérances vers l'Arménie, 9. — L'administration de la Syrie est confiée à Cincius, 25. — Mucien la commande, *Hist.*, I, 10; II, 5. — Ses légions prêtent serment à Othon, I, 76. — Titus fait voile vers cette province, II, 2. — Le centurion Sisenna porte aux prétoriens, au nom de l'armée de Syrie, des mains entrelacées en signe d'alliance, 8. — Les agens de Vitellius qui arrivent de la Syrie, lui annoncent que l'Orient le reconnaît pour maître, 73. — La Syrie embrasse le parti de Vespasien, 80, 81. — Domitien donne à penser à Agricola qu'il lui destine le gouvernement de Syrie, vacant par la mort du consulaire Atilius Rufus, *Agr.*, 40.

SYRIENS. Rhamsès soumit à son empire toutes les contrées habitées par eux, *Ann.*, II, 60.

T

TABLES (Loi des DOUZE-). *Voyez* DOUZE-TABLES.

TACFARINAS, Numide de nation, soldat auxiliaire dans les camps romains, puis déserteur, se met à la tête des rebelles en Afrique, *Ann.*, II, 52. — Chef des Musulans, entraîne à la guerre les Maures et les Numides, *ibid.* — Est battu par Furius Camille, *ibid.* — Renouvelle la guerre d'Afrique, III, 20. — Est complètement défait et repoussé dans les déserts, 21. — Trouble de nouveau l'Afrique par ses incursions, 32. — En vient à une telle arrogance, qu'il envoie des députés à Tibère et demande un établissement pour lui et son armée, ou menace d'une guerre implacable, 73. — Blésus combat Tacfarinas avec les mêmes ruses que celles dont celui-ci se servait, le poursuit de retraite en retraite, et prend le frère de ce Barbare, 74. — Carsidius Sacerdos et Gracchus sont accusés de lui avoir fourni des blés, IV, 13. — Tacfarinas dévaste encore l'Afrique, et accroît sa puissance du secours des Maures, 23. — Sème les bruits que les forces de l'empire romain se retirent peu à peu de l'Afrique, et qu'il est possible d'envelopper ce qui reste de troupes, 24. — Est surpris par les Romains, et échappe à la captivité en se précipitant au milieu des traits, 25. — Avec lui finit la guerre, *ibid.*

TACITE pense que le premier devoir de l'historien est de ne taire aucune vertu, et de faire craindre aux auteurs de paroles et d'actions coupables la postérité et l'infamie, *Ann.*, III, 65. — Fait profession d'impartialité, I, 1; *Hist.*, I, 1. — Suit les auteurs tant qu'ils sont d'accord; dès qu'ils diffèrent, il rapporte les faits sous leurs noms, *Ann.*, XIII, 20. — Il ne veut point qu'on compare ses Annales avec les écrits des historiens qui ont fait connaître les premiers temps de la république romaine, IV, 32. — Son dessein est de parler peu d'Auguste, et seulement de sa fin, puis du règne de Tibère et des autres, I, 1. — Il se propose d'écrire les évènemens du règne d'Auguste, si, après avoir accompli ses travaux commencés, il lui reste assez d'années pour en entreprendre de nouveaux, III, 24. — Il réserve à sa vieillesse les règnes du divin Nerva et de Trajan, *Hist.*, I, 1. — Il avait écrit l'histoire de Domitien, *Ann.*, XI, 11. — Il se plaint de la monotonie fatigante des faits qu'il a à exposer, IV, 33. — Déplore la nécessité où il est de raconter tant de morts malheureuses, XVI, 16. — Observe dans toutes les affaires de ce monde les jeux du hasard, III, 18. — Doute si les choses humaines sont réglées par le destin et par une nécessité immuable, ou si elles marchent au gré du hasard, VI, 22. — Doute que l'inclination des princes pour quelques personnes, et leur aversion pour quelques autres, puissent dépendre de la destinée, IV, 20. — Fait remarquer combien l'astrologie touche de près à l'erreur, et combien la vérité s'y couvre de ténèbres, 58. — A foi dans la providence des dieux, XVI, 33; *Hist.*, I, 3; IV, 78. — N'ose rien assurer sur les comices consulaires qui se tinrent sous Tibère, *Ann.*, I, 81. — Son opinion sur l'absence de ce prince et de Livie aux honneurs funéraires rendus aux cendres de Germanicus, III, 3. — Tacite se rappelle avoir entendu raconter que l'on avait plusieurs fois remarqué entre les mains de Pison accusé, un mémoire dont celui-ci ne donna pas connaissance, 16. — En rapportant la mort de Drusus, il ne fait que suivre ce que la plupart des auteurs et les plus véridiques ont écrit *Ann.*, IV, 10. — Il réfute le bruit qui attribuait à Tibère la mort de ce dernier, 11. — Jugement de Tacite sur M. Lépide, 28. — Il n'ose récuser entièrement les traditions accréditées sur Othon, *Hist.*, II, 50. — Il doit à Vespasien le commencement de sa fortune, que Titus, puis Domitien, augmentent, I, 1. — Il épouse la fille d'Agricola, *Agr.*, 9. — Décoré du sacerdoce de quindécemvir et de la préture, Tacite assiste aux jeux Séculaires célébrés par Domitien, *Ann.*, XI, 11. — Il fait remarquer que l'empire est élevé au faîte de ses destinées, *Germ.*, 33. — Il expose les raisons qui l'engagent à écrire la vie d'Agricola, *Agr.*, 1, 3. — Il écrit la Germanie sous le second consulat de l'empereur Trajan, *Germ.*, 37.

TALENS, s'acquièrent par l'exercice, *Orat.*, 33.

TALIUS GEMINUS, accusateur de Fabricius Véienton, *Ann.*, XIV, 50.

TAMIRAS, Cilicien, introduit la science et l'art des aruspices dans le temple de Vénus de Paphos, *Hist.*, II, 3.

TAMISE, fleuve de la Bretagne, *Ann.*, XIV, 32.

TANAÏS (*Don*), fleuve de la Sarmatie européenne, *Ann.*, XII, 17.

TANFANA, divinité révérée en Germanie, avait un temple chez les Marses qui fut rasé au niveau du sol par les soldats de Germanicus, *Ann.*, I, 51.

TANTALE, fils de Jupiter, regardé par quelques-uns comme le fondateur de Smyrne, *Ann.*, IV, 56.

TARENTE, ville d'Italie, *Hist.*, II, 83. — Auguste y abuse Antoine par un traité, *Ann.*, I, 10. — Junia Silana y termine sa vie, à son retour d'un exil lointain, XIV, 12. — Des vétérans envoyés pour s'y établir, ne suppléent pas à sa solitude, 27.

TARPÉIENNE (Roche). *Ann.*, II, 32; IV, 29; VI, 19; *Hist.*, III, 71.

TARQUIN L'ANCIEN fait placer sur le mont Célius des Toscans venus au secours de Rome, *Ann.*, IV, 65. — Voue le Capitole lors de la guerre avec les Sabins, *Hist.*, III, 72.

TARQUIN LE SUPERBE continue le Capitole avec des dépouilles provenant de la prise de Suessa Pometia, *Hist.*, III, 72. — Appelle Spurius Lucretius aux fonctions de magistrat, pour que Rome ne reste pas sans chef pendant son absence, *Ann.*, VI, 11. — Expulsion de Tarquin de Rome, III, 27; XI, 22.

TARQUITIUS CRESCENS, centurion, ose seul défendre une

tour dont il avait commandé la garnison, *Ann.*, xv, 11. — Sa mort, *ibid.*

TARQUITIUS PRISCUS, lieutenant de Statilius Taurus, accuse ce dernier de concussion et de superstitions magiques, *Ann.*, xii, 59. — Est chassé de l'ordre des sénateurs, *ibid.* — Est, à la requête des Bithyniens, condamné lui-même pour concussion, xiv, 46.

TARRAGONE, ville d'Espagne, colonie romaine, *Ann.*, i, 78. — Les Espagnols demandent la permission d'y élever un temple à Auguste, *ibid.*

TARSA, l'un des chefs des Thraces, s'enfonce un glaive dans le sein, pour ne pas tomber au pouvoir des Romains, *Ann.*, iv, 60.

TARTARO, petite rivière de la Gaule Transpadane, *Hist.*, iii, 9.

TATIUS. *Voyez* GRATIANUS.

TATIUS (Titus), roi des Sabins, avait créé les prêtres titiens pour conserver le culte sabin, *Ann.*, i, 54. — Ajoute le Capitole à Rome, xii, 24. — Romulus fonde un collège de prêtres en son honneur, *Hist.*, ii, 95.

TAUNUS (*Heyrick*), montagne de la grande Germanie, *Ann.*, xii, 28. — Germanicus y établit un fort sur les ruines de celui élevé par son père, i, 56.

TAURANNITES, peuple de l'Armé-

nie, entre Artaxata et Tigranocerte, *Ann.*, xiv, 24.

TAUREAU, renverse l'appareil du sacrifice, et n'est égorgé qu'au loin, dans un lieu où il n'est pas d'usage de frapper les victimes, *Hist.*, iii, 56.

TAURIDE (*Crimée*), presqu'île d'Europe entre le Pont-Euxin et le Palus-Méotide, *Ann.*, xii, 17.

TAURINA, nom d'une aile de cavalerie, *Hist.*, i, 59, 64.

TAURUS. *Voyez* ANTONIUS, SISENNA et STATILIUS.

TAURUS, chaîne de montagnes de l'Asie Mineure, *Ann.*, vi, 41; xii, 49; xv, 8, 10.

TAÜS (*Tay* ou *Tweed*), fleuve de la Bretagne, *Agr.*, 22.

TEDIUS (Quintus). Ses profusions, *Ann.*, i, 10.

TÉLAMON, père de Teucer, *Ann.*, iii, 62.

TÉLÉBOENS, peuple de l'Acarnanie, ont résidé à Caprée, *Ann.*, iv, 67.

TELESINUS (Lucius), consul en 819 avec C. Suetonius Paullinus, *Ann.*, xvi, 14.

TEMNOS, ville d'Asie, maltraitée par un tremblement de terre, *Ann.*, ii, 47. — Exemptée de tout tribut pendant cinq ans par Tibère, *ibid.*

TEMPLE d'Apollon, *Hist.*, i, 27; iii, 65. || Temples d'Auguste dans la colonie de Tarragone, *Ann.*, i, 78; à Pergame, iv, 37, 55; à Nole, 57; élevé par Tibère, vi, 45. || Temple de

Bacchus, dédié par Tibère, II, 49. || Temple de Cérès, dédié par le même, *ibid.* || Temple de la Concorde, *Hist.*, III, 68. || Temple de Diane Éphésienne, *Ann.*, IV, 55. — De Diane Leucophryne, III, 62. — De Diane Limnatide, IV, 43. — De Diane Persique, III, 62. || Temple d'Éphèse, II, 61. || Temple d'Esculape, IV, 14. || Temple de l'Espérance, consacré par Germanicus, II, 49. || Temple de la Fécondité, à l'occasion de l'accouchement de Poppée, XV, 23. || Temple de Flore, consacré par les édiles Lucius et Marcus Publicius et dédié par Tibère, II, 49. || Temple dédié à la déesse Fors-Fortuna, près du Tibre, 41. || Temples de la Fortune à Rome, III, 71 ; à Ferentum, XV, 53. — De la Fortune Équestre à Antium, III, 71. || Temple d'Hercule à Rome, dédié par Évandre d'Arcadie, XI, 41. || Temple d'Hécate, III, 62. || Temple de Janus, élevé près du marché aux légumes par C. Duillius et dédié par Tibère, II, 49. || Temple de Jérusalem, *Hist.*, V, 8. || Temple de Junon, *Ann.*, IV, 14; XV, 44; *Hist.*, I, 86. || Temple de Jules César au Forum, I, 42. || Temple de Jupiter, *Ann.*, III, 62; XIII, 24. — De Jupiter Conservateur, *Hist.*, III, 74. — De Jupiter Gardien, *ibid.* — De Jupiter Pluton, IV, 83. — De Jupiter Salaminien, *Ann.*, III, 62. — De Jupiter Stator, voué par Romulus, XV, 41. || Temple de la Liberté à Rome, *Hist.*, I, 31. || Temple de la Lune, consacré par Servius Tullius, *Ann.*, XV, 41. || Temple de Livie, IV, 15, 37. || Temple de Mars Vengeur, II, 64; III, 18; XIII, 8. || Temple de Mephitis à Crémone, *Hist.*, III, 33. || Temple de la Mère des dieux, *Ann.*, IV, 64. || Temple de Minerve, XIII, 24. || Temple de Neptune, III, 63. || Temple de Néron, XV, 74. — De la fille de ce prince, 23. || Temple de Proserpine dédié par Tibère, II, 49. || Temple en l'honneur de Rome, IV, 37, 56. || Temple du Salut, en Étrurie, XV, 53, 74. || Temple de Saturne, II, 41; *Hist.*, I, 27. || Temple du Sénat, *Ann.*, IV, 15. || Temple de Serapis à Alexandrie, *Hist.*, IV, 82. || Temple du Soleil, à Rome, près du Cirque, *Ann.*, XV, 74. || Temple de Tanfana, rasé au niveau du sol par les soldats de Germanicus, I, 51. || Temple de Tibère, IV, 15, 37. || Temple de Vénus Génitrix, XVI, 27. — De Vénus de Paphos, *Hist.*, II, 2. — De Vénus d'Aphrodisias, de Paphos et d'Amathonte, *Ann.*, III, 62. — De Vénus Stratonicienne, 63. — De Vénus sur le mont Éryx, IV, 43. || Temple de Vesta, XV, 36, 41; *Hist.*, I, 43.

TEMPLES décrétés par le sénat, *Ann.*, III, 57. — On enfonce à Rome les portes des temples à la nouvelle qu'apportent des négocians de Syrie, que Germanicus vit encore, II, 82. — Tibère fait la dédicace de deux temples en Campanie, IV, 57. — Temples détruits par le feu, XV, 40 ; *Hist.*, I, 2. — Néron dépouille les temples de Rome pour se procurer de l'argent, *Ann.*, XV, 45.

TENCTÈRES, peuple de la Germanie, sur les bords du Rhin, *Germ.*, 32, 33. — Ils excellent dans l'art de combattre à cheval, 32. — Appelés par les Ansibariens pour les secourir, ils abandonnent bientôt ces derniers, *Ann.*, XIII, 56. — Se joignent à Civilis, *Hist.*, IV, 21. — Envoient des députés à Cologne, 64. — Réponse de cette cité à la députation, 65. — Combattent contre les Romains, 77.

TÉNOS, île de la mer Égée. Ses habitans allèguent un oracle d'Apollon qui prescrivait de consacrer à Neptune une statue et un temple, *Ann.*, III, 63.

TENTE des soldats, *Ann.*, I, 17, 41, 48. — Embrasées par le feu céleste, XII, 64.

TERENTIUS. *Voyez* LENTINUS.

TERENTIUS, vétéran enrôlé de nouveau, meurtrier de Galba, *Hist.*, I, 41.

TERENTIUS (Marcus), chevalier romain, ose se prévaloir d'avoir été l'ami de Séjan, lors même qu'on lui en fait un reproche, *Ann.*, VI, 8. — Ses accusateurs sont tous condamnés à la mort ou à l'exil, 9.

TERMESTINS, peuple de l'Espagne Citérieure, *Ann.*, IV, 45.

TERRACINE, ville de la campagne de Rome, *Ann.*, III, 2 ; *Hist.*, IV, 2. — Est occupée par les Flaviens, III, 57, 60. — L. Vitellius, campé à Féronie, menace de ruiner Terracine de fond en comble, 76. — Il prend cette ville d'assaut, et la saccage, 77. — Vitellius essaye de s'y réfugier, 85. — Le parti flavien, vainqueur, accorde à Terracine, pour toute consolation de ses pertes, de voir l'esclave de Virginius Capiton, qui l'avait livrée, attaché en croix, portant au doigt ce même anneau qu'il avait reçu de Vitellius, IV, 3. — Helvidius Priscus naquit dans ce municipe, 5.

TERRE (Tremblemens de). Douze villes importantes de l'Asie sont renversées, *Ann.*, II, 47. — Cibyre en Asie et Égium en Achaïe sont détruites par un tremblement de terre, IV, 13. — De fréquens tremblemens de terre renversent des maisons à Rome, XII, 43. — Apamée est renversée, 58. — Laodicée s'écroule, XIV, 27. — Pompéi est renversée en grande partie, XV, 22.

TERRE-MÈRE. *Voyez* HERTHA.

TERTIUS JULIANUS, lieutenant de la septième légion, est sur le point d'être assassiné par un centurion envoyé par Aponius Saturninus, gouverneur de Mésie, *Hist.*, II, 85. — Accusé d'avoir abandonné sa légion lorsqu'elle passa dans le parti de Vespasien, la préture lui est retirée, IV, 39. — Il est réinstallé dans cette magistrature, 40.

TERTULLINUS. *Voyez* VULCATIUS TERTULLINUS.

TESSÉRAIRE, *Hist.*, I, 25.

TESTAMENT d'Acerronia, *Ann.*, XIV, 6. — D'Agricola, *Agr.*, 43. — D'Anteius, *Ann.*, XVI, 14. — D'Auguste, I, 8. — Supposé de Dom. Balbus, XIV, 40. — De Claude, n'est pas lu à ses funérailles, XII, 69. — De Fenius Rufus, XV, 68. — De Junie, III, 76. — De Livie, V, 1. — De Mella, XVI, 17. — De C. Pison, XV, 59. — De Pison Licinianus, est maintenu parce que le testateur était pauvre, *Hist.*, I, 48. — De Scevinus, *Ann.*, XV, 54, 55. — De Sénèque, 62. — De Veranius, met au jour sa vanité, XIV, 29. — De T. Vinius, est annulé à cause de l'immensité de ses richesses, *Hist.*, I, 48. — On exécutait les testamens de ceux des accusés qui disposaient eux-mêmes de leur vie, avant le jugement, *Ann.*, VI, 29. — Vitellius ratifie les testamens de ceux qui avaient succombé dans les rangs othoniens, *Hist.*, II, 62. — Affranchis par testament, *Ann.*, XIII, 32.

TEUCER, fuyant la colère de son père Télamon, bâtit un temple à Jupiter Salaminien, *Ann.*, III, 62.

TEUTBERG, forêt de la grande Germanie, théâtre de la défaite de Varus, *Ann.*, I, 60.

TEUTONS, peuple de la Germanie Septentrionale, voisins des Cimbres, *Hist.*, IV, 73.

THALA, forteresse d'Afrique, *Ann.*, III, 21.

THÉATRE. Quatorze rangs y étaient réservés pour les chevaliers romains, *Ann.*, VI, 3; XIII, 54; XV, 32. — Les viateurs des tribuns y ont des places séparées, XVI, 12. — A Antioche, il est d'usage d'y délibérer, *Hist.*, II, 80. — Troubles du théâtre au sujet des histrions, *Ann.*, I, 54, 77; XI, 13. — Pour plus grande apparence de liberté, Néron retire la cohorte chargée de la garde du théâtre, XIII, 24. — Les plaisirs du théâtre se changent en batailles, et la garde y est bientôt replacée, 25. — Néron monte sur le théâtre, XVI, 4, 5; *Hist.*, II, 71. — Vitellius défend aux chevaliers romains de se déshonorer sur le théâtre et dans l'arène, II, 62. — Blâme jeté sur les théâtres permanens, *Ann.*, XIV, 20. — Théâtre de Marcellus, III, 64. — De Naples, xv, 33, 34. — De Pompée, iii, 72 ; vi, 45 ; xiii, 54 ; xiv, 20.

Thèbes (*Karnak* et *Louqsor*, sur la rive droite du Nil ; *Medinet-Abou* et *Gournou*, sur la rive gauche), ancienne ville de l'Égypte, *Ann.*, ii, 60 ; xi, 14. — Sur ses ruines on voit des caractères égyptiens attestant sa splendeur primitive, ii, 60.

Théophane de Mitylène, ami du Grand Pompée, après sa mort reçoit des Grecs les honneurs divins, *Ann.*, vi, 18.

Théophile, condamné pour faux par un jugement de l'Aréopage, *Ann.*, ii, 55. — On refuse sa grâce aux prières de Cn. Pison, qui en conçoit de la haine pour Athènes, *ibid.*

Thermes, golfe de Thessalonique, *Ann.*, v, 10.

Thésée est regardé par quelques-uns comme le fondateur de Smyrne, *Ann.*, iv, 56.

Thessaliens, suivirent Jason lorsqu'il revint monter sur le trône de la Colchide, *Ann.*, vi, 34.

Thrace (*Roumélie* ou *Romanie*), contrée d'Europe, *Ann.*, ii, 66 ; iii, 38 ; iv, 10, xii, 63. — Auguste en partage les états entre Rhescuporis et son neveu Cotys, ii, 64. — Rhescuporis charge ce dernier de chaînes et se rend maître de tous ses états, 65. — Rhescuporis étant condamné par le sénat à être détenu loin de ses états, la Thrace est partagée entre son fils Rhémétalcès et les enfans de Cotys, 67 ; iii, 38 ; iv, 5.—Germanicus en visite plusieurs villes, ii, 54.

Thraces, peu faits à plier sous les lois romaines, *Ann.*, iii, 38.—Accoutumés à n'obéir à leurs rois que selon leurs caprices, iv, 46.—Se soulèvent, *ibid.*—Une partie qui s'était jointe aux Romains comme auxiliaires, est surprise et massacrée par ses compatriotes, 47, 48. — Moyens qu'emploie Sabinus pour les réduire, 49. — Leurs incertitudes, 50. — Sont forcés de se rendre, 51. — Une cohorte de Thraces, envoyée contre les Helvétiens, les chasse du mont Vocetius où ils s'étaient réfugiés, *Hist.*, i, 68.

Thrasea ou Thraseas (Pétus), originaire de Padoue, où il avait chanté en habit tragique, *Ann.*, xvi, 21.— Sa physionomie vénérable, 29. — Prend Helvidius Priscus pour gendre, *Hist.*, iv, 5.—Prononce au sénat un discours où il fait ressortir les futilités dont s'occupe cette assemblée, comme si tout était parfait dans l'empire, xiii, 59.—Sort du sénat en protestant contre le parricide de Néron, xiv, 12 ; xvi, 21.—Son opinion sur la peine à infliger au préteur Antistius, coupable d'avoir lu des vers injurieux qu'il avait composés contre Néron, XIV, 48, 49; XVI, 21. — Le jugement de Claudius Timarchus, de l'île de Crète, est pour lui une occasion indirecte de parler en faveur du bien public, XV, 20. — N'est pas admis auprès de Néron lors de la naissance de la fille de ce dernier, 23. — Par une absence volontaire, Thrasea n'assiste pas aux funérailles de Poppée, XVI 21. — Il reçoit la défense de se présenter devant Néron, 24. — Est accusé par Cossutianus Capiton et Eprius Marcellus, 21 et *suiv.*, 28, 29. — Écrit à Néron et consulte ses amis pour savoir s'il doit entreprendre ou dédaigner de se défendre, 24.—S'oppose à ce que Rusticus Arulenus, tribun du peuple, prenne sa défense, 26. — On lui laisse le choix de sa mort, 33; *Hist.*, IV, 8. — Thrasea supplie Arria, son épouse, qui veut périr avec lui, de conserver ses jours pour leur fille, dont elle est l'unique appui, *Ann.*, XVI, 34. — Il se fait ouvrir les veines, 35.— Rusticus Arulenus est mis à mort pour avoir fait son éloge, *Agr.*, 2. — Helvidius Priscus accuse Eprius Marcellus, l'un de ses délateurs, *Ann.*, XVI, 6, 49.—Les liens de l'amitié l'unirent à Vespasien, 7. — Vitellius se vante de l'avoir souvent contredit, II, 91.

THRASYLLE donne des leçons d'astrologie à Tibère, *Ann.*, VI, 20. — Il lui prédit l'empire, 21.—Moyen qu'emploie Tibère pour s'assurer de la sincérité de ses prédictions, 21.— Le fils de ce même Thrasylle prédit l'empire à Néron, 22.

THUBUSC, ville d'Afrique investie par Tacfarinas, *Ann.*, IV, 24.

THULÉ, île de l'Océan germanique, entrevue par la flotte romaine, *Agr.*, 10.

THURIUM (*Torre Brodognato*), ville de Lucanie, donne à Rome l'idée des courses de chevaux, *Ann.*, XIV, 21.

THUSNILDA, fille de Ségeste, *Ann.*, I, 55.—Est enlevée par Arminius, *ibid.*—Était plutôt du caractère de son mari que de celui de son père, 57. — Sa contenance devant Germanicus, *ibid.*— Elle met au monde un fils, 58.

THYESTE, titre d'une tragédie projetée par Curiatius Maternus, *Orat.*, 3. — Tragédie de Varius, 12.

TIBÈRE NÉRON (Claude), père de l'empereur Tibère, *Ann.*, VI, 51. — Auguste lui enlève son épouse Livie et la reçoit enceinte dans son lit, *ibid.*; I, 10; V, 1.

TIBÈRE NÉRON CÉSAR (l'empereur), fils de Tibère Néron,

Ann., VI. 51; et de Livie, I, 1, 73; II, 34. — Frère de Drusus Néron Claude, I, 3; III, 29. — Beau-fils d'Auguste, I, 3. — Est élevé dès son enfance dans la maison régnante, 4. — Se garde de jamais enfreindre les volontés d'Auguste, 77; *Agr.*, 13. — Regarde comme loi chaque parole et action de ce prince, *Ann.*, IV, 37. — Il termine la guerre de Dalmatie, VI, 37. — Auguste donne Tigrane pour roi à l'Arménie, et Tibère Néron vient le mettre en possession de son trône, II, 3. — Sur la demande d'Auguste au sénat, Tibère est dispensé du vigintivirat, et peut aspirer à la questure cinq ans plus tôt que ne l'accordent les lois, III, 29. — Il épouse Julie, II, 53; VI, 51. — Est neuf fois envoyé en Germanie par le divin Auguste, II, 26. — Il y obtient de brillans succès, I, 34; *Germ.*, 37. — Il est décoré du titre d'*imperator* par Auguste, *Ann.*, I, 3. — Restant seul des beaux-fils d'Auguste, tout se tourne vers Tibère, *ibid.* — Il est associé à la puissance tribunitienne par Auguste, *ibid.*; III, 56; IV, 40. — Tibère se retire à Rhodes à cause du mépris que lui montre son épouse, I, 53. — Il y vit exilé sous l'apparence de la retraite, 4; II, 42; III, 48; IV, 15, 57. — Il y étudie la science des Chaldéens sous Thrasylle,

VI, 20. — Cet astrologue lui prédit l'empire, 21. — Moyen qu'emploie Tibère pour s'assurer de la sincérité de ses prédictions, *ibid.* — Tibère est adopté par Auguste, IV, 58; XII, 25. — Lui-même adopte à son tour Germanicus, I, 2; XII, 25. — A peine entré en Illyrie, Tibère est rappelé par une lettre pressante de sa mère, I, 5. — Il possède l'empire, *ibid.* — Il envoie un centurion assassiner Postumus Agrippa et rejette ce forfait sur Auguste, 6. — Discours de Tibère au centurion qui lui vient annoncer qu'il a fait ce qui lui a été ordonné, *ibid.* — Il bannit honteusement son épouse et la fait mourir de misère et de douleur, 53. — Junius Blésus, qui commande trois légions en Pannonie, interrompt les exercices accoutumés en apprenant l'avènement de Tibère, à cause des réjouissances, 16. — Dans l'édit par lequel il convoque les sénateurs, Tibère ne se sert que du titre que lui donnait son autorité tribunitienne, 7. — Auguste à peine expiré, Tibère donne, comme empereur, le mot d'ordre aux cohortes prétoriennes, *ibid.* — Germanicus est pour lui un sujet de crainte et de jalousie, *ibid.*; 33, 52; II, 5, 26, 42, 43; VI, 51. — Au premier jour d'assemblée, il veut qu'on ne s'occupe que des honneurs dus à Auguste, 1, 8. — Institué pour héritier par ce prince, *ibid.* — Édit de Tibère à l'occasion des funérailles d'Auguste, *ibid.* — Auguste, peu d'années avant sa mort, demandant de nouveau aux sénateurs pour Tibère la puissance tribunitienne, et faisant son éloge dans son discours, avait jeté quelques traits contre son extérieur, ses mœurs, ses principes, qu'il lui reprochait, tout en feignant de les excuser, 10. — Tibère s'étend vaguement sur la grandeur de l'empire et sur sa propre faiblesse, 11. — Il donne lecture aux sénateurs de l'état des richesses publiques, du nombre des citoyens et des alliés sous les armes, de celui des flottes, des royaumes, des provinces, des tributs, des impôts, des dépenses et des gratifications : le tout écrit de la main d'Auguste, *ibid.* — Tibère se déclare incapable de tout le gouvernement, et demande qu'une certaine partie lui soit assignée, qu'il en prendrait la direction, 12. — Sa réponse à Asinius Gallus, qui lui demande quelle partie du gouvernement il veut qu'on lui assigne, *ibid.* — Il détestait depuis longtemps ce sénateur : causes de cette haine, *ibid.* — Il reçoit une offense de L. Arruntius, 13. — Ce sénateur lui était suspect, *ibid.* — L'âme soupçonneuse de Tibère est blessée des discours de Q. Haterius et de Mamercus Scaurus, *ibid.* — Sa contenance envers ces deux personnages, *ibid.* — Tibère est renversé par Haterius, qui se jette à ses pieds pour implorer son pardon, *ibid.* — Le prince n'est point adouci, et ne cède qu'aux supplications d'Augusta, *ibid.* — Paroles de Tibère à l'occasion de l'adulation des sénateurs pour l'impératrice, 14. — Il regarde l'élévation d'une femme comme une atteinte à sa propre autorité, *ibid.* — Demande pour Germanicus la dignité proconsulaire, *ibid.* — Pourquoi il ne fait pas semblable demande pour Drusus, *ibid.* — Nomme douze candidats pour la préture, *ibid.* — Nomme seulement quatre candidats pour l'élection des comices, 15. — Apprend la révolte des légions de Pannonie et envoie Drusus sans lui donner d'ordres précis, 24. — Il lui adjoint Elius Séjan, *ibid.* — Les Séquanais et les Belges prêtent serment à Tibère entre les mains de Germanicus, 34. — On accuse à Rome Tibère d'être la cause du soulèvement des légions germaniques, 46. — Il demeure inébranlable dans son dessein de rester à la tête du gouvernement, 47. — Il feint toutefois de se préparer à partir, *ibid.* — Éprouve de la joie en apprenant l'issue de la sédition comprimée; mais, d'un autre côté, est inquiet de la faveur des soldats pour Germanicus, 52. — Tibère rend compte au sénat des évènemens de Germanie, *ibid.* — Abolit les règlemens vicieux obtenus par la dernière sédition, qui fixaient le congé après seize campagnes, 78. — Charge L. Asprenas d'envoyer des soldats à l'île Cercina pour tuer Sempronius Gracchus, 53. — Membre du collège des Augustaux, 54. — Crée un sacerdoce en l'honneur de la famille des Jules, *Hist.*, II, 95. — De sa propre volonté, donne à Germanicus le titre d'*imperator*, *Ann.*, I, 58. — Désapprouve ce dernier d'avoir rendu les derniers devoirs aux restes des légions de Varus et à ce général, 62. — Tibère conçoit de la haine et de la jalousie contre Agrippine, 69. — Refuse le nom de Père de la patrie que lui offre le peuple, et ne veut pas même qu'on jure sur ses actes, 72. — Rétablit la loi de lèse-majesté, *ibid.* — Abus qu'il en fait, 73, 74. — Loin d'être rassasié des procédures sénatoriales, Tibère assiste encore à celles du préteur, 75. — Il charge Ateius Capiton et L. Arruntius de chercher un remède contre les débordemens du Tibre, 76. — Ne paraît pas au spectacle de gladiateurs donné par Drusus, *ibid.* — Laisse au sénat un simulacre de liberté, 77; III, 60. — Nomme diverses personnes à des gouvernemens et ne permet pas qu'elles sortent de Rome, I, 80. — Conduite de Tibère aux comices consulaires qui se tinrent sous lui, 81. — Les troubles d'Orient lui sont un prétexte pour enlever Germanicus à ses fidèles légions, II, 5. — Tibère est salué *imperator* par les soldats romains, après la victoire de Germanicus dans la plaine d'Idistavise, 18. — Il écrit à ce dernier de revenir pour le triomphe, 26. — Reçoit la dénonciation du complot de Libon par l'entremise de Flaccus Vescularius, 28. — Il élève ce même Libon à la préture, et l'admet à sa table, jusqu'à ce qu'un certain Junius, sollicité d'évoquer par des enchantemens les ombres infernales, porte sa déposition chez Fulcinius Trion, *ibid.* — Conduite du prince dans ce procès, 29. — Tibère, en apprenant le suicide de Libon, proteste qu'il aurait lui-même demandé grâce pour lui, 31. — Paroles du prince à l'occasion des débats du sénat sur le luxe, 33. — Ému de la retraite de L. Pison du sénat, Tibère cherche à le calmer, 34. — Il déclare qu'il ira lui-même au tribunal du préteur pour assister Urgulania, *ibid.* — Le sénat est d'avis que les affaires doivent être suspendues pendant l'absence du prince, 35. — Réponse de Tibère à Gallus, qui demandait que les magistrats fussent nommés pour cinq ans, 36. — Il reçoit avec dédain les prières de M. Hortalus, jeune homme distingué et dans une pauvreté manifeste, 37, 38. — Inquiétudes que témoigne Tibère à la nouvelle qu'Agrippa vit encore, 40. — Il fait égorger Clemens, qui se fait passer pour Agrippa son maître, *ibid.* — Fait don au peuple, au nom de Germanicus, de trois cents sesterces par tête, et se désigne lui-même pour être son collègue dans le consulat, 42. — Attire Archelaüs dans un piège, *ibid.* — Déclare au sénat que l'Orient ne peut être ramené au calme que par la sagesse de Germanicus, 43. — Les Suèves demandent à Tibère du secours contre les Chérusques, 44. — Il envoie Drusus pour maintenir la paix, 46. — Donne des secours aux villes d'Asie maltraitées par un tremblement de terre, 47. — N'accepte l'héritage de qui que ce soit, si ce n'est d'un ami, 48. — Laisse se retirer du sénat ou en chasse les gens prodigues ou ruinés par leurs vices, *ibid.* — Fait la dédicace de temples détruits par le temps ou le feu et commencés par Auguste, 49. — Tibère ne veut pas que les paroles dirigées contre lui ou contre sa mère, deviennent des motifs d'accusation, 50. — Il se réjouit de voir le sénat se partager entre ses fils et les lois, 51. — Il célèbre devant le sénat les succès de Furius Camille en Afrique, 52. — Tibère est consul pour la troisième fois, 53. — Il se plaint avec ardeur à Germanicus de ce que, contre les volontés d'Auguste, il a pénétré dans Alexandrie sans l'aveu du prince, 59. — Tibère donne asile à Maroboduus, puis à Catualda, 63. — Il ressent plus de joie d'avoir affermi la paix par sa politique, que s'il eût terminé la guerre par des victoires, 64. — Défend à Rhescuporis et à Cotys de vider leurs débats par les armes, 65. — Rhescuporis, après avoir chargé Cotys de chaînes, écrit à Tibère que son neveu lui a dressé des embûches, *ibid.* — Réponse du prince à la lettre mensongère de Rhescuporis, 66. — Pison, à la mort de Germanicus, envoie à Tibère des lettres dans lesquelles il l'accuse de faste et d'ambition, 78. — Tibère laisse circuler de faux bruits sur le rétablissement de Germanicus, 82. — Il est transporté de joie à l'accouchement de l'épouse de Drusus de deux fils jumeaux, 84. — Propose l'élection d'une vierge pour succéder à la vestale Occia, 86. — Il fixe le prix du blé, refuse de nouveau le surnom de Père de la patrie et réprimande ceux qui l'appelaient du nom de maître, 87. — Dissimule mal sa joie de la mort de Germanicus, III, 2. — Compte cette mort parmi les évènemens prospères, IV, 1. — Il ne paraît point en public lors des honneurs funéraires qui sont rendus à ses cendres, III, 3. — Tibère publie un édit pour étouffer les discours de ceux qui se plaignaient du peu d'éclat des funérailles de Germanicus, 6. — Pour afficher toute son impartialité, Tibère reçoit avec douceur le jeune Pison, envoyé en avant par son père, 8. — Prié de présider à l'instruction contre Pison, Tibère défère la cause au sénat, 10. — Au jour d'assemblée, Tibère prononce un discours d'une modération étudiée, 12. — Sa contenance pendant les débats du procès, 14, 15. — Affectant extérieurement l'affliction, il se plaint auprès du sénat des haines auxquelles le suicide de Pison l'expose, 16. — Il donne lecture d'une lettre de Pison, ibid. — S'oppose à ce que le nom de celui-ci soit rayé des Fastes, 18. — Sauve de l'ignominie M. Pison et lui laisse les biens paternels, ibid. — S'oppose à l'érection d'une statue en or à Mars Vengeur et d'un autel à la Vengeance, ibid. — Actions de grâces rendues à Tibère, comme vengeur de Germanicus, ibid. — Tibère fait au sénat la proposition d'accorder des sacerdoces à Vitellius, à Veranius et à Servéus, 19. — Promet à Fulcinius Trion de l'aider à parvenir aux honneurs, ibid.—Fait don de la couronne civique au soldat Helvius Rufus, qui avait sauvé un citoyen, 21. — Conduite de Tibère pendant le procès de Lepida, 22, 23. — Il accorde à M. Silanus le rappel de son frère qui est en exil, 24. — Fait nommer au sort cinq consulaires, cinq anciens préteurs, autant de sénateurs, pour lever la plupart des entraves de la loi Papia Poppéa, 28. — Recommande aux sénateurs Néron, un des enfans de Germanicus, 29. — Est consul pour la quatrième fois, 31. — Sous prétexte de raffermir sa santé, Tibère se retire en Campanie, ibid. — Il adresse au sénat une lettre pour l'informer que l'Afrique est de nouveau troublée par les incursions de Tacfarinas, 32. — On lui laisse le choix du gouverneur d'Afrique, ibid. — Il désigne M. Lepidus et Junius Blésus aux sénateurs pour l'élection de l'un d'eux au proconsulat de cette province, 35. — On murmure contre Tibère de ce qu'il donne, au moment des troubles dans les Gaules, tous ses soins à des procédures et à des délations, 44. — Il apprend au sénat la naissance et l'issue de l'insurrection des Gaules, 47. — Demande au sénat que la mort de Sulpicius Quirinus soit honorée de funérailles publiques, 48. — Il se plaint aux sénateurs, à propos de la mort de C. Lutorius Priscus, de leur zèle trop prompt à venger le prince d'injures même légères, 51. — Tibère envoie au sénat une lettre où il discute s'il serait sage de réprimer le luxe, 52, 53, 54. — Il demande au sénat la puissance tribunitienne pour Drusus, 56. — Restreint les honneurs décernés à celui-ci pour sa puissance tribunitienne, 59. — Blame les propositions de M. Silanus et de Q. Haterius à cette occasion, *ibid.* — Renvoie les demandes des provinces à la décision des sénateurs, 60. — Livie, ayant fait la dédicace d'une statue au divin Auguste, et placé le nom de Tibère après le sien, le prince en est offensé, 64. — Une maladie très-dangereuse de l'impératrice Livie nécessite le prompt retour de Tibère à Rome, *ibid.* — Quand il sortait du sénat, Tibère avait coutume de prononcer ces paroles d'un auteur grec: « O hommes faits pour être esclaves! » 65. — C. Silanus,

proconsul d'Asie, est accusé d'avoir méprisé la majesté de Tibère, 66. — Silanus hasarde une requête au prince, dans laquelle il mêle les reproches aux prières, 67. — Conduite de Tibère dans cette affaire, *ibid. et suiv.* — Discours qu'il prononce en cette occasion, et son opinion sur les peines à infliger à C. Silanus, 69. — Il s'oppose à ce que L. Ennius, qui allait être accusé de lèse-majesté pour avoir converti en argenterie une statue de l'empereur, soit mis en jugement, 70. — Il s'appuie d'un décret des pontifes fait sous Auguste, pour refuser le proconsulat d'Asie à Servius Maluginensis, flamine de Jupiter, 71. — Il promet de reconstruire le théâtre de Pompée, consumé par un incendie, et de lui laisser le nom de son fondateur, 72. — Il accorde à Blésus, proconsul d'Afrique, les ornemens du triomphe en considération de Séjan son neveu, *ibid.* — Tacfarinas lui envoie des députés et demande un établissement pour lui et son armée, ou menace d'une guerre implacable, 73. — Tibère, irrité de cette insulte, ordonne à Blésus de décider par l'espoir de l'impunité les soldats de Tacfarinas à déposer les armes, et de se saisir du chef de manière ou d'autre, *ibid.* — Regardant la guerre comme terminée, Tibère accorde à Blésus l'honneur d'être salué *imperator* par ses légions, 74. — Il ordonne de ramener la neuvième légion, iv, 23. — Tibère n'est point nommé dans le testament de Junie, et n'empêche pas cependant que ses funérailles soient honorées d'un éloge à la tribune et des autres solennités, iii, 76. — La fortune jette tout à coup le trouble dans la maison de Tibère, florissante depuis neuf années, iv, 1. — Il prône Séjan comme le compagnon de ses travaux; il souffre même que ses images soient honorées dans les théâtres, dans les places publiques et à la tête des légions, 2. — Tibère prononce un discours au sujet de la prise de la robe virile par Drusus, un des enfans de Germanicus, 4. — Il revient sur son ancien projet de visiter les provinces, *ibid.* — Aperçu de l'administration de Tibère jusqu'à la mort de Drusus, 6, 7. — Durant tout le cours de la maladie de Drusus, soit sécurité, soit pour faire ostentation de sa fermeté d'âme, Tibère ne cesse pas de se rendre au sénat; il y vient même le jour de la mort de son fils et avant ses funérailles, 8. — Tibère rappelle au sénat, qui fond en larmes, sa propre dignité, et le conjure d'adopter, d'élever les fils de Germanicus, uniques soulagemens à sa douleur présente, *ibid.* — Il en revient à ses offres vaines et tant de fois ridiculisées, de se démettre du gouvernement, 9. — On croit un instant que Tibère n'est pas étranger à l'empoisonnement de Drusus, mais la trame du complot est plus tard dévoilée par Apicata, femme de Séjan, et confirmée par Eudemus et Lygdus, 10, 11. — Tibère fait l'éloge funèbre de son fils à la tribune, 12. — Il s'occupe d'examiner les causes des citoyens, les demandes des alliés, 13. — Sur la demande des préteurs, Tibère veut qu'on réprime enfin la licence des histrions, 14. — Il est affligé par la perte du second des enfans jumeaux de Drusus, et par celle non moins sensible d'un ami, Lucilius Longus, 15. — Tibère parle contre Lucilius Capiton, procurateur d'Asie, accusé par la province, *ibid.* — Il propose un nouveau mode d'élection pour les flamines de Jupiter, 16. — Réprimande les pontifes de ce que, en faisant des vœux pour sa conservation, ils avaient prié les mêmes dieux pour les fils de Germanicus, 17. — Dans un discours au sénat, il représente qu'à l'avenir on ne doit point exciter à l'orgueil ces jeunes et mobiles esprits, *ibid.* — Sa première convoitise pour la fortune d'autrui, 20. — L. Apronius traîne devant Tibère Plautius Silvanus, son gendre, qui avait précipité son épouse Apronia du haut de sa maison, 22. — Par déférence pour Séjan, ne voulant pas laisser effacer la gloire de Blésus, l'oncle de son favori, Tibère refuse les ornemens du triomphe à P. Dolabella, vainqueur de Tacfarinas, 26. — Il donne l'ordre au tribun Staïus d'arrêter T. Curtisius, chef des esclaves révoltés, 27. — Haine de Tibère contre Vibius Serenus, 29. — Conduite du prince dans le procès de ce personnage, 30. — Tibère accorde la grâce de C. Cominius, convaincu d'avoir fait des vers outrageans contre lui, 31. — Il relègue P. Suilius dans une île, *ibid.* — Se montre reconnaissant envers Firmius Catus en empêchant son exil et en consentant seulement à son expulsion du sénat, *ibid.*— Fait exiler Calpurnius Salvianus, 36. — Refuse à l'Espagne Ultérieure la permission de lui élever un temple, 37, 38. — Séjan sollicite le consentement de Tibère pour s'unir à Livie, 39. — Tibère le refuse, 40. — Séjan fait un pompeux éloge des charmes du repos et de la solitude, afin d'engager le prince à aller vivre loin de Rome, 41. — L'instruction d'un procès contre Votienus Montanus, détermine Tibère à fuir pour jamais les assemblées du sénat, 42. — Ce prince fait exiler Aquilia, accusée d'adultère avec Varius Ligur, *ibid.* — Il raye du tableau des sénateurs Apidius Merula, parce qu'il n'a pas juré sur les actes d'Auguste, *ibid.*— Il prend en considération la demande des Ségestains concernant les réparations à faire au temple de Vénus, tombant en ruines, sur le mont Éryx, 43. — Agrippine, dont on trame la perte prochaine, enflammée par le péril de Claudia Pulchra, sa cousine, mise en accusation, court chez Tibère, et trouve le prince offrant un sacrifice à Auguste, 52. — Discours d'Agrippine et réponse de Tibère, *ibid.* — Tibère visite Agrippine malade, 53. — Laisse sans réponse la demande que lui fait celle-ci d'un époux, *ibid.* — Agrippine, sur les insinuations perfides de Séjan, soupçonne Tibère de vouloir l'empoisonner, 54. — Pour détourner ces rumeurs, le prince assiste souvent au sénat, 55. — Pendant plusieurs jours, Tibère écoute les députés de l'Asie: onze villes disputent l'honneur de lui élever un temple, *ibid.* — Smyrne obtient du sénat la préférence, 56. — Tibère part pour la Campanie sous le prétexte de dédier un temple de Jupiter à Capoue et un d'Auguste à Nole, mais bien résolu d'aller vivre loin de Rome, 57. — Il est honteux de la décrépitude de sa vieillesse, et fuit les réunions, *ibid.*—Il vit onze années dans sa retraite, 58.— Séjan sauve Tibère d'un danger qu'il court dans une grotte, et augmente par-là sa faveur auprès de lui, 59.— Tibère distribue des secours aux victimes de l'écroulement de l'amphithéâtre de Fidènes et de l'incendie du mont Célius, 64. — Le sénat lui en rend grâce, *ibid.* — On retrouve la statue de Tibère intacte après l'incendie du mont Célius, que l'on propose d'appeler désormais du nom d'Auguste, *ibid.*—Tibère fait la dédicace de deux temples en Campanie, et bientôt va s'enfermer à Caprée, 67.— Il accuse Titius Sabinus d'avoir corrompu des affranchis, de menacer sa vie, et demande vengeance au sénat, 70. — Il rend grâce aux sénateurs de ce qu'ils ont puni cet homme dangereux à la république, *ibid.* — Est indigné contre Asinius Gallus qui veut pénétrer ce que lui-même ne découvre pas, 71.—Tibère dissimule les pertes éprouvées par les Romains dans la guerre contre les Frisons, 74. — Le sénat lui vote une statue et sollicite de lui la faveur de se laisser voir, *ibid.* — Tibère quitte Caprée et vient se montrer aux confins de la Campanie, *ibid.*— Il ordonne de célébrer dans Rome le mariage de sa petite-nièce Agrippine avec Cn. Domitius, 75. — Tibère ne rend pas les derniers devoirs à sa mère, et s'oppose formellement à l'apothéose, v, 2. — Il attaque indirectement le consul Fufius, qui avait acquis trop de puissance par la faveur de l'impératrice, *ibid.*— La mort de celle-ci semble avoir brisé le frein de la tyrannie de Tibère, 3. — Il accuse Agrippine et Néron devant le sénat, *ibid.* — Ordonne que rien ne soit décidé sans lui, 5. — Exile Agrippine, xiv, 63. — Feint de vouloir revenir à Rome, puis regagne ses rochers et la solitude des mers, vi, 1. — Sa dépravation et ses raffinemens de débauches, *ibid.*— Tibère, mêlant le sérieux à l'ironie, rend des actions de grâces aux sénateurs des propositions qu'ils font en sa faveur, 2. — Conduite de Tibère envers Junius Gallion, qui avait demandé une faveur pour les prétoriens, 3. — Tibère foudroie Sextius Paconianus, *ibid.* — Prend la défense de Cotta Messalinus, harcelé de nombreuses accusations, et fait parvenir au sénat une lettre en forme de plaidoyer, 5.— Début remarquable de cette lettre indiquant les tourmens auxquels son âme est en proie, 6. — Tibère laisse aux sénateurs le pouvoir de prononcer contre Cécilianus, qui avait accusé Cotta Messalinus, 7. — Écrit une lettre contre Sext. Vestilius, soupçonné d'avoir fait une satire sur l'impudicité de Caïus César, 9. — Veut examiner lui-même avec le sénat l'affaire de Pollion, de Vinicianus et de Scaurus, accusés de lèse-majesté, *ibid.* — Fait périr Vescularius Atticus et Julius Marinus, ses anciens favoris, 10. — Réprimande Quinctilianus et Caninius Gallus d'avoir fait consacrer sans les formalités convenables un livre sibyllin, 12. — Reproche aux magistrats et aux sénateurs de n'avoir pas employé leur autorité pour réprimer le peuple, la cherté du blé ayant presque fait naître une sédition, 13. — Choisit L. Cassius et M. Vinicius pour époux de Drusille et de Julie, filles de Germanicus, 15. — Écrit à ce sujet au sénat, auquel il demande que, toutes les fois qu'il se rendrait dans son sein, Macron, capitaine de ses gardes, l'accompagnât avec un petit nombre de tribuns et de centurions, *ibid.* — Tibère accorde aux sénateurs coupables du délit de l'usure, dix-huit mois pour prendre des arrangemens conformes à ce que prescrit la loi, 16. — Il ouvre une banque dans le but de raffermir le crédit par des prêts sans intérêt, 17. — Il fait périr Argolicus et Lacon, deux des premiers citoyens de l'Achaïe, 18. — S'empare des mines d'or de Sext. Marius, qui est précipité comme coupable d'inceste avec sa fille, quoique ses richesses soient le véritable motif de sa condamnation, 19. — Tibère ordonne qu'on massacre toutes les personnes retenues en prison, accusées de liaison avec Séjan, *ibid.* — Il prédit à Serv. Galba qu'il goûtera un jour de l'empire, 20. — Conduite de Tibère à la mort d'Asinius Gallus et de Drusus, 23. — Il s'acharne contre ce dernier, lors même qu'il n'est plus, 24. — Accuse Agrippine, après sa mort, d'adultère avec Gallus, 25. — Essaye de détourner Cocceius Nerva du funeste dessein de se donner la mort, 26. — Tibère se plaint de ce que les citoyens les plus distingués et les plus propres aux emplois militaires ne se rendent pas à leur poste, 27. — Il empêche L. Arruntius d'aller gouverner l'Espagne, *ibid.*; *Hist.*, II, 64. — Écrit au sénat touchant Pomponius Labéon et Paxéa, qui se sont donné la mort, *Ann.*, VI, 29. — Lentulus Gétulicus écrit à Tibère une lettre arrogante et conserve néanmoins une grande faveur, 30. — La vieillesse de Tibère est un objet de mépris pour Artaban, 31. — Entraves que met Tibère au gouvernement de ce dernier, 32. — Tibère affecte de montrer son peu de souci de sa propre infamie, 38. — Passe le détroit et se tient près de Rome, afin d'y voir, pour ainsi dire, le sang ruisseler, et considérer les mains de ses bourreaux, 39. — Paye le prix des maisons brûlées dans l'incendie du quartier voisin du mont Aventin, 45. — Balance long-temps sur le choix de celui auquel il laissera la république, puis abandonne au destin un évènement qu'il reconnaît ne pouvoir point déterminer, 46. — Reproche à Macron d'abandonner le soleil couchant pour se tourner vers le soleil levant, *ibid*. — Prédit à Caligula son genre de mort, *ibid*. — On prépare à Rome les meurtres qui doivent se commettre même après que Tibère ne sera plus, 47. — Ayant souvent changé de résidence, ce prince s'arrête enfin au promontoire de Misène, 50. — Il cherche à cacher un affaissement manifeste, *ibid*. — Macron ordonne qu'on étouffe, sous un monceau de couvertures, le vieillard, alors dans la soixante-dix-huitième année de son âge, 50. — Considérations générales sur l'origine, la vie et les mœurs de Tibère, 51. — Sa vieillesse cauteleuse, *Hist.*, II, 76. — Sous son règne, on n'eut à craindre que les malheurs de la paix, I, 89. — Il gouverna la république pendant vingt-trois années, *Orat.*, 17. — Pendant ce temps, Rome fut comme le bien héréditaire d'une seule famille, *Hist.*, I, 16. — Il n'éleva que deux monumens publics, un temple à Auguste et la scène du théâtre de Pompée, *Ann.*, VI, 45. — Des temples sont décernés à Tibère, IV, 15, 37, 56. — Il fut aigri par des satires et ses mésintelligences avec sa mère, I, 72. — Il avait l'humeur sombre, III, 37. — Sa parole était hautaine et son air mystérieux, I, 33. — Excellait dans l'art d'employer des expressions tantôt fortes de pensées, tantôt ambiguës à dessein, XIII, 3. — Dans les choses même qu'il ne déguisait pas, semait toujours des paroles obscures, I, 11. — De toutes les qualités qu'il croyait posséder, aucune n'était plus chère à Tibère que la dissimulation, IV, 71. — Toujours composé en d'autres circonstances, et comme en lutte avec ses paroles, il parlait avec plus d'abondance et de facilité toutes les fois qu'il faisait grâce, 31. — Il couvrait toujours les crimes qu'il venait de machiner du voile des anciens usages, 19. — Affectait de la sévérité et joignait de l'amertume aux choses même qu'il faisait bien, I, 75. — Aussi mystérieux pour les choses divines que pour les choses humaines, 76. — Sa politique fut toujours d'employer avec l'étranger les négociations et la ruse, et d'éloigner les armes, VI, 32. — Des personnes estiment que son esprit était subtil et son jugement sans détermination, I, 80. — Il n'avait pas confiance dans la médecine, VI, 47. — N'était pas partisan des spectacles, I, 54. — Redoutait la liberté et haïssait la flatterie, II, 87. — Il était dans son caractère de maintenir les gouvernemens et de conserver les chefs jusqu'à la fin de leur vie aux mêmes armées et administrations, I, 80. — Tibère ne recherchait pas les vertus éminentes; toutefois il haïssait les vices, *ibid.* — Il aimait à dépenser en libéralités honorables, 75; II, 48; IV, 64; VI, 45. — Peu ambitieux des suffrages de son siècle, Tibère voulait ceux de la postérité, VI, 46. — Tant qu'il fut puissant, la crainte altéra les récits de son règne; après sa mort, des haines récentes les dictèrent, I, 1. — *Voyez* encore, *Ann.*, XI, 21; XII, 11; XIII, 55; XV, 44; XVI, 29; *Hist.*, I, 27; IV, 42, 48; V, 9.

TIBERIUS ALEXANDRE, chevalier romain de premier rang, lieutenant de Corbulon, dans la guerre d'Arménie, *Ann.*, XV, 28. — Commande en Égypte, *Hist.*, I, 11; II, 74. — Fait prêter serment à ses légions pour Vespasien, 79.

TIBRE, fleuve d'Italie, *Ann.*, I, 76; III, 9; XII, 56; XV, 43; *Hist.*, II, 93; III, 82. — Accru par des pluies continuelles, inonde les quartiers bas de Rome, *Ann.*, I, 76. — A la retraite des eaux, beaucoup d'édifices croulèrent, beaucoup d'hommes périrent, *ibid.* — On examine dans le sénat, si, pour modérer les inondations du Tibre, on ne détournera pas les fleuves et les lacs qui le grossissent, 79. — Diveress députations à ce sujet, *ibid.* — On dédie près du Tibre un temple à la déesse Fors-Fortuna, II, 41. — Tibère visite ses jardins près de ce fleuve, VI, 1. — On y jette les cadavres des personnes retenues en prison et massacrées par l'ordre de Tibère, sur le soupçon d'avoir eu des liaisons avec Séjan, 19. — Néron fait jeter dans ce fleuve des blés gâtés, et cent navires chargés de grains y sont consumés par un incendie, XV, 18. — Projet de communication entre son embouchure et le lac Averne au moyen d'un canal navigable, 42. — Dans une île du Tibre, par un jour calme et serein, une statue du divin César se tourne d'occident vers l'orient, *Hist.*, I, 86. — Une crue prodigieuse de ce fleuve rompt le pont Sublicius, *ibid.*

TIBUR (*Tivoli*), ville de la campagne de Rome, *Ann.*, VI, 27.

— Confins de Tibur, xiv, 22.
TICINUM (*Pavie*), ville d'Italie, *Ann.*, iii, 5; *Hist.*, ii, 17. — Fabius Valens y arrive avec ses troupes, 27. — La nouvelle du malheureux combat de Cécina y parvient à la connaissance des soldats, 30. — Vitellius y donne un festin, 68. — Sédition de Ticinum, 88.

TIGELLINUS (Sophonius), beau-père de Cossutianus Capiton, obtient par ses prières, que ce dernier soit rendu au sénat, *Ann.*, xiv, 48. — Admis aux débauches intimes de Néron, 51; xv, 59. — Nommé par lui préfet du prétoire, xiv, 51. — Après avoir étudié les défiances du prince, il lui parle de Plautus et de Sylla comme de deux ennemis dont il doit se débarrasser, 57. — Réponse que lui fait une des suivantes d'Octavie, pressée par Tigellinus de déclarer l'adultère supposé de sa maîtresse, 60. — Repas scandaleux donné par Tigellinus à Néron, xv, 37. — Il poursuit Fenius Rufus de ses délations, 50. — Interroge les personnes impliquées dans la conjuration contre Néron, 58. — Forme avec Poppée le conseil intime des cruautés du prince, 61. — Est décoré des ornemens triomphaux, et sa statue triomphale est placée dans le Forum, 72. — Il ordonne de sceller le testament d'Anteius, xvi, 14. — Mella lui lègue de grandes sommes pour sauver le reste, 17. — Tigellinus forge contre C. Pétrone le sujet d'une accusation auprès de Néron, 19. — Ce prince sacrifie Minucius Thermus à son ressentiment, 20. — Corrupteur de Néron, le poussant à tous les forfaits, Tigellinus ose en commettre même à son insu, et, pour dernier trait, l'abandonne et le trahit, *Hist.*, i, 72. — Sous Galba, il est épargné par le crédit de T. Vinius, *ibid.* — Mévius Pudens, un de ses intimes, gagne à Othon l'affection des soldats, 24. — Reçoit aux eaux de Sinuesse l'ordre de terminer sa vie, et se coupe la gorge avec un rasoir, 72. — Esquisse sur la naissance, les mœurs et le caractère de Tigellinus, *ibid.*

TIGRANE est donné pour roi à l'Arménie par Auguste, et Tibère Néron vient le mettre en possession de son trône, *Ann.*, ii, 3. — Ni son règne, ni celui de son fils et de sa fille, ne furent de longue durée, quoiqu'il les eût mariés pour les faire régner ensemble, *ibid.*

TIGRANE, autre souverain d'Arménie, est accusé, et son nom de roi ne peut le soustraire au supplice des citoyens de Rome, *Ann.*, vi, 40.

TIGRANE, de Cappadoce, petit-fils du roi Archelaüs, est

choisi par Néron pour gouverner l'Arménie, *Ann.*, xiv, 26; xv, 1, 24. — Vologèse envoie Monèse pour le chasser de ce pays, 2. — De son côté Corbulon envoie Verulanus Severus et Vettius Bolanus pour le soutenir, 3. — Monèse le trouve sur la défensive, 4, 5. — Conjectures sur la stabilité de sa royauté, 6.

TIGRANOCERTE (*Sered*), ville forte d'Arménie, *Ann.*, xv, 5, 6, 8. — Se soumet aux Parthes, xii, 50. — Corbulon se dirige sur cette ville, xiv, 23. — Des députés viennent annoncer que les portes de Tigranocerte sont ouvertes, et que ses habitans attendent les ordres des Romains, 24. — Tigrane s'y retire et y soutient un siège, xv, 4.

TIGRE (*Basilensa*), fleuve considérable de la Perse, *Ann.*, vi, 37; xii, 13.

TIMARCHUS. *Voyez* CLAUDIUS TIMARCHUS.

TIMOTHÉE, Athénien, de la famille des Eumolpides, vient d'Eleusis à Alexandrie, sur l'ordre de Ptolémée, pour présider aux cérémonies sacrées, *Hist.*, iv, 83.

TINGITANE (Mauritanie), royaume de *Fez*. *Voyez* MAURITANIE.

TIRIDATE, prince du sang des Arsacides, est choisi par Tibère pour rival d'Artaban, *Ann.*, vi, 32. — Immole un cheval sur la rive de l'Euphrate, pour se rendre le fleuve propice, 37. — Est mis en possession du trône, et les trésors et les ornemens royaux lui sont remis par Abdagèse, *ibid.* — L. Vitellius engage Tiridate à se souvenir qu'il est le petit-fils de Phraate, l'élève de César, *ibid.* — Plusieurs villes, du plein gré des Parthes, viennent se ranger sous les lois de Tiridate, 41. — Il reçoit tous les honneurs prodigués aux anciens rois et tous ceux que peut suggérer l'adulation, 42. — Il se rend à Ctésiphon, siège de l'empire, où Surena le ceint du bandeau royal, *ibid.* — Tiridate est abandonné par les satrapes Phraate et Hiéron et par tous les grands qui ne s'étaient pas rendus à la cérémonie de son couronnement, 43. — Il se sauve en Syrie avec une poignée d'hommes, 44.

TIRIDATE, frère de Vologèse, *Ann.*, xii, 50; xv, 14. — Reçoit avec bonté et traite en reine Zénobie, l'épouse de Rhadamiste, qui lui est amenée expirante par des pasteurs, 51. — Vologèse fait la guerre aux Romains pour assurer le royaume d'Arménie à Tiridate, xiii, 34, 37; xv, 2. — Tiridate envoie des ambassadeurs en son nom et au nom des Parthes, xiii, 37. — Convient avec Corbulon d'une conférence à laquelle il ne se présente qu'au déclin du jour, et à une distance où l'on pouvait plutôt le voir que l'entendre, 38. — Essaye en vain de jeter le désordre parmi les soldats romains, marchant sur Artaxata, 40. — S'éloigne de l'Arménie, 41; xiv, 26; xv, 1. — Vologèse le ceint du diadème, 2. — Négociations en faveur de Tiridate, 24, 25. — Il envoie des ambassadeurs à Corbulon pour lui proposer la paix, 27. — Demande et obtient une entrevue avec ce dernier, 28. — Convient de déposer le bandeau royal aux pieds de la statue de Néron, et de ne le reprendre que de la main de l'empereur, 29. — Observation de cette convention, *ibid.* — Corbulon pénètre Tiridate d'admiration, en lui expliquant les usages pratiqués dans les camps romains, 30. — Celui-ci visite Pacorus chez les Mèdes, Vologèse à Ecbatane, 31. — Vient à Rome recevoir la couronne d'Arménie, 23.

Tiron. *Voyez* Apinius Tiron.

Tiron, affranchi de M. Tullius Cicéron, *Orat.*, 17.

Tite-Live, le plus éloquent et le plus fidèle des orateurs, *Ann.*, iv, 34; *Agr.*, 10. — Exalte par tant de louanges Cn. Pompée, qu'Auguste l'appelle le Pompéien; et leur amitié n'en fut point altérée, *Ann.*, iv, 34. — Appelle souvent en ses écrits, Scipion, Afranius, Cassius et même Brutus, hommes illustres, *ibid.*

Titianus. *Voyez* Salvius Titianus.

Titidius. *Voyez* Labéon.

Titiens (Prêtres), jadis créés par T. Tatius pour conserver le culte sabin, *Ann.*, 1, 54.

Titius Julianus. *Voyez* Julianus.

Titius Proculus, donné par Silius à Messaline pour l'accompagner, *Ann.*, xi, 30. — Claude ordonne que Titius soit traîné au supplice, 35.

Titius Sabinus, chevalier romain de premier rang, est victime de son amitié pour Germanicus, *Ann.*, iv, 18, 68. — On diffère son accusation, 19. — Trame infâme ourdie contre lui par Latinius Latiaris, Porcius Cato, Petilius Rufus et M. Opsius, anciens préteurs, *ibid.*, 69. — Tibère, dans une lettre au sénat sur les solennités usitées aux calendes de janvier, l'accuse, 70. — Sa sentence est prononcée et on l'étrangle le même jour, *ibid.* — Latinius Latiaris, le principal auteur de sa perte, est accusé et condamné à son tour, vi, 4.

Titus est envoyé par Vespasien, son père, présenter à Galba ses hommages et sa soumission, *Hist.*, i, 10; ii, 1. —

Conjectures du vulgaire sur ce voyage, *ibid.* — Il apprend à Corinthe la mort du prince, *ibid.* — Retourne en Judée par prudence, ou, selon d'autres, par amour pour la reine Bérénice, 2. — Son itinéraire, *ibid.* — Il cède au désir de visiter et de connaître le temple de Vénus à Paphos, *ibid.* — Consulte l'oracle sur sa navigation, 4. — Parvient, dans leur intérêt commun, à terminer les débats qui divisaient Mucien et Vespasien, 5. — Penchant de Mucien pour Titus, 74. — Celui-ci sert d'intermédiaire aux projets de son père et de Mucien, 79. — Titus est chargé de poursuivre la guerre de Judée, 82; IV, 51; V, 1. — Honoré du consulat quoique absent de Rome, IV, 3, 38. — Conjure son père de ne pas s'enflammer contre Domitien sur des accusations hasardées, 52. — Il place son camp devant les remparts de Jérusalem, V, 1, 10. — Assiège cette ville, 11, 13. — Beauté de ses traits unie à une certaine majesté, II, 1. — La nature et l'art l'avaient formé pour charmer, 5. — Douceur de son naturel, IV, 86. — Par son affabilité, par ses entretiens, il attirait toutes les affections, V, 1. — Il ajouta à la fortune de Tacite que Vespasien, son père, avait commencée, I, 1. — Se montra sous son règne plus réservé que sous celui de son père, II, 2.

TMOLUS, ville d'Asie, maltraitée par un tremblement de terre, *Ann.*, II, 47. — Exemptée par Tibère de tout tribut pendant cinq années, *ibid.*

TOGE, vêtement des Romains, *Hist.*, III, 70. — Une toge brodée est envoyée à Ptolémée, en reconnaissance de son zèle pour les Romains dans la guerre contre Tacfarinas, *Ann.*, IV, 26. — Cohorte en toges auprès de Galba, *Hist.*, I, 38. — La toge devient en usage chez les Bretons, *Agr.*, 22. — Jamais les Germains ne pardonneront à Ségeste d'avoir vu entre l'Elbe et le Rhin, des verges, des haches et la toge romaine, *Ann.*, I, 59.

TOGONIUS GALLUS. Sa basse adulation envers Tibère, *Ann.*, VI, 2.

TOLBIAC (*Zulpich*), ville de la Germanique 2e, sur les confins des Agrippiniens, *Hist.*, IV, 79.

TOMBEAU d'Agrippine, près de la route de Misène et de la campagne du dictateur César, *Ann.*, XIV, 9. — D'Auguste, I, 8; III. 4. — Des Césars, au Champ-de-Mars, I, 8; III, 9; XVI, 6. — Des Jules, XVI, 6. — Des Octaves, IV, 44. — D'Othon, *Hist.*, II, 49. — Germanicus pose le premier gazon de celui élevé aux légions de Varus, *Ann.*, I, 62. — Bientôt détruit par les Germains, II, 7.

Tongres (*Brabant* et *Liégeois*), nation belliqueuse et puissante de la Germanique 2ᵉ, *Germ.*, 2. — Deux cohortes de Tongres combattent pour Vitellius, *Hist.*, II, 14. — Sont battues par l'armée navale d'Othon, 28. — Une cohorte de Tongres abandonne le parti des Romains et passe du côté de Civilis au commencement du combat, IV, 16. — Auxiliaires de ce chef, 55, 66. — Les Tongres combattent en Bretagne sous les ordres d'Agricola, *Agr.*, 36.

Torone, golfe de Chalcidice, *Ann.*, V, 10.

Torquata, sœur de C. Silanus, vestale d'une pureté antique, *Ann.*, III, 69.

Tortue, manœuvre militaire, *Ann.*, XII, 35; XIII, 39; *Hist.*, III, 27, 28, 29, 31, 84; IV, 23.

Toscan (Quartier) à Rome, *Ann.*, IV, 65.

Toscans. *Voyez* Etrusques.

Trabée, robe de cérémonie, *Ann.*, III, 2.

Trachalus. *Voyez* Galerius Trachalus.

Traitans. *Voyez* Publicains.

Traîtres, chez les Germains, sont pendus à des arbres, *Germ.*, 12.

Trajan, est adopté par Nerva, *Agr.*, 3. — Empereur, 44. — Consul en 851 pour la seconde fois, *Germ.*, 37. — Tacite réserve à sa vieillesse l'histoire du règne de Trajan, *Hist.*, I, 1.

Tralles, ville de Lydie, ne peut prétendre à l'honneur d'élever un temple à Tibère, comme étant trop peu considérable, *Ann.*, IV, 55.

Transalpines (Nations), se flattent que l'empire va passer dans leurs mains, *Hist.*, IV, 54.

Transfuges, chez les Germains, sont pendus à des arbres, *Germ.*, 12.

Transpadane. *Voyez* Italie.

Transrhénans (Germains) dans l'armée de Vitellius, *Hist.*, II, 17. — Combattent pour Civilis, IV, 15, 23, 28, 73, 75. — Leur jalousie contre les Ubiens, 63. — Cerialis ébranle leur foi, 25.

Traulus Montanus, chevalier romain, favori de Messaline, est livré au supplice par Claude, *Ann.*, XI, 36.

Trebellienus Rufus, ex-préteur, est chargé de gouverner par intérim le royaume des enfans de Cotys, en bas âge, *Ann.*, II, 67; III, 38. — Accusé de lèse-majesté, se tue de sa propre main, VI, 39.

Trebellius (Marcus), lieutenant, envoyé par Vitellius, gouverneur de la Syrie, avec quatre mille légionnaires et l'élite des alliés, réduit les Clites, *Ann.*, VI, 41.

TREBELLIUS MAXIMUS fait le recensement des Gaules avec Q. Volusius et Sextus Africanus, *Ann.*, XIV, 46. — Succède à Petronius Turpilianus dans le gouvernement de la Bretagne, *Agr.*, 16. — Fuit et se cache pour se soustraire à la fureur des troupes, *ibid.*; *Hist.*, I, 60. — Arrivé près de Vitellius, celui-ci envoie Vettius Bolanus en sa place, 65.

TRÉBIZONDE, ville du Pont, sur le Pont-Euxin, *Ann.*, XIII, 39. — Fondée par les Grecs, *Hist.*, III, 47. — Anicetus fond subitement sur cette ville et y incendie la flotte romaine, *ibid.*

TREBONIUS GARUCIANUS, procurateur, met Clodius Macer à mort, sur l'ordre de Galba, *Hist.*, I, 7.

TRÉSOR (*ærarium*) distingué du fisc (*fiscus*), *Ann.*, II, 47; VI, 2. — Changemens et modifications dans son administration, XIII, 29. — La loi Papia Poppéa est rendue pour l'enrichir, III, 25. — La dépense des jeux Augustaux est prélevée sur le trésor, I, 15. — Les décrets des sénateurs y sont portés au dixième jour, III, 51. — Les biens de Séjan sont versés du trésor public dans la caisse du prince, VI, 2. — L'on verse dans le trésor quarante millions de sesterces pour soutenir le crédit, XIII, 31.

TRÈVES, *Hist.*, IV, 62, 70; V, 14. — Agrippine s'y réfugie, *Ann.*, I, 41. — Petilius Cerialis en prend possession, *Hist.*, IV, 72-75. — Il y bat les ennemis qui, au commencement de l'action, étaient sur le point de remporter la victoire, 77-78; V, 17. — Les heureuses nouvelles des évènemens de Trèves parviennent à Domitien et à Mucien, IV, 85.

TRÉVIRES, peuple de la Gaule, dans la Belgique 1re, *Ann.*, III, 44, 46; *Hist.*, III, 35; IV, 55, 58. — Ils mettent un certain orgueil à affecter l'origine germanique, *Germ.*, 28. — A cause de la grandeur de leurs dettes, les Trévires essayent de se révolter, *Ann.*, III, 40. — Sont battus et dispersés par Julius Indus, 42. — Sont frappés d'édits rigoureux par Galba, *Hist.*, I, 53. — Zèle qu'ils montrent à la nouvelle que Vitellius a été salué empereur à Cologne, 57. — Les troupes commandées par Fabius Valens, traversent leur territoire, 63. — Ils combattent pour Vitellius, II, 14, 28. — Le Trévire Alpinus Montanus est chargé d'annoncer la défaite dans son pays, III, 35. — Un corps de Trévires est mis en fuite par Civilis, IV, 18. — Ce chef envoie des troupes pour ravager leur territoire, 28. — Il essaye de les séduire par ses discours, 32. — Ils construisent des redoutes et des retranchemens sur leurs frontières, 37. — Ils finissent par entrer dans le complot de Civilis, 55, 57, 66. — Sont suspects aux Gaulois, parce que, lors du soulèvement de Vindex, ils avaient tenu pour Virginius, 69. — Les Trévires s'opposent à la soumission des Gaules, 68, 69. — Sont battus, 70, 71; v, 24. — Cent treize sénateurs trévires passent le Rhin avec Civilis, 19.

TRIARIA, épouse de L. Vitellius, femme d'une férocité extraordinaire, *Hist.*, II, 63, 64. — Se montre, au sac de Terracine, ceinte de l'épée de soldat, et insulte par son orgueil et sa barbarie, au malheur et à la désolation de cette ville, III, 77.

TRIBOQUES, peuple germanique sur la rive gauche du Rhin, *Germ.*, 28. — Quittent le parti de Civilis pour celui des Romains, *Hist.*, IV, 70.

TRIBUNAL du préteur, *Ann.*, I, 75; II, 34; VI, 17. — Du général dans le camp, I, 22. — La statue de Néron y est placée sur une chaise curule, xv, 29. — Les soldats insurgés de Valens, revenus à la soumission, l'entourent de leurs aigles et de leurs drapeaux, et le portent sur son tribunal, *Hist.*, II, 29. — Tribunal des consuls dans le sénat, *Ann.*, XVI, 30. — L'Italie et les provinces romaines justiciables des tribunaux des consuls, XIII, 5.

TRIBUNE AUX HARANGUES. *Voyez* ROSTRES.

TRIBUNITIENNE (Puissance), *Ann.*, I, 3, 9, 10, 13; XIV, 48. — Auguste, déposant le nom de triumvir, et se présentant comme simple consul, déclare que, pour préserver l'empire, il lui suffit de la puissance de tribun, I, 2. — Auguste associe M. Agrippa, puis Tibère à la puissance tribunitienne, III, 66. — Auguste mort, Tibère, dans l'édit par lequel il convoque les sénateurs, ne se sert que du titre que lui donne son autorité tribunitienne, I, 7. — Tibère demande la puissance tribunitienne pour Drusus, III, 56. — M. Silanus propose, pour marquer les époques, de ne plus inscrire les noms des consuls, mais de ceux qui exerceraient la puissance tribunitienne, 57. — Les sénateurs décernent cette dignité à Othon, *Hist.*, I, 47. — Dans quel but cette dénomination du pouvoir souverain fut inventée par Auguste, *Ann.*, III, 56.

TRIBUN DES COHORTES PRÉTORIENNES blessé dans les troubles du théâtre, pendant qu'il empêche qu'on n'insulte aux magistrats, et calme les dissensions de la multitude, *Ann.*, I, 77. — Un autre reconduit Cn. Pison renfermé dans une litière, III, 14. — Julius Pollion, tribun d'une cohorte prétorienne, est chargé par Néron de la préparation du breuvage qui doit mettre fin aux jours de Britannicus, XIII, 15. — Subrius Flavius, Granius Silvanus et Statius Proximus, tribuns de cohortes prétoriennes, s'engagent dans la conjuration contre Néron (*voyez* les noms de ces trois personnages). — Plusieurs tribuns sont destitués par Néron, 71. — Antonius Taurus et Antonius Nason, tribuns de cohortes prétoriennes, sont privés de leur dignité, *Hist.*, I, 20. — Les tribuns Cerius Severus, Subrius Dexter et Pompeius Longinus essayent d'apaiser dans le camp des prétoriens la sédition qu'y fait naître la promotion d'Othon à l'empire, 31. — Deux tribuns des cohortes prétoriennes sollicitent un entretien de Cécina Alienus, 41. — Les cohortes prétoriennes, licenciées par Vitellius, remettent leurs armes à leurs tribuns, 67. — Valerius Paullinus, jadis tribun des prétoriens, met à Fréjus une garnison composée de soldats licenciés par Vitellius, III, 43. — Julius Placidus, tribun, arrache ce prince du réduit ignoble où il s'était caché, 85.

TRIBUN DES COHORTES URBAINES, VI, 9. — Émilius Pacensis privé de cet emploi par Galba, *Hist.*, I, 20; y est réintégré par Othon, 87.

TRIBUN DES GARDES DE NUIT. On ôte à Julius Fronton cet emploi, *Hist.*, I, 20.

TRIBUNS DES SOLDATS OU DES LÉGIONS, *Ann.*, I, 17, 32, 66; II, 55. — Sont immolés par les Germains sur leurs autels profanes, I, 61. — Un tribun est commis à la garde de Postumus Agrippa relégué dans l'île Planasia, 6. — E. Séjan réunit dans un seul camp les cohortes dispersées par la ville, et choisit lui-même les centurions et les tribuns, IV, 2. — P. Dolabella divise les troupes du roi Ptolémée en quatre corps, et les donne à commander à des lieutenans ou à des tribuns, 24. — Beaucoup de tribuns succombent en combattant contre les Frisons, 73. — Tibère obtient du sénat de se faire accompagner par eux toutes les fois qu'il se rendrait dans son sein, VI, 15. — Un tribun, chargé par Narcisse de consommer le supplice de Messaline, accomplit sa mission, XI, 37, 38. — Agrippine envoie un tribun à Lollia Paullina pour la contraindre à se tuer, XII, 22. — Agrippine reçoit les tribuns des soldats avec distinction, XIII, 18. — Ils félicitent Néron d'avoir échappé à un danger imprévu et à l'attentat de sa mère,

XIV, 10. — Ce prince se fait escorter par eux sur la scène, 14. — Le tribun Veianus Niger est chargé du supplice de Subrius Flavius, XV, 67. — Le tribun Gerelanus est chargé du meurtre du consul Vestinus Atticus, 69. — Conduite des tribuns après qu'Othon fut salué empereur, *Hist.*, I, 28. — Un tribun qui résiste à la sédition d'Ostie, périt égorgé, 80. — Le tribun Julius Martialis est blessé dans une sédition militaire, en s'opposant à l'entrée tumultueuse des soldats dans le palais, 82, 83. — Les tribuns parviennent à sauver Martius Macer de la fureur des soldats, II, 36. — Des tribuns de l'armée de Vitellius portent la terreur dans Rome, 88. — Vitellius se fait précéder, à son entrée dans cette ville, de tribuns vêtus de blanc, 89. — Les chefs du parti flavien font naître, chez les tribuns, l'espoir de conserver tout ce que Vitellius a fait en leur faveur, III, 9. — Le tribun Vipstanus Messala arrive sous Crémone avec les auxiliaires de Mésie, 18. — L'autorité des tribuns d'Antonius Primus est méconnue par les soldats, 19. — L'Éduen Julius Calenus, tribun des soldats, va annoncer à la Gaule la victoire remportée par les Flaviens à Bédriac et à Cremone, 35. — Les désertions des tribuns deviennent fréquentes parmi les troupes de Vitellius, 61. — A Mayence, les tribuns sont massacrés par les ordres de Julius Tutor, IV, 59.

TRIBUNS MILITAIRES. Le pouvoir consulaire des tribuns militaires ne dura que peu de temps, *Ann.*, I, 1.

TRIBUNS DU PEUPLE, après Sylla, recouvrent le pouvoir d'agiter le peuple à leur gré, *Ann.*, III, 27. — Ils demandent à instituer à leurs propres frais les jeux Augustaux, I, 15. — Paraissent à ces jeux en habit triomphal, mais non sur des chars, *ibid.* — Haterius Agrippa, tribun du peuple, s'oppose à ce que les histrions soient battus de verges, 77. — Quinctilianus, tribun du peuple, fait au sénat un rapport sur un livre sibyllin que Caninius Gallus veut faire admettre, VI, 12. — A leur demande, l'intérêt de l'argent, d'abord fixé à un pour cent par la loi des Douze-Tables, est réduit à un demi, 16. — Junius Othon, tribun du peuple, s'oppose à ce qu'on décerne la récompense au délateur d'Acutia, 47. — Abus de pouvoir d'Antistius, tribun du peuple, XIII, 28; XIV, 48. — Il est fait défense aux tribuns « d'attenter au droit des préteurs et des consuls, et de citer devant eux les habitans de l'Italie qui pourraient être jugés par les voies légales, » XIII, 28.

— L. Pison fait apporter de nouvelles restrictions à leur juridiction, *ibid.* — Helvidius Priscus, tribun du peuple, accuse Obultronius Sabinus, questeur de l'épargne, d'avoir augmenté le droit de saisie contre les pauvres, *ibid.* — Octavius Sagitta, tribun du peuple, poignarde Postumia dans un accès de jalousie, 44. — Le tribun du peuple Rusticus Arulenus veut prendre la défense de Pétus Thrasea; ce dernier s'y oppose, xvi, 26. — Vitellius appelle les tribuns du peuple au soutien de son autorité méprisée, *Hist.*, ii, 91. — Le tribun du peuple Vulcatius Tertullinus intervient dans une délibération du sénat, iv, 9.

Tribus, avant Tibère, faisaient encore quelques élections, quoique les principales fussent dépendantes du prince, *Ann.*, i, 15. — Accourent à la rencontre de Néron qui, après le meurtre d'Agrippine, rentre de la Campanie dans Rome, xiv, 13. — Sur les exhortations de ses affranchis, Vitellius ordonne aux tribus de s'assembler, et prend les noms de ceux qui se présentent pour s'enrôler, *Hist.*, iii, 58.

Tributs. Les nations qui ne connaissent point la domination de Rome, n'endurent ni supplices ni tributs, *Ann.*, i, 59. — Les Bretons se soumettent avec bonne volonté aux tributs, *Agr.*, 13. — Tributs imposés aux Gaules par Germanicus, *Ann.*, i, 31, 33; ii, 6. — Tributs imposés par le même aux Frisons, iv, 72. — Cibyre en Asie, et Égium en Achaïe, renversées par un tremblement de terre, sont exemptées de tout tribut pendant trois ans, 13. — Archelaüs de Cappadoce, voulant forcer les Clites à payer un tribut, ceux-ci se retirent sur les hauteurs du mont Taurus, vi, 41. — Apamée, renversée par un tremblement de terre, est exemptée de tout tribut pendant cinq années, xii, 58. — Claude propose d'exempter de tributs l'île de Cos, 61. — Les Byzantins obtiennent une exemption de tribut pour cinq années, 63. — Néron ordonne que les navires de négoce ne seront pas compris dans le cens, ni assujettis au tribut, 51. — Les Gaulois se vantent fièrement de l'exemption du quart de leur tribut accordée par Galba, *Hist.*, i, 51; iv, 57. — Les Gaules refusent de se soumettre aux levées et aux tributs, 26. — Moyen employé par Petilius Cerialis pour les faire revenir de leur détermination, 71. — Les Bataves sont alliés des Romains sans leur payer de tributs, 12, 17; v, 25. — Tributs imposés aux Gothins et aux Oses par les Sarmates et les Quades, *Germ.*, 43.

Trimère, île située près des

côtes de la Pouille, *Ann.*, IV, 71.

TRINOBANTES (comtés de *Middlesex* et d'*Essex*), peuple de la Bretagne, *Ann.*, XIV, 31. — Conduits par une femme, ont pu incendier la colonie des Romains et dévaster leur camp, *Agr.*, 31.

TRIOMPHALE (Porte), *Ann.*, I, 8.

TRIOMPHAUX (Ornemens), *Ann.*, I, 72; III, 48, 72; IV, 18, 23, 44, 46; VI, 10; XI, 20; XII, 3, 38; XIII, 53; XV, 72; *Agr.*, 40. — Robe triomphale, *Ann.*, I, 15; XII, 41; XIII, 8. — Statues triomphales, XV, 72; *Hist.*, I, 79; *Agr.*, 40.

TRIOMPHE. Duillius, qui le premier établit la gloire de Rome sur mer par la défaite des Carthaginois, obtient les honneurs du triomphe naval, *Ann.*, II, 49. — L. Mummius triomphe des Achéens, XIV, 21. — Germanicus triomphe des Chérusques, des Cattes, des Angrivariens et des autres nations qui habitent jusqu'à l'Elbe, II, 41. — Faux triomphe de Domitien sur les Germains, où des esclaves, achetés exprès, figurent des captifs par la forme des habillemens et de leurs coiffures, *Agr.*, 39.

TRION. *Voyez* FULCINIUS TRION.

TRIUMVIRAT. Auguste dépose cette dignité, *Ann.*, I, 2. — A son sixième consulat, assuré de sa puissance, César Auguste abolit ce qu'il avait ordonné dans son triumvirat, III, 28.

TRIUMVIRS, font la paix avec Sext. Pompée, *Ann.*, V, 1.

TRIUMVIRS, chargés de l'exécution des sentences criminelles, brûlent les écrits d'Arulenus et de Priscus dans les comices, *Agr.*, 2.

TRIVIA. *Voyez* HÉCATE.

TROGUS. *Voyez* SAUFELLUS TROGUS.

TROIE (*Bonnar-Bachi*), ville de l'Asie Mineure où l'alphabet fut inventé au temps de la guerre de Troie, XI, 14. — Pendant l'incendie de Rome, Néron chante, dit-on, la ruine de Troie, XV, 39.

TROPHÉES consacrés par Auguste à Actium, *Ann.*, II, 53. — Élevés par Germanicus en mémoire de la victoire remportée dans la plaine d'Idistavise, 18, 22. — Érigés à Rome pour une prétendue victoire remportée sur les Parthes, XV, 18.

TROSOBORIS, chef des Clites insurgés, est égorgé par les ordres d'Antiochus, *Ann.*, XII, 55.

TROYENS, se disent les ancêtres des fondateurs de Rome, *Ann.*, IV, 55. — Le Troyen Anténor institue les jeux du Ceste, XVI, 21. — Courses troyennes, XI, 11.

TRUIE, met bas un petit qui a

des serres d'épervier, *Ann.*, XII, 64.

TRUTULE (*Rochester?*), port de Bretagne, vers le S. E., *Agr.*, 38.

TUBANTES, peuple peu connu de la Germanie, *Ann.*, I, 51; XIII, 55, 56.

TUBÉRON. *Voyez* SEIUS TUBÉRON.

TUBÉRON, nom odieux même à l'ancienne république, *Ann.*, XVI, 22.

TUBÉRONS (Famille des), *Ann.*, XII, 1.

TUDER, roi germain, *Germ.*, 42.

TUGURINUS. *Voyez* JULIUS TUGURINUS.

TUISTON, dieu des Germains, fondateur de leur nation, *Germ.*, 2.

TULLINUS. *Voyez* VULCATIUS TULLINUS.

TULLIUS. *Voyez* SÉNÉCION (Tullius) et SERVIUS TULLIUS.

TULLIUS (Marcus), défendu par Cicéron, *Orat.*, 20.

TULLIUS FLAVIANUS, préfet de cavalerie, *Hist.*, III, 79.

TULLIUS VALENTINUS, chef trévire, esprit turbulent, habile à former des séditions, *Hist.*, IV, 68. — Emploie toute son activité dans ses harangues, 69. — Ramène aux combats les Trévires battus, 70. — Est fait prisonnier à Rigodulum par Petilius Cerialis, 71, 76. — Courage qu'il déploie au moment de son supplice, 85.

TULLUS HOSTILIUS, troisième roi de Rome, donne des lois au peuple romain, *Ann.*, III, 26. — Appelle Marcius Numa aux fonctions de magistrat, pour que Rome ne reste pas sans chef pendant son absence, VI, 11. — Sacrifice selon les rites du roi Tullus, XII, 8.

TURÉSIS, un des chefs des Thraces, est déterminé à périr avec la liberté, *Ann.*, IV, 50.

TURIN, ville de la Gaule Cisalpine, capitale des Tauriniens, est incendiée en partie par les feux que la quatorzième légion avait laissés épars çà et là, la nuit de son départ de cette ville pour se rendre en Bretagne, *Hist.*, II, 66. — Cavalerie de Turin, I, 59, 64.

TURONIENS, peuple de la Gaule, dans la Lyonnaise 3e, se révoltent, *Ann.*, III, 41. — Terrassés par une seule cohorte, 46.

TURPILIANUS. *Voyez* PETRONIUS TURPILIANUS.

TURPION. *Voyez* AMBIVIUS TURPION.

TURRANIUS (Caïus), préfet des subsistances, prête serment à Tibère entre les mains des consuls Sex. Pompeius et Sex. Apuleius, *Ann.*, I, 7. — Interrogé par Claude sur le mariage de Messaline avec C. Silius, XI, 31.

TURULIUS CERIALIS, primipilaire, se livre à Cécina avec un grand nombre de soldats de marine, *Hist.*, II, 22.

Tusculum (*Frascati*), ville d'Italie, *Ann.*, XIV, 3. — Berceau des Porcius, XI, 24.

Tuscus. *Voyez* Cécina Tuscus.

Tuscus vicus. *Voyez* Toscan (Quartier).

Tutor. *Voyez* Julius Tutor.

Tyr (*Sour*), capitale de la Phénicie, patrie de Didon, *Ann.*, XVI, 1.

Tyrans. Si leurs cœurs étaient à découvert, on pourrait les voir meurtris et déchirés par les passions, par les cruautés et par les mauvaises pensées, comme les corps des coupables le sont par les verges du bourreau, *Ann.*, VI, 6.

Tyrrhenus, fils du roi Atys, donne son nom aux Tyrrhéniens, *Ann.*, IV, 55.

U

Ubiens, peuple de la Germanie, sur la rive gauche du Rhin, *Ann.*, I, 31, 36, 37; *Hist.*, IV, 55. — Agrippine fonde chez eux une colonie qui prend son nom, XII, 27; *Hist.*, IV, 28; *Germ.*, 28. — Des feux sortis de terre y dévorent les métairies, les campagnes, les bourgs, et se portent jusqu'aux murailles mêmes de la colonie nouvellement fondée, *Ann.*, XIII, 57. — Un corps d'Ubiens est mis en fuite par Civilis, *Hist.*, IV, 18. — Ce chef envoie des troupes pour dévaster leur territoire, 28. — Jalousie des nations d'au-delà du Rhin contre eux, 63. — Font alliance avec Civilis, 65, 66. — Sont battus par les Romains, 77. — Reviennent à eux et en implorent du secours, 79; V, 24. — Autel des Ubiens, *voyez* Gottberg. — Cité des Ubiens, *voyez* Cologne, et Agrippine (Colonie d').

U

Ulysse vivait près de treize cents ans avant Vespasien, *Orat.*, 16. — On dit qu'égaré en ses longs et incroyables voyages, il aborda en Germanie, *Germ.*, 3. — Fondateur d'Asciburgium, où il avait un autel, *ibid.*

Umbricius, aruspice, annonce à Galba de tristes présages, des embûches menaçantes et un ennemi domestique, *Hist.*, I, 27.

Ummidius Quadratus (Titus), gouverneur de Syrie, *Ann.*, XII, 45; XIII, 8. — Envoie à Pharasmane des députés avec sommation de s'éloigner des frontières de l'Arménie et de rappeler son fils, XII, 48. — Étouffe une insurrection en Judée, 54. — Redoute l'effet que pourraient produire en Syrie à son désavantage, la taille élevée et le langage imposant de Corbulon, XIII, 8. — La discorde naît entre ces deux chefs, 9. — Mort d'Ummidius, xiv, 26.

UNCIARIUM FOENUS, intérêt à un pour cent, *Ann.*, vi, 16. — *Voyez* INTÉRÊT.

UNSINGIS (*Hunsing*), fleuve de Germanie, *Ann.*, i, 70.

URBAINES (Cohortes). *Voyez* COHORTES.

URBICUS. *Voyez* POMPEIUS URBICUS.

URBINIA (Héritiers d'), *Orat.*, 38.

URBINUM (*Orbino*), ville d'Ombrie où Fabius Valens fut tué dans sa prison, *Hist.*, iii, 62.

URGULANIA. L. Pison appelle en justice cette femme, que l'amitié de l'impératrice Livie avait mise au dessus des lois, *Ann.*, ii, 34; iv, 21. — Elle envoie un poignard à Plautius Silvanus, son petit-fils, 22.

USIPÈTES ou USIPIENS, peuple de la Germanie, sur les bords du Rhin, *Germ.*, 32; *Ann.*, i, 51; xiii, 55, 56. — Assiègent Mayence, *Hist.*, iv, 37. — Une cohorte d'Usipiens, levée en Germanie et transportée en Bretagne, ose une action extraordinaire et incroyable, *Agr.*, 28, 32.

USPÉ, ville des Siraques, est assiégée et ses habitans sont massacrés, *Ann.*, xii, 16, 17.

USURE. Les Germains ne savent ni trafiquer de leur argent, ni l'accroître par des usures, *Germ.*, 26. — Mal fort ancien à Rome, vi, 16. — L'énormité de l'usure cause un soulèvement dans les Gaules, iii, 40. — P. Suilius reproche à Sénèque d'épuiser l'Italie et les provinces par ses immenses usures, xiii, 42.

USURIERS. Claude arrête leurs exactions par une loi qui défend de prêter à intérêt aux fils de famille des sommes remboursables à la mort de leurs pères, *Ann.*, xi, 13.

V

VADA, ville forte dans l'île des Bataves, sur le Rhin, *Hist.*, v, 20. — Civilis y attaque sans succès la cavalerie et les cohortes romaines, 21.

VAHAL, l'un des bras du Rhin, se dirige vers la frontière des Gaules, perd son nom en se réunissant à la Meuse, et va, par une immense embouchure, se décharger dans l'Océan, *Ann.*, ii, 6. — Civilis et Cerialis ont une entrevue sur le *Nabal*, *Hist.*, v, 26.

VALENS. *Voyez* DONATIUS, FABIUS, MANLIUS, VECTIUS.

VALENTINUS. *Voyez* TULLIUS VALENTINUS.

VALERIUS. *Voyez* ASIATICUS, CAPITON, CORVUS, FABIANUS, FESTUS, MARINUS, MESSALA,

Messalinus, Naso, Ponticus, Potitus.

Valerius (Marcus), consul en 773 avec C. Aurelius, *Ann.*, III, 2.

Valerius Paullinus, guerrier habile, et ami de Vespasien avant son élection, *Hist.*, III, 42. — Met une garnison à Fréjus, sa patrie, 43.

Valeur, est l'attribut des humains, *Hist.*, IV, 17. — Rien ne lui est inaccessible, *Agr.*, 27.

Vandales, peuplade germanique, *Germ.*, 2.

Vangion et Sidon son frère renversent du trône des Suèves Vannius leur oncle maternel, et partagent son royaume, *Ann.*, XII, 29, 30.

Vangions, peuple germanique sur la rive gauche du Rhin, *Germ.*, 28; *Ann.*, XII, 27. — Ils quittent le parti de Civilis pour revenir à celui des Romains, *Hist.*, IV, 70.

Vannius, de la nation des Quades, est donné pour roi par Drusus aux Barbares qui avaient servi Maroboduus et Catualda, et qui étaient établis entre les fleuves Marus et Cusus, *Ann.*, II, 63. — Est chassé de son trône et se retire en Pannonie, XII, 29, 30.

Vardanes, fils de Vologèse, apparaît comme le concurrent de son père, *Ann.*, XIII, 7.

Varilia. *Voyez* Apuleia Varilia.

Varins, peuple de la Germanie, *Germ.*, 40.

Varius, auteur d'une tragédie de Thyeste, *Orat.*, 12.

Varius. *Voyez* Crispinus et Ligur.

Varius (Lucius), consulaire, jadis victime d'une accusation, est rappelé au sénat, *Ann.*, XIII, 32.

Varron (Murena) périt par suite d'un complot tramé contre Auguste, *Ann.*, I, 10.

Varron (M. Terentius), célèbre auteur, comparé à Aufidius Bassus et à Servilius Nonianus, *Orat.*, 23.

Varron (Vibidius) est exclu du sénat par Tibère, *Ann.*, II, 48.

Varron (L. Visellius), lieutenant de la Germanie Inférieure, envoie les légionnaires à Acilius Aviola pour réduire les Andécaves et les Turoniens révoltés, *Ann.*, III, 41, 42. — Affaibli par l'âge, cède le commandement des troupes au jeune Silius, 43. — Est consul en 777 avec Cornelius Cethegus, IV, 17. — Accuse C. Silius, 19.

Varron. *Voyez* Cingonius Varron.

Varus. *Voyez* Alphenus, Arrius, Plancius, Quinctilius.

Varus (Quinctilius), gouverneur de Syrie, *Ann.*, I, 3, 58.

— Punit Simon d'avoir, après la mort d'Hérode, usurpé le titre de roi de Judée, *Hist.*, v, 9. — Sa défaite en Germanie par Arminius, *Ann.*, I, 10, 43, 55, 57, 60; II, 15, 35, 45; XII, 27; *Hist.*, IV, 17; *Germ.*, 37. — Se donne la mort de sa propre main, *Ann.*, I, 61. — Le fils de Ségimer avait, dit-on, insulté à son cadavre, 70. — En 768, on voyait encore, dans la forêt de Teutberg, ses restes et ceux de ses légions, 60. — Aspect de son camp à la même époque, *ibid.* — Germanicus élève un monument aux légions de Varus et à leur général, 61, 62. — Destruction de ce monument, II, 7. — Arc de triomphe élevé en mémoire des enseignes de Varus recouvrées, 41.

VASACÈS, général de la cavalerie de Vologèse, *Ann.*, xv, 14.

VASCONS. *Voyez* GASCONS.

VASSAUX (*clientes*) chez les Germains, *Ann.*, I, 57.

VATICAN (Vallée du), lieu malsain, *Hist.*, II, 93. — Une enceinte y est formée pour que Néron y dirige des chars, *Ann.*, XIV, 14.

VATINIUS, une des plus ignobles monstruosités de la cour de Néron, donne un grand spectacle de gladiateurs à Bénévent, *Ann.*, xv, 34. — Ses déprédations, *Hist.*, I, 37.

VATINIUS (Publius), accusé par Calvus, *Orat.*, 21, 34. — Accusé et plus tard défendu par Cicéron, 39.

VEAU, ayant une tête à la cuisse, naît sur le territoire de Placentia, *Ann.*, xv, 47.

VECTIUS VALENS, médecin, adultère de Messaline, *Ann.*, XI, 30, 31. — Mis à mort par ordre de Claude, 35.

VEDIUS AQUILA, lieutenant de la treizième légion *Gemina*, est injurié et maltraité par ses soldats, *Hist.*, II, 44. — Se rend à Padoue avec deux légions, III, 7.

VEDIUS POLLION, chevalier romain, connu par ses profusions, *Ann.*, I, 10. — Sa puissance, XII, 60.

VEIANUS NIGER, tribun chargé du supplice de Subrius Flavius, lui tranche la tête à peine en deux coups, et se vante de cette barbarie auprès de Néron, *Ann.*, xv, 67.

VÉIENTON. *Voyez* FABRICIUS VÉIENTON.

VÉLABRE, marché célèbre de Rome, *Hist.*, I, 27; III, 74.

VELEDA, fameuse prophétesse des Germains, *Hist.*, IV, 61; v, 22, 24. — Honorée par eux comme un être divin, *Germ.*, 8. — Elle évite les regards des Tenctères, afin de les pénétrer de plus de vénération, *Hist.*, IV, 65.

VÉLIN (*Velino*), lac d'Ombrie

qui s'épanche dans le Nar, *Ann.*, I, 79. — Il est question d'en fermer l'issue, *ibid.*

Velleius (Publius) met en pièces les Thraces révoltés, *Ann.*, III, 39.

Vellocatus, écuyer de Venusius, s'unit à Cartismandua, reine des Brigantes, après la rupture de l'union que celle-ci avait contractée avec Venusius, *Hist.*, III, 45.

Vénèdes, peuple germanique ou sarmate, *Germ.*, 46.

Vénètes, peuple du nord de l'Italie, *Ann.*, XI, 23.

Venetus. *Voyez* **Paullus Venetus**.

Vengeance, paraît un avantage et la reconnaissance une charge, *Hist.*, IV, 3. — Cécina Severus propose l'érection d'un autel à la Vengeance, en mémoire de Germanicus, *Ann.*, III, 18.

Ventidius (Publius) bat les Parthes et tue Pacorus leur chef, *Hist.*, V, 9; *Germ.*, 37.

Ventidius Cumanus, gouverneur de Palestine, est condamné seul pour des forfaits que deux avaient commis, *Ann.*, XII, 54.

Vénus, conçue du sein de la mer, *Hist.*, II, 3. — Son culte à Aphrodisias, *Ann.*, III, 62. — Son temple de Paphos dédié par Aerias, *ibid.*; *Hist.*, II, 3. — Simulacre bizarre de Vénus dans ce dernier temple, 2, 3. — Son temple d'Amathonte, dédié par Amathus, fils d'Aerias, *Ann.*, III, 62. — Les Smyrnéens allèguent un oracle d'Apollon, qui avait ordonné de dédier un temple à Vénus Stratonicienne, 63. — Les Ségestains demandent que le temple de Vénus, tombant en ruines sur le mont Éryx, soit restauré, IV, 43. — Le temple de Vénus Génitrix est investi par deux cohortes prétoriennes, XVI, 27.

Venusius, de la cité des Brigantes, chef des Bretons, *Ann.*, XII, 40. — Époux de la reine Cartismandua, rompt son union et bientôt la paix avec les Romains, *ibid.* — Sa fierté naturelle, *Hist.*, III, 45.

Verania donne la sépulture à Pison Licinianus, son mari, et paye sa tête aux assassins qui l'avaient conservée pour la vendre, *Hist.*, I, 47.

Veranius (Quintus), gouverneur des états de Cappadoce, *Ann.*, II, 56. — Instruit l'accusation contre Cn. Pison, et demande que Martina l'empoisonneuse soit envoyée à Rome, 74. — Il poursuit l'accusation, III, 10, 13. — Tibère propose au sénat d'accorder un sacerdoce à Veranius, 19.

Veranius (Quintus), consul en 802 avec C. Pompeius, *Ann.*, XII, 5. — Succède à Aulus Didius dans le gouvernement de la Bretagne, où il meurt après avoir fait quelques légères incursions chez les Silures, XIV, 29; *Agr.*, 14. — Son testament, *Ann.*, XIV, 29.

VERAX, neveu de Civilis, combat contre les Romains, *Hist.*, V, 20. — Échappe en passant le Rhin à la nage, 21.

VERCEIL, ville de l'Italie Transpadane, est livrée aux Vitelliens par la cavalerie Syllana, *Hist.*, I, 70. — Patrie de Vibius Crispus, *Orat.*, 8.

VERGILION. *Voyez* ATILIUS VERGILION.

VERGINIUS. *Voyez* VIRGINIUS et CAPITON.

VÉRONE, ville de la Vénétie, *Hist.*, II, 23; III, 9, 15. — Est choisie par les Flaviens pour en faire le théâtre de la guerre, 8, 10. — Leurs légions victorieuses y laissent les enseignes, les aigles et les soldats affaiblis par l'âge et les blessures, 50, 52.

VERRE, formé par la cuisson du sable et du nitre, *Hist.*, V, 7.

VERRÈS contribue à l'illustration de Cicéron, *Orat.*, 37. — Ce dernier écrivit contre lui cinq livres, 20. — *Jus Verrinum*, 23.

VERRITUS, chef des Frisons, se rend à Rome et reçoit de Néron le titre de citoyen romain, *Ann.*, XIII, 54.

VERTU. La gloire même et la vertu ont leurs ennemis, *Ann.*, IV, 34. — L'enthousiasme des vertus et le repentir des crimes étaient plus vifs chez nos ancêtres que chez nous, *Hist.*, III, 51. — Les vertus ne sont jamais si bien estimées que dans les temps mêmes où elles se produisent le plus facilement, *Agr.*, 1.

VERULAMIUM (*Verulam*), ville municipale de Bretagne, est mise au pillage par les rebelles qui y font périr un grand nombre de citoyens romains et d'alliés, *Ann.*, XIV, 33.

VERULANA. *Voyez* GRATILLA VERULANA.

VERULANUS. *Voyez* SEVERUS VERULANUS.

VERUS. *Voyez* ATILIUS VERUS.

VESCULARIUS FLACCUS. *Voyez* ATTICUS.

VESPASIEN, vivant et se vêtissant suivant les mœurs antiques, est le principal auteur de la réforme, *Ann.*, III, 55. — Claude l'associe à l'expédition de Bretagne, *Hist.*, III, 44; *Agr.*, 13. — Cette campagne est le commencement de la fortune qui l'attend, *ibid.* — Sa vie se trouve compromise pour s'être laissé aller au sommeil pendant que Néron jouait de la lyre, *Ann.*, XVI, 5. — Il est choisi par ce prince pour diriger la guerre de Judée, *Hist.*, I, 10; V, 1. — A la mort de Néron, Mucien et Vespasien, divisés par la jalousie, déposant toute haine, pensent à agir de concert, II, 5. — Vespasien envoie son fils Titus à Galba pour lui porter ses hommages et sa soumission, 1; 1, 10. — Sa parenté est profitable à Flavius Sabinus, son frère, 46. — Il reçoit pour Othon le serment de l'armée de Judée, 76. — Ses succès dans cette province, II, 1 ; v, 10. — Il ne lui reste plus qu'à faire le siège de Jérusalem, *ibid.;* II, 4. — Reste spectateur de la querelle entre Vitellius et Othon, et attend l'occasion favorable pour prendre les armes, 7. — Le nom de Vespasien est un sujet de terreur pour Vitellius, 73. — Il prête serment à ce prince, 74. — Tantôt il conçoit les espérances les plus élevées, tantôt médite sur les chances contraires, *ibid.,* 75. — Mucien le presse de s'emparer de l'empire, 76, 77. — Agricola passe dans son parti, *Agr.,* 7. — Vespasien croit que le pouvoir lui est offert par les destins, *Hist.,* II, 78. — Il se retire à Césarée, 79. — Alexandrie, la première, lui défère l'empire, *ibid.* — Les soldats de Syrie le saluent empereur et lui prodiguent toutes les dénominations de la souveraineté, 80. — Tout l'Orient embrasse son parti, 81. — Il fait ses dispositions pour commencer la guerre, 82. — Confie à Titus la continuation de la guerre de la Judée, *ibid.;* IV, 51; V, 1, 10. — Les prétoriens licenciés par Vitellius reprennent du service et deviennent le soutien du parti de Vespasien, II, 67. — Mucien agit plutôt comme son associé à l'empire que comme son ministre, 83. — Vespasien fatigue les provinces par des demandes d'argent, 84. — Ses succès sont accélérés par l'empressement de l'armée d'Illyrie à se déclarer pour lui, 85, 86. — Aponius Saturninus passe dans son parti, 96. — Le nom de Vespasien est odieux en Afrique, 97; IV, 49. — Il tient ses projets cachés, III, 93. — Il est maître de la mer et a pour lui des flottes et l'affection des provinces, 1. — Ses lieutenans portent la guerre de l'Illyrie en Italie, 2-12. — Cécina exalte le courage et les forces du parti de Vespasien, 13. — Civilis veut lui faire prêter serment par les légions retirées dans le camp de Vétéra, IV, 21. — L'armée d'Hordeonius Flaccus hésite à prononcer le nom de Vespasien au milieu des autres termes de la formule, 31. — Ce lieutenant distribue à ses soldats, au nom de Vespasien, une gratification que leur avait accordée Vitellius, 36. — Opérations diverses des lieutenans de Vespasien, qui se terminent par le gain de la bataille de Bédriac et la destruction de Crémone, III, 15-35. —

Toute l'Italie est partagée entre Vitellius et lui par la chaîne des Apennins, 42. — Marius Maturus, procurateur des Alpes Maritimes, jusque-là fidèle à Vitellius, se range au parti de Vespasien, 43. — La Bretagne, où celui-ci avait fait la guerre du temps de Claude, passe dans son parti, 44. — Il y envoie de grands généraux et d'excellentes armées, *Agr.*, 17. — Inquiet des tentatives de l'affranchi Anicetus dans le Pont, il envoie Virdius Geminus pour s'en saisir, *Hist.*, III, 48. — Il se hâte de gagner Alexandrie pour pouvoir menacer Rome de la famine, *ibid.* — Il élève Plotius Griphus au rang de sénateur, 52. — Antonius Primus écrit à Vespasien une lettre remplie d'une jactance inconvenante, 53. — Pouzzoles se distingue par son zèle pour ce prince, 57. — Flavius Sabinus et Domitien restent à Rome quoique l'occasion se présente à eux de fuir vers Vespasien, 59. — Antonius Primus et Arrius Varus engagent, par de nombreux messages, Vitellius à se livrer avec ses enfans à Vespasien, 63. — Flavius Sabinus, pressé de faire proclamer son frère, ouvre des négociations avec Vitellius, 64, 65. — Au bruit de l'abdication de ce prince, toute la république paraît tombée aux mains de Vespasien, 69 et *suiv.* — Ses troupes marchent sur Rome, et s'emparent de cette ville, 78, 80 et *suiv.* — Tous les honneurs usités pour les empereurs sont décernés à Vespasien par les sénateurs, IV, 3. — Mucien se vante de lui avoir donné l'empire, 4. — Des députés sont envoyés à Vespasien par le sénat, 6-8. — Le second consulat de ce prince s'ouvre, en son absence, au milieu de l'affliction de Rome, 38. — Il apprend la mort de Vitellius, 51. — Le roi Vologèse fait offrir à Vespasien quarante mille cavaliers parthes qu'il refuse, *ibid.* — Des bruits fâcheux sur Domitien parviennent jusqu'à Vaspasien, *ibid.* — Titus appelle son indulgence sur son frère, 52. — Vespasien envoie des vaisseaux chargés de blé à Rome, dont les greniers étaient sur le point d'être épuisés, *ibid.* — Il confie la reconstruction du Capitole à L. Vestinus, 53. — Reçoit froidement Antonius Primus, 80. — Opère des guérisons miraculeuses à Alexandrie, 81. — Visite le temple de Serapis, pour consulter cette divinité sur les intérêts de l'empire, 82. — Civilis, en faisant sa soumission, témoigne du respect qu'il a toujours eu pour Vespasien, V, 26. — De tous les princes qui le précédèrent, Vespasien est le seul que le trône ait rendu meilleur, I, 50. — Sa bravoure, sa frugalité, sa simplicité, II, 5. — Sa libéralité, *Orat.*, 9. — Sa modération, *Hist.*, IV, 42. — Son amour de la vérité, *Orat.*, 8. — Fut honoré des insignes du triomphe, *Hist.*, IV, 8. — Commença la fortune de Tacite, I, 1. — Il fut uni par les liens de l'amitié à Thrasea, à Soranus et à Sentius, IV, 7. — *Voyez* encore, *Hist.*, II, 99; III, 34, 37, 38, 49, 66, 86; IV, 9, 13, 14, 17, 24, 27, 32, 37, 40, 46, 54, 58, 68, 70, 75, 77; V, 13, 25; *Germ.*, 8; *Agr.*, 9.

VESTA. Occia préside pendant cinquante-sept années à son culte, *Ann.*, II, 86. — Son temple, XV, 36. — Cet édifice est brûlé dans l'incendie de Rome, 41. — Pison qui se réfugie dans le temple de Vesta, en est tiré et égorgé sur le seuil, *Hist.*, I, 43.

VESTALES, dépositaires du testament d'Auguste, *Ann.*, I, 8. — Devaient se rendre au Forum et au tribunal, toutes les fois qu'elles avaient à déposer, II, 34. — Scrupule mis dans leur choix, 86. — Vibidia, la plus ancienne des vestales, implore la clémence de Claude en faveur de Messaline, XI, 32, 34. — On procède au remplacement de la vestale Lélia, morte, XV, 22. — Les vestales vont au devant des Flaviens avec une lettre de Vitellius adressée à Antonius Primus, *Hist.*, III, 81. — Elles font des aspersions d'eau puisée dans les rivières ou les fontaines vives sur l'emplacement du Capitole incendié, IV, 53. — Elles avaient un banc distingué au théâtre, *Ann.*, IV, 16.

VESTILIUS (Sextus), ancien préteur, soupçonné d'être l'auteur d'une satire sur l'impudicité de Caïus César, et disgracié par Tibère, s'ouvre les veines, *Ann.*, VI, 9.

VESTINUS (Lucius), de l'ordre équestre et l'un des premiers de Rome, est chargé par Vespasien de reconstruire le Capitole, *Hist.*, IV, 53.

VESTINUS ATTICUS. *Voyez* ATTICUS (Vestinus).

VESTRICIUS SPURINNA, chef du parti d'Othon, occupe les rives du Pô, *Hist.*, II, 11. — Partage une imprudence qui n'est pas de son fait, 18. — Fortifie Placentia, 19. — Informe par une lettre Annius Gallus de la résistance de cette ville et des projets de Cécina, 23. — Par ordre d'Othon, laisse une faible garnison à Placentia, et vient renforcer l'armée avec ses cohortes, 36.

VÉSUVE, montagne volcanique de la Campanie, *Ann.*, IV, 67.

VÉTÉRA, lieu célèbre de l'île des Bataves, vers le nord, à une demi-lieue du Rhin, *Ann.*, I, 45; *Hist.*, IV, 18. — Civilis envoie des députés aux légions qui y campent, pour en obtenir le serment pour Vespasien, 21. — Civilis l'assiège, 35, 36, 57, 58, 59. — Affreuse détresse à laquelle sont réduits les assiégés, 60. — La garnison se soumet, et est massacrée contre la foi jurée, *ibid.*, 62. — Civilis y établit son camp, v, 14.

VÉTÉRANS. Le désir de la domination fait qu'Auguste les enrôle par des largesses, *Ann.*, I, 10. — Leurs plaintes à Germanicus, 35. — Demandent l'argent légué par le divin Auguste, *ibid.* — Une lettre supposée de Tibère promet la vétérance après seize années de service, 36. — Les vétérans suivent l'exemple des première et vingtième légions en rentrant dans le devoir et en punissant les coupables, 44. — Ils sont envoyés en Rhétie sous prétexte de défendre la province des incursions des Suèves, *ibid.* — Tibère abolit les règlemens vicieux obtenus par la dernière sédition, et reporte la vétérance à vingt années de service, 78. — Les vétérans sous les ordres de Sentius combattent contre Cn. Pison en Syrie, II, 80. — Au nombre de cinq cents, au plus, des vétérans taillent en pièces les soldats de Tacfarinas, qui venaient attaquer le fort de Thala, III, 21. — On conduit une colonie à Camulodunum, soutenue d'un corps de vétérans, XII, 32. — Une colonie de vétérans est établie en Bretagne, *Agr.*, 14. — Les colonies de Capoue et de Nucérie reçoivent des renforts de vétérans, XIII, 31. — Des vétérans envoyés pour s'établir à Tarente et à Antium, accoutumés à ne pas prendre de femmes, laissent leurs maisons stériles et sans postérité, XIV, 27. — Conduite tyrannique des vétérans conduits dans la colonie de Camulodunum, 31. — Crainte de ces derniers à l'apparition de prodiges dans cette ville, 32. — Les vétérans du prétoire accompagnent Othon dans son expédition contre Vitellius, *Hist.*, II, 11. — Vespasien les rappelle pour commencer la guerre, 82.

VETTIUS OU VECTIUS. *Voyez* BOLANUS.

VETTONIANUS. *Voyez* FUNISULANUS VETTONIANUS.

VETURIUS, lieutenant des gardes, est amené par Onomastus à Othon, qui le charge de détacher les soldats de la cause de Galba, et lui donne de l'argent pour acheter des complices, *Hist.*, I, 25.

VETUS. *Voyez* ANTISTIUS VETUS.

VEXILLAIRES, sous-officiers chargés de porter les enseignes (*vexilla*), *Hist.*, I, 41; III, 17. — Soldats de ce nom, II, 18, 66, 83. — Vexillaires des légions, *Ann.*, I, 38; XIV, 34; *Hist.*, II, 100; III, 22, 48. — Vexillaires des cohortes, III, 6.

VIATEURS des tribuns ont des places réservées au théâtre, *Ann.*, XVI, 12.

VIBENNA. *Voyez* CÉLÈS VIBENNA.

VIBIDIA, vestale, *Ann.*, XI, 32. — Représente que l'épouse de l'empereur (Claude) ne peut être livrée à la mort sans être entendue, 34.

VIBIDIUS VARRON. *Voyez* VARRON.

VIBILLIUS, chef des Hermondures, chasse Catualda, *Ann.*, II, 63. — Auteur de la perte de Vannius, roi des Suèves, XII, 29.

VIBIUS (Caïus), accusateur de Drusus Libon, *Ann.*, II, 30. — Extravagance des pièces d'accusation qu'il présente contre ce dernier, *ibid.*

VIBIUS AVITUS ou DUBIUS AVITUS. *Voyez* DUBIUS.

VIBIUS CRISPUS, *Hist.*, IV, 42. — Né à Verceil, *Orat.*, 8. — Soustrait, par son crédit, Vibius Secundus, son frère, à un châtiment plus grave que celui qui lui est infligé comme concussionnaire, *Ann.*, XIV, 28. — Ayant lui-même amassé sa fortune par ses délations, cite, devant le sénat, Annius Faustus comme l'auteur d'une foule de délations sous Néron, *Hist.*, II, 10. — Fatigué par ses interpellations, Pactius Africanus, accusé d'avoir désigné pour victimes à Néron les deux frères Scribonius, se soustrait à l'indignation en enlaçant Vibius Crispus dans son accusation, IV, 41. — Sorti du sénat avec Eprius Marcellus, il y est ramené par ses amis, 43. — Ses richesses peuvent être considérées comme le prix de son éloquence, *Orat.*, 8. — Sa fortune n'a rien de désirable, 13.

VIBIUS FRONTO. *Voyez* FRONTO.

VIBIUS MARSUS, lieutenant de Germanicus, partage longtemps avec Cn. Sentius les suffrages pour l'administration de la Syrie et cède enfin à ce dernier, *Ann.*, II, 74. — Accompagne Agrippine dans son retour à Rome, et somme Pison, qu'il rencontre en mer, de venir comparaître à Rome, 79. — Réponse que lui fait ce dernier, *ibid.* — Propose d'adjoindre à M. Lepidus, qui gouverne la province d'Asie, un lieutenant surnuméraire pour veiller à la construction du temple de Tibère, IV, 56. — Est impliqué dans l'accusation d'Albucilla, comme son complice et son amant, VI, 47. — Échappe à la mort en feignant de se laisser mourir de faim, 48. — Gouverneur de Syrie, arrête Bardane qui s'apprêtait à reconquérir l'Arménie en le menaçant d'une attaque, XI, 10.

VIBIUS SECUNDUS, chevalier romain, frère de Vibius Crispus, condamné pour concussion, est banni de l'Italie,

Ann., xiv, 28.—Annius Faustus, un de ses délateurs, est cité par Vibius Crispus devant le sénat, et condamné, *Hist.*, ii, 10.

Vibius Serenus, proconsul de l'Espagne Ultérieure, convaincu d'abus de pouvoir et du caractère le plus féroce, est déporté dans l'ile d'Amorgos, *Ann.*, iv, 13. — Arraché de son exil, est accusé devant le sénat par son fils, 28. — Tibère ne cache pas son ancienne haine contre lui, 29. — Après avoir discuté sur le châtiment à lui infliger, il est décidé qu'il sera reconduit à Amorgos, 30.

Vibius Serenus accuse son père devant le sénat, et implique Cécilius Cornutus dans l'accusation, *Ann.*, iv, 28. — Épouvanté des clameurs du peuple qui le menaçait, il s'enfuit de Rome, puis y est ramené de Ravenne pour poursuivre son accusation, 29. — Accuse à faux Fonteius Capiton, et toutefois n'est pas puni, 36.

Vibulenus. Apostrophe de ce simple soldat à Junius Blésus, *Ann.*, i, 22. — On reconnaît la fausseté de ses imputations qui avaient mis le général en péril de la vie, 23. — Mentionné, 28. — Drusus le mande et le fait égorger, 29.

Vibulenus. *Voyez* Agrippa.

Vibullius, préteur, a avec Antistius, tribun du peuple, une contestation, parce que celui-ci avait fait relâcher quelques violens fauteurs d'histrions que le préteur faisait conduire en prison, *Ann.*, xiii, 28.

Vicence, ville de la Vénétie, patrie de Cécina Alienus, est occupée par les Flaviens, *Hist.*, iii, 8.

Vices, existeront tout autant que les humains, *Hist.*, iv, 74.

Victimes sacrifiées aux dieux Mânes sur le passage du convoi de Germanicus, *Ann.*, iii, 2. — Fuite d'une victime, triste présage pour Césennius Pétus à son entrée en Arménie, xv, 7. — Des victimes pleines immolées offrent aux yeux des monstres à deux têtes d'homme ou d'animal, 47. — Victimes immolées à Vénus de Paphos, *Hist.*, ii, 3, 4. — Une victime sacrifiée à Carmel par Vespasien, lui promet une réussite complète dans ses projets, 78. — Des victimes sont immolées dans le Champ-de-Mars aux mânes de Néron, 95.

Victoire (Statue de la), à Camulodunum, est renversée, et se trouve tournée comme si elle fuyait devant un ennemi, *Ann.*, xiv, 32. — Dans le vestibule du Capitole, abandonne les rênes du char où elle est posée debout, *Hist.*, i, 36.

VICTOR. *Voyez* CLAUDIUS VICTOR.

VIEILLARDS, se plaisent à rapprocher le passé du présent, *Ann.*, XIII, 3.

VIENNE, ville des Gaules, *Ann.*, XI, 1; *Hist.*, II, 29. — Est comblée d'honneurs par Galba, I, 65. — La guerre rallume une ancienne inimitié qui régnait entre ses habitans et ceux de Lyon, *ibid.* — Apaise par ses supplications et par de grandes sommes la cruauté de Fabius Valens, qui fait apprécier à ses soldats l'antiquité et la dignité de cette colonie, 66. — Moyen qu'emploie Othon pour se rendre agréable à ses habitans, 77. — Vitellius, s'en défiant, ordonne à la quatorzième légion qu'il renvoie en Bretagne, de prendre un détour pour l'éviter, II, 66.

VIERGE déflorée par le bourreau avant de subir la peine de mort, *Ann.*, V, 9.

VIGINTIVIRAT. Tibère demande aux sénateurs que Néron, fils de Germanicus, soit dispensé de cette charge, *Ann.*, III, 29.

VINDÉLICIENS, peuple de la Germanie, combattent sous Germanicus contre les troupes d'Arminius, *Ann.*, II, 17, 29.

VINDEX, surnom de Jupiter, *Ann.*, XV, 74.

VINDEX. *Voyez* JULIUS VINDEX.

VINDONISSA (*Windisch*), ville des Helvétiens, *Hist.*, IV, 61, 70.

VINICIANUS, fils d'Annius Pollion, est accusé de lèse-majesté en même temps que son père, *Ann.*, VI, 9.

VINICIUS (Marcus), de Calès, est donné par Tibère pour époux à Julie, fille de Germanicus, *Ann.*, VI, 15. — Est choisi pour évaluer les pertes de chaque particulier, dans l'incendie qui consuma la partie du Cirque contiguë au mont Aventin, ainsi que tout le quartier voisin, 45.

VINICIUS (Titus) refuse à Pison de prendre sa défense, *Ann.*, III, 11.

VINIUS RUFINUS (Titus), consul en 822 avec Servius Galba, *Hist.*, I, 1, 11. — Le plus scélérat des hommes, 6. — Plus puissant de jour en jour, devient par-là même de plus en plus odieux, 12. — Partage l'autorité souveraine avec Cornelius Lacon et Icelus, 13. — Protège Tigellinus de son crédit, 72. — Appuie Othon de tous ses moyens pour le faire succéder à Galba, 13. — Galba le fait appeler pour qu'il soit témoin de l'adoption de Pison Licinianus, 14. — Vinius conseille à Galba, lors de la sédition des troupes en faveur d'Othon, de rester dans le palais, 32. — Essuie les menaces de Lacon, 33. — Pison lui est opposé, 34. —

Othon lui reproche son avarice et sa tyrannie, 37. — Lacon projette, à l'insu de Galba, de le faire périr, 39. — Il est tué par les soldats devant le temple du divin Jules, 42. — Sa tête est portée avec celles de Galba et de Pison au milieu des enseignes des cohortes, auprès de l'aigle de la légion, 44. — Il est inhumé par Crispina, sa fille, qui paye sa tête aux assassins qui l'avaient conservée pour la vendre, 47. — Il vécut cinquante années avec des mœurs diverses, 48. — Son origine, *ibid.* — Son testament est annulé, à cause de l'immensité de ses richesses, *ibid.* — Son administration fut un fléau pour Rome, II, 95.

VIPSANIA, fille de M. Agrippa, répudiée par Tibère, puis épouse d'Asinius Pollion, *Ann.*, I, 12. — Mère de Drusus, III, 19. — Meurt, *ibid.* — De tous les enfans d'Agrippa, seule elle ne périt pas de mort violente, *ibid.*

VIPSANIUS (Portique de), *Hist.*, I, 31.

VIPSANIUS (Marcus). *Voyez* AGRIPPA (Marcus Vipsanius).

VIPSANIUS GALLUS laisse vacante une place de préteur, en mourant, *Ann.*, II, 51.

VIPSANIUS LÉNAS. *Voyez* LÉNAS.

VIPSTANUS. *Voyez* APRONIANUS, MESSALA.

VIPSTANUS (Lucius), consul en 801 avec A. Vitellius, *Ann.*, XI, 23. — Propose de donner à Claude le titre de Père du sénat, 25.

VIRDIUS GEMINUS, militaire considéré, est envoyé par Vespasien, avec des détachemens pris dans les légions, pour s'opposer à la révolte que l'affranchi Anicetus s'efforce d'exciter dans le Pont, *Hist.*, III, 48.

VIRGILE, poète, *Orat.*, 20. — A moins de détracteurs que Cicéron, 12. — Ne manqua ni des faveurs de l'empereur Auguste, ni des applaudissemens du peuple romain, 13. — Ses vers lui attirent au théâtre des témoignages de vénération, *ibid.* — Placé par quelques-uns au-dessous de Lucrèce, 23.

VIRGILIANUS. *Voyez* JUNCUS VIRGILIANUS.

VIRGINIUS (Flavus), rhéteur, est exilé par Néron à cause de la célébrité de son nom, *Ann.*, XV, 71.

VIRGINIUS CAPITON. *Voyez* CAPITON (Virginius).

VIRGINIUS RUFUS, consul en 816 avec Memmius Regulus, *Ann.*, XV, 23. — Vindex succombe sous ses forces, *Hist.*, IV, 17, 69. — Lieutenant de la Germanie Inférieure, ses soldats lui offrent l'empire, I, 8, 53. — Galba le rappelle sous des apparences d'amitié, 8. — Valens dénonce à Galba ses irrésolutions, 52; III, 62. — Les légions que Néron avait tirées de l'Illyrie, envoient à Virginius, une députation pendant leur séjour en Italie, I, 9. — Il reçoit les encouragemens de Pedanius Costa, II, 71. — Il est désigné consul par Othon, 77. — Est assiégé dans sa maison par les soldats révoltés, II, 49. — Après la mort d'Othon, les soldats du parti de ce prince conjurent Virginius, avec menaces, tantôt d'accepter l'empire, tantôt d'être leur député auprès de Cécina et Valens, 51. — Il se soustrait à leurs violences, *ibid.* — Invité à un festin par Vitellius, un de ses esclaves est arrêté par les soldats qui s'imaginent qu'il vient assassiner l'empereur, 68. — L'admiration pour ce grand homme et sa renommée subsistent tout entières chez les soldats; mais ils le haïssent parce qu'il les a dédaignés, *ibid.* — Son origine, I, 52.

Visellius Varron. *Voyez* Varron.

Vistilia, de famille prétorienne, épouse de Titidius Labéon, déclare aux édiles qu'elle va se livrer à la prostitution, *Ann.*, II, 85. — Va cacher sa honte dans l'île de Sériphe, *ibid.*

Visurgis (*Wéser*), fleuve de la Germanie occidentale, *Ann.*, II, 9, 11, 12, 16, 17.

Vitellia, belle-mère de Pétrone, assiste chez lui à la lecture d'un poëme composé par Lutorius à l'occasion d'une maladie de Drusus, *Ann.*, III, 49. — Appelée en témoignage, elle soutient n'avoir rien entendu, *ibid.*

Vitellius. *Voyez* Saturninus.

Vitellius (Lucius), père de celui qui fut empereur, *Hist.*, III, 86. — Consul en 787 avec Paullus Fabius, *Ann.*, VI, 28. — Est chargé par Tibère de diriger en Orient des opérations ayant pour but de reprendre l'Arménie et de renverser Artaban du trône des Parthes, 32. — Ce général montre, dans l'administration des provinces, une vertu vraiment antique, *ibid.* — Rassemblant ses légions, il fait répandre le bruit qu'il va entrer dans la Mésopotamie, et excite les Parthes à quitter Artaban qui est bientôt forcé de fuir de son royaume, 36. — Il exhorte Tiridate à saisir l'occasion, 37. — Allocution au roi Tiridate, aux grands du royaume et aux Parthes, *ibid.* — Vitellius retourne en Syrie avec ses légions, *ibid.* — Il envoie le lieutenant M. Trebellius réduire les Clites révoltés contre leur roi, 41. — A son retour à Rome, la crainte qu'il conçoit de Caligula et son intimité avec Claude le transforment en un vil esclave, 32. — Son influence sur l'esprit de Claude, XI, 33. — Messaline recommande à Vitellius de ne pas laisser échapper Valerius Asiaticus, leur proie, 2. — Vitellius demande à Claude qu'il soit permis à Valerius Asiaticus de choisir son genre de mort, 3. — Vitellius accompagne Claude dans son retour d'Ostie à Rome, 34, 35. — Censeur, XII, 4; *Hist.*, III, 66. — Voulant s'acquérir la faveur d'Agrippine, Vitellius sème de perfides calomnies contre L. Silanus, *Ann.*, XII, 4. — Il se charge de faire consommer l'union de Claude avec Agrippine et la fait approuver par le sénat, 5, 6, 7. — Accusé du crime de lèse-majesté par Junius Lupus, Vitellius fait punir le délateur par l'intermédiaire d'Agrippine, 42. — Il obtint trois fois les honneurs du consulat (en 787, en 796 et en 800), XIV, 56; *Hist.*, I, 9, 52; III, 66.

VITELLIUS (Aulus), neuvième empereur, fils de Lucius, n'est connu de Tacite ni par un bienfait, ni pour une injure, *Hist.*, I, 1. — Son caractère, *Ann.*, XIV, 49; *Hist.*, II, 71, 77, 94; III, 86. — Incapable des affaires graves, II, 59, 67. — Sa passion pour la bonne chère était dégoûtante et insatiable, 62, 71. — Consul en 801 avec L. Vipstanus, *Ann.*, XI, 23. — Galba l'envoie en qualité de consulaire aux légions de la Germanie Inférieure, *Hist.*, I, 9, 14. — Sa conduite dans ce poste, 52. — La nouvelle de la révolte de Vitellius vient augmenter à Rome la terreur qu'y avait répandue le forfait récent d'Othon, 50. — Origine et causes du soulèvement de Vitellius, 51. — Étant à table à Cologne, il apprend que les quatrième et dix-huitième légions ont abattu les images de Galba et prêté serment au sénat et au peuple romain, 56. — Il est salué empereur par Fabius Valens, 57. — Il dispose en faveur de chevaliers romains des charges du palais jusque-là livrées à des affranchis, 58. — Paye aux centurions, de l'argent du fisc, le prix des congés, *ibid.* — Sauve Julius Burdo de la colère des soldats, à la barbarie desquels il sacrifie plusieurs victimes, *ibid.* et 59. — Son parti devient de plus en plus formidable, *ibid.* — Il prend Valerius Asiaticus, lieutenant de la province de Belgique, pour gendre, *ibid.* — Désigne Fabius Valens et Cécina pour commander deux armées qui doivent se rendre en Italie, 61. — Reçoit le surnom de Germanicus et défend que celui de César lui soit donné, 62. — Prévenu par les délations secrètes de Fabius Valens, Vitellius n'accorde aucun honneur à Manlius Valens, quoique celui-ci fût entièrement voué à son parti, 64. — La terreur qu'éprouvent les Gaulois de la présence de Vitellius, fixe leur irrésolution entre lui et Othon, *ibid*. —Les Helvétiens, ignorant la mort de Galba, refusent de reconnaître Vitellius, 67. — Cécina Alienus, après avoir puni Julius Alpinus, l'un des principaux chefs, réserve les autres à la clémence ou à la sévérité de Vitellius, 68. — Conduite de ce dernier envers les députés helvétiens, 69. — La cavalerie Syllana, campée aux environs du Pô, lui prête serment, et lui livre comme présent les plus fortes places de l'Italie Transpadane, 70. — Il écrit à Othon d'abord des lettres dans lesquelles il le ménage, puis d'autres où il lui reproche ses impuretés et ses forfaits, 74. — Il envoie à Rome des assassins, 75. — A besoin de la guerre pour saisir la souveraineté des mains de la fortune, 77. — Est appelé rebelle par Othon, 84. — Des soldats de Vitellius viennent dans Rome pour y connaître la disposition des esprits, 85. — Othon se prépare à marcher contre lui, 86, 87, 90. — Vespasien et Mucien attendent l'issue de leur querelle, II, 7. — La Gaule Narbonnaise se réunit au parti de Vitellius, 14. — Son armée doit son salut à l'obscurité de la nuit, *ibid*. — Ses soldats rétrogradent vers Antipolis, 15. — Decimus Pacarius veut entraîner la Corse dans le parti de Vitellius, 16. — Celui-ci occupe tout le pays et les villes entre le Pô et les Alpes, 17. — Opérations diverses de ses troupes qui, après des alternatives de défaites et de succès, battent complètement celles d'Othon, 18-45. — Les chefs du parti d'Othon se gardent de mal parler de Vitellius, 30. — On redoute moins ses lâches inclinations que les ardentes passions d'Othon, 31. — Ce dernier lui reproche d'être l'auteur de la guerre civile, 47. — Vitellius fait mettre à mort Cénus, en punition d'un impudent mensonge, 54. — Flavius Sabinus fait prêter serment à Vitellius par tout ce qu'il y a de soldats dans Rome, 55. — En marche depuis quelques jours avec le reste de l'armée de Germanie, Vitellius apprend les heureux succès de Bédriac, et que, par la mort d'Othon, la guerre est éteinte, 57. — Il reçoit bientôt la nouvelle que les deux Mauritanies se joignent à son parti, 58. — S'embarque sur la Saône et arrive à Lyon, 59. — Surnomme son fils, encore enfant, Germanicus, et l'environne de toute la pompe impériale, *ibid*. — S'aliène les troupes d'Illyrie en faisant périr les centurions les plus dévoués à Othon, 60. — Pardonne aux principaux chefs du parti de ce prince, *ibid.* — Fait mettre à mort Mariccus, qui avait essayé de soulever les Gaules, 61. — Se fait précéder à Rome d'un édit par lequel il diffère de prendre le titre d'Auguste et refuse celui de César, 62. — Ordonne que tous les auteurs de la mort de Galba et de Pison soient recherchés et mis à mort, I, 44. — Chasse d'Italie les astrologues, II, 62. — Défend aux chevaliers romains de se déshonorer sur le théâtre et dans l'arène, où les empereurs précédens les avaient fait paraître en les payant, et plus souvent par force, *ibid.* — Ordonne la mort de Dolabella, 63, 64. — Admet M. Cluvius Rufus à sa suite, tout en lui laissant le gouvernement de l'Espagne, 65. — Envoie Vettius Bolanus gouverner la Bretagne en la place de Trebellius Maximus qui s'en était enfui pour se soustraire à la colère de ses soldats, *ibid.* — Se détermine à renvoyer la quatorzième légion dans ce pays, et joint à son armée les cohortes bataves dont il apprécie la fidélité, 66; IV, 14. — Accorde aux prétoriens un congé honorable, et charge leurs tribuns de recevoir leurs armes, II, 67. — Dissémine avec prudence le parti vaincu, *ibid.*, 68. — Donne, à Ticinum, un festin pendant lequel les soldats arrêtent un esclave qu'ils supposaient vouloir l'assassiner, *ibid.* — Ordonne que l'on réduise les cadres des légions et des auxiliaires, 69. — Se dirige vers Crémone, où il assiste à un spectacle de gladiateurs donné par Cécina, 70. — Visite, accompagné de ce dernier et de Valens, le champ de bataille de Bédriac, *ibid.* — Vitellius professe pour Néron une admiration condamnable, 71. — Afin de donner à Valens et à Cécina une place parmi les consuls, il abrège la durée des consulats des autres, *ibid.* — Un esclave fugitif, qui veut se faire passer pour Camerinus Scribonianus, est traîné devant Vitellius, 72. — L'orgueil et l'extravagance de ce dernier s'accroissent dès que ses agens, venus de Syrie et de Judée, lui eurent annoncé que l'Orient le reconnaît pour maître, 73. — Le nom de Vespasien le fait tressaillir, *ibid.* — Celui-ci se prépare à lui faire la guerre, et désigne Mucien pour marcher contre lui, 82, 83. — Tableau hideux de la marche de Vitellius vers Rome, 87. — Des flots de populace se répandent dans son camp, 88. — Il fait son entrée dans Rome, 89. — Monte au Capitole, où il reçoit les embrassemens de sa mère et la décore du nom d'Augusta, *ibid.* — La populace le force d'accepter lui-même le nom d'Auguste, 90. — Vitellius cherche la popularité, 91. — Il livre le pouvoir impérial aux mains de Cécina et de Valens, 92. — Laisse les soldats s'abandonner à la licence, 94. — Ses immenses profusions, 95. — Il apprend la défection de la troisième légion, 96. — Il fait venir des renforts, 97; III, 15. — Les préparatifs de Vitellius parviennent à la connaissance de Vespasien, II, 98. — Vitellius charge Cécina et Valens de la direction de son armée, 99. — Comble, à son départ, Cécina d'honneurs, 100. — Celui-ci le trahit, *ibid.* et 101. — Antonius Primus pousse les Flaviens à agir sans retard contre Vitellius, III, 2. — Cornelius Fuscus, s'emportant sans cesse avec violence contre ce prince, ne se ménage aucune espérance en cas de revers, 4. — Fidélité de Portius Septiminus pour Vitellius, 5. — Les Flaviens lui enlèvent la colonie de Vérone pour en faire le centre de leurs opérations, 8. — Les chefs du parti flavien essayent d'attirer à eux les tribuns et les centurions vitelliens, 9. — La discorde travaille le parti de Vitellius, 12, 53. — La flotte lui fait défection, 13, 36. — La cinquième legion replace ses images renversées, 12-14. — Valens lui reste fidèle, 15. —

Son armée est complètement défaite, 21-31, 48. — La Germanie est suspecte aux Flaviens, comme toujours prête à s'armer pour Vitellius, 35. — Ce prince met dans un égal oubli le passé, le présent et l'avenir, 36. — Il harangue le sénat, 37. — Souffrant d'une grave indisposition, Lucius, son frère, lui dénonce Junius Blésus comme se réjouissant de sa maladie, 38. — Vitellius se vante d'avoir repu ses yeux du spectacle de la mort d'un ennemi, 39. — Toute l'Italie est partagée entre Vespasien et lui par la chaîne des Apennins, 42. — Valerius Paullinus, du parti flavien, réunit tous les soldats licenciés par Vitellius, et met une garnison à Fréjus, 43. — Anicetus, affranchi de Polémon, appelle à la révolte, au nom de Vitellius, les nations qui entourent le Pont, 47. — En feignant que tout lui réussit, Vitellius aggrave les dangers de sa position, 54. — Il ordonne à Julius Priscus et à Alphenus Varus d'occuper l'Apennin, 55. — Confie la défense de Rome à son frère Lucius, *ibid.* — Arrive au camp suivi d'un grand cortège de sénateurs, *ibid.* — Présages funestes pour Vitellius, 56. — Ce prince retourne à Rome, *ibid.*, 59. — Capoue se distingue par sa fidélité à Vitellius, 57. — Il envoie Lucius, son frère, pour contenir l'ennemi qui est sur le point d'envahir la Campanie, 58. — Il fait des enrôlemens parmi les tribus, *ibid.*—Prend le nom de César, qu'auparavant (*voy. Hist.*, I, 62) il avait dédaigné, *ibid.*— Petilius Cerialis échappe aux gardes de Vitellius en se déguisant en paysan, 59. — Il ne reste plus à ce prince que l'espace compris entre Terracine et Narni, 60. — Désertion de ses troupes, 61 et *suiv.*— Antonius Primus et Arrius Varus lui envoient de nombreux messages pour l'engager à se livrer, lui et ses enfans, à Vespasien, 63. — Flavius Sabinus négocie avec Vitellius sur la paix et les moyens de déposer les armes par un accommodement, 64, 65. — A la nouvelle de la défection de la légion et des cohortes, qui, à Narni, s'étaient rendues aux Flaviens, Vitellius sort de son palais, vêtu de deuil, entouré de sa maison consternée, 67. — Il abdique le pouvoir, en recommandant au vainqueur, son frère, son épouse et ses enfans, 68, 69, 70. — Remet son épée au consul Cécilius Simplex, comme renonçant à ses droits de vie et de mort sur les citoyens, 68.—Dépose dans le temple de la Concorde les marques du pouvoir impérial, *ibid.* — Ses partisans, après un combat heureux dans Rome, forcent les Flaviens à se retirer dans la citadelle du Capitole, 69 et *suiv.* — Ils s'en emparent, 73. — Vitellius n'a pas assez de pouvoir pour empêcher le massacre de Flavius Sabinus, 74. — Il résiste au peuple qui demande le supplice d'un consul, 75. — Marche des évènemens dans son parti, 78 et *suiv.* — La populace prend les armes pour Vitellius, 80. — Il demande à Antonius Primus de différer d'un jour la bataille décisive, 81. — Vaincu, se cache en un réduit ignoble, d'où il est arraché par Julius Placidus, tribun de cohorte, 85. — Il est traîné aux Gémonies et est percé de coups, *ibid.;* IV, 1. — La nouvelle de sa mort parvient à Vespasien, 51. — Patrie et âge de Vitellius, divers honneurs par lesquels il passa, III, 86. — Durée de son règne, *Orat.*, 17. — Sans nul mérite, dut tout à l'illustration de son père, *Hist.*, III, 86. — Il était de l'intérêt de la république qu'il fût vaincu, *ibid.* — Il n'était plus empereur qu'il était encore la cause de la guerre, 70. — Son exemple prouve qu'une armée pouvait faire un empereur, II, 76.—Attachement des simples soldats à la cause de Vitellius, IV, 27. — Domitien fait abroger par une loi les consulats donnés par Vitellius, 47.— Mucien ordonne la mort du fils de ce dernier, 80.

— Son épouse Galeria fut un exemple de modération, II, 60, 64. — Vertus et mœurs antiques de sa mère Sextilia, *ibid.* — *Voyez* encore, *Hist.*, I, 73, 76; II, 1, 27, 38, 41, 42, 48, 52, 53, 80, 81, 85, 86; III, 1, 66; IV, 1, 13, 15, 17, 19, 21, 24, 36, 37, 46, 49, 54, 55, 58, 70; V, 26.

VITELLIUS (Lucius) accompagne Othon dans son expédition contre Aulus Vitellius son frère, *Hist.*, I, 88. — S'offre, après la mort d'Othon, aux adulations des sénateurs réunis à Bologne, II, 54. — Ouvre un avis rigoureux contre Cécina Alienus, III, 37. — Accuse Junius Blésus de se réjouir de la maladie du prince, 38. — Est préposé par son frère à la défense de Rome, 55. — Est envoyé avec six cohortes et cinq cents cavaliers, pour contenir l'ennemi sur le point d'envahir la Campanie, 58. — Prend et saccage Terracine, 77. — Marchant sur Rome, est forcé de se livrer, lui et ses cohortes, à la discrétion d'Antonius Primus : il est sacrifié à la tranquillité de l'empire, IV, 2. — Il partagea moins les prospérités de son frère, qu'il ne fut entraîné dans ses revers, *ibid.* — Quoique infâme, il ne manquait pas d'habileté, III, 77. — Férocité monstrueuse de Triaria son épouse, II, 63; III, 77.

VITELLIUS (Publius) reçoit de Germanicus le commandement de la seconde et de la quatorzième légion, *Ann.*, I, 70. — Est envoyé avec C. Antius pour régler le tribut des Gaules, II, 6. — Instruit l'accusation contre Cn. Pison, et demande que Martina l'empoisonneuse soit envoyée à Rome, 74. — Poursuit l'accusation, III, 10, 13. — Tibère propose au sénat d'accorder un sacerdoce à Vitellius, 19. — Impliqué dans la conjuration de Séjan, et livré tour-à-tour à l'espérance et à la crainte, Vitellius s'ouvre légèrement les veines avec un canif, et peu après meurt de chagrin, V, 8. — Acutia, qui avait été son épouse, est accusée par Lélius Balbus du crime de lèse-majesté, et condamnée, VI, 47.

VITELLIUS (Quintus) est chassé du sénat par Tibère, *Ann.*, II, 48.

VITIA, femme d'un grand âge et mère de Fufius Geminus, périt pour avoir pleuré la mort de son fils, *Ann.*, VI, 10.

VIVIANUS ANNIUS, gendre de Corbulon, lieutenant de la cinquième légion, se rend au camp de Tiridate, *Ann.*, XV, 28.

VOCETIUS (*Boetz-Berg*), montagne qui servait de limite entre les Helvétiens et les Raurices, *Hist.*, I, 68.

VOCONCES, peuple de la Gaule orientale, *Hist.*, I, 66.

VOCULA. *Voyez* DILLIUS et SARIOLENUS.

VOIES APPIENNE, FLAMINIENNE, POSTUMIA, SACRÉE, SALARIA. *Voyez* ces mots.

VOLAGINIUS, meurtrier de Furius Camillus Scribonianus, est élevé aux plus hauts grades, *Hist.*, II, 75.

VOLANDUM, château fort d'Arménie, *Ann.*, XIII, 39.

VOLESUS MESSALA. *Voyez* MESSALA.

VOLOGÈSE, fils de Vonones, *Ann.*, XII, 14, et d'une concubine grecque, 44. — Roi des Parthes, 14; *Hist.*, I, 40. — Se préparant à rétablir son frère Tiridate sur le trône de l'Arménie, l'envahit et est bientôt forcé de l'abandonner, *Ann.*, XII, 50. — Vardanes, son propre fils, se présente comme son concurrent, XIII, 7. — Vologèse livre aux Romains, comme ôtages, les plus nobles personnages de la famille des Arsacides, 9. — Recommence les hostilités, 34. — Est retenu par la révolte de l'Hyrcanie, 37; XIV, 25; XV, 1. — Indigné du mépris des Romains pour la puissance des Arsacides, veut la venger, *ibid.* — Apprend l'invasion de l'Adiabénie par Tigrane, *ibid.* — Ceint Tiridate du diadème, et commande à Monèse de chasser Tigrane de l'Arménie, tandis que lui-même vient menacer les provinces romaines, 2, 3. — Reçoit des députés de Corbulon, ordonne à Monèse de quitter Tigranocerte, et lui-même se retire, 5. — Diverses conjectures sur sa conduite, 6. — Il recommence la guerre, 7. — Marche contre Pétus avec des troupes nombreuses et redoutables, 10. — Jette la terreur dans l'esprit de ce dernier et dans celui de ses soldats, 11. — En apprenant l'arrivée de Corbulon, Vologèse n'en presse que plus vivement Pétus, 13. — Pétus lui adresse une lettre en forme de plainte, *ibid.* — Vologèse lui répond qu'il doit attendre ses frères pour prendre une décision, 14. — Vologèse veut avoir la gloire de la modération après avoir mis le comble à son orgueil, 15. — Concessions réciproques entre lui et Corbulon, 17. — Il envoie à Néron des ambassadeurs chargés de faire connaître au prince son intention de transmettre l'Arménie à son frère Tiridate, 24, 25. — Fait proposer la paix à Corbulon, 27. — Lui demande une trêve, 28. — Tiridate le visite à Ecbatane, 31. — Vologèse offre à Vespasien quarante mille cavaliers parthes, *Hist.*, IV, 51.

VOLSQUES, peuple du Latium, lèvent des armées contre Rome, *Ann.*, XI, 24.

VOLUSIUS (Caïus), soldat de la

troisième légion, parvient le premier sur les remparts de Crémone, défendue par les Vitelliens, *Hist.*, III, 29.

VOLUSIUS (Lucius), consul, puis censeur, donne par les richesses qu'il accumule, un grand éclat à sa maison, *Ann.*, III, 30. — Meurt, *ibid.*

VOLUSIUS (Lucius), oncle maternel de Lollia Paullina, *Ann.*, XII, 22. — Meurt avec la plus belle réputation après avoir rempli une carrière de quatre-vingt-treize années, XIII, 30. — Richesses immenses qu'il avait acquises, XIV, 56.

VOLUSIUS (Quintus), consul en 809 avec Publius Scipion, *Ann.*, XIII, 25. — Fait le recensement des Gaules en 814, avec Trebellius Maximus et Sextius Africanus, XIV, 46.

VOLUSIUS (Proculus), chiliarque de la flotte de Misène, l'un des ministres de l'assassinat d'Agrippine, feignant d'entrer dans les vues d'Épicharis au sujet de la conjuration contre Néron, rapporte à ce dernier tout ce que cette femme lui a dit, *Ann.*, XV, 51, 57.

VONONES, le plus âgé des fils de Phraate, *Ann.*, II, 2. — Est donné par son père en ôtage à Auguste, 1. — Est demandé pour roi par les Parthes, qui le rejettent ensuite comme étranger, quoique de la race des Arsacides, *ibid.* et *suiv.* — Se réfugie en Arménie, 3. — Il y est appelé au trône, 4. — Attiré par Creticus Silanus en Syrie, il y est entouré de gardes tout en conservant le cortège et le nom de roi, *ibid.*, 56. — Germanicus, sur les prières d'Artaban, le relègue à Pompéiopolis, 58. — Veut s'échapper de la Cilicie et est arrêté par Vibius Fronto, 68. — Peu après, Remmius, ancien vétéran, le perce de son épée comme par un mouvement de colère, *ibid.* — Artaban réclame les trésors qu'il a laissés en Syrie et en Cilicie, VI, 31. — Les Parthes demandent pour roi son fils Méherdate, XII, 10.

VONONES, chef des Mèdes, est appelé au trône des Parthes, et, après un règne court et sans gloire, l'empire passe à son fils Vologèse, *Ann.*, XII, 14.

VOTIENUS MONTANUS, accusé d'avoir tenu des propos injurieux contre Tibère, est condamné suivant la loi de lèse-majesté, *Ann.*, IV, 42.

VULCAIN. Les livres Sibyllins ordonnent de lui adresser des supplications, *Ann.*, XV, 44.

VULCATIUS ARARICUS, chevalier romain, s'engage dans le complot contre Néron, *Ann.*, XV, 50.

VULCATIUS MOSCHUS, exilé de Rome par les lois romaines, ayant reçu des Marseillais le droit de cité, laisse ses biens à leur république, *Ann.*, IV, 43.

VULCATIUS TERTULLINUS, tribun du peuple, intervient dans une délibération du sénat, *Hist.*, IV, 9.

VULCATIUS TULLINUS, sénateur, enveloppé dans l'accusation dirigée contre Lepida et Junius Silanus, detourne sa condamnation par un appel au prince, *Ann.*, XVI, 8.

VULGAIRE (le). *Voyez* la dissertation *le Prince et le Peuple de Tacite*.

VULSINIE (*Bolsena*), ville de Toscane, patrie d'Élius Séjan, *Ann.*, IV, 1; VI, 8.

W

WAHAL. *Voyez* VAHAL.

WÉSER. *Voyez* VISURGIS.

X

XÉNOPHON, historien grec, remarquable par la grâce de son style, *Orat.*, 31.

XÉNOPHON, médecin de Claude, descendant, selon le prince, d'Esculape, dieu de la médecine, *Ann.*, XII, 61. — Sous prétexte de faciliter les vomissemens de Claude empoisonné, il lui glisse dans la gorge une plume imprégnée d'un poison subtil, 67.

Y

YEUX, dans les combats, sont toujours les premiers vaincus, *Germ.*, 43. — Les Germains ont tous les yeux fiers et bleus, 4.

Z

ZÉNOBIE, enceinte, fuyant avec Rhadamiste son époux, chassé de son royaume par les Arméniens, le supplie de la frapper de son cimeterre pour la soustraire aux opprobres de la captivité, *Ann.*, XII, 51. — Recueillie respirant encore par des pasteurs, est conduite vers Tiridate, qui la reçoit avec bonté et la traite en reine, *ibid.*

ZÉNON, fils de Polémon, roi de Pont, reçoit, d'après le vœu des Arméniens, le diadème des mains de Germanicus, et est salué Artaxias, *Ann.*, II, 56, 64.

ZÉPHYR, règne tout l'été dans l'île de Caprée, *Ann.*, IV, 67.

ZEUGMA, ville de Syrie sur les bords de l'Euphrate, *Ann.*, XII, 12.

ZORSINÈS, roi des Siraques, *Ann.*, XII, 15. — Donne des ôtages et vient se prosterner devant la statue de l'empereur Claude, 17. — On lui laisse ses états après sa défaite, 19.

MANUSCRITS

DE

C. C. TACITE.

Dans l'exploration que l'on a faite de toutes les parties du globe terrestre, il a été bien avéré que les peuples les plus sauvages, et ceux même qui, par leurs habitudes, se rapprochaient le plus de la brute, étaient doués de la faculté de parler, c'est-à-dire de communiquer leurs pensées ou plutôt leurs besoins. L'auteur de toutes choses ayant placé l'espèce humaine au sommet des classifications des êtres animés, l'a distinguée par cette prérogative unique, qui peut lui faire espérer une origine divine.

Mais parmi tous ces peuples successivement découverts, on n'a point trouvé l'art de l'écriture, ou, du moins, on n'en a trouvé que quelques premiers et très-informes essais.

D'où est venu cet art qui a enfanté tant de prodiges? Aujourd'hui, après les investigations les plus aventureuses, une doctrine est reconnue classique à cet égard, et aucun doute ne semble plus devoir la combattre :

c'est dans l'Inde qu'a été créé l'art de l'écriture, et de cette contrée il s'est répandu dans toutes les parties du monde.

La langue antique et sacrée des brahmes, le sanskrit, est la source commune des langues primitives de l'Europe. Un seul exemple suffira ; nous l'empruntons au savant ouvrage de M. Eichhoff et à la *Paléographie* que vient de publier notre érudit Champollion :

RAJAM RAJNIM YUVA-RAJAM   BHRATARN SVASARÇ-CA
REG*em*, REGIN*am*, JUVE*nem* REG*ium*, FRAT*es*,   SORORES*que*,

TAYATAM MAHA-DAINAS.
TUEAT*ur*   MAG*nus*–DEUS.

L'identité est complète et ne peut plus laisser aucune incertitude. Tacite avait déjà annoncé que les lettres venaient des Égyptiens ; combien peu de distance les séparait de l'Inde ! et, dans des temps les plus reculés, les communications ne devaient-elles pas être très-fréquentes entre les peuples que séparait une mer facile à traverser, et bordée de villes que réunissaient en quelque sorte les échanges continuelles du commerce.

Écoutons donc Tacite lui-même au liv. xi, ch. 13 et 14 des *Annales :*

« Cependant Claude, ignorant les désordres de son intérieur, ajoute de nouvelles lettres à l'alphabet, et les fait adopter, sachant, disait-il, que l'alphabet grec n'avait pas été imaginé et complété tout à la fois.

« Les Égyptiens, les premiers, exprimèrent la pensée par des figures d'animaux, et les plus antiques monumens de l'intelligence humaine sont gravés sur la pierre. Ils se prétendent aussi inventeurs des caractères alphabétiques : de chez eux, disent-ils, les Phéniciens, qui les devancèrent dans la navigation, les portèrent en Grèce, et s'y acquirent la gloire d'une invention qu'ils avaient reçue d'Égypte; car la tradition générale est que Cadmus, venu avec une flotte phénicienne, enseigna, le premier, cet art aux Grecs encore barbares. D'autres prétendent que Cécrops d'Athènes, ou Linus de Thèbes, ou Palamède d'Argos, au temps de Troie, inventèrent seize caractères, et qu'ensuite d'autres personnes, et principalement Simonide, ont trouvé le reste. Cependant en Italie les Étruriens les reçurent de Démarate de Corinthe, et les Aborigènes d'Évandre d'Arcadie. Aussi, la forme des lettres latines est-elle celle des plus anciens caractères grecs. Nous en eûmes peu d'abord, ensuite on les augmenta. Sur cet exemple, Claude en ajouta trois, qui furent en usage tant qu'il régna, puis abandonnés : on les voit encore dans quelques plébiscites gravés sur des tables d'airain fixées dans les places et dans les temples. »

Nous ne devons ici nous occuper que de l'écriture romaine : l'exemple le plus ancien ne remonte qu'à la fin du troisième siècle avant l'ère chrétienne : il se trouve sur le tombeau de Scipion Barbatus, qui fut découvert en 1780.

L'écriture en est très-lisible; elle rappelle par ses formes celle des inscriptions monumentales : si cette écriture eût été conservée dans les manuscrits, que de veilles, de travaux et d'erreurs eussent été épargnés! Mais la langue latine elle-même a subi mille variations, résultat du caprice des copistes et des accroissemens dans les expressions.

Nous ne citerons qu'un exemple de cette écriture du deuxième siècle avant J.-C.; il est tiré de la première ligne de l'inscription du tombeau de Scipion, et voici de quelle manière elle est écrite :

HONC. OINO. PLOIRVME. COSENTIONT.

ce qu'il faut lire, suivant l'orthographe des ouvrages imprimés de nos jours :

HUNC UNUM PLURIMI CONSENTIUNT.

Ainsi, une orthographe nouvelle s'est introduite successivement dans tous les manuscrits, et chaque copiste a cru devoir accepter ces changemens : il ne nous reste que l'écriture des manuscrits du quatrième siècle après J.-C. qui soit parvenue jusqu'à nous, de sorte que, comme le dit très-bien M. Champollion, il n'y a aucune différence entre l'écriture et l'orthographe des écrits de Caton et celles de ceux de saint Jérôme.

Si les anciens auteurs de Rome pouvaient jeter les yeux sur leurs propres écrits, qui leur méritent depuis quatorze siècles les éloges et l'admiration de tout le monde savant, non-seulement ils n'en pourraient lire une seule ligne, ni sur nos manuscrits les plus anciens, ni sur nos imprimés, mais même ils ne comprendraient sans doute pas facilement leurs ouvrages les plus chéris, et Scipion ne pourrait ni lire ni entendre un mot de ce magnifique éloge inscrit sur sa tombe :

HUNC UNUM PLURIMI CONSENTIUNT,

tant les modes d'écritures se sont multipliés au caprice des copistes, qui ont introduit des abréviations sans nombre, et ont formé des majuscules ornées des formes les plus bizarres, de sorte que les manuscrits de chaque siècle exigent chacun une étude particulière!

Non-seulement les écritures de ces manuscrits, à nous connus, sont désignées par le chiffre des siècles qui les ont vus naître, du quatrième au seizième siècle, mais elles ont emprunté aussi les noms des peuples conquérans qui sont venus se civiliser dans leurs conquêtes, et ont été les copistes des auteurs des peuples qu'ils avaient vaincus.

Les figurations des caractères de ces manuscrits varient tellement, que le *Novum corpus diplomaticum* en offre un nombre très-considérable d'exemples. M. Champollion, dans sa *Paléographie* latine, les a fait représenter en douze planches. Il serait donc réellement impossible de faire comprendre les modes, le dessin et les variétés de ces nombreuses écritures, autrement que par des exemples calqués avec le plus grand soin.

Ces manuscrits sont la plupart écrits sur peau de vélin, les plus modernes sur un papier fort.

La plus grande partie est ornée de vignettes en couleur, rehaussées en or, et les lettres majuscules qui commencent les livres sont entremêlées de représentations de personnages ou d'animaux, avec des fleurs et des feuillages variés.

D'autres manuscrits sont sur papyrus, qui est le produit de la seconde écorce ou *liber* du *cupressus pongens*, arbre d'Égypte, desséchée, aplatie et collée.

Dans les plus anciens manuscrits l'écriture est carrée, large et sans abréviation : tel est le beau manuscrit de Virgile du Vatican.

Le manuscrit, Psautier de Saint-Germain, est sur vélin pourpre, avec des lettres or et argent.

L'écriture cursive du cinquième siècle est très-compliquée; l'écriture lombarde lui succéda. Au sixième et au septième siècle on trouve les lettres cursives gallicanes ou les lettres onciales à deux colonnes.

Une écriture particulière aux contrées du nord de la France, a été désignée sous le nom de *cursive mérovingienne*.

Le peu d'éclaircissemens que nous donnons ici sur les manuscrits en général, suffira sans doute pour lire avec plus d'intérêt la notice sur les manuscrits de Tacite qui sont parvenus jusqu'à nous, sur leur découverte, leur origine, leurs modes d'écriture. Nous empruntons à tous les commentateurs qui nous ont précédé les diverses notions que nous présentons; elles sont extraites et traduites de Juste-Lipse, d'Ernesti et d'Oberlin; nous y avons ajouté quelques documens nouveaux extraits du catalogue du Vatican et de la Bibliothèque royale de Paris.

Avant de donner la description des divers manuscrits de Tacite, à laquelle nous joignons un *fac-simile* de la première page du manuscrit de la Bibliothèque royale de Paris, il sera utile d'entrer dans quelques détails sur les titres qui ont été donnés aux ouvrages de Tacite, sur leurs divisions, et en même temps sur les prénoms attribués à l'historien.

Les éditeurs ne sont pas d'accord sur le prénom de Tacite. J. Gronovius lui donne celui de *Publius*, d'après le manuscrit de Médicis, et c'est celui qu'on trouve dans toutes les anciennes éditions depuis Béroalde, qui l'avait pris dans ce même manuscrit de Médicis, jusqu'à Juste-Lipse, qui y substitua le prénom de *Caïus*, d'après le manuscrit de Farnèse et d'après Sidoine Apollinaire. Ce prénom de Caïus se trouve aussi dans une édition très-ancienne du livre de *la Germanie*, ce qui confirme l'opinion de Juste-Lipse, universellement adoptée aujourd'hui. Dans l'édition de J. de Spire (en tête de *la Germanie*), ni dans celle de Puteolanus, ni dans le manuscrit de Wolfenbuttel, on ne voit aucun prénom.

Maintenant examinons successivement ces manuscrits si précieux de l'immortel historien.

Les manuscrits de Tacite ne comptent pas le même nombre de livres : les uns en ont vingt, les autres vingt-un ; un manuscrit cité par Montfaucon n'en a que dix-neuf. La cause de cette différence provient de ce que certains manuscrits, par exemple celui de Wolfenbuttel, réunissent le premier et le second livre des *Histoires*, comme nous disons maintenant, et c'est la division suivie dans les éditions de Franç. Puteolanus, de Béroalde et de Frobenius en 1519 ; cependant on y trouve une petite lacune au commencement du second livre, et on lit à la fin : *Ici finissent les 17ᵉ et 18ᵉ livres réunis* ; ou bien : *Fin des 17ᵉ et 18ᵉ livres réunis* ; et le livre suivant est dit le 19ᵉ. Peut-être, dans les manuscrits qui ne comptent que 19 livres, le fragment du 5ᵉ livre des *Histoires* est-il réuni au 4ᵉ livre, ou bien un des quatre premiers livres à un autre. Il est facile de voir par-là que, dans les plus anciens manuscrits, il n'existe aucun titre, ni aucune division numérotée des livres, comme dans l'édition de J. de Spire ; peut-être même paraîtra-t-il probable à quelques personnes, que la division par livres n'a pas été établie par Tacite ; qu'elle n'était pas nécessaire, puisqu'il suit dans son Histoire l'ordre des années ; et qu'enfin on la doit aux grammairiens ou aux copistes, aussi bien que dans tous les autres manuscrits anciens. Enfin la plupart des manuscrits ne présentent que les livres des *Annales* et des *Histoires* (et les derniers sont plus ou moins tronqués) : tels sont ceux de Florence, du Bude, du Vatican.

PREMIER MANUSCRIT DE FLORENCE.

Les plus anciens manuscrits de Tacite sont ceux de Florence, au nombre de deux : l'un contient les six premiers livres des *Annales*, division adoptée d'après Juste-Lipse ; autrefois on n'en comptait que cinq ; l'autre renferme les livres suivans qui restent des *Annales* et des *Histoires*, divisés comme ils le sont actuellement. Le premier est unique, et l'on ne possède aucun autre manuscrit du commencement des *Annales*; car celui de Jean Joconde de Vérone, dont parlent plusieurs auteurs, n'en est qu'une copie, celle-là même que cite souvent Ursinus (*voyez* GRONOVIUS sur les *Annales*, IV, 36). C'est donc à tort qu'on a parlé de la conformité de tous les autres manuscrits avec ces deux-ci. Le premier manuscrit de Florence appartenait autrefois au couvent de Corwey (Nouvelle-Corbie) en Westphalie ; trouvé par Ang. Arcambaldo, trésorier de Léon X, et offert à ce pape qui l'acheta cinq cents pièces d'or, il passa, après la mort du pontife, dans la Bibliothèque florentine. C'est d'après ce manuscrit que Phil. Béroalde publia, le premier, le commencement des *Annales*. Il est certain que ce manuscrit est fort ancien ; du reste, les savans qui l'ont eu entre les mains, Béroalde, Pichena, ne parlent qu'en termes généraux de son antiquité, tandis que plusieurs autres, au contraire, donnent des détails sur l'écriture et l'âge présumé du second manuscrit; et c'est là la cause de l'erreur de quelques écrivains, qui parlent de ces deux manuscrits comme s'il n'en existait qu'un seul : Abr. Gronovius lui-même s'y est trompé dans la préface de son édition publiée à Utrecht, l'an 1721, et à laquelle il a joint les notes de son père; et cependant ce premier manuscrit est bien différent de l'autre dont nous allons parler (*voyez* Montfauc., *Bibl. MSS.* p. 374). Si Jacq. Gronovius eût pu faire lui-même la préface de cette édition, nous aurions sans aucun doute une description plus détaillée de ce manuscrit, au sujet duquel on peut encore consulter les *Monumens de Paderborn*, p. 69, 79. — *Voyez* aussi, sur ce manuscrit, RHENANUS, *Ann.*, IV, 43; JUSTE-LIPSE, qui en a parlé d'après lui, *Ann.*, II, 9, et dans son ouvrage intitulé *Dispunctio codicis mirandulani*. Fr. Taurellus présume, d'après la similitude de l'orthographe, que ce manuscrit est de la même antiquité que les *Pandectes florentines* (*voyez* la préface sur ces Pandectes, édit. de Florence de l'an 1553). Ursinus, *Ann.*, IV, 23, déclare que Pierre Danesius, évêque de Lavaur, fit usage d'un ancien manuscrit : Exterus croit qu'il s'agit de l'exemplaire de Joconde; mais comme Ursinus avait lui-même consulté cet exemplaire, il n'avait pas besoin de recourir à l'autorité de Danesius, si c'était ce même livre qu'il eût voulu désigner; il est constant, d'ailleurs, qu'en 1534 Danesius examina des manuscrits anciens en Italie. Il est donc à présumer plutôt qu'il a vu le manuscrit de Florence et qu'Ursinus n'a voulu parler que de ce dernier.

SECOND MANUSCRIT DE FLORENCE.

Le second manuscrit de Florence, au jugement de Pichena, doit avoir été écrit l'an de J.-C. 395; mais cette conjecture est réfutée par l'écriture même qui est lombarde, et qui prouve évidemment que ce manuscrit a été copié sur un autre plus ancien, au temps de l'empire lombard en Italie, ou dans les siècles immédiatement postérieurs, et pendant lesquels l'écriture lombarde était encore en usage, c'est-à-dire au dixième ou au onzième siècle. Quant à la note qui se trouve à la fin : *Lu et corrigé par moi Salluste, vivant heureux à Rome, sous le consulat d'Olibrius et de Probinus, et déclamant des controverses dans le forum de Mars, sous l'orateur Endelechius. Revu de nouveau à Constantinople, sous le consulat de Césarius et d'Atticus*; on ne la doit, ainsi que l'observe judicieusement Th. Ryckius (sur le préambule des *Hist.*, liv. I), qu'à l'ignorance du copiste, qui l'a prise au hasard du manuscrit sur lequel il transcrivait les livres de Tacite.

Il est certain que Pichena s'est servi le premier de ce second manuscrit de Florence, pour revoir avec soin les livres de Tacite; car l'édition

de Junte, de l'année 1527, n a pas, je crois, reçu d'améliorations de ce
manuscrit, puisque Antoine François de Varchi, qui la dirigeait, se
borne à dire dans sa préface, qu'avec les autres livres de Tacite il publie aussi les cinq premiers revus par lui, après avoir été corrigés d'abord
par Béroalde : or, une comparaison attentive n'a rien fait découvrir qui
parût avoir été tiré de ce manuscrit. Nous verrons plus loin si Béroalde
en a fait usage. Quant à l'autorité du manuscrit, les savans ne sont point
d'accord : J. Gronovius lui en accorde une si grande, qu'il semble passer
toute mesure. Grévius en porte un jugement plus modéré dans sa lettre à
Heinsius (*Coll. Burm.*, t. IV, p. 498). Mabillon a inséré dans son *Opus
diplomaticum* (liv. v, pl. 5, n. 5, p. 353) un *fac-simile* de l'écriture du
manuscrit, tiré d'un passage du liv. XII des *Annales*. Les auteurs du
Novum corpus diplomaticum en ont donné un meilleur, pl. 49 : ils ont publié, de plus, des détails exacts sur ce manuscrit (p. 278, 279), et entre
autres une lettre au sujet de ce même manuscrit, adressée, l'an 1752, à
Botarius par le bibliothécaire de Florence.

Pichena a été trompé par la note qu'il a trouvée à la fin du manuscrit ;
il a cru que l'écriture était italienne et non lombarde, parce que les
caractères lombards n'étaient pas en usage au IVe siècle. Cette dernière
circonstance est vraie : mais Ernesti a parfaitement montré quelle con-
séquence on devait en tirer; cependant il fait le manuscrit trop moderne, et je ne vois pas ce qui empêcherait de le raporter au VIIe ou au
VIIIe siècle ; et tel est aussi le sentiment d'Exterus. Jacq. Gronovius
(*Hist.*, I, 77) juge ce manuscrit fort ancien, et le place, pour l'antiquité,
à une distance immense de tous les autres.

MANUSCRITS DU VATICAN.

Les principaux manuscrits, après ceux de Florence, sont ceux du Vatican (d'après l'observation de Juste-Lipse, dans une note qui se trouve
au commencement du *Dialogue des orateurs*, où il dit : *Ceci ne se trouve
pas dans les manuscrits du Vatican* ; il est évident qu'il en a connu plusieurs, et non pas un seul, comme on serait tenté de le conclure en le voyant
citer presque toujours *le manuscrit*, et non pas *les manuscrits* du Vatican ;
mais alors il ne voulait désigner que l'un d'entre eux, et particulièrement
le plus ancien, ainsi qu'il le nomme lui-même); nous placerons au même
rang celui de Farnèse. Le commentaire de Juste-Lipse prouve d'une manière assez claire qu'il a eu des extraits de ces manuscrits, et qu'il en a
profité pour corriger le texte de Tacite. Il eût été à désirer que Juste-
Lipse, ou tout autre éditeur, eût jugé à propos de recueillir et de joindre
à son édition toutes les variantes de ces manuscrits, et même les fautes
des copistes. Norisius (*Epoch. Syro-Mac.*, Dissert. III, p. 184, édit. de
Leipsig) parle de trois manuscrits du Vatican : le premier placé parmi les
Urbinates, sous le n° 585; le second et le troisième portant les n°s 1958

et 3405. Ces deux derniers sont-ils différens des deux manuscrits modernes que Montfaucon a cotés sous les n°° 1863 et 1864? c'est ce qu'on ignore; mais Brotier en a trouvé quatre dont le plus ancien paraissait être de la fin du XIV° siècle.

Avant Juste-Lipse, un autre savant avait collationné les manuscrits du Vatican, mais avec une négligence dont Juste-Lipse se plaint (*Ann.*, XIV, 8). Celui de Farnèse, que cet éditeur dit avoir eu à sa disposition, et qu'il désigne sous le nom de *Romain* (*Annales*, XIII, 36), fait aujourd'hui partie des manuscrits du Vatican, sous le n° 1864; il est du XIV° siècle ou du commencement du XV°, et renferme les *Annales* à partir du XI° livre et les *Histoires* : c'est un des meilleurs. Suivant Brotier, Jacq. Corbinelli en a recueilli les variantes, qu'il a notées en marge d'un exemplaire de Béroalde; il a été examiné par Jacq. Gronovius. Il y a encore au Vatican d'autres manuscrits modernes de Tacite : l'un, écrit à Gênes en 1449, porte le n° 2965; l'autre, le n° 1958. Je joins ici la note plus exacte des manuscrits du Vatican. Une note du temps, que l'on trouve en tête du manuscrit de Paris, nous apprend l'âge et le numéro des volumes du Vatican. Ils sont au nombre de sept :

N° 1864. — Manuscrit sur vélin du XVI° siècle.
1863. — Manuscrit sur vélin du XV° siècle.
2965. — Sans désignation d'âge, de format, ni de la matière sur laquelle il est écrit.
412. — Manuscrit sur vélin du XV° siècle.
1422. — Manuscrit sur vélin du XVI° siècle.
1478. — Manuscrit sur vélin du XV° siècle.
1958. — Manuscrit copié à Gênes en 1448.

Tous ces manuscrits commencent au livre XII des *Annales* et portent le titre de *Fragmentum*.

MANUSCRIT DE GÊNES.

Puteolanus s'en est servi pour son édition, ou du moins il en avait une copie. C'est sur ce manuscrit qu'ont été copiés ceux du Vatican cotés 2965 et 1958, et ceux d'Oxford dont Ernesti parle plus loin.

MANUSCRIT D'ESPAGNE.

Juste-Lipse cite un *manuscrit d'Espagne* qui appartenait à Covarruvia, célèbre jurisconsulte. Il fait aussi mention du manuscrit de Sambuque, qu'il dit avoir consulté sur certains passages quand il était à Vienne (voyez *Hist.*, II, 23). Au reste, personne ne paraît s'être servi de ce dernier manuscrit pour corriger Tacite, à moins que ce ne soit le même que celui *de Bude*, comme on est tenté de le croire; car presque tous les manuscrits de Sambuque sont venus de la bibliothèque de Bude.

André Schottus a collationné le manuscrit de Covarruvia. L'opinion que le manuscrit de Bude est le même que celui de Sambuque, ne peut se soutenir; car le manuscrit de Bude, depuis qu'il a été feuilleté par Rhenanus, n'est point sans doute sorti de l'Allemagne.

MANUSCRIT ROYAL DE BUDE.

Avant Juste-Lipse, ce manuscrit *de Bude*, qui faisait partie de la bibliothèque du roi Matthias Corvin, était en grande réputation; Rhenanus, qui en a fait usage, lui accordait beaucoup d'autorité.

Ce manuscrit de Matthias Corvin, appelé aussi manuscrit royal, contient les livres des *Annales* à partir du xie, et ceux des *Histoires*; il ne porte point de titre : aussi Rhenanus lui donne-t-il l'épithète d'ἀνεπίγραφος. Son format est celui d'un petit in-folio; il est écrit sur parchemin de veau fin, en petits caractères romains, élégans, carrés, un peu arrondis; les pages ont 27, 28 ou 29 lignes. La reliure est en cuir rouge doré, et porte des deux côtés les armes du roi, c'est-à-dire un corbeau tenant dans son bec un anneau d'or. Xystus Schier, moine augustin, nous apprend que Corvin avait ajouté cet anneau aux armes de sa famille, et que ces mêmes armes avaient été par son ordre apposées sur tous ses manuscrits (voyez sa *Dissertation sur la bibliothèque du roi Matthias Corvin, à Bude; sur son origine, sa décadence, sa ruine et ses débris*, page 18, § III; il a paru une seconde édition de cet ouvrage à Vienne, en 1799). Le même écrivain observe que tous les livres de cette bibliothèque étaient ornés avec le plus grand luxe.

Depuis que l'édition de Rhenanus a fait connaître le manuscrit de Bude, les savans ont porté sur son ancienneté et sur l'autorité qu'on devait lui accorder, des jugemens bien différens. Juste-Lipse (*Ann.*, xv, 44) le croit aussi ancien que celui de Florence; il n'est donc pas étonnant que Triller (dans ses *Observ. critiques*, III, 22) ait parlé aussi de sa haute antiquité. Jacq. Gronovius, au contraire, juge (*Ann.*, xi, 18) que les manuscrits de Ryckius et de Bude sont très-modernes et remplis d'interpolations. Il répète son assertion au livre II des *Hist.*, ch. 70; mais son mécontentement est sans objet, car le mot qu'il blâme n'est pas dans le manuscrit de Bude, suivant l'observation d'Ernesti : c'est une simple conjecture de Rhenanus. Au reste, Juste-Lipse déclare aussi (*Ann.*, xIII, 25) qu'il n'est pas un des meilleurs.

D'après l'écriture du manuscrit, son âge pourrait être douteux; car la netteté parfaite des caractères, l'usage fréquent des diphthongues que Guarinus de Vérone a fait revivre au xve siècle, dans son *Art de diphthonguer, de ponctuer et d'accentuer*, et la forme constamment allongée de l's finale, feraient croire qu'il est du xi⁰ ou du xii⁰ siècle; mais le point placé sur l'*i* indique un temps plus moderne. Au reste, le doute disparaît entièrement par la note suivante écrite de la main de Rhenanus sur la première page; on lit en haut : *J'appartiens à Beatus Rhenanus, et je ne change pas de maître. Donné par Jacq. Spiegellius jurisconsulte, l'an de J.-C.* 1518. Au bas de la page on lit : *Ce manuscrit a été pris de la bibliothèque de Bude, et a été écrit par l'ordre et aux frais de Matthias Corvin, roi de Hongrie et de Bohême.*

Ce manuscrit est donc un de ceux que le roi Matthias fit transcrire en grand nombre. Voici comment s'exprime à ce sujet Brassicanus, dans sa préface dont il a donné une édition à Bâle en 1530; Ernesti cite ce passage de Schier, dans sa *Dissertation*, § 4 : « Ce monarque entretenait à grands frais, dans la ville de Florence, quatre copistes habiles, dont la seule et unique occupation était de transcrire tous les meilleurs auteurs grecs et latins, que le roi ne pouvait se procurer facilement : il avait envoyé des savans en Grèce, en Asie et dans d'autres contrées encore, pour lui chercher des livres. En effet l'imprimerie, qui n'a eu, comme tous les autres arts, que de faibles commencemens, n'avait pas fait assez de progrès à cette époque pour satisfaire ce goût si digne d'un roi. Naldus Naldius, qui avait célébré dans un poëme en quatre chants le berceau de la bibliothèque naissante, était, avec d'autres savans versés dans plus d'une science, préposé à la correction et à l'embellissement de ces ouvrages. Le roi occupait en outre dans son palais trente copistes à transcrire les ouvrages de Félix de Raguse, comme l'atteste Nic. Olahus au chapitre cinquième de son ouvrage sur la Hongrie. »

Il est très-vraisemblable que le manuscrit de Tacite fut copié à Florence d'après un autre manuscrit ancien, et même par une main italienne, comme l'indique le mot *spagna* qu'on lit au liv. v des *Hist.*, ch. 19. Les paroles de Brassicanus nous portent à croire qu'il fut transcrit avant qu'eût paru la première édition de Tacite, sortie des presses de J. de Spire, vers l'an 1469.

MANUSCRIT D'AGRICOLA.

Après Juste-Lipse, aucun éditeur de Tacite n'a fait usage de manuscrit, avant Théod. Ryckius, qui en possédait un ayant appartenu jadis à Rod. Agricola, et qu'il appelle pour cette raison manuscrit d'Agricola. François Modius en communiqua quelques extraits à Juste-Lipse; mais celui-ci le considéra plutôt comme des conjectures d'Agricola que comme des leçons d'un ancien manuscrit, ainsi qu'on peut le voir par ses notes (par exemple, au xiv⁰ livre des *Annales*, ch. 60, à la fin). Puisque Ryckius, en corrigeant Tacite, se servait de ce manuscrit, il est étonnant qu'il n'ait donné aucun détail sur son écriture, sur son âge, et sur d'autres points que les habiles critiques désirent et doivent même connaître, quand ils veulent juger pertinemment de l'autorité d'un manuscrit.

Fac simile *du manuscrit de Tacite écrit au XV.e Siècle. (Voyez la page 13 de la notice).*
La lettre N du premier mot NAM devait être peinte et ornée. aucune des lettres initiales des chapitres n'a été faite sur le MSS.

C. CORNELII. TACITI. HISTORICI. ILLVSTRIS. XXX. LIBRORVM QVOS. AEDIDIT. FRAGMENTA INCIPIVNT. & PRIMO LIBER TERTIVSDECIMVS. VIXITQVE SVB DOMITIANO.

AM VALERIVM ASIATI-
CVM BIS CONSVLEM
fuisse quondam adulterum eius credidit
paruerisq; hortis inhians quos ille a Lu-
cullo emptos insigni magnificentia ex-
tollebat. Suillu accusandis utrisq; inten-
at adiungitur sosibius Britannici educa-
tor, qui p̄ spem beniuolentiae monere
claudiū cauere vim atq; opes principib; infen-
sas. Praecipuū auctorē Asiaticū interficiendi
caesaris nō extimuisse. L̄o. r̄o. facere. eiusmō   *concinne,*
facinoris ultro peter. clarū ex eo in vrbe de-
dita per prouincias fama parare iter ad germa-
nicos exercitus quando genitus vienn. multisq;
& ualidis propinquitatib; submixus turbar gen-
tiles nauoes prompta h̄re. At claudius nihil
ultra scrutatus, citis cū militib; tanq̄ opprime-
do bello Crispinū praetorij praefectū misit a   *Crispinus prae-*
quo reperꝰ est apud baias vinctusq; in d̄ris i   *fectus praetory*
vrbe raptus. neq; data senatus copia int̄ cu-
biculū audiat̄ messalina cora & suillo cor-
ruptione militū quos pecunia & stupro ī
flagitus obstrictos arguebat. exinde adulterium
poppeae ac postremū molliciae corporis obiecta
te. Ad q̄ō mōto silentio prorupit reus &   *aliter?*

Gravé par Ambroise Tardieu.   *Traduction de Tacite par C.L.F. Panckoucke, T. 7.e*

Jacq. Gronovius le croit très-moderne et singulièrement interpolé (*Ann.*, XI, 18; XV, 53).

MANUSCRIT ROYAL DE PARIS.

Le même Ryckius s'est encore servi d'un *manuscrit de Paris* dont Melch. Thévenot lui avait donné des extraits : il le désigne sous le titre de manuscrit *royal*, mais rarement il en cite les leçons dans ses notes. Dans le jugement qu'il en porte lui-même, il décide qu'il n'est comparable ni à son manuscrit, ni à plus forte raison à celui de Florence. Les variantes du manuscrit de Paris ont été soigneusement recueillies par Brotier, l'un des derniers éditeurs de Tacite; il nous apprend qu'il est écrit sur papier, vers la fin du XVe siècle; et comme, à cette époque, les livres de Tacite avaient déjà été publiés à Venise et à Milan, il peut avoir été copié sur l'une de ces éditions. Il n'est pas inutile d'avertir que ce manuscrit a été confondu avec celui de Bude par J. Gronovius (*Ann.*, v, 23), et cette méprise a été occasionnée par Rhenanus, qui donne quelquefois au manuscrit de Bude l'épithète de *royal*.

Ce manuscrit est à la Bibliothèque royale de Paris; il avait appartenu à Dufresne Ducange, et ne semble pas différer de celui du Vatican coté sous le n° 1863.

Il est coté sous le n° 6118; il est écrit sur papier, à longues lignes, en lettres rondes du XVe siècle, et contient 230 feuilles; le format est petit in-4°.

En 1782 il fut envoyé à Rome, probablement par le garde des manuscrit du roi, pour faire collationner le texte qu'il contient avec celui des volumes manuscrits du Vatican. Les variantes que l'on remarqua entre ces manuscrits de Paris et de Rome furent inscrites sur les marges du volume de Paris.

DEUXIÈME MANUSCRIT DE PARIS.

Il existait un autre manuscrit de Paris, sur parchemin, d'une écriture fort belle, mais peu correct; il faisait partie de la bibliothèque de la congrégation de l'Oratoire, où il avait été placé par Henri Harlay de Sanci, prêtre de l'Oratoire, mort en 1667. On l'offrit, mais trop tard, à Brotier, qui le jugea presque entièrement conforme au manuscrit consulté par Jacq. Corbinelli. J. H. Dotteville, qui était aussi oratorien, en fit usage pour sa 3e édition de Tacite, qu'il publia avec une traduction française et des notes, à Paris, en 1792, format in-8°. Nous ignorons ce qu'a pu devenir ce manuscrit.

MANUSCRIT DE GRENOBLE.

D. Gustav. Haenel, dans son catalogue des manuscrits des bibliothèques de France, de Suisse, de Belgique, d'Angleterre, d'Espagne, de Portugal (*Lipsiæ*, 1830), constate seulement l'existence d'un manuscrit de Tacite, à Grenoble, contenant les *Annales;* manuscrit du xvie siècle, sur très-beau vélin (p. 166).

MANUSCRIT D'OXFORD.

Nous devons à Jacques et à Abraham Gronovius les variantes d'un *manuscrit d'Oxford;* il appartient au collège du Sauveur; il est mutilé en quelques endroits, ainsi que nous l'apprend Montfaucon (p. 668).

MANUSCRIT BODLEYEN.

L'autre manuscrit fait partie de la bibliothèque Bodleyenne; aussi l'un est-il désigné sous le nom de manuscrit d'*Oxford*, et l'autre sous celui de *Bodleyen*. Les variantes du premier se trouvent à la fin des deux premières éditions de Gronovius; celles du second, à la fin de la grande et dernière de ces éditions, qui a paru l'an 1721. Brotier a donné aussi les leçons de ces deux manuscrits, et celles d'un troisième dit de *Harley*; tous les trois ont été, suivant lui, écrits au milieu du xve siècle.

Parmi ces manuscrits d'Oxford, celui du collège du Sauveur est de l'an 1458; celui de Harley est de l'an 1452, et a été collationné avec le manuscrit du Vatican portant le n° 1863, ou avec un autre semblable.

Le manuscrit Bodleyen est numéroté 2764; il est du xvie siècle. Nous en donnons le titre textuellement :

Cornelii Taciti, Actorum diurnalium Augustæ historiæ xi-xxi (*Annalium scilicet libri* vi *posteriores et Historiarum libri* v). *In fine ait scriptor :* « *In exemplari tantum erat : si quispiam hinc descripserit novum, sciat me quantum reperi fideliter ab exemplari transcripsisse.* »

MANUSCRIT DE LA MIRANDOLE.

Un savant qui a pris le nom supposé de Pompeius Lampugnanus a recueilli encore les variantes d'un *manuscrit de la Mirandole*, et, pour corriger Juste-Lipse, les a rassemblées dans un livre ayant pour titre : *les Notes de Juste-Lipse sur C. Tacite, comparées avec le manuscrit de la Mirandole. Bergame,* 1602, in-8°. On croit que c'est *Marqu. Freherus* qui s'est caché sous le nom de Lampugnanus; et une note de Ryckius (*Hist.,* iii, 13) indique qu'il partage cette opinion. Au reste Juste-Lipse, dans son ouvrage intitulé *Examen des notes du manuscrit de la Mirandole,* publié en 1602, et plus tard mis à la suite des éditions faites d'après lui, entre autres dans celle d'Anvers de l'année 1648; Juste-Lipse, disons-nous, a jugé que ce manuscrit n'existait pas, ou qu'il n'était d'aucune valeur.

MANUSCRIT DE VURTZBOURG.

J. Schegkius (*sur Velleius,* page 504, édit. de Burm.) a cité un *ma-*

nuscrit de Vurtzbourg qui devait se trouver dans la bibliothèque épiscopale. Ernesti demanda la communication de ce manuscrit; mais on ne put le trouver.

MANUSCRIT DE BAMBERG.

Le bruit courut aussi jadis que l'on conservait à Bamberg un ancien manuscrit de Tacite; mais Franç. Modius, consulté à ce sujet par Juste-Lipse, lui répondit (voyez *Collect. Epp. Burm.*, t. I, p. 107) que c'était un faux bruit; qu'il n'existait à Bamberg que quelques feuilles du livre des *Mœurs des Germains*, écrites par un copiste moderne. Modius dit, dans une de ses lettres, s'être procuré ces feuilles pour l'usage de Juste-Lipse.

MANUSCRIT MÉDICIS.

Dans l'énumération des *manuscrits de la bibliothèque de Médicis*, il y en a trois en parchemin, différens de cet autre plus ancien qu'on appelle le lombardique, et que Montfaucon (p. 374) place sur la tablette 68 : ce sont les mêmes, sans doute, que Pichena cite quelquefois dans ses notes sur Tacite.

MANUSCRIT SAINT-MARC.

P. Victorius (sur les *Lettres de Cicéron*, II, 12) cite un ancien *manuscrit vénitien* de Tacite, de la bibliothèque de Saint-Marc; il n'est cependant pas indiqué dans le catalogue des manuscrits de cette bibliothèque, publié par Theupolus; car le manuscrit coté CCCLXXXI, et qui a appartenu à *Bessarion*, a été écrit à Bologne l'an 1453, et Victorius ne l'aurait pas cité comme un ancien manuscrit. Au reste cet exemple suffit peut-être pour confirmer le bruit qui s'est répandu, qu'on avait soustrait plusieurs manuscrits de la bibliothèque de Venise, et notamment quelques-uns de ceux qui portent le nom de Bessarion : on peut, si l'on veut, consulter à ce sujet le livre de Bœrner *sur les Grecs restaurateurs des lettres en Italie*, p. 67 et 68.

MANUSCRIT D'OTTOBON DE NAPLES.

Parmi les manuscrits d'Ottobon de Naples, de Saint-Jean-de-Carbonata, de Césène, on trouve les livres de Tacite à partir du livre XI des *Annales*, mais presque tous d'une écriture moderne.

MANUSCRIT DE WOLFENBUTTEL.

Il existe encore un manuscrit sur parchemin dans la bibliothèque ducale de *Wolfenbuttel* (*bibl. Guelferbytana*), dont Ernesti a fait usage. Il appartenait autrefois à P. Candide, et l'on y trouve écrit de sa main qu'il l'avait acheté à Ferrare, l'an 1461, le lundi 28 septembre; Franc. Mediabarba Birago en fit présent à Marquardus Gudius, et c'est de la bibliothèque de ce dernier qu'il est passé dans celle de Wolfenbuttel.

MANUSCRIT DE SPINE.

Heinsius (sur le liv. v des *Hist.*) cite quelquefois le manuscrit de *Spine*; aucun autre auteur n'en fait mention, et il serait difficile de donner sur ce manuscrit aucun renseignement certain.

Il existe encore plusieurs autres manuscrits enfouis dans les bibliothèques, et dont on n'a pas encore extrait les variantes : on en pourrait tirer quelques observations utiles. Dans la collection du Musée britannique, provenant de la bibliothèque Lansdown, nous nous sommes assurés qu'il n'existait aucun manuscrit sur Tacite.

MANUSCRITS DE LA GERMANIE, DE LA VIE D'AGRICOLA ET DU DIALOGUE DES ORATEURS.

Ces manuscrits sont peu nombreux. Juste-Lipse ne nous apprend pas quels sont ceux de ces livres qu'on trouve dans les manuscrits du Vatican; il se borne à dire que le *Dialogue sur les Orateurs* n'y est pas. Le livre sur *les Mœurs des Germains* est coté séparément parmi les manuscrits de la bibliothèque de Médicis, tablette 73, n° 6, dans Montfaucon, p. 381; et aussi parmi les manuscrits de la bibliothèque Norfolk, au collège de *Gresham*, à Londres. Le *manuscrit d'Arundel*, dont Abrah. Gronovius a donné les variantes, est le même que celui qu'on cite ordinairement sous le nom de manuscrit de la Bibliothèque de *Pirckheimer*, comme J. Fr. Gronovius en prévient au ch. XI de *la Germanie*.

Gustav. Hænel, dans sa savante investigation des manuscrits, que nous avons citée au *Manuscrit de Grenoble*, indique un manuscrit à Tolède contenant *la Germanie*; il est du XV° siècle, sur vélin, in-4°, 993 pages.

Le Musée britannique, bibliothèque *Harléienne*, renferme un manuscrit de *la Germanie* sous le n° 1895, avec des notes inédites. Ce manuscrit paraît n'avoir pas été connu d'Ernesti ni d'Oberlin; en voici le titre :

Codex chartaceus in fol. min. manu italica satis probe perscriptus, quem ante aliquot menses a me redemit dominus meus. In eo continentur:

1. *Pomponii Melæ de Cosmographia libri tres. Folio 1.*

2. *Opusculum Probæ Falconiæ uxoris Adelphi excerptum de Virgilio ad testimonium Veteris Testamenti et Novi. Folio 23.*

3. *C. Cornelii Taciti de Origine et situ Germanorum liber : cum notis, uti videtur, ineditis.*

La même bibliothèque offre, sous le n° 5386, un manuscrit de notes d'un anonyme sur les mœurs des Germains ; nous en donnons le titre :

Anonymi notæ in Cor. Tacitum de Moribus Germanorum. (*Liber chartaceus.*)

Je n'ai vu cité nulle part aucun manuscrit de la *Vie d'Agricola;* quant à ceux du *Dialogue sur les Orateurs*, Oberlin déclare qu'il n'en connaît aucun, si ce n'est le manuscrit de Farnèse dont Juste-Lipse s'est servi pour corriger ce dialogue; il dit dans sa préface que les manuscrits de cet ouvrage sont si rares, qu'il en existe à peine deux ou trois dans toute l'Europe. Il existe cependant un second manuscrit que nous avons trouvé au Musée britannique, bibliothèque Harléienne, sous le n° 2639 et joint à un *Suétone*, sous ce titre :

1. *C. Suetonii Tranq. de claris Grammaticis Rhetoribusq; liber.*
2. *C. Corn. Taciti Dialogus de oratoribus claris : ad finem ann.* 1462. (*Codex membranaceus.*)

La bibliothèque Harléienne possède aussi des notes manuscrites du XVIIe siècle, sous le n° 5385, avec le titre suivant :

Liber chartaceus diversa manu exaratus.

1. *Adnotata e Taciti Annalibus, hoc titulo :* « Σὺν τῷ Θεῷ *Excerpta ex Cornelio Tacito Annalium libro* I. » *Sequuntur similia excerpta ex aliis Annalium libris.*

2. *Notæ, alia manu, in eosdem Annalium libros a tertio incipientes.*

La bibliothèque *Cottonienne* renferme un manuscrit de sentences extraites de Tacite sous le titre :

Julius, F. VI. *Codex chartaceus, in folio min.*

Art. 50. *Sententiæ ex Tacito excerptæ, res publicas præcipue spectantes.*

La Bibliothèque royale de Paris offre encore deux autres manuscrits de Tacite, l'un, n° 8790 (écriture du XVIIe siècle), contient des *Excerpta*; et l'autre, n° 7305 (écriture du XVIe siècle), des *Fragmenta* des ouvrages de Tacite.

Nous allons maintenant ajouter quelques mots sur les manuscrits de Tacite en général. Et d'abord le titre des livres de Tacite n'est pas le même dans tous les manuscrits : les *Histoires* sont le plus communément intitulées *Actorum* ou *Actionum diurnalium Historiæ Augustæ libri;* comme le montrent d'une part les titres des manuscrits cités par Montfaucon (ajoutez Juste-Lipse, sur les *Annales*, 1, 1) et celui du manuscrit de Wolfenbuttel; et de l'autre l'ancienne édition de Fr. Puteolanus, et celle de Frobenius publiée en 1519. Mais tous les manuscrits ne sont pas intitulés de cette manière, ainsi que le prouve la différence des titres adoptés par les différens éditeurs. L'édition *princeps* de Jean de Spire ne porte aucun titre ni au commencement ni à la fin des livres, excepté dans celui de *la Germanie*. Béroalde a mis pour titre : *Libri Historiarum ab excessu Augusti* (*Livres des Histoires depuis la mort d'Auguste*); est-ce d'après le manuscrit de la bibliothèque de Médicis trouvé à Corwey? Suivant

J. Gronovius, au ch. L. IIII (54?), on lit dans ce manuscrit : *Incipit L. IIII. ab excessu Augusti* (*Ici commence le 54ᵉ chapitre depuis la mort d'Auguste*). Rhenanus a pris pour titre : *Annales*; et tous les autres éditeurs l'ont imité, jusqu'à Juste-Lipse, qui a proposé le titre et les divisions.

Celui de Farnèse comprenait le *Dialogue des orateurs*, ce qui a permis à Juste-Lipse de le corriger. Mais ce qui mérite particulièrement d'être observé, c'est que les manuscrits qui sont devenus les types des diverses éditions, dérivent tous d'un manuscrit unique. Cette remarque a été faite depuis long-temps par J. Fr. Gronovius (*Observ.*, liv. IV, p. 30) sur un passage des *Histoires* (liv. II, ch. 98), où tous les manuscrits sont altérés d'une manière semblable, ce qui démontre évidemment que cette altération provient d'un manuscrit unique.

ÉDITIONS PRINCEPS
ET BIBLIOGRAPHIE
DE
C. C. TACITE.

Tandis que d'innombrables copistes s'occupaient, dans toutes les parties de l'Europe, à perpétuer les écrits des anciens et des modernes, une révolution dans l'art de multiplier ces copies à l'infini et avec une grande rapidité se préparait en silence et devait obtenir les plus prompts résultats.

Les anciens, qui avaient fait de si heureuses découvertes, approchèrent souvent du but, mais ils semblèrent le dédaigner, ou plutôt ne le pas apercevoir.

En visitant, à Naples, les produits des arts extraits de Pompéi, j'ai long-temps considéré deux petites tables de marbre blanc, de la dimension d'un pied carré à peu près : deux danseuses y sont représentées, non en peinture ou en dessin, mais par des traits assez profondément gravés, et ces traits sont remplis d'une couleur rouge : ainsi ces marbres avaient subi tous les procédés nécessaires à la gravure, il ne fallait plus que les placer sous un papyrus humide ou une peau unie et trempée, et la gravure était découverte.

Bien des siècles cependant se sont écoulés avant que cet art, qui se lie à celui de l'imprimerie, fût porté à une application réelle.

Toutefois, avant l'invention de l'imprimerie, la gravure en bois s'était illustrée par des productions auxquelles se consacraient les plus grands maîtres, parmi lesquels il nous suffira de citer Albert Durer. La gravure en bois était déjà en quelque sorte l'invention même de l'imprimerie, car il sortait de la bouche des personnages représentés, des légendes composées de caractères qui se reproduisaient par le moyen d'une impression quelconque.

Les Chinois, dès le IIIe siècle, avaient appliqué généralement ce procédé, que l'on nomme *xylographie*, à la reproduction des écrits, et avaient formé ainsi des pages entières non mobiles, qui, semblables à nos clichés d'aujourd'hui, peuvent reproduire rapidement, à peu de frais, et indéfiniment, tous les écrits. Il s'imprime ainsi, depuis près de quinze siècles, des livres à la Chine, et plusieurs gazettes y paraissent chaque jour.

Dès le commencement du XVe siècle les peuples d'Occident avaient presque atteint le but désiré : l'invention des cartes, qui remonte sans doute à 1425, avait nécessité un mode rapide de reproduction, et ces cartes, ainsi que les lettres qui forment les noms des personnages, étaient représentées en relief sur bois; elles étaient reproduites par une véritable impression.

Les tombes de nos églises gothiques, les ornemens du chœur et des confessionaux, avaient plusieurs fois offert des lettres en relief, sur lesquelles il ne fallait plus que placer l'encre et ensuite le papier, pour obtenir le complément de la découverte.

On voit à la Bibliothèque royale plusieurs planches

originales de *xylographie*, qui avant 1450 ont été imprimées et ont marqué les premiers pas du grand art de la typographie.

Il ne s'agissait plus que de mobiliser les lettres, de les séparer et d'obtenir un moyen rapide de les classer, de les réunir et d'en former des lignes qui produisissent les pages et les volumes.

La gloire d'être parvenu à ce grand résultat appartient sans nul doute à Guttemberg, qui, dès 1435, fit ses premiers essais d'impression avec des caractères mobiles. Il s'associa plus tard avec Jean de Fust, et leur association produisit en 1450, comme premier essai, l'*Alphabet pour l'usage des écoles*.

En 1452, ils s'associèrent Schœffer. Mais des discussions vinrent bientôt porter le trouble parmi les illustres associés : Fust et Schœffer se séparèrent de Guttemberg, et publièrent divers ouvrages; leurs élèves passèrent en Italie, et firent paraître à Rome et à Venise plusieurs auteurs latins.

Nous citerons, en indiquant les dates, les premières éditions ou éditions *princeps*, suivant leur ordre de publication :

1450. L'Alphabet pour l'usage des écoles.
1455. Le Catholicon et la Bible.
1457. Le Psautier.
1459. Le même, 2ᵉ édition.
— Durandi rationale divinorum Officiorum.
1460. Le Psautier, 3ᵉ édition.
— Le Catholicon.
1462. La Bible.
1465. Offices de Cicéron.
— Œuvres de Lactance.
1466. Les mêmes, 2ᵉ édition.
— Grammatica vetus rhytmica.
— Épîtres de Cicéron.
— Secundæ B. Thomæ de Aquinio.
— Cité de Dieu.
— Méditations du cardinal Torrecremata.

A cette époque remarquable se multiplièrent les éditions *princeps* qui ont servi de modèles à toutes les éditions publiées depuis trois siècles.

En 1469, Jean de Spire mit sous presse, à Venise, les livres de *Pline l'Ancien*, les *Épîtres de Cicéron* et *Tacite*. Nous donnons à la fin de ce volume deux *fac-simile* très-exacts des deux éditions *princeps* de Tacite, car cet auteur est le seul qui puisse compter deux éditions *princeps*.

La première édition de Tacite est celle de Jean de Spire; elle parut, suivant M. Brunet, en 1470 : nous renvoyons pour les détails à la page première de notre *Bibliographie*. Plusieurs savans ont pensé que cette édition était de 1469 : les deux opinions peuvent être discutées; nous n'avons pas voulu prononcer. Le *fac-simile*, qui est la représentation très-exacte de la forme des caractères, avec leurs moindres défectuosités, offre la dernière page du volume avec la réclame, qui renferme, suivant l'usage du temps, des vers latins assez médiocres, mais qui ont le mérite de faire connaître le nom de l'imprimeur.

La deuxième édition *princeps* fut imprimée en 1515; et alors parurent pour la première fois les cinq premiers livres des *Annales*, dont le manuscrit venait d'être découvert en Westphalie, et avait été acheté par le pape Léon X à Arcambaldo, détails sur lesquels le lecteur n'aura qu'à consulter notre *Introduction*. Le *fac-simile*, qui est de la plus rigoureuse exactitude, présente une partie de la première page des *Annales*. Les trois *fac-simile* offrent donc au lecteur : une page du manuscrit au livre IV, la première et la dernière page des OEuvres de l'immortel historien.

cognoscentis obuiam periclitantibus eat. Credite optimi & i
q̃tum opus est disertissimi viri. Si aut vos prioribus seculis
aut isti quos miramur his nati essent: ac deus aliquis vitas.
aut vestra tempora repente mutuasset: nec vobis summa illa
laus & gloria in eloquentia: neque illis modus & ẽpe
ramentum defuisset. Nunc quoniam nemo eodem tempore
assequi potest magnam famam & magnam quietem huius
seculi sui qsq̃ citra obtrectatõne alteri⁹ vtat̃. Finierat Mater
nus. Tũ messala. erãt qb⁹ ɔtradicere: erãt qb⁹ plura dic vellẽ:
nisi iã dies esset exact⁹. fiet ĩquit Maternus postea ar̃itratu
tuo & si qua tibi obscura in hoc meo sermone visa ſnt: de
his rursus conferemus. ac sim̃l assurgens & Aprum cõlex⁹.
Ego ĩqt te poetis Messala cũ antiq̃riis crimĩabimur. t ego
nos rhetorib⁹ & scholasticis ĩqt cũ adrisisset discessimus.

Finis Deo laus

Cesareos mores scribit Cornelius. esto
    Iste tibi codex: historiẽ pater est.
Insigni quem laude feret gens postera: pressit
    Spira premens: artis gloria prima suẽ.

Fac simile de la première page des Annales de Tacite, imprimées en 1473 dans la Bibliothèque de Facite en 1473

P. CORNELII TACITI AB EXCESSV DIVI AVGVSTI HISTO‑ RIARVM LIBER PRIMVS.

VRBEM ROMAM A PRIN‑ cipio Reges habuere. Libertatem, & Cõsu‑ latũ L. Brutus instituit. Dictaturæ ad tem‑ pus sumebantur. Neq; decemuiralis pote‑ stas vltra biennium. Neq; Tribunorũ mili‑ tum consulare ius diu valuit. Non Cinnæ, non Sullæ longa dominatio. Et Pompeii Crassiq; potentia cito in Cæsarem. Lepidi, atq; Antonii arma in Augustum cessere: Qui cuncta discordiis ci‑ uilibus fessa, nomine principis sub Imperium accepit. Sed veteris populi Ro. prospera vel aduersa claris scriptoribus memorata sunt. Temporibusq; Augusti dicendis nõ defuere decora ingenia, donec gliscéte adulatiõe deterrerétur. Tiberii, Caiiq;, & Claudii, ac Neronis res florentibus ipsis ob metum falsæ: Postq; occiderant recentibus odiis compositæ sunt. Inde consilium mihi pauca de Augusto, & extrema tradere: mox Tiberii principatum, & cetera, sine ira, & studio, quorum causas procul habeo. Postq; Bruto, & Cassio cæsis, nulla iam publica arma. Pompeius apud Siciliam oppressus: exutoq; Lepido, interfecto Antonio, ne Iulianis quidé partibus, nisi Cæsar dux reliquus, posito triumuiri nomine Consu lem se ferens, & ad tuendam plebem tribunitio iure contentum.

Gravé par Ambroise Tardieu. *Traduction de Tacite par L. F. Panckoucke.*

BIBLIOGRAPHIE
DE C. C. TACITE.

XVe SIÈCLE.

1470 — 1

TACITI (Cornelii) Annalium et Historiarum libri superstites; libellus aureus de Situ, moribus et populis Germaniæ, et Dialogus de Oratoribus claris, in-fol.

Première édition de Tacite, laquelle ne contient que les six derniers livres des *Annales*, les cinq premiers des *Histoires*, la *Germanie* et le *Dialogue des Orateurs*. Ce volume, exécuté en beaux caractères ronds, sans chiffres et signatures, est le premier livre imprimé avec des réclames. Il commence, sans aucun préliminaire, par le texte du xıe livre des *Annales*, de cette manière : (*N*) *Am Valerius Asiaticū bis consulem*, et il finit, au recto du dernier feuillet, par une souscription de quatre vers, dont voici un fragment :

Finis Deo laus
Cæsareos mores scribit Cornelius. . . . . .
. . . . pressit
Spira premens : artis gloria prima suæ.

D'après cette souscription, plusieurs bibliographes ont supposé que ce volume était le premier livre imprimé par *Jean de Spire*, c'est-à-dire qu'il avait été exécuté vers 1468; mais si on lit attentivement la souscription *qui docuit Venetos*, etc., laquelle se trouve à la *Cité de Dieu* de saint Augustin, publiée en 1470 par *Vindelin de Spire*, après la mort de son frère Jean, qui avait commencé l'ouvrage, on pourra être d'un autre avis, et penser que, par *artis gloria prima suæ*, il faut entendre *première production de l'art de Vindelin;* par conséquent, on ne donnera pas à ce Tacite une date plus reculée que 1470.

La totalité des feuillets de ce volume est de 176, y com-

		pris le 161ᵉ, tout blanc, entre le livre *de Situ* et celui *de Oratoribus*. Les réclames sont exactes, excepté celle du 35ᵉ feuillet, qui est : *vetus ille*, tandis qu'elle devait être : *copia erat*. Il n'y a cependant point de lacune. b *.
1472	2	— Germania incipit (in fine : *Laus Deo clementissimo*), in-fol. (gothique).
		Composé de 11 feuillets, imprimé avec les caractères de Fréd. Creusner, à Nuremberg (vers 1472 ou 1473); édition *princeps* séparée de la *Germania*.
—	3	— De Situ, moribus et populis Germaniæ libellus aureus, *à la suite de* Diodor. Sic. *Poggio* interpr., in-fol. Bononiæ. (6 feuillets.)
	4	1476. Le même, in-fol. Venetiæ. A. J. Katharensis.
	5	1481. Le même, in-fol. *Ibid*. Th. Alexandrinus.
1473	6	— Libellus de Moribus et populis Germaniæ (edit. Aloysius Tusanus), in-4°, Romæ. Johannes Gensberg, 1473 ou 1474 (sans date ni lieu d'impression).
1476		— *Voyez* n° 4.
1477	7	— Opera in-fol. (Milan, 1477 environ).
		Édition en 187 feuilles, sans indication de lieu ni de date, et dont les pages portent 37 lignes. — Quoique les caractères ressemblent à ceux de Jenson, on croit cependant qu'elle a été imprimée à Milan, parce que l'éditeur *Franciscus Puteolanus* résidait dans cette ville. Elle a l'avantage de contenir la vie d'Agricola, qui ne se trouve pas dans l'édition de *Vindelin de Spire*.
		Le volume a les signatures A et Z (l'Y est oublié), suivies des cahiers marqués T, Y, A, B. b.
		Voyez *Bibliothèque Spencer*, tome II, p. 395.
		Il existe, à ce que prétendent quelques bibliographes, une édition, de Venise, des *Annales*, de *la Germanie* et du *Dialogue*, de 1494, in-fol., sans qu'aucun d'eux en ait cité textuellement le titre ou donné un renseignement précis.
1481		— *Voyez* n° 5.
1482	8	— Julii Agricolæ Vita, per C. Tacitum composita.
		Dans l'édition des *Panegyric. lat. veter.*, in-4°, sans lieu ni date. (Mediolani, 1482.)
1497	9	— Historiæ Augustæ, in-fol. Venetiis, fideliter impressi ac diligenter emendati per *Philippum*

* Les notes b sont empruntées à M. Brunet.

Pinci, sumptibus Benedicti Fontana 1497, die 22 Marcii.

114 feuillets; signatures a—n, A.

XVIᵉ SIÈCLE.

1502 — 10 — TACITI (Cornelii) de Situ, moribus et populis Germaniæ aureus libellus, in-4°. Lipsiæ, in edibus Vuolfgangi Monacensis.

1509 — 11 — — De Situ, moribus et populis Germaniæ aureus libellus, in-4°. Lipsiæ, in edibus Melchioris Lotters (gothique).

1510 — 12 — — De Origine et situ Germanorum opusculum, *à la suite de* Berosus Babylonicus, etc., in-4°, sans lieu ni date. (Parisiis, 1510.)

1511 — 13 — — Le même, in-4°, sans lieu ni date. (*Ibid.* 1511.)

1512 — 14 — — Historici gravissimi disertissimique fragmenta, accurate recognita ac nova censura castigata. *Jo. Rivius* recensuit, in-fol. Venet. Jo. Rubeus Vercellensis, 1512, die 20 Mensis julii.

112 feuillets; signatures a—s.

1515 — 15 — — Libri quinque noviter inventi, atque cum reliquis eius operibus editi (cura *Phil. Beroaldi*), in-fol. Romæ impressi per Stephanum Guillereti de Lotharingia, anno MDXV.

Cette édition est comptée parmi les éditions *princeps*, parce qu'elle est la première qui contienne les cinq premiers livres des *Annales*. — Le volume est composé de 232 feuillets, sous les signatures A—QQ, y compris le frontispice (il n'y a que les 73 premiers feuillets, contenant les cinq premiers livres des *Annales*, qui soient chiffrés). A la fin se trouve de plus 10 feuillets séparés, qui renferment la *Vie d'Agricola*. Le registre, suivi de la souscription, est placé au recto du 232ᵉ feuillet. b.

— 16 — — Veridici historici de Situ Germaniæ et incolarum : ut secta olim ferebat : moribus libellus lectu dignissimus, *Corn. Celtis Protucij* poetæ fragmēta quædā; de iisdem scitu admodum utilia; Omnibus diligēter revisis et castigatis, in-4°. Viennæ Pannoniæ, ap. J. Singrenium (gothique)

1515	17	— De Moribus et populis Germaniæ libellus, c. comentariolo vetera Germaniæ populorum vocabula paucis explicante, in-4°. Lipsiæ, ex ædibus V. Schumann, sans date (entre 1515 et 1518).
1517	18	— Libri quinque noviter inventi atque cum reliquis eius operibus editi (cura Alciati), in-4°. Mediolani, ex offic. Minutiana. Cette édition est grand in-8°, et non in-4° : les signatures le prouvent. J'en ai tenu un exemplaire entre mes mains. A la fin sont ajoutés *la Germanie*, le *Dialogue* et *Agricola*.
1519	19	— De Moribus et populis Germaniæ libellus, cum commentario vetera Germaniæ populorum vocabula paucis explicante (publié par *Rhenanus*), in-8°. Basileæ. J. Frobenius.
—	20	— Historia Augusta actionum diurnalium; additis quinque libris noviter inventis. *Andr. Alciati* in eundem annotationes. De Situ, moribus et populis Germaniæ libellus, eodem C. Tacito autore. Ejusdem Dialogus de Orator. et Agricolæ Vita, in-fol. Basileæ. Frobenius.
1527	21	— Ab execssu (*sic*) divi Augusti Historiarum libri quinque, nuper inventi, atque cum reliquis eius operibus maxima deligentia excusi, edidit *Ant. Francinus*, in-8°. Florentiæ, per heredes Phil. Juntæ. Composé de 363 feuillets. Sur le verso du dernier feuillet, qui ne contient que la date, devraient être les dix dernières lignes *de Oratoribus*, qui ont été oubliées dans tous les exemplaires.
1529	22	— *A. Althameri Brenzi* (alias *Brentii*) Scholia in C. Tacitum rom. historicum, de Situ, moribus, populisque Germaniæ, etc., c. indice totius libri sumam complectente, in-4°. Norimbergæ. Peypus.
1533	23	— Opera, partim (nempe posteriores libri) ad exemplar. manuscriptum recogniti magna fide, nec minore judicio per *Beatum Rhenanum*, in-fol. Basileæ, in officina Frobeniana.
	24	1544. Autre, in-fol. *Ibid*.

1534	25	— Exacta cura recognitus, et emendatus (ex recensione *B. Rhenani*). Copiosus index rerum, locorum, et personarum, de quibus in his libris agitur. Varia lectio, in calce operis impressa, in-4° min. Venetiis, in ædibus hæredum Aldi Manutii Romani et Andr. Asulani soc. Composé de 272 feuillets.
—	26	— Historiæ Augustæ libri XVI, et alia opera in-4°. Venetiis, hæredes Aldi Manutii et Andr. Asulani.
1535	27	— Der Römischen Kayser Historien : von d. Abgang der Augusti an biss auff Titum vnd Vespasianum. Von jar zu jar durch Corn. Tacitum beschriben. Item das Büchlein von der alten Teutschen, etc., in-fol. Mainz bei Juo. Schöffern (avec des gravures en bois). Cette traduction est de *Jac. Micyllus*.
1536	28	— *A. Althameri* Comentaria Germaniæ in *P. C. Taciti* libellum de Situ, moribus et populis Germanorum, etc., in-4°. Norimbergæ, apud J. Petreium.
1538	29	— Arminius Dialogus Huttenicus, continens res Arminij in Germania gestas. P. Corn. Taciti de Moribus et populis Germaniæ libellus, in-8°. Vitebergæ. J. Clug.
1539	30	— Dialogus, an sui seculi oratores antiquioribus, et quare, concedant, cum *Beati Rhenani* castigationibus, in-4°. Paris. *Voir* aussi Quintiliani *Oratoriæ Institutiones*, in-4°. Parisiis. Gryphius.
1541	31	— In Taciti Annal. annotatiunculæ *Æm. Ferretti*, in-8°. Lugduni. S. Gryphius.
1542	32	— Annal. lib. XVI; ejusdem libellus de Mor. et pop. Germanorum, Vita Agricolæ, Dialogus de claris Or., in-8°. Francofurti.
—	33	— Opera, ex castigatione *Æmylii Ferretti, B. Rhenani, Alciati* et *Beroaldi*, in-8°. Lugduni. 1542, 1543?

1543	34	— Opera, in-8°. Lugduni. S. Gryphius.
	35	1551. Le même, in-12. *Ibid. Idem.*
	36	1559. Le même, in-12. *Ibid. Idem.*
	37	1584. Le même, in-12. *Ibid. Idem.*
1544	38	— Le Historie augustali di Tacito, novellamento fatte italiane, in-8°. Venezia. Vaugris.
—		— *Voyez* n° 24.
1548	39	— Les cinq premiers livres des Annales de Tacitus, chev. romain, traduits en français par *Estienne de la Planche*, avocat au parlement de Paris, in-4°. Paris. Vincent Sertenas.
	40	1555. Les mêmes, nouvelle édition, in-8°. Paris.
	41	1581. Les mêmes, nouvelle édition, in-4°. *Ibid.* L'Angelier.
1551	42	— Germania, c. comentar. *Jod. Vuill. Reselliani.* Insertæ sunt et historiæ Zythi Germanici contra multos scriptores Suecini, contra plerosque Suevi fluminis, contra omnes Geographos, eod. autore, in-8°. Francof. ad Viadrum. J. Eichorn.
—	43	— In C. Taciti Germaniam commentaria, auctore *J. Vuillichio*, in-8°. Francofurti. Eichorn.
—		— *Voyez* n° 35.
1552	44	— Petit traité contenant la description de la situation de toute la Germanie, ensemble les mœurs... de toutes les nations comprinses dans icelle Germanie ; jadis composé par Cornelius Tacitus, tourné de latin en français par *Claude Guillomet*, in-16. Paris.
	45	1581. Le même, nouv. édit., in-12. Paris. Breyez.
1555		— *Voyez* n° 40.
1556	46	— Notæ in Taciti Annales, *Vincent. Lupani*, in-8°. Paris.
1557	47	— Germania, vocabula regionum enarrata et ad recentes adpellationes accommodata. — *Harminius Vlr. Hutteni* dialogus, cui titulus est Julius, recens edita a *Phil. Melanchthone*, in-8°. Wittembergæ. J. Lufft.

1557	48	— Annales, Historiæ, Germania, Vita Agricolæ et Dialogus de Oratoribus, emendati a *J. Micyllo*, in-8°. Sans désignation de lieu ni nom d'imprimeur.
—	49	— De Situ, moribus et populis Germaniæ libellus, in-8°. Argentorati. Th. Rihelius. Sans date, mais entre 1557 et 1574.
1559	50	— Annalium libri sedecim, in-18 ou in-16. Lugd. heredes S. Gryph.
—		— *Voyez* n° 36.
1563	51	— Gli Annali di Corn. Tacito de' fatti e guerre de' Romani, etc., trad. in lingua toscana da *G. Dati*, in-4°. Venetia. Dom. Guerra.
	52	1582. Le même, in-4°. Venet. Giunti.
	53	1598. Le même, in-4°. *Ibid.* Alberti.
	54	1607. Le même, in-4°. *Ibid. Idem.*
	55	1612. Le même, in-8°. Francf. Hofman.
1564	56	— Chronologiæ Historiæ Taciti. — Voir : *D. Chytræi* libellum de rat. discern. et ord. sing. artibus recte instituendo, in-12. Wittembergæ.
—	57	— Dialogus de Oratoribus, an Ciceronis Brutus, in-8°. Basileæ. Isingrin.
1569	58	— In Taciti Annal. et Histor. *Marci Vertranii Mauri* notæ, in-12. Lugduni.
1574	59	— Historiæ et Annales, Germania, Agricolæ Vita et Dialogus de Oratoribus, emendati et illustrati ab *Just. Lipsio*, in-8°. Antwerp. Chr. Plantin. Première édition de Lipsius.
—	60	— De Situ, moribus et populis Germaniæ libellus, c. Scholiis *A. Althameri, J. Willichii*, ac *H. Glareani* comentariis et *Phil. Melanchthonis* vocabulis regionum et gentium apud Tacitum, in-fol. Basileæ. A la tête de S. Schardii Scriptores rer. Germ.
—	61	— La Vie de Jules Agricola, descripte à la vérité par Cornelius Tacitus, son gendre; traduite en français par *Ange Cappel du Luat*, in-4° de de 35 feuillets. Paris.

1574	62	— Dialogus de Oratoribus, in-8°. Antverp. *Voyez* aussi dans les *Opera, editio Lipsii*, in-8°. Antverp. Plantin.
—	63	— Marcellini et Taciti de Druidibus loci expensi, a *P. Pithœo.*—In ejusdem Adversar., in-8°. Basileæ.
1575	64	— La Germanie de Corn. Tacitus, traduit en français par *Blaise de la Vigenère* (à la suite de sa traduction du traité de Cicéron *de la Meilleure forme d'Orateurs*, et de celle du vi^e livre des *Commentaires* de César), in-4°. Paris.
	65	1586. Le même, nouvelle édition, in-4°. *Ibid.*
—	66	— Dialogue des Orateurs, ci-devant publié sous le nom de C. Cornelius Tacitus, chevalier romain, et de Fabius Quintilianus; nouvellement mis en français (par *Claude Fauchet*), in-8°. Paris. Abel L'Angelier.
	67	1584. Le même, nouvelle édition, in-8°. Paris.
1576	68	— Historiæ, Annales, Germania, Vita Agricolæ et Dialogus de Orator. edid. et annot. *J. Lipsius* et *Vertranius Maurus,*in-12. Lugduni. A. Gryphius.
1579	69	— Commentarii et annotationes doctiss. in Taciti German. *Phil. Melanchthonis, C. Peuceri, H. Glareani, Bil. Bircameri*, in-8°. Augustæ Vindelicor. M. Manger.
1580	70	— Annalium liber primus, cum notis edidit *M. A. Muretus*...... Romæ, (1580?).
—	71	— Germania, in-8°. Marburgi. Colbius.
—	72	— De Moribus et populis Germanor. liber, integris non modo et eruditis commentariis *A. Althameri* expositus et illustratus, sed luculentis etiam ac memorabilibus claror. virorum monumentis, et observationibus auctus et locupletatus opera et studio *Sim. Fabricii*, editus in-8°. Aug. Vindelicorum. M. Mangerus.
—	73	— Dialogus de Oratoribus. Ex bibl. *P. Pithœi*, in-8°. Lutetiæ.
1581	74	— Opera omnia, *J. Lipsio* denuo castigavit et recensuit, in-8°. Antverp. Chr. Plantin.

1581	75	— *J. Lipsii* ad Annales Taciti liber commentarius, in-8°. Antverp. Chr. Plantin.
—	76	— Ab excessu divi Augusti Annalium libri quatuor priores, et in hos observationes *Caroli Pascalii Cuneatis*, in-fol. Parisiis, apud Robertum Colombellum, in Aldina bibliotheca.
—		— *Voyez* n°s 41 et 45.
1582		— *Voyez* n° 52.
—	77	— Les Œuvres de C. Corn. Tacitus, à sçavoir : les Annales et Histoires, l'Assiette de la Germanie, la Vie d'Agricola, etc.; le tout nouvellement mis en françois, avec quelques annotations, in-fol. Paris. Abel L'Angelier.
		Les cinq premiers livres des *Annales* sont traduits par *Étienne de la Planche*, et parurent d'abord en 1548, et une seconde édition en 1555; le reste est traduit par *Claude Fauchet*.
1583	78	— Le même, in-4°. Paris.
1584	79	— Le même, in-8°. *Ibid.*
	80	1594. Le même, in-8°. Genève. Vignon.
	81	1596. Le même, in-8°, revu par P. de Candole. Anvers. Nutius.
	82	1609. Le même, in-12. Douay. Bellère.
	83	1612. Le même, in-8°. Francfort.
—	84	— Opera omnia, *J. Lipsius* castigavit, in-16. Lugduni. Ant. Gryphius.
—	85	— Notæ in Tacitum *Fred. Modii* — in ejusdem Lection. novantiquis, in-8°. Francoforti.
—		— *Voyez* n°s 37 et 67.
1585	86	— Opera quæ exstant, ex *J. Lipsii* editione ultima, et cum ejusdem ad ea omnia comentariis aut notis, etc., in-fol. Lugd. Bat. ex officina Chr. Plantin. Antverpiæ.
—	87	— *J. Lipsii* ad Annales Corn. Taciti liber commentarius, variis in locis utiliter auctus, et editione Parisina indice uberiori ditior, in-fol. Antverpiæ, ap. Chr. Plantinum.
	88	1600. Le même, nouv. édit., in-fol. *Ibid.*

1585	89	— *J. Lipsii* ad libros Historiarum notæ, in-fol. Lugd. Bat. ex off. Chr. Plantin., apud Moretum.
	90	1600. Le même, in-fol. Antv. *Ibid*.
—	91	— La Vita di Giulio Agricola, trad. in volgare da *Giov. Maria Manelli*, in-4°. Londra. G. Wolf.
—	92	— Dialogue des Orateurs, ci-devant publié sous le nom de C. C. Tacitus et de Fabius Quintilianus, nouvellement mis en français (par *Claude Fauchet*), in-8°. Paris.
1586		— *Voyez* n° 65.
1588	93	— Opera quæ exstant, **Just. Lipsius** quartum recensuit, idemque notas ad oram addidit, rerum indices, in-8°. Lugd. Bat. ex officina Chr. Plantin., exc. Fr. Raphelengius.
	94	1627. Le même, nouv. édit., in-fol. Antverp. *Idem*.
	95	1668. Le même, nouv. édit., in-fol. *Ibid. Idem*.
1589	96	— Opera quæ exstant, *Justus Lipsius* quintum recensuit; additi commentarii meliores plenioresque, cum curis secundis, in-fol. Antverp. Plantin.
—	97	— *Annib. Scoti* in C. Taciti Annales et Historias commentarii, ad politicam et aulicam rationem præcipue spectantes, in-fol. Romæ. Grassius.
	98	1592. Le même, réimpression, in-fol. Francf.
1590	99	— J. Agricolæ Vita per C. Tacitum eius generum castissime composita, *à la suite de* C. Nepos. Op. *N. Chytræi*, in-8°. Bardi Pommeran.
1591	100	— Germania, et in Germaniæ veteris descript. ex probatiss. authoribus lat. atque græcis collect. indice exornat. a *J. Pappo*, in-8°. Argentor. Bertram.
—	101	— The end of Nero and beginning of Galba (four books of the History of Tacitus and the life of Agricola), translated by *Henry Savile*, in-fol. Oxford. R. Wright.
	102	1598. Le même, 2ᵉ édition, in-fol. London.
	103	1622. Le même, 3ᵉ édition, in-fol. *Ibid*.
1592		— *Voyez* n° 98.

1594	104	— In Taciti de Moribus et popul. Germaniæ libellum commentarii, nunc primum ausp. *J. M. Beutheri* editi, in-8°. Argentinæ. Jobinus.
—	105	— Dialogus de Oratoribus, in-8°. Heidelbergæ.
—		— *Voyez* n° 80.
1595	106	— Opera quæ exstant *J. Lipsius* quintum recensuit. Scorsim excusi commentarii meliores plenioresque, cum curis secundis, in-8°. Lugd. Bat. ex off. Plantin., apud Fr. Raphelengium.
—	107	— Opera quæ exstant, in-32.... apud Hieronym. Commelinum.
—	108	— Notæ ad Tacitum *Fulv. Ursini*; — in fragment. Histor. coll. ab A. Augustino, in-8°. Antverp.
1596	109	— Il primo libro degli Annali da *Bern. Davanzati* espresso in volgar fiorentino., in-4. Firenze. Marescotti.
—		— *Voyez* n° 81.
1598	110	— Discorsi del signor *Scipione Ammirato* sopra Cornelio Tacito nuovamente posti in luce, in-4°. Fiorenza, fil. Giunti.
—	111	— Le même, in-4°. Venetiæ.
	112	1599. Le même, in-4°. Brescia.
	113	1607. Le même, in-4°. Venetiæ. Valentino.
	114	1609. Le même, in-4°. Brescia.
	115	1642. Le même, in-4°. Padova. Frambotto.
—	116	— The Works of Tacitus, transl. by *Rich. Greneway*, in-fol. London. Bonham et Norton.
	117	1604. Le même, nouv. édit., in-fol. *Ibid.* Norton.
—	118	— The Annales of Tacitus, the Description of Germany, etc.

Traduction anglaise des *Annales*, etc., qui contient toutes les œuvres de Tacite. — *Voyez* la traduction anglaise de *R. Grenewey*, in-fol. London.

— *Voyez* n°s 53 et 102.

| 1599 | 119 | — Opera quæ exstant ad exemplar quod *J. Lipsius* quintum recensuit. Scorsim excusi commentarii ejusdem Lipsii meliores plenioresque, c. curis secundis et auctariolo non ante adjecto. Guil. Bar- |

		clayus præmctia quædam ex Vita Agricolæ libavit, in-8°. Paris. Ambr. Drouart.
1599	120	1606. Le même, nouv. édit., in-4°. Paris. Gosselin.
—	121	— Œuvres de Corn. Tacitus, traduites en français par *P. D. B.*, in-4°. Paris.
—	122	— *Jos. Merceri* Notæ aliquot ad novam Taciti editionem, in-8°. Parisiis. Orry.
—		— *Voyez* n° 112.
1600	123	— Opera quæ exstant *J. Lipsius* postremum recensuit. Additi commentarii meliores plenioresque, c. curis secundis. Accessit Vellejus Paterculus, c. ejusdem *Lipsii* auctioribus notis, in-4°. Antverp. ex off. Plantin., apud J. Moretum.
	124	1607. Le même, nouvelle édition, in-fol. *Ibid.* Dernière édition soignée par J. Lipsius même.
—	125	— Discorsi del signore *Fil. Cavriana*, sopra i prime cinque libri di C. Tacito, c. tavola, in-4°. Fiorenza. Giunti.
—	126	— L'Imperio di Tiberio Cesare, scritto da Tacito negli Annali, tradotto da *B. Davanzati*, in-4°. Firenze. Giunti.
—		— *Voyez* n°s 88 et 90.

XVIIe SIÈCLE.

1602	127	TACITI (Cornelii) de Situ, moribus et populis Germaniæ libellus, et in eum *Chrp. Coleri* commentatio. Ejusdem de studio politico ordinando epistola, in-8°. Hanov., apud Cl. Marnium.
—	128	— Dispunctio notarum Mirandulani codicis ad C. Tacitum, a *J. Lipsio*, in-4°. Antverp. Plantin.
	129	1607. Le même, in-fol. *Ibid.*
	130	1627. Le même, in-fol. *Ibid.*
	131	1648. Le même, in-fol. *Ibid.*
	132	1667. Le même, in-fol. *Ibid.*
—	133	— *Justi Lipsii* Notæ in C. C. Tacitum, cum manuscripto cod. Mirandulano collatæ a *Pompeio Lampugnano* (i. e. Marq. Frehero), in-8°. Bergomi.

1602	134	— Annotationes *J. Salinerii* ad Corn. Tacitum, in-4°. Genev. Paron.
1603	135	— Opera quæ exstant, etc., gnomologia et distinctis breviariis aucta. Subjecti sunt item varr. lect. et rerum locupletissimi indices, in-12. Lugd., apud J. Pillehotte.
—	136	— Annali e Istorie, trad. da *Paol. Arnolfini* (*A. Politi*), in-12. Roma. Zannetti.
—	137	1611. Le même, in-8°. Venetia. R. Meglietti.
	138	1611. Le même, in-4°. Roma. Buffinelli.
—	139	1616. Annali e Istorie di C. C. Tacito, con le due operette de costumi de Germani et della Vita d'Agricola, tradotte in vulgar Sanese da *A. Politi*, in-12. Venetia. R. Meglietti.
	140	— Spicilegium ad scripta Taciti, a *Chr. Colero*, in-8°. Hanov.
1604	141	— Dialogus de Oratoribus, in-8°. (Genève). Stoer.
—	142	— Ad Taciti Opera notæ juxta veter. exempl. collationem, c. append. a *C. Pichena*, in-8°. Hanov. Wechel.
—	143	— Commentarii in quinque libros Annal. C. Taciti, et notæ in Sallustium, *M. A. Mureti*, in-8°. Ingolstadt.
—	144	— *Donati*, *Marcelli*, Dilucidationes in C. C. Tacitum, — in ejusdem Schol. et dilucidat. in hist. rom. script., in-4°. Venetiæ. Iunta.
—	145	— *Jani Gruteri* varii discursus in loca insign. Taciti et Onosandri, in-4°. Commelinus.
	146	1627. Le même, 2ᵉ édition, augmentée, in-fol. Francfort. Hoffmann.
		— *Voyez* n° 117.
1605	147	— Opera quæ exstant omnia, in-16. Jac. Stoer.
—	148	— Works faithfully rendred, etc.; traduction anglaise des Œuvres, avec commentaire, par *H. Savile*, in-fol. London. Hatfield.
	149	1612. Le même, nouvelle édition, in-fol. *Ibid*.

1606	150	— Opera quæ exstant, *Justus Lipsius* postremo recensuit; addidit commentar. meliores plenioresque, cum curis secundis. Accesserunt seorsim notæ *Josiæ Merceri*, in-4°. Parisiis. Orry.
—		— *Voyez* n° 120.
1607	151	— Opera quæ exstant ex recognitione *Jani Gruteri*. Accedunt seorsim ad eundem emendat., castigat., observat., notæ virorum doctissim. Alciati, Ferretti, Vrsini, Merceri, Coleri, Rhenani, Vertra▇, Donati, Pichenæ, Gruteri, in-8°. Francof. J. Rhodius.
—	152	— Opera quæ exstant juxta veterrimos manuscriptos, emendata notisque auctioribus illustrata per *C. Pichenam*; adjecto indice nominum, verborum ac sententiarum locupletissimo et exactissimo, in-4°. Francof., ap. Claud. Marnium et hæredes J. Aubrii.
—	153	— Val. Acidalii et Ant. Mureti Notæ in Corn. Tacitum, collectæ a *Christ. Acidalio*, c. ind. duplici, in-8°. Hanoviæ. Wechel.
—		— *Voyez* n°⁸ 54, 113, 124 et 129.
1608	154	— et Velleii Paterculi scripta, cum comment. et notis non ante editis, cura *Car. Auberti*, in-fol. Parisiis. Pet. Chevalier.
1609	155	— Opera, cum notis *Curtii Pichenæ*, in-8°. Genevæ. Pet. de La Rouière.
—	156	— *A. Althameri* comentaria in C. C. Taciti libellum de Situ, moribus et populis Germaniæ, in-8°. Ambergæ. Mich. Forster.
	157	1617. Le même, in-8°. Francof., apud Chrp. Vetter.
—	158	— Quæstiones et Discursus in duos libros priores Annal. Taciti, a *A. Canonherio*, in-4°. Romæ.
	159	1610. Le même, in-4°. Francfort.
—	160	— *Ammirati, Scip.*, Dissertationes politicæ, s. discursus in C. Tacitum, nuper ex italico in latinum versi, etc.; acc. digressiones politicæ a Chr. Pflu-

	161	gio (i. e. Grutero), in-4°. Helenopoli (Moguntiæ). Schonwetter, prælo Richteriano.
1618. Le même, in-8°. Francfort. J. Fischer.
	162	1628. Le même, traduit en français.
Voyez la 3e édition (1628) des *OEuvres de Tacite*, par *J. Baudoin*.
1609	163	— Notæ in Dialog. de Orat., — in *P. Pithœi* opp., in-4ⁿ, p. 741 et suiv. Parisiis. Nivell.
—		— *Voyez* nᵒˢ 82 et 114.
1610	164	— Libellus de Situ, moribus et populis Germaniæ, cum commentariis *Beati Rhenani* et *Jod. Willichii*, in-8°. Argentor. L. Zetzner.
—	165	— OEuvres de C. Corn. Tacitus, illustrées de chronologies, sommaires et annotations par *J. Baudoin*, in-4°. Paris. J. Gosselin.
	166	1619. Le même, nouvelle édition, in-4°. *Ibid*.
	167	1628. Le même, nouvelle édition, in-4°. *Ibid*.
—		— *Voyez* nᵒ 159.
1611	168	— Opera, gnomologia et breviariis aucta, in-12. Parisiis, ex off. C. Morelli.
—	169	— Osservazioni di *Georgio Pagliari del Bosco* sopra i primi cinque libri degli Annali di C. Tacito, in-4°. Milano. Pontio et Piccaglia.
—		— *Voyez* nᵒˢ 137 et 138.
1612	170	— Opera latina, cum versione gallica, *Estienne de la Planche* et *Cl. Fauchet*, in-8°. Francof. J. Rhodius.
—	171	— Werke mit lateinischen Text, übersetzt von *Jac. Micyllus*, in-8°. Francfort.
—	172	— Tacitus latine, cum versione italica *Georgi Dati*, in-8°. Francof. Hoffmann.
—	173	— Batavorum cum Romanis bellum, a Cornelio Tacito lib. IV et V Histor. olim descriptum, figuris nunc æneis expressum, auctore *Othone Vænio*, in-4°. Antverpiæ.
—		— *Voyez* nᵒˢ 55, 83 et 149.

1613	174	— Partie du livre premier des Annales de Tacite, traduite en français par *Fr. de Cauvigny de Collomby*, avec des observations politiques, topographiques et historiques, in-8°. Paris. Moutard.
—	175	— Obras de Tacito, traduzidas de latin en castellano por *Em. Sueyro*, in-4°. Amberes. Bellero.
	176	1614. Le même, in-4°. Madrid. Al. Martin.
	177	1619. Le même, in-8°. Amberes.
1614	178	— Opera quæ exstant, subject. varr. lect. et rerum indices, in-12 (sans lieu). Apud Sim. Crispinum.
—	179	— Las Obras de C. C. Tacito, illustrado, con aforismos por *Balth. Alamos de Barrientos*, in-fol. Madrid. L. Sāchez.
—		— *Voyez* n° 176.
1615	180	— Le Tibère français de Corn. Tacitus, par *Rodolphe Lemaistre*, in-12. Paris. R. Étienne.
	181	1616. Le même, 2ᵉ édition, in-12. *Ibid.*
—	182	— Los cinco primeros libros de los Annales, trad. en leng. castellana por *Ant. de Herrera*, in-4°. Madrid. J. de la Cuesta.
1616	183	— De Situ, moribus et populis Germaniæ libellus, a mendis quam plurimis purgatus et locis aliquot transpositus, novisque interpunctionibus in verum sensum distinctus per *Phil. Cluverium*. Adjecta est ex adverso ejusdem libri editio Lipsiana, in-fol. Lugduni Batav. Elzevir.
	184	1631. Le même, réimpression, in-fol. *Ibid.*
—	185	— Tacitus uyt het latyn in duytsch vertaald, door *J. Fenacolius*, in-4°. Delft.
	186	1645. Le même, nouvelle édition, in-8°. Amsterdam. Hartgersz.
—	187	— De Historien van Tacite, in het hollandsch vertaald door *J. L. Senacolius*, in-4°. Delft.
—	188	— Miscellanearum quæstionum ex Taciti Germania octo dodecadibus hactenus propositar. ad centuriam complementum, quod disquisitioni subjicit autor *L. Kegetius*, in-4°. Argentor. Carolus.
—		— *Voyez* nᵒˢ 139 et 181.

1617	189	— *Mich. Virdungi* comment. in C. Julii Agricolæ Vitam : acced. annotat. *Matth. Berneggeri*, in-8°. Argent.
—		— *Voyez* n° 157.
1618	190	— Politica Germanorum virtus et libertas e Tacito et Marco Aurelio imp. repetita et explanata, studio *L. Crocii*, in-12. Bremæ.
—	191	— Opere, illustrate con aforismi del *S. Bald. Al. Varienti*, tradotte da *G. Canini d'Anghiari*, in-4°. Venetia. Giunti.
	192	1620. Le même, 2e édition, in-4°. *Ibid.*
	193	1628. Le même, 3e édition, in-4°. *Ibid.*
	194	1644. Le même, in-4°. *Ibid.*
	195	1665. Le même, in-4°. *Ibid.*
—		— *Voyez* n° 161.
1619	196	— Opera, in-8°. Aurel. Allobrog.
—	197	— Œuvres de C. Tacitus, de nouveau traduites et illustrées d'annotations, avec des discours politiques, tirés de l'italien de *Scipion Amirato* (par *Jean Baudoin*), in-4°. Paris.
—	198	— Discours politiques et militaires sur Corn. Tacite, contenans les fleurs des plus belles histoires du monde, et des notables advertissemens concernans la conduite des armées, par *L. Melliet*, in-4°. Lyon.
	199	1628. Le même, in-4°. *Ibid.*
	200	1633. Le même, in-4°. Rouen. Caillone.
	201	1642. Le même, in-4°. *Ibid.*
—	202	— Versions de quelques Pièces de Virgile, Tacite et Salluste, avec l'Institution de Monseigneur, frère unique du Roi, par la demoiselle *de Gournay*, in-8°. Paris. Bourriquant. Mademoiselle de Gournay n'a traduit que la harangue de Galba à Pison. a. a. b [*].
—	203	— Dissertatio politica super illustri sententia : Do-

[*] Les notes a. a. b. sont empruntées à M. A. A. Barbier.

		nec Aug. cuncta civ. discord. fessa, etc., lib. 1 Annal. Taciti, a *H. Rhala*, in-4°. Arnhem.
1619		— *Voyez* n°s 166 et 177.
1620		— *Voyez* n° 192.
1621	204	— Opera ex Lipsii editione, in-16. Lugduni Batavorum. Elzevir.
	205	1649. Le même, in-16. Amsterdam. Elzevir.
	206	1665. Le même, in-16. *Ibid. Idem.*
	207	1678. Le même, in-16. *Ibid. Idem.*
—	208	— Sententiæ ex C. Tacito selectæ, auctore *Bened. Puccio*, in-4°. Venetiis. P. de Farris.
1622	209	— Opera, in-8°. Rothomagi.
—	210	— The Annales of Tacitus, etc. 2 vol. in-fol. Traduction anglaise des *Annales* et de la *Germanie*, par *H. Savile*; de la fin de *Néron*, du commencement de *Galba*, de quatre livres des *Histoires* et de la *Vie d'Agricola*, par le même.
	211	1640. Le même, nouvelle édition, 2 vol. in-fol. London. Whitaker.
—	212	— Discorsi sopra Corn. Tacito del marchese *Virg. Malvezzi*, in-4°. Venetia. Ginammi.
	213	1635. Le même, in-4°. *Ibid.*
	214	1632. Le même, trad. en anglais par *R. Baker*, in-fol. Londres.
	215	1680. Le même, trad. en hollandais par *Smalleganz*, in-8°. Amsterd.
	216	— Novæ Cogitationes in libr. Annalium C. Corn. Taciti qui exstant, auctore *Ludovico d'Orléans*, quibus addita sunt reliqua ejusdem Taciti Opera, cum indicibus copiosissimis, in-fol. Parisiis. Th. Blasius.
—		— *Voyez* n° 103.
1623	217	— Tacitus, in-24. Amsterd. Cæsius.
—	218	— Opera, in Scriptt. Histor. roman. Aurel. Allobr. tom. II, in-fol.
—	219	— Considerationi sopra Corn. Tacito, di *Pio Mutio*, in-4°. Brescia. B. Fontana.
	220	1642. Le même, in-4°. Venetiæ. Ginammi.

1625	221	— Orationes selectæ ex Thuani, Q. Curtii et Taciti Historiarum operibus. Additæ præfationes, in easdem perpetuæ notulæ, opera *J. U. Müfflingi* Vrcis dicti, in-8°. Jenæ. Gruner.
—	222	— La Vita di Agricola, colla traduzione di *Chr. Rosario* in lingua toscana, in-4°. Roma. Zannetti.
—	223	— Des fürtrefflichen Weltweisen Römers Corn. Taciti Historischer Beschreibung das Erste Buch, in-4°. Linz. Blanckhe. Traduction du 1er livre des *Histoires* de Tacite, par *L. Keppler.*
1626	224	— Ad libros sex priores Annal. Taciti notæ politicæ, quibus pleraque omnia quæ reliquis quoque Taciti libris continentur suis quæque locis explicantur, a *Chr. Forstnero*, in-4°. Patavii. P. Frambotti.
	225	1628. Autre édition, in-8°. Argentorati. Zetzner.
	226	1650. Editio secunda, copioso rerum ind. locupletior, in-8°. *Ibid.*
	227	1655. Editio ultima, prioribus longe emendatior, in-12. Lugd. Batav.
	228	1661. Autre édition, in-12. Francfort. Beyer.
—	229	— Los Annales de Tacito, traduc. en castellano por *Carlos Coloma*, in-4°. Duay.
1627	230	— Les OEuvres, traduction nouvelle, par *Rodolphe Lemaistre*, avec plusieurs supplémens et annotations, in-4°. Paris. L'Angelier. C. Cramoisy.
—		— *Voyez* nos 94, 130 et 146.
1628		— *Voyez* nos 162, 167, 193, 199 et 225.
1629	231	— Opera, in-24. Amsterd.
—	232	— Obras de Tacito, trad. por *F. Leandro de S. Martin*, in-4°. Duay. Marc. Wyon.
1630	233	— Cum optimis exemplaribus collatus, in-16. Amstelodami, apud viduam Libert (sans date), 1630-1638?
—	234	— De Werken van Tacitus, romeinscher geschie-

		denissen onder d'eerste Keysers. Overset door *J. van Grœnewegen*, in-4°. Delft. Gerritsen.
1630	235	— Des Causes de la corruption de l'éloquence, dialogue attribué par quelques-uns à Tacite, et par d'autres à Quintilien; traduit en français (par *Louis Giry*, avec une préface par *Antoine Godeau*), in-4°. Paris. Chapellain.
1631	236	— Ex recensione *J. Lipsii*, in-16. Amstelodami. Blaeu.
—		— *Voyez* n° 184.
1632		— *Voyez* n° 214.
1633		— *Voyez* n° 200.
1634	237	— Ex *Justi Lipsii* accuratissima editione, petit in-12. Lugduni Batavorum. Elzevir.
—	238	— Le même, coupé en 2 volumes, à la page 430, in-12. *Ibid.*
1635	239	— Opera quæ exstant. Subject. rarior. lect. et rerum indices, in-16. Colon. Allobrog.
—	240	— De Moribus Germanorum liber ex recensione *J. Lipsii*. Adjecta ejusd. argumenti monumenta et præmissa *Herm. Conringii* præfatio de Historiar. Germanorum, etc., in-8°. Helmæst. J. Lucius.
	241	1652. Le même, nouvelle édition, in-4°. *Ibid.* H. Müller.
	242	1678. Le même, 2e édition, in-4°. *Ibid. Idem.*
—		— *Voyez* n° 213.
1636	243	— Princeps ex C. Tacito curata opera deformatus ab *Abr. Golnitz*, petit in-12. Lugduni Batav. Elzevir.
—	244	— Les Œuvres de Tacite, traduites par *Rodolphe Lemaistre*, augmentées des six derniers livres des Annales, de supplémens, annotations, avec figures, Vies de Tite-Vespasien, Nerva et Trajan, et un Traité des monnoies romaines, in-fol. Paris. Jac. Dugast.
	245	1650. Le même, réimpression, 2 vol. in-8°. Rouen. Berthelin.

1636	246	— Lettere in varj generi a' principi ed altri, con alcune discorsive intorno al primo libro degli Annali di Tacito, di *Bonarelli della Rovere*, in-4°. Bologna.
1637	247	— Opera ex recensione *J. Lipsii*, in-24. Amstelod. J. Jansson.
—	248	— Opere di Corn. Tacito, con la traduzione in volgar fiorentino di *Bern. Davanzati*, con le postille del medesimo, in-fol. Fiorenze. P. Nesti.
	249	1641. Le même, in-fol. Fiorenze. Landini.
	250	1658. Le même, in-4°. Venise. Fr. Storti.
	251	1677. Le même, in-4°. *Ibid.* Pezzana.
—	252	— Commentarius in Agricolæ Vitam, Tacito scriptore, ab auctore nuper recensitus auctusque, a *M. Virdung*, in-8°. Norimb. Endter.
1638	253	— Opera, accurante *Matth. Berneggero*, edidit *Freinshemius*, in-8°. Argentorati. Heredes Lazari Zetzneri.
	254	1664. Le même, nouvelle édition, in-8°. *Ibid.*
1639	255	— De la Vie d'Agricola, son beau-père, traduit en français par J. H. (*Ithier Hobier*), in-12. Paris. Camusat.
1640	256	— Les Œuvres, traduites par *N. Perrot S^r d'Ablancourt*, contenant les seize livres des Annales, les Histoires, la Germanie et Agricola, 2 vol. in-8°. Paris. Camusat, 1640-1646.
	257	1658. Le même, 2e édition, 2 vol. in-8°. *Ibid.*
	258	1658. Le même, 3e édition, 2 vol. in-8°. *Ibid.*
	259	1658. Le même, 4e édition, revue, in-4°. Paris. Courbé.
	260	1662. Le même, nouvelle édition, 3 vol. in-12. Lyon et Paris.
	261	1663. Le même. Amsterdam.
	262	1665. Le même, in-4°. Rouen et Paris.
	263	1670. Le même, 2 vol. in-8°. Amst. Ravesteyn.
	264	1670-172. Le même, en 3 parties, in-12. Paris Jolly.
	265	1681. Le même, 3 vol. in-12. Paris. Osmont.
	266	1688. Le même, 3 vol. in-12. *Ibid.*
	267	1691. Le même, 2 vol. in-8°. *Ibid.*

1640	268	— Commentatio super C. Taciti Histor. II, c. 37, 38, de impedimentis pacis in statu reipublicæ vitiis corrupto, a *J. H. Bœclero*, in-4°. Argentor.
—	269	— Les Annales de Tacite, traduites par *Perrot d'Ablancourt*, 3 vol. in-8°. Paris. Vᵉ J. Camusat. La première partie (1ᵉʳ et 2ᵉ vol. 1640-1641) contient la vie de Tibère. — La seconde partie (3ᵉ vol. 1644) contient les règnes de Claudius et de Néron. Paris. Ant. de Sommaville et Aug. Courbé.
—	270	— Ex Taciti Germania et Agricola quæstiones miscellaneæ olim moderante *Matth. Berneggero*, acad. exercitatt. sparsim disputatæ · unum in corpus certumque ordinem tributas et auctas edidit *J. Freinshemius*, in-8°. Argentorati.
—	271	— Ex *Justi Lipsii* edit., cum notis et emendat. *Hug. Grotii*, 2 vol. petit in-12. Lugduni Batavorum. Elzevir. Édition recherchée de préférence à celle de 1634. — A la fin du second volume doit se trouver une table généalogique pour les *Annales*, intitulée *Stemmata Augustæ domus*.
—	272	— *Pag. Gaudentius*, de Evulgatis Rom. imp. arcanis, iis præcipue quæ ad electionem et successionem imperatorum faciunt, in-4°. Florenciæ.
—		— *Voyez* n° 211.
1641	273	— Specimen paraphraseos Cornelianæ, primum C. Taciti fragmentum, etc., a *J. Freinshemio*, in-8°. Argentor. Bernegger.
—		— *Voyez* n° 249.
1642	274	— Agricola, cum comment. *M. Zuerii Boxhornii*, in-12. Lugd. Bat. Commelin.
	275	1652. Le même, nouvelle édition, in-12. *Ibid.*
—	276	— Institutiones aulicæ ex Tacito et aliis historicis ab *E. Meisnero*, in-18. Amstelodami. Ludov. Elzevir.
—		— *Voyez* nᵒˢ 115, 201 et 220.

1643	277	— Opera, et in eum *M. Z. Boxhornii* observ., in-16. Amstelodami, ex officina Jansson.
	278	1650. Le même, nouvelle édition, in-12. *Ibid.*
	279	1653. Le même, nouvelle édition, in-12. *Ibid.*
—	280	— *J. H. Bœcleri* in Taciti xv capita priora lib. 1 Annalium commentarius, in-4°. Argentor. J. P. Mülbius.
—	281	— *M. Z. Boxhornii*, in Tacitum animadversiones, in-12. Amstelodami. J. Jansson.
1644	282	— OEuvres de Corneille Tacite, traduites du latin en français par *Achilles de Harlay*, in-fol. Paris. J. Camusat et Le Petit.
	283	1659. Le même, in-fol. Paris. Jolly.
—		— *Voyez* n° 194.
1645	284	— Opera, et in eum *Boxhornii* et *H. Grotii* observation., in-12. Venetiæ, ap. Juntas et Baba.
—	285	— *Joannis Schildii* exercitationes in C. Taciti Annal. xv, ubi extrema Senecæ describuntur, in-12. Lugduni Batavorum. Hack.
—	286	— Lentulus, Cyriacus, Augustus s. de convertenda in monarchiam republica juxta ductum et mentem Taciti, in-12. Amstelodami. Elzevir.
—	287	— Oppidum Batavor. s. Noviomagum : liber singularis, quo ostenditur Batav. oppid. C. Tacito lib. Histor. v, c. 19 memoratum esse Noviomagum, etc., in-4°. Amstelodami.
—		— *Voyez* n° 186.
1646	288	— Tacito abburattato. Discorsi politici e morali del signore marchese *A. G. Brignole Sale*, in-12. Venetia. Combi.
—	289	— La Germanie de Tacite, avec la Vie d'Agricola, traduites en français par *Perrot d'Ablancourt*, in-8°. Paris. Vᵉ Camusat.
—	290	— *Gabr. Ackeleye* xxv exercitationes s. polit. philolog. discursus in Taciti librum de Moribus Germanorum, in-8°. Soræ. Typis Krusii.

1646	291	— *Pag. Gaudentii*, de Candore politico in Tacito diatribæ XIX, in-4°. Pisis.
1647	292	— Germania, in-8°. Coburg.
1648	293	— Opera, ex recensione *J. Lipsii*; acced. *Vell. Paterculus* ex off. Plantin., apud B. Moreti, in-fol. Antwerp.
	294	1663. Le même, nouvelle édition, in-fol. *Ibid.*
—	295	— Institutio politic. Taciti verbis op. *Pauli de Ivanicze Ivanicki* concinnata, in-16. Lugd. Batav. L. de Haro.
	296	1665. Le même, 2ᵉ édition, in-16. Hambourg. Pauschard.
—	297	— *J. H. Bœcleri* annotatio politica in Taciti quinque libros Histor. superstites, in-4°. Argentorati. F. Spoor.
—		— *Voyez* n° 131.
1649	298	— Juxta correctius exemplar editus, 2 vol. in-16. Amstelodami. Blaeu.
—	299	— *Henrici Savilii* Commentarius in Taciti Historias et Jul. Agricolæ Vitam, nec non tractatus de Militia romana, petit in-12. Amstelodami. Lud. Elzevir. On joint ordinairement ce Commentaire aux éditions de 1634 et 1640 de Tacite, de Lipsius. b.
—	300	— *Alexander, Casp*, ex Tacito Manius Lepidus politicus, dissert. politica, in-4°. Wittemberg. J. Röhner.
—	301	— Notæ in Taciti librum de Germania, a *Æg. Lacarry*, in-4°. Montalbani.
—		— *Voyez* n° 205.
1650	302	— Annales de Tacite, traduites par *Rod. Lemaistre*, in-8°. Rouen.
—	303	— Les Annales de Tacite, traduites par *Perrot d'Ablancourt*; nouvelle édition, revue et corrigée, 2 parties, in-8°. Paris. Aug. Courbé.

1650	304	— Omissorum in notis ad Tacit. liber singularis, a *Chr. Forstnero*, in-8°. Argentorati. Zetzner.
—	305	— *Agardi, Nic.*, in Tacitum disputatio 1, in-4°. Soræ. H. Kruse.
—		— *Voyez* n°s 226, 245 et 278.
1651	306	— Observation. politicar. ex Taciti Oper. Syntagma, opus posthumum *N. Vernulœi*, in-8°. Lovanii.
	307	— Alma o Aforismos de C. Tacito publicata *Ant. de Fuertes y Biota*, in-8°. Amberes. J. Meursio.
1652	308	— *Forstneri* ad libros Annalium XI, XII, XIII, notæ politicæ, quæ sunt continuatio notarum politicarum ejusdem authoris ad sex libros priores, in-12. Lugduni Batavor. Franciscus Moyardus.
—	309	— Bonus et prudens subditus felicior sub unius quam plurium imperio, verbis C. Taciti; opera L. A. B. L., in-8°. Lugduni Batavorum.
—		— *Voyez* n°s 241 et 275.
1653		— *Voyez* n° 279.
1654	310	— Pro C. Tacito prolusio apologetica et de Germaniæ laudibus; ab *O. Ferrario*, in-4°. Patav. Aussi dans ses *Opera*, in-8°. Wolfenbuttel, 1711, t. 1, p. 222 et suiv.
1655	311	— Specimen observatt. politic. ad procem. Vitæ Agricolæ a C. Tacito scriptæ, a *J. A. Bosio*, in-4°. Lipsiæ. Bauer.
—		— *Voyez* n° 227.
1656	312	— De Statu politico sec. præcepta Taciti formato scriptum meletema, a *J. T. Geisler*, in-12. Amstelodami. Jansson.
1657	313	— Tacitus Beschreibung etlicher der ersten römischen Kaiser und anderer denkwürdiger Geschichten, etc., in teutsche Sprache gebracht durch *Carl Melchior Grotnitzen von Grodnau*, in-8°. Francf. A. Humme et G. Müller.
	314	1675. Le même, nouvelle édition, in-4°. *Ibid*.
	315	1696. Le même, nouvelle édit., in-8°. Norimberg.

4

1658	316	— Judex unus et multi, dissertatio ad locum Tacit. Annal., III, 10, a *J. H. Bœclero*, in-4°. Argentorati. Stœdel.
—	317	— Ad verba Tacit. de Moribus Germanorum, c. 19, 6, Plus ibi valent boni mores, etc.; discursus historico-politicus, I et II, a *Ch. Grübel*, in-4°. Jenæ. Krebs.
—	318	— Florilegium politicum Taciti, a *F. J. Hampruner*, in-8°. Norimbergæ.
—	319	— Characteres beatæ reipublicæ e procemio Vitæ Agricolæ a C. Tacito scriptæ, a *J. A. Bosio*, in-4. Jenæ. Krebs.
—	320	— Tacitus axiomaticus de principe, ministris et bello, c. sacris exemplis et Thucydide locis congruis, sparsim collatus a *J. Th. Sprenger*, in-12. Francofurti. Weiss.
	321	1663. Autre édition, in-12. *Ibid.*
—		— *Voyez* n°s 250, 257, 258 et 259.
1659	322	— In Taciti primordia Annal. et Historiæ commentatio, a *J. H. Bœclero*, in-8°. Argentorati. Spoor.
—	323	— J. Agricolæ ortus, educatio et studia e c. 4 Vitæ ipsius a C. Tacito scriptæ, a *J. A. Bosio*, in-4°. Jenæ. S. Krebs.
—		— *Voyez* n° 283.
1661	324	— In tres postremos libros Annal. Taciti notæ politicæ, a *Chr. Forstnero*, in-12. Francofurti. Beyer.
—		— *Voyez* n° 228.
1662	325	— Les Annales de Tacite, etc., de la traduction de *N. Perrot Sr d'Ablancourt*, petit in-12. Paris. Aug. Courbé, 1re et 2e parties. — 3e partie, sous ce titre : Histoire de Tacite, ou la Suite des Annales, de la traduction de *N. Perrot d'Ablancourt*, imprimé à Lyon, et se vend à Paris, chez A. Courbé. Ce volume contient aussi la *Germanie* et la *Vie d'Agricola*.

1662	326	— In XVI libros Annal. Taciti notæ politicæ, hac ultim. edit. longe quam ante emendatiores, a *Chr. Forstnero*, in-12. Francofurti. Beyer.
—	327	— *Forstneri* notar. polit. in Annal. continuatio postrema, cui access. ind., in-8°. Argentorati. Dolhopf et Zetzner.
—	328	— C. C. Tacito historiato ouero Aforismi politici, con un confronto d'historie moderne di *C. Moscheni*, in-4. Venet. Tomasini.
—		— *Voyez* n°s 260.
1663	329	— Annales, contenant les règnes de Claudius et Néron, livre onzième, in-12. Amsterdam. J. Elzevir. Imprimé à Rouen.
—	330	— De Germanorum antiquorum idololatria ad loca quædam Taciti, a *S. Kirchmaier*, in-4°. Witteberg.
—	331	— Tacitus politice resolutus pro exercitio academ. et manuductione juventutis ad scientiam politicam, ante quinque lustra cœptus a *David Mevio*, editus iterum et continuatus a *Fred. Gerdessen*, in-4°. Stralsundii. Reumann.
—	332	— Thesium ex Tacito potissimum de Germania Enneas, a *G. C. Kirchmaier*, in-4°. Witteberg.
—	333	— Aula Tiberiana et solertissimi ad imperandum principis idea. Corn. Tacitus monitis, ex Annal. ejus medulla erutis, et liberiori disceptandi spatio ad nostri ævi usum accommodatis, civilem in orchestram.... productus a *Cyriaco Lentulo*, in-8°. Herborn. Nassov.
—		— *Voyez* n°s 261 et 321.
1664	334	— Opera ex recensione *M. Z. Boxhornii*, in-12. Amstelodami. C. Commelin.
—	335	— Accurante *Matthia Berneggero*, edid. *Freinshemius*, in-8°. Argentorati. Dolhopfius et Zetznerus.

1664	336	— In Taciti German. liber commentarius, res moresque Germanor. veter. a suis originibus per notas crit., histor. politicasque, etc., exhibens, a *G. C. Kirchmaier*, in-8°. Witteberg. S. Haken.
—	337	— J. Agricolæ Vita, scriptore C. C. Tacito; ex recens. *J. Bosii*, accessit *M. Z. Boxhornii* commentarius antehac Lugd. Bat. editus, in-8°. Jenæ. G. Sengenwald.
—		— *Voyez* n° 254.
1665	338	— Auctoris incerti Dialogus de Oratoribus et causis corruptæ eloquentiæ, cum *Rabodi Hermanni Schelii* commentario, etc. Dans Quintiliani *Declamationes*, in-8°. Lugd. Bat.
—	339	— Janus reseratus politicus et militaris, in omnes C. Taciti Historiarum libros commentarius, a *Cyriaco Lentulo*, in-8°. Marburg. Kursner.
—	340	— Flores ex Taciti horto decerpti a *G. Schœbel*, in-8°. Lipsiæ.
—		— *Voyez* n°s 195, 206, 262 et 296.
1666	341	— Germania, cum Vita J. Agricolæ, a *Cyriaco Lentulo,* politicor. in Tacit. commentarior. complementum, in-8°. Marburg. Kursner.
1667	342	— Agricola dux s. exemplum illustre pace belloque imitandum, duci occasione verbor. apud Tacit. in Vita J. Agricolæ c. 41, § 5, tramittit autor *Ericus J. Phœnix*, in-4°. Helmstædt. Müller.
—	343	— Tacitus historiatus (*sic*), *J. Lebleu*, in-12. Giessæ
—	344	— Agricola dux c. 41, § 3, ab *H. Conring*, in-4°. Helmstadt.
—		— *Voyez* n° 132.
1668		— *Voyez* n° 294.
1669	345	— Commentarj di *Traj. Boccalini,* sopra Corn. Tacito, in-4°. Genev.
	346	1677. Le même, nouvelle édition, in-4°. Cosmopoli (Amsterdam).

1669	347	— Sopra Corn. Tacito, di *C. A. Bertelli*, in-4°. Venetiæ.
—	348	— Flores politici ex C. Taciti Annal. et Histor. a *Th. Steinmetz*, in-8°. Erfordiæ.
	349	1672. Autre édition, in-8°. Francof.
1670	350	— De Caio et Luc. Cæsar. ex Taciti lib. 1 Annal. c. 3, *C. Wrisberg*, in-4°.
—		— *Voyez* nos 263 et 264.
1671	351	— Germanus bellator, s. de Re militari priscorum Germanorum ad Tacit. descriptus, a *M. H. Hagelganss*, in-4°. Lipsiæ. Fick.
—	352	— Iniquitas magni exempli, s. Diatribe de sententiis ex plenitudine potestatis profectis, ad Taciti Annal. lib. XIV, c. 42, a *Ph. Müller*, in-4°. Jenæ. Nis.
—	353	— Exercitatio philologico-politica de adoptato Pisone ad mentem Tac. 1 Histor., a *J. C. Fugmann*, in-4°. Wittenberg. Henkel.
1672	354	— Opera quæ exstant, integris *J. Lipsii, Rhenani, Ursini, Mureti, Pichenæ, Merceri, Gruteri, Acidalii, Grotii, Freinshemii*, et selectis aliorum commentt. illustrata *Joh. Fred. Gronovius* recensuit et suas notas passim adjecit. Accedunt Gronovii excerpta ex variis lectionibus MS. Oxoniensis, 2 vol. in-8°. Amstelodami, apud Dan. Elzevirium, **1672-1673**.
	355	1685. Le même, nouvelle édition, 2 vol. in-8°. Moins correcte et moins recherchée que la première.
—		— *Voyez* n° 349.
1675	356	— Dialogus de causis corruptæ eloquentiæ, notis illustratus. Dans Quintiliani *Declamationes*, in-8°. Oxonii.
	357	1692. Le même, 2e édition, in-8°. *Ibid.*
—		— *Voyez* n° 314.
1676	358	— Et in cum *M. Z. Boxhornii* et *H. Grotii* observatt., in-12. Venetiæ.

1676	359	— Ad Taciti Histor. lib. v capita aliquot priora de rebus moribusque Judæor. exercitatio academica, a *G. C. Kirchmaier*, in-4°. Witteberg. Henkel.
1677	360	— Germania, cum notis *Aug. Lacarii*; — in Lacarry Historia coloniar. gallicarum, in-4°. Claromonti.
—		— *Voyez* n°s 251 et 346.
1678	361	— La Bilancia politica di tutti le opere di *Traj. Boccalini*, cont. le sue observazione sopra Tacito, con avvertimenti di *L. du May*, 3 vol. in-4°. Castellana. Widerhold.
—		— *Voyez* n°s 207 et 242.
1679	362	— De Obsidione hierosolymitana, ex lib. v Histor. Taciti a *G. C. Kirchmaier*, in-4°. Witteberg. Schrödter.
—	363	— Discursus politicus in C. Tacitum, et notæ maxime politicæ in T. Livium, a *J. Grutero*, in-4°. Lipsiæ. Gross.
—	364	— Programma ad C. Taciti de Moribus Germanorum libellum, a *M. D. Omeis*, in-4°. Altdorf.
—	365	— De Italo Cheruscor. rege, ex Taciti Annal. lib. xi, c. 16, 17, a *L. A. Rechenberg*. Lipsiæ. Wittigau.
	366	1698. Le même, réimprimé dans ses Dissert. hist. polit., in-8°. *Ibid.*, part. I, p. 215 et suiv.
—	367	— M. Livius Drusus, trib. plebis, in cathedram productus a *L. A. Rechenberg*, in-4°. Lipsiæ. Scholwin.
1680		— *Voyez* n° 215.
1681	368	— Les Annales de Tacite, trad. p. *Perrot d'Ablancourt*, in-12. Paris. Ch. Osmont, 1re et 2e parties, nouvelle édition. Une édition précédente est de 1674.
—	369	— De Jaarboeken en historien, Germanien en het

		leven van Agricola, in het hollandsch vertaalt, door *P. Corneliszoon Hooft*, in-4°. Amsterdam.
	370	1684. Le même, nouv. édit., in-4°. Amst. H. Boom.
	371	1684. Le même, nouv. édit., in-fol. *Ibid. Idem.*
	372	1704. Le même, nouv. édit., in-fol. *Ibid.*Wetsteyn.
	373	1714. Le même, nouv. édit., in-4°. *Ibid. Idem.*
1681	374	— Extraits de tous les beaux endroits des ouvrages des plus célèbres autheurs de ces temps, par *Corbinelli*, 5 vol. in-12. Amsterdam. Tholm. Le cinquième volume contient des extraits de Tacite par d'Ablancourt.
1682	375	— Opera, interpretatione et notis illustravit *Jul. Pichon*, in usum Delphini, 4 vol. in-4°. Parisiis. Thiboust, 1682-1687.
1683	376	— Ad Taciti Germaniam dissertationes aliquot, a *J. Strauch*, in-8°. Francofurti. Zunner.
	377	1727. Réimprimé dans ses Opuscul. jurid. histor. philol., in-4°. *Ibid.*
—	378	— C. J. Agricolæ Vita, scriptore C. C. Tacito, cum notis *A. Buchneri*, primum edit. cura *G. Schubarti*, in-8°. Lipsiæ. Hübner.
—	379	— *Tibère*, Discours politiques sur Tacite, du Sr *de la Mothe Josseval d'Aronsel*, in-4°. Amsterdam.
	380	1688. Le même, 2e édition. *Ibid.*
1684		— *Voyez* n°s 370 et 371.
—	381	— Œuvres de Tacite, traduites en flamand par *P. C. Hooft*, in-fol. Amsterdam. Boom.
—	382	— Dissert. histor. ad illustr. lib. 1 Annal. Taciti c. 3, a *Polyc. Lyser*, in-4°. Lipsiæ. Georgi.
—	383	— *Tibère*, Discours politiques sur Tacite, par *A. N. Amelot de la Houssaie*, in-4°. Amsterdam et Paris. Fréd. Léonard.
1685	384	— Le même, avec un nouveau titre.
	385	1686. Une autre édition in-8°. Amsterdam. Abr. Wolfgang.
—	386	— Disputatio de Tacito, a *D. G. Mollero*, in-4°. Altdorf.
		— *Voyez* n° 355.

1686	387	— Germania. Accessit dispositio libelli dichotomica, cum indice geographico, cura *J. V. Merbitzii*, in-8°. Dresdæ. M. Guntherus.
—	388	— *Theod. Ryckii* Animadversiones in C. Corn. Tacitum, in-8°. Lugduni Batavorum. Haack, 1686 (1687?). C'est le second volume de Tacite, Opera cura Ryckii.
—	389	— Ipse sibi interpres Tacitus, seu ad quatuor priora capita libri primi Annal. C. C. Taciti, ex ipso interpretandi specimen exhibitum, a *J. Bambamio*, in-4°. Hamburg. Rebenly.
—	390	— Perrot d'Ablancourt vengé, ou Amelot de la Houssaye convaincu de ne pas parler français et d'expliquer mal le latin (par *Frémont d'Ablancourt*, neveu de l'auteur), in-12. Amsterdam. Wolgangh.
—	391	— La Morale de Tacite; de la Flaterie, par *Amelot de la Houssaie*, in-12. Paris, Ve Martin et Boudot; et Lahaye, Mœtjens (sans date). (1686.)
—	392	— Programma publ. in Taciti German. lectionibus præmissum, a *H. Meibom*, in-4°. Helmstadt. Haunn.
—		— *Voyez* n° 385.
1687	393	— Opera quæ exstant, ex recensione et cum animadversion. *Theod. Ryckii*, 2 vol. petit in-8°. Lugduni Batavorum. J. Haack. Édition estimée, dont les grands papiers sont principalement recherchés.
—	394	— Commentarios politicos a los Annales de Tacito, *J. A. Lancina*, in-4°. Madrid.
—	395	— The modern Courtier, or the Morals of Tacitus upon flattery; newly done out of French, in-8°. London.
1688	396	— Bellum prœliumque de Salinis Cattos inter et Hermunduros, susceptum olim ex C. C. Taciti Annal. lib. XIII, c. 57, a *G. C. Kirchmaier*, in-4°. Witteberg.

1690	397	— Tacite, avec des notes politiques par *Amelot de la Houssaie*, in-4°. Paris. E. Martin. Cette édition contient seulement les six premiers livres des *Annales*.
—	398	— Le même, 2 vol. in-12. *Ibid*.
	399	1692. Le même, 2 vol. in-12. La Haye. Van Bulderen.
	400	1693. Le même, 2 vol. in-12. Lyon.
	401	1709. Le même, 4 parties in-12. Rotterdam. Fritsch.
	402	1716-1721. Le même, 1 à 4 vol. in-12. Amsterd. Wetsteyn. — 5 à 10 vol., par *L. C. D. G....* (*François Bruys*), in-12. Henri Scheurleer, 1731 à 1735.
	403	1724. Le même, 4 vol. in-12. Paris. A. Cailleau.
	404	1748. Le même, 4 vol. in-12. Amsterdam. Wetsteyn.
—	405	— Apotheosis principum superstitum, occasione interpretationis gnomæ istius mystico-politicæ quæ est apud Tacit. Annal. VI, c. 8, etc., a *J. Bambamio*, in-4°. Hamburg. Rebenlin.
—	406	— Mucianus auctoritati principis consulens ex Taciti Histor. II, 76, propositus a *C. S. Schurtzfleisch*, in-4°. Vitebergæ.
1691		— *Voyez* n° 267.
1692	407	— Analecta in quibus.... et quædam in Tacito explicantur, illustrantur, emendantur a *J. Nerio*, — in Gaudenii Roberti Miscell. ital. eruditor., in-4°. Parmæ. Tome IV, p. 553 et suiv.
—		— *Voyez* n°s 357 et 399.
1693	408	— Taciti princeps solus sacrorum arbiter et vindex, occasione interpretationis c. 76 l. I Annal. Taciti solis ejusdem verbis adumbratus, a *J. Bambamio*, in-4°. Hammopoli. Ross.
—	409	— Taciti status imperii quidve in eo validum, quid ægrum, expeditus a *J. Bambamio*, in-4°. Hamburg. Th. Ross.
—	410	— Taciti μὴ μνησικακεῖν ex ejusd. Annal. I, c. 10, 4, erut. a *J. Bambamio*, in-4°. Hamburg. Ross.
—		— *Voyez* n° 400.

1694	411	— Taciti decalogus, pontificia, religio et poesis paradoxa expedita, a *J. Bambamio*, in-4°. Hamburg. Ross.
1695	412	— De innocentia inaudita commentatio politica ad Taciti Histor. lib. 1, c. 6, a *J. A. Rechenberg*, in-4°. Lipsiæ. Fleischer.
	413	1698. Le même, réimprimé dans ses Dissertt. hist. polit., in-8°. *Ibid.* Part. 11, p. 660 et suiv.
1696	414	— Une traduction allemande des Annales et des Histoires, in-8°. Nuremberg.
—	415	— Staats-Ethica in Anführung vernünft. Lehrsætze v. d. Heuchelei u. Schmeichelei übers. v. *J. Krieger*, in-8°. Leipzig. Thom. Gleditsch.
—		— *Voyez* n° 315.
1697	416	— Dissertat. philosoph. de domo Augusti ad Taciti lib. 1 Annal., c. 5-7, *J. C. Khun*, in-4°. Argentor. Pastor.
—	417	— Dissertatio academ. de Massilia studior. sede et magistra ad Taciti Vit. Agricolæ c. 4, a *J. C. Khun*, in-4°. Argentor. Spoor.
1698	418	— Spicilegium ad Germanicas antiquitt. Taciti, a *G. C. Kirchmaier*, in-4°. Witteberg. Kreusig.
—	419	— Dialogus de Oratoribus. Dans Quintiliani *Declamationes*, in-4°. Argentorati. Dulsecker.
—	420	— The Annales and History of C. Tacitus. Traduction des *Annales* et *Histoires*, avec des notes politiques et historiques d'*Amelot de la Houssaye* et de *H. Savile*, par *Dryden*, 3 vol. in-8°. London.
	421	1716. Le même, nouvelle édition, in-8°. *Ibid.*
—	422	— De Vitiis, quibus civitas impar, ex Taciti Annal. lib. 111, 53, a *J. A. Rechenberg*; — in ejusdem Dissertt. hist. politic., in-8°. Lipsiæ. Part. 11, p. 47 et suiv.
—		— *Voyez* n°s 366 et 413.

1699	423	— Oratio in Taciti Historia, a *J. H. Bœclero*; — in ejusdem Secul. iv, p. 395-412, in-8°. Sedini. Plener.
1700	424	— Deus imperior. vindex ac stator ad Taciti Histor. lib. iii breviter demonstratus a *T. Eckhardo*, in-4°. Stadæ. Holwein.
—	425	— *U. G. Siber*, de Statua Memnoni falso credit. ad Taciti Annal., in-4°. Schneeberg.

XVIIIe SIÈCLE.

1701	426	— C. Cornelius Tacitus, cum optimis exemplaribus collatus, in-16. Amstelodami, sumptibus societatis.
—	427	— Dissertatio politico-moralis de metu comparationis ad Taciti Annal. lib. i, c. 76, a *J. F. Buddeo*, in-4°. Halæ. Henckel.
—	428	— De Tunica molesta Christianorum ad Taciti Annal., xv, 44, a *G. N. Kriegk*, in-4°. Jenæ.
—	429	— *J. C. Liebknecht*, de Tunica molesta Christianor. ad locum Taciti quendam, in-4°. Jenæ.
1702	430	— A Dissertation about the Mona of Cæsar and Tacitus, and an account of the ancien Druids, by *Th. Brown*, in-12. London.
1704	431	— *P. Winslovius*, de Tanfana Taciti;— in ejusdem Farragine arctoa, in-8°. Hafniæ.
—		— *Voyez* n° 372.
1705	432	— In Taciti Annal. lib. i, c. 1, dissert. de rerum-public. et in specie roman. mutationibus a *J. W. Gœbel*, in-4°. Helmstadt. Hesse.
1706	433	— Mœurs des Germains et Vie d'Agricola, deux ouvrages de Tacite traduits par *Philippe V*, in-8°. Lyon. Anysson.
—	434	— Dialogus de Causis corruptæ eloquentiæ, cum notis integris *Rabodi Herm. Schelii* et aliorum edidit *Ericus Benzelius*, in-8°. Upsalæ.

1707	435	— Opera. Interpretatione perpetua et notis illustravit *J. Pichon*. In usum Delphini, 4 vol. in-4°. Venet., ap. N. Feltrini. Contrefaçon de l'édition de Paris, 1682.
—	436	— De origine litterar. apud Germanos (Taciti Germania, c. 19), von *A. L. Kœnigsmann*, in-4°. Kiliæ.
1708	437	— Prælectiones in c. 4 Vitæ Agricolæ, a *Pagan. Gaudentio*, c. not. *A. Buchneri*, recens. *J. H. Acker*, in-8°. Jenæ. Lindner.
1709	438	— Dissertat. historica et moralis ad Taciti Germaniam XIX, 1, de litterarum apud veter. Germanos ignoratione, a *A. L. Kœnigsmann*, in-4°. Kiliæ.
—		— *Voyez* n° 401.
1710	439	— *J. C. Schwartz*, Epistola critica de corruptis quibusd. et obscuris Taciti locis, in-4°. Coburg. Monachus.
1711	440	— Vita Julii Agricolæ, cum comment. *Rob. Sibbaldi*, in ea quæ Tacitus habet de gestis J. Agricolæ in parte Britanniæ boreali, in-fol. Edimburg.
—	441	— Characteres virorum ac fœminar. illustr. ex C. Tacito desumpti per *J. B. Comatium*, in-8°. Tridenti.
1712	442	— Hebdomas Corneliana a *C. A. Heumann*, dans ses Parerga critic., in-8°. Jenæ. P. 74 et suiv.
1714	443	— Opera, cum notis *Minellianis* a *C. Hauff*, in-8°. Lipsiæ.
—	444	— Antiquitates Germaniæ, of *Hoogduitsche Oudtheden*, in-8°. Amstelodami. Royen. Avec gravures.
—	445	— Germania, recensuit cum notis *Joan. Christ. Vetter*, in-8°. Erlangæ. J. A. Lorber.
—	446	— *C. S. Schurtzfleisch*, Animadverss. in Taciti Dialogum de Oratoribus; — in ejusdem Actis litterar., in-8°. Vitebergæ.

1714	447	— *J. G. Walch*, Diatribe crit. de Tacito ejusdemque stilo, in-8°., sans lieu ni date. (Lipsiæ, 1714.)
—		— *Voyez* n° 373.
1715	448	— Traduction portugaise des Œuvres de C. Tacite, par *Luiz do Conto Felix*, in-4°. Lisboa.
1716		— *Voyez* n°s 402 et 421.
1717	449	— Dissertation au sujet de quelques endroits de Tacite et Velleius Paterculus, où ces deux auteurs ont tracé le caractère de Tibère d'une manière entièrement opposée, par *J. Marie Delamarque de Tilladet*, 1717 et 1723. Dans les *Mém. de l'Acad. des Inscript.*, t. II, p. 352, éd. oct., p. 437.
—	450	— *J. P. Anchersen*, de Fide C. Taciti in rebus Germanorum. Dans ses *Exercitationes subsec.*, in-8°, Francofurti, 1717, tome I, sect. 2, p. 194 et suiv.
1719	451	— *B. C. Richard*, de dubia et incerta C. Taciti fide in germanorum deorum historia, in-4°. Jenæ. Müller.
—	452	— *Quintiliani* Dialogus de Causis corruptæ eloquentiæ, recognitus a *Chr. Aug. Heumanno*, cujus adjecta est epistola critica de jure latinam linguam augendi novis vocabulis, in-8°. Gottingæ. Meier.
1720	453	— Germania antiqua, oder Taciti historische Nachricht, etc., von *L. Chrp. Rühl*, in-12°. Hallæ. Benger.
—	454	— Observationum selectar. specimen I de Tacito in histor. german. deor. dubio et fallaci, in-4°, sans lieu.
—	455	— *J. F. Schneider*, Dissertatio philosoph. de crimine fidei quod occasione ex VI Annal., c. 8, et lib. I Histor., c. 71, Taciti sibi data secundum vera juris naturalis et gentium principia.... examini subjicit auctor, in-4°. Halæ. Gruner.
1721	456	— Opera quæ exstant, integris *B. Rhenani*, *F. Ursini*, *A. Mureti*, *J. Merceri*, *J. Lipsii*

		V. Acidalii, *C. Pichenæ*, *J. Gruteri*, *H. Grotii*, *Joh. Freinshemii*, *J. F. Gronovii*, et selectis aliorum commentariis illustrata; ex recensione et cum notis *Jac. Cronovii*, 2 vol. petit in-4°. Trajecti ad Rhenum. Poolstum et Visch. Réimpression de celles d'*Elzevir* et de *Blauw*, de 1672 et de 1685, avec quelques additions.
1721	457	— Dialogus de Causis corruptæ eloquentiæ, cum notis integris *B. Rhenani* et alior., in-4°. Ultraj.
1722	458	— *Chr. Aug. Heumanni* Observatio in locum Quinctil. de Causis corrupt. eloquent., c. 7.
—	459	— *Ejusdem* Emendatio loci Annal. Taciti III, c. 35.
—	460	— *Ejusdem* Programma de Germanis priscis literar. secreta ignorantibus (Taciti German., c. 19). Ces trois Traités se trouvent dans sa *Pœcile*, in-8°, Halæ, 1722, tome I, p. 49, 54 et 635.
—	461	— Priscum Germanum haud illiteratum, a *J. W. Berger*, in-4°. Witemberg. Gerdes.
—	462	— Des Orateurs, dialogue attribué à Tacite ou à Quintilien, traduit en français par *Morabin*, in-12. Paris. Fournier.
1723	463	— De Asciburgio Ulixis ad Taciti (Germ. c. 3) locum exercitatio, a *J. G. Hagenbuch*, cum epistola *J. G. Altmanni*, in-4°. Tiguri.
—	464	— De Πατριδομανία eruditorum ad Taciti Annal. II, c. 88, a *J. W. Berger*, in-4°. Witemberg. Gerdes.
1724	465	— Das alte Teutschland des Tacitus, etc., von *J. Th. Jablonski*, in-8°. Berlin. Haude.
	466	1734. Le même, nouvelle édition, in-8°. Leipzig.
—	467	— *P. Lambecii* Collectanea ad Taciti Vitam, — in ejusdem Vita, p. 151 et suiv., in-8°. Hamburg.
—		— *Voyez* n° 403.
1725	468	— Germanien, übersetzt mit lat. Noten von *L. C. Rühl*, in-12. Halle. Renger.
—	469	— De Situ, moribus et populo Germaniæ libellus, cum commentario edidit *Just. Christ. Dithmarus*, in-8°. Francofurti. Conradi.
	470	1749. Le même, 2ᵉ édition, in-8°. *Ibid.* Kleybius.

1725	471	— Disquisitio an Germani Cæsaris Tacitique temporibus Druides habuerint, a *C. A. Fabretto.* Dans *Bibliotheca Lubec.*, in-8°, Lubeck, 1725, t. ix, p. 24-51.
—	472	— Σεμνὸν in oratione Taciti, a *J. W. Berger*, in-4°. Witemberg. Gerdes.
1726	473	— Observations sur Salluste et sur Tacite, par *Ch. de Saint-Évremont.* Dans ses *OEuvres*, in-8°, Amsterd., 1720, tome ii, p. 431 et suiv.
1727	474	— Conjecturæ in Tacitum, a *Croslot*, — in Burmanni Sylloge epistol., p. 348 et suiv. in-4°. Lugduni Batav.
—		— *Voyez* n° 377.
1728	475	— The Works of Tacitus, etc., by *T. Gordon*. 2 vol. in-fol. London. Woodward et Pecle, 1728-1731.
	476	1737. Le même, 2ᵉ édition, 4 vol. in-8°. *Ibid.*
	477	1753. Le même, 3ᵉ édition, 5 vol. in-12. *Ibid.*
	478	1757. Le même, 4ᵉ édition, 4 vol. in-8°. *Ibid.*
	479	1770-1771. Le même, 5ᵉ édit., 5 vol. in-12. *Ibid.*
1729	480	— Gespræch von Rednern, etc., übersetzt von *J. Ch. Gottsched.* Dans son *Grundris seiner verniinftiger Beredsamkeit*, in-8°, Hanovre, 1729.
—	481	— La Vie de C. Tacite, écrite par *M. B. D. L.*, — dans les Mémoires de Nicéron, in-12. Paris. T. vi, p. 344 et suiv.
—	482	— Diverses conjectures sur le culte d'Isis en Germanie, à l'occasion du passage dans Tacite : « Pars Suevorum et Isidi sacrificat, » par l'abbé *de Fontenu.* Dans les *Mémoires de l'Acad. des Inscriptions*, 1729, tome v, p. 63 et suiv.
1730	483	— Opera, ex recensione et cum animadversionibus *Theod. Ryckii*, cura *Grierson* (femme de l'imprimeur), 3 vol. in-8°. Dublini, ex off. Grierson.

1730	484	— Germania, c. notis criticis et collectione monumentorum veterum addito commentario *H. Conringii* nunc primum edito, et notis *J. W. Gœbelii* (in Conringii Operibus, t. v), in-fol. Brunsvig.
—	485	— De Situ, moribus et populis Germaniæ libellus, in-8°. Helmst. Schnorr., sans date (entre 1730 et 1744).
—	486	— Dissertatio de vite in templo hierosolomit. a Romanis reperto ad Taciti Histor. lib. v, c. 5, a *G. S. Green*, in-4°. Lipsiæ.
—	487	— *H. U. v. Lingen,* von der vermeinten gallischen Gœttin Onvana oder dem alten deutschen Abgott Tanfan. Dans ses *Kleine Schriften*, in-8°, Witemberg, 1730, vol. 1
1731	488	— Les xvi livres des Annales de Tacite, avec des notes historiques et politiques, etc., traduits par *M. L. C. D. G.*, 6 vol. in-12. Amsterdam. Le Cène, 1731-1735. Les initiales L. C. D. G. sont peut-être celles du véritable auteur; car *François Bruys* s'est contenté de prêter son nom au libraire qui possédait le manuscrit.
1732	489	— *J. C. Schwartz,* Observationes, quibus loca quædam Taciti Annal. xii, c. 53, restituuntur et *C. A. Heumanni* emendatt. ad has observatt., — in Actis eruditor. 1732 et 1733, p. 290 et suiv. et 431 et suiv.
—	490	— Dissertatio de SCto Claudiano ad Taciti Annal. xii, 53, in-4°. Kiliæ.
1734	491	— Opera quæ exstant omnia, in-12. Amstelod., ap. Wetstenium et Smith.
—	492	— Opera quæ exstant omnia. Ad fidem opt. codd. MSS. accuratissime castigata, in-16. Amstelod., apud Janssonio-Wæsbergios.
—		— *Voyez* n° 466.
1736	493	— Panegyr. inauguralem in Gcorgia Aug. indicit. (de Taciti Germania), a *G. Ch. Gebauer*, in-4°. Gottingæ. Vandenhœck.

1737	494	— Opera quæ supersunt, cum notis *J. Freinshemii*, cura *Berneggeri*, petit in-8°. Francofurti.
—	495	— *J. C. Dithmari* Dissert. de veter. scriptor. Germanicor. defectu. Dans son *Sylloge dissertatt. academ.*, in-4°, Lipsiæ, 1737, p. 323-331.
—		— *Voyez* n° 476.
1739	496	— *Jo. Eberh. Rau*, Monumenta vetustatis German. ut puta de Ara Ubiorum in Corn. Taciti 1 Annal., etc., in-8°. Trajecti ad Rhenum.
	497	1753. Le même, in-8°. Arnhemii.
1740	498	— *J.* et *E. Amnel* (peut-être *E. Frondin*), ad excutienda C. C. Taciti de Suionibus et Fennis judicia chorographico-historica, præparatio brevis, 2 partes, in-4°. Upsal. 1740-1741.
—	499	— Epistola de Carmelo monte et Deo in Taciti et Suetonis locos, a *J. J. Bosio*, in-4°. Lipsiæ. Langenheim.
1741	500	— De Alea et fide ad Taciti de Moribus German., c. 24, nonnulla, a *G. Ch. Gebauer*, in-4°. Gottingæ. Vandenhœck.
—	501	— Ad J. S. Tappen solemnia inaugur. invitat (de Taciti Germaniæ c. 17), a *G. Ch. Gebauer*, in-4°. Gottingæ. Vandenhœck.
—	502	— *A. L. H. Zu Vach*, de Legibus Servii Tullii ad illustr. Taciti Annales, in-4°.
1742	503	— Tacite traduit par *Guérin*, 3 vol. in-12. Paris. Durand.
—	504	— Les Annales et les Histoires de Tacite, avec la Vie de Jul. Agricola, traduction nouvelle par *Guérin*, prof. d'éloquence dans l'Université de Paris, 3 vol. in-12. Paris, L. Dupuis fils, et Fr. Savoye. Les tomes I et II contiennent les *Annales* et la *Vie d'Agricola*; le tome III contient les *Histoires*, en cinq livres.

1742	505	— Specimen scientiæ interpretandi ad antiquitates easque germanicas adcommodatæ, quo verba de Taciti libro, etc., Germania, c. 2, interpretatur *J. G. Lippisch*, in-4°. Lipsiæ. Langenheim.
—	506	— Discours historiques, critiques et politiques sur Tacite, traduit de l'anglais de *Gordon* par *D. L. S. (Silhouette)*, 2 vol. in-12. Amsterdam. Changuyon. 1742 ou 1759.
	507	1751. Le même, 2ᵉ édition, 3 vol. in-12. *Ibid*.
	508	1794. Le même, nouvelle édition, 3 vol. in-8°. Paris. Buisson.
1743	509	— Opera quæ exstant omnia ad editionem optimam *Gronovii* accurate expressa, 2 vol. in-12. Glasguæ. Sumptibus J. Barry.
—	510	— De pœna violati matrimonii ad Taciti Germaniam c. 19, a *G. Ch. Gebauer*, in-4°. Gottingæ. Vandenhœck.
—	511	— Anmerkungen über die Stelle in Tacitus Germanien, c. 24, Aleam sobrii, etc., von *C. A. Heumann*. Dans la *Hamburger verm. Biblioth.*, in-8°. Hamburg., 1743, B. 2, Th. 1, p. 62 et suiv.
1744	512	— Germania antiqua, seu de Situ, moribus, etc., cum notis Germanic., par *L. C. Rühl*, in-12. Halæ. Renger.
—	513	— Von der geheimen Sprache der Rœmer, zur Erklærung einer Stelle des Tacitus de moribus Germanorum c. 19, a *Gonne*. Dans *Erlanger gelehrte Anz.*, 1744, n° 15.
1745	514	— Vita Agricolæ, — in *J. M. Gesneri* Enchiridio, in-12. Gottingæ.
1747	515	— Germania, cum observationibus *J. G. Hauptmann*, petit in-8°. Lipsiæ. Junius.
—	516	— Dissertation sur le chap. XL du livre de Tacite, des Mœurs des Germains, et en particulier sur la déesse Hertha, Hertham ou Erdamm, qui a été l'objet du culte dans la Germanie septentrionale, par *Jacques Elsner*. Dans les *Mém. de l'Acad. de Berlin*, A. 1747, p. 446.

1747	517	— *Fr. G. Pestel*, Animadversiones quædam ad Taciti Germaniam, in-4°. Ruitelii.
—	518	— *J. P. Anchersen*, de Tacito conciliatis cæteris omnibus geographiæ veteris scriptt., s. de Dania antiquiss., etc. Dans ANCHERSEN, *Vallis deæ Herthæ*, in-8°, Havniæ, 1747, p. 169-221.
1748		— *Voyez* n° 404.
—	519	— Opera, — in Haurissii Collect. histor. rom., in-fol. Heidelberg. Tome III.
—	520	— A Dialogue concerning Oratory, by *W. Melmoth*. Dans les *Letters of Th. Fitzosborne*, in-8°. London.
	521	1754. Le même, nouvelle édition, in-8°. *Ibid.*
—	522	— *J. P. Anchersen*, de Tributo coriorum Norvegico ad Taciti Ann. IV, c. 72, in-4°. Havniæ.
—	523	— De Iside Suevis olim culta ad locum Tacit. de Morib. Germanor. c. 9, exercitatio prior, a *J. G. Bœhme*, in-4°. Lipsiæ. Langenheim.
1749	524	— Exercitatio posterior, in-4°. *Ibid.*
—	525	— De eo quod laudandum est in veterum Germanor. pædagogis, a *J. G. S. Bernhold*, in-4°. Heilbronn.
—	526	— *J. A. A. Zwicke*, de regibus Germaniæ antiq. ad Taciti Germaniam, c. 7, in-4°. Halæ.
—	527	— *J. A. A. Zwicke*, de templo Tanfanæ Mars. ol. celebr. ad Taciti Annal., in-4°. Halæ.
—		— *Voyez* n° 470.
1750	528	— De Situ, moribus et populis Germaniæ libellus, in-12, sans lieu ni date. (Gottingæ. Vandenhœck, 1750.)
	529	1755. Le même, 2ᵉ édition, in-8°. *Ibid.*
—	530	— Excerpta e Corn. Tacito, ou les Tableaux de la tyrannie sous Tibère et Néron, in-12. Paris.
1751		— *Voyez* n° 507.

1751	531	— *J. Thaddœi* de Germanorum veterum aviditate bibendi ad Taciti German., c. 4, 22, 23, excursus, (a *v. Khautz*), in-8°. Lipsiæ. Jahn.
	532	1772. Le même, nouvelle édition, in-8°. *Ibid.*
1752	533	— Opera, iterum recensuit, notas integras *Justi Lipsii, J. F. Gronovii, Nic. Heinsii* et suas addidit *Jo. Aug. Ernesti*, 2 vol. in-8°. Lipsiæ. Weidmann. Première édition d'Ernesti.
	534	1772. Le même, nouvelle édition, 2 vol. in-8°. Lipsiæ. *Ibid.* Le même, par *Oberlin.* — *Voyez* à l'année 1801.
—	535	— Observations on Tacitus, in which his character as a writer and as historian is impartially considered, etc., by *Th. Hunter*, in-8°. London. Manby.
1753	536	— Remarks on Tacitus in Observations on the Greek an Roman classics. In a series of letters to a young nobleman, in-12. London.
—	537	— Opera quæ supersunt, ex editione *Jac. Gronovii* fideliter expressa, 4 vol. petit in-12. Glasguæ. R. et A. Foulis.
—	538	— Mœurs et coutumes des Français dans les premiers temps de la monarchie, et mœurs des Germains, trad. par l'abbé *Le Gendre*, in-12. Paris.
—	539	— Essai de traduction de quelques morceaux de Tacite, par *d'Alembert*, petit in-8°. Berlin. (Paris.)
	540	1784. Le même, nouvelle édition, 2 vol. in-12. Paris. Moutard. Voyez l'*Année littéraire de Fréron*, 1758, tome Ier; — 1759, tome VIII, p. 154; — 1784, tome VIII, p. 233.
—	541	— De regia apud Germanos Successione ad Taciti German., c. 7, a *G. Ch. Gebauer*, in-4°. Gottingæ. Vandenhœck. — *Voyez* n°s 477 et 497.

1754	542	— Opera, ad edition. *Theod. Ryckii* expressa, 4 vol. in-12. Londini. Brindley.
	543	1760. Le même, nouvelle édit., 4 vol. in-18. *Ibid.*
—	544	— De Comitiis veterum Germanorum ad Taciti German., c. 11, a *G. Ch. Gebauer,* in-4°. Gottingæ. Schulze.
—	545	— De Comitatu principum Germanor. ad Taciti German., c. 13, 14, a *G. Ch. Gebauer,* in-4°. Gottingæ. Schulze.
—	546	— De Jure successionum apud veteres Germanos ad Taciti German., c. 20, a *G. Ch. Gebauer,* in-4°. Gottingæ. Schulze.
—	547	— Nonnulla de judiciis veter. Germanor. ad Taciti German., c. 12, a *G. Ch. Gebauer,* in-4°. Gottingæ. Schulze.
—	548	— Nonnulla de nobilitate veterum Germanorum ad Taciti German., c. 7, a *G. Ch. Gebauer,* in-4°. Gottingæ. Schulze.
—		— *Voyez* n° 521.
1755	549	— Traduction de quelques ouvrages de Tacite, par *J. P. R. de la Bletterie*, 3 vol. in-12. Paris. Imprimerie royale, 1755-1768.
	550	1768. Le même, 3 vol. in-12. Amsterdam. Changuyon. Contient *Tibère,* ou les six premiers livres des *Annales.*
—	551	— Opere di Corn. Tacito, trad. da *Davanzati,* nuovamente corrette, col testo latino, 2 vol. in-4°. Padova. Comino. Cette édition, donnée par *J. Ant. Volpi,* est estimée.
—	552	— La Germanie et la Vie d'Agricola, traduites par *de la Bletterie*, 2 vol. in-12. Paris. Duchesne.
	553	1788. Le même, nouv. édit., 2 vol. in-12. *Ibid.*
—	554	— Agricola, in-8°. Breslau. Pietsch. Traduction allemande de *C. G. Gebauer,* avec une préface de *G. H. Burghart,* et publiée par *J. J. Hagen.*

1755	555	— Programm. de veterum Germanorum armis ad Taciti Germ., cap. 6, a *G. Achenwall*, in-4°. Gottingæ.
—	556	— De patria Potestate veterum Germanorum ad Taciti German., c. 13 et 20, a *G. Ch. Gebauer*, in-4°. Gottingæ. Schulze.
—		— *Voyez* n° 529.
1756	557	— Excerpta e Cornelio Tacito, (cura et studio *P. A. Alletz*), in-12. Paris.
—	558	— De Aurinia et Veleda, feminis Germanorum faticidis, ad Taciti Germaniam, c. 8, exercitatio, a *J. C. Dommerich*, in-4°. Wolfenbüttel.
—	559	— Remarque sur le mot *barritus* ou *barditus*, dont il est parlé dans Tacite (de Moribus Germanorum, cap. 3 : « Sunt illis hæc, etc. »). Dans les *Mémoires de l'Académie des Inscriptions*, tome xxiii, Hist., p. 164.
1757	560	— De dominica Potestate veter. Germanorum ad Taciti German., c. 25, a *G. Ch. Gebauer*, in-4°. Gottingæ. Schulze.
—		— *Voyez* n° 478.
1760	561	— Opera, recensuit *L. N. Lallemand*, 3 vol. in-12. Parisiis. Barbou.
	562	1793. Le même, nouv. édit., 3 vol. in-12. *Ibid*.
	563	1820. Le même, nouv. édit., 4 vol. in-12. Lugd.
—	564	— Opere trad. da *B. Davanzati*, 2 vol. in-12. Parigi. Vᵉ Quillau.
	565	1790. Le même, 3 vol. in-4°. Bassano. Remondini.
	566	1799. Le même, 9 vol. in-8°. Milano.
	567	1803. Le même, 3 vol. in-4°. Bassano. Remondini.
	568	1804. Le même, 3 vol. in-12. Parigi. Biagoli.
	569	1820. Le même, 4 vol. in-12. Milano. Silvestri.
	570	1822. Le même, 2 vol. in-8°. *Ibid*.
	571	1827. Le même, 3 vol. in-18. Fiorenze.
	572	1828. Le même, 4 vol. in-16. Milano. Silvestri.
		Les éditions de 1799 et de 1820 ont le texte en regard, et les supplémens de Brotier trad. par l'abbé *B. Pastore*.

1760	573	— Programma de Germanis antiquis deos suos parietibus minime cohibentib. ad loc. Tacit. de Moribus Germ., c. 9, a *J. F. Eckhardo*, in-4°. Isenaci.
—	574	— De Re judiciaria militari veter. Germanorum ad Taciti German., c. 6, 7 et 14, a *G. Ch. Gebauer*, in-4°. Gottingæ. Schulze.
—	575	— Von dem Unterschiede der alten teutschen Sueven zu den Zeiten J. Cæsars, des Tacitus u. im dritten u. folg. Jahrh. von *J. H. G. von Justi*. Dans ses *Histor. Schriften*, in-8°, Francfort, B. 1, p. 20 et suiv.
—		— *Voyez* n° 543.
1762	576	— C. C. Tacitus a falso impietatis crimine vindicatus; oratio habita a *J. Kynaston*, in-4°. Oxoniæ. Fletcher.
—	577	— Dissertat. epistol. de Tanfana Marsor. populi Germaniæ dea, a *J. C. Harrepeterus*, in-4°, sans lieu ni date. La préface est datée de Paris, 1762.
1764	578	— De Cultu veter. German. deo in lucis præstito puriori ad Taciti Germaniam, c. 9, a *L. Hermann*, in-fol. Baruthi.
—	579	— Die Ehre der Freiheit der Römer und Britten, nach staatsklugen Betrachtungen, von *Th. Gordon*, a. d. Engl. übers., in-8°. Nürnberg. Lochner.
—	580	— Tacitus Werke, übersetzt von *J. S. Müller*, 3 vol. in-8°. Hambourg. Bohn. 1765-1766.
—	581	— Tacitus Werke, übersetzt mit Noten von *Goldhagen* und *Patzke*, 6 vol. in-8°. Magdebourg et Halle. Curt. 1765-1777. Les deux premiers volumes ont été réimprimés en 1771.
1765	582	— Agricola Lefernes bescrifning öfversat pa *G Giædda*, in-4°. Stockholm.
1766	583	— Germania, cum notis variorum et commentario, petit in-8°. Francofurti. Braun.

1766	584	— Die Geschichte des Germanicus im Orient, übersetzt von **H. V. Müller**, in-8°. Altona. Iversen.
—	585	— Vestigia juris germanici antiquiss. in Taciti Germania obvia, s. dissertationes XXII in varia aurei illius libelli loca, c. nonnullis similis argumenti, a *G. Ch. Gebauer*, in-8°. Gottingæ. Vandenhœck.
—	586	— Historiske lovtale over Jul. Agricola, oversat ved *J. Baden*, in-8°. Kiœbenhaven. Mort. Hallager.
1768	587	— Tibère, ou les six premiers livres des Annales, trad. par *J. P. R. de la Bletterie*, 3 vol. in-12. Amsterdam. Changuyon.
—	588	— Lettre sur la traduction des Annales de Tacite de l'abbé de la Bletterie, par M. *Linguet*, in-12, Amsterdam. Merkus.
—		— *Voyez* n° 550.
1770	589	— Opera omnia, ex recensione *J. A. Ernesti*, cum indic. rerum et verborum, edidit *J. P. Miller*, in-12. Berolini. Haude.
—	590	— Germania, c. indice geographico, edidit *F. Sœrgel*, in-12. Lemgov. Meyer.
—	591	— Probe einer neuen Uebersetzung des Tacitus, von *G. A. Tittel*, in-4°. Carlsruhe.
—		— *Voyez* n° 479.
1771	592	— Opera recognovit, emendavit, supplementis explevit, notis, dissertationibus illustravit *Gabr. Brotier*, 4 vol. in-8°, avec cartes. Parisiis. Delatour.
—	593	1776. Le même, nouvelle édition, 7 vol. in-12, sans cartes, mais augmentée de plusieurs dissertations et fragmens.
—	594	— In montis Tauni, a C. Corn. Tacito citati, situm inquisitio, par *J. Gu. Baumer*. Dans les *Acta Hessiaca*, A. 1771, p. 115 sq.

1772	595	— Histoires de Tacite, en latin et français, avec des notes sur le texte, par *J. H. Dotteville*, 2 vol. in-12. Paris. Moutard.
	596	1779. Le même, nouv. édit., in-12. Paris. *Ibid.*
—	597	— Agricola ex recensione *J. A. Ernesti*, curavit *M. F. Sœrgel*, petit in-8°. Lemgo. Meyer.
—	598	— Das Leben des Agrikola, übersetzt von *Nicolaï*. Dans ses OEuvres, *Mélanges*, in-8°, Bâle, 1772, p. 119-164.
—	599	— C. poloschenii obiitschajach i o Narodach Adrewnii Germanii, in-8°. Saint-Pétersbourg.
—	600	— Kaia Korn. Tacit. dziela wszystkie przekladania *A. Stanisl. Naruskewic*, 3 vol. in-4°. Varsovie. Nadworney.
	601	1776. Le même, nouvelle édition, 3 vol. in-8°. *Ibid. Idem.*
—		— *Voyez* n°s 532 et 534.
1773	602	— *J. Th. Segeri*, Specimen observation. ad eruendas origines juris publici Germanici, in-4°. Lipsiæ.
—	603	— Tacitus oversat af det latinske. Med de fornodenste anmærkinger ved *J. Baden*, 3 vol. in-8°. Kiœbenhavn. Hallager. 1773-1797. La *Germanie* est traduite par *G. L. Baden* fils.
1774	604	— OEuvres de Tacite, en latin, traduites en français, avec des supplémens qui remplissent les lacunes; suivies de notes historiques, critiques et littéraires; par l'abbé *de la Bletterie*; revues, corrigées et augmentées par *J. H. Dotteville*, 7 vol. in-8°. Paris. 1774-1780.
	605	1779-1798 (an VII). Le même, 2e édition, 7 vol.
	606	1792. Le même, 3e édition, 7 vol. in-12.
	607	1798-1799. Le même, 4e édition, 7 vol. in-12 et in-8°.
—	608	— Annales de Tacite. en latin et en français; règnes de Claude et de Néron, par *J. H. Dotteville*, de l'Oratoire, 2 vol. in-12. Paris. Moutard.
	609	1785-1786. Le même, 2e édition, revue et corrigée, 2 vol. in-12. *Ibid. Idem.*

1774	610	— Agricolæ Vita, etc., in-8°. Warrington. Eyres. Avec traduction anglaise par *J. Aikin.*
—	611	—*J. G. Amelang,* Gedanken üb. d. Absicht u. d. Plan des Tacitus bei seinem Buche v. d. Lage u. d. Sitten der Teutschen. Dans le *Journal encyclopédique,* in-8°, Düsseldorf, 1774, cahiers 3-5.
	612	1791-1792. Le même, réimprimé dans la traduction allemande de la Germanie, par *Ernesti,* 2 vol. in-8°. Nuremberg.
—	613	— Programma quo asseritur veteres Germanos quorum mores Tacit. enarrat, unius tantum Dei cultores fuisse, a *A. C. Borheck,* in-4°. Gottingæ.
1775	614	—*J. P. Anchersen,* de Scientia fideque Taciti geographica et historica in Germania. Dans ANCHERSEN, *Opuscula minora,* in-4°, Breme, 1775, p. 121 et suiv.
—	615	— *G. A. Arndt,* Dissertatio quatenus Taciti de Germania libello fides sit tribuenda, in-4°. Lipsiæ.
1776	616	— Les Mœurs des Germains, et la Vie d'Agricola, par Tacite, traduction nouvelle, avec des notes par *Boucher,* in-12. Paris et Amsterdam. Demonville.
—	617	— Ad narrationem Taciti de expeditionibus Germanici Cæsaris transrhenanis Animadversiones, par *Ferd. Guilelm. Beer,* in-4°. Dans les *Acta Moguntiaca,* tome 1, p. 358 et suiv.
—	618	— La Vie d'Agricola et les Mœurs des Germains, de Tacite, traduits par l'abbé *de la Bletterie,* in-12. Paris.
—	619	— Programma ad memor. W. H. Hoffmann (de Taciti Germania, c. 15 et 26), a *J. C. Briegleb,* in-4°. Coburg.
—	620	— Beschreibung eines MS. von Taciti Germania, von *Hummel.* Dans sa *Neue Biblioth. von seltenen Büchern,* in-8°, Nürnberg, 1776, B. 1, p. 212 et suiv.
—		— *Voyez* n°s 593 et 602.

1777	621	— Opera ad optimas recentissimasque editt. accuratissime collatas recusa, in-8°. Herbipoli et Fuldæ. J. J. Stahel.
—	622	— Tacitus Agricola's Leben übersetzt, in-8°. Gotha. Ettinger.
—	623	— Germanien, übersetzt mit Anmerkungen von *P. J. Holl*, in-8°. Bamberg. Klebsadel.
—	624	— Tacitus von dem Leben und den Staatsmaximen des K. Tiberius, aus dem franzœsischen von *de la Houssaie* übers., in-8°. Augsburg. Rieger.
1778	625	— A treatise on the situation, manners and inhabitants of Germany, by *J. Aikin*, in-8°. Warrington. Johnson. Avec notes et cartes.
	626	1815. Le même, nouvelle édition, in-8°. Oxford.
	627	1823. Le même, 4ᵉ édition, in-12. London. Whitaker.
—	628	— *P. D. Longolii*, Programma in redit., etc. (de Boiis, ad German., c. 28), in-4°. Curiæ Regnit.
1779	629	— Opera, cum varietate lectionum selecta novisque emendationibus. Accedunt notæ et index historicus studiis societatis Bipontinæ, par *G. C. Croll*, 4 vol. in-8°. Bipontæ. Léonard et P. Hallanzy. 1779-1780.
—	630	— Opera exstant. Juxta accuratissimam Lallemant editionem, in-12. Paris. Barbou. A l'usage des écoles.
	631	1815. Le même, nouvelle édition, in-12. *Ibid*.
	632	1823. Le même, nouv. édit. in-12. *Ibid*. Delalain.
—	633	— Tacitus Germanien, übersetzt von *C. F. Kretschmann*, petit in-8°. Leipzig. Weidmann.
—	634	— Sur l'Art psychologique de Tacite, 2 mémoires, par *Jacques Weguelin*. Dans les *Nouv. Mémoires de l'Académie de Berlin*, A. 1779, p. 424 et 442 et suiv.
—		— *Voyez* nᵒˢ 596 et 605.

1780	635	— Opera recognovit, emendavit, supplementis explevit *G. Brotier*, 5 vol. petit in-8°. Manhemii. Lœffler. 1780-1781.
—	636	— Tacitus Annalen, übersetzt von *C. F. Barth*, petit in-8°. Halle. Gebauer. Ce n'est qu'un essai, contenant les 1er et IIe livres des *Annales*. — Voir 1781.
—	637	— De legendo Dialogo de Oratoribus qui Tacito vulgo inscribitur s. incerti auctoris, a *L. G. Crome*, in-4°. Lunæburgæ.
—	638	— Sur l'Art caractéristique, moral et politique de Tacite, mémoire, par *J. Weguelin*. Dans les *Nouv. Mémoires de l'Académie de Berlin*, A. 1780, p. 487 et suiv.
1781	639	— Opera, cura *Jac. Aikin*, 2 vol. in-8°. Warringtoniæ. G. Eyres.
—	640	— Werke, übersetzt von *C. F. Barth.*, 2 vol. in-8°. Halle. Gebauer. OEuvres complètes, hors les deux premiers livres, publiés comme essai en 1780.
—	641	— Traduction du premier livre de Tacite (par *J. J. Rousseau*), in-18. Genève. Se trouve dans toutes les collections des OEuvres complètes de J. J. Rousseau.
—	642	— Tacitus Germanien, übersetzt von *K. G. Anton*, petit in-8°. Leipzig. Haug.
	643	1799. Le même, nouvelle édition, in-8°. Gœrlitz. Anton.
—	644	— *K. G. Anton*, über des Tacitus Abhandlung über Lage, Sitten u. Vœlker Germaniens. Dans les *Provincialblættern*, in-8°, Dessau, 1781, cahier 1.
—	645	— *C. G. Schütz*, Diatribe in Taciti Annal. II, 23 et suiv., in-4°. Jenæ.
	646	1830. Le même, réimprimé dans les Opuscul. philolog. in-8°. Halæ.

1781	647	— *G. A. Tittel*, Moralische Züge aus dem Character der Teutschen aus Tacitus, in-8°. Carlsruhe.
1782	648	— Dialogue des Orateurs, traduit en français (par *Cl. G. Bourdon de Sigrais*), in-12. Paris, imprimerie de Meunier.
1783	649	— De Situ, moribus et populis Germaniæ libellus, scholar. in usum separatim edidit *C. H. Jœrdens*, in-8°. Berolini.
—	650	— Styken af Tacitus Ofversættlinger, fragmens traduits de Tacite par *Sten. Abraham Piper*. Dans les *Mémoires de l'Académie suédoise*, vol. III, in-8°, Stockholm, 1783.
1784	651	— Les Mœurs des Germains et la Vie de J. Agricola, texte en regard, avec des notes géograph. et histor., par *C. G. Schultz*. Dans ses *Opera*, in-12. Lugd. Batav. Luchtmans.
—	652	— De Situ, moribus et populis Germaniæ libellus, ex recensione *J. A. Ernesti*. In usum prælection. privatarum iterata a *J. B. Carpzov*, in-8°. Helmstadii. Schnorr.
—	653	— Ueber Tacitus Buch von Deutschland, von *A. C. Borheck*. Dans son *Magazin für d. Erklærung d. Griechen und Rœmer*, in-8°, Nürnberg, 1784, cahier 1, p. 112-175.
—		— *Voyez* n° 540.
1785	654	— *Smetii* Commentiuncula in Taciti Histor. lib. v, c. 19, in-8°. Neomagi, van Goor.
—	655	— *G. A. Tittel*, Ueber politische und religiœse Verfassung der Teutschen nach Tacitus, in-8°. Kehl.
—	656	— Tacitus Agricola's Leben, übersetzt von *Fr. Molter*, petit in-8°. Carlsruhe. Braun.
—		— *Voyez* n° 610.
1786	657	— Germania, cum versione Germanica, et indice geograph., a *C. C. F. Müller*, petit in-8°. Altenburgi. Richter.

1786	658	— Beschreibung des alten Deutschlands, übersetzt von *C. K. F. Müller,* in-8°. Altenburg. Richter.
—	659	— Von den Sitten und Vœlkern Germaniens. Dans les *Éphémérides littéraires* de Schœnebeck, in-8°, Breme, 1786.
—	660	— *K. F. Stæudlin,* Ueber die Philosophie und Denkart des Tacitus. Dans *Conz Beitræge f. philos. Geschmack,* etc., in-8°, Reutlingen, 1786, n° 9.
1787	661	— Opera ex edit. G. Brotier, cum select. varior. et novis aliquot notis illustrata a *Jos. Stock,* 4 vol. in-8°. Dublin. 1787-1788.
—	662	— Von den Ursachen des Verfalls der Beredsamkeit, mit Erlæuterungen von *J. J. H. Nast,* in-8°. Halle. Gebauer.
1788	663	— Germania ex recensione et cum select. observationibus *P. D. Longolii,* edidit *J. Kappius,* petit in-8°. Lipsiæ. Fr. Fleischer.
—	664	— Germania, übersetzt von *Michael Engel,* in-8°. Leipzig. Gœschen. Le texte est en regard.
—	665	— De Moribus Germanorum et Vita Agricolæ, ex edit. Brotier ad alteram J. A. Ernesti collata ab *H. Homer,* in-8°. Londini.
—	666	— Notæ quam plurimæ ad libr. de Moribus Germanorum, ex utraque Taciti editione Brotieriana excerptæ. Dans Tract. var. lat. a *Crevier* aliisque conscriptis edit. *Th. Burgess,* in-8°, Londini, 1788.
—	667	— Observations critic. P. 5 (de Taciti Germania, c. 2), a *C. D. Jani,* in-4°. Halæ.
—	668	— Agricola, cum animadversionibus et nova versione Germanica edidit *Engel,* in-8°. Lipsiæ. Gœschen.
—	669	— Dialogus de Oratoribus, sive de Causis corruptæ eloquentiæ, ad optim. editt. recensuit, annotatione selecta aliorum et sua illustr. *J. H. Schulze,* in-8°. Lipsiæ. Weidmann.

1788	670	— Two Essays upon the principles of historical composition with an application.... to the writings of Tacitus, by *John Hill*. Dans les *Transactions of the royal Society of Edinburgh*, vol. 1, p. 76 et suiv., 181 et suiv.
—	671	— *J. W. D. Snell*, Programma de Tauno monte cuius lib. I et XII Annal. mentionem fecit Tacitus, in-4°. Giesæ.
—	672	— *E. Vœlckel*, de Fontibus unde Tacitus quæ de patria nostra tradidit, etc., in-8°. Marburg.
—		— *Voyez* n° 553.
1789	673	— Commentatio critica, qua locus Taciti (Annal. I, c. 10, Nec domesticis, etc.....), male affectus restituitur et illustratur a *Georg. Christ. Croll*. Dans les *Comment. Acad. Theodoro-Palatinæ*, in-4°, Manheim, 1789, vol. VI, *Hist.*, p. 23.
—	674	— Ueber die Talente u. d. Character des Geschichtschrb. mit Anwendung auf d. Schriften des Tacitus von *J. Hill*, übers v. *J. G. Buhle*, in-8°. Gœttingen.
—	675	— Dialogus de Oratoribus, ex recens. Brotier, Ernesti, Homeri, edidit *J. de Nores*, in-8°. Londini.
—	676	— *Lundblad*, Dissertatio de stilo Cornel. Taciti, in-4°. Lund.
—	677	— Ueber den schriftstellerischen Character des Tacitus, von *D. H. Hegewisch*. Dans *Berliner Monatsschrift*, 1789, n° 7, in-8°, Berlin.
—	678	— Ueber die Worte des Tacitus, Germanien, c. 19, Plus ibi boni mores valent, etc., von *H. A. Frank*, in-4°. Erfurt.
—	679	— *M. A. Mureti*, Commentarius in Taciti Annales, — in ejusdem Oper. ed. *Ruhnken.*, in-8°. Lugduni Batavorum. T. IV.
—	680	— Saggio sopra i principi della composizione storica e loro applicazione alle opere di Tacito del signor *G. Hill*, in-8°. Padua. Galeazzi.

1790	681	— Opera omnia (edente *H. Homero*), 4 vol. in-8°. Londini. Ritchie et Sammels. 1790-1794.
—	682	— Les OEuvres complètes de Tacite, traduites par *Dureau de Lamalle*, 3 vol. in-8°. Paris. Th. Barrois jeune. Sans texte latin.
	683	1808. Le même, 2e édition, revue, corrigée et augmentée, avec le texte latin en regard et une carte, 5 vol. in-8°. Paris. Nicolle.
	684	1818. Le même, 3e édition, augmentée des supplémens de *Brotier*, trad. par *Noël*, avec portraits et une carte, 6 vol. in-8°. Paris. Michaud.
	685	1827. Le même, 4e édition, 6 vol. in-8°. Paris. Michaud.
—	686	— Annales, traduites par *Meilhan*, tome I, in-8°. Desenne. Il n'a paru que ce volume.
—	687	— De Situ, moribus et populis Germaniæ libellus et J. Agricolæ Vita ad exemplar Bipontinum, in-12. Norimbergæ. Riegel.
	688	1810. Le même, nouvelle édition, in-12. *Ibid*.
—	689	— Prolusio qua ad c. 9 Germaniæ Taciti de Mercurio, Hercule, Marte et Iside Germanorum quædam disputantur, a *A. C. Borheck*, in-8°. Duisburg.
—	690	— De præcipuis rerum Romanarum Auctoribus ac primum de Taciti moribus, a *J. H. L. Meierotto*, in-fol. Berolini. Rellstab.
—	691	— Bemerkungen über einige Stellen des Tacitus, Livius und Juvenal, von *H. Bredenkamp*. Dans le *Magazin für Schulen*, in-8°, 1790, vol. 1, p. 427 et suiv.
—		— *Voyez* n° 565.
1791	692	— Opera, cum scholiis in utilitatem juventutis, edidit *G. W. A. Lempelius*, tome I, petit in-8°. Schleswig. Boie. Cet ouvrage n'a pas été continué.

1791	693	— Germania cum annotatt. et vocabulario, in usum juvent. edidit *J. H. Emmert*, petit in-8°. Gottingæ. Bross.
—	694	— Tacitus Germanien, übersetzt mit Noten von *J. H. Ernesti*, 2 vol. in-8°. Nürnberg. Monath et Kussler. 1791-1792. Un Dictionnaire historique, en langue allemande, par le même, in-8°, 1792, forme le second volume.
—	695	— Tacitus Alterthümer von Germanien, oder über Germaniens Lage, Sitten und Vœlker, in ein System gebracht von *P. L. Haus*, 2 vol. in-8°. Mainz. Andreæ. 1791-1792.
—	696	— Von den œffentlichen und Privatspielen der alten Teutschen, und ihrer dabei sich auszeichnenden Treue u. Redlichkeit; nach dem Tacitus, von *H. A. Frank*, in-4°. Erfurt.
—	697	— Wœrterbuch (historisches) zu Tacitus Germanien von *J. H. M. Ernesti*, in-8°. Nürnberg. Monath et Kussler.
—	698	— *W. Tindal's* Observations on Tacitus. Dans ses *Juvenile excursions in litterature and criticism*, in-8°. Colchester, 1791.
—		— *Voyez* n° 612.
1792	699	— Opera, ex recensione *J. Ch. Crollii*, curante *F. Ch. Exter*, editio secunda, auctior et emendatior, 4 vol. in-8°. Biponti. Pour la première édition, *voyez* 1779.
—	700	— Prolus. de Taciti loco vexatissimo qui exstat in secundo capite libri de Moribus Germanorum conscripti, a *G. Butte*, in-4°. Giessæ.
—	701	— Utrum satis fide digna sint quæ Tacit. in libro de Moribus Germanorum tradit. Dissertatio a *C. Ch. E. Charitio*, in-4°. Wittembergæ. Dürr.
—	702	— Geographisches Wœrterbuch vornæmlich zum Gebrauche des Tacitus, von *J. H. M. Ernesti*, in-8°. Nürnberg. Monath.
		— *Voyez* n° 606.

1793	703	— Opera in usum scholarum diligenter expressa, 2 vol. in-8°. Halæ. Orphanotropheum.
	704	1817. Le même, 2ᵉ édition.
—	705	— Tacitus's Works, with an essay on his life and genius, notes, etc., by *Arth. Murphy*, 4 vol. grand in-4°. London.
	706	1805-1811. Le même, réimpression, 8 vol. in-8°. London.
—	707	— Tacitus Germanien, übersetzt von *J. F. Schwedler*, petit in-8°. Halle. Hendel.
—	708	— Notitia Hermunduror., etc.; acced. præter vitam auctoris alia ejusd. viri scripta ad Taciti German. inprimis inedita, et *Jac. Perizonii* notulæ, a *J. H. M. Ernesti*, 2 vol. in-8°. Lipsiæ.
—	709	— *Runde*, Oratio de vera nobilitatis notione pro diversa temporum ratione maxime diversa, etc., in-8°. Gottingæ.
—		— *Voyez* n° 562.
1794	710	— Opere di Corn. Tacito, tradotte dal conte *Pietro Montanari*, con sopplimento alle lacune che s'incontrano nel medesimo autore, e con note, 4 vol. in-8°. In Verona. Marc. Moroni. 1794-1803.
—	711	— Germania, 2 vol. petit in-8°. Halæ. Hendel. 1794-1795. En latin, commentée et éclaircie en allemand par des passages des auteurs anciens, à l'usage des collèges, par *J. F. Schwedler*.
—	712	— Germania, cum notis *C. H. Jœrdens*, petit in-8°. Berolini. Reimer.
—	713	— Ueber einige Stellen der Germania des Tacitus, etc., von *J. Fr. Herel*. Dans les *Acta Academiæ Erford.*, A. 1794 et 1795, n° 8.
—	714	— Programma de Chaucis, veter. German. populis, regnandi consiliis commendabilibus ad Taciti Germaniam, c. 35, a *H. A. Frank*, in-4°. Erfordiæ.

1794	715	— Gedanken über die Næhe der Bildung auf welcher die Deutschen zu Cæsars u. Tacitus Zeiten standen, von *J. F. A. Kinderling*. Dans *Ernesti's Miscellen zur teutschen Alterthumskunde*, in-8°, 1794.
—		— *Voyez* n° 508.
1795	716	— In C. Corn. Taciti Opera Animadversiones criticæ, a *Thoma Wopkens*. Præfatus est *H. J. Arntzenius*. Dans les *Acta litterar. Societat. Rheno-Trajectinæ*, in-8°. Lugd. Batav, 1795, t. II, p. 20; t. IV, p. 358 et suiv.
—	717	— Annales, 3 vol. in-fol. Parmæ, in ædibus Palatinis (Bodoni). Papier vélin, tiré à 30 exemplaires seulement. Il en existe aussi en 3 vol. in-4°, *ibid.*, 1795.
	718	1797. Le même, 2 vol. in-8°. *Ibid.*
—	719	— *G. C. Lauter*, Animadv. quædam ad Taciti Agricolam, in-4°. Heidelberg.
—	720	— *F. A. Wolf*, liber de Eloquentia vulgo Tacito tributa. Dans ses *Vermischte Schriften*, in-8°. Halle, 1795, p. 158 et suiv.
—	721	— De Moribus Germanorum libellus et Agricolæ Vita, in-18. Parisiis. Renouard.
—	722	— Natürliche Geschichte d. Deutschen u. der menschlichen Natur. Ein Commentar zu Tacitus Germania, von *C. F. Fulda*, herausgegeben von *D. F. Græter*, in-8°. Nürnberg.
—	723	— Fontes quos Tacitus in tradendis rebus ante se gestis videatur sequutus, paucis indicat *J. H. C. Meierotto*, in-fol. Berolini. Rellstab.
—	724	— *Rob. Alves*, Thucydides, Sallust, and Tacitus. Dans ses *Sketches of a history of litterature*, in-8°. Edimburg.
—	725	— Annalium liber primus, in lingua suec. conversus, in-8°. Holmiæ.

1796	726	— Les Annales de Tacite, trad. en suédois, 2 vol. in-8°. (Sans date.) 1796?
—	727	— Opera, notis et dissertationibus illustravit G. Brotier, 4 vol. in-4°. Edinburgi. J. Mundell.
	728	— Le même, 4 vol. in-8°. *Ibid.* *Voir* aussi à l'année 1812.
—	729	— *M. Norberg*, Disputatio de origine Germanorum apud Tacitum, in-4°. Lund.
—	730	— Traduction de la Vie d'Agricola, de Corn. Tacite, par *le Duc de Nivernois*, avec le texte latin, in-4°. Paris. Didot. Dans les OEuvres de cet auteur, tome IV.
—	731	— Ueber einige Stellen in d. Werke des Tacitus, Germanien, Kriegskunst und Sittenpflege unserer ældtesten Vorfahren betreffend, von *J. Fr. Herel*, in-4°. Erfurt. *Voyez* n° 714.
—	732	— *J. C. E. v. Springer*, Beweis dass Tacitus seine Erzæhlungen von den alten Teutschen aus Westphalen genommen habe. Dans ERNESTI's *Beitræge zur Gesch. d. Teutschen*, in-8°, Baireuth, 1796.
1797	733	— Opera, ex recensione *G. H. Crollii*, editio secunda, emendata, cura *Hutten*, 2 vol. in-8°. Tubingæ. Cotta. 1797-1798.
—	734	— La Vie de Julius Agricola, par Tacite; traduction nouvelle, texte en regard, par *Des....* (*Desrenaudes*), in-12. Paris. Laran et Bailleul. An V.
—	735	— *Steger*, Griechische Monumente im ældtesten Germanien. Beitrag zur Aufklærung e. Stelle in Tacitus Deutschland c. 8. Dans *Deutsche Monatschrift*, in-8°, Berlin, 1797, B. 2, p. 41.
—	736	— An essay on the comparative authenticity of Tacitus and Suetonius, illustrated by the question « Whether Nero was the author of the me-

		morable conflagration at Rome?» by *Arth. Browne*.
		Dans les *Transactions of the r. Irish Acad. at Dublin*, in-4°, tome v, n° 1.
	737	1798. Le même, réimprimé dans *A. Browne's Miscellan. Sketches*, in-8°, tome 1. London.
1797	738	— Emendationes Taciti Annal. xi, 16, et xv, 47, 50, a *J. Fr. Herel*.
		Dans *Magazin für Schulen*, in-8°. Bremen, 5 vol., p. 213 et suiv.
—		— *Voyez* n° 718.
1798	739	— *J. F. Neumann*, Vindiciæ scriptor. antiquor. græcor. et roman. inprimis Taciti a criminatione corruptelarum nostri temporis civil. passim nuper in eos conjecta, in-4°. Gorlitzii.
—	740	— *J. A. Schœfer*, Emendationes et observationes in difficiles quosdam Taciti, Plinii et Ovidii locos, in-4°. Onolsb.
—	741	— Notes écrites de la main d'un souverain, à la marge de Tacite, par *Diderot*.
		Dans ses OEuvres, publiées par Naigeon, in-8°. Paris, 1798, tomes viii et ix.
—	742	— Germania, übersetzt von *J. C. Schlüter*, texte en regard, in-8°. Dortmund. Schulz.
	743	1821. Le même, 2ᵉ édition, in-8°. Hamm. Wundermann.
—	744	— Ensayo de Traducciones que comprende la Germania, et Agricola, y vario trazos de Tacito, etc., por *José Maria de Fuentes* y *Diégo Clemencin*, in-16. Madrid. Benito Cano.
—		— *Voyez* nᵒˢ 608 et 737.
1799	745	— Germania, petit in-8°. Meissen. Erbstein.
		Avec des notes philologiques, grammaticales et historiques en allemand par *C. G. G. Koch*.
—	746	— Commentatio in locos aliquot ex Taciti Vita Agricolæ et Dialogo de Oratoribus, a *F. F. Drück*, in-4°. Stuttgart.

1799	747	— Versuch einer Erklærung dessen, was Tacitus, Germ. c. 24, 25, von der Spielsucht, etc., der Deutschen sagt, von *J. F. A. Kinderling*, in-8°. Dortmund.
—		— *Voyez* n°s 566 et 643.
1800	748	— Tacitus Agricola's Leben, übersetzt von *J. A. Arzt*, petit in-8°. Meissen. Gœdsche. Avec des notes et une carte.
	749	1820. Le même, 2e édition, in-8°. *Ibid*.

XIXe SIÈCLE.

1801	750	TACITI (Cornelii) Opera, ex recensione *J. A. Ernesti*, denuo curavit, præf. et indicib. locuplet. *Jer. Jac. Oberlinus*, 2 vol. in-8°. Lipsiæ. Les exemplaires sur papier de Hollande sont divisés en 4 vol. grand in-8°.
—	751	— Le même, *in usum scholarum*, 1 vol. in-8°. *Ibid*.
—	752	— Observations littéraires, critiques, politiques, militaires, géographiques, etc., sur les Histoires de Tacite, par *Edme Ferlet*, avec cartes, 2 vol. in-8°. Paris. Levrault. An ix.
—	753	— Avis aux lecteurs sans partialité, 16 pages in-8°. Paris. Merigot. Il concerne les *Observations sur Tacite* de Ferlet.
—	754	— Réponse de Edme Ferlet, auteur des Observations sur Tacite, à un écrit anonyme intitulé Avis aux lecteurs sans partialité, 14 pages in-8°. Strasbourg. Levrault. An ix.
—	755	— *K. G. Anton*, Auszug a. e. Recension von Hands Preisschrift üb. d. Psychologie des Tacitus. Dans *Lausitzer Monatschrift*, 1801, tome 1, p. 339-346.
1802	756	— Tacitus Werke, übersetzt von *G. L. Becher*, 1er vol., petit in-8°. Francfort. Hermann. Contenant les premiers livres des *Annales*.

1802	757	— Animadversiones criticæ in Taciti Agricolam, a *J. C. G. Dahl*, in-4°. Rostoch. Adler.
—	758	— Observationes in Taciti Germaniam, a *H. L. Hartmann*, 3 parties, in-4°. Guben. Brückner. 1802-1809.
1803	759	— La Vie de Julius Agricola, par Tacite; traduction nouvelle par *Dambreville*, in-12. Paris. Caille et Ravier. An XI.
—	760	— *J. W. Süvern*, Prolusio de Taciti in Germanici Cæsar. Historia Annal. libris duobus prioribus intexenda confl. et artificio, in-4°. Elbingæ.
—	761	— Fragmens de la Vie d'Agricola, par C. L. P. (*C. L. F. Panckoucke*), le texte en regard, 35 pages in-8°. Paris. Ve Panckoucke. An XII. Ces fragmens offrent un rapprochement de la situation de la France à cette époque et des préparatifs de descente en Angleterre.
—	762	— Traduction et critique (en allemand) de l'allocution de Glaucus, par *A. F. Pauli*. Dans la *Philologie* de Hauff, in-8°, cahier 1er de 1803.
—		— *Voyez* n° 567.
1804	763	— Opera, ad optimorum exemplar. fid. recensita; cum proœm., argument. et indicibus, edidit *G. A. Ruperti*, in-8°. Gottingæ. Dietrich. Tome I. Il n'en a paru que ce volume.
—	764	— Annali, trad. da *L. D. Savioli*, gr. in-4°. Parma. Bodoni.
—	765	— Germaniam, in usum scholarum, edidit *A. Winding-Brorson*, petit in-8°. Havniæ. Arntzen et Hartier.
—	766	— Ausstellung einiger historischen Stücke des Tacitus, übersetzt von *P. H. Boost*, in-8°. Francfort.
—		— *Voyez* n° 568.
1805	767	— Opera quæ exstant omnia ad probatiss. editt. fidem *D. D. Lallemand* et *G. Brotier*, recogn. et

		edit. *J. Aug. Amar-Duvivier*, in-12. Paris. Delalain.
1805	768	— *G. A. Ruperti* Commentarius perpetuus in C. C. Taciti Annales conscriptus, in-8°. Gottingæ. Dietrich.
	769	1825. Autre édition, in-8°. London. Priestley.
—	770	— *Chr. Rommel*, de Taciti Descriptione Germanorum, in-4°. Marburg. Krieger.
—	771	— Agricola, trad. in italiana da *Gius. di Cesare*, in-8°. Firenze. Piatti.
	772	1810. Le même, réimpression, in-8°. Napoli. Simoni.
—	773	— *Excerpta e Taciti op.*, ou Morceaux choisis de Tacite, avec des commentaires et des notes françaises, précédés d'une notice sur cet historien, (par *Rendu*), in-12. Paris. Gosselin.
	774	1810. Le même. *Ibid.*
	775	1822. Le même. *Ibid.*
—	776	— De Vita et Scriptis Taciti, a *Gestrich*, in-8°. Lund.
—		— *Voyez* n° 706.
1806	777	— Zu Tacitus Germanien, c. 24, v. *Beckmann*. Dans son *Vorrath kleiner Anmerkungen*, in-8°. Gœttingen, 1806.
—	778	— Vie d'Agricola, par Tacite; traduction nouvelle, texte en regard, (par *Ambroise Rendu*), in-8°. Paris. Xrouet.
	779	1817. Le même, 2e édition, in-8°. Paris. Nyon.
	780	1822. Le même, 3e édition, avec une carte, in-12. Paris. Gosselin.
—	781	— Vita d'Agricola, trad. da *Napione*, in-8°. Firenze.
1807	782	— Notæ breves ad Dialog. de Oratoribus e marg. exempl. *Tyrwhitti* ed. *Lipsii*, 1627 exscriptæ. Dans Ruhnkenii *Opuscul.*, in-8°. Londini.

1807	783	— Tacitus Werke, übers. von *K. F. Bahrdt*, 2ᵉ édition, 2 vol. petit in-8°. Halle. Gebauer. Pour la première édition, *voyez* n° 640.
—	784	— I Costumi de'Germani, trad. da *Gaetano Marrè*, in-16. Genova.
—	785	— *J. G. Zimmermann*, Observationum quarund. in Taciti German. specimen, in-4°. Darmstadt.
—	786	— *Chr. Rommel,* Ueber des Tacitus Beschreibung der Deutschen. Dans les *Allgem. geograph. Ephemeriden*, in-8°. Weimar, July.
1808	787	— Germania, in-8°. Lipsiæ. Gœthe.
—	788	— De Situ, moribus et populis Germaniæ libellus, cum varietate lectionis brevibusque adnotation. editus a *G. G. Bredow*, in-8°. Helmstadii. Fleckeisen.
	789	1816. Le même, nouvelle édition, in-8°. *Ibid.*
—	790	— Commentatio de locis nonnullis in Taciti Germania, a *C. A. G. Emmerling*, in-8°. Lipsiæ. Schwickert.
—	791	— Agricola, petit in-8°. Duisbourg. Bædecker. Latin et allemand, avec des notes de *J. C. Schlüter.*
—	792	— Lebensbeschreibung des J. Agrikola, übersetzt von *C. F. Renner* et *J. C. Fincke,* in-8°. Gœttingen. Rœwer.
—	793	1816. Le même, 2ᵉ édition, revue et augmentée par *A. Schlegel*, in-8°. *Ibid.* Brose.
—		— *Voyez* n° 683.
1809	794	— Tacitus Annalen, übersetzt von *J. C. Schlüter*, 3 vol. petit in-8°. Duisbourg. Bædecker. 1809-1818.
—	795	— Germania, in usum scholarum, ed. *M. V. Sœrgel*, in-12. Lemgo. Meyer. Il y a des éditions antérieures.

1809	796	— Tacitus Germanien, übersetzt von *G. G. Bredow*, petit in-8°, avec des notes et une carte. Helmstædt. Fleckeisen.
	797	1826. Le même, nouvelle édition, publiée par *J. Billerbeck*, in-8°. *Ibid.*
—	798	— *G. L. Walch*, Meletematum crit. specimen, in-4°. Jenæ. Gœpferdt.
—	799	— Dialogue sur les Orateurs, traduction nouvelle, dédiée à M. *le duc de Cambacérès*, par *Ch. Dallier*, in-8°. Paris et Reims.
—	800	— Versuch einer deutschen Uebersetzung des Tacitus, von *F. G. Zimmermann*. Dans le *Mercure d'Allemagne* de Wieland, 1809, IIIe cahier.
1810	801	— Opere di Tacito, trad. da *Lodovico Valeriani*, 3 vol. in-8°. Padova. 1810-1811.
	802	1818-1819. Le même, volgarizzato da *Lodovico Valeriani*, col testo a fronte, 5 vol. in-4°. Fiorenze. Magheri. Cette édition est aussi in-8°.
	803	1820. Le même, 4 vol. in-12. Padova, alla Minerva.
—	804	— Trois livres des Annales de Tacite, traduits en allemand par *F. F. Drück*. Dans ses OEuvres, publiées par *Conz*, in-8°, tome II, p. 55-311 Tübingen. Laupp. 1810.
—	805	— Extraits de Tacite (traduits en français), et Remarques sur plusieurs passages du texte, par *N. S. Anquetil*, in-12. Paris. Barrois.
—	806	— *A. G. Lange*, Dialogus de Oratoribus Tacito vindicatus. Dans Beckii *Act. Seminar.*, in-8°, tome I, p. 77 et suiv. Lipsiæ. 1810.
—		— *Voyez* n°s 688, 774 et 775.
1811	807	— Tacitus Werke, übersetzt von *C. L. v. Woltmann*, 6 vol. in-8°. Berlin. Reimer. 1811-1817.

1811	808	— Nouvelle Traduction de Tacite, avec le texte en regard, ouvrage posthume de M. *de Barrett*, 3 vol. in-12. Paris. Delalain.
	809	1820. Le même, nouvelle édition, 5 vol. in-12. *Ibid. Idem.*
—	810	— Germania ; de Situ, moribus, etc., in-12. Munich. Lentner. Latin et allemand, avec des notes par *G. A. Fischer.*
1812	811	— Opera, recognovit, emendavit, supplementis explevit, notis et dissertationibus illustravit *G. Brotier,* editio nova et auctior, 5 vol. in-8°. Londini, curante et imprimente *Abr. Joan. Valpy.* Belle et bonne édition, contenant toutes les augmentations et notes des éditions précédentes, et autres notes et commentaires de *Porson* et autres. b.
—	812	— Traduction nouvelle des Œuvres complètes de Tacite, par *Gallon de la Bastide*, 3 vol. in-12. Paris, chez Brunot-Labbe.
	813	1816. Le même, 2ᵉ édition, *ibidem*, 3 vol. in-8°.
—	814	— Annalium libri xvi, ex recensione novissima cum perpetua, brevi tamen, adnotatione ad libros priores in usum scholarum, in-8°. Tremon (Dortmund). Mallinckrodt.
—	815	— Ueber Lage, Sitten und Vœlkerschaften Germaniens, übersetzt von *Martius*, in-8°. Moscou.
—	816	— Agricola, in usum scholarum, edidit *G. Seebode,* petit in-8°. Gottingæ. Vandenhœk.
—	817	— Le même, avec des notes.
—	818	— *Ferd. Roth*, Ueber Thucydides und Tacitus vergleichende Betrachtungen, in-4°. München. Lindauer.
1813	819	— Opera ex recensione *J. A. Ernesti* denuo curavit *J. J. Oberlin,* 4 vol. in-8°. Oxoniæ. Clarendon.
—	820	— Tacitus Werke, mit Einleitung, Zeit- und Geschlechtstafeln und Anmerkungen von *J. K. Weikert,* 3 vol. in-8°. Leipzig. Schwickert. 1813-1816.

| 1813 | 821 | — Dialogus de Oratoribus, in usum scholarum, edidit *G. Seebode*, petit in-8°. Gottingæ. Vandenhœk.
La première édition en a paru en 1793. |
—	822	— Animadversiones criticæ in Taciti Agricolam, a *II. G. F. Klein*, in-8°. Jenæ.
1814	823	— Historiæ. Insigniori lectionum varietate adjecta recognovit in studiosæ juventutis gratiam *J. D. G. Seebode*, fasc. 1, in-8°. Hildesiæ.
—	824	— C. C. Tacitus, ex recensione *J. J. Oberlini*, cura *Tranér*, 2 vol. in-8°. Upsal. 1814-1815.
—	825	— Les Mœurs des Germains et la Vie d'Agricola, trad. par *de Barrett*, texte en regard, in-12. Saint-Brieuc. Prudhomme.
—	826	— Agricola, ad fidem optim. edition. recens. et select. observ. illustr. a *Sev. N. J. Bloch*, in-8°. Hafniæ.
—	827	— Due Opuscoli di Tacito, trad. da *Gaetano Marrè*, con lessico storico-geographico dei vocaboli antichi di *Jac. Graberg di Hemso*, in-8°. Genova, dalla stamp. di G. Bonando.
1815	828	— Opera, petit in-8°. Wurtzbourg. Stahel.
—	829	— Opere, tradotte da *Giuseppe San Severino* de' signori *di S. Marcellinara*, col testo a fronte, 12 vol. in-8°. Napoli. Stamp. regia. 1815-1816.
—	830	— Opere di Tacito, trad. da *Jos. Petrucci*, 7 vol. in-8°. Roma. 1815-1816.
—	831	— Gli Annali di C. Cornelio Tacito, tradotti in lingua italiana da *Giuseppe San Severino* de' signori di *S. Marcellinara* storiografo di S. M. O. Gerosolimitano, 10 vol. in-8°. Napoli, nella stamperia reale. 1815-1816.
—	832	— Morceaux choisis de Tacite, latin-français, trad. par *N. L. Achaintre*, in-12. Paris. Delalain.
—	833	— C. C. Tacite, Histoires du Roi, de Madame, de Buonaparte, de la Charte, des Fédérés, des

1815	834	Pairs, des Voltigeurs, des Députés, etc., avec une version française, in-8°. Paris. Pélicier. — Le même, 2ᵉ édition, in-8°. *Ibid.*
—	835	— *C. G. T. Schneider*, Observationes in Taciti Agricolam et Sallust., in-8°. Vimar.
—	836	— *E. Chr. Trautvetter*, Bemerkungen zum C. C. Tacitus über deutsches Alterthum, in-4°. Mitau.
—		— *Voyez* nᵒˢ 626 et 631.
1816	837	— Opera, edidit *G. Seebode*, in-8°, tome 1. Hanovre. Hahn. Ce volume ne contient que le *Dialogue*, *Agricola* et la *Germanie*.
—	838	— Tacitus Werke, übersetzt von *K. F. de Strombeck*, 3 vol. in-8°. Braunschweig. Vieweg.
—	839	— Germania, edidit *G. Seebode*, in-8°. Hanovre. Hahn.
—	840	— Tacitus Germanien, übersetzt von *F. Bischoff*, petit in-8°. Eisenach. Wittekindt.
—	841	— Tacitus Germanien, übersetzt von *F. W. Tœnnies*, in-8°. Berlin. Dümmler.
—	842	— Tacitus Agricola, übersetzt von *J. J. Stolz*, in-8°. Bremen. Heyse.
—	843	— Vita Agricolæ, edidit *G. Seebode*, in-8°. Hanovre. Hahn.
—	844	— Dialogus de Oratoribus, edidit *G. Seebode*, in-8°. Hanovre. Hahn.
—	845	— *H. A. W. Winckler*, de difficillimis locis Taciti German., in-4°. Giessæ.
—		— *Voyez* nᵒˢ 789, 793 et 813.
1817	846	— *Fr. Passow*, über Tacitus Germania. Dans *Wachlers Philomathie*, in-8°. Francfurt. Hermann, 1817, B. 1, p. 19-61.
—	847	— Opera, ex editione *J. J. Oberlini*, cum supplementis *G. Brotier*, 3 vol. grand in-18. Londini. Bodwell et Martin. Édition du Régent.

1817	848	— Opera juxta accuratissimam *D. Lallemand* editionem, in-12.
—	849	— Tacitus Germania, in-8°, avec une carte. Halle.
	850	1819. Le même, 2e édition. *Ibid.* Schimmelpfennig. Latin, avec la traduction allemande par *G. Sprengel*, et des notes par *K. Sprengel*.
	851	1819. Le même, publié par *Eyerel*, in-8°. Vienne. Mœsle.
—	852	— Germania, recens., var. lection. instr. annotationemque *G. G. Bredow* integram addidit *F. Passow*, in-8°. Breslau. Max.
—	853	— Commentar zu Tacitus Germanien, übersetzt von *J. Ammon* et *W. Bœumlein*, in-8°. Tübingen. Hopfer.
—	854	— Quædam Taciti loca notis tentata. Recensente *N. S. Anquetil*, in-12. Paris. Testu.
—	855	— *L. Dœderlein*, emendationes et observationes in Taciti Agricolam. Dans *Acta philolog. Monac.*, 1817, tome II, p. 3, 365 et suiv.
—	856	— De Taciti stilo observationes crit. adversus *J. Hill*, præm. epistola *J. T. Buhle* ad *J. J. Eschenburg*, in-8°. Brunsvic. Vieweg.
—		— *Voyez* nos 704 et 777.
1818	857	— Opera recensuit *Carson*, in-8°. Edinburg.
—	858	— Opera, cum Brotieri supplementis, 3 vol. in-18. Londini. Whittaker.
—	859	— Opera, 2 vol. in-8°. Abo. Frenkholl.
—	860	— De Situ, moribus et populis Germaniæ libellus et Julii Agricolæ Vita, in-8°. Carlsruhe. Müller.
—	861	— Von der Lage, den Sitten und Vœlkern Germaniens, übersetzt von *v. Hacke*, in-8°. Carlsruhe, Müller.
—	862	— Tacitus Agricola's Leben, übersetzt von *L. Dœderlein*, in-8°. Aarau. Sauerlænder.

1818	863	— Observationes in Taciti loca aliquot, a *C. A. L. Feder*. — In ejusdem observatt. critic. ad auctor. veter. gr. et lat. specim., in-8°. Heidelberg. Moser, p. 85 et suiv.
—	864	— Programma loca quædam Homeri et Taciti illustrans, a *Chr. Koch*, in-4°. Marburg.
	865	1822. Le même, in-4°. *Ibid.*
—	866	— *G. P. Schuppius*, Explicantur loca quæd. difficiliora ex Taciti Annal. 1, c. 7, in-4°. Hanoviæ.
—	867	— Annal. Taciti locos tres adhuc perperam intellectos et partim desperatur nunc explanatos dedit *L. J. W. (Wortberg)*, Gryphiæ. Mauritius.
—		— *Voyez* n°s 684 et 802.
1819	868	— C. Cornelius Tacitus qualem omni parte illustratum postremo publicavit *J. J. Oberlin*, cui postumas ejusdem annotationes et selecta variorum additamenta subjunxit *Jos. Naudet*, 6 vol. in-8°. Parisiis, colligebat Lemaire. 1819-1820.
—	869	— Observationum ad Taciti Opera specimina duo, a *G. H. Walther*, petit in-8°. Sondershusæ et Halæ. Voigt. 1819-1828.
—	870	— Annali et Istorie, tradotti in lingua italiana da *Guis. San Severino*, de' signori di *S. Marcellinara*, 3 vol. in-8°. Napoli. Stamp. reale.
—	871	— Vie d'Agricola, traduite de Tacite par un officier du corps royal d'état-major (M. *Cools Desnoyers*), in-8°. Paris. F. Didot.
—	872	— Probe einer neuen, mit kritischen Forschungen verbesserten Uebersetzung des Tacitus, von *G. Ch. Hermann*, in-8°. Giessen. Heyer.
—	873	— Symbola critica et philologica in Taciti Germaniam, e cod. præsertim Turic. denuo excusso *J. C. Orellius*, in-4°. Turici. Orell et Cie.
—	874	— Optimum interpretandi præsertim Tacit. consilium ac nonnulli Annal. loci tum emendati tum explanati ab *L. J. W. (Wortberg)*, in-8°. Gryphiæ. Mauritius.

1819	875	— *Alex. Ruperti*, Observationes in obscura Taciti verba, quæ in Histor. libris leguntur, et commentariis aliquándo divulgandis excerptæ. Dans SEEBODE's *Kritische Biblioth.*, in-8°. Hildesheim, 1819, p. 339; 1820, p. 215 et suiv.
—		— *Voyez* n°s 850 et 851.
1820	876	— Opera, ex recensione *Oberlini*, 5 vol. in-8°. Augustæ Taurinor. Vidua Pamba. 1820-1821.
—	877	— Prolegomena in Dialog. de Oratoribus claris qui Tacito vulgo adscribitur, a *J. F. Klossmann*, in-4°. Vratislaviæ.
—	878	— *A. Mœbii* Observationes criticæ in Tacitum. Dans *Kritische Biblioth.* v. Seebode, in-8°. Hildesheim, 1820, p. 470 et suiv.
—	879	— *W. Tappe*, Die wahre Gegend und Linie der dreitægigen Hermannsschlacht, in-4°. Essen. Bædecker. 2 parties, avec 3 gravures. 1820-1822.
—	880	— *E. Chr. Trautvetter*, Asciburg, oder die germanischen Gœtter-und Heldenbilder dargestellt. Dans *Okens Isis*, in-4°. Leipzig. 1820, p. 597 et suiv.
—		— *Voyez* n°s 563, 569, 749, 803 et 809.
1821	881	— Opera, in usum scholarum, 2 vol. petit in-8°. Halæ. Orphan. 1821-1822.
—	882	— Opera omnia, ex editione Oberliniana, cum notis et interpretatione in usum Delphini, notis variorum, recensione codd. et indice locupletiss., 19 vol. in-8°. Londini. Valpy.
—	883	— Germania et Agricolæ Vita, petit in-8°. Marburg. Krieger.
—	884	— Ausführliche Erlæuterung der 10 ersten Capitel der Schrift des Tacitus ueber Deutschland, von *Fr. Rühs*, in-8°. Berlin. Reimer.
—	885	— Leben des Agrikola, übersetzt von *F. C. Rumpf*, in-8°. Giessen. Schrœder.
—	886	— Observations littéraires, critiques, politiques, militaires, géographiques, etc., sur les Histoires

		de Tacite, avec le texte latin corrigé; avec 6 cartes géographiques et un tableau du mouvement des légions romaines; par *Ferlet*, 2 vol. in-8°. Paris. Levrault. La 1re édit. est de l'an IX, 2 vol. in-8° ou 2 vol. in-4°.
1821	887	— Lettres de Mr S*** (Siguier) à Mr C. N. A*** (Amanton), contenant ses notes sur l'édition de Tacite qui fait partie de la nouvelle collection des Classiques-Latins (14 pages), in-8°. Dijon.
—	888	— Ueber die wahre Ortsbestimmung der Herrmannschlacht, vom Freih. *v. Hammerstein*, u. *v. Hohnhausen*, etc., in-8°. Altenburg.
—	889	— *W. Wachsmuth*, Animadvers. in Taciti histor. expeditionum Germanici in Germaniam, in-4°. Kiliæ. Mohr.
—	890	— Ueber eine Stelle des Tacitus in d. Schrift Germania, c. 2, von *J. G. Huschke*. Dans la *Krit. Biblioth.* v. *Seebode*, in-8°. Hildesheim. 1821, p. 409.
—	891	— *F. R. Ricklefs*, Ueber eine Stelle des Tacitus (Histor., 1, 1), in-4°. Oldenburg. Schulze. — *Voyez* n° 743.
1822	892	— Opera, ex recensione et cum supplementis *G. Broterii*, edidit *J. A. Amar*, 5 vol. gr. in-32. Parisiis. Lefèvre.
—	893	— De Moribus Germanorum opus, cum argumentis et notis gallicis curante *N. L. Achaintre*, in-12. Parisiis. Delalain.
—	894	— De Situ, moribus et populis Germaniæ, et J. Agricolæ Vita, cum notis *Relhan*, in-8°. Londini. Wittaker.
—	895	— Noch ein Nachtrag zu den Bemerkungen über Tacitus Germanien, c. 2, von *G. F. Grotefend*. Dans la *Krit. Biblioth.* v. *Seebode*, in-8°. Hildesheim. 1822, p. 360 et suiv.
—	896	— Agricola, cum notis gallicis edidit *Achaintre*, in-12. Parisiis. Delalain.

1822	897	— La Vie d'Agricola, traduite par *Mollevaut*, in-12. Paris. Lelong.
—	898	— *Sonne*, Noch ein Beitrag zur Erklærung von Tacitus Germania, 2, 4. Dans SEEBODE's *Kritische Biblioth.*, in-8°. Hildesheim. 1822, p. 634 et suiv.
—		— *Voyez* n°s 775, 780 et 865.
1823	899	— Traduction allemande des six premiers livres des Histoires de Tacite, par *E. C. F. Baumann*. Dans ses OEuvres posthumes, publiées par *Conz*, in-8°. Tübingen. Laupp. 1823.
—	900	— Animadversiones in Tacitum, a *E. C. F. Baumann*. Dans *Auswahl aus d. schriftlichen Nachlasse dess.*, in-8°. Tübingen. 1823.
—	901	— Germania, avec des notes allemandes de *J. F. K. Dilthey*, petit in-8°. Brunsvic. Meyer.
—	902	— Bemerkungen zu und über Tacitus Agricola, von *A. Mohr*, in-8°. Meiningen. Keysser.
—	903	— *C. A. Rœdiger*, de Fide historica Taciti in German. describ., in-8°. Friberg.
—	904	— E Taciti Germania loci octo, a *L. J. Wortberg*, in-8°. Gryphiæ. Kunike.
—	905	— Giebt Tacitus einen historischen Beweis von vulcanischen Eruptionen am Niederrhein? von *J. Nœggerath* und *Nees von Esenbeck*, in-8°. Bonn. Weber.
—		— *Voyez* n°s 627 et 632.
1824	906	— C. Cornelius Tacitus, cum selectis rariorum interpretum notis, ex postrema editione *J. J. Oberlini* curante *P. F. de Calonne*, 5 vol. in-12. Parisiis, apud Gosselin.
—	907	— *G. G. Schreiber*, Excursus ad Taciti Annalium III, 26-28, in-8°. Erfordiæ.
—	908	— Tacitus Werke, übersetzt von *G. Bœtticher*, 4 vol. in-8°. Berlin. 1824-1832.

1824	909	— Annalen, übersetzt von *C. v. Hacke*, 2 vol. in-8°. Francfort. Wesche. 1824-1829.
—	910	— Geschichtsbücher, übersetzt von *Gutmann*, mit Anmerkungen, in-8°. Zuric. Orell.
—	911	— Probe einer neuen, Uebersetzung des Tacitus, von *J. P. E. Greverus*, in-4°. Lemgo. Meyer.
—	912	— Germania, ex recensione et cum select. observatt. hucusque anecdotis *P. D. Longolii* ex MS. edid. *J. Kappius* notasque suas adj. *P. C. Hess*, in-8°. Lipsiæ. Fleischer.
—	913	— Germania and Agricola, translated by *Smith*, accompanied in juxta position with the Latin text of Brotier, in-8°. London. Longman.
—	914	— La Germanie, traduite de Tacite par *C. L. F. Panckoucke*, avec un nouveau commentaire extrait de Montesquieu et des principaux publicistes; avec des notes historiques et geographiques, une table chronologique, etc., etc., in-8°. Paris. C. L. F. Panckoucke. — Avec un Atlas de 12 gravures in-4°. Il a été tiré 100 exemplaires in-4° pour lesquels les planches sont en premières épreuves et sur papier de Chine.
—	915	— Ueber Tacitus Germania, von *Gerlach*, in-8°. Bâle.
—	916	— The Germany of C. Cornelius Tacitus, Passow's text; and the Agricola, Brotier's text, with critical and philosophical remarks by *Edmund Henry Barker*, in-12. London. Longman et C[y], 3th edition for schools. La 1re édition est de 1813, et la 2e est de 1818.
—	917	— Vita Agricola, cum lection. var. atque annotat. edidit *E. Dronke*, in-8°. Confluentiæ. Hœlscher.
—	918	— Observationes in Taciti Agricolam, a *J. H. Th. Brüggemann*. Specimen 1, in-8°. Düsseldorf Dænzer.

1824	919	— Excerpta e C. Taciti operibus. Accedunt duo tractatt. ejusdem auctoris de Moribus Germanorum et Agricolæ Vita. Ad usum studiosæ juventutis. Curante *N. L. Achaintre,* nova editio, in-12. Paris. Delalain.
	920	1832. Le même, nouvelle édition, in-12. *Ibid.*
—	921	— Ueber die Vorrede des Tacitus zur Lebensbeschreibung des Agrikola, v. *L. Bischoff,* in-8°. Wesel. Decker.
—	922	— *J. T. C. Dilthey,* Commentat. de Electro et Eridano, in-4°. Darmstadt.
1825	923	— Opera, cum indice rerum, edidit *O. H. Weise,* 3 vol. in-8°. Lipsiæ. Tauchnitz.
	924	1826. Le même, 2 vol. in-12. *Ibid.*
	925	1829. Le même, réimpression. *Ibid.*
		Les deux éditions sont stéréotypées.
—	926	— Opera ad optimarum editionum fidem scholarum in usum adornavit *G. H. Lünemann,* 2 vol. in-8°. Hanovre. Hahn.
—	927	— Opera, ex recensione *J. A. Ernesti,* denuo curavit *J. J. Oberlinus,* 4 vol. in-8°. Londini. Priestley.
—	928	— Opera, ex recensione Ernestiana recognovit *Imm. Bekkerus,* in usum scholarum, in-8°. Berolini. Reimer.
—	929	— Werke, übersetz mit Noten von *F. R. Ricklefs,* 4 vol. petit in-8°. Oldenburg. Schulze. 1825-1827.
—	930	— La Germanien, trad. de Tacite par *C. L. F. Panckoucke,* avec un extrait du nouveau commentaire des éditions in-8° et in-4°, du même, in-16. Paris. Panckoucke.
—	931	— Germania, in-8°. Hilburghausen. Kesselring.
		Avec des notes allemandes grammaticales, archéologiques, géographiques et critiques de *F. W. Altenburg.*
—	932	— Leben Agricola's, übersetzt mit Noten von *H. W. F. Klein,* petit in-8°. Munic. Fleischmann.

1825	933	— Wo Schlug Herrmann den Varus? Ein strategischer Versuch über die Feldzüge der Rœmer in Deutschland, von *G. W. v. Düring*, in-8°. Quedlinburg. Basse.
—	934	— *Barby,* de Consilio quo Tacit. librum de Situ Germaniæ conscripserit et de fide ei tribuenda, in-8°. Berolini.
—	935	— Beautés de Tacite, ou Choix de Morceaux et de Pensées morales, philosophiques et politiques, extraits de cet historien, avec la traduction française en regard, etc., par *Boinvilliers*, in-12. Paris. Eymery.
—	936	— *C. L. Roth,* Commentatio, qua Taciti aliquot figuram ἐν διὰ δυοῖν dicta comparatis aliorum scriptorum nonnullis colliguntur et digeruntur, in-4°. Norimbergæ.
—	937	— Taciti Synonyma et per figuram ἐν διὰ δυοῖν dicta collegit, digessit, etc., *C. L. Roth*, in-8°. Norimbergæ. Campe.
—	938	— Tableaux historiques extraits de Tacite, texte en regard, et notes critiques et littéraires par M. *Letellier*, avc., 2 vol. in-8°. Paris. Grimbert.
—	939	—*Schirlitz* Abhandlung über Tacitus Germanien, 2. Dans SEEBODE's *Archiv*, in-8°. Hildesheim. 1825, p. 332.
—	940	— *F. Schmitthenner,* Ueber Tacitus Germanien, c. 2, 7. Dans SEEBODE's *Archiv*, in-8°. Hildesheim. 1825, p. 780.
—	941	— *L. Zander,* Ueber das Alter des Namens Germanen. Dans SEEBODE's *Archiv*, in-8°. Hildesheim. 1825, p. 97. — *Voyez* n° 769.
1826	942	— Opera, 4 vol. in-fol. Parisiis, excudebat C. L. F. Panckoucke. 1826-1827. Cette édition de luxe a été publiée par ordre du Ministre de l'intérieur, et imprimée seulement au nombre de QUATRE-VINGTS exemplaires : chaque caractère a été examiné à la loupe, chaque feuille de papier a été choisie, et il a été fait non seulement pour chaque page et chaque

		mot, mais même pour chaque lettre, un travail typographique de *hausse* et de *baisse* pour parvenir à plus de perfection.
1826	943	— Opera, recens. et emendavit *F. G. Pothier*, in-8°. Paris. Malepeyre. 1826. 1ᵉʳ vol. Les autres volumes n'ont pas paru.
—	944	— Germania, curante *C. F. Teubert*, in-12. Lipsiæ. Vogel.
—	945	— Germania, cum annotat. *G. G. Bredow*, cum selecta var. lect. et brevi annot. edidit *G. F. C. Günther*, petit in-8°. Helmstædt. Fleckeisen.
—	946	— Germanien, übersetzt, mit Anmerkungen von *H. W. F. Klein*, in-8°. München. Fleischmann.
—	947	— Ad Taciti Germaniam dictata e bibliotheca havniensi, a *J. G. Grævio*, edidit *N. Bloch*. Dans SEEBODE's *Archiv*, 1826-1828.
—	948	— *J. A. Schœfer*, Observationes ad aliquot Plinii, Taciti et Horatii locos, in-4°. Ansbaci. Brügel.
—	949	— Vita Agricolæ, recensuit et ad fidem cod. Vaticani emendavit notasque adspersit *U. J. H. Becker*, in-8°. Hambourg. Perthes.
—	950	— La Vita di Giulio Agricola, tradotta da *Giuseppe San Severino* de' signori di Marcellinara, in-8°. Napoli. Stamperia reale.
—	951	— Observationes criticæ in Taciti Agricolam, a *C. F. G. C. Selling*, in-8°. Curiæ Regn.
—	952	— Philol. crit. annotationes super locis quibusdam Taciti et quidem Histor. lib. II, a *C. P. Conz*, in-4°. Tubingæ.
—	953	— Vindicatur locorum quorumdam Ciceronis, Cæsaris, Taciti integritas, etc., a *J. Ramshorn*, in-4°. Altenburg.
—	954	— Programma, de laudibus quibus Tacit. Cattos ornavit, a *G. H. L. Fuldner*, in-8°. Rindeln.
—	955	— Parallèle de Tacite et de Cicéron, par *Maillet-Lacoste*, in-8°. Paris. Brunot-Labbe.

1826	956	— *Daunou* a fait un article sur Tacite dans la Biographie universelle, tome XLIV, p. 365 à 382, in-8°. Paris.
—	957	— *A. B. Wilhelm,* Die Felzüge des Nero Claud. Drusus in dem nœrdlichen Deutschland dargestellt, in-8°. Halle. Ruff.
—		— *Voyez* n°^{s} 797 et 924.
1827	958	— Œuvres complètes de Tacite ; traduction nouvelle, avec le texte en regard, des variantes et des notes, par *J. L. Burnouf,* 6 vol. in-8°, avec cartes. Paris. Hachette. 1827-1833.
—	959	— Werke, übersetzt, mit Noten, von *G. C. Hermann,* 1er vol., in-8°. Giesen. Heyer. Cet ouvrage n'a pas été continué.
—	960	— Annotatiunculæ ad Taciti Annales, a *J. P. E. Crevero,* in-4°. Lemgo. Meyer.
—	961	— Symbolæ ad scenæ roman. historiam ad Taciti Annal. IV, 14, a *Dauber,* in-4°. Holzmindæ.
—	962	— Germania, sive de Situ, moribus et populis Germaniæ libellus, in-fol. Parisiis. Panckoucke. Édition de luxe.
—	963	— Variæ lectiones et observationes in Taciti Germaniam, a *Ph. C. Hess,* 2 vol. in-4°. Helmstædt. Fleckeisen. 1827-1828.
—	964	— *J. C. Schober,* Commentatio de Taciti Germania, c. 2, 5-7, in-4°. Numburgiæ.
—	965	— C. J. Agricolæ Vita, scriptore C. C. Tacito, in-fol. Parisiis. Panckoucke. Édition de luxe.
—	966	— Vita Agricolæ, in usum scholarum, edidit *F. G. G. Hertel,* Appendicis loco adjecta est dissertat. de vexillariis, in-8°. Lipsiæ. Hartmann.
—	967	—Vita Agricolæ, cum annotation. crit. et emendatt. a *G. L. Walch,* in-8°. Berolini. Nauck.
—	968	— De Vita C. J. Agricolæ liber, edidit et annotatt. illustravit *P. Hoffmann-Peerlkamp,* in-8°. Lugd. Batav. Luchtmans.

1827	969	— La Vie d'Agricola, trad. par *J. F. Queyras*, texte en regard, in-12. Avignon. Aubance.
—	970	— Vita Agricolæ cum interpretatione german., a *G. Schede*, in-8°. Ilmenaviæ. Voigt.
—	971	— Leven van J. Agrikola, met het latyn vertaalden und a anmerkingen vermeerderd door *J. Kœnders*, in-8°. Luik.
—	972	— De fide Taciti scriptio 1, qua disseritur quatenus Tacitus fidem ipse sibi habendam indicaverit, a *H. Justi*; præfat. est *Fr. Lindemann.*, in-8°. Zittaviæ. Schœps.
—	973	— *F. W. Altenburg*, Einige Gedanken üb. deutsche Mythologie, so wie über Cæsars und Tacitus Ansichten von d. Religion der alten Deutschen, in-4°. Schleusingen.
—		— *Voyez* n°s 571 et 685.
1828	974	— E. Taciti German. loci octo, a *J F. N. Fischer*, in-8°. Gryphiswaldæ.
—	975	— De Moribus Germanorum, et Agricolæ Vita, in excerpt. e Taciti opp., in-18. Lugd. Perisse.
	976	1831. Le même, nouvelle édition, in-18. Lyon et Paris. Perisse.
—	977	— Germanien, übersetzt und erlæutert von *F. Bülau, J. Weiske* et *K. v. Leutsch*, avec carte, in-8°. Leipsick. Lehnhold.
—	978	— Agricola, Urschrift, Uebersetzung, Anmerkungen und eine Abhandlung über die Kunstform der antiken Biographie (texte et traduction allemande), von *G. L. Walch*, in-8°. Berlin. Nauck.
—	979	— Dialogus de Oratoribus, recensuit et annotatione instruxit *E. Dronke*, in-8°. Confluentiæ. Hœlscher. (Bonnæ.)
—	980	— Le même, sans notes, in-8°. *Ibid.*
—	981	— Dialogue sur les Orateurs, traduction nouvelle, texte en regard, des sommaires et des notes en français par un ancien professeur, in-12. Paris. Delalain.

1828	982	— Aliquot vestigia antiquitatum romanarum in Taciti Germania latentium, ab *E. A. Hecht*. Fribergæ. Gerlach.
—	983	— *Niebuhr*, über den Unterschied zwischen Annalen und Historien. Dans le *Rheinische Museum*, 1828. II. 2, p. 284 et suiv.
—		— *Voyez* n° 572.
1829	984	— Collection de portraits pour les Œuvres de Tacite, d'après les monumens authentiques, dessinés et lithographiés par *P. Bouillon*, 6 livraisons in-4°. Paris. Hachette.
—	985	— *V. Leutsch*, über die Glaubwürdigkeit des Tacitus in Rücksicht auf dessen Germanien. Dans les *Berichte der deutschen Gesellschaft zu Leipzig*, 1829, p. 46 et suiv.
—	986	— Opera, ad optimorum librorum fidem recognovit et annotatione perpetua triplicique indice instruxit *G. A. Ruperti*, 4 vol. in-8°. Hanover. Hahn. 1829 à 1832.
	987	1832 à 1834. Le même, 4 vol. in-8°. *Ibid.*
—	988	— Werke, übersetzt von *H. Gutmann*, herausgegeben von *Osiander* u. *Schwab*, in-16. Stuttgart. Metzler. 1829-1831, 1 à 9 vol.
—	989	— Annales recognovit, annotat. critic. adjecit, *T. Kiesling*, petit in-8°. Lipsiæ. Teubner.
—	990	— Annalium liber primus, editio nova, in-12. Dôle. Prudont.
—	991	— Probe einer neuen Uebersetzung der Annalen des Tacitus von *Chr. Schober*, in-4°. Schleusingen.
—	992	— Germania, textu recogn. edidit *J. B. Durach*, in-12. Ratisbonæ. Pustet.
—	993	— Germanien, Urschrift, Uebersetzung; eine Abhandlung über antike Darstellung in Beziehung auf Zweck u. Zusammenhang in Tacitus

		Germanien, von *G. L. Walch*, in-8°. Berlin. Dümmler.
1829	994	— Vita J. Agricolæ, in-12. Londin. Traduction anglaise interlinéaire.
—	995	— La Vie d'Agricola, par Tacite, traduite par N. L. B. (Napoléon Louis Bonaparte, fils de Louis Bonaparte, frère de l'empereur), in-8°. Florence. G. Piatti.
—	996	— Lectiones Taciteæ, specimen I, a *A. Wissowa*, in-8°. Vratislaviæ. Max.
—	997	— Le même, specimen II, in-4°, *ibid*.
	998	1832. Le même, specimen III, in-4°. Ratiboræ.
—	999	— Dialogus de Oratoribus, recensuit et annotion. critic. instruxit *Fr. Osann*, in-8°. Giessæ. Heyer.
—	1000	— Discours de Tacite, texte en regard, avec traduction interlinéaire et traduction correcte; par *E. Boutmy*, in-8°. Paris.
—	1001	— Discours choisis de Tacite, expliqués en français, suivant la méthode des colléges, par deux traductions; par *Delaistre*, in-12. Paris. Delalain.
—	1002	— Analyse et extraits des OEuvres de Tacite, avec des notes critiques et littéraires, d'après les tableaux historiques, traduits et publiés par *Letellier*, in-12. Paris. Hachette.
—	1003	— Dissertatio de Dialogi de Oratoribus, qui vulgo C. C. Taciti inscribitur, præstantia, ab *A. Gœring*, in-4°. Lubeck. Rohden.
—	1004	— De Elocutione Taciti scripsit *J. A. Wernicke*, in-4°. Thoruni. Grünauer.
—	1005	— *C. L. Roth*, Grammaticæ quæstiones V, a C. Tacito repetitæ, in-4°. Norimbergæ.
—	1006	— *B. Sœkeland*, Tacitus veterum Germanor. laudator, in-4°. Kœsfeld.
—		— *Voyez* n° 925.
1830	1007	— Opera, recensuit et commentarios suos adjecit *G. H. Walther*, 4 vol. in-8°. Halæ. Schwetschke. 1830-1831.

1830	1008	— Œuvres de Tacite, traduction nouvelle de *C. L. F. Panckoucke*, 1 à 6 vol. in-8°. Paris. C. L. F. Panckoucke. 1830-1837.
—	1009	— Opera quæ exstant juxta accuratissimam *D. Lallemant* editionem, in-12. Lugduni. Savy.
—	1010	— Specimen I annotationum in C. Tacitum, a *P. Petersen*, in-4°. Crucenæ. F. Hermann.
—	1011	— Os Annaes de C. Tacito, traduzidos em lingoagem portugueza por *J. L. F. de Carvalho*, 2 vol. in-8°. Paris. Aillaud.
—	1012	— *C. Scharbe*, Annales Cornelianos juventuti explicatos in beneficii loco haudquaquam esse numerandos, in-4°. Soraviæ.
—	1013	— Ad Taciti Germaniam, a *U. J. H. Becker*, in-4°. Hanovre. Hahn.
—	1014	— Observationes criticæ in C. C. Taciti Germaniam; accessit nova codicis Hummeliani collatio, a *C. F. G. C. Selling*, in-4°. Augustæ Vind. Wolff.
—	1015	— Anmerkungen u. Excurse zu Taciti Germania, c. 1-18, von *U. J. H. Becker*, in-8°. Hanovre. Hatin.
—	1016	— De Exordio Agricolæ Taciti a *A. Eichstædt*. Fol. Jenæ.
—	1017	— La Vie d'Agricola expliquée en français, suivant la méthode des colléges, par une traduction interlinéaire, et une autre conforme au génie de la langue française ; par *Barrett*, revue par Frémont, in-12. Paris. Delalain.
—	1018	— Leben des Agricola, Versuch einer neuen Uebersetzung der Werke des Tacitus ; von *W. Bœtticher*, petit in-8°. Berlin. Enslin.
—	1019	— Dialogus de Oratoribus a corruptt. nuper illatis repurg. ex Lipsiana editione a MDLXXIIII, opera *J. C. Orellii*. Acced. *J. Lipsii* curæ primæ, *Wopkensii* select. annotatt., etc., in-8°. Turici. Gessner.

1830	1020	— *G. Bœtticher*, Lexicon Taciteum, sive de stylo C. C. Taciti, præmissis de Taciti vita, scriptis ac scribendi genere prolegomenis, in-8°. Berolini. Nauck.
—	1021	— *A. A. Schrott*, de Tacito in gymnasiis legendo commentatio, in-4°. Dilling.
—	1022	— *J. K. Wolf,* de Divina mundi moderatione, e mente C. C. Taciti, in-8°. Fuldæ. Müller.
—	1023	Iconographia C. C. Taciti, 10 livraisons in-fol. Paris. C. L. F' Panckoucke. Contenant vingt têtes dessinées, d'après des antiques authentiques, par *Laguiche*, et gravées par *Sixdeniers*.
—		— *Voyez* n° 646.
1831	1024	— Les Mœurs des Germains, texte et traduction en regard, par *E. Boutmy*, in-12. Paris.
—	1025	— Opera, ab *J. Lipsio*, *J. F. Gronovio*, *N. Heinsio*, *J. A. Ernestio*, *F. A. Wolfio* emendata et illustrata, ab *Imm. Bekkero* ad codices antiquissimos recognita; cum indicibus, 2 vol in-8°. Lipsiæ. Weidmann.
—	1026	— Werke, neu übersetzt von *G. Bœtticher*, 4 vol. in-8°. Berlin. Enslin. 1831-1834.
—	1027	— La Vie d'Agricola, et Mœurs des Germains, traduct. nouvelle, texte en regard, par *E. Boutmy*, in-12. Paris. Mansut fils.
—	1028	— Eclogæ Tacitinæ mit deutschen Noten und Index, von *C. Th. Pabst*, in-8°. Leipsick. Fr. Fleischer.
—	1029	— Cornelius Tacitus; eine biographische Untersuchung v. *N. Bach*. Dans *Allgemeine Schulzeitung*, 1831, n°s 105-109; 1832, n°s 129-130.
—	1030	— Cornelius Tacitus, ad codices antiquissimos recognitus ab Imm. Bekkero. In usum scholarum, 2 vol. in-8°. Lipsiæ. Weidmann.
—	1031	— *C. Reischle*, commentatio de locis quibus Tacit. et J. Cæsar de veteribus Germanis inter se differunt, in-4°. Kempten.

1831	1032	— *J. A. Schaefer*, Observationes ad aliquot Plinii, Taciti et Horatii locos, in-4°. Ansbaci. Brugal.
—	1033	— *T. Fr. Strodtbeck*, Ostenditur Materninæ personæ in Dialogo de Oratoribus obviæ vultus ironicus, in 4°. Heilbronn.
—	1034	— Beiträge zur wissenschaft. Kenntniss des Geistes der Alten, von *K. Hoffmeister* : die Weltanchauung des Tacitus, in-8°. Essen. Bædecker 1831. B. 1, p. 232 et suiv.
—		— *Voyez* n° 976.
1832	1035	— Germania, commentariis instruxit *Theoph. Kiessling*, in-8°. Lipsiæ. Teubner.
—	1036	— Germania, seu de Situ, moribus et populis Germaniæ libellus. Mit Noten *J. de Gruber*, in-8°. Berolini. Dümmler.
—	1037	— Dialogus de Oratoribus ab *I. Bekker* ad Cod. Farnesianum recognitus, in usum scholarum edidit *G. Bœtticher*, Berlin. Trautwein.
—	1038	— Vita J. Agricolæ ex recensione *Frc. Ritter*, in usum lection. acad. et gymnas., in-8°. Bonnæ. Habicht.
—	1039	— Die Kabiren in Deutschland, von *K. Barth*, in-8°. Erlangen. Palm.
—		— *Voyez* n°s 920, 987 et 998.
1833	1040	— De Vita C. Julii Agricolæ libellus; mit deutschem Commentar und Noten von *C. L. Roth*, in-8°. Norimberg. Schrag.
—	1041	— Dialogus de Oratoribus a corruptelis nuper illatis repurgatus ex Lipsiana editione anni MDLXXIIII, opera J. Casp. Orellii, etc., in-8°. Turici.
—	1042	— Dialogus de Oratoribus. In usum scholarum edidit *P. C. Hess*, in-8°. Lipsiæ. Kollmann.
—	1043	— *C. L. Roth*, C. Cornelii Taciti synonyma, in-8°. Nüremberg. Campe.

1834	1044	— Opera, recognovit, brevique annotatione instruxit *Franc. Ritter,* vol. I et II, in-8°. Bonnæ. Habicht. 1834-1836.
—	1045	— Opera quæ supersunt, emendavit et scholarum in usum illustravit *N. Bach,* vol. I et II, in-8°. Lipsiæ. Vogel. 1834-1835.
—	1046	— Geschichtsbücher, übersetzt von *J. C. Schlüter,* petit in-8°. Essen. Bædeker.
—	1047	— Examen littéraire et grammatical des deux dernières traductions de Tacite par *Burnouf* et *C. L. F. Panckoucke,* par un membre de l'Université, in-8°. Paris. Brunot-Labbe, sans date (1834).
—	1048	— De Vita, scriptis ac stylo Cornelii Taciti, adjecta emendatione recensionis Bekkerianæ perpetua, scholarum maxime in usum scripsit *Bœtticher,* in-8°. Berlin.
1835	1049	— Observations sur divers passages des premiers paragraphes du livre IV des Annales de Tacite, traduction de M. le professeur *Burnouf,* par *C. L. F. Panckoucke,* in-8°. Paris, imprimerie de C. L. F. Panckoucke.
—	1050	— Germania, edidit et quæ ad res Germanorum pertinere videntur e reliquo Tacitino opere excerpsit *Jac. Grimm,* in-8°. Gottingæ. Dietrich.
—	1051	— Germania, ad optimor. codicum fidem emendavit, notis crit. et var. lection. selecta instr. *F. D. Gerlach,* mit deutscher Uebersetzung von *W. Wackernagel,* vol. I et II, in-8°. Basileæ. Schweighæuser. 1835-1837.
—	1052	Schrift über Teutschland übersetzt von *C. L. Roth,* in-4°. Nürnberg. Campe.
1836	1053	— De Situ, moribus et populis Germaniæ libellus, recogn., brev. annotatt. instr. *Fr. Ritter,* in usum lectionum academic. et gymnasior., in-8°. Bonnæ. Habicht.

1836	1054	— De Oratoribus Dialogus, recogn., brev. annotat. instr. *Fr. Ritter,* in usum lectionum academic. et gymnasior., in-8°. Bonnæ. Habicht.
1837	1055	— Gespræch üb. d. Redner, übers. u. mit einem vollstænd. Realcommentare versehen von *J. G. A. Hübsch,* in-12. Nürnberg. Bauer et Raspe.

ÉDITIONS ET TRADUCTIONS

DE TACITE,

PAR C. L. F. PANCKOUCKE.

1803	1	TACITI (Cornelii) Fragmens de la Vie d'Agricola, par C. L. P. (*C. L. F. Panckoucke*), le texte en regard, 35 pages in-8°. Paris. V° Panckoucke. An XII. Ces fragmens offrent un rapprochement de la situation de la France à cette époque et des préparatifs de descente en Angleterre.
1824	2	— La Germanie, traduite de Tacite par *C. L. F. Panckoucke,* avec un nouveau commentaire extrait de Montesquieu et des principaux publicistes; avec des notes historiques et géographiques, une table chronologique, etc., etc., in-8°. Paris. C. L. F. Panckoucke. — Avec un atlas de douze gravures in-4°. Il a été tiré 100 exemplaires in-4° pour lesquels les planches sont en premières épreuves et sur papier de Chine. Le 18 août 1826, le Conseil de l'Université a adopté l'ouvrage en ces termes : « Le Conseil a reconnu que vous avez su reproduire dans votre traduction le nerf, la vigueur, l'élégance, et surtout l'admirable précision de l'original, et que le commentaire que vous y avez joint ne se fait pas moins remarquer par le goût et le discernement que par l'érudition. »
—	3	— Notices ou Examens littéraires de la traduction de la Germanie de M. Panckoucke, par MM. *Qua-*

		tremère de Quincy, Laya, Champollion Figeac, Peuchet, J. Pierrot, Jourdan, Tissot, Léon Thiessé, P. F. de Calonne, brochure in-4° de 34 pages.
1825	4	— La Germanie, trad. de Tacite par *C. L. F. Panckoucke*, avec un extrait du nouveau commentaire des éditions in-8° et in-4°, du même, in-16. Paris. Panckoucke.
1830	5	— Opera, 4 vol. in-fol. Parisiis, excudebat C. L. F. Panckoucke. 1826-1827. Cette édition de luxe a été publiée par ordre du Ministre de l'intérieur, et imprimée seulement au nombre de QUATRE-VINGTS exemplaires : chaque caractère a été examiné à la loupe, chaque feuille de papier a été choisie, et il a été fait non-seulement pour chaque page et chaque mot, mais même pour chaque lettre, un travail typographique de *hausse* et de *baisse* pour parvenir à plus de perfection.
—	6	— Iconographia C. C. Taciti, dix livraisons in-fol. Paris. C. L. F. Panckoucke. La Collection de cette *Iconographie*, in-folio, sans texte, est composée de vingt-cinq bustes, gravés avec le plus grand soin au burin par M. *Sixdeniers*. Chaque portrait est accompagné d'une médaille avec son revers, coloriés en or, en argent et en bronze. Ces vingt-cinq portraits sont divisés en dix livraisons.
—	7	— Histoires de Tacite, tome I, formant le tome V de la traduction des œuvres complètes [1], un vol. in-8° de 458 pages; 18 pages d'introduction; 21 pages, petit-texte, de comparaison de divers passages de traduction avec le dernier traducteur, liv. I et II, texte et traduction; GALBA-OTHON, 146 pages de notes petit-texte.
1831	8	— Histoires de Tacite, tome II, formant le tome VI de la traduction des œuvres complètes [2], un vol. in-8° de 454 pages; comparaison 10 pages petit-texte, liv. III et IV des Histoires. VITELLIUS-VESPASIEN. — 92 pages de notes petit-texte.

1. — 39e livraison de la *Bibliothèque Latine-Française*.
2. — 51e idem.

1833	9	— Germanie, Agricola, Dialogue des Orateurs, formant le tome VI des œuvres complètes. La Germanie est accompagnée d'un nouveau commentaire extrait de Montesquieu et des principaux publicistes; une introduction de 15 pages; une table chronologique, un vol. in-8° de 405 pages avec notes [1].
1834	10	— Examen littéraire et grammatical des deux dernières traductions de Tacite, par *Burnouf* et *C. L. F. Panckoucke*, par un membre de l'Université, in-8°. Paris. Brunot-Labbe, sans date (1834).
1835	11	— Annales de Tacite, tome II, formant le tome II des œuvres complètes, un vol. in-8° de 439 pages dont 67 de notes [2].
—	12	— Observations sur divers passages des premiers paragraphes du livre IV des Annales de Tacite, de la traduction de M. le professeur *Burnouf*, par *C. L. F. Panckoucke*, in-8°. Paris, imprimerie de C. L. F. Panckoucke.
1837	13	— Annales, tome III, formant le tome III des œuvres complètes, un vol. in-8° de 389 pages dont 40 de notes, plus l'Examen littéraire et grammatical des deux dernières traductions de Tacite, par un professeur de l'Université, 100 pages petit-texte [3].
1838	14	— Tome I des Annales et des œuvres complètes, un vol. in-8° de 396 pages, avec une Introduction de 76 pages, un Tableau synchronique de la vie de Tacite, une planche gravée en taille-douce par Godefroy, d'après Desenne [4].
—	15	— Tome VII des œuvres complètes, nouvel Index, formant 370 pages. Notice sur les manuscrits de Tacite, formant 18 pages. Bibliographie de mille cinquante-cinq éditions, commentaires et

---

1. — 92e livraison de la *Bibliothèque Latine-Française*.
2. — 137e idem.
3. — 171e idem.
4. — 177e idem.

		traductions de Tacite, 88 pages; trois *fac-simile* d'un manuscrit et de deux éditions princeps de Tacite[1].
1838	16	— Iconographie de Tacite, format in-8°, papier jésus.
		Voyez, plus haut, *Iconographia*. — Cette Collection, in-8°, qui fait suite aux sept volumes de la traduction, est accompagnée d'un texte. — La 7e livraison, formant 40 pages de texte, et contenant l'*Explication des médailles*, est précédée d'une Introduction numismatique sur le droit d'image, par M. *Du Mersan*.
ORDRE DES LIVRAISONS: 1re, Jules César, Auguste, Livie, Julie; — 2e, Agrippa, Tibère, Drusus, Germanicus; — 3e, Claude, Messaline, Néron, Agrippine; — 4e, Sénèque, Caligula, Galba, Othon; — 5e, Vitellius, Vespasien, Titus, Domitien.
Les médailles, par leur parfait coloriage à reflets métalliques, imitent exactement le bronze, l'argent et l'or des médailles antiques.
—	17	— Agricola et Dialogue des Orateurs traduits par *C. L. F. Panckoucke*, format in-32, un vol. de 220 pages.
—	18	— Notice sur Tacite et sur la traduction de C. L. F. Panckoucke, par *Paul L. Jacob*, bibliophile.

Sous presse, et pour paraître en 1838, 1839 *et* 1840.

Je me propose, pour compléter ma traduction des OEuvres complètes de Tacite, de publier, à des époques indéterminées, une série de Dissertations nouvelles sur Tacite. Je les appelle *nouvelles,* parce qu'elles ne seront pas puisées dans les anciens commentateurs ou traducteurs, mais empruntées à Tacite lui-même, avec les explications et les développemens nécessaires à ce travail, que je mettrai à la hauteur de toutes les notions acquises depuis peu en histoire, en géographie, en histoire naturelle, etc. Il suffira aujourd'hui d'indiquer les titres de ces Dissertations :

---

1. — 178e de la *Bibliothèque Latine-Française*.

Chronologie de Tacite, depuis l'origine de Rome jusqu'à Auguste ; — Chronologie des écrits de Tacite ; — Géographie historique de Tacite ; — Portraits des empereurs romains par Tacite ; — Tacite et le Sénat romain ; — le Prince, le Peuple et la Populace de Rome, dépeints par Tacite ; — Tacite et les Légions romaines ; — Tacite et les Monnaies romaines ; — Tacite et la colonne Trajane ; — le Christ et Tacite ; — Tacite et Hercule ; — Tacite, Corneille, Racine, Chénier, etc. ; — Dissertations sur les perles de Calédonie, sur le succin de Germanie, l'asphalte de Judée et le baumier, avec planches coloriées.

Ces Dissertations nouvelles paraîtront successivement. Elles formeront, réunies, les tomes VIII et IX de la traduction des OEuvres complètes de Tacite.

Les cartes géographiques, les objets d'histoire naturelle, les objets d'art et d'antiquité, seront gravés avec le plus grand soin, et la plupart coloriés et retouchés au pinceau.

Le prix de chaque Dissertation sera indiqué au fur et à mesure de la publication.

———

En étudiant la *Bibliographie* que nous publions de toutes les éditions de Tacite, il se présente plusieurs observations qui ne seront pas sans intérêt.

De 1470 à 1838, il a paru mille cinquante-cinq éditions des œuvres complètes ou de parties séparées de Tacite, ou de commentaires sur ses écrits.

Si nous consultons la *Bibliographie* par siècle, nous voyons que dans le xve siècle il a été publié, de 1470 à 1500, neuf éditions en vingt-sept années.

Dans le xvie siècle, cent dix-sept diverses éditions ont paru.

Dans le xviie siècle, deux cent quatre-vingt-dix-neuf éditions.

Dans le xviiie siècle, trois cent vingt-quatre éditions.

Dans les trente-huit premières années du xixe siècle, trois cent six éditions. Ce chiffre indique à peu près le tiers de celles qui seront imprimées dans le xixe siècle.

Nous présentons ensuite le résumé statistique des mille cinquante-cinq diverses éditions des œuvres complètes ou partielles de Tacite, en indiquant les diverses contrées où elles ont été imprimées.

TACITE.

	Éditions.
OEuvres complètes, texte avec ou sans notes, publiées dans divers pays.	145
Traductions françaises.	49
— allemandes.	16
— italiennes.	25
— anglaises.	9
— espagnoles.	3
— portugaise.	1
— hollandaises.	2
— polonaises.	2
— danoise.	1
Annales et Histoires, texte avec ou sans notes.	20
Traductions françaises.	15
— allemandes.	11
— italiennes.	13
— anglaises.	9
— hollandaises.	6
— espagnoles.	2
— portugaise.	1
Germanie, texte avec ou sans notes.	78
Traductions françaises.	17
— allemandes.	28
— italienne.	1
— anglaises.	5
— espagnole.	1
— hollandaise.	1
— russe.	1
Agricola, texte avec ou sans notes.	27
Traductions françaises.	16
— allemandes.	13
— italiennes.	6
— espagnole.	1
— hollandaise.	1
— danoise.	1
Dialogue, texte avec ou sans notes.	29
Traductions françaises.	8
— allemandes.	3
— anglaises.	2
A reporter.	569

		Éditions.
Report		569
FRAGMENS, EXTRAITS, COMMENTAIRES, etc., en latin		327
En français		48
— allemand		71
— italien		23
— anglais		10
— espagnol		3
— hollandais		1
— suédois		2
— danois		1
TOTAL		1055

Si de ce tableau nous voulons faire ressortir les idiomes dans lesquels Tacite a été traduit, nous trouvons qu'il a été publié en français 49 traductions des œuvres complètes, 15 des *Annales* et *Histoires*, 17 de *la Germanie*, 16 d'*Agricola*, 8 du *Dialogue des Orateurs*, 48 des *Fragmens*, etc.

En allemand, 16 traductions des œuvres complètes, 11 des *Annales* et *Histoires*, 28 de *la Germanie*, 13 d'*Agricola*, 3 du *Dialogue*, 71 des *Fragmens*, etc.

En anglais, 9 traductions des œuvres complètes, 9 des *Annales* et *Histoires*, 5 de *la Germanie*, 2 du *Dialogue*, 10 des *Fragmens*, etc.

En hollandais, 2 traductions des œuvres complètes, 6 des *Annales* et *Histoires*, 1 d'*Agricola*, 1 des *Fragmens*, etc.

En danois, 1 traduction des œuvres complètes, 1 d'*Agricola*, 1 des *Fragmens*, etc.

En russe, 1 traduction de *la Germanie*.

En polonais, 2 traductions des œuvres complètes.

En italien, 25 traductions des œuvres complètes, 13 des *Annales* et *Histoires*, 1 de *la Germanie*, 6 d'*Agricola*, 23 des *Fragmens*, etc.

En espagnol, 3 traductions des œuvres complètes, 2 des *Annales* et *Histoires*, 1 de *la Germanie*, 1 d'*Agricola*, 3 des *Fragmens*, etc.

En portugais, 1 traduction des œuvres complètes, 1 des *Annales* et *Histoires*.

Pour compléter cette statistique bibliographique de Tacite,

nous indiquerons, en suivant l'ordre alphabétique, les villes où ont été imprimées des éditions et traductions de Tacite.

Ce ne sera pas, sans doute, un médiocre éloge pour ces villes, que le chiffre élevé qui suivra leur nom : ce chiffre est l'indication de leur amour pour les sciences et les lettres; il est en quelque sorte celui de leur civilisation.

Les villes que des circonstances politiques ont fait déchoir de leur grandeur, y conserveront des titres de leur ancienne splendeur; celles même dont le chiffre ne s'élève qu'à un ou deux donnent l'espoir que ce chiffre sera bientôt augmenté : il prouve déjà que l'amour des lettres, que viennent toujours entourer toutes les améliorations sociales, a commencé à s'introduire chez elles.

De toute cette nomenclature, il nous sera permis de remarquer, avec un certain orgueil national, que le chiffre le plus élevé est celui de Paris, qui a produit et imprimé cent soixante-dix éditions et traductions des œuvres complètes ou partielles de Tacite :

Aarau, 2.
Abo, 1.
Altdorf, 2.
Altenbourg, 4.
Altona, 1.
Amberez, 3.
Amberg, 1.
Amsterdam, 53.
Ansbach, 2.
Anvers, 24.
Arnheim, 2.
Augsbourg, 4.
Avignon, 1.
Baireuth, 2.
Bâle, 10.
Bamberg, 1.
Bardowick? 1.
Bassano, 2.
Bergame, 1.
Berlin, 27.
Bologne, 2.
Bonn, 6.
Brême, 5.
Brescia, 3.
Breslau, 5.

Brunsvick, 4.
Carlsruhe, 5.
Castellane, 1.
Clermont, 1.
Coblentz, 3.
Cobourg, 3.
Coire, 2.
Colchester, 1.
Copenhague, 8.
Darmstadt, 3.
Delft, 3.
Dessau, 1.
Deux-Ponts, 2.
Dijon, 1.
Dillingen, 1.
Dôle, 1.
Dortmund, 3.
Douay, 2.
Dresde, 1.
Dublin, 3.
Duisbourg, 3.
Dusseldorf, 2.
Édimbourg, 6.
Eisenach, 2.
Elbing, 1.

Erfurt, 7.
Erlangen, 3.
Essen, 3.
Florence, 13.
Francfort-sur-le-Mein, 35.
Francfort-sur-l'Oder, 2.
Friberg, 2.
Fulde, 2.
Gênes, 2.
Genève, 10.
Giesen, 8.
Glascow, 2.
Gœttingue, 31.
Gorlitz, 2.
Gotha, 1.
Greifswald, 4.
Guben, 1.
Halle, 28.
Hambourg, 12.
Hanau, 5.
Hanovre, 9.
Heidelberg, 4.
Heilbrunn, 2.
Helmstædt, 16.
Herborn, 1.

BIBLIOGRAPHIE DE C. C. TACITE.

Hilburghausen, 1.
Hildesheim, 9.
Hof, 1.
Holzminden, 1.
Ilmenau, 1.
Ingolstadt, 1.
Jena, 14.
Kehl, 1.
Kempten, 1.
Kiel, 4.
Koesfeld, 1.
Kreutznach, 1.
La Haye, 2.
Leipsick, 61.
Lemgow, 5.
Leyde, 27.
Liège, 1.
Lintz, 1.
Lisbonne, 1.
Londres, 45.
Louvain, 1.
Lubeck, 2.
Lund, 3.
Lunebourg, 1.
Lyon, 19.
Madrid, 5.
Magdebourg, 1.
Manheim, 2.
Marbourg, 8.
Mayence, 4.

Meiningen, 1.
Meissen, 3.
Milan, 8.
Mitau, 1.
Montauban, 1.
Moscou, 1.
Munich, 5.
Naples, 5.
Naumbourg, 1.
Nimègue, 1.
Nuremberg, 24.
Oldenbourg, 2.
Onolsbourg, 1.
Oxford, 6.
Padoue, 7.
Paris, 170.
Parme, 4.
Pise, 1.
Quedlimbourg, 1.
Ratibor, 1.
Ratisbonne, 1.
Reims, 1.
Reutlingen, 1.
Rostock, 1.
Rotterdam, 1.
Rome, 8.
Rouen, 6.
Saint-Brieuc, 1.
Saint-Pétersbourg, 1.
Saurau, 1.

Schleswig, 1.
Schleusingen, 2.
Schneeberg, 1.
Sora, 2.
Staden, 1.
Stettin, 1.
Stockholm, 3.
Stralsund, 1.
Strasbourg, 23.
Stuttgart, 2.
Trente, 1.
Rindeln, 2.
Thorn, 1.
Tubingue, 6.
Turin, 1.
Utrecht, 2.
Upsal, 3.
Varsovie, 2.
Venise, 32.
Vérone, 1.
Vienne, 2.
Warrington, 3.
Weimar, 3.
Wesel, 1.
Wittemberg, 19.
Wolfenbüttel, 1.
Wurtzbourg, 2.
Zittau, 1.
Zurich, 5.
Sans lieu d'impression, 9.

www.ingramcontent.com/pod-product-compliance
Lightning Source LLC
Chambersburg PA
CBHW050607230426
43670CB00009B/1304